LEYES DE AMPARO DE AMÉRICA LATINA

COLECCIÓN DERECHO PÚBLICO IBEROAMERICANO

Títulos publicados

1. *La jurisdicción contencioso administrativa en Iberoamérica,* Jaime Rodríguez-Arana y Marta García Pérez (Coordinadores), 1ra Edición, 2014, 540 pp.

2. *Código de Legislación sobre contratación pública en Iberoamérica,* Jaime Rodríguez Arana y José Antonio Moreno Molina (Directores), 1ra Edición, 2015, 1152 pp.

3. *Leyes de Amparo de América Latina,* Allan R. Brewer-Carías, 2da. Edición aumentada y actualizada, 2016, 610 páginas.

LEYES DE AMPARO
DE AMÉRICA LATINA

Con un estudio preliminar sobre el amparo en el derecho constitucional comparado latinoamericano

Por:

ALLAN R. BREWER–CARÍAS

Profesor de la Universidad Central de Venezuela

Profesor del Curso sobre Judicial Review in Comparative Law, Faculty of Law, University of Cambridge, Cambridge UK 1985-1986

Profesor del Curso sobre The Amparo Proceeding in Latin American

Constitutional Comparative Law, Columbia Law School, Columbia University, New York (2006-2008)

Segunda Edición aumentada y actualizada

Colección Derecho Público Iberoamericano

N° 3

Editorial Jurídica Venezolana International

Caracas – New York

2016

Una Primera edición de esta obra, con el título *Leyes de Amparo de América Latina*, fue publicada en una edición conjunta del Instituto de Administración Pública de Jalisco y sus Municipios, del Instituto de Administración Pública del Estado de México, el Poder Judicial del Estado de México, y la Academia de Derecho Constitucional de la Confederación de Colegios y Asociaciones de Abogados de México, Jalisco 2009, 2 Vols. 419 pp. y 405 pp.

Segunda edición aumentada y actualizada

© Allan R. Brewer–Carías, 2016
allanbrewercarias@gmail.com
http://www.allanbrewercarias.com

Hecho el Depósito de Ley
ISBN: 978-980-365-251-7
Depósito Legal lf5402014340728

Editado por: Editorial Jurídica Venezolana
Avda. Francisco Solano López, Torre Oasis, P.B., Local 4, Sabana Grande,
Apartado 17.598 - Caracas, 1015, Venezuela
Teléfono 762-25-53 / 762-38-42/ Fax. 763-52-39
Email: fejv@cantv.net
http://www.editorialjuridicavenezolana.com.ve

Impreso por: Lightning Source, an INGRAM Content company
Distribuido por: Editorial Jurídica Venezolana International Inc.
Panamá, República de Panamá.
Email: editorialjuridicainternational@gmail.com

Formateo y composición por: Francis Gil,
Letra: Times New Roman, 10.5. Espaciado: 11.
Dimensión Texto: 19 x 12.5 cm. Libro: 24.4 x 17.0 cm.

SUMARIO

NOTA DEL AUTOR A LA SEGUNDA EDICIÓN (CARACAS 2016) 11

PRESENTACIÓN A LA PRIMERA EDICIÓN (MÉXICO 2009), por José de Jesús Naveja Macías y José Guillermo Vallarta Plata 13

ESTUDIO PRELIMINAR: EL PROCESO DE AMPARO EN EL DERE-CHO CONSTITUCIONAL COMPARADO LATINOAMERICANO, por Allan R. Brewer-Carías 17

I.   INTRODUCCIÓN GENERAL 17

II.   EL DERECHO DE AMPARO EN LA CONVENCIÓN AMERICANA ... 28

III. LA PROTECCIÓN DE TODOS LOS DERECHOS FUNDAMEN-TALES Y CONSTITUCIONALES 37

IV.   LA PROTECCIÓN CONSTITUCIONAL COMO DERECHO DE TODAS LAS PERSONAS AGRAVIADAS 48

V.   LA PROTECCIÓN CONSTITUCIONAL FRENTE A TODOS LOS AGRAVIANTES 66

VI.   LA PROTECCIÓN CONSTITUCIONAL FRENTE A TODOS LOS ACTOS ESTATALES 75

VII. LAS CONDICIONES DE LOS DAÑOS Y AMENAZAS PARA LA PROTECCIÓN CONSTITUCIONAL 95

VIII. SENTIDO Y ALCANCE DE LA PROTECCIÓN CONSTITUCIONAL (LA SENTENCIA DE AMPARO) 115

IX.   LA REVISIÓN DE LAS SENTENCIAS DE AMPARO POR LAS JURISDICCIONES CONSTITUCIONALES (CORTE CONSTITU-CIONAL O LA CORTE SUPREMA) 131

REFLEXIÓN FINAL 143

ARGENTINA

Artículos, Constitución Nacional de la República Argentina, 1994 145

Ley 16.986. Acción de Amparo, 1966 146

SUMARIO

BOLIVIA

Artículos, Constitución Política de Bolivia, 2008 149

Ley Nº 254, Código Procesal Constitucional, 2012 153

BRASIL

Artículos, Constitução da República Federativa do Brasil, 1988 189

Lei Nº 1.533. Mandado de Segurança, 1951 190

COLOMBIA

Artículos, Constitución Política de la República de Colombia, 1991 (Ultima reforma 2012) 195

Decretos Ley Nº 2591, 306 y 1382. Acción de Tutela, 2000 196

COSTA RICA

Artículos, Constitución Política de la República de Costa Rica, 1949 (Ultima reforma 2003) 213

Ley Nº 7135. Ley de la Jurisdicción Constitucional, 1989 214

CHILE

Artículos, Constitución Política de la República de Chile, 1980 (Ultima reforma 2005) 235

Auto Acordado de la Corte Suprema de Justicia sobre tramitación y fallo del Recurso de Protección de las Garantías Constitucionales, Texto refundido 2015 236

ECUADOR

Artículos, Constitución Política de Ecuador, 2008 241

Ley Orgánica de Garantías Constitucionales y Control Constitucional, 2009…... 245

EL SALVADOR.

Artículos, Constitución de la República de El Salvador, 1983 (Ultima reforma 2003) 309

Ley de Procedimientos Constitucionales, 1960... 310

GUATEMALA

Artículos, Constitución Política de la República de Guatemala, 1989 (Ultima reforma 1993) 325

Decreto Nº 1-86. Ley de Amparo. Exhibición Personal y Constitucionalidad, 1986 327

HONDURAS

Artículos, Constitución Política de la República de Honduras, 1982 (Ultima reforma 2005) 359

Ley sobre Justicia Constitucional, 2004 361

MÉXICO

Artículos, Constitución Política de los Estados Unidos Mexicanos, 1917 (Última reforma publicada DOF 10-02-2014) 387

Ley de Amparo reglamentaria de los artículos 103 y 107 de la Constitución Política de los Estados Unidos Mexicanos, 2013 395

NICARAGUA

Artículos, Constitución Política de la República de Nicaragua, 1987 (Ultima reforma 2005) 473

Ley N° 49. Amparo, 1988 y reformas de 1995 474

PANAMÁ

Artículos, Constitución Política de la República de Panamá, 1972 (Ultima reforma 1994) 487

Código Judicial, Libro Cuarto: Instituciones de Garantía, 01 de abril 1987 488

PARAGUAY

Artículos, Constitución Política de la República de Paraguay, 1992 499

Ley N° 1337/88. Código Procesal Civil, Titulo II. El juicio de amparo, 1988 501

PERÚ

Artículos, Constitución Política del Perú, 1993 (Ultima reforma 2005) 505

Ley N° 28237. Código Procesal Constitucional, 2004 506

REPÚBLICA DOMINICANA.

Artículos, Constitución Política de la República Dominicana, 2010 537

Ley Orgánica del Tribunal Constitucional y de los Procedimientos Constitucionales, 2011 539

URUGUAY

Artículos, Constitución Política de la República Oriental del Uruguay, 1967 (Ultima reforma 2004) 563

Ley N° 16.011. Acción de Amparo, 1988 564

VENEZUELA

Artículos, Constitución de la República Bolivariana de Venezuela, 1999 .. 569

Ley Orgánica de Amparo sobre Derechos y Garantías Constitucionales, 1988 570

ÍNDICE GENERAL 583

NOTA DEL AUTOR A LA SEGUNDA EDICIÓN (2016)

La primera edición de esta obra, con la recopilación de todos los textos de las leyes y regulaciones relativas al proceso de amparo en América latina, y de las normas constitucional que en cada país le sirven de fundamento, salió en 2009, como *Leyes de Amparo de América Latina*, con una breve aproximación comparativa, editada por el Instituto de Administración Pública de Jalisco y sus Municipios, el Instituto de Administración Pública del Estado de México, el Poder Judicial del Estado de México, y la Academia de Derecho Constitucional de la Confederación de Colegios y Asociaciones de Abogados de México, Jalisco 2009, 2 Vols. 419 pp. y 405 pp.

La iniciativa para publicar dicha recopilación la tuvieron los Licenciados José de Jesús Naveja Macías y José Guillermo Vallarta Plata, a quienes de nuevo quiero agradecer su interés en la misma, cuando se enteraron de que la tenía, con motivo de la preparación del curso sobre sobre *Judicial Protection of Human Rights in Latin America. A Comparative Constitutional Law Study on the Latin American Injunction for the Protection of Constitutional Rights (Amparo proceeding,"* que me correspondió dictar entre los años 2006 y 2008, como *Adjunct Professor of Law,* en el Master en derecho (LLM) de la *Columbia Law School,* Universidad de Columbia en Nueva York.

Dicho Curso se publicó en inglés con el título de: *Constitutional Protection of Human Rigths in Latin America. A Comparative Study of Amparo Proceeding*, por Cambridge University Press, New York 2008, 432 pp.; y el texto completo del mismo, además de haberse publicado mimeografiado para uso de los estudiantes de la Maestría (*Judicial Action for "amparo"or Protection of Fundamental Rights in Latin America,* For the Exclusive use of the Students, Columbia Law School, New York 2006, 383 pp.), se incluyó en mi libro: *Judicial Review. Comparative Constitucional Law Essays, Lectures and Courses (1985-2011),* Fundación de Derecho Público, Editorial Jurídica Venezolana, Caracas 2014, pp. 425-849.

El texto del curso lo revisé con ocasión de la preparación del Curso sobre *La Justicia Constitucional en América Latina* que dicté en la Maestría de Ciencias Jurídicas de la Facultad de Derecho de la Universidad Panamericana de México, en febrero de 2016, con lo cual conformé una versión en castellano del mismo, que en buena parte se incluye ahora como el Estudio preliminar para esta nueva edición de la recopilación sobre "El proceso de amparo en el derecho constitucional comparado de América Latina," a la cual he incorporado los textos legales derivados de las últimas reformas de la acción de amparo aprobadas en Bolivia, Chile, Ecuador, México y República Dominicana.

Por otra parte, el texto de dicho Estudio Preliminar se publica, con los ajustes necesarios, durante el año en curso, como libro, con el título de *El proceso de amparo en el derecho constitucional comparado de América Latina,* por la Editorial Porrúa en México, gracias a la iniciativa del profesor Eduardo Ferrer Mac Gregor; y por la Editorial Gaceta Jurídica S.A. en Lima, gracias a la iniciativa del profesor Domingo García Belaúnde. A ambos, queridos amigos, mi agradecimiento por sus iniciativas y su invariable amistad.

New York, marzo de 2016

PRESENTACIÓN A LA PRIMERA EDICIÓN,
México 2008
Por:
José de Jesús Naveja Macías y José Guillermo Vallarta Plata

Hablar de Allan R. Brewer-Carías es invocar a uno de los máximos referentes en el ámbito del derecho constitucional contemporáneo; quien ha sido profesor en la Universidad Central de Venezuela, en la Universidad Católica Andrés Bello, en la Universidad Simón Bolívar, en la Universidad Católica de Táchira, en la Universidad de los Andes, en la Universidad de Zulia, universidades todas de Venezuela; en la *Faculté internacional pour l'enseignement du droit comparé*, en el *Institut Internacional d'Administration Publique*, en la Universidad de Paris II, en la Universidad de Paris X, todas ellas de Francia; en la Universidad de Cambridge (Reino Unido), en la Universidad de Columbia (Estados Unidos), en la Universidad Carlos III de Madrid (España), así como en diversos institutos y universidades de Latinoamérica, lo que corrobora el reconocimiento mundial del que es objeto, lo que es ratificado por los doctorados honoris causa que le han otorgado las Universidades Carlos III de Madrid (España), Católica del Táchira (Venezuela) y de Granada (España), entre otras.

La estancias del Dr. Brewer-Carías fuera de su país son numerosas con motivo de actividades docentes y de investigación que inició entre 1962 y 1963, cuando permaneció en París siguiendo los cursos de postgrado en Derecho Administrativo en la Facultad de Derecho de la Universidad de País; posteriormente, de 1972 a 1974, permaneció como *Visiting Scholar* en el Centro de Estudios Latinoamericanos de la Universidad de Cambridge en el Reino Unido.

Entre 1985 y 1986, el autor regresó a la Universidad de Cambridge, esta vez como Profesor y *Fellow* del Trinity College, redactando e impartiendo el curso de Maestría sobre el Control de la Constitucionalidad de las Leyes en el Derecho Comparado (*Judicial Review in Comparative Law*) en la Facultad de Derecho de dicha Universidad.

En 1989 regresa a París como Profesor Asociado en la Universidad de París II, donde redactó y dictó el curso sobre los Principios del Procedimiento Administrativo en el Derecho Comparado (*Les principes de la procedure administrative non contentieuse en droit comparé*).

Las estancias referidas han contribuido a fortalecer el espíritu investigador del autor, pero su última y actual estancia en la Universidad de Columbia en Nueva York, producto de la persecución política de la que ha sido objeto en Venezuela, donde, obviamente, no es bien visto un apologista de los sistemas democráticos y crítico de cualquier modalidad autocrática, lo ha signado positivamente, ya que su producción doctrinaria y compilatoria ha proliferado.

La presente compilación es producto de un largo trabajo de investigación desarrollado a los efectos de la preparación de sus clases en la *Columbia Law School* sobre el tema de la Protección Judicial de los Derechos Humanos en América Latina (*Judicial Protection of Human Rights in Latin America*), que lo llevó a reunir sistemáticamente las leyes de amparo de América Latina lo que no es nada fácil. Así, en este compendio encontramos la Ley 16986 sobre Acción de Amparo (1966) de Argentina; la Ley número 1836 sobre Ley del Tribunal Constitucional (1988) de Bolivia; la Lei número 1.533 sobre *Mandado de segurança* (1951) de Brasil; los Decretos de Ley número 2591, 306 y 1382 sobre la Acción de Tutela (1991, 1992, 2000) de Colombia; la Ley número 7135 sobre Ley de la Jurisdicción Constitucional (1989) de Costa Rica; el Auto acordado de la Corte Suprema de Justicia Sobre Tramitación y fallo del Recurso de Protección de las Garantías Constitucionales (texto refundido 2015) de Chile; la Ley número 000.RO/99 sobre Ley de Control Constitucional (1997) de Ecuador; la Ley de Procedimientos Constitucionales (1960) de El Salvador; el Decreto número 1-86 sobre Ley de Amparo, Exhibición Personal y Constitucionalidad (1986) de Guatemala; la Ley Sobre Justicia Constitucional (2004) de Honduras; la Ley de Amparo Reglamentaria de los artículos 103 y 107 de la Constitución Política de los Estados Unidos Mexicanos de 1936, de México; la Ley número 49 de Amparo (1988-1995) de Nicaragua; el Libro Cuarto: Instituciones de Garantía del Código Judicial, (1999) de Panamá; el Título II: El Juicio de Amparo de la Ley número 1337/88 sobre Código Procesal Civil (1988) de Paraguay; la Ley número 28,237 sobre Código Procesal Constitucional (2004) del Perú; la Ley número 437-06 que establece el Recurso de Amparo (2006); la Ley número 16,011 sobre Acción de Amparo (1988) de Uruguay; y la Ley Orgánica de Amparo Sobre Derechos y Garantías Constitucionales (1988) de Venezuela. En la recopilación ha incluido, además, la *Rule on the Writ of Amparo* (2007) de Filipinas, que se ha inspirado en la institución latinoamericana.

Esta trascendente compilación, preparada para el curso que ha impartido el autor en la Universidad de Columbia, en Nueva York, afortunadamente aceptó que se publicara bajo el auspicio del Instituto de Administración Pública de Jalisco y sus Municipios, A.C. y la Academia Nacional de Derecho Constitucional de la Confederación de Colegios y Asociaciones de Abogados de México, lo que resulta un verdadero privilegio.

Crece el significado de tan importante publicación, al tratarse de Leyes Reglamentarias de la institución del Amparo, de génesis mexicana a través del pensamiento del gran jurista mexicano Manuel Crescencio Rejón y Alcalá traducido en los artículos 8,9 y 62 de la Constitución de Yucatán de 1841 (de carácter regional) y vaciada posteriormente en los artículos 101 y 102 de la Constitución Mexicana de 1917 (de nivel federal) y finalmente, en los artículos 103 y 107 de la Constitución Mexicana de 1917 (también Federal y actualmente vigente), el cual permeó las legislaciones de América Latina.

Es por ello que la presente obra representa un documento que facilitará futuros estudios que hagan uso del método comparado y a través de ello, tratar de evitar la existencia de figuras de demagogia, utopía y plagio constitucional en sus normas jurídicas en las diversas legislaciones de América, que tanto daño hacen en nuestro países y en contraposición de ello, buscar el perfeccionamiento de sus instituciones.

Guadalajara, Jalisco, febrero de 2008

ESTUDIO PRELIMINAR:

EL PROCESO DE AMPARO EN EL
DERECHO CONSTITUCIONAL COMPARADO
LATINOAMERICANO

Allan R. Brewer-Carías

I. INTRODUCCIÓN GENERAL

El amparo ha sido concebido en todos los países latinoamericanos como un medio judicial extraordinario especialmente establecido para la protección de los derechos constitucionales, contra los agravios o amenazas infligidos contra los mismos por parte de autoridades y de particulares. Aun cuando ha sido indistintamente calificado como acción, recurso o juicio, en realidad, en todos los casos se trata de un proceso constitucional que normalmente concluye con una orden judicial de amparo, protección o tutela de los derechos violados o amenazados de violación.[1]

Este medio judicial extraordinario de protección no sólo es una de las piezas más importantes del sistema constitucional latinoamericano, sino quizás la más "latinoamericana" de todas las que lo conforman, habiendo incluso influido en la adopción en otros países de instituciones similares, como en años recientemente ocurrió en Filipinas con la creación del *Writ of amparo* a través de reglas dictadas por la

---

1   Véase en general, desde el punto de vista comparado, Héctor Fix-Zamudio y Eduardo Ferrer Mac-Gregor (Coord.), *El derecho de amparo en el mundo*, Edit. Porrúa, México 2006; Allan R. Brewer-Carías, *El amparo a los derechos y libertades constitucionales. Una aproximación comparativa*, Cuadernos de la Cátedra de Derecho Público, Nº 1, Universidad Católica del Táchira, San Cristóbal 1993, 138 pp.; también publicado por el Instituto Interamericano de Derechos Humanos, (Curso Interdisciplinario), San José, Costa Rica, 1993, (mimeo), 120 pp. y en *La protección jurídica del ciudadano. Estudios en Homenaje al Profesor Jesús González Pérez*, Tomo 3, Editorial Civitas, Madrid 1993, pp. 2.695-2.740; Allan R. Brewer-Carías, *Mecanismos nacionales de protección de los derechos humanos (Garantías judiciales de los derechos humanos en el derecho constitucional comparado latinoamericano)*, Instituto Interamericano de Derechos Humanos, San José 2005; *Constitutional Protection of Human Rights in Latin America. A Comparative Law Study on the amparo proceeding*, Cambridge University Press, New York, 2008; y "Ensayo de síntesis comparativa sobre el régimen del amparo en la legislación latinoamericana," en *Revista Iberoamericana de Derecho Procesal Constitucional*, nº 9 enero-junio 2008, Editorial Porrúa, Instituto Iberoamericano de Derecho Procesal Constitucional, México 2008, pp. 311-321.

Corte Suprema de ese país, en septiembre de 2007,[2] en la misma forma de regulación seguida en Chile.

En cuanto a los aspectos del sistema constitucional latinoamericano relativos a la protección de los derechos constitucionales, en términos generales los mismos han respondido a dos grandes tendencias: por una parte, la progresiva adopción y ampliación de las declaraciones constitucionales de derechos; y por la otra, la también progresiva constitucionalización de las garantías judiciales de los mismos, en particular mediante el proceso de amparo.

En efecto, si algo en esta materia ha sido característico del constitucionalismo latinoamericano, ha sido la larga tradición que todos nuestros países han tenido incorporando en el texto de las Constituciones extensas declaraciones de derechos, y no sólo de los civiles y políticos, sino de los sociales, culturales, económicos, ambientales y de los pueblos indígenas. Ello contrasta, por ejemplo, con la reducida lista de derechos que por ejemplo se enumeran en las primeras Enmiendas (*Bill of Rights*) a la Constitución de los Estados Unidos de América o con la total ausencia de declaración de derechos constitucionales en el orden interno del Reino Unido, sólo incorporada al mismo a través de las regulaciones de la Unión Europea.

La tradición declarativa latinoamericana comenzó hace 200 años, con la adopción, en 1811, de la "Declaración de los Derechos del Pueblo" por el Congreso Supremo de las Provincias de Venezuela, el 1 de julio de 1811, unos días antes de la declaración de Independencia de dichas provincias respecto de España; y luego, con la incorporación de un largo capítulo sobre derechos del hombre y de la sociedad, en la primera Constitución latinoamericana, que fue la "Constitución Federal de los Estados de Venezuela del 21 de diciembre de 1811."[3]

Es por ello que puede decirse que aun cuando nuestros países, por más de tres siglos fueron colonias del Imperio español, en la configuración inicial del constitucionalismo realmente no se pueden encontrar influencias del sistema constitucional español, sino más bien, influencias directas de los principios constitucionales que se derivaron de las Revoluciones americana y francesa del siglo XVIII, los cuales a la vez, y paralelamente, también fueron luego seguidos en España a partir de la sanción de la Constitución de la Monarquía Española de Cádiz de 1812.[4]

Otro aspecto que por supuesto está ligado a la tradición declarativa de derecho y que ha sido parte de la realidad constitucional latinoamericana, ha sido el desafortunado proceso de violación de los mismos por regímenes autoritarios, lo que lamen-

---

2   "The Rule of the Writ of Amparo", Supreme Court of Philippines, 2007.

3   Véase Allan R. Brewer-Carías, *Las declaraciones de derechos del pueblo y del hombre de 1811 (Bicentenario de la Declaración de "Derechos del Pueblo" de 1° de julio de 1811 y de la "Declaración de Derechos del Hombre" contenida en la Constitución Federal de los Estados de Venezuela de 21 de diciembre de 1811)*, Prólogo de Román José Duque Corredor), Academia de Ciencias Políticas y Sociales, Caracas 2011.

4   Véase Allan R. Brewer-Carías, *Reflexiones sobre la Revolución Americana (1776), la Revolución Francesa (1789) y la Revolución Hispanoamericana (1811-1830) y sus aportes al Constitucionalismo Moderno*, Universidad Externado de Colombia, Bogotá 2008; Allan R. Brewer-Carías, *Sobre el constitucionalismo hispanoamericano pre-gaditano 1811-1812*, Colección Cuadernos de la Cátedra Fundacional Charles Brewer Maucó, sobre Historia del Derecho, Universidad Católica Andrés Bello, N° 5, Editorial Jurídica Venezolana, Caracas 2013.

tablemente y quizás en forma más sofisticada, incluso se produce en el presente, al haberse instalado en algunos países, gobiernos autoritarios en fraude a la Constitución y a la democracia misma.[5] Ello ha provocado que haya sido precisamente en los períodos de transición democrática, donde normalmente se haya acentuado el esfuerzo por ampliar dichas declaraciones de derechos, a los efectos de reforzar su protección y agregar los nuevos derechos humanos, tanto individuales como colectivos.

En ese contexto también ha sido característico de nuestro constitucionalismo histórico, la incorporación en el texto de las Constituciones de la llamada "cláusula abierta" de los derechos humanos, siguiendo la tradición iniciada con la de la IX Enmienda de la Constitución de los Estados Unidos de América (1791), pero referida, no sólo a los otros derechos no enumerados en el texto constitucional que son "retenidos por el pueblo" como esta indica, sino a otros derechos que son inherentes a la persona humana o a la dignidad humana, o que derivan de la naturaleza de la persona humana, como se dispone en muchas de nuestras Constituciones. El resultado es que cláusulas de esta naturaleza se encuentran en todas las Constituciones latinoamericanas, excepto en las de Cuba, Chile, México y Panamá.

Por otra parte, esta progresiva expansión del contenido de las declaraciones constitucionales de derechos también ha provocado la incorporación expresa en las Constituciones, en muchos casos con rango constitucional, de los derechos declarados en tratados y convenciones internacionales de derechos humanos. A estos, por tanto, no sólo se les ha dado rango legal siguiendo la tradición constitucional también iniciada en Norteamérica, sino que en muchos casos incluso se les ha dado rango supra legal, rango constitucional y hasta rango supra constitucional. Algunas Constituciones, incluso, han conferido preeminencia a las previsiones de los tratados internacionales sobre derechos humanos en relación con las normas de la propia Constitución, cuando contengan previsiones más favorables al ejercicio de los derechos. Es el caso, por ejemplo, de la Constitución de Venezuela (art. 23), a pesar de que la jurisprudencia de la Sala Constitucional del Tribunal Supremo lo haya desconocido.[6]

En relación con este tema de la jerarquía de los tratados internacionales sobre derechos humanos en el derecho interno, aún en ausencia de disposiciones constitucionales expresas, en algunos países latinoamericanos el tema se ha resuelto mediante interpretación constitucional, al haberse incorporado en el texto mismo de las Constituciones, el principio de que en materia de derechos humanos, la interpretación del alcance de los mismos siempre debe ser hecha de acuerdo con lo establecido en dichos tratados internacionales de derechos humanos. Este es el caso, por ejemplo, de la Constitución de Colombia (art. 93) y del Código Procesal Constitucional del Perú (art. V).

Sin embargo, en este proceso de constitucionalización y de internacionalización de los derechos humanos, un específico tratado multilateral que ha tenido una im-

---

5   Fue el caso de Venezuela desde1999. Véase Allan R. Brewer-Carías, *Dismantling Democracy. The Chávez Authoritarian Experiment*, Cambridge University Press, New York 2010,.

6 ` Véase Allan R. Brewer-Carías, "La aplicación de los tratados internacionales sobre derechos humanos en el orden interno", en *Revista IIDH*, Instituto Interamericano de Derechos Humanos, Nº 46, San José 2007, pp. 219-271.

portancia excepcional en la materia, ha sido como ha sido la Convención Americana de Derechos Humanos de 1969, y no sólo respecto del contenido de las declaraciones de derechos, sino en relación con el desarrollo de los mecanismos de protección judicial de los mismos, incluso a nivel internacional, con la creación de la Corte Interamericana de Derechos Humanos. Esta Convención, firmada en 1969 y ratificada por todos los países latinoamericanos con excepción de Cuba, ha sido un muy efectivo instrumento para la consolidación de un muy rico estándar mínimo sobre la regulación de los derechos civiles y políticos, común para todos los países. Lamentablemente, en 2013, Venezuela denunció la Convención Americana para escaparse de la jurisdicción de la Corte Interamericana de Derechos Humanos.[7]

Pero además de la progresiva ampliación de las declaraciones sobre derechos humanos, una segunda tendencia también caracteriza al sistema constitucional latinoamericano de protección de los mismos, que consiste en la expresa previsión en las Constituciones, precisamente de los mecanismos de protección judicial de los derechos, mediante la regulación de un específico medio judicial para ello, que ha sido llamado *Amparo* (Guatemala), *Juicio de amparo,* (México), *Proceso de amparo* (El Salvador, Perú), *Derecho de amparo* o *acción de amparo* (Venezuela), *Acción de amparo* (Argentina, República Dominicana, Honduras, Paraguay, Uruguay), *Recurso de amparo constitucional* (Bolivia, Costa Rica, Nicaragua, y Panamá), *Acción de tutela* (Colombia), *Recurso de protección* (Chile), *Acción de protección* (Ecuador), *Mandado de segurança* y *mandado de injunção* (Brasil), y que en todos los casos, se rigen por reglas procesales diferentes a las generales que se han establecido en los Códigos de Procedimiento Civil para los procesos destinadas a la protección general de los derechos o interesas de las personas y de sus bienes.

Ello implica que la protección de los derechos constitucionales en nuestros países puede lograrse de dos maneras: por una parte, a través de las acciones o recursos ordinarios y extraordinarios que en general se han establecidos en los Códigos de Procedimiento Civil; y por la otra, además, mediante las acciones y recursos establecidos en forma separada para el específico propósito de proteger los derechos constitucionales, y que han dado origen al proceso constitucional de amparo.

Como antes se mencionó, esta última solución es la que ha sido seguida en los países de América Latina, siendo ella uno de los signos distintivos de mayor importancia del derecho constitucional de nuestros países. La misma contrasta, por ejemplo, con la seguida en el sistema constitucional de los Estados Unidos de América

---

7   Véase la comunicación Nº 125 de 6 de septiembre de 2012 dirigida por el entonces Canciller de Venezuela, Nicolás Maduro, dirigida al Secretario General de la OEA, en http://www.minci.gob.ve/wp-content/uploads/2013/09/Carta-Retiro-CIDH-Firmada-y-sello.pdf. Véase sobre ello, Carlos Ayala Corao, "Inconstitucionalidad de la denuncia de la Convención Americana sobre Derechos Humanos por Venezuela" en *Revista Europea de Derechos Fundamentales*, Instituto de Derecho Público, Valencia, España, Nº 20/2° semestre 2012; en *Estudios Constitucionales*, Centro de Estudios Constitucionales de Chile, Universidad de Talca, año 10, Nº 2, Chile, 2012; en la *Revista Iberoamericana de Derecho Procesal Constitucional*, Instituto Iberoamericano de Derecho Procesal Constitucional y Editorial Porrúa, Nº 18, Julio-Diciembre, 2012; en la *Revista de Derecho Público*, Nº 131, Caracas, julio-septiembre 2012; en el *Anuario de Derecho Constitucional Latinoamericano 2013*, Anuario 2013, Konrad Adenauer Stiftung: Programa Estado de Derecho para Latinoamérica y Universidad del Rosario, Bogotá, Colombia 2013.

donde la protección efectiva de los derechos humanos se asegura mediante los remedios judiciales ordinarios del proceso o a través de los remedios extraordinarios
de equidad (como las *injunctions*), las cuales también se utilizan para la protección
de cualquier tipo de derechos o intereses de las personas (*civil rights injunctions*).
En América latina, en cambio, y en parte dada la tradicional deficiencia de los medios judiciales generales y ordinarios para asegurar la protección efectiva de los
derechos constitucionales, es que se ha desarrollado el proceso de amparo como un
medio judicial específico para asegurar su protección.

Este medio específico de protección fue inicialmente introducido en México en
1847, con el nombre de juicio de amparo, el cual de acuerdo con la opinión unánime
de los autores mexicanos tuvo su origen en el sistema de control judicial de constitucionalidad (*Judicial Review*) de los Estados Unidos de América, tal como había
sido descrito por Alexis de Tocqueville en su obra *La democracia en América*, escrita sólo unos años después del caso *Malbury v. Madison* U.S. (1 Cranch), 137; 2 L.
Ed. 60 (1803).[8]

Sin embargo, en su evolución posterior, el juicio de amparo mexicano, en una
forma bien diferente al modelo norteamericano, se convirtió en la institución única y
compleja de la actualidad, que sólo se encuentra en México, mediante la cual,
además de asegurarse la protección de las garantías individuales (*amparo libertad*),
comprende un variado y amplio grupo de otras medidas de protección judicial que se
pueden ejercer contra el Estado y sus agentes, y que en los otros países latinoamericanos son siempre acciones o procesos separados. En ellos se incluyen, acciones
para el control de la constitucionalidad de las leyes (*amparo contra leyes*), acciones
para el control de legalidad e inconstitucionalidad de los actos administrativos (*amparo administrativo*), acciones para el control judicial de las sentencias (*amparo
casación*), y acciones para la protección de los derechos campesinos (*amparo colectivo*).[9] Este carácter comprehensivo y único del juicio de amparo no se encuentra en
ningún otro país de América Latina, lo que no ha impedido a que sea precisamente
el amparo mexicano el que más se conozca fuera de América Latina.

En todo caso, después de su introducción en México, durante el mismo Siglo
XIX el proceso de amparo comenzó a extenderse por América Latina, dando origen
en todos los países a una diferente y específica acción o recurso, y a un proceso,
establecido exclusivamente para la protección de los derechos y libertades constitucionales, llegando en algunos casos a convertirse, incluso, en una institución proce-

---

8   Véase Francisco Fernández Segado, "Los orígenes del control de la constitucionalidad y del
juicio de amparo en el constitucionalismo mexicano de la primera mitad del siglo XIX. El
impacto del Voto particular de don mariano Otero", en *Revista Iberoamericana de Derecho
Procesal Constitucional*, N° 5, Instituto Iberoamericano de Derecho Procesal Constitucional,
Ed. Porrúa, México 2006, pp. 67 ss.

9   Véase una sistematización del nuevo juicio y las acciones de amparo mexicano en FERRER
MAC-GREGOR, Eduardo y SÁNCHEZ GIL, Rubén, *"El nuevo juicio de amparo"*, coedición de
Porrúa, UNAM, México, 2013.

sal más protectiva que el amparo mexicano,[10] particularmente antes de las reformas de 2013 de la ley de Amparo

En esta forma, además del recurso de habeas corpus que se generalizó en casi todos los países, el amparo fue introducido durante la segunda mitad del Siglo XIX en las Constituciones de Guatemala (1879), El Salvador (1886) y Honduras (1894); y durante el siglo XX, en las Constituciones de Nicaragua (1911), Brasil (*mandado de segurança* 1934), Panamá (1941), Costa Rica (1946), Venezuela (1961), Bolivia, Paraguay, Ecuador (1967), Perú (1979), Chile (*recurso de protección*, 1980, reforma 2001) Colombia (*acción de tutela*, 1991), República Dominicana (2010).

Desde 1957, y mediante precedentes judiciales, la acción de amparo había sido admitida en Argentina, habiendo sido regulada por Ley en 1966, y luego incorporada en la reforma constitucional de 1994. En la República Dominicana, desde 2000 la Corte Suprema también admitió el amparo, el cual también fue regulado posteriormente, en 2006, mediante la Ley de Amparo, y en 2010 en las normas de la Constitución; cuyas normas se desarrollaron en 2011, en la Ley Orgánica del Tribunal Constitucional y de los Procesos Constitucionales.

La consecuencia de este proceso constitucionalización de las garantías judiciales de los derechos humanos es que en todos los países latinoamericanos, con la excepción de Cuba, están reguladas las acciones de habeas corpus y amparo como medios judiciales específicos diseñados exclusivamente para la protección de los derechos y garantías constitucionales.

En todos los países, como se dijo, el amparo está regulado en expresas normas constitucionales; y en todos, excepto en Chile, el proceso de amparo está regulado en textos legislativos específicos. En Chile, el recurso de protección se encuentra regulado en un cuerpo normativo denominado "Auto Acordado" sancionado por la Corte Suprema de Justicia en 1992, cuya última reforma es de 2015.

En la actualidad, por tanto, las siguientes son las leyes que regulan el proceso de amparo en América Latina:

ARGENTINA.   Ley N° 16.986. Acción de Amparo, 1966;

BOLIVIA.   Ley N° 254. Código Procesal Constitucional 2012.

BRAZIL.   Lei N° 12.016 Mandado de Segurança, 2009

COLOMBIA.   Decretos Ley N° 2591, 306 y 1382. Acción de Tutela, 2000;

COSTA RICA.   Ley N° 7135. Ley de la Jurisdicción Constitucional, 1989;

ECUADOR.   Ley Orgánica de Garantías Constitucionales y Control de Constitucionalidad, 2009.

EL SALVADOR. Decreto 2996, Ley de Procedimientos Constitucionales, 1960;

---

10   Véase Joaquín Brague Camazano, *La Jurisdicción constitucional de la libertad. Teoría general, Argentina, México, Corte Interamericana de Derechos Humanos*, Editorial Porrúa, México, 2005, pp. 156 ss.

GUATEMALA.   Decreto N° 1-86. Ley de Amparo. Exhibición personal y Constitucionalidad, 1986;

HONDURAS.   Ley sobre Justicia Constitucional, 2004;

MÉXICO.   Ley de Amparo, reglamentaria de los artículos 103 y 107 de la Constitución Política, 2013;

NICARAGUA.   Ley N° 49. Amparo, 1988;

PANAMÁ.   Código Judicial, Libro Cuarto: Instituciones de Garantía, 1999;

PARAGUAY.   Ley N° 1.337/88. Código Procesal Civil, Titulo II. El Juicio de Amparo, 1988;

PERÚ.   Ley N° 28.237. Código Procesal Constitucional, 2005;

REPÚBLICA
DOMINICANA.   Ley Orgánica del Tribunal Constitucional y de los Procesos Constitucionales, 2011.

URUGUAY.   Ley N° 16.011. Acción de Amparo, 1988;

VENEZUELA.   Ley Orgánica de Amparo sobre Derechos y Garantías Constitucionales, 1988.*

Estas leyes, en algunos casos, han sido sancionadas para regular exclusivamente la acción de amparo como sucede en Argentina, Brasil, Colombia, México, Nicaragua, Uruguay y Venezuela. En otros casos, la legislación dictada, además de regular la acción de amparo, también contiene regulaciones en relación con otros medios judiciales de protección de la Constitución, como las acciones de inconstitucionalidad y las acciones de habeas corpus y habeas data, como es el caso Bolivia, Guatemala, Perú, Costa Rica, Ecuador, El Salvador, Honduras y República Dominicana. Sólo en Panamá y en Paraguay el proceso de amparo está regulado en un Capítulo especial en los respectivos Códigos de Procedimiento Civil o judicial.

En la gran mayoría de los países latinoamericanos, además de la acción de amparo, las Constituciones siempre han regulado el recurso de habeas corpus como medio judicial aparte para la protección de la libertad e integridad personales. Es el caso de Argentina, Bolivia (acción de libertad), Brasil, Colombia, Costa Rica, Chile, República Dominicana, Ecuador, El Salvador, Honduras, Nicaragua, Panamá, Paraguay, Perú y Uruguay

Sólo en algunas Constituciones como la de Guatemala, México y Venezuela, el proceso de amparo está concebido como una acción para la protección de todos los derechos y libertades constitucionales, incluyendo la libertad personal, en cuyo caso

---

*   Aun cuando la Asamblea Nacional sancionó una reforma de la Ley Orgánica en 2014, y casi un año después, la Sala Constitucional del Tribunal Supremo de Justicia, mediante sentencia N° 1573 de 18 de noviembre de 2014, declaró como constitucional el carácter orgánico de la ley de reforma (Véase en (http://historico.tsj.gob.ve/decisiones/scon/noviembre/171652-1573-181114-2014-14-0771.HTML), dicha Ley nunca fue promulgada por el Ejecutivo ni publicada en *Gaceta Oficial*.

el habeas corpus es considerado como un tipo de acción de amparo, denominado por ejemplo como acción de exhibición personal (Guatemala) o amparo para la protección de la libertad personal (Venezuela).

Por otra parte, más recientemente, en algunos países como Argentina, Bolivia, Ecuador, Paraguay, Perú y Venezuela, además de la acción de amparo y de la de habeas corpus, las Constituciones han establecido otra acción distinta, llamada de habeas data (o protección de privacidad), mediante la cual las personas pueden formular peticiones para obtener información sobre sí mismas que estén contenidas en archivos, registros y bancos de datos, públicos o privados, y en caso de información falsa, errada o discriminatoria, pueden solicitar su eliminación, confidencialidad o corrección.

Como resultado de todo este proceso protectivo de los derechos humanos, en la actualidad, las regulaciones constitucionales en la materia en América Latina, se han configurado en tres formas diferentes:

En primer lugar, previendo tres recursos o acciones diferentes, el *amparo, el habeas corpus y el habeas data*, como sucede en Argentina, Brasil, Bolivia (acción de protección de privacidad), Ecuador, Paraguay, Perú y República Dominicana;

En segundo lugar, estableciendo dos recursos diferentes, por una parte el *amparo y el habeas corpus*, como es el caso en Colombia, Costa Rica, Chile, El Salvador, Honduras, Nicaragua, Panamá y Uruguay; y por la otra, el *amparo y el habeas data*, como es el caso de Venezuela; y

En tercer lugar, regulando un solo recurso o acción de *amparo,* comprendiendo en el mismo la protección de la libertad personal, como es el caso de Guatemala, México y Venezuela.

A todo ello deben agregarse otras acciones de garantías de derechos como las acciones de incumplimiento o de acceso a la información que se han regulado en muchos países.

El proceso constitucional de amparo en América Latina, por otra parte, se ha configurado como una pieza más del sistema general de protección de la Constitución que desde el siglo XIX se ha venido desarrollando en nuestros países, es decir, dentro de los diversos sistemas nacionales de control de constitucionalidad de los actos estatales, en particular de las leyes. Siguiendo los criterios más tradicionales derivados del órgano llamado a ejercer el control de constitucionalidad, estos pueden clasificarse en tres grandes grupos:

En primer lugar están los países que han adoptado única y exclusivamente el método difuso de control de constitucionalidad, que en América Latina sólo es Argentina, donde además se regula el recurso de amparo.

En segundo lugar están los países que han adoptado también única y exclusivamente, el método de control concentrado de la constitucionalidad, atribuyéndolo a un Tribunal o Corte Constitucional o a la Corte Suprema de Justicia, los cuales a la vez se pueden clasificar en dos grupos, según que la acción de amparo también esté concentrada en la Jurisdicción Constitucional, como es el caso de Costa Rica y El Salvador (Sala Constitucional de la Corte Suprema); o que se pueda ejercer ante una universalidad de tribunales, como es el caso de Bolivia, Chile, Ecuador, Honduras, Panamá, Paraguay y Uruguay; y

En tercer lugar, están los países que han adoptado un sistema mixto de control de constitucionalidad que combinan el método difuso con el método concentrado, como es el caso de Brasil, Colombia, Guatemala, México, Nicaragua, Perú, República Dominicana y Venezuela.

En términos generales, los derechos constitucionales que pueden ser objeto de protección mediante el proceso constitucional de amparo son todos aquellos declarados en la Constitución o que se considere que tienen rango constitucional. En algunos países, incluso, se establece expresamente que mediante la acción de amparo también pueden protegerse los derechos declarados en los convenios internacionales (Argentina, Costa Rica, Ecuador y Venezuela) y en otros, los establecidos en leyes (Argentina, Bolivia, Guatemala y Paraguay).

Solo excepcionalmente algunas Constituciones reducen el ámbito de protección del amparo respecto de algunos derechos o garantías individuales o "derechos fundamentales" declarados en la Constitución, como es el caso de Colombia y Chile. Esta es la tendencia que por lo demás se ha seguido en Alemania y España con el recurso de protección individual o recurso de amparo, establecidos para la sola protección de los "derechos fundamentales", y que más recientemente se ha seguido en la regulación del *writ of amparo* en Filipinas, para la protección sólo del derecho a la vida, la libertad y la seguridad.

En todos los países latinoamericanos, la acción de amparo está concebida como una vía judicial extraordinaria, para cuyo ejercicio se establecen diversas regulaciones particularmente referidas a su relación con las vías ordinarias de protección:

En primer lugar, en algunos países se establece que la acción de amparo sólo se puede ejercer cuando no exista otro medio judicial adecuado para la inmediata protección constitucional, como es el caso de Argentina, Bolivia, Chile, Ecuador, , El Salvador, Paraguay, República Dominicana, Uruguay y Venezuela.

En segundo lugar, en otros países se establece que la acción de amparo sólo puede ejercerse cuando se hayan agotado los otros medios judiciales idóneos existentes para proteger los derechos constitucionales, como es el caso de Brasil, Colombia, Guatemala, México y Perú..

En tercer lugar, en otros grupo de países lo que se establece es la inadmisibilidad de la acción de amparo cuando ya se hayan intentado otros recursos protectivos, como es el caso de Argentina, Chile, Ecuador, México y Perú..

En todo caso, en cuanto al procedimiento del proceso de amparo, en todos los países de América Latina, con excepción de Chile, se ha garantizado el carácter bilateral del proceso, debiendo en general iniciarse a instancia de parte. En Honduras y Guatemala, sin embargo, la legislación permite que en materia de habeas corpus los tribunales puedan iniciar el procedimiento de oficio.

En general, dado el carácter personal de la acción de amparo, es por tanto la parte injuriada o agraviada la que puede intentar la acción de amparo, aun cuando en algunas legislaciones se admite que otras personas distintas puedan intentar en nombre de la persona agraviada, tanto la acción de habeas corpus (Argentina, Bolivia, Guatemala, Honduras, México, Nicaragua, Perú y Venezuela) como la acción de amparo (Guatemala, Colombia y Perú), al igual que las acciones colectivas (Argentina, Brasil, Costa Rica, Colombia -acción popular-, y Perú).

Por otra parte, muchas legislaciones otorgan legitimación para intentar la acción de amparo en nombre de los agraviados o de la colectividad, al Defensor de los Derechos Humanos o Defensor del Pueblo, como es el caso de Argentina, Bolivia, Colombia, Ecuador, El Salvador, Guatemala, Perú, Nicaragua, Paraguay, Venezuela y México.

La acción o recurso de amparo se ha establecido en América Latina para la protección de los derechos constitucionales, de manera que ha sido su objeto el que realmente ha dado origen a este proceso constitucional extraordinario, independientemente de la persona o entidad que haya causado el agravio o violación del derecho. Por ello, la lógica del sistema protectivo es que el amparo debe proceder en cualquier caso de violación o amenaza, cualquiera haya sido el origen de la misma, sea un acto u omisión de una autoridad pública o de un individuo.

Sin embargo, si bien todos los países de América Latina admiten la acción de amparo contra funcionarios y autoridades públicas -incluso, el amparo, en su origen, fue concebido como un medio de protección frente al Estado-, no todos los países admiten la posibilidad de ejercer la acción contra particulares agraviantes.

En cuanto a la acción de amparo contra acciones u omisiones lesivas provenientes de autoridades y funcionarios, si bien en la mayoría de los países se establece como un medio general de protección sin ningún tipo de distinciones como sucede en Bolivia, Colombia, El Salvador, Guatemala, Perú, Nicaragua, Uruguay y Venezuela; en México, en cambio, se limita la posibilidad de intentarla sólo contra una "autoridad responsable," que es la que dicta, ordena, ejecuta o trata de ejecutar el acto que crea, modifica o extingue situaciones jurídicas en forma unilateral y obligatoria; u omita el acto que de realizarse crearía, modificaría o extinguiría dichas situaciones jurídicas (art. II.5, Ley de Amparo).

En otros países se excluye la acción de amparo sólo respecto de ciertas autoridades como son los cuerpos electorales, tal como sucede en Costa Rica, Ecuador, México, Nicaragua, Panamá, y Uruguay; o el Consejo de la Magistratura, como es el caso de Perú.

Excepto en los países en los cuales la acción de amparo sólo se admite contra autoridades, que son la minoría (Brasil, El Salvador, y Panamá), en el resto de los países latinoamericanos la acción de amparo se admite contra particulares, en algunos casos sin distinción de ningún tipo como sucede en Argentina, Bolivia, Chile, República Dominicana, Paraguay, Perú, Uruguay y Venezuela; y en otros casos, en forma restrictiva sólo respecto de ciertos individuos o empresas privadas concesionarias de servicios públicos, con poderes públicos delegados o que estén en ciertas situaciones de poder en relación con la colectividad, como es el caso de Colombia, Costa Rica, Ecuador, Guatemala y Honduras.

En el caso de México, con la reforma de la Ley de Amparo de 2013 se estableció también la posibilidad de amparo contra particulares (art. I,III, único) pero sólo cuando éstos "tengan la calidad de *autoridad responsable*," la cual en los términos del artículo 5.II de la Ley es "la que dicta, ordena, ejecuta o trata de ejecutar el acto que crea, modifica o extingue situaciones jurídicas en forma unilateral y obligatoria; u omita el acto que de realizarse crearía, modificaría o extinguiría dichas situaciones jurídicas," considerando la misma norma que los particulares tienen tal calidad, cuando "realicen actos equivalentes a los de autoridad, que afecten derechos en los términos de esta fracción, y cuyas funciones estén determinadas por una norma general" (art. 5.II).

En cuanto a la acción de amparo ejercida contra autoridades y funcionarios, el tratamiento de los actos estatales que pueden ser objeto de la acción de amparo tampoco es uniforme, en el sentido de que en muchos casos se establecen exclusiones puntuales.

Por ejemplo, en cuanto a actos ejecutivos, en México se excluyen de la acción de amparo ciertos actos presidenciales, y en Uruguay se excluyen los reglamentos ejecutivos; en Argentina y Perú se excluyen de la acción de amparo los actos estatales en los cuales se decidan cuestiones políticas, y en Argentina, además, los actos relativos a la defensa nacional. Igualmente, en Argentina y en Paraguay se excluyen de la acción de amparo los actos que afecten el funcionamiento de los servicios públicos.

En cuanto a los actos legislativos, en México se excluyen de la acción de amparo ciertos actos del Congreso; y en cuanto al amparo contra leyes, la mayoría de los países lo excluyen, como sucede en Argentina, Bolivia, Brasil, Colombia, Costa Rica, Chile, Ecuador, El Salvador, Nicaragua, Perú, Panamá, Paraguay, Republica Dominicana, Uruguay y Venezuela. En realidad, el amparo contra leyes sólo se admite en Honduras, donde sólo se aplica el método concentrado de control de constitucionalidad de las leyes; y en Guatemala y México, que han adoptado el sistema mixto de control de constitucionalidad de las leyes, en especial contra las leyes autoaplicativas.

En cuanto a los actos judiciales, también en la mayoría de los países de América Latina se excluye la acción de amparo contra los mismos, como es el caso de Argentina, Brasil, Costa Rica, Chile, Ecuador, El Salvador, Nicaragua, Paraguay, y Uruguay. En Bolivia se excluye contra resoluciones judiciales pero sólo si pudiesen ser modificadas o suprimidas por cualquier otro recurso del cual no se haya hecho uso (art. 53.3).En otros países, sin embargo, se admite la acción de amparo contra sentencias, como sucede en Colombia, Guatemala, Honduras, México, Panamá, Perú y Venezuela; aun cuando en algunos de ellos se excluye expresamente respecto de decisiones de las Cortes Supremas (México, Panamá, Venezuela) o de las decisiones dictadas en los juicios de amparo (Honduras, México). En Ecuador, sin embargo, se prevé una acción de protección extraordinaria contra sentencias que sólo se puede intentar ante la Corte Constitucional (art. 437, Constitución).

Por último, en esta síntesis comparativa del amparo en América Latina, debe hacerse mención al tratamiento que la legislación le da al tema de la revisión de las sentencias dictadas en los procesos de amparo, pues tratándose de procesos constitucionales, las leyes tienden a asegurar la uniformidad de la aplicación e interpretación de la Constitución, particularmente en aquellos casos, que son la mayoría, en los cuales la competencia judicial para conocer de la acción de amparo se ejerce por una universalidad de tribunales y no sólo por la Jurisdicción Constitucional, como sólo ocurre en Costa Rica, El Salvador y Nicaragua.

En todos los otros países, en todo caso, para la búsqueda de la uniformidad de la interpretación constitucional se han establecido mecanismos judiciales de revisión de manera que en una forma u otra las decisiones dictadas en los procesos de amparo puedan llegar a ser revisadas por las Cortes Supremas o los Tribunales Constitucionales.

En tal sentido, en Argentina, que sólo aplica el método difuso de control de constitucionalidad, las sentencias dictadas en los juicios de amparo y en materias constitucionales, pueden ser objeto de un recurso extraordinario de revisión ante el la Corte Suprema.

En los países que sólo aplican el método concentrado de control de constitucionalidad de las leyes pero donde los juicios de amparo se desarrollan ante tribunales inferiores, se han establecido mecanismos de revisión obligatoria (Bolivia) o discrecional (Ecuador, Honduras) por la Corte Constitucional o por la Sala Constitucional del Tribunal Supremo de Justicia, respectivamente.

En los países que aplican el sistema mixto de control de constitucionalidad, en unos casos se han establecido mecanismos de revisión automáticos por los Tribunales Constitucionales discrecional (Colombia); y en otros, se han previsto mecanismos de revisión, mediante recursos o apelaciones, por las Cortes Supremas o los Tribunales Constitucionales, también de carácter obligatorio (Brasil, Guatemala, Perú) o discrecional (México, Venezuela).

II. EL DERECHO DE AMPARO EN LA CONVENCIÓN AMERICANA

Pero además de haber sido consagrado en las Constituciones y en la legislación interna de los países de América latina, uno de esos derechos más importantes consagrados en la Convención Americana de derechos Humanos, ha sido también el derecho de toda persona a ser amparada en sus derechos humanos y garantías previstos en la Convención y en las Constituciones nacionales, el cual, como hemos visto, a pesar de la más que centenaria tradición de la cual goza en América Latina, en muchos países aún no ha encontrado su cabal efectividad, al menos en los amplios términos que lo concibe la Convención Americana en el marco del derecho a la protección judicial.

En efecto, el artículo 25.1 de la Convención dispone:

"Toda persona tiene derecho a un recurso sencillo y rápido o a cualquier otro recurso efectivo ante los jueces o tribunales competentes, que la ampare contra actos que violen sus derechos fundamentales reconocidos por la Constitución, la ley o la presente Convención, aun cuando tal violación sea cometida por personas que actúen en ejercicio de sus funciones oficiales."

De esta norma resulta que el derecho de amparo que encuentra su fundamento en la misma no sólo es un derecho aplicable en todos los Estados miembros, sino que del mismo resulta la obligación internacional que les ha sido impuesta a los mismos con el objeto de asegurarle a todas las personas, no sólo la existencia sino la efectividad de ese recurso efectivo, sencillo y rápido para la protección de sus derechos. Para ello, la propia Convención dispuso que los Estados Partes se comprometen "a garantizar que la autoridad competente prevista por el sistema legal del Estado decidirá sobre los derechos de toda persona que interponga tal recurso" (artículo 25.2.a). Ello lo ha puntualizado la Corte Interamericana en innumerables sentencias al recordar:

"El deber general del Estado de adecuar su derecho interno a las disposiciones de dicha Convención para garantizar los derechos en ella consagrados, establecido en el artículo 2, incluye la expedición de normas y el desarrollo de prácticas conducentes a la observancia efectiva de los derechos y libertades consagrados en la misma, así como la adopción de medidas para suprimir las normas y prácticas de cualquier naturaleza que entrañen una violación a las garantías previstas en la Convención. Este deber general del Estado Parte implica que las medidas de derecho interno han de ser efectivas (principio del *effet utile*), para lo cual el Estado debe adaptar su actuación a la normativa de protección de la Convención."[11]

Ahora bien, es bien sabido que la Corte Interamericana de Derechos Humanos desde sus primeras Opiniones Consultivas identificó el recurso previsto en el artículo 25.1 de la Convención con la institución latinoamericana del amparo. Así lo expuso en su Opinión Consultiva OC-8/87 del 30 de enero de 1987, *El habeas corpus bajo suspensión de garantías (arts. 27.2, 25.1 y 7.6 Convención Americana sobre Derechos Humanos)*, señaló que el artículo 25.1 de la Convención era "una disposición de carácter general que recoge la institución del amparo, entendido como el procedimiento judicial sencillo y breve que tiene por objeto la tutela de todos los derechos reconocidos por las constituciones y las leyes de los Estados partes y por la Convención."[12] Y también en la Opinión Consultiva OC-9/87 del 6 de octubre de 1987, *Garantías judiciales en estados de emergencia (arts. 27.2, 25 y 8, Convención Americana sobre Derechos Humanos)*, donde la Corte precisó que "para que tal recurso exista, no basta con que esté previsto por la Constitución o la ley o con que sea formalmente admisible, sino que se requiere que sea realmente idóneo para establecer si se ha incurrido en una violación a los derechos humanos y proveer lo necesario para remediarla;" al punto de establecer que su falta de consagración en el derecho interno, es decir, "la inexistencia de un recurso efectivo contra las violaciones a los derechos reconocidos por la Convención constituye una transgresión de la misma por el Estado Parte en el cual semejante situación tenga lugar."[13]

La Corte Interamericana, en sus decisiones posteriores y luego de una larga evolución, variado su interpretación, indicando que el artículo 25.1, al consagrar el derecho al recurso efectivo como derecho de amparo, lo ha hecho en el sentido más amplio, de derecho humano a la "protección judicial" efectiva, incluyendo el derecho de acceso a la justicia, siguiendo la orientación fijada inicialmente por el juez Antonio Cançado Trindade en su Voto al caso *Genie Lacayo Vs. Nicaragua* de 29 de enero de 1997 cuando consideró que la norma era, no sólo uno de los pilares básicos de la Convención, sino "de todo el Estado de derecho en una sociedad democrática según el sentido de la Convención;"[14] concepto que se reiteró con posterioridad en la

---

11   Véase sentencia en el caso *Yatama Vs. Nicaragua* de 23 de Junio de 2005, (Párr. 170), en http://www.corteidh.or.cr/docs/casos/articulos/seriec_127_esp.pdf

12   Véase Opinión Consultiva OC-8/87, del 30 de enero de 1987, *El habeas corpus bajo suspensión de garantías (arts. 27.2, 25.1 y 7.6 Convención Americana sobre Derechos Humanos*, en http://www.corteidh.or.cr/docs/opiniones/seriea_08_esp.pdf

13   Véase Opinión Consultiva OC-9/87 del 6 de octubre de 1987, *Garantías judiciales en estados de emergencia (arts. 27.2, 25 y 8, Convención Americana sobre Derechos Humanos* (Párr. 24), en http://www.corteidh.or.cr/docs/opiniones/seriea_09_esp.pdf

14   Voto Disidente de Antonio Augusto Cançado Trindade en la sentencia del *Caso Genie Lacayo vs. Nicaragua (Solicitud de Revisión de la Sentencia de Fondo, Reparaciones y Costas)* de

jurisprudencia de la Corte Interamericana a partir de la sentencia del caso *Castillo Páez vs. Perú* de 3 de noviembre de mismo año.[15]

En este contexto, por supuesto más amplio, el derecho de amparo no es más que una de las piezas de ese pilar básico de la democracia que es el derecho humano a la protección judicial, y no lo agota; de manera que la acción de amparo se subsume en dicho sistema de recursos judiciales rápidos, sencillos y eficaces (con el signo en este caso de la inmediatez de la protección por tratarse de derechos humanos) a los cuales las personas tienen derecho de acceder (acceso a la justicia) con las garantías del debido proceso que derivan del artículo 25.1 en conexión con el artículo 8 sobre garantías judiciales, los cuales en conjunto son los que constituyen el pilar de la democracia.[16] Como lo dijo la Corte Interamericana en la sentencia del caso de *La Masacre de las Dos Erres vs. Guatemala* de 24 de noviembre de 2009, luego de expresar que "el recurso de amparo por su naturaleza es el procedimiento judicial sencillo y breve que tiene por objeto la tutela de todos los derechos reconocidos por las constituciones y leyes de los Estados partes y por la Convención;" que "tal recurso *entra* en el ámbito del art. 25 de la Convención Americana, por lo cual tiene que cumplir con varias exigencias, entre las cuales se encuentra la idoneidad y la efectividad."[17]

La consecuencia de ello es que independientemente de que el artículo 25.1 de la Convención no se agote en una única acción de amparo, ni se lo considere ahora por la jurisprudencia de la Corte Interamericana solamente como la consagración de un recurso de amparo, lo cierto es que dicha norma al establecer el "derecho de amparo" como derecho humano, ha fijado los parámetros mínimos conforme a los cuales los Estados miembros deben cumplir la obligación de asegurarle a todas las personas no sólo la existencia sino la efectividad de ese o esos recursos efectivos, sencillos y rápidos para la protección de sus derechos, lo que debe asegurarse en particular cuando regulen y establezcan la "acción de amparo" para la protección de los derechos previstos en la Constitución y en la propia Convención.

Ese artículo 25.1 es, por tanto, en nuestro criterio, el marco que establece la Convención Americana conforme al cual tanto la Corte Interamericana como los

13 de septiembre de 1997 (Párr. 18), en http://www.corteidh.or.cr/docs/casos/articulos/seriec_21_esp.pdf

15 Véase sentencia del caso *Castillo Páez vs. Perú* de 3 de noviembre de 1997 (Párr. 82), en http://www.corteidh.or.cr/docs/casos/articulos/seriec_34_esp.pdf.

16 Por ello, Anamari Garro Vargas considera que "no es lo mismo afirmar que el sistema de recursos judiciales eficaces es uno de los pilares de la Convención y del Estado de Derecho en un sistema democrático, que sostener que uno de esos pilares es un recurso sencillo y eficaz para proteger los derechos fundamentales." Véase Anamari Garro Vargas, *La improcedencia del recurso de amparo contra las resoluciones y actuaciones jurisdiccionales del Poder Judicial a la luz de la Constitución costarricense y del artículo 25 de la Convención Americana sobre Derechos Humanos*, Tesis para optar al grado de Doctor en Derecho, Universidad de los Andes, Santiago de Chile 2012 (Versión mimeografiada), p. 213.

17 Véase la sentencia del caso *La Masacre de las Dos Erres vs. Guatemala* de 24 de noviembre de 2009 C211/2009 (Párr. 107) en http://www.corteidh.or.cr/docs/casos/articulos/seriec_211_esp.pdf

jueces y tribunales nacionales, deberían ejercer el control de convencionalidad[18] en relación con los actos y decisiones de los Estados para asegurar el derecho de amparo para la protección de los derechos humanos, con el objeto de superar las restricciones nacionales a la institución del amparo que, como antes se comentó someramente, todavía persisten en muchos países. Así se deriva por ejemplo, de lo que la Corte Interamericana consideró como "el sentido de la protección otorgada por el artículo 25 de la Convención" consistente en:

"la posibilidad real de acceder a un recurso judicial para que la autoridad competente y capaz de emitir una decisión vinculante determine si ha habido o no una violación a algún derecho que la persona que reclama estima tener y que, en caso de ser encontrada una violación, el recurso sea útil para restituir al interesado en el goce de su derecho y repararlo."[19]

Por ello hemos sostenido que de dicha norma de la Convención, al consagrar el "derecho de amparo," no permite que se puedan establecer restricciones al mismo, lo que es particularmente importante cuando se trata de regular en el ámbito interno una "acción de amparo" para precisamente asegurar la protección de los derechos humanos, de cuyo ámbito, por tanto, no pueden quedar excluidos de protección determinados derechos, ni pueden determinados actos estatales quedar excluidos de control, ni pueden quedar personas que no estén protegidas, ni pueden quedar agraviantes que no puedan ser juzgados por sus violaciones mediante el recurso sencillo rápido y eficaz. Otra cosa, por supuesto, es que la regulación que exista en el derecho interno sobre el proceso de amparo, cuando se establece con una amplitud inusitada, convierta a la institución llamada a proteger los derechos humanos en una técnica procesal que en la práctica impida asegurar la protección efectiva, sencilla y rápida de los derechos.

Debe destacarse que la Corte Interamericana, en este aspecto, ha ejercido un importante control de convencionalidad en la sentencia del caso de *La Masacre de las Dos Erres vs. Guatemala* de 24 de noviembre de 2009, en la cual, a pesar de que

---

18   Véase sobre el control de convencionalidad: Ernesto Rey Cantor, *Control de Convencionalidad de las Leyes y Derechos Humanos*, México, Editorial Porrúa-Instituto Mexicano de Derecho Procesal Constitucional, 2008; Juan Carlos Hitters, "Control de constitucionalidad y control de convencionalidad. Comparación," en *Estudios Constitucionales*, Centro de Estudios Constitucionales de Chile, Universidad de Talca, Año 7, N° 2, 2009, pp. 109-128; Susana Albanese (Coordinadora), El control de convencionalidad, Buenos Aireas, Ed. Ediar, 2008; Eduardo Ferrer Mac-Gregor, "El control difuso de convencionalidad en el Estado constitucional", en Fix-Zamudio, Héctor, y Valadés, Diego (Coordinadores), *Formación y perspectiva del Estado mexicano*, México, El Colegio Nacional-UNAM, 2010, pp. 151-188; Eduardo Ferrer Mac-Gregor, "Interpretación conforme y control difuso de convencionalidad el nuevo paradigma para el juez mexicano," en *Derechos Humanos: Un nuevo modelo constitucional*, México, UNAM-IIJ, 2011, pp. 339-429; Carlos Ayala Corao, *Del diálogo jurisprudencial al control de convencionalidad*, Editorial Jurídica Venezolana, Caracas 2013, pp. 123 ss.. Véase igualmente, Jaime Orlando Santofimio y Allan R. Brewer-Carías, *Control de Convencionalidad y Responsabilidad del Estado*, Universidad Externado de Colombia, Bogotá, 2013.

19   Véase la sentencia en el caso *Jorge Castañeda Gutman vs. México* de 6 de agosto de 2008 (Párr. 100) en http://www.corteidh.or.cr/docs/casos/articulos/seriec_184_esp.pdf.

estimó que en Guatemala el recurso de amparo era "adecuado para tutelar los derechos humanos de los individuos,"[20] observó sin embargo, que su "uso indebido," su "estructura actual" y las "disposiciones que lo regulaban," aunado a "la falta de debida diligencia y la tolerancia por parte de los tribunales al momento de tramitarlo, así como la falta de tutela judicial efectiva, han permitido el uso abusivo del amparo como práctica dilatoria en el proceso,"[21] de manera que "su uso indebido ha impedido su verdadera efectividad, al no haber permitido que produzca el resultado para el cual fue concebido."[22] La Corte, en dicho caso, constató además, que si bien al momento de dictar la sentencia el Estado había informado que estaba en curso de discusión una reforma a la Ley de Amparo, consideró que "aún no han sido removidos los obstáculos para que el amparo cumpla con los objetivos para los cuales ha sido creado."[23] De lo anterior, la Corte Interamericana concluyó su control de convencionalidad indicando que:

> "De acuerdo a lo expuesto la Corte considera que, en el marco de la legislación vigente en Guatemala, en el presente caso el recurso de amparo se ha transformado en un medio para dilatar y entorpecer el proceso judicial y en un factor para la impunidad. En consecuencia, este Tribunal considera que en el presente caso el Estado violó los derechos a las garantías judiciales y a la protección judicial, que configuran el acceso a la justicia de las víctimas, reconocidos en los artículos 8.1 y 25.1 de la Convención, e incumplió con las disposiciones contenidas en los artículos 1.1 y 2 de la misma."[24] (Párr. 124).

En consecuencia, no sólo la deficiente regulación del amparo cuando es restrictiva, sino también cuando es excesivamente permisiva pueden hacer inefectiva, complicada y lenta la protección judicial, de lo cual en este caso de *La Masacre de las Dos Erres vs. Guatemala* la Corte consideró que en Guatemala el Estado también tenía el deber general de "adecuar su derecho interno a las disposiciones de la Convención Americana para garantizar los derechos en ella consagrados," considerando que precisamente en materia del recurso de amparo, "la expedición de normas y el desarrollo de prácticas conducentes a la efectiva observancia de dichas garantías"[25] de manera que en el caso, incluso, las partes habían "coincidido en considerar abusivo el uso del recurso de amparo como práctica dilatoria."[26]

Pero regular adjetivamente la acción de amparo para hacerla real y efectivamente un medio rápido y sencillo de protección judicial de los derechos humanos, tarea que corresponde a los Estados en el marco de la regulación del artículo 25.1 de la Convención Americana, no puede conducir a restringir o limitar los aspectos sustan-

---

20   Véase la sentencia del caso *La Masacre de las Dos Erres vs. Guatemala* de 24 de noviembre de 2009 C211/2009 (Párr. 121) en http://www.corteidh.or.cr/docs/casos/articulos/seriec_211_esp.pdf

21   *Ídem*. Párr. 120

22   *Ídem*, Párr. 121

23   *Ídem*. Párr. 123

24   *Ídem*. Párr. 124

25   *Ídem*. Párr. 122

26   *Ídem*. Párr. 122

tivos del instrumento de protección. Por ello no compartimos la expresión utilizada por la Corte Interamericana en otra sentencia dictada en el caso *Jorge Castañeda Gutman vs. México* de 6 de agosto de 2008, al aceptar que los Estados pueden establecer límites a la admisibilidad del "recurso de amparo," y estimar "que no es en si mismo incompatible con la Convención que un Estado limite el recurso de amparo a algunas materias."[27]

Ante todo, debe observarse que excluir del recurso de amparo en "algunas materias" no puede considerarse como un tema de "admisibilidad," pues no es un tema adjetivo. Excluir el derecho de amparo, por ejemplo, la protección de un derecho o el control de determinados actos estadales, son aspectos sustantivos que no admiten exclusión conforme al artículo 25.1 de la Convención Americana. Otra cosa distinta es la legitimidad que puedan tener los Estados para establecer condiciones adjetivas de admisibilidad de las acciones judiciales. Como lo ha dicho la Corte Interamericana en el caso *Trabajadores Cesados del Congreso (Aguado Alfaro y otros) v. Perú* de 24 de noviembre de 2006, en el orden interno de los Estados, "pueden y deben establecerse presupuestos y criterios de admisibilidad de los recursos internos, de carácter judicial o de cualquier otra índole."[28] Sin embargo, ello no puede nunca significar la negación del propio derecho a la protección judicial o específicamente al amparo respecto de determinados derechos humanos o actos estatales que los violen.

En todo caso, la afirmación de la Corte Interamericana, aún cuando se refiera a límites a un "recurso de amparo," por ser formulada en relación con una norma de la Convención que lo que regula es el "derecho de amparo," la consideramos esencialmente contraria a la Convención; lo que por otro lado se confirma con la "aclaratoria" que la misma Corte hizo en la misma sentencia a renglón seguido de esa frase, indicando que la restricción que se pudiera establecer por los Estados no sería incompatible con la Convención "siempre y cuando provea otro recurso de similar naturaleza e igual alcance para aquellos derechos humanos que no sean de conocimiento de la autoridad judicial por medio del amparo."[29] Ello, lo que confirma es que no es posible restringir el derecho de amparo, pues si no está garantizado en las normas procesales que regulan una específica "acción de amparo" debe estar garantizado en otras normas adjetivas relativas a otros recursos, los cuales, si son "de similar naturaleza e igual alcance," son medios judiciales de amparo.

La aclaratoria de la Corte, en todo caso, a lo que obliga, al realizar el control de convencionalidad, al igual que obliga a los jueces y tribunales nacionales, es a que tienen que hacer el escrutinio de todo el orden procesal para determinar si restringida en la ley nacional la admisibilidad de una específica "acción de amparo," en el ordenamiento procesal del Estado se establece "otro recurso de similar naturaleza e igual alcance" para la protección del derecho, es decir, otro medio judicial de ampa-

---

27 Véase sentencia en el caso *Jorge Castañeda Gutman vs. México* de 6 de agosto de 2008 (Párr. 92) en http://www.corteidh.or.cr/docs/casos/articulos/seriec_184_esp.pdf.

28 Véase sentencia en el caso *Trabajadores Cesados del Congreso (Aguado Alfaro y otros) vs. Perú* de 24 de noviembre de 2006, Serie C N° 158, (Párr. 126), en http://www.corteidh.or.cr/docs/casos/articulos/seriec_158_esp.pdf.

29 Véase sentencia en el caso *Jorge Castañeda Gutman vs. México* de 6 de agosto de 2008 (Párr. 92) en http://www.corteidh.or.cr/docs/casos/articulos/seriec_184_esp.pdf.

ro. Por ello, precisamente, en el caso *Jorge Castañeda Gutman vs. México* de 6 de agosto de 2008, la Corte interamericana concluyó que para la protección del derecho político a ser electo, "dado que el recurso de amparo no resulta procedente en materia electoral," no habiendo en México otro recurso efectivo para la protección, consideró que el Estado no ofreció a la víctima "un recurso idóneo para reclamar la alegada violación de su derecho político a ser elegido, y por tanto violó el artículo 25 de la CADH, en relación con el art. 1.1 del mismo instrumento."[30]

Le faltó a la Corte Interamericana en esta sentencia, sin embargo, completar el control de convencionalidad y ordenarle al Estado mexicano la reforma de la Ley de Amparo para que en ausencia de ese inexistente "otro recurso idóneo de protección" de los derechos electorales, procediera a eliminar la restricción de admisibilidad de la acción de amparo contra decisiones de autoridades en materia electoral. En esta materia la Corte Interamericana, en realidad, se limitó a recordar que "La obligación contenida en el artículo 2 de la Convención reconoce una norma consuetudinaria que prescribe que, cuando un Estado ha celebrado un convenio internacional, debe introducir en su derecho interno las modificaciones necesarias para asegurar la ejecución de las obligaciones internacionales asumidas."[31] Pero, sin embargo, se abstuvo en realidad de ejercer el control de convencionalidad.

Ahora bien, considerando entonces que el artículo 25 de la Convención Americana sobre Derechos Humanos, cuya redacción y lenguaje sigue los del Pacto Internacional de los Derechos Civiles y Políticos,[32] establece un derecho de amparo de los derechos humanos, sea mediante una acción de amparo o mediante otro recurso sencillo, rápido y eficaz para la protección de los mismos, es posible derivar de dicho artículo los contornos fundamentales que debe tener la institución de la acción de amparo, de tutela o de protección de los derechos fundamentales en los derechos internos, cuyo sentido[33] se puede conformar por los siguientes elementos:

---

30   *Ídem,* Par 131

31   *Ídem.,* Párr. 132

32   Véase Allan R. Brewer-Carías, "El derecho al debido proceso y el derecho de amparo en el proyecto de Constitución Europea", en Juan Pérez Royo, Joaquín Pablo Urías Martínez, Manuel Carrasco Durán, Editores), en *Derecho Constitucional para el Siglo XXI. Actas del Congreso Iberoamericano de Derecho Constitucional,* Tomo I, Thomson-Aranzadi, Madrid 2006, pp.2151-2162.

33   Véase Allan R. Brewer-Carías, *Mecanismos nacionales de protección de los derechos humanos (Garantías judiciales de los derechos humanos en el derecho constitucional comparado latinoamericano),* Instituto Interamericano de Derechos Humanos (IIDH), Costa Rica, San José 2005; *Constitutional Protection of Human Rights in Latin America. A Comparative Study of the Amparo Proceedings,* Cambridge University Press, New York, 2008; "El amparo en América Latina: La universalización del régimen de la Convención Americana sobre los Derechos Humanos y la necesidad de superar las restricciones nacionales", en *Ética y Jurisprudencia,* 1/2003, Enero-Diciembre, Universidad Valle del Momboy, Facultad de Ciencias Jurídicas y Políticas, Centro de Estudios Jurídicos "Cristóbal Mendoza", Valera, Estado Trujillo, 2004, pp. 9-34.

En *primer* lugar, la Convención Americana concibe al amparo como un derecho fundamental[34] en si mismo y no sólo como una garantía adjetiva, en una concepción que, sin embargo, no se ha seguido generalmente en América Latina. En realidad sólo en Venezuela el amparo ha sido concebido en la Constitución como un derecho humano, más que como una sola garantía adjetiva.[35] Se indica en la Convención, en efecto, que toda persona "tiene derecho" a un recurso, lo que no significa que solamente tenga derecho a una específica garantía adjetiva que se concretiza en un solo recurso o en una acción de amparo, de tutela o de protección específica. El derecho se ha concebido más amplio, como derecho a la protección constitucional de los derechos o al amparo de los mismos. Por eso, en realidad, estamos en presencia de un derecho fundamental de rango internacional y constitucional de las personas, a tener a su disposición medios judiciales efectivos, rápidos y eficaces de protección. Y uno de ellos, es precisamente la acción de amparo, de tutela o de protección.

Por ello, en *segundo* lugar, los mecanismos judiciales de protección de los derechos humanos a los que se refiere la Convención Americana pueden ser variados, y deben ser efectivos, rápidos y sencillos. Pueden ser de cualquier clase, a través de cualquier medio judicial y no necesariamente una sola y única acción de protección o de amparo. Es decir, la Convención no necesariamente se refiere a un solo medio adjetivo de protección, sino que puede y debe tratarse de un conjunto de medios de protección, lo que puede implicar, incluso, la posibilidad de utilizar los medios judiciales ordinarios cuando sean efectivos como recursos rápidos y sencillos de protección.

En *tercer* lugar, debe destacarse que la Convención regula un derecho que se le debe garantizar a "toda persona" sin distingo de ningún tipo, por lo que en el derecho interno corresponde a las personas naturales y jurídicas o morales; nacionales y extranjeras; hábiles y no hábiles; de derecho público y derecho privado. Es decir, corresponde a toda persona en el sentido más universal.

En *cuarto* lugar, la Convención señala que el medio judicial de protección o amparo puede interponerse ante los tribunales competentes, de manera que no se trata de un solo y único tribunal competente, sino de una función que esencialmente corresponde al Poder Judicial o a los órganos que ejercen la Jurisdicción Constitucional aún ubicados fuera del Poder Judicial.

En *quinto* lugar, conforme a la Convención, este derecho a un medio efectivo de protección ante los tribunales se establece para la protección de todos los derechos humanos que estén en la Constitución, en la ley, en la propia Convención Americana

---

34 Véase en general, Héctor Fix-Zamudio, Ensayos sobre el derecho de amparo, Porrúa, México 2003; y Héctor Fix-Zamudio and Eduardo Ferrer Mac-Gregor (Coordinadores), *El derecho de amparo en el mundo*, Porrúa, México 2006.

35 Véase Allan R. Brewer-Carías, "El derecho de amparo y la acción de amparo", en *Revista de Derecho Público*, N° 22, Editorial Jurídica Venezolana, Caracas, abril-junio 1985, pp. 51-61; e *Instituciones Políticas y Constitucionales*, Vol. V, Derecho y Acción de Amparo, Universidad Católica del Táchira - Editorial Jurídica Venezolana, Caracas - San Cristóbal 1998. Véase además, Héctor Fix Zamudio, "La teoría de Allan R. Brewer-Carías sobre el derecho de amparo latinoamericano y el juicio de amparo mexicano," en *El derecho público a comienzos del Siglo XXI. Estudios en homenaje al profesor Allan R. Brewer-Carías*, Ed. Civitas, Universidad Central de Venezuela, Madrid 2003, Tomo I, pp. 1125-1163.

o que sin estar en texto expreso, sean inherentes a la persona humana, por lo que también son protegibles aquellos establecidos en los instrumentos internacionales. Por ello, aquí adquieren todo su valor las cláusulas enunciativas de los derechos, que los protegen aún cuando no estén enumerados en los textos, pero que siendo inherentes a la persona humana y a su dignidad, deban ser objeto de protección constitucional. La garantía del artículo 25.1, en todo caso, en el derecho interno, se refiere a la protección de los derechos constitucionales sin que quepa distinguir en estos, unos que sean "fundamentales" y otros que no lo son. La expresión "derechos fundamentales" en el artículo 25.1 de la Convención, en el ámbito interno, equivale a derechos constitucionales, o que integran el bloque de constitucionalidad.

En *sexto* lugar, la protección que regula la Convención es contra cualquier acto, omisión, hecho o actuación de cualquier autoridad que viole los derechos y, por supuesto, también, que amenace violarlos, porque no hay que esperar que la violación se produzca para poder acudir al medio judicial de protección. Es decir, este medio de protección tiene que poder existir antes de que la violación se produzca, frente a la amenaza efectiva de la violación y, por supuesto, frente a toda violación o amenaza de violación que provenga del Estado y de sus autoridades. Es decir, no puede ni debe haber acto ni actuación pública alguna excluida del amparo, en cualquier forma, sea una ley, un acto administrativo, una sentencia, una vía de hecho, una actuación o una omisión.

Y en *séptimo* lugar, la protección que consagra la Convención es también contra cualquier acto, omisión, hecho o actuación de los entes públicos y sus funcionarios o de los particulares, individuos o empresas de cualquier naturaleza, que violen o amenacen violar los derechos fundamentales.

Este es, en realidad, en nuestro criterio, el parámetro que establece la Convención Americana sobre el derecho de amparo, y es ese el que debería prevalecer en los derechos internos cuando se establece la acción o recurso de amparo, donde hay que realizar un importante esfuerzo de adaptación para superar el cuadro de restricciones constitucionales o legislativas que en algunos aspectos ha sufrido la institución del amparo; que teniendo una concepción tan amplia en el texto de la Convención Americana, en muchos casos ha sido restringid.

Por lo demás, no hay que olvidar que en la mayoría de los países latinoamericanos la Convención tiene rango constitucional o rango supra legal, e incluso, en algunos tiene rango supra constitucional[36], lo que implica la necesidad jurídica de que la

---

36   En relación a la clasificación de los sistemas constitucionales de acuerdo con el rango de los tratados internacionales, véase Rodolfo E. Piza R., *Derecho internacional de los derechos humanos: La Convención Americana*, San José 1989; Carlos Ayala Corao, "La jerarquía de los instrumentos internacionales sobre derechos humanos", en *El nuevo derecho constitucional latinoamericano*, IV Congreso venezolano de Derecho constitucional, Vol. II, Caracas, 1996 y *La jerarquía constitucional de los tratados sobre derechos humanos y sus consecuencias*, México, 2003; Florentín Meléndez, *Instrumentos internacionales sobre derechos humanos aplicables a la administración de justicia. Estudio constitucional comparado*, Cámara de Diputados, México 2004, pp. 26 ss.; y Humberto Henderson, "Los tratados internacionales de derechos humanos en el orden interno: la importancia del principio *pro homine*", en *Revista IIDH*, Instituto Interamericano de Derechos Humanos, Nº 39, San José 2004, pp. 71 y ss. Véase también, Allan R. Brewer-Carías, *Mecanismos nacionales de protección*

legislación interna se adapte a la misma. Además, la amplitud de la regulación de la Convención Americana sobre Derechos humanos, así como el proceso de constitucionalización de sus regulaciones que ha ocurrido en América Latina, plantean tanto a la propia Corte Interamericana como a los jueces y tribunales nacionales, en ejercicio del control de convencionalidad y en ausencia de reformas legales, el reto de procurar adaptar las previsiones de la legislación interna a las exigencias de la Convención, cuyo contenido constituye, en definitiva, un estándar mínimo común para todos los Estados.

Ello implica, si nos adentramos en las regulaciones de derecho interno de muchos de nuestros países, la necesidad, por ejemplo, de que se amplíe la protección constitucional de manera que la pueda acordar cualquier juez o tribunal y no sólo un Tribunal Constitucional o Sala Constitucional del Tribunal Supremo; mediante el ejercicio de todas las vías judiciales y no sólo a través de un sólo recurso o acción de amparo como sucede en la gran mayoría de los países; en relación con todas las personas y para la protección de absolutamente todos los derechos constitucionales, y no sólo algunos; y contra todo acto u omisión provenga de quién provenga, incluyendo de particulares, superando las restricciones que en este aspecto existen en muchos de nuestros países.

En las presentes notas, en todo caso, queremos realizar el estudio comparativo del proceso de amparo en América latina, destacando aspectos incluso donde procedería realizar el control de convencionalidad, analizando los siguientes aspectos: en *primer lugar*, el ámbito del derecho de amparo en los países latinoamericanos, en el sentido de asegurar que todos los derechos constitucionales o que integren el bloque de constitucionalidad encuentren protección; en *segundo lugar*, el universo de las personas protegidas, de manera que el derecho de amparo proteja a toda persona agraviada en sus derechos humanos; en *tercer lugar*, el universo de los agraviantes, es decir, de las personas que causen la violación, de manera de asegurar que el derecho de amparo se pueda ejercer en contra de todos los agraviantes, así sean particulares; en *cuarto lugar*, el control de los actos lesivos de los derechos, de manera de amparar o asegurar la protección de los derechos contra todo acto lesivo de los mismos, cualquiera sea su naturaleza, incluyendo todos los actos lesivos estatales; en *quinto lugar*, las condiciones que deben revestir los daños y amenazas para la protección constitucional; en *sexto lugar*, el sentido alcance de la protección constitucional (sentencia de amparo); y por último, en *séptimo lugar*, la revisión de las sentencias de amparo.

III. LA PROTECCIÓN DE TODOS LOS DERECHOS FUNDAMENTALES Y CONSTITUCIONALES

Uno de los propósitos esenciales de los sistemas de garantía de la Constitución, es la protección de la parte dogmática del texto fundamental, es decir, la protección de los derechos declarados en la misma o que por virtud de sus normas, han adquirido rango y valor constitucional, estando fuera del alcance del legislador en el sentido que no pueden ser eliminados o disminuidos mediante leyes.

---

de los derechos humanos, Instituto Internacional de Derechos Humanos, San José, 2004, pp. 62 ss.

Por ello es que tienen tanta importancia las declaraciones constitucionales de derechos, pues le permiten al juez constitucional proceder de inmediato a asegurar su protección. Ello contrasta con otros sistemas, como el estadounidense, donde la escueta declaración constitucional de derechos hace a veces más laborioso procurar su protección constitucional, como ha ocurrido por ejemplo, con los derechos sociales, como los relativos a la educación o a la vivienda. En relación con el derecho de educación, por ejemplo, no ha sido considerado en los Estados Unidos como un derecho fundamental, razón por la cual la Corte Suprema en el caso *San Antonio Independent School District et al. v. Rodriguez et al.*, 411 U.S. 1; 93 S. Ct. 1278; 36 L. Ed. 2d 16; (1973), del 21 de marzo de 1.973, ha decidido que aunque la educación "es uno de los más importantes servicios prestados por el estado (como se declaró en *Brown v. Board of Education*), no está dentro de la limitada categoría de derechos reconocida por esta Corte como garantizada por la Constitución" En este caso, la Corte Suprema negó a dicho derecho la cualidad de "derecho fundamental", insistiendo que "la educación, no obstante su indiscutida importancia, no es un derecho al que se reconoce, explícita o implícitamente, protección por la constitución."

Al resolver el caso, la Corte Suprema se refirió a otra decisión emitida en el caso *Dandridge v. Williams*, 397 U.S. 471 (1970), donde tratando otras materias de asistencia social pública, la Corte sentenció que:

"No es terreno de esta Corte el crear derechos constitucionales sustanciales a título de garantizar la igualdad de las leyes. De allí que la clave para descubrir si la educación es "fundamental" no se encontrará en comparaciones sobre la significación social relativa de la educación, con la subsistencia o la vivienda. Ni tampoco se encontrará al sopesar si la educación es tan importante como el derecho a movilizarse. Más bien, la respuesta yace en determinar si existe un derecho a la educación, explícita o implícitamente, garantizado por la Constitución.

En apoyo del antes mencionado caso *San Antonio Independent School District et al. v. Rodriguez et al.*, la Corte también se refirió a otro caso -*Lindsay v. Normet*, 405 U.S. 56 (1972)- dictado solo un año antes y en el cual reiteró firmemente "que la importancia social no es el determinante crítico para sujetar la legislación estadal a examen estricto," negando rango constitucional al derecho a tener una vivienda, disponiendo que sin denigrar de "la importancia de una vivienda decente, segura e higiénica," el hecho es que "la Constitución no dispone de medios judiciales para cada anomalía social o económica," siendo la materia de atribución legislativa y no judicial.

Por consiguiente, el elemento clave para que los derechos humanos sean materia de protección constitucional -también en los Estados Unidos- es su rango o reconocimiento constitucional que tengan como derechos, independientemente de la posibilidad que sean además regulados, por las leyes. Esta es la situación general en América Latina, donde como se dijo, la acción de amparo se dispone para la protección de los derechos consagrados en las Constituciones, independientemente de si además están regulados en las leyes.

El tema central, por tanto, en esta materia de la protección constitucional de los derechos es el relativo a cuáles son los susceptibles de tal protección, siendo la regla general, que todos los derechos constitucionales deben y pueden ser protegidos sin excepción, como sucede en Venezuela. Aun así, esta regla tiene su excepción en los casos de Chile y Colombia donde el alcance de la protección del amparo ha sido reducida a solo ciertos derechos constitucionales.

1. *El amparo y hábeas corpus para la protección de todos los derechos constitucionales*

De acuerdo con la regla general, los derechos protegidos por la acción de amparo son los "derechos constitucionales," expresión que comprende, *primero*, los derechos expresamente declarados en la Constitución, cualquiera que sea la fórmula que se utilice; *segundo*, aquellos derechos que aun no siendo enumerados en las Constituciones son inherentes a los seres humanos; y *tercero*, aquellos derechos enumerados en los instrumentos internacionales de derechos humanos ratificados por el Estado.

En palabras de las leyes de amparo argentina (art. 1) y uruguaya de 1.988 (art. 72), la protección constitucional se refiere a los derechos y libertades "explícita o implícitamente reconocidas por la Constitución Nacional."

De manera que, por ejemplo, en el caso de Venezuela todos los derechos enumerados en el Título III de la Constitución -referido a los derechos humanos, garantías y deberes- son protegidos mediante la acción de amparo. Tales derechos son los derechos de ciudadanía, derechos civiles (o individuales), los derechos políticos, los derechos sociales y de las familias, los derechos culturales y educativos, los derechos económicos, los derechos ambientales y los derechos de los pueblos indígenas enumerados en los artículos 19 al 129. Adicionalmente, todo otro derecho y garantía constitucional derivado de otras disposiciones constitucionales también puede ser protegido aun cuando no esté incluido en el Título III como, por ejemplo, la garantía constitucional de independencia del poder judicial o la garantía constitucional de la legalidad del impuesto (los impuestos solo pueden ser fijados por ley).[37]

Respecto de los derechos protegidos y a través de las cláusulas abiertas de los derechos constitucionales, casi todos los países latinoamericanos han admitido la protección constitucional respecto de los derechos y garantías constitucionales no expresamente enumerados en la Constitución pero que pueden ser considerados inherentes a los seres humanos. Estas cláusulas abiertas han sido ampliamente aplicadas por los tribunales latinoamericanos, no quedando duda en relación con la posibilidad de que un derecho o garantía no enumerado sea protegido constitucionalmente; formula que tiene su directo antecedente en la Novena Enmienda de la Constitución de los Estados Unidos, la cual, sin embargo, allí solo se ha aplicado en pocas ocasiones.

Por ejemplo, en el caso *Griswold v. Connecticut*, de 7 de junio de 1965 (1965, 381 U.S. 479; 85 S. Ct. 1678; 14 L. Ed. 2d 510), la Suprema Corte declaró que, aunque no estuviese expresamente mencionado en la Constitución, el derecho de privacidad marital debía ser considerado como un derecho constitucional, compren-

---

37   Véase Allan R. Brewer-Carías, *Instituciones Políticas y Constitucionales*, Vol. V, Derecho y Acción de Amparo, Universidad Católica del Táchira - Editorial Jurídica Venezolana, Caracas - San Cristóbal 1998, pp. 209 ss. Véase decisión de la Corte Primera de lo Contencioso-Administrativo, caso *Fecadove*, en Rafael Chavero G., *El nuevo régimen del amparo constitucional en Venezuela*, Ed. Sherwood, Caracas, 2001, p. 157.

dido en el concepto de libertad y protegido constitucionalmente. En contraste, sin embargo, como se dijo, casi todas las constituciones latinoamericanas, con excepción de Cuba, Chile, México y Panamá, contienen cláusulas abiertas de este tipo, enfatizando que la declaración o enunciación de derechos establecida en la Constitución no se entenderá como la negación de otros no establecidos ahí y que son inherentes al individuo o a su dignidad humana. Cláusulas de este tipo se encuentran en las constituciones de Argentina (art. 33), Colombia (art. 94), Costa Rica (art. 74), Ecuador (art. 84), Guatemala (art. 44), Honduras (art. 63), Nicaragua (art. 46), Paraguay (art. 45), Perú (art. 3), Uruguay (art. 72) y también en Venezuela (art. 22).

La Constitución de la Republica Dominicana es menos expresiva, indicando solamente que la enumeración constitucional de los derechos "no tienen carácter limitativo y, por consiguiente, no excluyen otros derechos y garantías de igual naturaleza " (art. 74.1). La Constitución de Ecuador, por ejemplo, se refiere a que el reconocimiento de los derechos y garantías establecidos en la Constitución y en los instrumentos internacionales de derechos humanos, "no excluirá los demás derechos derivados de la dignidad de las personas, comunidades, pueblos y nacionalidades, que sean necesarios para su pleno desenvolvimiento (art. 11.7).

En otros casos, como la Constitución de Brasil, la cláusula abierta, sin referirse a los derechos inherentes de las personas humanas, indica que la enumeración de derechos y garantías en la Constitución, no excluye otros derechos derivados del régimen y principios establecidos por la Constitución o por los tratados internacionales en los cuales la República Federativa de Brasil sea parte" (art. 5.2). La Constitución de Costa Rica se refiere a esos derechos "que se deriven del principio cristiano de justicia social" (art. 74), una expresión que puede interpretarse en el sentido de la dignidad humana y justicia social.

En otras Constituciones, en vez de referirse a derechos inherente a los seres humanos, las cláusulas abiertas se refieren a la soberanía del pueblo y a la forma republicana de gobierno y, por consiguiente, más énfasis se hace respecto de los derechos políticos que a los derechos inherentes de las personas humanas. Este es el caso de Argentina, donde el artículo 33 de la Constitución establece que "las declaraciones, derechos y garantías que enumera la Constitución, no serán entendidos como negación de otros derechos y garantías no enumerados; pero que nacen del principio de la soberanía del pueblo y de la forma republicana de gobierno." Disposiciones similares están contenidas en las constituciones de Bolivia (art. 13.II) y Uruguay (art. 72). En Perú (art. 3) y Honduras (art. 63) las constituciones se refieren a otros derechos de naturaleza análoga o que están fundamentados en la "dignidad del hombre o en la soberanía del pueblo, el imperio democrático de la ley y la forma republicana de gobierno."

En todos estos casos, la incorporación de cláusulas abiertas en la constitución respecto de los derechos humanos implica que la ausencia de regulaciones legales de dichos derechos no puede ser invocada para negar o menoscabar su ejercicio por el pueblo, como está expresado en muchas Constituciones (Argentina, Bolivia, Paraguay, Venezuela y Ecuador).

Pero además de los derechos declarados en la Constitución y aquellos derivados de las cláusulas abiertas como inherentes a la persona humana, los derechos declarados en los tratados internacionales pueden también ser protegidos mediante la acción de amparo. Esto está también expresamente previsto en muchos países donde los

derechos declarados en tratados internacionales se les ha conferido rango constitucional, como es el caso de Venezuela (Constitución, art. 23). Asimismo en Costa
Rica, por ejemplo, el artículo 48 de la Constitución es absolutamente claro cuando
garantiza el derecho de toda persona a intentar acciones de amparo para mantener o
restablecer el goce de todo otro derecho otorgado por esta Constitución así como de
aquellos de naturaleza fundamental establecidos en los instrumentos internacionales
de derechos humanos vigentes en la república. En el mismo sentido está regulado en
la Ley Orgánica de Garantías Jurisdiccionales y Control Constitucional de 2.009 de
Ecuador que establece en su artículo 1 que "esta ley tiene por objeto regular la jurisdicción constitucional, con el fin de garantizar jurisdiccionalmente los derechos reconocidos en la Constitución y en los instrumentos internacionales de derechos humanos
y de la naturaleza; y garantizar la eficacia y la supremacía constitucional."

Por consiguiente, el alcance de la protección constitucional del amparo en América Latina en general es muy amplio. Esto ha provocado que en algunos países -a
fin de determinar el alcance de la protección constitucional del amparo y habeas
corpus- las leyes especiales que regulan el amparo tiendan a ser exhaustivas al enumerar los derechos a ser protegidos, como es el caso de Perú, donde el Código Procesal Constitucional (Ley N° 28.237 de 2.004) expresamente enumera e identifica
cuales son los derechos a ser protegidos mediante el amparo y el habeas corpus.
Respecto de éste último, una lista extensa está dispuesta en el artículo 25 de la ley,
añadiendo que "también procede el hábeas corpus en defensa de los derechos constitucionales conexos con la libertad individual, especialmente cuando se trata del
debido proceso y la inviolabilidad del domicilio." Asimismo y respecto de la acción
de amparo, el mismo código peruano de procedimiento constitucional incluye una
larga lista de derechos (art. 37) a ser protegidos, incluyendo al final una referencia a
todos "los demás que la Constitución reconoce", resolviendo los problemas que
normalmente tiene la práctica de enumerar situaciones específicas en las leyes con el
riesgo general de dejar asuntos por fuera.

La ley guatemalteca de amparo también tiende a agotar la enumeración de casos
en que la acción de amparo puede intentarse[38], añadiendo asimismo que su admisión
se extiende a cualquier situación que presente un riesgo, amenaza, restricción o violación de los derechos reconocidos por "la Constitución y las leyes de la República
de Guatemala", sea que la situación sea causada por entidades o personas de derecho
público o privado.

En todos estos casos, cuando se enumeran sin limitación los derechos constitucionales a ser protegidos mediante las acciones de amparo y habeas corpus y si no
hay riesgo de dejar fuera derechos constitucionales a ser considerados como protegidos, indudablemente estas leyes son importantes instrumentos para la ejecución
judicial de los derechos y para la interpretación jurisprudencial sobre el alcance de
los derechos a ser protegidos.

---

38   Véase. Jorge Mario García La Guardia, "La Constitución y su defensa en Guatemala," en *La
Constitución y su defensa*, Universidad Nacional Autónoma de México, México, 1984, pp.
717–719; y *La Constitución Guatemalteca de 1985*, México, 1992.

2. *El amparo y hábeas corpus para la protección de sólo algunos derechos constitucionales*

Aun cuando es verdad que el principio general es que solo los derechos constitucionales han de ser protegidos mediante el amparo y hábeas corpus, el hecho es que no todas las constituciones latinoamericanas garantizan esa protección constitucional para todos los derechos constitucionales.

Como ya se mencionó y en contraste con el general sentido protector latinoamericano, en el caso de Chile y Colombia, la acción específica de tutela y de protección de los derechos y libertades constitucionales está solamente establecida en la constitución para proteger ciertos derechos y garantías. En estos casos, el alcance de la acción de amparo es uno restringido, el cual ha caracterizado, asimismo, los sistemas restrictivos seguidos en las constituciones alemana y española en relación con los recursos de amparo que están establecidos únicamente para la protección de los así llamados "derechos fundamentales."

A. *La acción de protección chilena para determinados derechos*

En Chile, aparte de la acción de hábeas corpus establecida para proteger a cualquier individuo contra arrestos inconstitucionales, detenciones y encarcelamiento; el recurso de protección está establecido sólo para garantizar algunos derechos constitucionales enumerados en el artículo 19, numerales 1, 2, 3 (parágrafo 4o.), 4, 5, 6, 9 (parágrafo final), 11, 12, 13, 15, 16 de la constitución y en el cuarto párrafo y numerales 19, 21, 22, 23, 24 y 25 de la misma constitución.

La lista asimismo se refiere principalmente a derechos civiles o individuales, también incluyendo algunos derechos sociales, como el derecho a elegir un sistema de salud pública, la libertad para enseñar y trabajar y de afiliarse a sindicatos laborales; algunos derechos a la libertad económica y de propiedad; y el derecho a tener un ambiente descontaminado.

Aparte de todos estos derechos y libertades constitucionales, los otros derechos consagrados en la constitución no tienen un medio específico de protección, estando su protección a cargo de los tribunales ordinarios a través de los procedimientos judiciales ordinarios.

B. *La acción de "tutela" colombiana para la protección de derechos fundamentales*

En el caso de Colombia, además del hábeas corpus, la Constitución también establece la acción de *tutela*, en el artículo 86, para la protección inmediata de lo que se llaman "derechos constitucionales fundamentales."

En efecto, el Título II de la Constitución se dedica a establecer "los derechos, garantías y deberes," enumerándolos en tres capítulos: el Capítulo 1 contiene la lista de "derechos fundamentales;" el Capítulo 2 enumera los derechos sociales, económicos y culturales; y el Capítulo 3 se refiere a los derechos colectivos y al ambiente sano.

De esta declaración constitucional de derechos resulta que solamente los tal llamados "derechos fundamentales" enumerados en el Capítulo 1 (art. 11 a 41) son los derechos constitucionales que se pueden proteger por medio de la *acción de tutela*, y los demás quedan excluidos de ella, y protegidos sólo por los medios judiciales ordinarios.

Por otro lado, el artículo 85 de la Constitución también indica que entre 'Estos "derechos fundamentales," los de "inmediata aplicación" son los protegidos por la acción de *tutela*. La lista también se refiere a los derechos civiles y políticos, y entre los derechos sociales, incluye la libertad de enseñanza. Otros derechos consagrados en otros artículos de la Constitución también se califican como derechos fundamentales, como los "derechos fundamentales" de los niños, enumerados en el artículo 44 sobre la vida, la integridad física, la salud y la seguridad social.

Aparte de estos derechos constitucionales expresamente declarados como "derechos fundamentales," los demás derechos constitucionales no tienen protección constitucional por medio de la acción de *tutela* y serán protegidos por medio del proceso judicial ordinario.

No obstante esta norma limitante, incluso si un derecho no está expresamente señalado en la Constitución como "fundamental," la Corte Constitucional de Colombia, como supremo intérprete de la Constitución, ha reconocido tal carácter a otros derechos, extendiendo la protección de la *tutela* a derechos no definidos como "fundamentales," pero considerados interdependientes con otros que tienen tal naturaleza, como el derecho a la vida.

Con respecto a esto, en una de sus primeras sentencias (n° T-02 del 8 de mayo de 1992) emitida en un caso sobre derechos educativos, la Corte Constitucional sentenció que el criterio principal para identificar "derechos fundamentales" es "determinar si son o no derechos esenciales de los seres humanos", tarea que siempre debe realizar el juez de *tutela*, quien debe comenzar su sentencia analizando los primeros noventa y cuatro artículos de la constitución, y si es necesario, aplicando la cláusula abierta sobre derechos humanos inherentes a las personas humanas.

Estos artículos, interpretados por la Corte Constitucional a la luz de la Convención Inter-Americana de Derechos Humanos, le permitieron inferir lo que se pueden considerar como derechos inalienables, inherentes y esenciales de los seres humanos, lo que hace que, de hecho, la lista de "derechos fundamentales" del Capítulo 1 del Título II de la constitución no sea exhaustiva de los "derechos fundamentales" y no excluya otros derechos de la posibilidad de ser considerados fundamentales y objetos de litigio por medio de la acción de *tutela*. [39]

Con la finalidad de identificar esos derechos fundamentales, la Corte Constitucional también ha aplicado el principio de "conexión" entre los derechos constitucionales, en particular sobre los derechos económicos, culturales y sociales, sentenciando que es posible aceptar la acción de *tutela* con respecto a esos derechos en casos en los que también haya ocurrido la violación de un derecho fundamental.

Por ejemplo, en la sentencia n° T-406 del 5 de junio de 1992, la Corte admitió una acción de *tutela* presentada en el caso de una inundación de un drenaje público, por la que el accionante reclamó la reivindicación del derecho a la salud pública, el derecho a un ambiente sano y a la salud de la población en general. Aunque la acción fue rechazada por el tribunal inferior al considerar que no estaban involucrados los derechos fundamentales, la Corte Constitucional la admitió al considerar que el derecho a un

---

39   Véase. sentencia T-02 del 8 de mayo de 1992, en Manuel José Cepeda, *Derecho Constitucional Jurisprudencial. Las grandes decisiones de la Corte Constitucional*, Legis, Bogotá, 2001, pp. 49–54.

sistema de drenaje, en circunstancias en las que evidentemente quedaban afectados los derechos constitucionales fundamentales, tales como la dignidad humana, el derecho a la vida, o los derechos de los discapacitados, debía considerarse objeto de litigio por medio de la *tutela.* [40]

A través de este principio interpretativo de la conexión con los derechos fundamentales, de hecho los tribunales colombianos protegen casi todos los derechos constitucionales, incluso aquellos no enumerados como derechos fundamentales.

3. *El tema de la protección constitucional de los derechos sociales*

Por ello, la cuestión más importante en materia de control judicial de los derechos constitucionales en América Latina, mediante el ejercicio de las acciones de amparo, es la relativa a la protección de los derechos económicos, sociales y culturales. En algunos países, muchos de esos derechos no están declarados en las Constituciones, careciendo, por consiguiente, de protección judicial constitucional al no tener rango constitucional. En otros países, como es el caso de Colombia y Chile, muchos de esos derechos sociales no se consideran "derechos fundamentales,, los cuales son, en general, los únicos que se pueden proteger mediante las acciones de *tutela* y de protección.

No obstante, incluso en países que no establecen distinción alguna respecto de los derechos protegidos, la cuestión del control jurisdiccional de esos derechos económicos, sociales y culturales sigue siendo un punto importante, particularmente porque en algunos casos se requiere algún tipo de legislación adicional para su plena viabilidad.

Estos derechos, en particular los sociales, generalmente implican la obligación del Estado de proveer o prestar servicios o cumplir actividades, para lo cual el gasto público debe disponerse respecto de cada servicio, dependiendo de las decisiones políticas del gobierno. Por tanto, se ha planteado que las disposiciones que establecen tales derechos solo se pueden aplicar después que el Congreso sancione la legislación que disponga el alcance de su disfrute (así como también las obligaciones del Estado) y después que el Poder Ejecutivo adopte políticas públicas específicas. Sin embargo, tal método ha sido cuestionado, en particular con base en el principio de la conexión que existe entre los derechos sociales y los civiles, que implican la necesidad de considerar nuevos principios derivados del concepto de Estado Social y del funcionamiento del Estado de Interés Social.

Por ejemplo, a este respecto, la Corte Constitucional colombiana en su sentencia N° T-406 del 5 de junio de 1992, estableció el principio que esos derechos tienen su razón de ser en el hecho que su satisfacción mínima es una condición indispensable para el disfrute de los derechos civiles y políticos que "sin el respeto de la dignidad humana en cuanto a sus condiciones materiales de existencia, toda pretensión de efectividad de los derechos clásicos de libertad e igualdad formal consagrados en el capítulo primero del título segundo de la Carta, se reducirá a un mero e inocuo formalismo". Por eso, la Corte Constitucional consideró que "la intervención judicial en el caso de un derecho económico social o cultural es necesaria cuando ella sea indispensable para hacer respetar un principio constitucional o un derecho funda-

---

40   Véase sentencia T-406 del 5 de junio de 1992, en *Idem*, pp. 55–63.

mental". En consecuencia, según la Corte Constitucional, el ejercicio de los derechos sociales, económicos y culturales no se puede limitar a la relación política entre el constituyente y el legislador, en el sentido que la eficacia de la Constitución no puede estar sólo en manos del legislador. Al contrario, "la norma constitucional no tendría ningún valor y la validez de la voluntad constituyente quedaría supeditada a la voluntad legislativa."[41]

Sin embargo, basándose en estos argumentos, la Corte Constitucional de Colombia concluyó su sentencia diciendo que debido al hecho que "la aplicación de los derechos económicos sociales y culturales plantea un problema no de generación de recursos sino de asignación de recursos y por lo tanto se trata de un problema político [...] la aceptación de la tutela para los derechos en cuestión, sólo cabe en aquellos casos en los cuales exista violación de un derecho fundamental."[42]

A partir de esta sentencia, el principio de la "conexión" entre los derechos sociales y los derechos fundamentales con respecto a su control jurisdiccional, desarrollado en otros países como México (derecho a la vida) y los Estados Unidos (no discriminación), también se ha aplicado en Colombia.

En consecuencia, en esos países, cuando no exista tal conexión entre un derecho fundamental y uno social, éste último no puede ser protegido, por sí mismo, mediante una acción de *tutela* como, por ejemplo, fue el caso del derecho constitucional a tener una vivienda o habitación digna, con respecto al cual, la misma Corte Constitucional colombiana decidió que, en tal caso, "al igual que otros derechos de contenido social, económico o cultural, no otorga a la persona un derecho subjetivo para exigir del Estado en una forma directa e inmediata su plena satisfacción."[43]

Estos problemas relativos a las condiciones políticas necesarias para la efectividad de algunos derechos sociales, económicos y culturales ha sido la base de la discusión, en derecho constitucional contemporáneo, no acerca de si esos derechos (como la educación, la salud, la seguridad social o la vivienda) tienen o no rango constitucional sino acerca de si pueden ser objeto de protección judicial constitucional, es decir, acerca de la posibilidad de exigir su cumplimiento mediante acciones judiciales contra el estado.

4. La cuestión de la protección de los derechos en situaciones de emergencia

Otra cuestión que debe mencionarse sobre la situación de los derechos constitucionales como objeto de litigio por medio de la acción de amparo es el alcance y extensión de tal protección constitucional y la admisibilidad de las acciones de amparo en situaciones de emergencia.

Por ejemplo, la cuestión se discutió y además quedó regulada en el artículo 6.7 de la Ley Orgánica de Amparo de Venezuela de 1988, al establecer que la acción de amparo era inadmisible "en caso de suspensión de los derechos y garantías" cuando, en casos de conflicto interno o externo, se declarase una situación de emergencia.

---

41   Véase Sentencia T-406 del 5 de junio de 1.992 en Manuel José Cepeda, *Derecho Constitucional Jurisprudencial. Las grandes decisiones de la Corte Constitucional*, Legis, Bogotá, 2001, p. 61.

42   *Idem*, p. 61.

43   Véase sentencia T-251 del 5 de junio de 1995, *Idem*, p. 486.

Esta disposición fue, por supuesto, tácitamente derogada debido al rango prevalente que tenía la Convención Americana sobre Derechos Humanos, respecto de las leyes internas conforme al artículo 23 de la Constitución de 1.999,) la cual al contrario, dispone que, incluso en casos de emergencia, las garantías judiciales de los derechos constitucionales no se pueden suspender. A pesar de que Venezuela denunció la Convención en 2013, el principio sin embargo sigue rigiendo, por derogación tácita derivada de las previsiones de la propia Constitución de 1999, que incluso hacen inconstitucional la referida denuncia.

En cuanto a la normativa prevalente en América Latina, es que las acciones de amparo y habeas corpus siempre se pueden presentar, incluso en situaciones de excepción, como por ejemplo se declara expresamente en el artículo 1° del Decreto que regula la acción de *tutela* en Colombia. Con respecto al habeas corpus, de modo similar, el artículo 62 de la Ley de Amparo nicaragüense establece que en caso de suspensión de las garantías constitucionales de libertad personal, el recurso de exhibición personal se mantendrá en vigor. El Código Procesal Constitucional peruano también establece el principio que durante los regímenes de emergencia, no se suspenderán los procesos de amparo y habeas corpus, así como los demás procesos constitucionales.[44]

En el caso de Argentina, con respecto a la garantía de habeas corpus, la Ley de Habeas Corpus establece que en el caso de un estado de sitio cuando se restringe la libertad personal, es admisible el proceso de habeas corpus cuando se dirige a probar, en un caso particular: 1) la legitimidad de la declaración del estado de sitio; 2) la relación entre la orden de privación de libertad y la situación que origina la declaración del estado de sitio; y 3) el ilegítimo empeoramiento de las condiciones de detención.

El asunto lo resolvió definitivamente en octubre de 1986 la Corte Interamericana de Derechos Humanos por medio de una *Opinión Consultiva* que requirió la Comisión Interamericana para la interpretación de los artículos 25, 1 y 7, 6 de la Convención Inter-Americana de Derechos Humanos, con el fin de determinar si el decreto de habeas corpus era una de las garantías judiciales que, según la última cláusula del artículo 27, 2 de esa Convención, no podía ser suspendida por un estado parte de la convención.[45]

---

44   Según el artículo 23 del Código, cuando los recursos se presentan con respecto a los derechos suspendidos, el tribunal debe examinar la razonabilidad y proporcionalidad del acto restrictivo, siguiendo estos criterios: 1) Si la demanda se refiere a derechos constitucionales no suspendidos; 2) Si se refiere a los derechos suspendidos, no teniendo el fundamento del acto restrictivo del derecho una relación directa con los motives que justifican la declaración del estado de emergencia; 3) Si se refiere a los derechos suspendidos, y el acto restrictivo del derecho es evidentemente innecesario o injustificado teniendo en cuenta la conducta del agraviado o la situación de hecho evaluada brevemente por el juez.

45   El artículo 27 de la Convención autoriza a los estados, en tiempo de guerra, peligro público u otra emergencia que amenace la independencia o seguridad de un estado-parte, a tomar medidas que deroguen sus obligaciones según la convención, pero con la declaración expresa que eso no autoriza ninguna suspensión de los siguientes artículos: art. 3 (Derecho a la Personalidad Jurídica), art. 4 (Derecho a la Vida), art. 5 (Derecho al Trato Humanitario), art. 6 (Libertad de la Esclavitud), art. 9 (Irretroactividad de las Leyes), art. 12 (Libertad de Conciencia y de Religión), art. 17 (Derechos de la Familia), art. 18 (Derecho al Nombre), art. 19

En su *Opinión Consultiva OC-8/87* del 30 de enero de 1987 (*Habeas Corpus en Situaciones de Emergencia*), la Corte Interamericana de Derechos Humanos declaró que si bien es cierto que "en condiciones de grave emergencia es lícito suspender temporalmente ciertos derechos y libertades cuyo ejercicio pleno, en condiciones de normalidad, debe ser respetado y garantizado por el Estado ..." es imperativo que "las garantías judiciales esenciales para (su) protección permanezcan vigentes (art. 27, 2)";[46] añadiendo que estos medios judiciales que "deben considerarse como indispensables, a los efectos del artículo 27.2, [son] aquellos procedimientos judiciales que ordinariamente son idóneos para garantizar la plenitud del ejercicio de los derechos y libertades a que se refiere dicho artículo y cuya supresión o limitación pondría en peligro esa plenitud" (Párr. 29).

También en 1.986, el Gobierno de Uruguay solicitó una Opinión Consultiva a la Corte Interamericana de Derechos Humanos sobre el alcance de la prohibición de suspensión de las garantías judiciales esenciales para la protección de los derechos mencionados en el artículo 27, 2 de la Convención Inter-Americana; esto resultó en la *Opinión Consultiva OC-9/87* del 6 de octubre de 1987 (*Garantías Judiciales en Estados de Emergencia*), en la que la Corte, siguiendo su ya citada *Opinión Consultiva OC-8/97*, acordaba que "la declaración de un estado de emergencia... no puede conllevar la supresión o inefectividad de las garantías judiciales que la Convención requiere de los Estados Miembros para establecer la protección de los derechos no sujetos a derogación o suspensión por el estado de emergencia", concluyendo que "es violatoria de la Convención toda disposición adoptada por virtud del estado de emergencia, que redunde en la supresión de esas garantías."[47]

La Corte Interamericana también indicó que las garantías judiciales "indispensables" que no están sujetas a suspensión, incluyen "aquellos procedimientos judiciales, inherentes a la forma democrática representativa de gobierno (art. 29.c), previstos en el derecho interno de los Estados Partes como idóneos para garantizar la plenitud del ejercicio de los derechos a que se refiere el artículo 27.2 de la Convención y cuya supresión o limitación comporte la indefensión de tales derechos", y que "las mencionadas garantías judiciales deben ejercitarse dentro del marco y según los principios del debido proceso legal, recogidos por el artículo 8 de la Convención" (Párr. 41, 2 y 41, 3).

(Derechos del Niño), art. 20 (Derecho a la Nacionalidad), y art. 23 (Derecho a Participar en el Gobierno) o de las garantías jurídicas esenciales para la protección de esos derechos.

46   Opinión Consultiva OC-8/87 del 30 de enero de 1987, Habeas corpus en situaciones de emergencia, Parágrafo 27. v. en Sergio García Ramírez (Coord.), *La Jurisprudencia de la Corte Interamericana de Derechos Humanos,* Universidad Nacional Autónoma de México, Corte Interamericana de Derechos Humanos, México, 2001, pp. 1.008 ss.

47   Opinión Consultiva OC-9/87 del 6 de octubre de 1987, Garantías Judiciales en Estados de Emergencia, Parágrafos 25, 26. La conclusión de la corte fue entonces que deben considerarse como las garantías judiciales indispensables no susceptibles de suspensión, según lo establecido en el artículo 27.2 de la Convención, el hábeas corpus (art. 7.6), el amparo, o cualquier otro recurso efectivo ante los jueces o tribunales competentes (art. 25.1), destinado a garantizar el respeto a los derechos y libertades cuya suspensión no está autorizada por la misma Convención. (parágrafo 41, 1). *Idem*, pp. 1.019 ss.

IV. LA PROTECCIÓN CONSTITUCIONAL COMO DERECHO DE TODAS LAS PERSONAS AGRAVIADAS

Las Constituciones declaran derechos fundamentales de las personas, respecto de las cuales, el juez competente en materia de amparo es el llamado a garantizar su goce y ejercicio por ellas. Esto plantea el tema de la persona agraviada en los procesos de amparo, es decir, de las que pueden ser accionantes, quejosos, peticionarios.

En principio, por supuesto, esa capacidad o la legitimación procesal corresponde a las personas titulares del derecho constitucional que ha sido violado o amenazado de violación, situación que le da particular interés para intentar la acción de protección ante el tribunal competente. Por eso, la acción de amparo se ha considerado en principio como una acción *in personam* por lo cual el accionante debe ser precisamente la persona agraviada; lo que implica que generalmente se considere que la acción de amparo en América latina, como sucede con las *injunctions* del sistema estadounidense, debe ser personalizada, en el sentido de que se atribuye a una persona particular la cual, por gozar del derecho lesionado, tiene un interés personal en el caso y su resultado.[48]

En este sentido, la Ley de Amparo nicaragüense prevé que sólo la parte agraviada puede intentar la acción de amparo, definiendo como tal a "toda persona natural o jurídica a quien perjudique o esté en inminente peligro de ser perjudicada por toda disposición, acto o resolución, y en general, toda acción u omisión de cualquier funcionario, autoridad o agente de los mismos" (art. 23).[49]

Esto plantea, por tanto diversas cuestiones respecto de quienes pueden ser parte agraviada o lesionada en un proceso de amparo, como las relativas a los medios judiciales de protección, a la legitimación activa o al derecho a actuar, las relativa a la calidad del accionante en el sentido de si tiene que ser sólo una persona física o ser humano, o una persona jurídica o puede ser una corporación, incluyendo las entidades de derecho público. Otros aspectos que se deben considerar son la posibilidad de que el Ministerio Público o los Defensores del Pueblo puedan intentar la acción de amparo.

1. *La persona agraviada y los medios judiciales de protección*

La Convención Americana a regular el derecho a la protección judicial en su artículo 25.1 se refiere al derecho de toda persona agraviada a ser amparada, protegida o tutelada en sus derechos fundamentales reconocidos por la Constitución, la ley o la presente Convención, mediante "un recurso sencillo y rápido *o cualquier otro recurso efectivo*," lo que implica que el derecho de amparo no necesariamente se garantiza a través de un solo medio adjetivo de protección, sino que puede y debe tratarse de un conjunto de medios de protección, lo que puede implicar, incluso, la

---

48   Véase Kevin Schroder *et al*, "Injunction," *Corpus Juris Secundum*, Thomson West, Vol. 43A, 2004; M. Glenn Abernathy and Barbara A. Perry, *Civil Liberties Under the Constitution*, University of South Carolina Press, 1993, p. 4.

49   En este mismo sentido, la Ley N° 437-06 que establecía el Recurso de Amparo de la República Dominicana disponía que "Cualquier persona física o moral, sin distinción de ninguna especie, tiene derecho a reclamar la protección de sus derechos individuales mediante la acción de amparo." (art. 2).

posibilidad de utilizar los medios judiciales ordinarios cuando estos sean efectivos como recursos rápidos y sencillos de amparo. Es la situación práctica de lo que durante las décadas de su desarrollo ha ocurrido en México dada la expansión de las múltiples vías de protección que se incluyen dentro de la denominación genérica de juicio de amparo.

En esta materia, sin embargo, la casi totalidad de los países de América Latina, en contraste con la orientación de la Convención, siguiendo sus respectivas tradiciones constitucionales, han reducido en el orden interno los medios procesales de amparo, protección o tutela de los derechos fundamentales a una sola garantía judicial específica, que es la expresamente regulada, aun cuando en la mayoría de los casos con la amplitud necesaria, que se denomina y regula como *acción*, *proceso* o *recurso* de amparo, de protección o de tutela.

Una disidencia en esta orientación, sin embargo, es el caso de Venezuela, donde conforme a la Constitución (art. 27), la Ley Orgánica de 1988 reguló el derecho de amparo, estableciendo para ello, además de una acción de amparo, que se puede ejercer en forma autónoma, una gama de otros medios de protección constitucional al permitir ejercer la pretensión de amparo conjuntamente con otras acciones judiciales. Este carácter del amparo, como un "derecho constitucional," en nuestro criterio es el elemento clave para identificar a la institución venezolana[50] en el marco del derecho comparado latinoamericano.

Lo anterior implica que la pretensión de amparo de los derechos fundamentales en Venezuela, además de poder formularse mediante la acción autónoma de amparo, se puede formular conjuntamente con otros medios judiciales, así: *primero*, conjuntamente con la acción popular de inconstitucionalidad de las leyes, autorizando al Juez Constitucional a suspender la aplicación de la norma respecto de la situación jurídica concreta cuya violación se alega, mientras dure el juicio de nulidad (art.3, Ley Orgánica); *segundo*, conjuntamente con la acción de nulidad contra actos administrativos o contra abstenciones o negativas de la Administración, que violen o amenacen violar un derecho o una garantía constitucionales intentada ante los órganos de la Jurisdicción Contencioso Administrativa, en cuyo caso, el juez en forma breve, sumaria, efectiva, si lo considera procedente para la protección constitucional, suspenderá los efectos del acto recurrido como garantía de dicho derecho constitucional violado, mientras dure el juicio (art. 5, Ley Orgánica); y *tercero*, también puede formularse la pretensión de amparo conjuntamente con otros medios procesales o acciones ordinarias, en cuyo caso, al alegarse la violación o amenaza de violación de un derecho o garantía constitucionales, el Juez debe proceder en forma breve y sumaria a fin de ordenar la suspensión provisional de los efectos del acto cuestionado (art. 6.5, Ley Orgánica. De ello deriva que el agraviado puede recurrir a las vías judiciales ordinarias o hacer uso de medios judiciales preexistentes (apelación, recurso de casación, solicitud de nulidad, por ejemplo), para alegar la violación o amenaza de violación de un derecho o garantía constitucional.

En estos últimos supuestos se encuentra, por ejemplo, la solicitud de nulidad en el proceso penal, denominada "amparo penal," cuando se formula por el acusado violación de derechos y garantías constitucionales, en cuyo caso, el amparo se for-

---

50   Véase Allan R. Brewer–Carías, "El derecho de amparo y la acción de amparo", *Revista de Derecho Público*, N° 22, EJV, Caracas, 1985, pp. 51 y ss.

mula junto con dicha vía procesal previstas en el artículo 191 del Código Orgánico Procesal Penal para enervar las lesiones constitucionales denunciadas en el proceso, lo que incluso en ese caso hace que respecto de esas actuaciones sea inadmisible el ejercicio de una acción "autónoma" de amparo. En estos casos, en el marco mismo del proceso penal y de la protección de derechos y garantías constitucionales, el Código Orgánico le atribuye a los jueces de control la obligación de "hacer respetar las garantías procesales" (art. 64); a los jueces de la fase preliminar, la obligación de "controlar el cumplimiento de los principios y garantías establecidos en este Código, en la Constitución de la República, tratados, convenios o acuerdos internacionales suscritos por la República" (Art. 282); y también en general, a los jueces de control, durante las fases preparatoria e intermedia, "la obligación de "respetar las garantías procesales" (art. 531). En ese contexto, al conocer del amparo penal formulado junto con las solicitudes de nulidad, dichos jueces actúan como jueces de amparo.

En todo caso, de acuerdo con la doctrina de la antigua Corte Suprema de Justicia (caso *Tarjetas Banvenez* de 10 de julio de 1991, en estos casos, el pretensión de amparo formulado como pretensión conjunta con una acción, petición o solicitud ordinaria o en el curso del proceso derivado de la misma, no tiene carácter de acción principal sino de pretensión accesoria a la acción o solicitud junto con la que se formula, quedando sometida por tanto al pronunciamiento jurisdiccional final que se emita en la misma; pudiendo tener en algunos casos efectos anulatorios (de actos administrativos en el contencioso administrativo, o nulidad de sentencias o actuaciones judiciales cuestionadas, en caso de solicitudes de nulidad, de apelación o de recurso de casación), y en otros, efectos temporales y provisorios si se trata de solos efectos cautelares (no restablecedores) suspensivos de la ejecución de un acto, mientras dure el juicio para evitar que una sentencia a favor del accionante se haga inútil en su ejecución, como sucede en los juicios de nulidad de las leyes o de los actos administrativos.[51]

2. *La persona agraviada y la cuestión de la legitimación activa*

Ahora bien, en el juicio de amparo, como la acción tiene carácter personal, el accionante, como parte agraviada, en principio puede ser solamente el titular del derecho lesionado,[52] es decir, la persona cuyos derechos constitucionales han sido agraviados o amenazados de agravio. Así, nadie puede intentar una acción de amparo alegando en nombre propio el derecho que pertenece a otro. Es por eso que la acción de amparo es una acción personal o "subjetiva" en el sentido que sólo puede intentarla ante los tribunales la parte agraviada, con un interés personal, legítimo y directo, la cual puede actuar *in personam* o a través de su representante.[53] Éste es el mis-

---

51   Véase sentencia de la antigua Corte Suprema de Justicia, Sala Político Administrativa de 3–8–89, *Revista de Derecho Público*, N° 39, EJV, Caracas, 1989, p. 136.

52   En este sentido el artículo 567 del Código Procesal Civil paraguayo establece que "[L]a acción de amparo será deducida por el titular del derecho lesionado o en peligro inminente de serlo".

53   Véase decisión de 27 de agosto de 1.993 (caso *Kenet E. Leal*) en *Revista de Derecho Público*, N° 55-56, Editorial Jurídica Venezolana, Caracas, 1993, p. 322; y decisión del Primer Tribunal de control jurisdiccional de acciones administrativas, del 18 de noviembre de 1993, en *Revista de Derecho Público*, N° 55–56, Editorial Jurídica Venezolana, Caracas, 1993, pp. 325–327.

mo principio que se aplica en la legitimación activa para procurar la medida de *injunction* estadounidense, que sólo se atribuye a la persona agraviada,[54] pues solo ella es la que puede intentar la acción.[55]

Aunque ésta es la regla general en América Latina, algunas leyes de amparo sin embargo, autorizan a personas distintas de las partes agraviadas o sus representantes a intentar la acción de amparo en su representación,[56] siendo entonces posible distinguir al respecto entre la *legitimatio* o legitimación activa *ad causam* y la *legitimatio* o legitimación activa *ad processum*.[57] La primera se refiere a la persona o entidad titular del derecho constitucional particular que se ha violado; y la segunda, a la capacidad particular de las personas para actuar en el proceso (capacidad procesal), es decir, a la capacidad de comparecer ante el tribunal y utilizar los procesos adecuados para apoyar una demanda, que puede referirse a sus propios derechos o a los derechos de otros.

La legitimación activa *ad causam* corresponde en principio a cualquier persona cuyos derechos constitucionales han sido lesionados, o amenazados de ser lesionados, y que tenga derecho a procurar la protección de los tribunales por medio de la acción de amparo; bien sea por ser *personas naturales* o seres humanos (sin distinción entre ciudadanos, incapacitados o extranjeros) o una persona *jurídica* o moral.[58] En algunos casos, la legitimación activa también corresponde a grupos de personas o

---

54   Véase el caso *Alabama Power Co. v. Alabama Elec. Co-op., Inc.*, 394 F.2d 672 (5° Cir. 1968), en John Bourdeau et al., "Injunctions," en Kevin Schroder, John Glenn and Maureen Placilla (Ed.), *Corpus Juris Secundum*, Vol. 43A, West 2004, p. 229.

55   Como se establece, por ejemplo, específicamente en Ecuador. v. Hernán Salgado Pesantes, *Manual de Justicia Constitucional Ecuatoriana*, Corporación Editora Nacional, Quito, 2004, p. 81. En Costa Rica, aunque la Ley de la Jurisdicción Constitucional prevé que la acción puede intentarla cualquier persona (art. 33), la Sala Constitucional ha interpretado que se refiere a cualquier persona cuyos derechos constitucionales hayan sido agraviados (v. Decisión 93-90). Véase la referencia en Rubén Hernández Valle, *Derecho Procesal Constitucional*, Editorial Juricentro, San José, 2001, p. 234); y en caso de una acción de amparo presentada por una persona distinta de la parte agraviada, esta última debe aprobar la presentación para que continúe el proceso. De otro modo, faltaría la legitimación activa. *V.* Decisión 5086-94, en *Idem*, p. 235.

56   Artículo 567 Código de Procedimiento Civil, Paraguay.

57   Véase en general, Alí Joaquín Salgado, *Juicio de amparo y acción de inconstitucionalidad*, Astrea, Buenos Aires, 1987, pp. 81 ss.; Joaquín Brage Camazano, *La jurisdicción constitucional de la libertad*, Editorial Porrúa, México, 2005, pp. 162 ss.

58   La palabra "personas" en las leyes de amparo se usa para designar personas humanas o entidades reconocidas por la ley como sujetos de derechos y deberes, incluyendo corporaciones o compañías: Argentina (art. 5: "persona individual o jurídica"; República Dominicana (art. 2: "Cualquier persona física o moral"); Colombia (art. 1: "Toda persona"); Ecuador (art. 9.a: "cualquier persona"; El Salvador (art. 3 y 12: "Toda persona"); Guatemala (art. 8: "las personas"), Honduras (art. 41: "toda persona agraviada"; art. 44: "cualquier persona natural o jurídica"); México (art. 4: "la parte a quien perjudique la ley"); Panamá (art. 2615: "Toda persona"); Perú (art. 39: "El afectado es la persona legitimada"); Uruguay (art. 1: "cualquier persona física o jurídica, pública o privada"); Venezuela (art. 2: "personas naturales y jurídicas"). En el Reglamento de Filipinas, la petición del amparo también está disponible a "cualquier persona" cuyo derecho a la vida, la libertad y la seguridad, haya sido violado" (Sec. 1).

entidades colectivas aún sin "personalidad" jurídica formal atribuida por ley, como se ha admitido en Chile con respecto al recurso de protección.[59]

A. Las personas naturales: Legitimación activa ad causam y ad processum

El principio general en las leyes de amparo en América latina es que todos los seres humanos, cuando sus derechos constitucionales son arbitraria o ilegítimamente agraviados o amenazados, tienen la necesaria legitimación para intentar la acción de amparo. En la expresión "personas" usada en tales leyes, están comprendidas todas las personas naturales sin distinción. La expresión, por supuesto, no equivale a "ciudadanos", que son aquellas personas que por nacimiento o por naturalización son miembros de la comunidad política representada por el estado. Sin embargo, estas personas, como ciudadanos, serían las únicas que tendrían la legitimación necesaria para la protección de ciertos derechos políticos, como el derecho al voto o a la participación en la política.

Por otro lado, en materia de amparo, los extranjeros tienen en principio el mismo derecho general que los nacionales y tienen la necesaria legitimación para ejercer el derecho al amparo.[60]

Excepto en este caso particular, el principio general en América Latina es que toda persona lesionada tiene la legitimación *ad causam* para intentar la acción de amparo. Por ello, en México, la Suprema Corte en ejercicio del control de convencionalidad declaró contrario al artículo 25 de la Convención Americana el artículo 76 bis.II de la Ley de Amparo abrogada, el cual dejó de aplicarse, pues limitaba la protección que otorga solamente al reo excluyendo a la víctima.[61] Por ello, también, respecto de leyes que formalmente restringen la legitimación A este respecto, las leyes deben interpretarse en sentido amplio, como ocurre por ejemplo en la ley de amparo venezolana la cual aunque prevé en su primer artículo que la acción de am-

---

59   La Constitución chilena, en materia de legitimación activa, se refiere a "el que" (quien), sin referirse a "personas" (art. 20). v. Juan Manuel Errázuriz y Jorge Miguel Otero A., *Aspectos procesales del recurso de protección*, Editorial Jurídica de Chile, Santiago, 1989, pp. 15, 50. v. el caso *RP, Federación Chilena de Hockey y Patinaje*, C. de Santiago, 1984, RDJ, T, LXXXI, N° 3, 2da. P., Secc. 5ta, p. 240. Sin embargo, en otras decisiones judiciales se ha sostenido el criterio contrario. v. la referencia en Sergio Lira Herrera, *El recurso de protección. Naturaleza jurídica. Doctrina. Jurisprudencia, Derecho Comparado*, Santiago, 1990, pp. 144–145.

60   Antes en México, las decisiones del Presidente de la República, dictadas según la Constitución, para la expulsión de extranjeros, se encontraba excluida del amparo. Véase Eduardo Ferrer Mac-Gregor, La *acción constitucional de amparo en México y España*, Editorial Porrúa, México, 2002, p. 230.

61   Tesis 2ª CXXXVII/202 y J.26/2003, *Semanario Judicial de la Federación y su gaceta* 9ª. Época Tomo XVI, noviembre de 2002, p. 449 y Tomo XVIII, agosto de 2003, p.175; citadas por Alfonso Jaime Martínez Lazcano, "Control difuso de convencionalidad en México," en Boris Barrios González (Coordinador), *Temas de Derecho Procesal Constitucional Latinoamericano*, Memorias I Congreso panameño de Derecho Procesal Constitucional y III Congreso Internacional Proceso y Constitución, Panamá 2012, pp. 209.

paro puede intentarla "toda persona natural habitante de la República",[62] se entiende la expresión como referida a cualquier persona, incluso quienes no viven en el país.[63]

Los menores, por supuesto, también tienen legitimación *ad causam*, pero sólo están autorizados para intentar acciones de amparo para proteger sus derechos constitucionales a través de sus representantes (padres o tutores), quienes, en esos casos, tienen legitimación *ad processum*. Sólo excepcionalmente la ley mexicana permite que los menores actúen personalmente cuando sus representantes estén ausentes o impedidos.[64] En Colombia, cuando el representante de un menor está en situación de incapacidad para asumir su defensa, cualquiera puede actuar representando a la parte agraviada (art. 10).[65]

Excepto en aquellos casos en que los representantes de personas naturales incapaces sean llamados a actuar, la regla general de legitimación activa *ad processum* por tanto, respecto de las personas naturales, es que tienen la posibilidad de comparecer ante el tribunal como personas agraviadas en defensa de sus propios derechos. En consecuencia, como asunto de principio, ningún otro puede actuar judicialmente en nombre de la persona agraviada, excepto cuando un representante es nombrado legalmente o actúa con un poder notariado o carta de autorización (Paraguay, art. 567).

---

62   Véase referencias en Allan R. Brewer-Carías, *Instituciones Políticas y Constitucionales*, Vol. V, El derecho y la acción de Amparo, Universidad Católica del Táchira, Editorial Jurídica Venezolana, San Cristóbal-Caracas, 1998, p. 319. La misma antigua Corte Suprema, en ejercicio de su potestad de control jurisdiccional difuso, declaró inconstitucional la referencia limitante del artículo 1 de la Ley al subrayar el carácter de "habitantes de la República", sentenciando en contrario, que cualquier persona, viva o no en la República, cuyos derechos sean agraviados en Venezuela, tiene suficiente legitimación para intentar la acción de amparo. V. Sentencia de 13 de diciembre de 1994, caso Jackroo Marine Limited. Véase la referencia en Rafael Chavero, *El Nuevo Régimen del Amparo Constitucional en Venezuela*, Caracas, 2001, pp. 98–99

63   La misma antigua Corte Suprema, por el ejercicio de su potestad de control jurisdiccional difusa, declaró inconstitucional la referencia limitante del artículo 1 de la ley al subrayar el carácter de "habitantes de la República", sentenciando en contrario, que cualquier persona, viva o no en la República, cuyos derechos sean agraviados en Venezuela, tiene suficiente legitimación para intentar la acción de amparo. V. Sentencia de 13 de diciembre de 1994, caso *Jackroo Marine Limited*. Véase la referencia en Rafael Chavero, *El Nuevo Régimen del Amparo Constitucional en Venezuela*, Caracas, 2001, pp. 98–99.

64   Este es el caso de México, donde la Ley de Amparo prevé que un menor "podrá pedir amparo sin la intervención de su legítimo representante cuando éste se halle ausente o impedido" y añade que "el juez, sin perjuicio de dictar las providencias que sean urgentes, le nombrará un representante especial para que intervenga en el juicio." (art. 6).

65   Lo que el Legislador quiso asegurar en este caso fue la posibilidad de una efectiva protección de los derechos, por ejemplo, en casos de violencia física infligida por los padres con respecto a sus hijos, en cuyo caso un vecino es la persona que puede intervenir para intentar una acción de tutela. De otro modo, la acción protectora, en tales casos, no podría ser intentada, particularmente porque los padres son los representantes legales de sus hijos. Véase Juan Carlos Esguerra Portocarrero, *La protección constitucional del ciudadano*, Lexis, Bogotá, 2005, p. 122.

Sin embargo, una excepción general a esta regla se refiere a la acción de habeas corpus, en cuyo caso, como generalmente la persona agraviada está físicamente impedida de actuar personalmente por sufrir detención o libertad limitada, las leyes de amparo autorizan a cualquier persona a intentar la acción en representación suya.[66]

En el mismo sentido, algunas leyes de amparo, para garantizar la protección constitucional, también establecen la posibilidad que otras personas actúen representando a la parte agraviada e intenten la acción en su nombre. Puede ser cualquier abogado o familiar como se establece en Guatemala (art. 23), o cualquier persona como se establece en Paraguay (art. 567), Ecuador (art. 9.1), Honduras, Uruguay[67] y Colombia, donde cualquiera puede actuar en nombre de la parte agraviada cuando esta última esté en situación de incapacidad para asumir su propia defensa (art. 10).[68] El mismo principio está establecido en el Código Procesal Constitucional de Perú.[69]

Otro aspecto que se debe notar sobre la legitimación activa es que algunas leyes de amparo latinoamericanas, en forma restrictiva, obligan al accionante a nombrar formalmente a un abogado que le asista como, por ejemplo, se indica en el Código Judicial panameño (art. 2.261).

B. *Personas Jurídicas: Legitimación activa ad causam y ad processum*

Aparte de las personas naturales, también las personas jurídicas gozan de los derechos constitucionales, por lo que tienen derecho a intentar acciones de amparo cuando los mismos han sido violados, de modo que las asociaciones, compañías,

---

66   Argentina (art. 5: cualquiera que lo represente); Bolivia (art. 89: cualquiera en su nombre); Guatemala (art. 85: cualquier otra persona); Honduras (art. 19: cualquier persona); México (art. 15: cualquier otra persona en su nombre); Nicaragua (art. 52: cualquier habitante de la República); Perú: (art. 26: cualquiera a su favor); Venezuela (art. 41: cualquier persona que gestione a su favor). En México, la ley impone en la parte agraviada la obligación de ratificar expresamente la interposición del recurso de amparo, al punto que si la queja no se ratifica, se reputará no presentada (art. 15).

67   En Honduras, la Ley sobre Justicia Constitucional autoriza a cualquier persona actuar por la parte agraviada, sin necesidad de poder, en cuyo caso el artículo 44 prevé que prevalecerá el criterio de la parte agraviada (art. 44). En Uruguay (art. 3) la Ley Nº 16.011 sobre la Acción de Amparo prevé que en casos en los que la parte agraviada, por sí misma o por su representante, no pudiese intentar la acción, entonces cualquiera puede hacerlo por ella, sin perjuicio de la responsabilidad del agente si éste hubiese actuado con fraude, malicia o culpable ligereza (art. 4).

68   Véase Carlos Augusto Patiño Beltrán, *Acciones de tutela, cumplimiento, populares y de grupo*, Editorial Leyer, Bogotá, 2000, p. 10; y Juan Carlos Esguerra Portocarrero, *La protección constitucional del ciudadano*, Lexis, Bogotá, 2005, p. 122.

69   El artículo 41 del Código establece: "Cualquier persona puede comparecer en nombre de quien no tiene representación procesal, cuando esta se encuentre imposibilitada para interponer la demanda por sí misma, sea por atentado concurrente contra la libertad individual, por razones de fundado temor o amenaza, por una situación de inminente peligro o por cualquier otra causa análoga. Una vez que el afectado se halle en posibilidad de hacerlo, deberá ratificar la demanda y la actividad procesal realizada por el procurador oficioso."

fundaciones o corporaciones también pueden intentar acciones de amparo,[70] por ejemplo, para proteger su derecho a la no discriminación, al debido proceso legal, a la defensa o a los derechos económicos o de propiedad, en cuyo caso, por supuesto, deben actuar a través de sus directores o representantes según sus estatutos (México, art. 6). Por ello, la jurisprudencia en Venezuela ha establecido que la acción de amparo no está restringida a proteger "derechos o garantías constitucionales a los derechos de las personas naturales," pues también las personas jurídicas son titulares de derechos fundamentales."[71]

En este contexto de la legitimación dada a las personas jurídicas para intentar acciones de amparo, el Código Procesal Civil paraguayo enumera particularmente a los partidos políticos con capacidad reconocida por las autoridades electorales; las entidades con personería gremial o profesional y las entidades con personería gremial o profesional; y las sociedades o asociaciones con fines no contrarios al bien común (art. 568).

Una cuestión importante sobre la legitimación activa de las personas jurídicas para intentar acciones de amparo se refiere a la posibilidad de que las entidades de derecho público puedan hacerlo, es decir, a la capacidad de las entidades públicas de intentar acciones de amparo.

Históricamente, la acción de amparo, como medio judicial específico para la protección de derechos constitucionales, se concibió originalmente para la defensa de los individuos o personas naturales contra los funcionarios o entidades públicas; es decir, como una garantía para protegerse frente al Estado. Por eso, inicialmente, era inconcebible que una entidad pública intentara una acción de amparo contra otras entidades públicas o privadas. Sin embargo, ya que las entidades públicas pueden, como cualquier persona jurídica, ser titulares de derechos constitucionales, se admite en general que puedan intentar acciones de amparo para la protección de sus derechos. Esto es así expresamente en Argentina,[72] en Uruguay, donde está expresamen-

---

70 También es el caso de Colombia, donde la acción de tutela se estableció para la protección de los "derechos fundamentales" de aplicación inmediata, que incluyen los de las personas jurídicas, como el derecho de petición (art. 23), al debido proceso y a la defensa (art. 29) y a la revisión de decisiones judiciales (art. 31). En Ecuador, la legitimación activa de las personas jurídicas para intentar una acción de amparo fue negada por Marco Morales Tobar en "La acción de amparo y su procedimiento en el Ecuador," *Estudios Constitucionales. Revista del Centro de Estudios Constitucionales*, Año 1, N° 1, Universidad de Talca, Chile, 2003, pp. 281–282. Así también en la República Dominicana, donde el juicio de amparo fue admitido por la Suprema Corte, incluso sin disposición constitucional o legal, precisamente en un caso presentado ante la Corte por una compañía comercial (*Productos Avon S.A.*). v. por ejemplo, Juan de la Rosa, *El recurso de amparo, Estudio Comparativo*, Santo Domingo, 2001, p. 69.

71 Véase sentencia N° 1395 de 21 noviembre de 2000, caso *Estado Mérida y otros vs. Ministro de Finanzas*, en *Revista de Derecho Público*, N° 84, Editorial Jurídica Venezolana, Caracas, 2000, pp. 315 ss.

72 Véase José Luis Lazzarini, *El Juicio de Amparo*, Ed. La Ley, Buenos Aires, 1987, p. 238–240; 266. Entre los casos de amparo decididos en Argentina como consecuencia de las medidas económicas de emergencia adoptadas por el gobierno en 2001, que congelaron todos los depósitos en cuentas de ahorro y corrientes de todos los bancos y los convirtieron de dólares americanos a pesos devaluados argentinos, uno que se debe mencionar es el caso San Luis, sentenciado por la Corte Suprema el 5 de marzo de 2003, en el cual no sólo declaró la corte

te regulado en la Ley de amparo al referirse a la "persona física o jurídica, pública o privada} (art. 1) y es el caso también en Venezuela.[73]

También en México se admite expresamente que las corporaciones públicas intenten acciones de amparo pero sólo con referencia a sus intereses patrimoniales lesionados (art. 7), lo que significa que de ninguna otra manera puede una entidad pública en México como, por ejemplo, un estado, una municipalidad o una corporación pública, intentar una acción de amparo, pues de otro modo resultaría en un conflicto entre las autoridades que no podría resolverse a través de esta acción judicial.[74]

Es en este mismo sentido, que en Perú, el Código Procesal Constitucional también expresamente declara la inadmisibilidad de la acción de amparo cuando se refiere a "conflictos entre entidades de derecho público interno", es decir, entre ramas del gobierno u órganos constitucionales o gobiernos locales o regionales que deban ser dirimidos mediante los procedimientos constitucionales establecidos en el código (art. 5,9).[75]

Esta misma discusión general sobre la posibilidad de ejercer la acción de amparo entre entidades públicas ha surgido en otros sistemas federales, en particular cuando se dirigen a proteger la garantía constitucional de autonomía y autogobierno políticos. En Alemania, por ejemplo, se admite que los municipios, o grupos de municipios, puedan intentar una querella constitucional ante el Tribunal Constitucional Federal alegando que su derecho a la autonomía o al autogobierno, garantizados en

---

la inconstitucionalidad del Ejecutivo sino que en ese caso ordenó al "Banco Central o el Banco de la Nación Argentina le entreguen a la provincia dólares billetes de los plazos fijos que individualiza, o su equivalente en pesos según el valor de la moneda estadounidense en el mercado libre de cambios". El aspecto interesante del juicio fue su presentación por la Provincia de San Luis contra el Estado Nacional y el Banco Central de la Nación Argentina, es decir, un Estado Federal (Provincia de San Luis) contra el Estado Nacional, para la protección de los derechos constitucionales a la propiedad del primero. v. comentarios en Antonio María Hernández, *Las emergencias y el orden constitucional*, Universidad Nacional Autónoma de México, Rubinzal-Culsoni Editores, México, 2003, pp. 119 ss.

73   La Sala Constitucional del Tribunal Supremo en decisión N° 1395 de 21 de noviembre de 2.000, declaró que los "entes político-territoriales como los Estados o Municipios [pueden] acudir al amparo para defender los derechos o libertades de los que puedan ser titulares, como el derecho al debido proceso, o el derecho a la igualdad, o a la irretroactividad de la ley." Véase el Caso *Estado Mérida et al. vs. Ministro de Finanzas*, en *Revista de Derecho Público*, N° 84, Editorial Jurídica Venezolana, Caracas, 2000, pp. 315 ss.

74   Véase Eduardo Ferrer Mac-Gregor, La *acción constitucional de amparo en México y España*, Editorial Porrúa, México, 2002, p. 244–245; Richard D. Baker, *Judicial Review in México. A Study of the Amparo Suit*, University Press of Texas, Austin, 1971 pp. 107–109..

75   El código sustituyó la disposición de la Ley 25.011 de Habeas Corpus y Amparo de 1982 que declaraba inadmisibles las acciones de amparo, pero cuando proceden "de las dependencias administrativas, incluyendo las empresas públicas, contra los Poderes del Estado y los organismos creados por la Constitución, por los actos efectuados en el ejercicio regular de sus funciones" (Ley 25011, art. 6,4). V. comentarios sobre esta disposición en la derogada Ley 25.011 en Víctor Julio Orcheto Villena, *Jurisdicción y procesos constitucionales*, Editorial Rhodas, Lima, p. 169.

la constitución (art. 28-2), ha sido violado por una disposición legal federal.[76] Esta posibilidad fue rechazada en México pues, aunque los artículos 103, III y 107 de la Constitución establecen que la acción de amparo es admisible en casos de controversias que surgen por " por normas generales o actos de las autoridades de los Estados o del Distrito Federal que invadan la esfera de competencia de la autoridad federal ", se entienden sólo referidos a la protección de los derechos y garantías individuales y, de ninguna manera, dirigidos a establecer una acción de amparo para la protección de la autonomía constitucional de los Estados con respecto a las invasiones por el estado federal.[77]

En Venezuela, que también es un Estado organizado con forma federal, el asunto se discutió con referencia a la protección de los derechos de la autonomía política de los Estados y Municipios garantizada en la Constitución y respecto de la posibilidad de intentar una acción de amparo para su protección. Una acción intentada con tal propósito, por ejemplo, por los municipios, fue rechazada por la antigua Corte Suprema de Justicia, argumentando que las entidades político territoriales, como personas morales, no pueden intentar acciones de amparo sino sólo para la protección de derechos constitucionales en estricto sentido excluyendo de la protección las garantías constitucionales como la de la autonomía territorial.[78] Con argumentos similares, la Sala Constitucional del Tribunal Supremo de Justicia también rechazó en 2000 una acción de amparo interpuesta por un Estado de la federación contra el Ministerio de Finanzas ya que, según se alegaba, afectaba su autonomía financiera.[79]

Por otro lado, en sistemas como los de Brasil, donde el *mandado de segurança* sólo se puede intentar contra el Estado y no contra personas individuales, se considera que el estado mismo o sus dependencias no pueden intentar el recurso.[80]

C. *Legitimación activa y la protección de derechos constitucionales colectivos y difusos*

Como antes se dijo, la característica general del proceso de amparo es su carácter personal, en el sentido que puede sólo iniciarlo ante los tribunales competentes el titular de los derechos, su representante o una de las partes agraviadas.[81]

---

76 En el caso de violaciones por una ley del länder, tal recurso se intentará ante el Tribunal Constitucional del Länder respectivo (art. 93,1,4 de la Constitución). Una situación similar, aunque debatible, se encuentra en Austria con respecto al recurso constitucional. Sea cual fuese el caso, por supuesto, no se trataría de un amparo para la protección de derechos fundamentales, sino más bien de una garantía constitucional específica de la autonomía de entidades locales.

77 Véase referencia en Eduardo Ferrer Mac-Gregor, *La acción constitucional de amparo en México y España*, Editorial Porrúa, México, 2002, p. 246, nota 425.

78 Véase sentencia de 2 de octubre de 1997, en Rafael Chavero, *El nuevo régimen del amparo constitucional en Venezuela*, Caracas, 2001, pp. 122–123.

79 Véase sentencia N° 1395 de 21 de noviembre de 2000, Caso *Estado Mérida et al. v. Ministro de Finanzas*, en *Revista de Derecho Público*, N° 84, Editorial Jurídica Venezolana, Caracas, 2000, pp. 315 ss.

80 Véase Celso Agrícola Barbi, *Do mandado de Securança*, Editora Forense, Rio de Janeiro, 1993, pp. 68 ss.; José Luis Lazzarini, *El juicio de amparo*, Editorial La Ley, Buenos Aires, 1987, pp. 267–268.

Sin embargo, no todos los derechos constitucionales son individuales; y al contrario, algunos son colectivos por naturaleza, en el sentido que corresponden a grupos de personas más o menos definidos, de modo que su violación no sólo lesiona los derechos personales de cada uno de los individuos que los disfruta, sino también a todo el grupo de personas o colectividades a los que pertenecen esos individuos. En tales casos, entonces, la acción de amparo también puede intentarla el grupo o asociación de personas que representan a sus asociados, incluso aun cuando no tengan formalmente el carácter de "persona jurídica.""[82]

En algunos casos, como en Venezuela, la Constitución establece expresamente como parte del derecho constitucional de todas las personas, el tener acceso a la justicia y el procurar la protección no sólo de los derechos personales sino también de los "colectivos" o "difusos" (art. 26). Los primeros han sido considerado como los referidos a un sector poblacional determinado (aunque no cuantificado) e identificable, conformado por un conjunto de personas como sería el caso grupos profesionales, grupos de vecinos o los gremios. En cuanto a los derechos difusos, son los que buscan asegurar en general un nivel de vida aceptable, de manera que al afectarlos se lesiona el nivel de vida de toda la comunidad o sociedad, como sucede con los daños al ambiente o a los consumidores.[83]

En esos casos, cualquier persona procesalmente capaz puede intentar la acción, para impedir el daño a la población o a sectores de ella a la cual pertenece. Lo mismo se aplica, por ejemplo, en los casos de la acción de amparo interpuesta para la protección de derechos electorales, en cuyo caso, cualquier ciudadano invocando los derechos generales de los votantes, puede intentar la acción,[84] admitiéndose incluso

---

81   Algunas legislaciones como la brasileña, respecto del mandado de segurança establecen que en el caso de amenazas o violaciones de derechos relativos a algunas personas, cualquiera de ellas puede intentar la acción (art. 1,2). En Costa Rica también, respecto del derecho constitucional a rectificación y respuesta en caso de agravios, la Ley de la Jurisdicción Constitucional prevé que cuando los agraviados son más de una persona, cualquiera de ellas puede intentar la acción; y en los casos en los que los agraviados pueden ser identificados con un grupo o colectividad organizada, la legitimación para actuar debe ejercerla su representante autorizado (art. 67).

82   Es por eso que el Código Procesal Civil de Paraguay, por ejemplo, al definir la legitimación activa en materia de amparo, además de personas físicas o jurídicas, se refiere a partidos políticos debidamente registrados, entidades con personería gremial o profesional y sociedades o asociaciones que, sin investir el carácter de personas jurídicas, no contrarían, según sus estatutos, el bien público (art. 568). En Argentina, la Ley de Amparo también prevé la legitimación activa para intentar acciones de amparo a estas asociaciones que, sin ser formalmente personas jurídicas, pueden justificar, según sus propios estatutos, que no se oponen al bien público (art. 5).

83   Véase sentencia N° 656 de la Sala Constitucional, del 30 de junio de 2000, caso *Defensor del Pueblo vs. Comisión Legislativa Nacional,* citada en sentencia N° 379 del 26 de febrero de 2003, caso *Mireya Ripanti et vs. Presidente de Petróleos de Venezuela S.A. (PDVSA),* en *Revista de Derecho Público,* N° 93–96, Editorial Jurídica Venezolana, Caracas, 2003, pp. 152 ss.

84   En tales casos, la Sala incluso ha concedido medidas de precaución con efectos *erga omnes* "tanto para las personas naturales y organizaciones que han solicitado la protección de amparo constitucional como para todos los electores en su conjunto." Véase sentencia de la Sala Constitucional N° 483 del 29 de mayo de 2000, caso *Queremos Elegir y otros,* en *Revista de*

en estos casos de intereses difusos o colectivos que la legitimación activa la puedan tener las asociaciones, sociedades, fundaciones, cámaras, sindicatos y demás entes colectivos, cuyo objeto sea la defensa de la sociedad.[85]

Estas acciones "colectivas" de amparo dirigidas a proteger derechos difusos,[86] particularmente en materia de ambiente, han sido incluidos expresamente en las Constituciones en América Latina, como es el caso en Argentina, donde la Constitución prevé que la acción de amparo puede intentarlo "el afectado, el defensor del pueblo y las asociaciones que propendan a esos fines, registradas conforme a la ley" (art. 43) contra cualquier forma de discriminación y en lo relativo a los derechos que protegen al ambiente, a la competencia, al usuario y al consumidor, así como a los derechos de incidencia colectiva en general.[87] En Perú, el artículo 40 de Código Procesal Constitucional también autoriza a intentar la acción de amparo a cualquier persona "cuando se trate de amenaza o violación del derecho al medio ambiente u otros derechos difusos que gocen de reconocimiento constitucional, así como las entidades sin fines de lucro cuyo objeto sea la defensa de los referidos derechos". De forma similar en Brasil, la Constitución estableció un *mandado de securança* llamado

---

Derecho Público, Nº 82, 2000, Editorial Jurídica Venezolana, pp. 489–491. En el mismo sentido, v. sentencia de la misma Sala Nº 714 de 13 de julio de 2000, caso APRUM, en *Revista de Derecho Público*, Nº 83, Editorial Jurídica Venezolana, Caracas, 2000, pp. 319 ss.

85   Véase la referencia y comentarios en Rafael Chavero, *El nuevo régimen del amparo constitucional en Venezuela*, Caracas, 2001, pp. 110–114.

86   En la República Dominicana y antes de la aprobación de la Ley Nº 437-06 que establece el Recurso de Amparo en 2.006, cuando la Suprema Corte admitía la acción de amparo, los tribunales admitían que cualquier persona con capacidad legal e interés en el cumplimiento general de derechos humanos colectivos, tales como el derecho a la educación, podía intentar una acción de amparo si la materia no era sola y exclusivamente particular. *V.* Sentencia Nº 406-2 del 21 de junio de 2001, Juzgado de Primera Instancia de San Pedro Macoris. *V.* referencia en Miguel A. Valera Montero, *Hacia un Nuevo concepto de constitucionalismo*, Santo Domingo, 2006, pp. 388–389.

87   Cuatro acciones colectivas específicas resultaron de este artículo: amparo contra cualquier forma de discriminación; amparo para la protección del ambiente; amparo para la protección de la libre competencia, y amparo para la protección de los derechos del usuario y del consumidor. Por eso, respecto de la discriminación, el objeto de este amparo no es la discriminación respecto de un individuo en particular sino respecto de un grupo de personas entre los cuales existe un nexo o tendencia común que da origen a la discriminación. Véase Joaquín Brage Camazano, *La jurisdicción constitucional de la libertad*, Editorial Porrúa, México, 2005, pp. 94. Por otro lado, respecto a la protección del ambiente, se formaliza la tendencia que comenzó a consolidarse después de un caso de 1983 en el que se presentó un amparo para la protección del equilibrio ecológico para la protección de los delfines. La Corte Suprema aceptó en tal caso la posibilidad que cualquiera, individualmente o en representación de su familia, intentara una acción de amparo para la conservación del equilibrio ecológico debido al derecho de cualquier ser humano de proteger su hábitat. Véase Alí Joaquín Salgado, *Juicio de amparo y acción de inconstitucionalidad*, Astrea Buenos Aires, 1987, pp. 81–89. Sobre las asociaciones que pueden interponer demandas colectivas de amparo, la Corte Suprema de Argentina también ha considerado que no requieren registro formal. *V.* Sentencias 320:690, caso *Asociación Grandes Usuarios* y Sentencia 323:1339, caso *Asociación Benghalensis*. Véase las referencias en Joaquín Brage Camazano, *La jurisdicción constitucional de la libertad*, Editorial Porrúa, México, 2005, pp. 92–93.

colectivo, dirigido a la protección de derechos difusos o colectivos y a ser intentado por los partidos políticos con representación en el Congreso Nacional, los sindicatos, las instituciones colectivas o las asociaciones legalmente establecidas en defensa de los intereses de sus miembros y que deben haber estado funcionando al menos el año anterior (art. 5.69.2).[88]

En Ecuador, el artículo 9 de la Ley Orgánica de Garantías Jurisdiccionales y Control Constitucional permite directamente que la acción sea intentada por "cualquier persona, comunidad, pueblo, nacionalidad o colectivo, vulnerada o amenazada en uno o más de sus derechos constitucionales, quien actuará por sí misma o a través de representante o apoderado". El caso de Costa Rica debe también mencionarse, donde el amparo colectivo se ha sido admitido por la Sala Constitucional de la Corte Suprema en materia de ambiente, basándose en las disposiciones constitucionales que establecen el derecho de todos "a un ambiente sano y ecológicamente equilibrado" (art. 50), por lo que cualquier persona queda "legitimada para denunciar los actos que infrinjan tal derecho."[89]

A partir de 2013, la ley de amparo mexicana se halla dentro de esta tendencia, pues contempla la protección de derechos colectivos y amplió la legitimación activa a favor de individuos o grupos bajo la figura del interés legítimo.[90] De acuerdo al artículo 5.III, es procedente el amparo contra normas generales u omisiones siempre y cuando con ello se produzca una afectación real y actual a su esfera jurídica, ya sea de manera directa o en virtud de su especial situación frente al orden jurídico."[91]

También en Colombia, el principio general respecto a la acción de *tutela* es su carácter personal y privado, de modo que sólo puede ser presentada por el sujeto del derecho individual fundamental protegido por la constitución.[92] Esto no significa,

---

88   Además, desde 1985 se ha desarrollado en Brasil una "acción civil colectiva", con tendencias similares a las Acciones Colectivas de los Estados Unidos, muy ampliamente utilizadas para la protección de derechos de clases, como los consumidores, aunque limitando la legitimación activa a las entidades públicas (nacionales, estatales y municipales) y a las asociaciones. v. Antonio Gidi, Acciones de grupo y "amparo colectivo" en Brasil. La protección de derechos difusos, colectivos e individuales homogéneos, en Eduardo Ferrer Mac-Gregor (Coordinador), *Derecho Procesal Constitucional*, Colegio de Secretarios de la Suprema Corte de Justicia de la Nación, Editorial Porrúa, Tomo III, México, 2003, pp. 2.538 ss.

89   Véase sentencia 1700-03. v. referencia en Rubén Hernández Valle, *Derecho Procesal Constitucional*, Editorial Juricentro, San José, 2001, pp. 239–240.

90   Antes de la reforma, el amparo era solo individual, basado en el interés personal y directo. Véase Eduardo Ferrer Mac-Gregor, *Juicio de amparo e interés legítimo: la tutela de los derechos difusos y colectivos*, Editorial Porrúa, México, 2003, p. 56.

91   Antes de la reforma de 2013, el amparo en protección de intereses colectivos era básicamente el amparo agrario (Véase FERRER MAC-GREGOR, Eduardo. *La acción constitucional de amparo en México y España*. Editorial Porrúa, México, 2002, p. 233 y ss.), contemplándose ahora *en las mismas condiciones que los amparos colectivos del art. 5.III*.

92   Véase Juan Carlos Esguerra Portocarrero, *La protección constitucional del ciudadano*, Lexis, Bogotá, 2005, p. 121. Por eso el artículo 6,3 de la Ley de Tutela expresamente dispone que la acción de tutela es inadmisible cuando los derechos que se busca proteger son "derechos colectivos, tales como la paz y los demás mencionados en el artículo 88 de la Constitución Política", en particular porque para tal propósito se estableció un medio judicial especial llamado "acciones populares". El artículo 6,3 de la Ley de Tutela añadió que lo anterior no im-

sin embargo, que los derechos difusos o colectivos no estén protegidos, pues la Constitución ha regulado además de la acción de *tutela*, la "acción popular" o acción de grupo,[93] es decir, acciones colectivas similitudes a las *class actions* estadounidenses,[94] que han resultado muy efectivas para la protección de los derechos civiles en casos de discriminación.

3. *Funcionarios públicos con legitimación activa en el proceso de amparo*

A pesar de su carácter personal, incluso en casos de acciones para la protección de derechos colectivos y difusos, generalmente se acepta que algunos funcionarios públicos ostenten legitimación activa para intentar acciones de amparo representando a la comunidad o a grupos de personas. Tradicionalmente éste ha sido el caso del Ministerio Público y ahora del Defensor del Pueblo, cargos que existen en casi todos los países latinoamericanos.

En efecto, un aspecto importante del sistema latinoamericano de defensa de los derechos humanos y en particular respecto a la legitimación activa en casos de amparo, ha sido la creación de entidades constitucionales autónomas llamadas Defensorías del Pueblo o Defensorías de los Derechos Humanos con el propósito particular de proteger y procurar la protección de los derechos constitucionales, en particular de los derechos constitucionales difusos.

---

pide que el titular de derechos amenazados o violados pueda intentar una acción de tutela en situaciones que comprometan intereses o derechos colectivos y el de sus propios derechos amenazados o violados, amenazados o violados, cuando se trata de prevenir un perjuicio irremediable.

93 Estas acciones populares son aquellas establecidas en la constitución para la protección de derechos e intereses relacionados con la propiedad pública, el espacio público, la seguridad y salud públicas, la moral administrativa, el ambiente, la libre competencia económica, y otros de naturaleza similar. Todos éstos son derechos difusos y para su protección, la ley 472 de 1998 ha regulado estas acciones populares. Esta ley también regula otros tipos de acciones para la protección de derechos en casos de agravios sufridos por un número plural de personas. Sobre las acciones populares, éstas las puede intentar cualquier persona u Organización No Gubernamental, organizaciones populares o cívicas, entidades públicas con funciones contraloras cuando el agravio o amenaza no se originan debido a sus actividades, el Fiscal General, el Defensor del Pueblo, los fiscales distritales y municipales, y los alcaldes y funcionarios públicos que por sus funciones deben defender y proteger los derechos antes citados (art. 12). Sobre las acciones de grupo establecidas para la protección de una pluralidad de personas en caso de sufrir lesiones en sus derechos de modo colectivo, la Ley 472 de 1998 establece estas acciones con fines básicamente de indemnización y sólo pueden ser interpuestas por veinte individuos, actuando todos en su propio nombre. Por tanto, no son acciones dirigidas a proteger a toda la población o colectividad, sino sólo a una pluralidad de personas que tienen los mismos derechos y buscan su protección.

94 Regulada por la regla Nº 23 de las Reglas Federales de Procedimiento Civil e incoadas para la protección de los derechos civiles, ésta regla dispone que, en casos de una clase en las que sus integrantes tengan intereses de hecho o de derecho comunes a dicha clase pero que por ser tantos harían impracticable la tarea de reunirlos a todos, la acción pueda intentarla uno o más de dichos integrantes -como partes accionantes representativas de la clase- si las acciones de éstas son acciones características de la clase y si tales representantes protegerían de modo justo y adecuado los intereses de ella (Regla Nº 23, Acciones Colectivas, a).

En algunos casos, estas instituciones siguen las líneas generales del modelo de Ombudsman escandinavo, inicialmente concebido como una institución parlamentaria independiente para la protección de los derechos de los ciudadanos, en particular en relación con la Administración Pública, como ocurre en Argentina[95] (Defensor del Pueblo), Paraguay (Defensor del Pueblo)[96] y Guatemala (Procurador de Derechos Humanos).[97]

En otros países latinoamericanos la institución se ha concebido con mayor autonomía, en particular con respecto al parlamento y otras ramas del gobierno, habiéndose establecido para la protección de los derechos humanos sin tener relación específica con la Administración Pública. Éste es el caso de Colombia (Defensor del Pueblo),[98] Ecuador (Defensor del Pueblo)[99] y El Salvador (Procurador para la De-

---

95   Dentro del primer grupo y cerca del modelo europeo, la constitución argentina, en el capítulo referido al Poder Legislativo (art. 86), establece al Defensor del Pueblo para la protección de los derechos humanos con respecto a la Administración Pública. Se concibe como una entidad independiente en el ámbito del Congreso, que actúa con autonomía funcional y sin recibir instrucciones de ninguna autoridad. Su misión es la defensa y protección de los derechos humanos, garantizados en la constitución y las leyes, contra hechos, actos u omisiones de la Administración Pública y controlar el ejercicio de las funciones administrativas. El Defensor del Pueblo es nombrado por el Congreso con dos tercios de los votos de los miembros presentes en la votación y sólo puede ser removido de la misma manera.

96   En la Constitución de Paraguay, el Defensor del Pueblo es un comisionado parlamentario para la protección de los derechos humanos, la canalización de las demandas populares y la protección de los intereses comunitarios, sin ninguna función judicial o ejecutiva (art. 276). Es elegido por la Cámara de Diputados a partir de una propuesta del Senado con el voto de dos tercios de sus miembros.

97   En Guatemala, la constitución establece un Procurador de Derechos Humanos como comisionado parlamentario elegido por el Congreso a partir de una propuesta de una Comisión de Derechos Humanos integrada por representantes de los partidos políticos presentes en el Congreso. Su misión es defender los derechos humanos y supervisar la Administración Pública (art. 274). La ley de amparo en Guatemala da suficiente cualidad al Fiscal y al Procurador de Derechos Humanos para intentar acciones de amparo "a efecto de proteger los intereses que les han sido encomendados" (art. 25).

98   En Colombia, el Defensor del Pueblo, elegido por la Cámara de Diputados del Congreso a propuesta formulada por el presidente de la república, fue creado como parte del Ministerio Público (art. 281) con la misión específica de vigilar la promoción, ejercicio y divulgación de los derechos humanos. De entre sus facultades está el invocar el derecho al habeas corpus e incoar acciones de tutela, sin perjuicio de los derechos de la parte interesada. La Ley de Tutela también autoriza al Defensor del Pueblo a intentar estas acciones en nombre de cualquier persona cuando se le fuere solicitado, en caso que la persona se encuentre en situación de desprotección (arts. 10 y 46) o cuando se trate de colombianos residentes en el exterior del país (art. 51). En tales casos, el Defensor del Pueblo será considerado parte en el proceso junto con la parte agraviada (art. 47).

99   El Defensor del Pueblo en Ecuador es una institución completamente independiente y autónoma con respecto a las clásicas ramas del gobierno y es también elegido por el Congreso con el voto de dos terceras partes de sus miembros (art. 96). Entre sus funciones está defender y promover el respeto por los derechos constitucionales fundamentales, vigilar la calidad de los servicios públicos y promover y apoyar las acciones de habeas corpus y de amparo a solicitud de parte. La ley que regula la materia en Ecuador, la Ley Orgánica de Garantías Ju-

fensa de los Derechos Humanos)[100] aunque en estos dos últimos países se ha organizado dentro del Ministerio Público. Éste es también el caso de México (Comisión de Derechos Humanos),[101] Bolivia (Defensor del Pueblo),[102] Perú (Oficina del Defensor del Pueblo),[103] y Nicaragua (Procurador para la Defensa de los Derechos Humanos).[104] También en Venezuela, la Constitución de 1999 creó la institución conocida como el Defensor del Pueblo, siguiendo la tendencia de crear un órgano independiente y autónomo del estado para la protección de los derechos humanos pero, en este caso, con la situación extrema de establecerlo formalmente como una rama separada del gobierno.[105]

---

risdiccionales y Control Constitucional, también autoriza al Defensor del Pueblo a intentar acciones de habeas corpus y de amparo (arts. 9.1).

100 En El Salvador, el Procurador para la Defensa de los Derechos Humanos es parte del Ministerio Público, junto con el Fiscal General y el Procurador General de la República (art. 191), todos elegidos por la Asamblea Legislativa con el voto de dos tercios de sus miembros. Dentro de sus funciones está vigilar por el respeto y garantía de los derechos humanos y la promoción de acciones judiciales para su protección (art. 194).

101 En México, la constitución también ha establecido que el Congreso y las legislaturas estatales deben crear entidades para la protección de los derechos humanos y recibir quejas respecto de actos u omisiones administrativas de cualquier autoridad, salvo las del poder judicial que violen tales derechos. A nivel nacional, la entidad se llama Comisión Nacional de los Derechos Humanos.

102 En Bolivia, la constitución también crea al Defensor del Pueblo con el propósito de vigilar por la aplicación y respeto de los derechos y garantías de la persona con respecto a actividades administrativas de todo el sector público para la defensa, promoción y divulgación de los derechos humanos (art. 127). El Defensor del Pueblo no recibe instrucciones de los poderes públicos y es elegido por el Congreso (art. 128). Entre sus funciones está intentar acciones de amparo y habeas corpus sin necesidad de un poder (art. 129).

103 En Perú, la constitución también crea el despacho del Defensor del Pueblo como órgano autónomo, cuya cabeza es elegida por el Congreso también con el voto de dos tercios de sus miembros (art. 162) con el propósito de defender los derechos humanos y fundamentales de las personas y de la comunidad y supervisar el cumplimiento de los deberes de la administración estatal y la prestación de los servicios públicos a la ciudadanía. El Código Procesal Constitucional autoriza al Defensor del Pueblo, en el ejercicio de sus competencias, a intentar acciones de amparo (art. 40).

104 En Nicaragua, la constitución sólo establece que la Asamblea Nacional nombrará al Procurador para la Defensa de los Derechos Humanos (art. 138.30).

105 La Constitución de Venezuela de 1.999 a este respecto establece una penta-separación de poderes, distinguiendo cinco ramas de gobierno, separando las ramas legislativa, ejecutiva, judicial, electoral y ciudadana; creando al Defensor del Pueblo dentro del Poder Ciudadano, en adición al despacho del Fiscal General y del Contralor General (art. 134). El Defensor del Pueblo fue creado para la promoción, defensa y supervisión de los derechos y garantías establecidas en la Constitución y en los tratados internacionales de derechos humanos, así como también para los intereses legítimos colectivos y difusos de los ciudadanos (art. 281). En particular y según el artículo 281 de la Constitución, también tiene entre sus atribuciones vigilar el funcionamiento del poder de los servicios públicos y promover y proteger los derechos e intereses legítimos, colectivos y difusos del pueblo contra las arbitrariedades o desviaciones de poder en la prestación de tales servicios, estando autorizado a intentar las acciones necesarias para pedir la compensación de los agravios causados por el mal funcionamiento de los

La tendencia general con respecto a todas estas instituciones constitucionales autónomas para la protección de los derechos humanos es la facultad que se les atribuye de intentar acciones de amparo, particularmente en relación con la protección de derechos constitucionales difusos, teniendo entonces la necesaria legitimación para intentar una acción, por ejemplo, en casos de protección de los derechos de los pueblos indígenas, del derecho al ambiente y el derecho de los ciudadanos a la participación política.

4.   *La cuestión de la legitimación activa de otros funcionarios públicos en el recurso de amparo*

El efecto principal de la creación de todas estas instituciones constitucionales autónomas para la protección de los derechos humanos, con legitimación activa para intentar acciones de amparo, es la falta de legitimación activa que las otras instituciones del Estado tienen para iniciar el procedimiento de amparo.

Sin embargo, en países donde no se han creado esas instituciones específicas del para la protección de los derechos humanos, o donde éstas tienen un alcance limitado, otras entidades como los fiscales (del Ministerio Público) o el Procurador General se le ha otorgado la necesaria capacidad para han intentar acciones en representación del pueblo en protección de los derechos humanos.

Este ha sido el caso de los Estados Unidos, donde algunos funcionarios públicos, y en particular el Procurador General, se los ha considerado con suficiente legitimación activa para intentar *injunctions* en protección de los derechos humanos,[106] lo cual se generalizó después de la sentencia de la Suprema Corte en el caso de *Brown vs. Board of Education of Topeka* 347 U.S. 483 (1954); 349 U.S. 294 (1955), al declarar inconstitucional el sistema escolar dual ("separados pero iguales"). Después de esta sentencia y mediante La Ley de Derechos Civiles de 1.957, el Congreso comenzó a autorizar al Procurador General para que interpusiera *injunctions* en protección de los derechos humanos, particularmente con el fin de implementar la 15ª Enmienda al referirse, por ejemplo, al derecho de votar sin discriminaciones.[107] La consecuencia de estas reformas ha sido que el Procurador General, al representar los

---

servicios públicos. También tiene entre sus funciones la posibilidad de intentar acciones de amparo y de hábeas corpus.

106 El Procurador General, por supuesto, ha tenido la legitimación requerida para la protección del interés general del estado, por ejemplo, en el control del servicio de correos, como lo admitió la Corte Suprema en sentencia *In Re Debs*, 158 U.S. 565, 15 S.Ct. 900,39 L.Ed. 1092 (1895), siendo en tal caso la parte contra los miembros de un sindicato de trabajadores de ferrocarriles que amenazaban el funcionamiento de los trenes. Unos años antes, el Congreso, mediante la ley Sherman, contra los monopolios, atribuyó facultad al Procurador General para activar procesos de enjunciones a fin de impedir restricciones al comercio.

107 Véase ha señalado Owen R. Fiss: "La iniciativa legislativa inmediatamente siguiente -la Ley de Derechos Civiles de 1.960- fue dispuesta en gran parte para perfeccionar las armas de *injunctions* del Procurador General en favor del derecho al sufragio. En cada una de las siguientes leyes sobre derechos civiles -las de 1.964 y 1.968- se repitió el mismo patrón: se autorizó al Procurador General para incoar medidas de *injunction* a fin de exigir el cumplimiento de una amplia gama de derechos – servicios públicos (p. ej. restaurantes), instalaciones estatales (p. ej. parques), escuelas públicas, empleos y vivienda –." Véase Owen M. Fiss, *The Civil Rights Injunction*, Indiana University Press, Bloomington & London, 1978, p. 21.

Estados Unidos, ha dejado de participar en procesos de derechos civiles como *amicus curia* solamente y habiendo jugado un papel prominente incoando *injunctions* en protección de derechos civiles[108] procurando la protección por ejemplo, en materia de seguridad y salud públicas.[109]

En los países latinoamericanos, excepto por el ya mencionado caso de la legitimación activa conferida al Defensor del Pueblo, o en algunos casos a los fiscales del ministerio público,[110] ningún otro funcionario o organismo público tiene la facultad de invocar la representación de derechos colectivos o difusos con la finalidad de intentar una acción de amparo.

En este sentido, por ejemplo, en Venezuela la Sala Constitucional del Tribunal Supremo decidió el rechazo de una acción de amparo presentada por el gobernador de uno de los Estados federados, resolviendo que los Estados y Municipios no pueden intentar acciones para la protección de derechos e intereses difusos y colectivos excepto si una ley los autoriza expresamente.[111] Esta doctrina fue ratificada en otra sentencia pronunciada en 2.001, en la cual la Sala Constitucional también negó a los Gobernadores o Alcaldes legitimación activa para intentar acciones colectivas, argumentando que "el Estado venezolano, como tal, carece de ella [legitimación activa], ya que tiene mecanismos y otras vías para lograr el cese de las lesiones a esos derechos e intereses, sobre todo por la vía administrativa."[112]

En consecuencia, a las autoridades de los Estados y Municipios (Gobernadores y Alcaldes) se les ha negado legitimación activa para intentar acciones de amparo que persigan la protección de derechos constitucionales colectivos cuando los infrinjan autoridades nacionales.

---

108 Véase Owen M. Fiss and Doug Rendleman, *Injunctions,* Second Edition, University Casebook Series, The Foundation Press, Mineola, New York, 1984, p. 35.

109 Por eso, por ejemplo, los procedimientos de *injunctions* en casos del ejercicio ilegal de la medicina y de otras profesiones conexas han sido interpuestas por el Procurador General, una Comisión Estadal de Salud y un abogado del condado. v. por ejemplo *State ex rel. State Bd. Of Healing Arts v. Beyrle*, 269 Kan. 616, 7 P3d 1194 (2000), *Idem*, p. 276 ss.

110 En Argentina, se ha aceptado la legitimación activa del Procurador General para intentar acciones de amparo. *v.* Néstor Pedro Sagüés, "El derecho de amparo en Argentina," en Héctor Fix-Zamudio y Eduardo Ferrer Mac-Gregor, *El derecho de amparo en el Mundo*, Editorial Porrúa, México, 2006, p. 59. En México, la Ley de Amparo autoriza al Ministerio Público Federal a intentar acciones de amparo en casos criminales y de familia, aunque no en casos civiles o comerciales (art. 5, 1,IV).

111 Sentencia del 21 de noviembre de 2000. Caso William *Dávila. Gobernación Estado Mérida.* Véase comentarios en Rafael Chavero, *El nuevo régimen del amparo constitucional en Venezuela*, Caracas, 2001, p. 115.

112 Véase sentencia de la Sala Constitucional n° 656 del 30 de junio de 2000, caso Defensor del Pueblo vs. Comisión Legislativa Nacional, como se cita en sentencia n° 379 del 3 de febrero de 2.003, *Mireya Ripanti et al. vs. Presidente de Petróleos de Venezuela S.A. (PDVSA)*, en *Revista de Derecho Público*, n° 93–96, Editorial Jurídica Venezolana, Caracas, 2003, pp. 152 ss.

V. LA PROTECCIÓN CONSTITUCIONAL FRENTE A TODOS LOS AGRAVIANTES

La garantía de los derechos constitucionales implica que el derecho de amparo o de protección de los mismos que tiene toda persona, debe poder ejercerse sea quien fuere la persona que produce la violación o el daño, siempre que el responsable, persona o entidad pública o privada sea individualizable como agraviante, de manera que incluso el resultado final pueda ser una orden judicial "dirigida a un individuo claramente identificado y no solo a la ciudadanía en general."[113] De allí que adjetivamente, el proceso de amparo esté signado siempre por la característica de la bilateralidad, basada en la relación procesal que debe ser establecida entre la parte agraviada y la agraviante, quien debe participar también del proceso.[114]

1. La cuestión de la individualización del demandado

La necesidad de individualizar al demandado deriva también del carácter subjetivo o personal del amparo, en el sentido que en el libelo (como se dispone generalmente en todas las leyes de amparo latinoamericanas),[115] el demandante debe claramente identificar la autoridad, funcionario público, persona o entidad contra quien se interpone el recurso.

De acuerdo con lo estipulado en algunas leyes, este requisito solo aplica, desde luego, cuando dicha individualización es posible.[116] Por eso y como dispone el Código de Procedimiento Civil paraguayo, cuando la identificación del demandado no sea posible, el juez, para garantizar la relación procesal bilateral, deberá suplir los medios necesarios para procurar determinarla (art. 569.b). A este respecto, en particular cuando el agraviante no puede ser determinado o localizado y como lo dispone la ley de amparo uruguaya, el tribunal debe designar un defensor público que lo represente en el caso.[117]

No obstante, en el proceso de amparo, más importante que el autor del agravio, es la lesión infligida a los derechos constitucionales. De manera que cuando sea imposible para el demandante o el juez identificar claramente al demandado, si el hecho o la acción que causa el daño puede ser claramente determinada, aun sin la identificación del autor exacto que la ha producido, sea una autoridad, funcionario público o un individuo, la queja constitucional puede presentarse y, eventualmente, la protección puede concederse.

---

113 Véase Owen M. Fiss, *The Civil Rights Injunction*, Indiana University Press, 1978, p. 12.

114 Véase Corte Suprema de Justicia de Venezuela, Sala Político-Administrativa, decisión del 16 de diciembre de 1.992, caso *Haydée Casanova*, en la *Revista de Derecho Público*, N° 52, Editorial Jurídica Venezolana, Caracas, 1992, p. 139.

115 Argentina, art. 6,b; Bolivia, 97,II; Colombia, art. 14; Costa Rica, art. 38; El Salvador, art. 14,2; Guatemala art. 21,d; Honduras, art. 21; 49,4; México 116,III; 166,III; Nicaragua, art. 27,2; Panamá, art. 2619,2; Paraguay, art. 568,b; Perú, art. 42,3; Venezuela art. 18,3

116 Argentina (art. 6,b); Colombia (art. 14); Nicaragua (arts. 25; 55) y Venezuela (art. 18,3).

117 En Uruguay, la Ley de amparo al respecto expresamente prevé la posibilidad de intentar la acción en casos urgentes, aun sin conocer con precisión la persona responsable del daño, en cuyo caso, el tribunal debe publicar avisos oficiales para identificarla y, caso que no se presente, el tribunal deberá designar de oficio un defensor (art. 7).

Esta regla general ha sido desarrollada en la doctrina argentina que precisa que "la acción de amparo tiende a enfocarse más en el acto lesivo, y sólo accesoriamente en su autor,"[118] de manera que una vez que la lesión ha sido causada y el acto lesivo ha sido determinado, el hecho de que su autor no ha sido identificado no puede impedir la decisión reparadora del daño, "dado el hecho de que la acción de amparo tiende más a restablecer el derecho constitucional lesionado que individualizar el autor de la violación."[119]

Sin embargo, este principio no quiere decir que el demandante puede simplemente liberarse de su obligación de procurar la identificación del autor del daño infligido a sus derechos, así que, como también se ha resuelto en Argentina, en los casos en los cuales no se individualice al agraviante, la demanda puede ser rechazada cuando se determine que lo que el demandante pretendía era forzar al tribunal a hacer el trabajo que le correspondía a él.[120]

Aun así, dejando a un lado estas restricciones, el principio general respecto de la demanda de amparo es que el demandante debe hacer la individualización requerida del agraviante mediante su identificación, sea persona humana o corporación, sea un funcionario o entidad pública, siendo tal persona o entidad la parte causante del daño o de la amenaza de violación de los derechos del demandante.

En el caso de recursos de amparo intentados contra personas jurídicas, entidades públicas o corporaciones, el libelo debe también identificarlas con precisión y, asimismo, con mención, cuando sea posible, de sus representantes. En estos casos de daños causados por entidades o corporaciones, la demanda puede ser intentada directamente contra la persona natural que actúa en representación de la entidad o corporación, por ejemplo, el funcionario público; o directamente contra la entidad misma. En este último caso y de acuerdo con la expresión utilizada en las *injunctions* de los derechos civiles en los Estados Unidos, la demanda puede intentarse contra "el cargo en lugar de la persona".[121]

---

118 Véase Alí Joaquín Salgado, *Juicio de amparo y acción de inconstitucionalidad*, Astrea, Buenos Aires, 1987, p. 92

119 Véase José Luis Lazzarini, *El juicio de amparo*, La Ley, Buenos Aires, 1987, p. 274. Es por esto que, en el caso principal argentino de Ángel Siri (en el cual la Corte Suprema en Argentina admitió la acción de amparo sin ninguna normativa legal al respecto), la corte protegió al propietario de un rotativo que fue clausurado por el gobierno, aun cuando en el expediente no había evidencia clara de cuál autoridad lo había clausurado ni los motivos de la decisión. *Idem*, p. 276

120 Fue el caso, por ejemplo, decidido por la Corte Suprema de Justicia rechazando una acción de amparo que fue interpuesta por un ex-Presidente de la República (caso *Juan D. Perón*) contra disposiciones del gobierno pidiendo que se regresara el cuerpo de su difunta esposa. En ese caso, la corte suprema dispuso acerca de la necesidad de una "mínima individualización del autor del acto que origina la demanda" rechazando la acción de amparo por falta de individualización mínima del demandado. La corte dedujo que lo que el demandante buscaba era conseguir de los tribunales una orden para practicar las indagaciones necesarias con respecto al paradero del cuerpo.v. Fallos: 248–537, referido en José Luis Lazzarini, *El juicio de amparo*, La Ley, Buenos Aires, 1987, p. 275.

121 Véase Owen M. Fiss, *The Civil Rights Injunction*, Indiana University Press, 1978, p. 15.

Esto significa, lo que es regla en México, que en estos casos el amparo se interpone contra la "autoridad responsable"; expresión ésta que está concebida en términos institucionales antes que en términos personales en el sentido que la institución involucrada siempre permanece como autor responsable, independientemente de los cambios de personas que la representen. Por consiguiente, en caso de recursos de amparo intentados contra entidades y corporaciones, la persona natural que las representa puede cambiar (como sucede comúnmente con las entidades públicas), circunstancia que no afecta la relación bilateral entre las partes agraviantes y agraviadas.

Como se dijo antes, la demanda puede ser intentada también contra la persona misma del representante de la entidad o corporación; por ejemplo, contra el funcionario público o el director o gerente de la entidad, particularmente cuando el daño o la amenaza ha sido provocada personalmente por él, con independencia de la persona o entidad jurídica por quien actúa.[122] En estos casos, cuando por ejemplo el funcionario público responsable del daño puede ser identificado con precisión como la parte agraviante, es solo éste, personalmente quien debe actuar como demandado en el procedimiento, en cuyo caso no será necesario enviar notificación al superior jerárquico o al Procurador General de la república.[123] En tales casos, es la persona natural o funcionario público individualizado quien debe actuar como la parte agraviante.[124]

Por el contrario, si la demanda es intentada, por ejemplo, contra una entidad ministerial como un órgano de la administración pública, en este caso el Procurador General, como representante del Estado, es el órgano que debe actuar en el proceso como su representante judicial. En otros casos, cuando la demanda de amparo es ejercida contra un órgano de la administración pública perfectamente identificado e individualizado y no contra el Estado, el Procurador General, como su representante judicial, no tiene necesariamente una función procesal que desempeñar y no puede actuar en su representación.[125]

---

122 En tales casos, cuando la acción es interpuesta contra funcionarios públicos, como dispone el artículo 27 de la ley de amparo venezolana, el tribunal que decide en el mérito debe notificar su decisión a la autoridad competente "a fin de que resuelva sobre la procedencia o no de medida disciplinaria contra el funcionario público culpable de la violación o de la amenaza contra el derecho o la garantía constitucionales."

123 Véase sentencia de la Corte Primera de lo Contencioso Administrativo del 12-5-1988 en *Revista de Derecho Público*, N° 34, Editorial Jurídica Venezolana, Caracas, 1988, p. 113; sentencia de la Corte Suprema de Justicia en Sala Político Administrativa de 16-3-1989, en *Revista de Derecho Público*, N° 38, Editorial Jurídica Venezolana, Caracas, 1989, p. 110; sentencia de la Corte Primera de lo Contencioso Administrativo de 7-9-1989, en la *Revista de Derecho Público*, N° 40, Editorial Jurídica Venezolana, Caracas, 1989, p. 107.

124 Véase sentencia de antigua Corte Suprema de Justicia en Sala Político Administrativa, de 8-3-1990, en la *Revista de Derecho Público*, N° 42, Editorial Jurídica Venezolana, Caracas, 1990, p. 114; sentencia de la Corte Primera de lo Contencioso Administrativo de 21-11-1990, en *Revista de Derecho Público*, N° 44, Editorial Jurídica Venezolana, Caracas, 1990, p. 148.

125 Véase sentencia de la Corte Primera de lo Contencioso Administrativo de 10-10-1990 en la *Revista de Derecho Público*, N° 44, Editorial Jurídica Venezolana, Caracas, 1990, p. 142; sentencia de la antigua Corte Suprema de Justicia en Sala Político Administrativa de 1-8-1991, en *Revista de Derecho Público*, N° 47, Editorial Jurídica Venezolana, Caracas,

2. El demandado en la demanda de amparo: las autoridades y los particulares

El aspecto más importante en el proceso de amparo en América Latina respecto de la parte agraviante, es que, con algunas excepciones, la demanda de amparo puede interponerse no solo contra las autoridades públicas sino también contra los particulares. En otras palabras, este específico medio judicial de protección está concebido para la protección de derechos y garantías constitucionales contra los daños y amenazas de violación independientemente de su autor, que puede ser una entidad pública, cualquier autoridades, individuos particulares o compañas o corporaciones privadas.

Es cierto que el procedimiento de amparo fue originalmente establecido para proteger a los particulares contra el Estado; pero esa tendencia inicial no ha impedido la posibilidad de que en la mayoría de los países el procedimiento de amparo se admita para la protección de los derechos constitucionales contra acciones de otros individuos.

Por ello, la situación actual es que en la mayoría de los países latinoamericanos está aceptada la admisión de la demanda de amparo ejercida contra particulares, como es el caso en Argentina, Bolivia, Ecuador, Chile, la República Dominicana, Paraguay, Perú, Venezuela y Uruguay, así como, aunque de manera más restringida, en Colombia, Costa Rica, Guatemala, Honduras y México. En cambio, solo en una minoría de países latinoamericanos la demanda de amparo permanece exclusivamente como un medio tutelar contra las autoridades, como ocurre en Brasil, El Salvador, Panamá, y Nicaragua. Este es el caso también en los Estados Unidos donde las *injunctions* de los derechos civiles en materia de derechos o garantías constitucionales[126] pueden ser solamente admitidos contra entidades públicas.[127]

1990, p. 120; sentencia de la. Corte Primera de lo Contencioso Administrativo de 30-7-1992, en *Revista de Derecho Público*, N° 51, Editorial Jurídica Venezolana, Caracas, 1992, p. 164; y sentencia de la antigua Corte Suprema de Justicia en Sala Político Administrativa de 15-12-1992, en *Revista de Derecho Público*, N° 52, Editorial Jurídica Venezolana, Caracas, 1992, p. 13.

126 En otras materias las *injunctions* pueden intentarse contra cualquier persona como "altos funcionarios públicos o personas particulares". Véase M. Glenn Abernathy and Barbara A. Perry, *Civil Liberties under the Constitution*, Sixth Edition, University of South Carolina Press, 1993, p. 8.

127 Como lo han explicado M. Glenn Abernathy y Barbara A. Perry: "Recursos limitados contra las interferencias de los particulares a la libertad de decisión. Otro problema en el esfuerzo del ciudadano para estar libre de restricciones está en que muchos tipos de interferencias provenientes de personas particulares no constituyen ilícitos sancionados por la ley. Los prejuicios personales y la discriminación privada no ofrecen -en ausencia de previsiones legales especificas- las bases para una intervención judicial en favor del agraviado. Por ejemplo, si a alguien es negada la admisión a ser miembro de un club social solamente en razón de su raza, religión o afiliación política, éste puede comprensiblemente dolerse por el rechazo pero los tribunales no podrán auxiliarlo (nuevamente, asumiendo que no existe ninguna disposición legal que prohíba tales discriminaciones). Hay, entonces, muchos tipos de restricciones a la libertad de decisión individual que están más allá de la autoridad de los tribunales poderlas resolver o aliviar. Hay que tener en cuenta que la garantía de los derechos en la Constitución de los Estados Unidos solo protege contra la actuación gubernamental y no aplica a los abu-

A. *El amparo contra las autoridades públicas: entidades públicas y funcionarios públicos*

Como antes se dijo, en Latinoamérica, solamente en Brasil, El Salvador, Panamá, y Nicaragua la demanda de amparo permanece como un medio protector para ser intentado sólo contra el Estado, es decir, contra entidades y funcionarios públicos. En cambio, en los otros países, además de las entidades y funcionarios públicos, la demanda de amparo puede interponerse contra particulares también.

La primera situación había sido la de México desde el origen de la acción de amparo cuando la Constitución la concibió para proteger a los particulares contra los agravios de sus garantías constitucionales cometidas por las "autoridades" (art. 103). A partir de 2013, sin embargo, se admite la acción de amparo contra particulares siempre que actúen como "autoridad responsable." (art. I,III, único). Por eso, en la acción de amparo mexicana, debe siempre existir una autoridad responsable[128] (o su equivalente); requisito éste que ha sido desarrollado por la jurisprudencia con respecto a los siguientes aspectos:

Primero, no todas las entidades públicas pueden ser consideradas "autoridades", sino solo aquellas que estén facultadas para tomar decisiones e imponerlas y ejecutarlas a los particulares mediante el uso del poder público coactivo.[129] De acuerdo con esta doctrina, los tribunales han rechazado la acción de amparo contra entidades públicas que han sido consideradas carentes de facultades de decisión, como son aquellas de naturaleza consultiva.[130] De allí que, por ejemplo, muchas entidades descentralizadas como *Petróleos Mexicanos*, la Comisión Nacional de Electricidad, el Defensor de los Derechos Humanos de la UNAM y las universidades autónomas

---

sos puramente privados, salvo por lo que respecta a la prohibición de la esclavitud de la XIII Enmienda. Los recursos para los abusos personales deben buscarse entonces en leyes especiales, el derecho común o las regulaciones administrativas u oficiales y en las sentencias." *Idem*, p. 6.

128 De acuerdo con ello, el artículo 5.II de Ley de amparo la que "con independencia de su naturaleza formal, […] dicta, ordena, ejecuta o trata de ejecutar el acto que crea, modifica o extingue situaciones jurídicas en forma unilateral y obligatoria; u omita el acto que de realizarse crearía, modificaría o extinguiría dichas situaciones jurídicas." En su versión inicial, esta norma se interpreto en el sentido que las autoridades no son solo aquellas superiores que ordenan los actos, sino también aquellas subordinadas que las ejecutan o procuran ejecutarlas; siendo el amparo admitido contra cualquiera de éstas. Véase "Autoridades para efectos del juicio de amparo" (*Apéndice al Semanario Judicial de la Federación*, 1917–1988, Segunda parte, Tesis 300, p. 519). Véase la referencia en Eduardo Ferrer Mac-Gregor, *La acción constitucional de amparo en México y España. Estudio de derecho comparado*, Editorial Porrúa, México 2002, p. 254.

129 Como se definió en el caso Campos Otero Julia (1935), este término se entiende como "un órgano del Estado, investido legalmente de la facultad de decisión y del poder de mando necesario para imponer a los particulares sus propias determinaciones, o las que emanen de algún otro órgano del mismo Estado.". Véase la referencia en Eduardo Ferrer Mac-Gregor, *La acción constitucional de amparo en México y España. Estudio de derecho comparado*, Editorial Porrúa, México 2002, p. 253; y en Suprema Corte, *Jurisprudencia de la Suprema Corte*, Tesis 179, II, 360. Véase la referencia en Richard D. Baker, *Judicial Review in México. A Study of the Amparo Suit*, Texas University Press, Austin 1971, p. 94.

130 *Idem*, p. 95.

fueron inicialmente excluidas de la categoría de "autoridades".[131] No obstante, la acción de amparo ha sido progresivamente admitida contra algunas de esas entidades, basada en la posible facultad de decisión en algunos casos particulares.[132]

Segundo, la jurisprudencia ha desarrollado la doctrina del funcionario público *de facto*, en el sentido que aun si el agraviante no es el legítimo titular del cargo público, el amparo debe ser admitido cuando el daño ha sido causado por alguien que pretende ejercer facultades públicas con el asentimiento de los ciudadanos, que por ello se confían legítimamente a éste.

Tercero y respecto del concepto de autoridad en la demanda de amparo, el demandante debe identificar a todos aquellos efectivamente involucrados en la acción agraviante (quienes deben ser notificados por el tribunal); y no solo aquellos que ordenaron la actividad impugnada, sino también aquellos que la han decidido y los que la han ejecutado o aplicado.[133]

En contraste con la situación en México, en casi todos los países latinoamericanos, el término "autoridad" ha sido interpretado en sentido más amplio y como referido a cualquier entidad o funcionario público, independientemente de sus poderes o funciones.

En Argentina, por ejemplo, como lo establece la Ley de amparo, la acción puede intentarse contra "todo acto u omisión de autoridad pública" (art. 1), teniendo el término "autoridad pública"[134] un sentido amplio, incluyendo toda suerte de entidades o funcionarios públicos de todas las ramas de gobierno. Por consiguiente, a pesar de algunas aisladas interpretaciones restrictivas,[135] la tendencia general en Ar-

---

131 Véanse las referencias a las decisiones judiciales en Eduardo Ferrer Mac-Gregor, *La acción constitucional de amparo en México y España. Estudio de derecho comparado*, Editorial Porrúa, México 2002, pp. 255–256.

132 *Idem*, p. 257.

133 Como decidió la Corte Suprema: si la acción de amparo identifica la autoridad responsable como aquella que ha tomado la decisión o la ha ordenado, pidiendo la suspensión de sus efectos sin identificar la autoridad que la ha ejecutado, la suspensión no puede concederse ya que la ejecución se considera como consentida por el accionante. Por el contrario, si la demanda solo menciona como autoridades responsables a aquellas quienes han ejecutado las actuaciones sin identificar quienes las ordenaron, entonces, si bien es cierto que la suspensión puede otorgarse, el caso debe descontinuarse porque, sin identificar al autor de las actuaciones, la situación debe considerarse como consentida por el accionante. *V.* Jurisprudencia de la Corte Suprema en "Actos Consumados. Suspensión improcedente" y "Actos derivados de actos consentidos," en el *Apéndice al Semanario Judicial de la Federación*, 1917-1995, Primera Sala, Tesis 1090, p. 756; y Tribunal Pleno, Tesis 17, p. 12. Véanse las referencias en Eduardo Ferrer Mac-Gregor, *La acción constitucional de amparo en México y España. Estudio de derecho comparado*, Editorial Porrúa, México 2002, p, 255, notes 450–451.

134 Hay que decir que la expresión "autoridad pública" del artículo 1 de la ley de amparo fue incluida debido a la intención del legislador de 1964 de no regular el amparo contra particulares; lo que, sin embargo, ya estaba admitido por la Corte Suprema y luego expresamente regulado por el Código de Procedimiento Civil.

135 En algunas ocasiones esta expresión ha sido interpretada también de modo restrictivo como en México, refiriéndose solo a funcionarios públicos con *imperium*, esto es, aquellos con poder para ordenar y declarar actos obligatorios y exigir el uso de la fuerza pública para ejecu-

gentina es entender "autoridad" en sentido amplio, incluyendo cualquier agente, empleado, funcionario público, magistrado de gobierno o cualquier funcionario actuando en tal condición, incluyendo individuos particulares cumpliendo funciones públicas, como los concesionarios de servicios públicos.[136]

En un sentido similar, en Bolivia, Colombia, El Salvador, Perú, Nicaragua, Uruguay y Venezuela, por ejemplo, también en sentido amplio, el término "autoridades públicas" o servidores públicos se ha concebido con el propósito de conceder la protección del amparo frente a cualquier funcionario o entidad pública,[137] "sea de la categoría que sea y sean cuales sean las funciones que ejerza," como se dispone en la ley brasileña del *mandado de segurança* (art. 1). En Ecuador sin embargo se precisa que debe tratarse de autoridades públicas "no judiciales" (art. 41.1) Por ello, algunas leyes de amparo, para disipar cualquier duda, son enumerativas e incluyen cualquier acto de cualquiera de las ramas del poder público e incluyen entidades desconcentradas, descentralizadas o autónomas, corporaciones municipales o aquellas financiadas con fondos públicos o aquellas operando por delegación del estado por vía de una concesión, contrato o resolución.[138]

B. *El amparo contra individuos o personas particulares*

Si bien es cierto que la demanda de amparo, como medio judicial específico para la protección de los derechos y garantías constitucionales, como antes se dijo, fue concebida originalmente para la protección de los particulares contra el Estado y sus funcionarios públicos, en la actualidad también ha ido progresivamente admitida contra personas, corporaciones e instituciones privadas cuyas actividades pueden también causar daños o amenazas de daños respecto de los derechos constitucionales de los demás.

Ello es así, a pesar de que en algunos países, la posibilidad del amparo contra particulares se mantenga inadmisible, como es el caso Brasil, en relación con el *mandado de segurança*, respecto del cual la Constitución dispone su admisibilidad solo para proteger los derechos y libertades "cuando el responsable de la ilegalidad o abuso de poder fuese la administración pública o el representante de una persona jurídica en el ejercicio de atribuciones del poder público," excluyendo así la demanda de la protección contra las acciones de los individuos particulares.[139] Disposicio-

---

tarlos. Véase Néstor Pedro Sagüés, *Derecho procesal Constitucional*, Vol. 3, *Acción de amparo*, Editorial Astrea, Buenos Aires, 1988, pp. 91–93; Joaquín Brague Camazano, *La Jurisdicción constitucional de la libertad (Teoría general, Argentina, México, Corte Interamericana de Derechos Humanos)*, Editorial Porrúa, México, 2005, p. 97. José Luis Lazzarini, *El juicio de amparo*, Editorial La Ley, Buenos Aires, 1987, pp. 208–209.

136 En algunos casos se ha considerado incluso que las actuaciones de una Asamblea Constituyente Provincial pueden ser impugnadas por vía de la acción de amparo. Véase Alí Joaquín Salgado, *Juicio de amparo y acción de inconstitucionalidad*, Editorial Astrea, Buenos Aires, 1987, pp. 24–25.

137 Bolivia (art. 51), Colombia (art. 1), El Salvador (art. 12), Perú (art. 2), Nicaragua (art. 3), Uruguay (art. 2) and Venezuela (art. 2).

138 Guatemala (art. 9); Honduras (art. 41).

139 Véase Celso Agrícola Barbi, *Do mandado de segurança*, Editora Forense, Rio de Janeiro 1993, p. 92.

nes similares están previstas en la leyes de amparo de Panamá (Constitución, art. 50; Código Judicial, art. 2.608), El Salvador (art. 12) y Nicaragua (art. 23).

En la nueva orientación, el amparo contra particulares fue admitido por vez primera en Argentina, mediante la decisión de la Corte Suprema de Justicia de la Nación de 1.958, dictada en el caso *Samuel Kot*, en el cual decidió que "nada hay, ni en la letra ni en el espíritu de la Constitución, que permita afirmar que la protección de los llamados *derechos humanos* [...] esté circunscripta a los ataques que provengan sólo de la autoridad," siendo importante no solo el origen del daño a los derechos constitucionales sino también los derechos mismos, admitiendo por esta vía la demanda de amparo contra los particulares.[140]

En Argentina, sin embargo, luego de admitirse el amparo contra particulares, la Ley 16.986 de amparo sancionada en 1.966 solo se refirió a las demandas de amparo contra el Estado es decir, "contra todo acto u omisión de autoridad pública" (art. 1); estando el amparo contra particulares regulado en los artículos 3221,1 y 498 del Código de Procedimiento Civil y Comercial.

En todo caso, después de la decisión del caso *Kot*, el amparo contra personas particulares fue admitido seguidamente en muchos países latinoamericanos como en Bolivia, Chile, República Dominicana, Paraguay, Perú, Uruguay y Venezuela, y también como en Colombia, Costa Rica, Ecuador, Guatemala y Honduras, donde la demanda de amparo puede ser incoada contra los actos u omisiones de individuos causantes de daños o riesgos a los derechos constitucionales de las demás personas, aunque no siempre con el mismo sentido.

En Venezuela, la demanda de amparo también es admisible contra actos de los particulares. La Ley Orgánica de Amparo de 1988 dispone que la demanda de amparo "también procede contra el hecho, acto u omisión originados por ciudadanos, personas jurídicas, grupos u organizaciones privadas que hayan violado, violen o amenacen violar cualquiera de las garantías o derechos amparados por esta Ley" (art. 2).

De manera similar, la Ley 16.011 de amparo uruguaya de 1.988 admite, en términos generales, la demanda de amparo "contra todo acto, omisión o hecho de las autoridades estatales o paraestatales, así como de particulares que en forma actual o inminente, a su juicio, lesione, restrinja, altere o amenace, con ilegitimidad manifiesta, cualquiera de sus derechos y libertades reconocidos expresa o implícitamente por la Constitución" (art. 1).[141] Una disposición similar está contenida en el Código Procesal Constitucional peruano (art. 2)[142] y en la constitución boliviana (art. 128).

También en Chile, aun sin una ley que estipule la acción para una tutela, se ha interpretado que la acción está establecida en la constitución a fin de proteger dere-

---

140 Véase José Luis Lazzarini, *El juicio de amparo*, La Ley, Buenos Aires 1987, p. 228; Joaquín Brage Camazo, *La jurisdicción constitucional de la libertad (Teoría general, Argentina, México, Corte Interamericana de derechos humanos)*, Editorial Porrúa, México, 2005, p. 99; Néstor Pedro Sagüés, *Derecho procesal Constitucional*, Vol. 3, *Acción de amparo*, Editorial Astrea, Buenos Aires, 1988, pp. 13, 512, 527 ss.

141 Véase Luis Alberto Viera, *Ley de Amparo*, Ediciones Idea, Montevideo 1993, pp. 63, 157.

142 Véase Samuel B. Abad Yupanqui, *El proceso constitucional de amparo*, Gaceta Jurídica, Lima 2004, pp. 389 ss.

chos y libertades constitucionales contra actos u omisiones arbitrarias o ilegítimas que perturben o amenacen dichos derechos y libertades (art. 20), sin distinción en cuanto al origen de la acción, siendo la misma admitida contra actos u omisiones de particulares.[143] Una interpretación similar también fue tomada por la Corte Suprema de la República Dominicana respecto de la admisibilidad del amparo contra particulares.[144]

Otros países latinoamericanos, como Guatemala (art. 9), Colombia,[145] Costa Rica,[146] Honduras y México solo admiten la acción de amparo contra particulares en forma restringida, en el sentido que solo puede ser interpuesta contra individuos o corporaciones que están en una posición de ascendencia con respecto a los ciudadanos o que de alguna manera ejercen funciones o actividades públicas o están prestando servicios públicos o de utilidad social.[147] En el caso de Ecuador, por ejemplo, se prevé que la acción de protección procede contra "todo acto u omisión del prestador de servicio público que viole los derechos y garantías" (art. 41.3) y contra "todo acto u omisión de personas naturales o jurídicas del sector privado, cuando ocurra al menos una de las siguientes circunstancias: a) Presten servicios públicos impropios o de interés público; b) Presten servicios públicos por delegación o concesión; c) Provoque daño grave; d) La persona afectada se encuentre en estado de subordinación o indefensión frente a un poder económico, social, cultural, religioso o de cualquier otro tipo. 5. Todo acto discriminatorio cometido por cualquier persona. (art. 41.1).

En el caso de México, con la reforma de la Ley de Amparo de 2013 se estableció también la posibilidad de amparo contra particulares (art. I,III, único) pero sólo cuando éstos "tengan la calidad de *autoridad responsable*," la cual en los términos

---

143 Véase Humberto Nogueira Alcalá, "El derecho de amparo o protección de los derechos humanos, fundamentales o esenciales en Chile: evolución y perspectivas," en Humberto Nogueira Alcalá (Editor), *Acciones constitucionales de amparo y protección: realidad y perspectivas en Chile y América Latina*, Editorial Universidad de Talca, Talca 2000, p. 41.

144 Véase Eduardo Jorge Prats, *Derecho Constitucional*, Vol. II, Gaceta Judicial, Santo Domingo 2005, p. 390.

145 En Colombia donde la constitución expresamente remite a la ley para establecer "los casos en los que la acción de tutela procede contra particulares encargados de la prestación de un servicio público o cuya conducta afecte grave y directamente el interés colectivo, o respecto de quienes el solicitante se halle en estado de subordinación o indefensión." (art. 86).

146 Al respecto, la ley de la jurisdicción constitucional costarricense restringe el amparo contra particulares. Véase Rubén Hernández Valle, *Derecho Procesal Constitucional,* Editorial Juricentro, San José 2001, pp. 275, 281 ss. El artículo 57 establece: "El recurso de amparo también se concederá contra las acciones u omisiones de sujetos de Derecho Privado, cuando éstos actúen o deban actuar en ejercicio de funciones o potestades públicas, o se encuentren, de derecho o de hecho, en una posición de poder frente a la cual los remedios jurisdiccionales comunes resulten claramente insuficientes o tardíos para garantizar los derechos o libertades fundamentales a que se refiere el artículo 2, inciso a), de esta Ley."

147 De manera similar a las *injunctions* admitidas en los Estados Unidos contra corporaciones de servicios públicos. Véase por ejemplo, caso *Wiemer v. Louisville Water Co.*, 130 F. 251 (C.C.W.D. Ky. 1903), en John Bourdeau *et al*, "Injunctions," en Kevin Schroder, John Glenn and Maureen Placilla, *Corpus Juris Secundum*, Volume 43A, Thompson West, 2004, p. 182 ss.

del artículo 5.II de la Ley es "la que dicta, ordena, ejecuta o trata de ejecutar el acto que crea, modifica o extingue situaciones jurídicas en forma unilateral y obligatoria; u omita el acto que de realizarse crearía, modificaría o extinguiría dichas situaciones jurídicas," considerando la misma norma que los particulares tienen tal calidad, cuando "realicen actos equivalentes a los de autoridad, que afecten derechos en los términos de esta fracción, y cuyas funciones estén determinadas por una norma general" (art. 5.II).

Por otra parte, las acciones de amparo pueden ser incoadas también contra partidos políticos, o sus representantes, cuando su conducta viola los derechos de los ciudadanos, como se ha admitido también en los Estados Unidos.[148]

VI. LA PROTECCIÓN CONSTITUCIONAL FRENTE A TODOS LOS ACTOS ESTATALES

En virtud de que originalmente la acción de amparo se estableció y desarrolló para la defensa de los derechos constitucionales frente a violaciones infringidas por el Estado y las autoridades, la parte agraviante más comúnmente regulada en las leyes relativas a amparo en Latinoamérica han sido, desde luego, las autoridades públicas o los funcionarios públicos cuando sus actos u omisiones (sean legislativos, ejecutivos o judiciales) violen a amenazar violar los derechos. Por ello, la Convención Americana, de Derechos Humanos por ejemplo, al regular el amparo, como protección judicial, le da una configuración universal de manera que no indica acto alguno del Estado que escape del ámbito del amparo. Si el amparo es un medio judicial de protección de los derechos fundamentales constitucionales, ello es y tiene que serlo frente a cualquier acción de cualquier ente público o funcionario público; por lo que no se concibe que frente a esta característica universal del amparo, pueda haber determinadas actividades del Estado que puedan quedar excluidas del ámbito de la protección constitucional. Es decir, conforme a la Convención Americana, todos los actos, vías de hecho y omisiones de las autoridades públicas pueden ser objeto de la acción de amparo, cuando mediante ellos se violen o amenacen derechos constitucionales, sea que emanen de autoridades legislativas, ejecutivas o judiciales.

Es en este sentido que, por ejemplo, la Ley de Amparo de Guatemala dispone el principio general de universalidad indicando que "no hay ámbito que no sea susceptible de amparo" siendo admisible contra cualesquiera "actos, resoluciones, disposiciones o leyes de autoridad [que] lleven implícitos una amenaza, restricción o violación a los derechos que la Constitución y las leyes garantizan." (art. 8).

Estos son en general los mismos términos utilizados en la Ley Orgánica de Amparo de Venezuela la cual establece que el recurso de amparo puede ser intentado "contra cualquier hecho, acto u omisión provenientes de los órganos del Poder Público Nacional, Estadal o Municipal" (poderes públicos) (art. 2); lo que significa que la tutela constitucional puede ser incoada contra cualquier acción pública, es decir, cualquier acto formal del Estado o cualquier acto sustantivo de hecho (vías de hecho) (art. 5); así como contra cualquier omisión de las entidades públicas. Es por esto también que los tribunales en Venezuela han decidido que "no puede existir ningún acto estatal que no sea susceptible de ser revisado por vía de amparo, enten-

---

148 Véase caso *Maxey v. Washington State Democratic Committee*, 319 F. Supp. 673 (W.D. Wash. 1970), *Idem*, p. 240.

diendo ésta, no como una forma de control jurisdiccional de la inconstitucionalidad de los actos estatales capaz de declarar su nulidad, sino –como se ha dicho– un remedio de protección de las libertades públicas cuyo objeto es restablecer su goce y disfrute, cuando alguna persona natural o jurídica, o grupo u organizaciones privadas, amenace vulnerarlas o las vulneren efectivamente" admitiendo, por lo tanto, que el recurso constitucional de amparo puede ser intentado aun contra actos excluidos del control constitucional cuando un daño o violación de derechos o garantías constitucionales haya sido alegado. [149]

No obstante este principio general de universalidad del amparo, pueden encontrarse una serie de excepciones en muchas leyes de amparo latinoamericanas en relación con algunos actos particulares y específicos del Estado o actividades que están expresamente excluidas de los procedimientos de amparo, sean de naturaleza legislativa, ejecutiva, administrativa o judicial, lo cual al ser contrario a la Convención Americana, constituyen un campo propicio para el control de convencionalidad.

1. *Amparo contra actos legislativos*

En efecto, la primera cuestión en esta materia se refiere a la posibilidad de intentar acciones de amparo contra actos u omisiones legislativas cuando causan daños a los derechos constitucionales de las personas. Las violaciones en estos casos pueden ser causadas por leyes o por otras decisiones tomadas, por ejemplo, por comisiones parlamentarias.

---

149 Véase sentencia de la antigua Corte Suprema de Justicia del 31 de enero de 1.991, caso *Anselmo Natale*, en *Revista de Derecho Público*, N° 45, Editorial Jurídica Venezolana, Caracas 1991, p. 118; sentencia de la Corte Primera de lo Contencioso Administrativo de 18 de junio de 1992, en *Revista de Derecho Público*, N° 46, Editorial Jurídica Venezolana, Caracas 1991, p. 125. De acuerdo con los tribunales venezolanos, este carácter universal del amparo respecto de los actos u omisiones de las autoridades públicas implica que La lectura del artículo 2 de la Ley Orgánica de Amparo evidencia que no hay prácticamente ningún tipo de conducta, independientemente de su naturaleza o carácter, así como de los sujetos de los cuales provenga, del cual pueda predicarse que está excluido *per se* de su revisión por los jueces de amparo, a los efectos de determinar si vulnera o no algún derecho o garantía constitucional"; Decisión de la Corte Primera de lo Contencioso-Administrativo del 11 de noviembre de 1.993 en *Revista de Derecho Público*, N° 55–56, Editorial Jurídica Venezolana, Caracas, 1993, p. 284. En otra sentencia del 13 de febrero de 1.992, la Corte Primera decidió: "Observa esta Corte que la característica esencial del régimen de amparo, tanto en la concepción constitucional como en su desarrollo legislativo, es su universalidad... por lo cual hace extensiva la protección que por tal medio otorga, a todos los sujetos (personas físicas o morales que se encuentran en el territorio de la nación) así como a todos los derechos constitucionalmente garantizados, e incluso aquéllos que sin estar expresamente previstos en el texto fundamental, son inherentes a la persona humana. Este es el punto de partida para entender el ámbito del amparo constitucional. Los únicos supuestos excluidos de su esfera son aquéllos que expresamente señala el artículo 6 de la Ley Orgánica de Amparo sobre Derechos y Garantías Constitucionales y, desde el punto de vista sustantivo, no hay limitaciones respecto a derechos o garantías específicas." Véase *Revista de Derecho Público*, n° 49, Editorial Jurídica Venezolana, Caracas 1992, pp. 120–121.

A. *El amparo contra decisiones de los cuerpos parlamentarios y sus comisiones*

En relación con actos de los Congresos o Asambleas y de las comisiones parlamentarias (incluyendo los consejos legislativos regionales o municipales) cuando lesionan derechos y garantías constitucionales, en principio, es posible impugnarlos mediante la acción de amparo ante los tribunales competentes.[150] Esto ha sido expresamente admitido, por ejemplo, en Argentina[151], Costa Rica[152] y Venezuela.[153]

En contraste, en México, el artículo 61 de la Ley de amparo expresamente excluye del recurso de amparo, las resoluciones y declaraciones del Congreso federal y sus Cámaras, así como las de los cuerpos legislativos estadales y sus comisiones respecto de la elección, suspensión o remoción de funcionarios públicos en casos donde las constituciones correspondientes les confieran el poder para resolver el asunto de una manera soberana o discrecional.[154] Las decisiones tomadas por la Cámara de Diputados o del Senado, en juicios políticos, que sean declaradas inatacables[155] (Constitución, art. 110) también están excluidas del recurso de amparo.

---

150 En los Estados Unidos, los actos del Concejo Municipal pueden ser impugnados mediante injunctions. Véase *Stuab v. City of Baxley*, 355 U.S. 313 (1958), en M. Glenn Abernathy and Barbara A. Perry, *Civil Liberties under the Constitution*, University of South Carolina Press, 1993, pp. 12–13.

151 En Argentina fue el caso de las interpelaciones parlamentarias desarrolladas en 1.984 en relación con los hechos ocurridos durante el gobierno de facto anterior, en el cual una comisión parlamentaria ordenó allanar la oficina de una firma de abogados y confiscar documentos. En las decisiones de la Corte Suprema de Justicia en el caso Klein en 1.984, sin cuestionar las facultades de las comisiones parlamentarias para hacer pesquisas, se sentenció que ellas no pueden, sin disposiciones legales formales, válidamente restringir los derechos individuales, en particular, allanar el domicilio personal de las personas y decomisar sus documentos personales. En el caso, por tanto, fue decidido que la orden solo podía tomarse basándose en disposiciones legales y no en la sola decisión de las comisiones y, eventualmente, fundados en una orden judicial. Véase los comentarios en la sentencia de Primera Instancia de 1.984 (1ª. InstCrimCorrFed, Juzg nº 3, 10-9-84, ED 110-653), en Néstor Pedro Sagüés, *Derecho procesal Constitucional*, Vol. 3, *Acción de amparo*, Editorial Astrea Buenos Aires 1988, pp. 95–97; Joaquín Brague Camazano, *La Jurisdicción constitucional de la libertad (Teoría general, Argentina, México, Corte Interamericana de Derechos Humanos)*, Editorial Porrúa, México 2005, p. 98; José Luis Lazzarini, *El juicio de amparo*, Editorial La Ley, Buenos Aires 1987, pp. 216–216.

152 Véase Rubén Hernández Valle, *Derecho Procesal Constitucional*, Editorial Juricentro, San José 2001, pp. 211–214.

153 En Venezuela, similarmente, la Corte Suprema, aun reconociendo la existencia de atribuciones exclusivas de los cuerpos legislativos, los cuales de acuerdo con la constitución de 1.961 (art. 159) no estaban sujetos al control jurisdiccional, admitió la protección del amparo contra ellas para la inmediata restauración de los derechos constitucionales lesionados del accionante; y admitió la acción de amparo contra actos legislativos. Sentencia de 31 de enero de 1.991 (caso *Anselmo Natale*). Véase en *Revista de Derecho Público*, nº 45, Editorial Jurídica Venezolana, Caracas 1991, p. 118.

154 Véase Richard D. Baker, *Judicial Review in México. A Study of the Amparo Suit*, Texas University Press, Austin 1971, p. 98.

155 Véase Eduardo Ferrer Mac-Gregor, *La acción constitucional de amparo en México y España. Estudio de derecho comparado*, Editorial Porrúa, México 2002, p. 378.

Ello, sin duda, contraría la Convención Americana la cual no excluye acto lesivo alguno para asegurar la protección o amparo de los derechos humanos. Estas exclusiones por tanto, son campo propicio para el ejercicio de convencionalidad tanto por la Corte Interamericana como por los jueces y tribunales nacionales.

B. *El amparo contra leyes*

Ahora bien, aparte de los actos de las comisiones o cuerpos legislativos, uno de los aspectos más importantes del procedimiento de amparo latinoamericano se refiere a la posibilidad de intentar la acción de amparo contra las leyes. Si bien es cierto que en algunos países está expresamente admitido como es el caso de Guatemala, Honduras y México; en la mayoría de los países latinoamericanos aún está expresamente excluido como es el caso en Argentina, Bolivia, Brasil, Colombia, Chile,[156] Costa Rica, Ecuador, El Salvador,[157] Panamá, Perú, Paraguay, Nicaragua, República Dominicana y Uruguay.

Con respecto a los países donde la acción de amparo es admitido contra las leyes, la interposición de la acción, por ejemplo en México, está limitada a solo las leyes de aplicación directa (las que pueden lesionar los derechos constitucionales sin necesidad de ningún otro acto del Estado que la ejecute o aplique), o a los solos actos que aplican la ley en particular. Solamente en Guatemala y Honduras, es que el recurso de amparo es admitido directamente contra las leyes.

En efecto, en México, el artículo 1.I de la Ley de amparo establece que el amparo puede intentarse contra leyes de aplicación directa o leyes auto-aplicables cuando causen un daño directo a las garantías constitucionales del accionante sin requerirse un acto judicial o administrativo adicional para su aplicación.[158] En tales casos, la acción se intenta directamente contra la ley dando lugar al control de constitucionalidad de la misma. Por ello el amparo contra las leyes en México está considerado como un medio judicial para el control constitucional directo de las mismas (aun cuando la acción no se intente en forma abstracta debido a que el accionante debe haber sido lesionado directamente y sin necesidad de otro acto adicional del Estado para la aplicación de la ley). Por el contrario, cuando la ley, por sí misma, no causa un daño directo y personal al accionante (porque no es de aplicación directa), la

---

156 Véase Humberto Nogueira Alcalá, "El derecho de amparo o protección de los derechos humanos, fundamentales o esenciales en Chile: evolución y perspectivas," in Humberto Nogueira Alcalá (Editor), *Acciones constitucionales de amparo y protección: realidad y perspectivas en Chile y América Latina*, Editorial Universidad de Talca, Talca 2000, p. 45.

157 Véase Edmundo Orellana, *La Justicia Constitucional en Honduras*, Universidad Nacional Autónoma de Honduras, Editorial Universitaria, Tegucigalpa 1993, p. 102, nota 26.

158 Véase *Garza Flores Hnos., Sucs.* case, 28 S.J. 1208 (1930). Véase la referencia en Richard D. Baker, *Judicial Review in México. A Study of the Amparo Suit*, Texas University Press, Austin 1971, p. 167. En estos casos la acción debe ser intentada dentro de los treinta días siguientes a su ejecución. En dichos casos, los demandados son las instituciones supremas del estado que intervinieron en la redacción de la ley, es decir, el Congreso de la Unión o las legislaturas de los estados que sancionaron la ley, el presidente de la república o estado, gobernadores que ordenaron su ejecución y las secretarías ejecutivas que la sancionaron y ordenaron su promulgación.

acción de amparo es inadmisible al menos que sea intentada contra los actos del Estado que aplican dicha ley a una persona específica.[159]

En Venezuela, dado el carácter universal del sistema de control de constitucionalidad, consolidado en la Constitución de 1.999, puede decirse que una de las más destacadas innovaciones de la Ley de amparo de 1.988 fue la de establecer la acción directa de amparo contra las leyes y otros actos normativos, complementando el sistema general mixto de control constitucional.[160] Considerábamos que cuando se intentaba directamente la acción contra leyes, el propósito de la disposición legal era asegurar la inaplicabilidad de la ley al caso particular con efectos *inter partes*.[161]

Sin embargo, a pesar de las disposiciones de la ley de amparo, lo cierto es que la jurisprudencia del Tribunal Supremo rechazó tales acciones imponiendo la necesidad de intentarlas solo contra los actos del Estado dictados para aplicar las leyes y no directamente en contra de las mismas.[162] La antigua Corte Suprema, en sus decisiones a partir de 1993, aun admitiendo la diferencia que existe entre las leyes de aplicación directa de aquellas que no lo son,[163] concluyó declarando la imposibilidad

---

159 Como se dispone expresamente en el artículo 61, XII el juicio de amparo es inadmisible: "contra actos que no afecten los intereses jurídicos o legítimos del quejoso, en los términos establecidos en la fracción I del artículo 5o de la presente Ley, y contra normas generales que requieran de un acto de aplicación posterior al inicio de su vigencia". En estos casos de leyes que no son de aplicación directa, la acción de amparo debe ser interpuesta dentro de los quince días siguientes a la producción del primer acto que las ejecute o aplique. Véase Eduardo Ferrer Mac-Gregor, *La acción constitucional de amparo en México y España. Estudio de derecho comparado*, Editorial Porrúa, México, 2002, p, 387. El principal aspecto a resaltar, desde luego, es la distinción entre leyes que son de aplicación directa de las leyes que no lo son. Siguiendo la doctrina asentada en el caso de Villera de Orellana, María de los Ángeles et al., aquellas son las que obligan inmediatamente y en cuyas disposiciones las personas a quienes aplica son clara e inequívocamente identificadas, siendo *ipso facto* sujetas a una obligación que implica el cumplimiento de actos no requeridos previamente, resultando en una modificación perjudicial de los derechos de la persona. Suprema Corte de Justicia, 123 S.J. 783 (1955). Véase comentarios en Richard D. Baker, *Judicial Review in México. A Study of the Amparo Suit*, Texas University Press, Austin 1971, p. 168–173.

160 De acuerdo con el artículo 3 de la ley de amparo, son dos las formas establecidas mediante las cuales puede conducirse una pretensión de amparo ante la corte competente: de una manera autónoma o ejercida en conjunto con la acción popular de inconstitucionalidad de las leyes. En el último caso, la pretensión de amparo está subordinada a la acción principal de control jurisdiccional, permitiendo a la corte solamente la posibilidad de suspender la aplicación de la ley mientras se resuelve la acción por inconstitucionalidad. Véase Allan R. Brewer-Carías, *Instituciones Políticas y Constitucionales*, Vol. V, *Derecho y Acción de Amparo*, Editorial Jurídica Venezolana, Caracas, 1998, pp. 227 ss.

161 Véase Allan R. Brewer-Carías, *Instituciones Políticas y Constitucionales*, Vol. V, *Derecho y Acción de Amparo*, Editorial Jurídica Venezolana, Caracas, 1998, pp. 224 ss.; Rafael Chavero, *El nuevo régimen del amparo constitucional en Venezuela*, Editorial Sherwood, Caracas 2001, pp. 553 ss.

162 Véase decisión del 24 de mayo de 1.993, la Sala Político-Administrativa de la Corte Suprema de Justicia, en *Revista de Derecho Público*, Nº 55-56, Editorial Jurídica Venezolana, Caracas 1993, pp. 287–288.

163 Sentenciando que las leyes de aplicación directa imponen, con su promulgación, una inmediata obligación a las personas para quienes se dicta; y, por el contrario, aquellas leyes que

de que un acto normativo pueda lesionar directa y efectivamente, por sí mismo, los derechos constitucionales de una persona. El tribunal también consideró que una ley, a los efectos de la acción de amparo no podría ser una amenaza a derechos constitucionales, en razón de que para intentar una acción de amparo, esta tiene que ser "inminente, posible y realizable", condiciones que se considera no se dan respecto de las leyes.

Ahora bien, en contraste con las normas mexicanas, respecto de las cuales, por contrariar la Convención Americana la cual no excluye acto alguno de la protección o amparo, podría ejercerse el control de convencionalidad; el amparo contra las leyes en Guatemala está previsto bajo la modalidad directa, estando la Corte de Constitucionalidad facultada "para que se declare en casos concretos que una ley, un reglamento, una resolución o acto de autoridad, no obligan al recurrente por contravenir o restringir cualesquiera de los derechos garantizados por la Constitución o reconocidos por cualquiera otra ley" (Ley de Amparo de Guatemala, art. 10,b). Esta misma facultad judicial, pero solo relativa a los reglamentos del poder ejecutivo, está establecida en Honduras (Ley sobre Justicia Constitucional, art. 41,b). En ambos casos, las sentencias en los procedimientos de amparo tienen el efecto de suspender la aplicación de la ley o reglamento del ejecutivo respecto del recurrente y, si fuese pertinente, el restablecimiento de la situación jurídica lesionada o la cesación de la medida (Ley de amparo, art. 49,a).[164]

Aparte de estos cuatro casos de México, Guatemala y Honduras, como se ha dicho, en los otros países latinoamericanos el amparo contra las leyes está expresamente excluido, siendo este, sin duda, como se dijo, un campo propicio para el control de convencionalidad.

En efecto, en Argentina, aun contando con la larga tradición del control de constitucionalidad de las leyes mediante la aplicación del método difuso de control, el amparo contra las leyes no se admite.[165] Sin embargo, si en el ejercicio de una acción de amparo contra actos del estado, se considera inconstitucional la ley en la cual el acto impugnado esté basado, el juez de amparo, mediante el método difuso de control de constitucionalidad, podría decidir acerca de la inaplicabilidad de la ley en ese caso.[166]

---

no son de aplicación directa requieren de un acto para su aplicación, en cuyos casos su sola promulgación no puede producir una violación constitucional. Véase en *Revista de Derecho. Público*, N° 55-56, Editorial Jurídica Venezolana, Caracas 1993, p. 285.

164 Véase Edmundo Orellana, *La justicia constitucional en Honduras*, Universidad Nacional Autónoma de Honduras, Tegucigalpa 1993, p. 102, nota 26.

165 Véase José Luis Lazzarini, *El juicio de amparo*, Editorial La Ley, Buenos Aires 1987, p. 214; Néstor Pedro Sagüés, *Derecho procesal Constitucional*, Vol. 3, "Acción de amparo," Editorial Astrea, Buenos Aires, 1988, p. 97.

166 En este respecto, el artículo 2,d de la Ley de amparo dispuso que la acción de amparo no es admisible "cuando la determinación de la eventual invalidez del acto requiriese [...] la declaración de inconstitucionalidad de leyes [...]". Esto se ha tomado como no vigente porque contradice el artículo 31 de la constitución (ley suprema de la nación). Véase Néstor Pedro Sagüés, *Derecho procesal Constitucional*, Vol. 3, *Acción de amparo*, Editorial Astrea Buenos Aires, 1988, p. 243–258. Adicionalmente, el artículo 43 de la Constitución de 1.994, que ahora rige la acción de amparo, ha expresamente resuelto la situación disponiendo que "En el

En Brasil, el *mandado de segurança* también está excluido contra las leyes o disposiciones legales cuando éstas no han sido aplicadas a través de actos administrativos.[167]

En Uruguay, en sentido similar, aun siendo un país con un sistema concentrado de control constitucional, el amparo contra las leyes está excluido en relación con las leyes y actos del Estado de similar rango (Ley N° 16.011, art. 1,c). En Uruguay, en efecto, el único medio para lograr la declaratoria de la inconstitucionalidad de una ley, es mediante el ejercicio de un recurso ante la Corte Suprema, la cual sólo puede decidir sobre la inconstitucionalidad con efectos limitados al caso concreto. En el caso de una acción de amparo donde se plantee la cuestión de inconstitucionalidad de una ley, la decisión del juez competente sólo tendría efectos suspensivos respecto de la aplicación de la ley en relación con el recurrente, quedando sujeta a la decisión de la Corte Suprema en cuanto a la inconstitucionalidad de la ley.[168] Por su parte, la ley reguladora del amparo en el Paraguay también dispone que cuando para una decisión en un procedimiento de amparo sea necesario determinar la constitucionalidad o inconstitucionalidad de una ley, el tribunal debe enviar los expedientes a la Sala Constitucional de la Corte Suprema a fin de decidir sobre su inconstitucionalidad. Esta incidencia no suspendería el procedimiento en el tribunal inferior, el cual debe continuarlo hasta antes de su decisión (art. 582).

En Costa Rica, la Ley de la Jurisdicción Constitucional también dispone la inadmisibilidad de la acción de amparo contra las leyes o contra otras disposiciones reglamentarias, con la excepción de cuando son impugnadas junto con los actos que las aplican individualmente, o cuando se relacionan con normas de aplicación directa o automática, sin necesidad de otras normas o actuaciones que las desarrollen o hagan aplicables al recurrente (Ley de la Jurisdicción Constitucional, art. 30,a). Sin embargo, en estos casos, el amparo contra la ley de aplicación directa no es directamente resuelto por la Sala Constitucional, sino que debe ser convertido en una acción de inconstitucionalidad de la ley impugnada.[169] En dichos casos, el presidente de la Sala Constitucional debe suspender el procedimiento de amparo y dar al recurrente, quince días para formalizar una acción directa de inconstitucionalidad contra la ley (Ley de la Jurisdicción Constitucional de Costa Rica, art. 48). Así que solo después que la ley es anulada por la Sala Constitucional, la acción de amparo será decidida.

En el Perú, de manera similar a la solución argentina y después de discusiones que surgieron conforme a la legislación anterior,[170] el Código Procesal Constitucional dispone que cuando se invoque la amenaza o violación de actos que tienen como sustento la aplicación de una norma incompatible con la Constitución, la sentencia

---

caso, el juez podrá declarar la inconstitucionalidad de la norma en que se funde el acto u omisión lesiva."

167 Véase José Luis Lazzarini, *El juicio de amparo*, La Ley, Buenos Aires 1987, pp. 213–214.

168 Véase Luis Alberto Viera, *Ley de Amparo*, Ediciones Idea, Montevideo 1993, pp. 23.

169 Véase Rubén Hernández, *Derecho Procesal Constitucional*, Editorial Juricentro, San José 2001, pp. 45, 208–209, 245, 223.

170 Particularmente y respecto de las acciones de amparo contra leyes de aplicación directa, Véase Samuel B. Abad Yupanqui, *El proceso constitucional de amparo*, Gaceta Jurídica, Lima 2004, pp. 352-374.

que declare fundada la demanda dispondrá, además, la inaplicabilidad de la citada norma (art. 3). En este caso también, para decidir, el tribunal debe utilizar sus facultades de control jurisdiccional a través del método difuso.

También en Colombia, la acción de tutela está excluida respecto de todos los "actos de carácter general, impersonal y abstracto" (art. 6,5); y en Nicaragua, la acción de amparo no es admisible "en contra del proceso de formación de la ley desde la introducción de la correspondiente iniciativa hasta la publicación del texto definitivo (Ley de Amparo, art. 7)

2. *El amparo contra las actuaciones ejecutivas y actos administrativos*

A. *El amparo contra actos del Poder Ejecutivo*

Con respecto a las autoridades del Poder Ejecutivo, el principio general es que la acción de aparo es admisible respecto de los actos administrativos, hechos u omisiones de los órganos e entidades públicas que integran la Administración Pública, en todos sus niveles (nacional, estadal y municipal), incluyendo las entidades descentralizadas, autónomas, independientes y desconcentradas. La acción de amparo, por supuesto, también procede contra los actos dictados por la cabeza del poder ejecutivo, es decir, por el Presidente de la Republica.

No obstante, en relación con actos administrativos y en general del Poder Ejecutivo, algunas restricciones específicas se han establecido en América latina, por ejemplo, en México, donde el acto presidencial específico de expulsión de un extranjero del territorio (art. 33)[171] no puede ser impugnado por medio de la acción de amparo y, en Uruguay, contra los reglamentos del ejecutivo.[172]

Con relación a los actos administrativos, como se dijo antes, todos los países latinoamericanos admiten la posibilidad de la interposición de acciones de amparo contra dichos actos; y, aun en algunos países, como en Venezuela, establece en la Ley de 1988 la posibilidad de ejercer la acción de dos maneras: en forma autónoma o en conjunción con un recurso contencioso-administrativo de nulidad del acto en cuestión.[173] La diferencia principal entre las dos vías[174] está, primero, en la naturale-

---

171 Véase Eduardo Ferrer Mac-Gregor, *La acción constitucional de amparo en México y España. Estudio de derecho comparado*, Editorial Porrúa, México 2002, p. 377.

172 Véase Luis Alberto Viera, *Ley de Amparo*, Ediciones Idea, Montevideo, 1993, p. 99.

173 Respecto de la última, la antigua Corte Suprema de Justicia en sentencia de 10 de julio de 1.991 (caso *Tarjetas Banvenez*), aclaró que en dicho caso, la acción no es una acción principal sino subordinada a la acción principal al que se le ha adjuntado y está sujeta a la decisión final anulatoria de la decisión que tiene que ser dictada en la acción principal. Véase texto en la *Revista de Derecho Público*, n° 47, Editorial Jurídica Venezolana, Caracas, 1991, pp. 169–174 y comentarios en *Revista de Derecho Público*, n° 50, Editorial Jurídica Venezolana, Caracas 1992, pp. 183–184. Es por esto que en estos casos la pretensión del amparo (que debe estar fundamentada en una presunción grave de la violación del derecho constitucional) tiene un carácter preventivo y temporal que consiste en la suspensión de los efectos del acto administrativo impugnado mientras se produce la decisión final en el recurso de nulidad. Este carácter cautelar de la protección del amparo mientras se resuelve la acción está, por tanto, sujeto a la decisión final a ser dictada en el proceso contencioso-administrativo de nulidad contra el acto impugnado. Véase en *Revista de Derecho Público*, n° 47, Editorial Jurídica Venezolana, Caracas 1991, pp. 170–171.

za del alegato: en el sentido de que en el primer caso, la violación alegada respecto del derecho constitucional debe ser una violación directa, inmediata y flagrante; en el segundo caso, lo que tiene que ser probado es la existencia de una grave presunción de la violación del derecho constitucional. Y, segundo, hay también una diferencia en cuanto al objetivo general del procedimiento: en el primer caso, la sentencia pronunciada es una sentencia definitiva de tutela constitucional, de carácter restauradora; en el segundo caso, la sentencia sólo tiene carácter cautelar de suspensión de los efectos del acto impugnado, que queda sujeta a la decisión de la causa principal de nulidad.[175] De manera similar a la solución venezolana, el artículo 8 de la Ley de tutela colombiana establece la posibilidad de interponer "la tutela como mecanismo transitorio" contra actos administrativos en conjunción con el recurso contencioso-administrativo de nulidad.

En la reforma fallida de la Ley venezolana de 2014, se pretendió establecer que la acción de amparo sólo se podía intentar contra actos administrativos si no existí otro medio judicial idóneo para enervar la lesión constitucional, siendo el recurso contencioso administrativo precisamente dicho medio.

B. La acción de amparo y las cuestiones políticas

Un tema importante en relación al amparo contra actos del Poder Ejecutivo, es el relacionado con los llamados actos políticos o las llamadas cuestiones políticas, lo cual, sin embargo, en materia de control judicial, en América Latina solo es relevante en Argentina y Perú.

En efecto, de acuerdo con la doctrina que se originó en los Estados Unidos con relación al control jurisdiccional de constitucionalidad, siempre se ha considerado como exentos de control judicial a los actos de naturaleza política, todo ello, en el marco de la "separación de los poderes" y de las relaciones que deben existir "entre

---

174 La principal diferencia entre ambos procedimientos según la Corte Suprema de Justicia es que, en el primer caso del recurso autónomo de amparo contra actos administrativos, el recurrente debe alegar una violación directa, inmediata y flagrante del derecho constitucional, el cual por sí mismo evidencia la necesidad de la orden de amparo como medio definitivo para restaurar la situación jurídica lesionada. En el segundo caso y dada la naturaleza suspensiva de la orden de amparo, la cual solo tiende a detener temporalmente los efectos del acto lesivo hasta que el recurso contencioso-administrativo que confirme o anule dicho acto sea decidido, las violaciones inconstitucionales alegadas de disposiciones constitucionales pueden ser formuladas junto con las violaciones de disposiciones legales, o correspondientes a una ley, que desarrollan disposiciones constitucionales; y porque es un recurso de control constitucional contra actos administrativos que persiguen la nulidad de éstos, pueden también dichos recursos fundamentarse en textos legales. Lo que la corte no puede hacer en estos casos de acciones conjuntas con el fin de suspender los efectos del acto administrativo impugnado, es fundamentar su decisión solamente en las alegadas violaciones de la ley porque esto significaría anticipar la decisión final en el recurso principal (de control constitucional de nulidad). *Ídem,* pp. 171–172.

175 *Ídem,* p. 172. Véase t. respecto de la nulidad del artículo 22 de la ley orgánica de amparo, la decisión de la anterior Corte Suprema del 21 de mayo de 1.996 en Allan R. Brewer-Carías, *Instituciones Políticas y Constitucionales,* Vol. V, *Derecho y Acción de Amparo,* Editorial Jurídica Venezolana, Caracas 1996, pp. 392 ss.

la rama judicial y las agencias coordinadas del gobierno federal".[176] En estos casos se considera que la Corte Suprema ha considerado que la solución de las controversias constitucionales corresponde a las ramas políticas del gobierno, quedando excluidos de control judicial. Esas cuestiones políticas, en general, son las relativas a las relaciones exteriores que impliquen definición de "política general, consideraciones de extrema magnitud y, ciertamente, por entero fuera de la competencia de una corte de justicia."[177] En todos estos casos, desde luego, aun cuando pueda elaborarse una lista de "cuestiones políticas" que no sean justiciables, la responsabilidad última en determinarlas corresponde a la Corte Suprema.[178]

Siguiendo esta doctrina, e igualmente sin ninguna base constitucional expresa, la Corte Suprema en Argentina y el Tribunal Constitucional en Perú[179] también han desarrollado la misma eximente para el control judicial y para el ejercicio de las acciones de amparo en materias políticas.

La excepción argentina se refiere principalmente a los denominados "actos de gobierno" o "actos políticos" referidos, por ejemplo, a las declaraciones de guerra y de estados de sitio; a las intervenciones del gobierno central en las provincias, a la "conveniencia pública" con fines de expropiación, a la emergencia para aprobar determinados tributos impositivos directos; y a los actos relativos a las relaciones exteriores como son el reconocimiento de nuevos Estados o gobiernos extranjeros, o la expulsión de extranjeros.[180] Todos estos actos son considerados en Argentina

---

176 Véase *Baker v. Carr,* 369 U.S. 186 (1962),en M. Glenn Abernathy and Barbara A. Perry, *Civil Liberties under the Constitution,* Sixth Edition, University of South Carolina Press, 1993, pp. 6–7.

177 Véase *Ware v. Hylton,* 3 Dallas, 199 (1796). Las decisiones sobre relaciones exteriores por lo tanto y como declaró el magistrado Jackson en *Chicago and Southern Air Lines v. Waterman Steamship Co.* (1948): "Están enteramente confinadas por nuestra constitución a los departamentos políticos del gobierno ... Son decisiones de una naturaleza para la que el poder judicial no tiene aptitudes, facilidades ni responsabilidad y que, desde mucho tiempo, ha sido considerada pertenencia del dominio del poder político, no sujeta a la intromisión o cuestionamiento judicial." *Chicago and Southern Air Lines v. Waterman Steamship Co.,* 333 US 103 (1948), p. 111. Aunque desarrollada principalmente para materias de asuntos exteriores, la Corte Suprema también ha considerado como *cuestiones políticas* determinadas materias relacionadas con el manejo de los asuntos interiores, los cuales son por lo tanto no enjuiciables jurisdiccionalmente; como, por ejemplo, la decisión de si un estado debe tener una forma republicana de gobierno y la cual en Luther v. Borden (1849) fue considerada una "decisión vinculante para cada uno de los departamentos del gobierno y que no podía ser cuestionada en un tribunal judicial." *Luther v. Borden* 48 U.S. (7 Howard), 1, (1849). *Ídem,* pp. 6–7.

178 Como dijo la corte en *Baker v. Carr* 369 U.S. 186 (1962): "Decidir si una materia ha sido, en cualquier medida, atribuida por la constitución a otra rama del gobierno o si la acción de esa rama excede la autoridad cualquiera que se le haya atribuido -dijo la corte, es en sí mismo un ejercicio delicado de interpretación constitucional y es responsabilidad de esta corte decidirlo como intérprete último de la constitución." *Ídem,* p. 6-7.

179 Véase Samuel B. Abad Yupanqui, *El proceso constitucional de amparo,* Gaceta Jurídica, Lima 2004, pp. 128 ss.

180 Para que esta excepción sea aplicada, se ha considerado que el acto impugnado debe en forma clara y exacta basarse en las disposiciones de dicha ley. Véase José Luis Lazzarini, *El juicio de amparo,* La Ley, Buenos Aires 1987, p. 190 ss.; Néstor Pedro Sagüés, *Derecho procesal Constitucional, Vol. 3, "Acción de amparo,"* Editorial Astrea, Buenos Aires 1988,

como asuntos de carácter político, que son dictados por los órganos políticos del Estado de acuerdo con las atribuciones que les han sido atribuidas exclusiva y directamente en la Constitución; razón por la cual se los considera fuera del ámbito de la acción de amparo.

En esta materia, también debe mencionarse en argentina, la restricción establecida en la Ley de amparo, al establecer la inadmisibilidad de la acción de amparo contra actos dictados en aplicación expresa de la Ley de Defensa Nacional (Ley N° 16.970, art. 2,b).[181]

En el Perú, el tema de las cuestiones políticas en cierta forma se consideró en la sentencia de la Corte Interamericana donde se realizó el control de convencionalidad de la decisión adoptada por el Congreso en el Perú, mediante la cual se removió de sus cargos a los magistrados del Tribunal Constitucional, sin las debidas garantías de protección judicial. En efecto, en el conocido caso *Tribunal Constitucional vs. Perú*, de 31 de enero de 2001, la Corte Interamericana. luego de reiterar su criterio de que para que el Estado cumpla con lo dispuesto en el artículo 25.1 de la Convención, "no basta con que los recursos existan formalmente, sino que los mismos deben tener efectividad, es decir, debe brindarse a la persona la posibilidad real de interponer un recurso que sea sencillo y rápido,"[182] consideró que "la institución procesal del amparo reúne las características necesarias para la tutela efectiva de los derechos fundamentales, esto es, la de ser sencilla y breve[183]; pasando luego a explicar que "en lo que concierne al debido proceso legal," los actos del proceso de "destitución de los magistrados del Tribunal Constitucional seguido ante el Congreso, que se hallan sometidos a normas legales que deben ser puntualmente observadas," pueden ser recurribles en amparo, considerando sin embargo que el proceso de amparo "no implica valoración alguna sobre actos de carácter estrictamente político atribuidos por la Constitución al Poder Legislativo."[184]

La Corte Interamericana en el caso, analizó la decisión que había adoptado el propio Tribunal Constitucional peruano al decidir los recursos de amparo intentado por los magistrados destituidos considerando que "el ejercicio de la potestad de sanción, específicamente la de destitución de altos funcionarios, no puede ser abiertamente evaluada en sede jurisdiccional, pues constituye un acto privativo del Congreso de la República, equivalente a lo que en doctrina se denomina '*Political Questions*' o cuestiones políticas no justiciables;"[185] destacando sin embargo, que el propio Tribunal había establecido que:

---

pp. 270 ss.; Alí Joaquín Salgado, *Juicio de amparo y acción de inconstitucionalidad*, Astrea, Buenos Aires 1987, p. 23.

181   Véase caso *Diario El Mundo c/ Gobierno nacional*, CNFed, Sala 1 ContAdm, 30 de abril de 1.974, JA, 23-1974-195. Véanse los comentarios en Néstor Pedro Sagüés, *Derecho procesal Constitucional,* Vol. 3, *Acción de amparo*, Editorial Astrea, Buenos Aires 1988, pp. 212–214.

182   Véase la sentencia en el caso *Tribunal Constitucional vs. Perú*, de 31 de enero de 2001 (Párr. 90) en http://www.corteidh.or.cr/docs/casos/articulos/Seriec_71_esp.pdf

183   *Idem*, Párr. 91

184   *Idem*, Párr. 94

185   *Idem*, Párr. 95

"tal potestad no es ilimitada o absolutamente discrecional sino que se encuentra sometida a ciertos parámetros, uno de ellos y quizás el principal, el de su ejercicio conforme al principio de razonabilidad, pues no sería lógico ni menos justo, que la imposición de una medida de sanción, se adopte tras una situación de total incertidumbre o carencia de motivación. De allí que cuando existan casos en los que un acto de naturaleza política, como el que se cuestiona en la presente vía de amparo, denote una manifiesta transgresión de dicho principio y por extensión de otros como el del Estado Democrático de Derecho o el Debido Proceso Material, es un hecho inobjetable que este Colegiado sí puede evaluar su coherencia a la luz de la Constitución Política del Estado."[186]

En el caso, sin embargo, a pesar de que el Tribunal Constitucional estimó posible la revisión judicial de actos vinculados con un juicio político a efecto de evaluar si en aquéllos se había cumplido con las garantías propias del debido proceso legal, consideró que se habían respetado tales garantías, declarándose el recurso de amparo como infundado [187] la Corte Interamericana estimó "que el fracaso de los recursos interpuestos contra la decisión del Congreso que destituyó a los magistrados del Tribunal Constitucional" se debió a apreciaciones "no estrictamente jurídicas" afirmando que "la decisión de los amparos en el caso en análisis no se reunieron las exigencias de imparcialidad por parte del Tribunal que conoció los citados amparos" violándose el derecho a la protección judicial, en perjuicio de las víctimas. [188]

En todos estos casos de exclusión de la acción de amparo respecto de las actuaciones del Poder Ejecutivo que se consideren como cuestiones políticas, sin duda contrarias a los parámetros fijados en el artículo 25.1 de la Convención Americana para el derecho a la protección o amparo judicial, es también campo propicio para el ejercicio del control de convencionalidad.

C. *La acción de amparo y el funcionamiento de los servicios públicos*

Finalmente y en relación con los actos administrativos, también en Argentina la Ley de amparo establece la inadmisibilidad de la acción de amparo en casos en los cuales la intervención judicial comprometa directa o indirectamente "la regularidad, continuidad y eficacia de la prestación de un servicio público, o el desenvolvimiento de actividades esenciales del Estado" (art. 2,c). La misma disposición se establece respecto de la acción de amparo en el Código de Procedimiento Civil de Paraguay (art. 565,c).

Dado la forma de redacción y la utilización de conceptos indeterminados (comprometer, directo, indirecto, regularidad, continuidad, eficacia, prestación, servicio público) y debido al hecho que cualquier actividad administrativa del Estado puede siempre relacionarse con un servicio público,[189] esta disposición ha sido altamente criticada en Argentina, considerando que con su aplicación materialmente sería difícil que un amparo se decida contra el Estado.[190] En todo caso la decisión final co-

---

186 *Idem,* Párr. 95

187 *Idem,* Párr. 95

188 *Idem,* Párrs. 96, 97

189 *Idem,* pp. 226 ss.

190 Véase José Luis Lazzarini, *El juicio de amparo*, La Ley, Buenos Aires 1987, p. 231.

rresponde a los tribunales y si bien es verdad que en la práctica la excepción no ha sido casi nunca utilizada,[191] en algunas materias importantes sí se ha alegado.[192]

En todo caso, la exclusión de la acción de amparo en los mencionados casos de cuestiones políticas y de afectación de servicios públicos, en nuestro criterio, también resultan contrarias a lo dispuesto en el artículo 25.1 de la Convención Americana para el derecho a la protección o amparo judicial, constituyendo igualmente campo propicio para el ejercicio del control de convencionalidad.

3. *El amparo contra las sentencias y actos judiciales*

A. *La admisión de los recursos de amparo contra las decisiones judiciales*

En contraste con la admisión general de la acción de amparo contra actos administrativos y en general, contra los actos del Poder Ejecutivo, lo mismo no puede decirse respecto de las decisiones judiciales, las cuales en muchos casos se han excluido del ámbito de la acción de amparo. En otras palabras, si bien la acción de amparo está admitido en muchos países de América Latina contra los actos judiciales, en la mayoría de los países han sido expresamente excluidos y considerados inadmisibles, específicamente cuando las decisiones judiciales son pronunciadas en ejercicio del poder jurisdiccional,[193] lo que sin duda también se configura como un campo propicio para el control de convencionalidad por contrariar lo dispuesto en el

---

191 *Idem*, p. 233; Néstor Pedro Sagüés, *Derecho procesal Constitucional*, Vol. 3, *Acción de amparo*, Editorial Astrea, Buenos Aires 1988, p. 228.

192 Pasó, por ejemplo, en las acciones de amparo interpuestas en 1.985 contra la decisión del Banco Central de la República suspendiendo, por algunos meses, el plazo de los pagos de depósitos en moneda extranjera. Aunque algunos tribunales rechazaron las acciones de amparo en el asunto (v. CFed *BBlanca* case, 13 de agosto de 1.985, ED, 116-116, en Alí Joaquín Salgado, *Juicio de amparo y acción de inconstitucionalidad*, Editorial Astrea 1987, p. 51, note 59), en el caso *Peso*, la Cámara Nacional de Apelaciones en lo Contencioso-Administrativo Federal de Buenos Aires decidió rechazar los argumentos que pedían el rechazo de la acción de amparo basados en el concepto de que el caso es uno relativo a un "servicio público", considerando que las actividades del Banco Central no posee los elementos para ser considerado un servicio público como tal. Véase CNFedConAdm, Sala IV, 13 de junio de 1.985, ED, 114-231in Alí Joaquín Salgado, *Juicio de amparo y acción de inconstitucionalidad*, Editorial Astrea 1987, p. 50, nota 56. Algunos años mas tarde y respecto de una decisión similar del Banco Central de Venezuela sobre los impagos de los depósitos en moneda extranjera, en los casos referidos como *Corralito*, no hubo alegato alguno que considerara esas decisiones del Banco Central (que fueron tomadas en un estado nacional de emergencia económica) como actividades correspondientes a un servicio público. En tales casos, las acciones de amparo fueron admitidas y declaradas con lugar, pero con múltiples incidentes judiciales. Véase, por ejemplo, los casos Smith y San Luis, 2.002, en Antonio María Hernández, *Las emergencias y el orden constitucional*, Universidad Nacional Autónoma de México, México, 2003, pp. 71 ss., 119 ss. En dichos casos, las leyes y decretos de emergencia económica fueron declarados inconstitucionales.

193 Por consiguiente, los actos administrativos dictados por los tribunales pueden ser impugnados mediante el amparo. Véase, por ejemplo, en relación con Argentina a Néstor Pedro Sagüés, *Derecho procesal Constitucional*, Vol. 3, *Acción de amparo*, Editorial Astrea, Buenos Aires 1988, pp. 197 ss.

artículo 25.1 de la Convención Americana, el cual no excluye acto estatal lesivo de derechos humanos alguno de la protección judicial.

Respecto de los países que admiten el recurso de amparo para la tutela de los derechos constitucionales contra decisiones judiciales, puede decirse que ello ha sido la tradición en México (el amparo casación);[194] admitiéndose además, en general, en Guatemala (art. 10,h), Honduras (art. 9,3 y 10,2,a), Panamá (art. 2.615),[195] Perú y Venezuela.

El principio general en estos casos, según lo dispone el Código Procesal Constitucional peruano, es que el amparo es admitido contra resoluciones judiciales firmes dictadas con manifiesto agravio a la tutela procesal efectiva, que comprende el acceso a la justicia y el debido proceso (art. 4).[196] En el caso de Venezuela, de manera similar a como estaba establecido en la legislación de Perú antes de la sanción del Código, el artículo 4 de la Ley de amparo de 1988 dispone que en los casos de decisiones judiciales "procede la acción de amparo cuando un Tribunal de la República, actuando fuera de su competencia, dicte una resolución o sentencia u ordene un acto que lesione un derecho constitucional." Debido a que ningún tribunal puede tener facultad para ilegítimamente causar una lesión a los derechos y garantías constitucionales, el amparo contra decisiones judiciales es ampliamente admitido cuando la decisión de un tribunal lesionase directamente los derechos constitucionales del accionante, normalmente vinculados al debido proceso. En la reforma fallida de la Ley Orgánica de 2014, se pretendió abandonar esa redacción y establecer en su lugar que la acción de amparo contra actos judiciales solo procedía cuando el juez que los emanase o los emitiese hubiese "incurrido en una grave usurpación de funciones o abuso de poder que ocasione la violación del derecho constitucional" (art. 12).

El caso de Colombia también debe mencionarse, especialmente debido al hecho que el artículo 40 del decreto N° 2.591 de 1.991 que reguló la acción de tutela apenas sancionada la Constitución, admitió la acción de tutela contra decisiones judiciales, lo que por lo demás, no estaba excluido en la Constitución. Por consiguiente, el Decreto expresamente estableció la posibilidad de intentar la acción de *tutela* contra actos judiciales cuando éstos infligieran daños directos a los derechos fundamentales. En esos casos, la *tutela* debía ser interpuesta *junto con el recurso apropiado*, es decir, el recurso de apelación. No obstante esta admisibilidad establecida por una ley de la tutela contra decisiones judiciales, en 1992 fue declarada inconstitucional por la Corte Constitucional, la cual anuló la norma considerándola contraria al principio de intangibilidad de los efectos de la cosa juzgada.[197]

En esa forma fue eliminada en Colombia la acción de *tutela* contra las decisiones judiciales, pero no por mucho tiempo. Un año después de la decisión anulatoria de la

---

194   Véase Richard D. Baker, *Judicial Review in México. A Study of the Amparo Suit*, Texas University Press, Austin 1971, p. 98.

195   En este caso, sin ningún efecto suspensivo. Véase Boris Barrios González, *Derecho Procesal Constitucional*, Editorial Portobelo, Panamá 2.002, p. 159.

196   Véase Samuel B. Abad Yupanqui, *El proceso constitucional de amparo*, Gaceta Jurídica, Lima 2004, p. 326.

197   Véase Decisión C-543 del 1 de octubre de 1.992 en Manuel José Cepeda Espinosa, *Derecho Constitucional jurisprudencial. Las grandes decisiones de la Corte Constitucional*, Legis, Bogotá 2001, pp. 1009 ss.

Corte Constitucional, y luego de numerosas decisiones judiciales, la misma Corte Constitucional readmitió la acción de *tutela* contra las decisiones judiciales cuando constituyeren vías de hecho,[198] es decir, cuando fuesen pronunciadas como consecuencia de un ejercicio arbitrario de la función judicial, violando los derechos constitucionales del demandante.[199] De manera que, de acuerdo con esta doctrina, la cual es aplicable a casi todos los casos en que la acción de amparo es incoada contra decisiones judiciales, éstas, para que sean impugnadas por vía de la acción de tutela deben haber sido pronunciadas en violación grave y flagrante de las garantías al debido proceso legal, constituyéndose en una decisión ilegítima o arbitraria sin soporte legal ninguno.

Aparte del requisito general establecido de requerir el previo agotamiento de los recursos judiciales ordinarios disponibles contra la decisión impugnada, en los países de América Latina donde se admite la acción de amparo contra las decisiones judiciales, algunas limitaciones se han establecido respecto de las decisiones de la Cortes o Tribunales Supremos (México, Panamá art. 2,615, Venezuela art. 6.6) o del Tribunal Constitucional (Perú), que no pueden ser objeto de las acciones de amparos.

Por otra parte, otras restricciones se han establecido respecto de las decisiones judicial que se dicten en los procedimientos de amparo, las cuales no pueden ser objeto de otra acción de amparo, como se dispone en Honduras (art. 45,2) y en México (art. 61).[200] En otros países, por el contrario, la acción de amparo es admitidas aun contra decisiones judiciales dictadas en materia de amparo, como sucede en de Colombia,[201] Perú[202] y Venezuela,[203] tomando en consideración que esas decisiones también pueden, por sí mismas, violar derechos constitucionales del recurrente o del recurrido, distintos de aquellos reclamados en el recurso original de amparo.

B.   *La exclusión de los recursos de amparo contra las decisiones judiciales*

Aparte de los casos antes mencionados, sin embargo, puede decirse que la tendencia general en los países de América Latina, es el rechazo de la acción de amparo

---

198   Véase Decisión S-231 del 13 de mayo de 1.994, *Idem*, pp. 1022 ss.
199   Véase Decisión US-1218 del 21 de noviembre de 2.001. Véase en Juan Carlos Esguerra, *La protección constitucional del ciudadano*, Legis, Bogotá 2004, p. 164. Véase Eduardo Cifuentes Muñoz, "Tutela contra sentencias (El caso colombiano)," en Humberto Nogueira Alcalá (Ed.), *Acciones constitucionales de amparo y protección: realidad y perspectivas en Chile y América Latina*, Editorial Universidad de Talca, Talca 2000, pp. 307 ss.
200   Véase Eduardo Ferrer Mac-Gregor, *La acción constitucional de amparo en México y España. Estudio de derecho comparado*, Editorial Porrúa, México, 2002, p. 379.
201   Véase Juan Carlos Esguerra, *La protección constitucional del ciudadano*, Legis, Bogotá 2004, p. 164.
202   Véase Samuel B. Abad Yupanqui, *El proceso constitucional de amparo*, Gaceta Jurídica, Lima 2004, pp. 327, 330.
203   Véase Allan R. Brewer-Carías, *Instituciones Políticas y Constitucionales*, Vol. V, *Derecho y Acción de Amparo*, Universidad católica del Táchira, Editorial Jurídica Venezolana, San Cristóbal-Caracas 1998, pp. 263 ss.

contra las decisiones judiciales, como es el caso en Argentina (art. 2,b),[204] Bolivia (art. 53.3: si pueden ser modificadas o suprimidas mediante otros recursos), Brasil (art. 5,II), Costa Rica (art. 30,b),[205] Chile,[206] República Dominicana,[207] Ecuador (arts. 41.1; 42,6),[208] Nicaragua (art. 51,b) Paraguay (art. 2,a) y Uruguay (art. 2,a).[209]

En El Salvador y Honduras la exclusión está limitada a los actos judiciales "puramente civiles, comerciales o laborales, y respecto de sentencias definitivas ejecutoriadas en materia penal." (El Salvador, art. 13; Honduras, art. 46.7). También, en Brasil el *mandado de segurança* está excluido contra decisiones judiciales cuando de acuerdo con las normas procesales, existe contra ellas un recurso judicial o cuando tales decisiones pueden ser modificadas por otros medios (art. 5,II).

El artículo 25.1 de la Convención Americana al garantizar el derecho de amparo o protección judicial lo estableció en forma general contra las violaciones por parte de los órganos del Estado de los derechos humanos, cualquiera que sea la fuente de la violación, amparo contra un específico acto estatal que viole los derechos, como son las sentencias y actos judiciales, sin duda, contraría la Convención, siendo igualmente campo propicio para el ejercicio del control de convencionalidad, por parte de la Corte Interamericana y de los jueces y tribunales nacionales.

---

204 Véase Joaquín Brague Camazano, *La Jurisdicción constitucional de la libertad (Teoría general, Argentina, México, Corte Interamericana de Derechos Humanos)*, Editorial Porrúa, México 2005, p. 98. José Luis Lazzarini, *El juicio de amparo*, Editorial La Ley, Buenos Aires, 1987, pp. 218–223; Alí Joaquín Salgado, *Juicio de amparo y acción de inconstitucionalidad*, Astrea, Buenos Aires 1987, p. 46.

205 Véase Rubén Hernández Valle, *Derecho Procesal Constitucional*, Editorial Juricentro, San José 2001, pp. 45, 206, 223, 226. El único caso en el cual se ha planteado a nivel internacional la cuestión de la inconvencionalidad del artículo 31.b de la Ley de la Jurisdicción Constitucional costarricense fue declarado inadmisible por la Comisión Interamericana de Derechos Humanos porque se había alegado como violado por el Estado no era un derecho establecido en la Convención Americana sino de orden interno (derecho a jubilación de un funcionario público). Véase el Informe 85/98. caso 11.417, *Gilbert Bernard Little vs. Costa Rica*, punto resolutivo 2. Véase la referencia en Anamari Garro, *La improcedencia del recurso de amparo contra las resoluciones y actuaciones jurisdiccionales del Poder Judicial a la luz de la Constitución costarricense y del artículo 25 de la Convención Americana sobre Derechos Humanos*, Tesis para optar al grado de Doctor en Derecho, Universidad de los Andes, Santiago de Chile 2012 (Versión mimeografiada), p. 271, Nota 983.

206 Véase Juan Manuel Errazuriz G. y Jorge Miguel Otero A., *Aspectos procesales del recurso de protección*, Editorial Jurídica de Chile, Santiago, 1989, p. 103. No obstante, algunos autores consideran que el recurso de tutela es admisible contra decisiones judiciales cuando son pronunciadas en forma arbitraria y en violación de los derechos al debido proceso. Véase Humberto Nogueira Alcalá, "El derecho de amparo o protección de los derechos humanos, fundamentales o esenciales en Chile: evolución y perspectivas," en Humberto Nogueira Alcalá (Editor), *Acciones constitucionales de amparo y protección: realidad y perspectivas en Chile y América Latina*, Editorial Universidad de Talca, Talca 2000, p. 45.

207 Véase Eduardo Jorge Prats, *Derecho Constitucional*, Vol. II, Gaceta Judicial, Santo Domingo 2005, p. 391. En la Ley de Amparo de 2006 se excluía expresamente de la acción de amparo, a las decisiones judiciales (art. 3.a).

208 Véase Hernán Salgado Pesantes, *Manual de Justicia Constitucional Ecuatoriana*, Corporación Editora Nacional, Quito 2004, p. 84.

209 Véase Luis Alberto Viera, *Ley de Amparo*, Ediciones Idea, Montevideo 1993, pp. 50, 97.

Sin embargo, en esta materia, puede decirse que la Corte Interamericana dejó pasar la oportunidad de realizar el control de convencionalidad respecto de la inconvencional negación de la acción de amparo contra decisiones de los órganos judiciales en Ecuador. El tema se planteó específicamente en la sentencia del caso *Acosta Calderón vs. Ecuador* de 24 de junio de 2005, ante el alegato de los representantes de las víctimas de que en Ecuador, aún "con las reformas constitucionales de 1996 y 1998, el ejercicio de la garantía del amparo no se encuentra asegurado en concordancia con la norma del [artículo] 25 de la Convención, pues prohíbe de manera expresa que se interpongan acciones de amparo en contra de las providencias judiciales."[210] La Corte Interamericana, sin embargo, en lugar de entrar a realizar el control de convencionalidad en este importante aspecto, se limitó a señalar que no se pronunciaba sobre las alegaciones de los representantes pues "dichas reformas no se enmarcan dentro de los presupuestos del presente caso"[211]

El tema del amparo contra decisiones judiciales, en todo caso, requiere que el amparo esté configurado como un amparo difuso en el sentido de que los tribunales llamados a conocer de las acciones de amparo sean en general los de todo el orden judicial, de manera que el amparo se pueda intentar ante el juez superior a aquél que dicta el acto lesivo. En Venezuela, por ejemplo, el amparo se intenta en principio ante los jueces de primera instancia, por lo que los jueces competentes para conocer de la acción de amparo son los tribunales superiores. En sistemas de amparo concentrado en un solo tribunal, como es el caso de la Sala Constitucional del Tribunal Supremo de Justicia de Costa Rica, que es la que tiene competencia exclusiva para conocer de las acciones de amparo, sería prácticamente imposible implementar el amparo contra decisiones judiciales (en la actualidad excluida en la Ley de la jurisdicción Constitucional), pues de hacerse sin descentralizar el amparo colapsaría completamente la Sala Constitucional.

4. *El amparo contra actos de otros órganos constitucionales*

Aparte de los actos de las ramas legislativa, ejecutiva y judicial, el principio de la separación de los poderes ha dado origen en el derecho constitucional latinoamericano contemporáneo a otros órganos del Estado independientes de dichas clásicas tres ramas del Poder Público. Este es el caso de los cuerpos u órganos electorales encargados de dirigir los procesos electorales; de las oficinas de Defensoría del Pueblo o de los Derechos Humanos; de las entidades fiscalizadoras o Contralorías Generales; y de los Consejos de la Judicatura o de la Magistratura establecidos para la dirección y administración de las cortes y tribunales.

Debido a que dichos órganos emanan actos estatales, los mismos, al igual que sus hechos y omisiones, pueden ser objeto de acciones de amparo cuando violen derechos constitucionales. No obstante, algunas excepciones también han sido establecidas para negar la admisibilidad de acciones de amparo, por ejemplo, contra los cuerpos electorales como sucede en Costa Rica (art. 30,d),[212] Ecuador (art. 42.7), Méxi-

---

210 Véase sentencia del caso *Acosta Calderón vs. Ecuador de 24 de junio de* 2005, Serie C 129 (Párr. 87.f), en http://www.corteidh.or.cr/docs/casos/articulos/seriec_129_esp1.pdf.

211 *Ídem.* Párr. 98.

212 Véase Rubén Hernández Valle, *Derecho Procesal Constitucional*, Editorial Juricentro, San José 2001, pp. 228–229. Otras materias decididas por el Tribunal Supremo de Elecciones

co (art. 61.IV),[213] Nicaragua (art. 51,5), Panamá (art. 2.615),[214] y Uruguay (art. 1,b). Eta exclusión, igualmente, es campo propicio para el ejercicio del control de convencionalidad, para adecuar estas normas a la Convención Americana.

Ello por lo demás, fue lo que ocurrió en el Perú, respecto del artículo 5.8 del Código Procesal Constitucional que excluía la acción de amparo contra las decisiones del Juzgado Nacional de Elecciones. Esta norma fue objeto de control de convencionalidad por parte del Tribunal Constitucional el cual la anuló invocando el carácter vinculante de la jurisprudencia de la Corte Interamericana, incluidas sus opiniones consultivas.[215]

En esta materia, en todo caso, también debe mencionarse el ejercicio del control de convencionalidad que ejerció la Corte Interamericana respecto de la exclusión del recurso de amparo o protección judicial efectiva contra actos de algunas autoridades electorales en Nicaragua. Se trata del caso *Yatama vs. Nicaragua* de 23 de junio de 2005, en el cual la Corte Interamericana, después de constatar que el Consejo Supremo Electoral de Nicaragua en un proceso electoral de 2000 no había respetado las garantías del debido proceso del partido Yatama al rechazarle la presentación de candidatos a las elecciones, afectando el derecho a la participación política de los candidatos (párr. 160-164), constató que el Estado había violado el derecho a la protección judicial o amparo establecido en el artículo 25.1 por impedirse en el orden interno la recurribilidad de los actos del Consejo Nacional Electoral. La Corte Interamericana consideró, en esencia, que "la inexistencia de recursos internos efectivos coloca a las personas en estado de indefensión" de manera que "la inexistencia de un recurso efectivo contra las violaciones de los derechos reconocidos por la

---

como nacionalidad, capacidad o estado civil son materias sujetas al control jurisdiccional mediante el amparo. Véase José Miguel Villalobos, "El recurso de amparo en Costa Rica," en Humberto Nogueira Alcalá (Editor), *Acciones constitucionales de amparo y protección: realidad y perspectivas en Chile y América Latina*, Editorial Universidad de Talca, Talca 2000, pp. 222–223.

213 Véase Eduardo Ferrer Mac-Gregor, *La acción constitucional de amparo en México y España. Estudio de derecho comparado*, Editorial Porrúa, México 2002, p. 378; Véase Richard D. Baker, *Judicial Review in México. A Study of the Amparo Suit*, Texas University Press, Austin 1971, pp. 98, 152.

214 Véase Boris Barrios González, *Derecho Procesal Constitucional*, Editorial Portobelo, Panamá 2002, p. 161.

215 Véase sentencia del Tribunal Constitucional del Perú de 19 de junio de 2007 dictada en el caso *Colegio de Abogados del Callao vs. Congreso de la República*, (00007-2007-PI/TC-19); citada por Carlos Ayala Corao, "El diálogo jurisprudencial entre los Tribunales internacionales de derechos humanos y los Tribunales constitucionales," Boris Barrios González (Coordinador), *Temas de Derecho Procesal Constitucional Latinoamericano*, Memorias I Congreso panameño de Derecho Procesal Constitucional y III Congreso Internacional Proceso y Constitución, Panamá 2012, p. 176. Antes De la anulación, sin embargo, la acción de amparo se admitía si la decisión del *Jurado Nacional de Elecciones* no tenía una naturaleza jurisdiccional o, teniéndola, violaba la efectiva protección judicial (el debido proceso). Véase Samuel B. Abad Yupanqui, *El proceso constitucional de amparo*, Gaceta Jurídica, Lima 2004, pp. 128, 421, 447.

Convención constituye una transgresión de la misma por el Estado Parte,"[216] para lo cual reiteró su doctrina de que la existencia de la garantía prevista en el artículo 25.1 de la Convención consistente en "la posibilidad real de interponer un recurso," en los términos de dicha norma, "constituye uno de los pilares básicos, no sólo de la Convención Americana, sino del propio Estado de Derecho en una sociedad democrática en el sentido de la Convención."[217]

Pasó luego la Corte Interamericana, al analizar la situación en Nicaragua, a constatar que de acuerdo con la Constitución Política, contra los actos del órgano de mayor jerarquía del Poder Electoral, el Consejo Supremo Electoral (artículo 129), "no habrá recurso alguno, ordinario ni extraordinario" (artículo 173.14), lo que recoge la Ley de Amparo al disponer que el recurso de amparo no procede "contra las resoluciones dictadas en materia electoral" (artículo 51.5), admitiéndose sólo conforme a la ley Electoral el recurso de amparo contra las "resoluciones definitivas que en materia de partidos políticos dicte el Consejo Supremo Electoral" (artículo 76).[218] Por tanto, intentado como fue el caso sometido a su conocimiento un recurso de amparo contra una decisión del Consejo Supremo Electoral, la Sala de lo Constitucional de Nicaragua resolvió declararlo "improcedente *in limine litis* con fundamento en que no tenía competencia para conocer en materia electoral."[219]

En esta situación la Corte Interamericana comenzó por afirmar que si bien la Constitución de Nicaragua establecía la irrecurribilidad de las resoluciones del Consejo Supremo Electoral en materia electoral, ello no puede significar "que dicho Consejo no deba estar sometido a controles judiciales, como lo están los otros poderes del Estado;" afirmando, con razón, que "las exigencias derivadas del principio de independencia de los poderes del Estado no son incompatibles con la necesidad de consagrar recursos o mecanismos para proteger los derechos humanos."[220] De manera que, puntualizó la Corte, "independientemente de la regulación que cada Estado haga respecto del órgano supremo electoral, éste debe estar sujeto a algún control jurisdiccional que permita determinar si sus actos han sido adoptados al amparo de los derechos y garantías mínimas previstos en la Convención Americana, así como las establecidos en su propia legislación, lo cual no es incompatible con el respeto a las funciones que son propias de dicho órgano en materia electoral." De la carencia en ese caso, del recurso sencillo y rápido, tomando en cuenta las particularidades del procedimiento electoral, concluyó la Corte "que el Estado violó el derecho a la protección judicial consagrado en el artículo 25.1 de la Convención Americana, en perjuicio de los candidatos propuestos por Yatama para participar en las elecciones municipales de 2000, en relación con los artículos 1.1 y 2 de la misma"[221]

El control de convencionalidad efectuado por la Corte Interamericana ante la irrecurribilidad mediante la acción de amparo de los actos del Consejo Supremo

---

216 Véase sentencia en el caso *Yatama Vs. Nicaragua* de 23 de Junio de 2005 (Párr. 167, 168), en http://www.corteidh.or.cr/docs/casos/articulos/seriec_127_esp.pdf.

217 *Idem*, Párr. 169.

218 *Idem*, Párr. 171.

219 *Idem*, Párr. 172.

220 *Idem*, Párr. 174.

221 *Idem*, Párr. 175, 176.

Electoral, lo que consideró como una violación del artículo 25.1 de la Convención, en relación con los artículos 1.1 y 2 de la misma, condujo a la Corte a requerir del Estado:

> "que adopte, dentro de un plazo razonable, las medidas legislativas necesarias para establecer un recurso judicial sencillo, rápido y efectivo que permita controlar las decisiones del Consejo Supremo Electoral que afecten derechos humanos, tales como los derechos políticos, con observancia de las garantías legales y convencionales respectivas, y derogue las normas que impidan la interposición de ese recurso."[222]

Debe mencionarse que en este aspecto, el juez Alejandro Montiel Argüello en un Voto Disidente de la misma sentencia, materialmente se limitó a constatar que la inconvencional exclusión de los "recursos de amparo en cuestiones electorales" en el ordenamiento jurídico de Nicaragua, ocurría "al igual que lo hacen las legislaciones de muchos otros países y también son muchos los países que al igual que Nicaragua excluyen del recurso de amparo las resoluciones judiciales por considerar que los recursos ordinarios son suficientes para garantizar los derechos humanos."[223]

Ello, en lugar de legitimizar la restricción nicaragüense lo que pone en evidencia es que en esos otros países la normativa también es violatoria de la Convención Americana, debiendo corregirse mediante el control de convencionalidad.

Otro supuesto de exclusión de las acciones de amparo contra actos de determinadas autoridades es el que subsiste en el Perú respecto de los recursos de amparo cuando se ejerzan contra actos del Consejo de la Magistratura mediante los cuales se destituya o ratifique a los jueces (art. 5,7) dictados en forma debidamente motivada y con previa audiencia del interesado.[224] Una disposición similar se encuentra en México donde la Ley de Amparo declara improcedente el juicio de amparo contra los actos del Consejo de la Judicatura Federal (art. Art. 61.III).

5.   El amparo contra las omisiones de entes públicos

Aparte de los actos o acciones positivas de funcionarios o autoridades públicas o de individuos, el recurso de amparo también puede incoarse contra las omisiones de las autoridades cuando las correspondientes entidades o funcionarios públicos no cumplen con sus obligaciones generales, causando daño o amenazando los derechos constitucionales.

En estos casos de las omisiones de funcionarios públicos, la acción de amparo contra los mismos es admitida en general en América Latina, de manera de obtener, de parte de un tribunal, una orden dirigida contra el funcionario público obligándole a actuar en el asunto respecto del cual tiene autoridad o jurisdicción.

En todo caso, para que una omisión pueda sea objeto de una acción de amparo, debe infligir un daño directo al derecho constitucional del recurrente. Si en cambio se tratase de un derecho de rango legal, en algunos países como Venezuela, la acción

---

222 *Idem*, Párr. 254.

223 *Idem*, Voto Disidente, Párr. 7.

224 Véase Samuel B. Abad Yupanqui, *El proceso constitucional de amparo*, Gaceta Jurídica, Lima 2004, p. 126.

de amparo será inadmisible estando la parte afectada obligada a utilizar los recursos judiciales ordinarios, como el recurso contencioso-administrativo por carencia u omisión.[225] A fin de determinar cuándo sea posible intentar la acción de amparo contra las omisiones de los funcionarios públicos, el elemento clave establecido por los tribunales en Venezuela se ha referido a la naturaleza de los deberes de los funcionarios públicos, de manera que la acción de amparo sólo es admisible cuando la materia haga referencia a un deber constitucional en general del funcionario, y no a deberes específicos conforme a una ley.

VII. LAS CONDICIONES DE LOS DAÑOS Y AMENAZAS PARA LA PROTECCIÓN CONSTITUCIONAL

La acción de amparo generalmente procede contra todos los daños infligidos a los derechos o garantía constitucionales, debiendo en general reunir las siguientes condiciones establecidas en las leyes de amparo latinoamericanas para que el amparo sea admitido: primero, los daños deben tener un carácter personal y directo en el sentido que los daños deben afectar personalmente al accionante; segundo, deben ser efectivos y reales; tercero, deben ser manifiesta u ostensiblemente arbitrarios, ilegales e ilegítimos; cuarto, los daños deben ser demostrados en el caso; quinto, el demandante no debe haberlos consentido; sexto, los daños deben ser reparables, siendo el proceso de amparo de carácter restablecedor; y séptimo, si se trata de amenazas deben ser inminentes, siendo el proceso de amparo e ese caso de carácter preventivo.

1.   El carácter personal y directo de los daños

La primera condición de los daños infligidos a los derechos constitucionales del accionante para que una acción de amparo sea admisible, es que el mismo haya sufrido "un daño o amenaza directa, personal y actual a sus derechos constitucionales;"[226] es decir, que el demandante debe estar personalmente afectado. En consecuencia, la acción de amparo no puede interponerse cuando los derechos afectados sean los de otra persona distinta del demandante o cuando los daños solo afecten al demandante de modo indirecto.[227]

---

225 Véanse las decisiones de la antigua Corte Suprema de Justicia, Sala Político-Administrativa del 5 de noviembre de 1.992, caso *Jorge E. Alvarado*, en *Revista de Derecho Público*, N° 52, Editorial Jurídica Venezolana, Caracas 1992, p. 187; y 18 de noviembre de 1.993 en la *Revista de Derecho Público*, N° 55-56, Editorial Jurídica Venezolana, Caracas 1993, p. 295.

226 Como, por ejemplo, ha sido decidido en Venezuela, al resolver la Antigua Corte Primera de lo Contencioso administrativo que es necesario que las acciones denunciadas afecten directamente la esfera subjetiva del accionante, quedando excluidas, en consecuencia, las conductas genéricas aun cuando afecten tangencialmente. Véase sentencia de la Corte Primera de lo Contencioso-Administrativo del 2.12.93, en *Revista de Derecho Público*, n° 55-56, Editorial Jurídica Venezolana, Caracas, 1993, pp. 302–303.

227 Por eso es que, por ejemplo, la Constitución mexicana expresamente dispone a este respecto, la necesidad de que el demandante haya sufrido un daño "personal y directo" (art. 107.I), en el sentido que sus derechos constitucionales personales deben haber sido afectados directamente.

El demandante, entonces, debe necesariamente ser la persona "afectada", como se le denomina en Argentina (art. 5) y Perú (art. 39); o la persona "agraviada", como se le denomina en Nicaragua (art. 23); o aquella que "sufre" el daño, como se le refiere a ella en Brasil (art. 1).

A pesar de la tendencia dominante de la procedencia del amparo solo cuando el daño sea directo y personal;[228] la ley de amparo mexicana protege los intereses legítimos ya sean individuales o colectivos; aunque la afectación tiene que ser real y directa." Igualmente el amparo se considera inadmisible cuando el daño o amenaza no sea atribuible a la persona señalada como la parte agraviante, es decir, cuando el daño no es causado personalmente por el demandado.[229]

2. El carácter actual y real de los daños

Pero además de afectar los derechos constitucionales del demandante, para que proceda la acción de amparo, los daños deben ser "actuales" en el sentido de que para el momento de intentar la acción, los daños o amenazas deben estar ocurriendo actualmente y no deben haber cesado o concluido. Esto está expresamente previsto en las leyes de amparo de Argentina (art. 1), República Dominicana (art. 65) y Uruguay (art. 1).

Esta misma regla se aplica en los Estados Unidos respecto de las *injunctions* en el sentido de que para que una persona pueda intentarla, debe evidenciar unos daños actuales, sustanciales y graves o una posibilidad cierta de tales daños. Por tanto, un demandante no tendrá derecho a una *injunction*, cuando un daño en su contra no se evidencie como resultante de la actividad que se denuncia o se procura evitar.[230]

---

228 Véase Eduardo Ferrer Mac-Gregor, *La acción constitucional de amparo en México y España*, Editorial Porrúa, México, 2002, pp. 386–387.

229 En este sentido, por ejemplo, fue decidido por la antigua Corte Suprema de Justicia venezolana, en amparo intentado en 1.999 contra el Presidente de la República y que denunciaba como actos agraviantes las posibles medidas a ser tomadas por la Asamblea Constituyente Nacional, que el Presidente había convocado, una vez instalada la misma. La Corte consideró inadmisible la acción, considerando que las razones alegadas por el accionante, considerando que eran de naturaleza eventual e hipotética, lo que contradecía la necesidad de un daño objetivo y real o una amenaza a uno derecho o garantía constitucional. a fin de que el amparo fuese admisible. La Corte argumentó además, que la acción de amparo constitucional tiene por objeto dar protección contra situaciones que en na forma directa pueden producir daño en relación con los derechos y garantías constitucionales del accionante, buscando la restauración de la situación jurídica infringida. En este caso, la persona identificada como agraviante (Presidente de la República) no puede ser quien produzca el eventual que pudiera condicionar los derechos electorales del accionante, así como el temor de que la modificación de la organización de los poderes constituidos, solo podría ser atribuido a los miembros que puedan ser electos a la Asamblea Nacional Constituyente, todavía no elegida. En consecuencia, en el caso, no existe la inmediata relación que es necesaria en materia de amparo, entre el accionante y el agraviante. Véase sentencia de 23.4.99 (caso *A. Albornoz*), en Rafael Chavero, *El nuevo régimen del amparo constitucional en Venezuela*, Ed. Sherwood, Caracas, 2001, p. 240.

230 Véase U.S. Boyle v. Landry, 401 U.S. 77, 91 S. Ct.758, 27 L. Ed. 2d 696 (1971), en John Bourdeau et al., "Injunctions," en Kevin Schroder, John Glenn and Maureen Placilla (Ed.), *Corpus Juris Secundum*, Vol. 43A, Thomson West, 2004, p. 66.

En otras palabras, los daños deben ser reales en el sentido de que deben haber ocurrido efectivamente; lo cual debe ser claramente demostrado por el demandante en el proceso. Es por eso que como lo resolvió la antigua Corte Suprema en Venezuela, la acción de amparo solo puede ser dirigida contra actos u omisiones perfectamente determinados, y no contra conductas genéricas; contra una actividad real y objetiva y no contra suposiciones relativas a la intención del presunto agraviante; y contra las consecuencias directas e inmediatas de las actividades del ente público o del funcionario.[231]

El carácter real y actual de los daños para intentar la acción de amparo implica que la acción no puede tener un carácter pasado o un futuro probable. Por ello se ha dicho que los daños en materia de amparo, deben estar vivos y presentes en toda su intensidad, en el sentido de que deben referirse al presente, no al pasado o a hechos que ya acaecieron, que pertenecen al pasado, o que ya acaecieron; al contrario debe tratarse de situaciones presentes, que se pueden incluso prolongar en el tiempo.[232]

Por tanto y como lo establece la jurisprudencia de la Corte Suprema de Justicia de México, la acción de amparo es inadmisible cuando es referida a hechos probables futuros;[233] o a actos que no han ocurrido todavía, o a daños que no solo no están presentes, sino que nunca podrían ser infligidos.[234]

Fue fundada en esta condición que precisamente, la antigua Corte Suprema de Justicia rechazó la posibilidad de que se intentasen acciones de amparo contra las leyes en casos en que tales acciones no fueran directamente aplicables, y exigieran de actos adicionales para su ejecución.[235]

Por otra parte, esta misma condición de que el daño o amenaza debe ser actual, implica que el mismo no debe haber cesado o concluido porque de lo contrario – como está previsto expresamente en Argentina[236]- la demanda debe declararse inadmisible. También en las leyes de amparo de Honduras (art. 46,6) y Nicaragua (art. 51,3) se prescribe que el recurso al amparo es inadmisible cuando los efectos del acto impugnado ya han cesado; caso en el cual el juez puede rechazar la acción

---

231 Véase la sentencia de la antigua Corte Suprema de Justicia, Sala Político-Administrativa del 2-12-1993, en *Revista de Derecho Público*, N° 55–56, Editorial Jurídica Venezolana, Caracas, 1993, pp. 302–303. Igualmente, sentencia del 14-8-1992 en *Revista de Derecho Público*, N° 51, Editorial Jurídica Venezolana, Caracas, 1992, p. 145.

232 Véase sentencia de la antigua Corte Primera de lo Contencioso-Administrativo del 7-5-1987 en el caso Desarrollo 77 C. A. en FUNEDA *15 años de Jurisprudencia de la Corte Primera de lo Contencioso Administrativo 1977–1992*, Caracas, 1994, p. 78.

233 Tesis jurisprudencial 74, *Apéndice al Semanario Judicial de la Federación, 1917–1988*, Segunda parte, Salas y Tesis Comunes, p. 123. Véase en Eduardo Ferrer Mac-Gregor, La acción constitucional de amparo en México y España, Edit. Porrúa, México, 2002, p. 395.

234 Véase Tesis 44 y 45. *Jurisprudencia de la Suprema Corte*, pp. 110, 113. Véase en Richard D. Baker, *Judicial Review in México. A Study of the Amparo Suit*, University of Texas Press, Austin, 1971, p. 96, note 12.

235 Véase sentencia de la antigua Corte Suprema de Justicia, Sala Político-Administrativa de 24-5-1993, en *Revista de Derecho Público*, N° 55–56, Editorial Jurídica Venezolana, Caracas, 1993, pp. 289–290.

236 Véase Alí Joaquín Salgado, *Juicio de amparo y acción de inconstitucionalidad*, Astrea, Buenos Aires, 1987, p. 27.

in limine. El mismo principio se aplica en México, donde la ley de amparo declara inadmisible la acción de amparo cuando los efectos del acto impugnado han cesado o, cuando aun subsistiendo, ya no pueden producir consecuencias legales o sustanciales porque han perdido su objeto o sustancia (art. 61.XXI). En Perú, el Código Procesal Constitucional también prescribe la inadmisibilidad de la acción de amparo cuando para el momento de su interposición, la amenaza o violación de los derechos constitucionales ha cesado (art. 5,5). Ese también es el caso, por ejemplo, cuando durante el curso del proceso, el acto impugnado es anulado.[237]

En consecuencia, a fin de conceder de la pretensión de amparo, los tribunales venezolanos han establecido que el daño no debe haber cesado antes que la decisión del juez sea tomada; por el contrario, si el daño ha cesado, el juez *in limine litis* debe declarar la inadmisibilidad de la acción.[238]

Por ejemplo, en el caso de acciones de amparo contra omisiones judiciales, si el juez ha emitido su decisión antes de que la acción sea interpuesta o durante el procedimiento, el daño puede considerarse como suspendido[239] y la acción de amparo debe declararse inadmisible.

En sentido similar, la Sala Constitucional de Costa Rica ha decidido que carece de interés jurisdiccional el examinar por ejemplo, las circunstancias de la suspensión de un acto impugnado, en casos en los cuales el acto ya haya sido anulado y cuando, para el momento de la interposición del recurso, la parte afectada ha sido restablecida en el ejercicio de sus derechos.[240]

---

237 Al respecto, la Corte Primera de lo Contencioso-Administrativo dispuso la inadmisibilidad de una acción de amparo porque, durante los procedimientos, el acto impugnado fue rechazado. v. Sentencia del 14-8-1992, en *Revista de Derecho Público*, N° 51, Editorial Jurídica Venezolana, Caracas, 1992, p. 154.

238 Véase sentencia de 15-2-1992, en *Revista de Derecho Público* N° 52, Editorial Jurídica Venezolana, Caracas, 1992, p. 164; sentencia del 12-2-1992 de la Corte Primera de lo Contencioso-Administrativo, Caso *Allan R. Brewer-Carías*, en *Revista de Derecho Público*, n° 49, Editorial Jurídica Venezolana, Caracas, 1992, pp. 131–132; y sentencia de la antigua Corte Suprema de Justicia, Sala Político-Administrativa del 27.5.1993, en la *Revista de Derecho Público*, N° 53–54, Editorial Jurídica Venezolana, Caracas, 1993, p. 264.

239 Véase Rafael Chavero G., El nuevo régimen del amparo constitucional en Venezuela, Editorial Sherwood, Caracas 2001, pp. 237-238.

240 Véase sentencia n° 1051–97, en Rubén Hernández Valle, *Derecho Procesal Constitucional*, Editorial Juricentro, San José 2001, pp. 244–245. Pero en relación con el carácter actual del daño, es posible considerar que cuando un nuevo hecho modifica la situación anteriormente conocida y declarada y que no estaba presente en el momento que ocurrió el daño, es posible conceder la tutela antes denegada con base en el nuevo argumento, el cual puede arrojar un resultado distinto o contradictorio. Este caso puede ocurrir, por ejemplo, cuando el juez de amparo que debe resolver respecto de una situación específica, actual y determinada, le es pedido que determine la existencia de un nuevo hecho que ha ocurrido después de intentada la acción y que podría alterar o modificar la mencionada situación, en cuyo caso, la acción puede ser admitida y resuelta en protección del demandante, aun si antes había sido rechazada de antemano. *V.* sentencia de la Corte Suprema de Justicia de Venezuela, Sala Político-Administrativa del 5-8-1992, en *Revista de Derecho Público*, N° 51, Editorial Jurídica Venezolana, Caracas, 1992, p. 145.

El mismo principio rige en los Estados Unidos respecto de la condición de actualidad del daño para que pueda otorgarse la protección de un *injunction,* ya que en los casos federales, la norma es que debe tratarse de una controversia actual debe existir no solo al momento de la interposición de la acción sino a todo lo largo del proceso, aun a nivel judicial de revisión o *certiorari.*[241]

No obstante, este principio de la actualidad del daño tiene algunas excepciones. Por ejemplo, en Perú, aun cuando la misma norma general está establecida para la inadmisibilidad de la acción de amparo (cuando al momento de presentación, el daño a los derechos constitucionales ya ha cesado), el Código Procesal Constitucional ha autorizado a las cortes a continuar el procedimiento y también, en circunstancias específicas, a conceder la protección del amparo,[242] por ejemplo, cuando el objeto de la acción consiste en ordenar al demandado que se refrene de realizar nuevamente los actos u omisiones que provocaron la interposición de la demanda.

La misma excepción rige, por ejemplo, respecto de los efectos ya producidos por el acto impugnado. Por ejemplo, cuando para establecer responsabilidades civiles e indemnizaciones sean necesarias acciones judiciales adicionales, la protección del amparo puede concederse, aun cuando los efectos del acto impugnado hayan cesado, con el fin que pueda determinarse judicialmente la persona responsable, permitiéndose así la interposición subsiguiente de una acción solo indemnizatoria.

3. *El daño manifiestamente arbitrario, ilegal e ilegitimo*

Igualmente, para que la acción de amaro sea admitida, el daño o amenaza al derecho, además de ser directo, real y actual, debe ser manifiestamente arbitrario, ilegal o ilegítimo.

---

241 Sin embargo, en el importante caso *Roe v. Wade*, 410 U.S. 113 (1973), la Corte Suprema extendió los derechos de privacidad de la mujer derogando las leyes estadales que prohibían el aborto. La Corte reconoció que aunque este derecho de privacidad no estaba expresamente mencionado en la constitución, estaba garantizado como un derecho constitucional para proteger "la decisión de una mujer acerca de si terminar o no su embarazo" a pesar de admitir que la legislación de los estados podía regular los factores determinantes de la decisión de abortar en algún punto del embarazo con base en "garantizar la salud, mantener niveles médicos y proteger la vida en potencia." Pero el objeto de la controversia era que el embarazo llegó a término mientras el procedimiento era decidido, de forma que el daño alegado perdía su actualidad. No obstante, la Corte Suprema resolvió en el caso que "Cuando], como aquí, el embarazo es un hecho significativo del litigio, el período normal de gestación humana de 266 días es tan corto que el embarazo llegará a término antes que el procedimiento usual de apelación sea decidido. Si dicha terminación desvirtúa la demanda, rara vez los casos de embarazo superarán en algo a la fase probatoria y la instancia de apelación será en efecto negada. Nuestra ley no debe ser así de rígida. El embarazo sobreviene a la misma mujer más de una vez; y en la población en general, si la especie humana ha de sobrevivir, siempre estará presente. El embarazo provee una justificación clásica para terminar con la certeza. Efectivamente puede ser capaz de repetirse y, sin embargo, evadir el juicio." Véase M. Glenn Abernathy and Barbara A. Perry, *Civil Liberties under the Constitution*, University of South Carolina Press, 1993, pp. 4–5.

242 Véase Luis Sanz Dávalos, "Las innovaciones del Código Procesal constitucional en el proceso constitucional de amparo," en Susana Castañeda et al, *Introducción a los procesos constitucionales. Comentarios al Código Procesal Constitucional*, Jurista Editores, Lima 2005, p. 126.

Esta es, por ejemplo, la condición general expresamente establecida por la Ley de amparo argentina que prescribe que para que una acción de amparo sea admisible, el daño, es decir, la "lesión, restricción, alteración o amenaza a los derechos y garantías constitucionales" debe ser "manifiestamente arbitrario e ilegal" (art. 1). Esta condición de admisibilidad está establecida también en la Ley de amparo de la República Dominicana (art. 65); y en la Ley de amparo de Uruguay donde se lo establece como la necesidad de que el acto impugnado ostente una "ilegitimidad manifiesta" (art. 1). En este mismo sentido, la ley brasileña, respecto del *mandado de segurança*, dispone la necesidad de que la violación sea causada ilegalmente o con abuso de poder (art. 1).[243] Asimismo, en el Reglamento del Recurso de Amparo de 2.007 de Filipinas, se dispone que la violación debe ser provocada por un "acto u omisión ilegítima" (secc. 1).

Respecto de los actos de los poderes públicos, esta condición general de admisibilidad de la acción de amparo deriva del principio general de derecho público de la presunción de validez que beneficia los actos de estado, lo que implica que para superar tal presunción, el demandante debe demostrar que el daño causado es manifiestamente ilegal y arbitrario. El mismo principio se aplica en los Estados Unidos precisamente imponiendo al demandante para que procedan las *injunctions* contra actos administrativos, que pruebe las violaciones alegadas a fin de deshacer la presunción de validez de los mismos.[244]

La consecuencia de esta condición es que el acto u omisión impugnado debe ser manifiestamente como contrario al orden legal, es decir, a las normas de orden público establecidas en la Constitución, leyes y reglamentos; debe ser manifiestamente ilegítimo por carecer de soporte legal alguno; y debe ser manifiestamente arbitrario porque, viniendo de un acto irrazonable o injusto, el mismo es un acto contrario a la justicia y la razón.[245]

4. *El carácter evidente de los daños*

La condición de que los daños derivados de actos o amenazas, deben ser manifiestamente arbitrarios, ilegales e ilegítimos y deben afectar de manera directa e

---

243 El principio también se aplica en Chile y Ecuador. v. Juan Manuel Errázuriz G. y Jorge Miguel Otero A., *Aspectos procesales del recurso de protección*, Editorial Jurídica de Chile, Santiago, 1989, pp. 51–55; Hernán Salgado Pesantes, *Manual de Justicia Constitucional Ecuatoriana*, Corporación Editora Nacional, Quito, 2004, p. 79.

244 Como lo han comentado M. Glenn Abernathy y Perry: "Los tribunales no presumen automáticamente que todas las restricciones a la libre elección son impropias. La carga es arrojada en la persona que impugna los actos, quien debe demostrar que los mismos son impropios. Esto se observa más fácilmente en los casos en los que la demanda alega que un acto de la legislatura es inconstitucional ... Los jueces también alegan que a los actos de los funcionarios públicos deben atribuírseles alguna presunción de validez. De manera que se presume que el funcionario público que elimina alimentos calificados por él como no aptos para el consumo tiene buenas razones para hacerlo. La persona cuya propiedad es eliminada de ese modo debe asumir la carga de probar mala fe de parte del funcionario si, como consecuencia de ello, es incoada una demanda." v. M. Glenn Abernathy and Barbara A. Perry, *Civil Liberties under the Constitution*, University of South Carolina Press, 1993, p. 5.

245 Véase Alí Joaquín Salgado, *Juicio de amparo y acción de inconstitucionalidad*, Astrea, Buenos Aires, 1987, pp. 28–29.

inmediata los derechos del demandante, implica que para la interposición de la acción de amparo, tales daños deben ser evidentes, imponiendo así directamente sobre el demandante la carga de probar sus alegatos. Es decir, el demandante tiene la carga de desvirtuar la presunción de validez de los actos impugnados, debiendo fundamentar sus argumentos sobre bases razonables mediante la comprobación del carácter irrazonable de los actos u omisiones impugnados, y de que dichos actos u omisiones han perjudicado personal y directamente sus derechos.

También en esta materia, la regla procesal de amparo es similar a las normas sobre *injunctions,* tal como ha sido decidido por los tribunales de los Estados Unidos, según las cuales "la parte solicitando de una *injunction,* debe demostrar que el daño es evidente." [246]

Por consiguiente, en el procedimiento de amparo, el demandante tiene la carga de la prueba del daño o de las amenazas causadas a sus derechos, precisamente por parte del agraviante[247] Esto implica que cuando la prueba de los daños o amenazas puede establecerse mediante prueba escrita o documental, las leyes de amparo de Argentina (art. 7), Paraguay (art. 569) y Uruguay (art. 5) expresamente imponen al agraviado la obligación de adjuntarlas siempre a la demanda.

La prueba del daño puede también basarse, por ejemplo, en actos o conductas previas del demandado o en el patrón pasado de su conducta.[248]

---

246 Véase el caso *Mt. Emmons Min. Co. V. Town of Crested Butte,* 690 P.2d 231 (Colo. 1984), en John Bourdeau et al., "Injunctions," en Kevin Schroder, John Glenn and Maureen Placilla (Editors), *Corpus Juris Secundum,* Vol. 43A, Thomson West, 2004, p. 54.

247 Es por esto que los tribunales en Argentina, por ejemplo, han negado la acción de amparo contra amenazas no comprobadas; por ejemplo, cuando una madre intentó una demanda pidiendo protección policial a fin de evitar una orden de secuestro emitida por un tribunal extranjero en razón de que la existencia de la orden no estaba comprobada ni suficientes elementos para juzgar el caso fueron aportados a fin de probar que las autoridades locales dejarían de aplicar las disposiciones legales competentes para la ejecución en el país de sentencias extranjeras, las cuales disposiciones prescriben suficientes garantías para la defensa de los derechos y para la protección del orden público interno. Véase las referencias en Néstor Pedro Sagües, *Derecho Procesal Constitucional,* Vol. 3, "Acción de Amparo," Astrea, Buenos Aires, 1988, pp. 117; y en Rafael Chavero, *El nuevo régimen del amparo constitucional en Venezuela,* Ed. Sherwood, Caracas, 2001, pp. 190, 239.

248 Como fue el caso resuelto en los Estados Unidos en el caso *Galella v. Onassis* (S.D.N.Y. 1972), en el cual la esposa de J. F. Kennedy, ex-presidente de los Estados Unidos, interpuso una *injunction* contra un fotógrafo independiente para prevenir que violara los derechos de privacidad de ella con base en su previo patrón de conducta hostigante como periodista. Como fue resumido por Tabb and Shoben: "La evidencia demostraba que el fotógrafo había repetidamente incurrido en una conducta hostigante contra la familia Onassis para conseguir fotos y cada vez la conducta invasiva era de un tipo diferente. Fundado en el pasado patrón de conducta, la corte concluyó que esa conducta del fotógrafo continuaría indefinidamente en el futuro. La prueba de la inminencia era muy sólida porque el fotógrafo había incluso enviado publicidad a clientes anunciando futuras imágenes anticipadas de Onassis. Aun cuando el patrón de conducta era variado en los tipos de procedimientos invasivos, el carácter general de la conducta era de hostigamiento. Con suficiente evidencia, aun un patrón impredecible puede indicar inminencia." Véase William M. Tabb and Elaine W. Shoben, *Remedies,* Thompson West, 2005, p. 29.

5. El carácter no consentido de los daños

Finalmente, el daño a los derechos constitucionales que permiten la interposición de la demanda de amparo requiere no solo que sea actual, posible, real e inminente, sino que también tiene que ser no consentido por el agraviado; quien, además, no ha debido provocarlo.[249] Es decir, el demandante no debe haber consentido expresa o tácitamente el impugnado acto o daño a sus derechos. Lo contrario, haría considerar inadmisible la acción de amparo.

Las leyes de amparo en esta materia distinguen dos posibles modalidades de conductas aprobatorias: el consentimiento expreso y el consentimiento tácito; también con algunas excepciones.

A. El consentimiento expreso

En cuanto al consentimiento expreso, según lo establecido en la Ley Orgánica de amparo venezolana el mismo existe cuando hay "signo inequívocos de aceptación" (art. 6,4) por parte del agraviado de los actos, hechos u omisiones causantes del daño, en cuyo caso la acción de amparo, será inadmisible.

Esta causal de inadmisibilidad está también expresamente regulada en la Ley de amparo de México, de acuerdo con la cual existe un consentimiento expreso del acto impugnado cuando hay "manifestaciones de voluntad que entrañen ese consentimiento" (art. 61.XIII). También en Nicaragua existe el consentimiento expreso respecto de "actos que hubieren sido consentidos por el agraviado de modo expreso" (art. 51,4); y en Costa Rica "Cuando la acción u omisión hubiere sido legítimamente consentida por la persona agraviada" (art. 30, ch).

En ciertos aspectos, esta causal de inadmisibilidad del procedimiento de amparo cuando existe consentimiento expreso por parte del agraviante, tiene también alguna equivalencia en los procedimientos de *injunctions* de los Estados Unidos contenida en la excepción de equidad denominada "estopell," y que está referida a las actuaciones del agraviante antes de interponer la demanda que sean incongruentes con los derechos que reclama en su acción.[250]

B. El consentimiento tácito

Aparte de los casos de consentimiento expreso, la otra causal de inadmisibilidad en el procedimiento de amparo ocurre en casos de consentimiento tácito del agraviado respecto del acto, hecho u omisión causante del daño a sus derechos; y opera

---

249 Véase Hernán Salgado Pesantes, *Manual de Justicia Constitucional Ecuatoriana*, Corporación Editora Nacional, Quito, 2004, p. 80.

250 El clásico ejemplo de una estópel, como medida, excepción o decreto judicial que consiste en una prohibición de conducta o acción, como la describen Tabb y Shoben "es que el demandante no puede invocar el derecho de equidad para reclamar una orden de remoción de una cerca de un vecino instalada sobre el lindero del lote si el demandante estuvo presente y observó la instalación de la cerca con pleno conocimiento de la ubicación de dicho lindero. El silencio del demandante, estando en conocimiento de los hechos, es un acto inconsistente con el título invocado en la corte." Véase William M. Tabb and Elaine W. Shoben, *Remedies,* Thomson West, 2005, pp. 50–51.

cuando se en la ley establece un lapso preciso para interponer la demanda, y el mismo se haya agotado sin que la acción se haya interpuesto.

Esta causal de inadmisibilidad de la acción de amparo es también equivalente a lo que en el procedimiento de las *injunctions* en los Estados Unidos se denomina *"laches,"* con lo que persigue evitar que el agraviante obtenga la medida protectiva de equidad cuando no actuado con la celeridad debida para interponer la acción y que se resume en la frase "la equidad asiste al diligente, no a aquellos que se queden dormidos en sus derechos."[251]

La diferencia entre la doctrina de los *"laches"* relativa a las *injunctions* y el concepto latinoamericano de consentimiento tácito reside básicamente en el hecho de que el término para interponer la acción de amparo en Latinoamérica está expresamente establecido en la leyes de amparo, de modo que el vencimiento del término sin la interposición de la acción es lo que se considera que produce el consentimiento tácito respecto del acto, el hecho o la omisión causante del daño.

En relación con esto, y solo con excepción de las leyes de Ecuador[252] y Colombia (donde por ejemplo, la Ley de Tutela dispone que la acción para de tutela puede interponerse en cualquier momento, art. 11), las leyes de amparo en Latinoamérica siempre prevén términos, contados en días y meses,[253] a los efectos de la interposi-

---

251 *Idem*, p. 48. Como se ventiló en el caso *Lake Development Enterprises, Inc. v. Kojetinsky*, 410 S.W. 2d 361, 367–68 (Mo. App. 1966): "'*Laches*' [del francés *lasche*: laxitud, negligencia] es la dejadez o negligencia por un período de tiempo irrazonable e inexplicado en circunstancias que permitían diligencia para hacer lo que debía hacerse en derecho. No hay un período fijo dentro del cual una persona debe afirmar sus derechos o ser inhabilitado mediante la medida de *laches*. La extensión de tiempo depende de las circunstancias del caso en particular. Una mera demora en afirmar un derecho no constituye de suyo una lache; la demora en cuestión debe operar en contra y en perjuicio del demandado. Laches es un asunto de hechos a ser determinada a partir de toda las pruebas y circunstancias alegadas en el juicio." Véase la referencia en Owen M. Fiss and Doug Rendelman, *Injunctions*, The Foundation Press, Mineola New York, 1984, pp. 102–103.

252 Véase Hernán Salgado Pesantes, *Manual de Justicia Constitucional Ecuatoriana*, Corporación Editora Nacional, Quito, 2004, p. 81.

253 El término en las leyes de amparo de América Latina está generalmente establecido por número de días contados a partir de la fecha del acto impugnado o del día que la parte agraviada entra en conocimiento de la violación: Argentina, 15 días (art. 2,e); Brasil, 120 días (art. 18); República Dominicana, 30 días (art. 3,b); Guatemala, 30 días (art. 20); Honduras, dos meses; México, 15 días como regla general pero con muchos otros lapsos para demandar con diferentes medidas de tiempo (arts. 21, 22 y 61.X); Nicaragua, 30 días (arts. 26; 51,4); Paraguay, 60 días (art. 567); Perú, 60 días (arts. 5,10; 44); Uruguay, 30 días (art 4). En Venezuela, el término es de seis meses (art. 23.4). En el caso de Chile, donde en ausencia de una ley reguladora de la acción de protección, el término para demandar (quince días) ha sido establecido por la Corte Suprema, suscitándose discusiones sobre la constitucionalidad de dichas normas, debido al criterio de que un término para demandar de ese tipo debe ser establecido solo por el legislador. Véase Juan Manuel Errázuriz and Jorge Miguel Otero A., *Aspectos procesales del recurso de protección*, Editorial Jurídica de Chile, Santiago, 1989, p. 130. En Costa Rica, la Ley de Jurisdicción Constitucional dispone que el recurso de amparo puede ser intentado en cualquier momento mientras dure la violación, amenaza, agravio o restricción, y hasta dos meses después que los efectos directos a la parte agraviada hayan ce-

ción de la acción, considerándose tácitamente consentidos los actos, hechos u omisiones impugnados, cuando la acción no ha sido intentada en el término estipulado.

El sentido de esta causal de inadmisibilidad de la acción de amparo fue resumida por la antigua Corte Suprema de Justicia venezolana al argumentar que siendo la acción de amparo un medio especial, breve, sumario y efectivo de protección judicial de derechos constitucionales, es lógico que el legislador prescriba un preciso lapso de tiempo entre el momento en el cual se produce en daño y el momento en el cual el agraviado debe interponer la acción. Dejar transcurrir más de seis meses desde el momento en el cual se dictó acto lesivo para el ejercicio de la acción, es una demostración del consentimiento del daño por parte del agraviado. Su indolencia debe ser sancionada, impidiendo que haga uso del remedio judicial que tiene su justificación precisamente en la urgente necesidad de restablecer la situación legal infringida.[254]

Como regla general en la materia, la consecuencia de vencerse el plazo sin intentarse la acción de amparo, considerando que se ha producido un consentimiento tácito, como lo prescribe expresamente la ley costarricense (art. 36),[255] no impide a la parte interesada intentar otros posibles recursos o acciones contra el acto causante del daño.

C.   Excepciones a la regla del consentimiento tácito

Sin embargo, respecto de este consentimiento tácito, algunas excepciones han sido desarrolladas en la legislación de amparo.

Una primera excepción es la basada en la naturaleza de los derechos constitucionales a ser protegidos, de manera que un amparo puede ser intentado en cualquier momento respecto de derechos inviolables absolutos como el derecho a la vida o a no ser torturado. En este sentido, en la Ley de amparo mexicana se establece la excepción respecto de actos públicos que atenten contra la vida, la libertad personal, deportación o la conscripción militar forzosa (art. 22).[256] En estos casos, la acción de amparo puede ser intentada en cualquier momento, como es también es el del amparo para la protección de los derechos campesinos relativos a la tierra comunal (art. 217).

En Costa Rica, el artículo 20 de la Ley de Jurisdicción Constitucional, también establece como una excepción, la posibilidad de intentar una acción de amparo después de que se haya agotado el término, contra el riesgo de aplicación de una ley o reglamento inconstitucional a un caso particular, así como en los casos de la posibilidad manifiesta de la emisión de un acto que lesiona los derechos del agraviado.

---

sado (arts. 35, 60). Este término para demandar puede ser también suspendido si la parte interesada decide intentar un recurso administrativo contra el acto en concreto (art. 31).

254   Véase la sentencia del 24-10-1990 en *Revista de Derecho Público*, nº 44, Editorial Jurídica Venezolana, Caracas, 1990, p. 144.

255   Véase los comentarios en Rubén Hernández Valle, *Derecho Procesal Constitucional*, Editorial Juricentro, 2001, pp. 226–229, 243.

256   Véase Eduardo Ferrer Mac-Gregor, *La acción constitucional de amparo en México y España*, Editorial Porrúa, México, 2002, p. 331.

En sentido similar, en Venezuela la Ley de amparo establece la excepción a la regla del consentimiento tácito en los casos de violaciones graves, continuadas y permanentes, que se identifican como violaciones a normas de orden público (art. 6,4),[257] que pueden afectar el ordenamiento general indispensable para la existencia de la comunidad.

Este concepto de "orden público" es importante porque aun cuando se haya vencido el término sin que se haya intentado la acción, los jueces podrían admitirla por razones de "orden público", desconociendo la aplicación de la regla del consentimiento tácito. Tal como fue decidido por la antigua Corte Primera de lo Contencioso Administrativo, al precisar que el consentimiento tácito por falta de ejercicio de la acción en el lapso legal no se produce en casos de extrema gravedad que constituyen una injuria a la conciencia jurídica, como sería el caso de la flagrante violación de derechos individuales "que no pueden denunciase por el agraviado, de la privación de la libertad, de la sumisión a tortura física o psicológica, tratos degradantes, daños a la dignidad humana u otros casos extremos"[258]

Por consiguiente, en tales casos donde ningún consentimiento tácito puede ser considerado como válido, el amparo judicial es admitido aun cuando el término para intentarlo se haya agotado.

La segunda excepción general a la regla del consentimiento tácito se refiere a situaciones donde el daño infligido a los derechos es de naturaleza continua, es decir, cuando están ocurriendo continuamente. En el mismo sentido, en los Estados Unidos, los *"laches"* no pueden alegarse para oponerse a una demanda de *injunction* intentada para evitar un ilícito que es de naturaleza continua.[259]

---

257 Como fue decidido por la Sala de Casación de la Corte Suprema en Venezuela en decisión del 3-4-1985 "el concepto de orden público permite que el interés general de la sociedad y del Estado prevalezca sobre los intereses particulares o individuales a los efectos de asegurar la vigencia o propósito de algunas instituciones." Véase la referencia en las sentencias de la antigua Corte Suprema de Justicia, Sala Político-Administrativa, del 1-2-1990, caso *Tuna Atlántica C.A.*, y sentencia del 30-6-1992 en la *Revista de Derecho Público*, N° 60, Editorial Jurídica Venezolana, Caracas, 1992, p. 157. En muchos casos, es el mismo legislador el que declara expresamente en una ley particular que sus disposiciones tienen carácter de 'orden público', en el sentido que sus normas no pueden ser modificadas mediante contratos. v. sentencia de la antigua Corte Suprema de Justicia, Sala Político-Administrativa, del 22-3-1988 en *Revista de Derecho Público*, N° 34, Editorial Jurídica Venezolana, Caracas, 1988, p. 114.

258 Véase sentencias de la Corte Primera de lo Contencioso-Administrativo de 13-10-1988 en *Revista de Derecho Público*, n° 36, Editorial Jurídica Venezolana, Caracas, 1988, p. 95; de la antigua Corte Suprema de Justicia, Sala Político-Administrativa, de 1-11-1989 en *Revista de Derecho Público*, n° 40, Editorial Jurídica Venezolana, Caracas, 1989, p. 111; y de la Sala de Casación de la misma Corte Suprema de Justicia del 28-6-1995 (Exp. N° 94–172). v. la referencia en Rafael Chavero G., *El nuevo régimen del amparo constitucional en Venezuela*, Editorial Sherwood, Caracas, 2001, p. 188, nota 178. Véase igualmente otra sentencia en la materia en las pp. 214-246.

259 Véanse los casos *Pacific Greyhound Lines v. Sun Valley Bus Lines*, 70 Ariz. 65, 216 P. 2d 404, 1950; y *Goldstein v. Beal*, 317 Mass. 750, 59 N.E. 2d 712, 1945. Véase en John Bourdeau et al., "Injunctions," en Kevin Schroder, John Glenn and Maureen Placilla (Ed.), *Corpus Juris Secundum*, Vol. 43A, Thomson West, 2004, p. 329.

Por ejemplo, en Venezuela, en cuanto a esta excepción a la regla de la improcedencia de la acción de amparo por haberse vencido el plazo de seis meses para intentar la acción, se ha argumentado que no se aplica en los casos de una cadena de eventos (hechos continuados o permanentes) que debido a su constancia y reincidencia, permitan presumir que el agraviado está actualmente amenazado por los hechos repetidos, de los cuales no se puede producir consentimiento.[260]

Otras excepciones al consentimiento tácito se refieren a casos en los cuales existen situaciones de hecho que implican la imposibilidad de intentar la acción. Por ejemplo, en Honduras, está expresamente dispuesto que la acción puede intentarse luego que se haya agotado el término, cuando la imposibilidad de intentarla se pueda comprobar debidamente (art. 46,3); y en sentido similar, la ley uruguaya también dispone la excepción para los casos en los cuales el agraviado ha estado impedido de intentar la acción por "justa causa" (art. 4).

En México, particularmente respecto del amparo contra las leyes, la Ley de amparo prescribe que la acción no solo puede intentarse contra la ley sino que también puede intentarse cuando se haya agotado el plazo, contra el primer acto en aplicación de la misma; de manera que la regla del consentimiento tácito aplica en este caso solo cuando este acto no haya sido impugnado (art. 61.X).[261]

En Venezuela, la Ley Orgánica de Amparo de 1988 también regula algunas excepciones a la regla del consentimiento tácito, cuando la acción de amparo sea intenta conjuntamente con otra acción de nulidad, caso en el cual no se aplica el término general de seis meses previsto para la interposición de la acción. Esta es la regla en caso de daños o amenazas producidos por actos administrativos u omisiones de la Administración cuando la acción de amparo se intenta conjuntamente con la acción de nulidad de los actos administrativos o contra las omisiones administrativas.[262]

6   *El carácter reparable de los daños y el carácter restablecedor del proceso de amparo.*

Como antes se dijo, el daño infligido a los derechos constitucionales que justifica la interposición de una acción de amparo, además de las condiciones antes analizadas, debe cumplir dos otras condiciones, dependiendo de si se trata de daños o amenazas de daño.

Si se trata de un daño infligido a los derechos de las personas, debe tratarse de un daño reparable, teniendo por objeto el proceso de amparo el restablecimiento del disfrute del derecho. De allí su carácter restaurador. Pero si se trata de amenaza de

---

260 Véase sentencia del 22-10-1990, caso *María Cambra de Pulgar*, en *Revista de Derecho Público*, nº 44, Editorial Jurídica Venezolana, Caracas, 1990, pp. 143–144.

261 Véase Eduardo Ferrer Mac-Gregor, *La acción constitucional de amparo en México y España*, Editorial Porrúa, México, 2002, p. 391; Richard D. Baker, *Judicial Review in México. A Study of the Amparo Suit*, University of Austin Press, Austin, 1971, p. 172.

262 En sentido similar, la regla del consentimiento tácito tampoco es aplicable en caso de actos u omisiones administrativas cuando la acción de amparo es intentada junto con la acción de nulidad contra actos u omisiones administrativas. En este caso, debido a la pretensión constitucional, como lo estableció la derogada Ley Orgánica de 1988, la acción de nulidad podía intentarse en cualquier momento (art. 5).

daño ocasionada al derecho, la misma debe ser inminente, estando el amparo dirigido a prevenir o impedir que la violación ocurra, teniendo el proceso en este caso, el mismo un carácter preventivo.

A.   El carácter restaurador del proceso amparo en relación con los daños

En efecto, en caso de daños, el procedimiento de amparo tiene por objeto restablecer al agraviado en el goce del derecho lesionado, restableciendo la situación que existía para cuando el derecho fue lesionado, eliminando o suspendiendo, si fuese necesario, el acto o hecho perjudicial.

En este sentido, la acción de amparo también tiene similitudes con las *injunctions* reparadoras en los Estados Unidos, las cuales procuran eliminar los efectos de un ilícito cometido o conminar al agraviante a iniciar acciones dirigidas a corregir esos efectos lesivos.[263]

Sin embargo, en algunas situaciones, debido a la naturaleza efectiva del daño infligido, los efectos restauradores no pueden obtenerse, en cuyo caso, la decisión de amparo debe tender a colocar los derechos del accionante en la situación más cerca o más similar a la que existía antes de que se produjo la lesión.[264]

B   .La condición específica del daño: su carácter reparable

Debido al carácter restaurador del amparo, la principal condición especifica que los daños deben tener para que una petición de amparo sea acordada, es que los mismos tengan un carácter reparable. Así como lo dispone, por ejemplo, la Ley

---

263 Como lo ha explicado Owen M. Fiss, para ver cómo funciona, y asumiendo por ejemplo que ha ocurrido algún ilícito, como un acto discriminatorio, el objeto de la *injunction* –concebida clásicamente como un instrumento preventivo- sería prevenir la recurrencia de la conducta dañina en el futuro (terminar con la discriminación y no volver a hacerlo). Pero en el caso *United States v. Louisiana* (380 U.S. 145, (1965)), relativo a una discriminación electoral, el magistrado Black identificó todavía otro objetivo de la *injunction*, que es la eliminación de los efectos del ilícito ejecutado (la discriminación realizada). La *injunction* reparadora –por mucho tiempo concebida por los autores del siglo XIX, como High (A *Treatise on the Law of Injunction* 3, 1873), como una imposibilidad analítica- fue por eso consagrada. Y por el mismo estilo, les fue ordenado a los funcionarios electorales no solo terminar con la discriminación en las elecciones futuras sino también dejar sin efecto una pasada elección e instalar una nueva manera de remover cualquier traza de discriminación como la que contaminó la anterior (*Bell v. Southwell*, 376 F.2de 659 (5TH Cir. 1976). Igualmente, a funcionarios públicos de un programa de vivienda se les ordenó cesar con la discriminación con base racial en su selección para la asignación de futuras viviendas, y que construyeran viviendas en áreas de habitantes blancos de manera de eliminar los efectos de una política segregacionista que derivaba de ubicar proyectos públicos de vivienda solo en las áreas de habitantes negros de la ciudad (*Hills v. Gautreaux*, 425 U.S. 284 (1976)). Véase en Owen M. Fiss, *The Civil Rights Injunction*, Indiana University Press, 1978, pp.7–10.

264 En este sentido, la antigua Corte Suprema de Justicia venezolana expresó que "una de las principales características de la acción de amparo es el ser un medio judicial restablecedor, cuya misión es restablecer la situación infringida o, lo que es lo mismo, colocar de nuevo al agraviado en el goce de sus derechos constitucionales lesionados. Véase la sentencia de 6-2-1996, caso *Asamblea legislativa del Estado Bolívar*, en Rafael Chavero, *El nuevo régimen del amparo constitucional en Venezuela*, Ed. Sherwood, Caracas, 2001, pp. 185, 242–243.

Orgánica de amparo en Venezuela, al prever que las acciones de amparo son improcedentes cuando "la violación del derecho o la garantía constitucional, constituya una evidente situación irreparable, no siendo posible el restablecimiento de la situación jurídica infringida o la que más se le asemeje." (art. 6.3) En estos casos, la ley define como actos que configuran situaciones irreparables mediante la acción de amparo, aquellos que "no puedan volver las cosas al estado que tenían antes de la violación" (art. 6.3).

La principal consecuencia de este carácter reparable del daño y de los efectos restauradores del proceso de amparo, es que a través de la acción de amparo no es posible crear situaciones jurídicas nuevas para el agraviado ni tampoco es posible modificar las actuales.[265].

En este sentido, por ejemplo, la Sala Constitucional del Tribunal Supremo de Justicia negó una solicitud de asilo a un accionante, formulada mediante una acción de amparo, porque lo que éste buscaba con la misma era más bien obtener la ciudadanía venezolana sin cumplir las condiciones y procedimientos administrativos establecidos. La Sala declaró en ese caso que la acción había sido "interpuesta a fin de que esta Sala dicte mandamiento de amparo, consistente en la legalización del actor [...] lo cual se traduciría en la constitución o creación de un status civil y jurídico que no ostentaba el solicitante antes de la interposición de la presente acción de amparo constitucional."[266]

Por consiguiente, en relación con daños, los efectos restablecedores de los procedimientos de amparo imponen la necesidad de que el daño tenga un carácter reparable para que los tribunales puedan restablecer las cosas al estado o situación que tenían para el momento del daño, eliminando el hecho o acto lesivo impugnado. Por el contrario, cuando la violación a un derecho constitucional resulta tener un carácter irreparable, la acción de amparo es inadmisible.

Esto es congruente con el objetivo principal del proceso de amparo tal como se dispone, por ejemplo, en el artículo 29 de la Constitución venezolana y el artículo 1 de la Ley de amparo, en el sentido de que el mismo procura que se "restablezca

---

265 Véase las sentencias de la antigua Corte Suprema de Justicia, Sala Político-Administrativa del 27-10-1993, caso *Ana Drossos,* y de 4-11-1993, caso *Partido Convergencia*, en *Revista de Derecho Público*, nº 55–56, Editorial Jurídica Venezolana, Caracas, 1993, p. 340.

266 Véase la sentencia de 20-1-2000, caso *Domingo Ramírez Monja*, en Rafael Chavero, *El nuevo régimen del amparo constitucional en Venezuela*, Ed. Sherwood, Caracas, 2001, p. 244. En otra sentencia dictada el 21-4-1999, caso *J. C. Marín*, la antigua Corte Suprema en el mismo sentido declaró inadmisible una acción de amparo en un caso en que el accionante pedía ser designado juez de un tribunal específico o que fuese colocado en una situación jurídica que no tenía antes que el acto impugnado fuese dictado. La Corte decidió que en el caso era imposible intentar una acción de amparo con ese objetivo, declarándolo inadmisible. Para ello, la Corte argumentó sobre la característica de la acción de amparo que su "efecto restablecedor" en cuanto a la situación jurídica infringida, de manera que la misma es inadmisible cuando el restablecimiento de una situación es imposible; cuando mediante la acción el agraviado busca una compensación de los daños, ya que esta no puede sustituir los derechos lesionados; o cuando el demandante lo que pretende es que la Corte le cree un derecho o na situación que no existía antes de que se produjera el acto, hecho u omisión lesivas. Todo ello, lo que implica es la "exclusión de la posibilidad de que el amparo tenga efectos constitutivos". *Idem*, pp. 244–245.

inmediatamente la situación jurídica infringida o la situación que más se asemeje a ella."[267] En el mismo sentido, las leyes de amparo de México (art. 61.XVI) y Honduras (art. 46,5), expresamente establecen que en caso de daños infligidos a derechos constitucionales, la acción de amparo solo puede ser intentada cuando el daño es reparable y reversible; siendo la acción inadmisible cuando el acto lesivo causante del daño ya ha sido ejecutado o cuando sus efectos ya han sido agotados o consumados en forma irreparable. Es decir, las acciones de amparo no pueden ser el remedio adecuado en relación con un *fait accompli* o situaciones irreparables.

El ejemplo clásico en México sobre esta condición de admisibilidad de la acción de amparo es la situación creada por una sentencia de muerte ya ejecutada,[268] en cuyo caso sería completamente irrelevante intentar una acción de amparo. Es por eso que en México, esta condición de inadmisibilidad aplica a todos los casos cuando es material y jurídicamente imposible retornar a la parte lesionada a la posición que tenía antes de la violación[269]; o cuando en términos generales, el acto impugnado es efectivamente irreparable debido a que es físicamente imposible devolver las cosas al estado que tenían antes de la violación.[270]

Esta es también una condición general para la admisibilidad de las *injunctions* en los Estados Unidos, donde los tribunales han declarado que dado que su objeto es evitar acciones aun no tomadas, la misma no puede ser intentada para frenar una acción que ya ha sido cumplida para el momento cuando la acción se ha intentado ante los tribunales en vista de que el daño ya ha sido causado.[271]

En este mismo sentido, por ejemplo, la antigua Corte Suprema de Justicia de Venezuela declaró inadmisible una acción de amparo contra un cobro indebido de impuestos después que el impuesto fue pagado, considerando que en tal caso no era

---

267 Véase sentencia de la antigua Corte Primera de lo Contencioso-Administrativo venezolana de 14-1-1992, en *Revista de Derecho Público*, Nº 49, Editorial Jurídica Venezolana, Caracas, 1992, p. 130; y sentencia de la antigua Corte Suprema de Justicia, Sala Político-Administrativa de 4-3-1993 en *Revista de Derecho Público*, Nº 53-54, Editorial Jurídica Venezolana, Caracas, 1993, p. 260.

268 Tesis 32, II, 90. *Jurisprudencia de la Suprema Corte.* Véase la referencia en Richard D. Baker, *Judicial Review in México. A Study of the Amparo Suit*, University of Austin Press, Austin, 1971, p. 95, note 11.

269 *Idem*, p. 96.

270 Tesis "Actos consumados de modo irreparable," *Apéndice al Semanario Judicial de la federación 1917-1988*, Segunda Parte, Salas y Tesis Comunes, pp. 106–107. Véase en Eduardo Ferrer Mac-Gregor, *La acción constitucional de amparo en México y España*, Edit. Porrúa, México, 2002, p. 388, notas 232–233.

271 "No hay causa para decretar una *injunction* a menos que el ilícito alegado esté actualmente ocurriendo, amenace de hecho o se espere con razonable probabilidad. Un tribunal no puede restringir un acto después que se ha realizado. Un acto que ha sido realizado de tal forma que ya no presente una controversia judicial, no da pie para el decreto de una *injunction*." Véase los casos *County of Chesterfield v. Windy Hill, Ltd.*, 263 Va. 197, 559 S.E. 2d 627 (2002); *Kay v. David Douglas School Dist.* n° 40, 303 Or. 574, 738 P 2d 1389, 40 Ed. Law Rep. 1027 (1987); *Exparte Connors*, 855 So. 2d 486 (Ala. 2003); *Patterson v. Council on Probate Judicial Conduct*, 215 Conn. 553, 577 A. 2d 701 (1990), en John Bourdeau *et al*, "Injunctions," en Kevin Schroder, John Glenn, Maureen Placilla (Editors), *Corpus Juris Secundum*, Vol. 43A, Thomson West, 2004, p. 73.

posible restablecer la situación infringida.[272] También en relación con los derechos de maternidad de las mujeres, los tribunales venezolanos han declarado inadmisible la acción de amparo que procura la protección de los derechos del permiso de maternidad después del nacimiento del niño, declarando que era imposible para la actora el ser restablecida en el derecho presuntamente violado de disfrutar el permiso de maternidad durante seis meses antes y después del parto, porque al decidir se estaba en presencia de una situación irremediable que no podía ser restablecida debido al hecho de que era imposible devolver el tiempo pasado.[273]

En otros casos, la misma antigua Corte Suprema de Justicia consideró inadmisible acciones de amparo cuando la única manera de restablecer la situación jurídica infringida era mediante la declaración de nulidad de un acto administrativo, lo cual el juez de amparo —cuando el amparo contra actos administrativos se intente ante un juez civil— no puede hacer.[274]

Estas tendencias generales acerca del carácter reparable de los daños y los efectos restauradores o restablecedores del proceso de amparo pueden ser consideradas las tendencias generales de las leyes de amparo en Latinoamérica.

Como antes se dijo, está el caso de México, donde el artículo 61.XVI de la Ley de amparo prescribe que el amparo es inadmisible contra actos decididos en un procedimiento judicial o administrativo cuando las infracciones reclamadas (debido al cambio de la situación jurídica) han ocurrido de manera irreparable. Es también la tendencia general en Colombia donde la ley de tutela dispone que la acción sea inadmisible "Cuando sea evidente que la violación del derecho originó un daño consumado, salvo cuando continúe la acción u omisión violatoria del derecho" (art. 6.4).

De estas regulaciones se puede sostener, en conclusión, que el proceso de amparo tiene naturaleza esencialmente restablecedora, lo que implica que el daño ilegítimo puede ser detenido o modificado a fin de que la situación del accionante sea restablecida por una orden judicial; o si el daño tiene efectos continuos, para lograr su suspensión. Sobre esos efectos ya cumplidos, la naturaleza restauradora del amparo implica la posibilidad de retrotraer las cosas al estado que tenían antes que el daño se iniciara. Por consiguiente, lo que el juez de amparo no puede hacer es crear situaciones que eran inexistentes para el momento de la interposición de la acción; o corregir los daños infringidos a derechos cuando ya es muy tarde para hacerlo.[275]

---

272 Véase la sentencia de la antigua Corte Suprema de Justicia, Sala Político-Administrativa del 21-3-1988 en *Revista de Derecho Público*, n° 34, Editorial Jurídica Venezolana, Caracas 1988, p. 114.

273 Véase sentencia de la antigua Corte Primera de lo Contencioso-Administrativo del 17-9-1989, en *Revista de Derecho Público*, n° 40, Editorial Jurídica Venezolana, Caracas 1989, p. 111.

274 Véase sentencia de la antigua Corte Suprema de Justicia, Sala Político-Administrativa de 1-11-1990, en *Revista de Derecho Público*, n° 44, Editorial Jurídica Venezolana, Caracas, 1990, pp. 152–153. Igualmente sentencia de la antigua Corte Primera de lo Contencioso-Administrativo de 10-9-1992 en la *Revista de Derecho Público*, n° 51, Editorial Jurídica Venezolana, Caracas 1992, p. 155.

275 Como lo decidió la antigua Corte Primera de lo Contencioso-Administrativo en relación con una orden municipal para la demolición de un edificio, en el sentido de que si la demolición

A este respecto, por ejemplo, refiriéndose al derecho a la protección de la salud, la antigua Corte Suprema de Justicia venezolana, en un caso relativo a la protección de la salud, consideró que el amparo era el medio judicial adecuado, porque el juez "podía ordenar a la autoridad competente que asumiera precisas conductas para el tratamiento médico del agraviado." En el caso, con la demanda de amparo, el agraviante buscaba tener un particular y adecuado tratamiento a su salud, que podía obtenerse vía la acción de amparo que buscaba restablecer su derecho lesionado. En el caso, dijo la Corte, la demandante no estaba buscando que se le reestableciera su salud al estado que antes tenía, sino a tener un particular tratamiento de salud, lo que consideró perfectamente válido"[276]

En el Perú, el Código Procesal Constitucional, también prescribe que la acción de amparo -así como todos los procesos constitucionales-, son inadmisibles cuando al momento de su interposición, la violación a los derechos constitucionales se han convertido en irreparables (art. 5,5).

7. *El carácter preventivo del proceso de amparo contra las amenazas de carácter inminente*

El proceso de amparo no es solo un medio judicial que procura el restablecimiento de los derechos constitucionales lesionados, sino que es también un medio judicial instituido para la tutela de dichos derechos en contra de las amenazas ilegítimas que los violan.

En estos casos, el proceso de amparo tiene un carácter preventivo -en el sentido de evitar un daño-, similar a las *injunctions* preventivas de los derechos civiles en los Estados Unidos que procuran "prohibir la ocurrencia de algún acto, o serie de ellos, en el futuro,"[277] y que están diseñadas "para evitar un futuro daño a una persona a través de la prohibición u orden de cumplir una determinada conducta por parte de otra persona."[278]

Sería absurdo que la persona afectada, teniendo pleno conocimiento de la ocurrencia próxima de un daño, esperase pacientemente a que el acto dañino se produjese, con todas sus consecuencias, para intentar la acción de amparo. Por el contrario, la persona tiene derecho a accionar en procura de una orden judicial que prohíba el acto a cumplirse, evitando así la ocurrencia del daño.

---

ya estaba ejecutada, el juez de amparo no podía decidir el caso por el carácter irreparable del daño. Véase sentencia de 1-1-1999, caso *B. Gómez*, en Rafael Chavero, *El nuevo régimen del amparo constitucional en Venezuela*, Ed. Sherwood, Caracas 2001, p 242. La Corte Primera también declaró en un caso decidido el 4-2-1999, caso *C. Negrín*, con respecto a un concurso de cátedra en una universidad pública que lo que pretendía la parte agraviada era que se la inscribiera en el mencionado concurso de cátedra (Farmacología en la Escuela de Medicina), lo que al tiempo de decidir era imposible pues el lapso para ello había terminad un año antes, por lo que el daño producido debía ser considerado irreparable mediante la acción de amparo. *Idem*, p. 243.

276 Véase la sentencia de 3-3-1990 en *Revista de Derecho Público*, N° 42, Editorial Jurídica Venezolana, Caracas 1990, p. 107.

277 Véase Owen M. Fiss, *The Civil Rights Injunction*, Indiana University Press, 1978, p. 7.

278 Véase William M. Tabb and Elaine W. Shoben, Remedies, Thompson West, 2005, p. 22.

La principal condición para esta posibilidad de intentar acciones de amparo contra amenazas a derechos constitucionales –como lo prevén expresamente las leyes de amparo nicaragüense (arts. 51, 57, 79), peruana (art. 2) y venezolana (art. 2; 6,2)- es que ellas deben ser reales, ciertas, inmediatas, inminentes, posibles y factibles.

Por otra parte, existen algunos derechos constitucionales que en general lo que necesitan es esencial y precisamente la protección contra las amenazas, como el derecho a la vida, por ejemplo, en casos de amenazas inminentes de muerte, porque de lo contario tanto el derecho como la protección perderían todo sentido. En este caso, la única manera de garantizar el derecho a la vida es evitando que se materialicen las amenazas de muerte, por ejemplo, mediante la efectiva protección policial de la persona.

Ahora bien, si la condición principal específica para la admisibilidad del amparo contra daños a derechos constitucionales es su carácter reparador o restablecedor; respecto de las amenazas, la condición principal específica es que ellas han de ser de carácter inminente.

Esta condición está también expresamente establecida en las leyes de amparo, por ejemplo, de República Dominicana (art. 91), Nicaragua (arts. 51, 57, 79) Perú (art. 2) y Venezuela (arts. 6..2), que disponen que para intentar una acción de amparo contra amenazas, éstas han de ser no solo reales, ciertas, posibles y factibles, sino que además, deben tener un carácter de inmediatez e inminencia que causen temor a las personas o el sentimiento de peligro respecto de sus derechos. Por el contrario, si el caso se refiere a situaciones en las cuales ya hay un daño causado, y el hecho ya se ha cumplido, ya ninguna amenaza es posible.[279]

En consecuencia, para intentar una acción de amparo contra una amenaza, ésta debe consistir en un potencial daño o violación, que debe ser inminente en el sentido de que puede ocurrir pronto; siendo esta misma regla (la del carácter de inminencia de la amenaza) aplicada en los Estados Unidos como condición esencial para autorizar *injunctions* preventivas. Esto significa que los tribunales deben dictar

---

279   Con respecto a esta condición, por ejemplo, la Corte Constitucional de Colombia ha dicho que: "La amenaza a un derecho constitucional fundamental tiene múltiples expresiones: puede estar referida a las circunstancias específicas de una persona respecto al ejercicio de aquel; a la existencia de signos positivos e inequívocos sobre el designio adoptado por un sujeto capaz de ejecutar actos que configuren la violación del derecho; o estar representada en el desafío de alguien (tentativa), con repercusión directa sobre el derecho de que se trata; también puede estar constituida por actos no deliberados pero que, atendiendo a sus características, llevan al juez de tutela al convencimiento de que si él no actúa mediante una orden, impidiendo que tal comportamiento continúe, se producirá la violación del derecho; igualmente pueden corresponder a una omisión de la autoridad cuya prolongación en el tiempo permite que aparezca o se acreciente un riesgo; también es factible que se configure por la existencia de una norma - autorización o mandato- contraria a la preceptiva constitucional, cuya aplicación efectiva en el caso concreto sería en sí misma un ataque o un desconocimiento de los derechos fundamentales." Véase la referencia a la decisión T-349 del 27-8-1993 en Rafael Chavero, *El nuevo régimen del amparo constitucional en Venezuela*, Ed. Sherwood, Caracas, 2001, pp. 238–239. En el mismo sentido, véase la sentencia de la antigua Corte Primera de lo Contencioso-Administrativo venezolana de 16-7-1992, en *Revista de Derecho Público*, nº 51, Editorial Jurídica Venezolana, Caracas 1992, p. 155.

injunctions solo cuando la amenaza sea inminente, prohibiendo futuras acciones; y no cuando la amenaza sea considerada remota, potencial o especulativa.[280]

En el mismo sentido que los amparos en los países latinoamericanos, las *injunctions* en los Estados Unidos no pueden ser dictadas "para simplemente aliviar temores y aprehensiones o para calmar las ansiedades de las personas, puesto que tales temores y aprehensiones pueden existir sin razones sustanciales y ser absolutamente infundadas o especulativas."[281] Las *injunctions*, al igual que el amparo, son recursos extraordinarios "diseñados para prevenir un daño serio y no han de ser utilizadas para proteger una persona de meras inconveniencias o de daños especulativos o insustanciales."[282]

Esta condición, como se dijo, también está establecida generalmente en las leyes de amparo latinoamericanas. Por ejemplo, en Venezuela, de acuerdo con la Ley de Amparo las amenazas que pueden ser controladas mediante las acciones de amparo deben ser inmediata (art. 6.2), de manera que la acción de amparo es improcedente cuando la amenaza o violación de un derecho constitucional ha cesado o terminado (art. 6.1) o cuando la amenaza contra un derecho o garantía constitucional no es "inmediata, posible y realizable" (art. 6.2).[283]

---

280   En el caso *Reserve Mining Co. v. Environmental Protection Agency* 513 F.2d, 492 (8th Cir 1975), el tribunal de circuito no dictó la *injunction* solicitada para que se ordenara a la Reserve Mining Company que cesara la descarga de desechos de su planta procesadora de hierro mineral, en Silver Bay, Minnesota, por afectar el medio ambiente de Silver Bay y a las aguas del Lake Superior, porque aun cuando el accionante ha demostrado que las descargas dan origen a una "amenaza potencial a la salud pública ... ningún daño que haya ocurrido a la salud pública a la fecha se ha demostrado y el peligro a la salud no es inminente. La evidencia reclama medidas de prevención y cautela. No existe razón alguna que requiera que Reserve corte sus operaciones de inmediato." Véase los comentarios en Owen M. Fiss and Doug Rendelman, *Injunctions,* The Foundation Press, Mineola, New York, 1984, pp. 116 ff. En otro caso, muy citado, *Fletcher v. Bealey*, 28 Ch. 688 (1885), se hace referencia a depósitos de desechos del demandado en terrenos del accionante y el juez declaró que, dado que la acción es interpuesta para prevenir daños continuos bajo una acción *quia-timet*, dos ingredientes son necesarios: "Si ningún daño presente es demostrado, debe haber prueba de un peligro inminente y también debe haber prueba de que el daño temido, si acaece, será muy sustancial. Casi debería decir que debe ser demostrado que el daño será irreparable porque si no se prueba que el peligro es tan inminente (como para que nadie dude de que si se demora la medida el daño ocurrirá), pienso que debe demostrarse que de ocurrir el daño, efectivamente y en cualquier momento, será de tal modo y bajo tales circunstancias que será imposible para el accionante protegerse contra el mismo si la medida le es negada en una acción quia timet." Véase la referencia en *Idem*, pp. 110–111.

281   Véase casos *Callis, Papa, Jackstadt & Halloran, P.C. v. Norkolk and Western Ry. Co.*, 195 Ill. 2d 356, 254 Ill. Dec. 707, 748 N. E.2d 153 (2001); *Frey v. DeCordova Bend Estates Owners Ass'n*, 647 S.W2d 246 (Tex. 1983); *Ormco Corp. v. Johns*, 19 I.E.R. Cas. (BNA), 1714, 148 Lab. Cas. (CCH), 59741, 2003 WL 2007816 (Ala. 2003), en John Bordeau et al., "Injunctions," en Kevin Schroder, John Glenn and Maureen Placilla (Editors), *Corpus Juris Secundum*, Vol. 43A, Thomson West, 2004, p. 57.

282   Véase el caso *Kucera v. State, Dept. of Transp.*, 140 Wash. 2d 200, 955 O.2d 63 (200)), *Idem*, pp. 57–58.

283   Véase sentencias de la antigua Corte Suprema de Justicia, Sala Político-Administrativa de 9-6-1988 en *Revista de Derecho Público*, N° 35, Editorial Jurídica Venezolana, Caracas, 1988,

En un sentido similar, la Sala Constitucional de la Corte Suprema de Costa Rica ha establecido que "el amparo contra amenazas en relación con derechos fundamentales sólo puede acordarse si la amenaza es cierta, real, efectiva e inminente (Art. 29, Ley); en consecuencia, esos probables perjuicios que no son capaces de ser objetivamente captados no pueden ser protegidos mediante amparo."[284]

En el mismo sentido y respecto del carácter inminente de la amenaza, los tribunales en México han declarado que ésta debe ser suficientemente demostrada como una amenaza que está a punto de ocurrir, debido a que, por ejemplo, algunos actos ya se han realizado o debido a que se puede considerar que algunos actos ocurrirán como consecuencia ineludible de hechos anteriores (que han sido asimismo también demostrados).[285] Esto distingue las acciones inminentes de aquellas que ya ocurrieron o de aquellas que, a lo mejor, ocurrirán en el futuro.

La constitución ecuatoriana, en relación con la admisibilidad de la acción de amparo, también prescribe respecto del carácter "inminente" de la amenaza, que la misma esté a punto de producirse en el próximo futuro como un verdadero daño potencial y no como mera conjetura. Adicionalmente, el daño debe ser concreto y real y el accionante debe demostrar cómo afecta sus derechos (art. 95).[286]

La inminencia del daño debe ser cierta, de allí que, por ejemplo, los tribunales mexicanos han declarado que, en concreto, la sola posibilidad de que las autoridades puedan utilizar sus facultades de investigación y control ante el accionante no puede ser fundamento suficiente para intentar la acción de amparo.[287] En este mismo sentido, la ley de *tutela* en Colombia se refiere a los casos en los cuales "no se encuentra amenazado un derecho constitucional" prescribiendo que "se entenderá que no se encuentra amenazado un derecho constitucional fundamental por el sólo hecho de que se abra una averiguación administrativa por la autoridad competente

p. 114 y de 14-8-1992 en *Revista de Derecho Público*, Nº 51, Editorial Jurídica Venezolana, Caracas, 1992, pp. 158–159; y la sentencia de la antigua Corte Primera de lo Contencioso-Administrativo de 30-6-1988, en *Revista de Derecho Público*, nº 35, Editorial Jurídica Venezolana, Caracas 1988, p. 115. Estas condiciones generales se han considerado como concurrentes cuando se refieren a la tutela constitucional ante daños que alguien pronto infligirá en los derechos de otra persona. Véase sentencia de la antigua Corte Suprema de Justicia, Sala Político-Administrativa de 24-6-1993 en *Revista de Derecho Público*, Nº 55–56, Editorial Jurídica Venezolana, Caracas 1993, p. 289; y de 22-3-1995, caso *La Reintegradora*, en Rafael Chavero, *El nuevo régimen del amparo constitucional en Venezuela*, Ed. Sherwood, Caracas 2001, p. 239.

284 Véase Voto 295-93, en Rubén Hernández Valle, *Derecho Procesal constitucional*, Editorial Juricentro, San José 2001, p. 222.

285 Véase Joaquín Brage Camazano, *La Jurisdicción Constitucional de la Libertad. Teoría general, Argentina, México, Corte Interamericana de Derechos Humanos*, Ed. Porrúa, México 2005, pp. 171–173.

286 Véase Hernán Salgado Pesantes, *Manual de Justicia Constitucional Ecuatoriana*, Corporación Editora Nacional, Quito 2004, p. 80.

287 Véase en *Semanario Judicial de la Federación*, Tomo I, Segunda parte-2, p. 697. Véase la referencia en Joaquín Brage Camazano, *La Jurisdicción Constitucional de la Libertad. Teoría general, Argentina, México, Corte Interamericana de Derechos Humanos*, Ed. Porrúa, México 2005, p. 173, nota 269.

con sujeción al procedimiento correspondiente regulado por la ley" (decreto 306-92, art. 3).

En el mismo sentido, la antigua Corte Suprema de Justicia de Venezuela declaró en 1.989 que "la apertura de un procedimiento administrativo de averiguación disciplinaria no es suficiente para justificar la protección de la parte mediante el proceso de amparo, más aún cuando dicho procedimiento, en el cual todos los necesarios medios de defensa se pueden ejercer, puede concluir en una decisión descartando alguna incriminación contra la parte con la consecuente terminación del procedimiento disciplinario, sin sanción alguna contra la parte."[288]

Los criterios del carácter inminente de la amenaza a los derechos constitucionales para la admisión de la acción de amparo condujo también a la antigua Corte Suprema de Justicia de Venezuela a rechazar el proceso de amparo contra las leyes, argumentando que una ley o norma legal no puede originar, por sí misma, una amenaza posible, inminente y factible.[289] No obstante, la Corte ha considerado que el accionante podía siempre intentar la acción de amparo contra el funcionario público que debía aplicar la ley, procurando una prohibición judicial dirigida a ese funcionario público conminándole a no aplicar la norma impugnada."[290]

VIII. SENTIDO Y ALCANCE DE LA PROTECCIÓN CONSTITUCIONAL (LA SENTENCIA DE AMPARO)

1. *Las condiciones generales de la decisión judicial de protección constitucional*

El objetico del proceso de amparo, para la parte agraviada, es conseguir la protección judicial -amparo, tutela, protección- reclamada para sus derechos constitucionales ilegítimamente lesionados o amenazados por la parte agraviante.

Por consiguiente, el resultado final del proceso, caracterizado por su naturaleza bilateral que impone la necesidad de que los accionados tengan el derecho a participar y ser oídos,[291] es una decisión judicial formal u orden dictada por el tribunal para la protección de los derechos amenazados o la restitución del disfrute del derecho lesionado, la cual puede consistir, por ejemplo, en una decisión ordenando o previ-

---

288 Véase sentencia de la antigua Corte Suprema de Justicia, Sala Político-Administrativa de 26-10-1989, caso *Gisela Parra Mejía*, en Rafael Chavero, *El nuevo régimen del amparo constitucional en Venezuela*, Ed. Sherwood, Caracas, 2001, pp. 191, 241.

289 Véase sentencia de 24-5-1993, de la Sala Político-Administrativa de la antigua Corte Suprema en *Revista de Derecho Público*, N° 55-56, Editorial Jurídica Venezolana, Caracas 1993, pp. 289–290.

290 *Idem*, p. 290.

291 De manera similar, respecto de las *injunctions* definitivas, éstas solo pueden declararse si se libra compulsa de la demanda y se ha hecho citación del accionado. Véase por ejemplo, los casos: *U.S. v. Crusco*, 464 F.2d 1060, Cir. 1972; *Murphy v. Washington American League Baseball Club, Inc.*, 324 F2d. 394, D.C. Cir. 1963, en John Bourdeau *et al.*, "Injunctions," en Kevin Schroder, John Glenn and Maureen Placilla, *Corpus Juris Secundum*, Volumen 43A, Thomson West, 2004, p. 339.

niendo una actuación o en una orden de hacer, no hacer o deshacer alguna acción.[292] Esto quiere decir que el mandamiento de amparo, como la *injunction* norteamericana,[293] es un decreto judicial de protección judicial de los derechos fundamentales.

En su emisión, la función del tribunal de amparo es, por una parte, la de impedir al agraviante infligir más daños al accionante, teniendo la sentencia es ese caso, carácter prohibitivo u obligatorio; o, por otra parte, la de corregir la situación presente mediante la cesación de los efectos del ilícito cometido.[294]

Es por eso que la orden judicial de amparo en Latinoamérica, aun sin la distinción entre recursos del "*Equity*" y recursos del "*Law*", es muy similar en sus objetivos y efectos no solo respecto de la *injunction* de los Estados Unidos sino que también respecto de los otros recursos del *Equity* y los recursos extraordinarios fuera del *Equity* como el *mandamus y prohibition* y los recursos legales declarativos.

De acuerdo a lo anterior, por tanto, en particular, el mandamiento u orden de amparo puede ser, primero, de carácter prohibitivo, similar a las *injunctions* prohibitivas decretadas para restringir una acción, para impedir determinados actos o para ordenar a una persona abstenerse de realizarlos.

Segundo, puede ser también ser una orden de carácter obligatorio, o sea, como la *injunction* obligatoria imponiendo deshacer un acto o la restauración de un *status quo*; y como el decreto norteamericano de *mandamus* emitido para forzar una acción o la ejecución de algún acto, o para ordenar a una persona realizarlo.

Tercero, la orden de amparo también puede ser similar a los norteamericanos decreto de *prohibition* o decreto de *error* cuando la orden está dirigida a un tribunal,[295] cosa que normalmente pasa con las acciones de amparo interpuestas contra decisiones judiciales.

Y cuarto, puede ser también similar al recurso declarativo por el cual los tribunales son llamados a declarar el derecho constitucional del accionante respecto de las otras partes.

Por lo tanto, en los procedimientos de amparo, los tribunales latinoamericanos tienen poderes muy amplios para proveer soluciones y efectivamente proteger dere-

---

292 En la *injunction* de los Estados Unidos, la orden puede ser ejecutiva o preventiva de virtualmente cualquier tipo de acción (*Dawkins v. Walker*, 794 So. 2d 333, Ala. 2001; *Levin v. Barish*, 505 Pa. 514, 481 A.2d 1183, 1984) o puede ordenar a alguien que deshaga un ilícito o un daño (*State Game and Fish Com'n v. Sledge*, 344 Ark. 505, 42 S.W.3d 427, 2001). Es una orden judicial demandando a una persona a hacer o abstenerse de hacer determinados actos (*Skolnick v. Altheimer & Gray*, 191 Ill 2d 214, 246 Ill. Dec. 324, 730 N.E.2d 4, 2000), por cualquier periodo de tiempo independientemente de su propósito (*Sheridan County Elec. Co-op v. Ferguson*, 124 Mont. 543, 227 P.2d 597, 1951). *Idem*, p. 19.

293 Véase caso *Nussbaum v. Hetzer*, 1, N.J. 171, 62 A. 2d 399 (1948). *Idem*, p. 19.

294 Similar a la "*injunction* preventiva" y a la "*injunction* restitutoria o indemnizatoria" en los Estados Unidos. Véase William M. Tabb y Elaine W. Shoben, *Remedies*, Thomson West, 2005, pp. 86–89; John Bourdeau *et al*., "Injunctions," en Kevin Schroder, John Glenn y Maureen Placilla, *Corpus Juris Secundum*, Volumen 43A, Thomson West, 2004, pp. 28 ss.

295 Véase William M. Tabb y Elaine W. Shoben, *Remedies*, Thomson West, 2005, pp. 86 ss. 246 ss.; y en John Bourdeau *et al*., "Injunctions," en Kevin Schroder, John Glenn y Maureen Placilla, *Corpus Juris Secundum*, Volumen 43A, Thompson West, 2004, pp. 21 ss.; 28 ss.

chos constitucionales, decretando órdenes de hacer, no hacer, restringir hacer o deshacer algo.[296] Los problemas yacen en la efectividad de las funciones judiciales y en la autonomía e independencia de los tribunales.[297]

Los contenidos de la resolución final han sido regulados en las leyes de amparo y pueden consistir, como se establece en el artículo 86 de la Constitución colombiana, en una orden dirigida a la persona "respecto de quien se solicita la tutela, [para que] actúe o se abstenga de hacerlo." En el decreto 2591 regulador de tutela se estipula, en una forma más general, que la decisión judicial debe establecer "la conducta a cumplir con el fin de hacer efectiva la tutela" (art. 29.4).[298] En sentido similar, se regula en Argentina (art. 12.b)[299]; República Dominicana (art. 89.3); Honduras (art. 63,3)[300]; México (art. 77); Nicaragua (art. 45); Paraguay (art. 578, b); Perú (art. 17, 5); Uruguay (art. 9, b)[301]; y Venezuela (art. 30),[302] donde las leyes de amparo establecen que la decisión final de amparo debe "determinar la conducta u orden a ser cumplida", teniendo en cuenta, como se establece en la Ley de Justicia Constitucional de Honduras, que el objetivo de las decisiones de los tribunales es "garantizar al agraviado en el pleno goce de sus derechos fundamentales y volver las cosas, siempre que sea posible, al estado anterior a la violación"(art. 63).

En Filipinas, el Reglamento sobre el Recurso de Amparo, art. 18, establece que "si los alegatos en la demanda son probados mediante prueba sustancial, el tribunal concederá el privilegio del recurso y tales remedios como correspondan y sean apropiados."

2. La naturaleza preventiva y restitutoria del amparo

La orden judicial de amparo puede ser de naturaleza restitutoria o preventiva. En el primer caso, puede consistir en una orden procurando el reestablecimiento de la situación jurídica del accionante al estado que tenía antes de la violación del derecho, o al estado más parecido al que tenía antes de dicha violación; y en el segundo caso, en cuanto al amparo de naturaleza preventiva, puede consistir en forzar al

---

296 Véase. Allan R. Brewer-Carías, *Instituciones Políticas y Constitucionales*, Vol., V, *Derecho y Acción de Amparo*, Editorial Jurídica Venezolana, Caracas, 1998, pp. 143 ss.

297 Contrario a lo que sucede en los Estados Unidos y Bretaña. Véase F. H. Lawson, *Remedies of English Law*, Londres, 1980, p. 175; B. Schwartz y H. W. R. Wade, *Legal control of government*, Oxford, 1978, p. 205.

298 Véase Juan Carlos Esguerra Portocarrero, *La protección constitucional del ciudadano*, Legis, Bogotá, 2004, p. 153.

299 Véase Néstor Pedro Sagüés, *Derecho procesal Constitucional*, Vol. 3, "Acción de amparo," Editorial Astrea, Buenos Aires, 1988, p. 434; Alí Joaquín Salgado, *Juicio de amparo y acción de inconstitucionalidad*, Editorial Astrea, Buenos Aires, 1987, p. 100; José Luis Iazzarini, *El juicio de amparo*, Ed. La Ley, Buenos Aires, 1987, pp. 345, 359.

300 Véase Edmundo Orellana, *La justicia constitucional en Honduras*, Universidad Nacional Autónoma de Honduras, Tegucigalpa, 1993, pp. 181, 208, 216.

301 Véase Luis Alberto Viera, *Ley de Amparo*, Ediciones Idea, Montevideo, 1993, p. 52, 207 ss.

302 Véase Rafael Chavero G. *El nuevo amparo constitucional en Venezuela*, Ed. Sherwood, Caracas, 2001, p. 185 ss., 327 ss.; Allan R. Brewer-Carías, *Instituciones Políticas y Constitucionales*, Vol. V, *Derecho y Acción de Amparo*, Editorial Jurídica Venezolana, Caracas, 1998, pp. 399 ss.

agraviante a hacer o a refrenarse de hacer determinados actos para mantener el disfrute de los derechos del accionante.

Tal como lo provee expresamente la Ley de Amparo mexicana (art. 77), respecto de los efectos positivos o negativos del acto impugnado:

> I. Cuando el acto reclamado sea de carácter positivo se restituirá al quejoso en el pleno goce del derecho violado, restableciendo las cosas al estado que guardaban antes de la violación; y

> II. Cuando el acto reclamado sea de carácter negativo o implique una omisión, obligar a la autoridad responsable a respetar el derecho de que se trate y a cumplir lo que el mismo exija."[303]

Una previsión similar está establecida en la Ley de Jurisdicción Constitucional de Costa Rica (art. 49); así como en la Ley de Amparo de Nicaragua (art. 46).

Según esto puede decirse que una de las principales características del proceso de amparo en todos los países latinoamericanos, cuando las acciones se dirigen contra perjuicios causados por conductas positivas, es su propósito restitutorio o restaurador. Como se estipula, por ejemplo, en el decreto 2591 de tutela de Colombia: "Cuando la solicitud se dirija contra una acción de la autoridad, el fallo que conceda la tutela tendrá por objeto garantizar al agraviado el pleno goce de su derecho, y volver al estado anterior a la violación, cuando fuere posible" (art. 23). Una previsión similar está establecida en las Leyes de amparo de El Salvador (art. 35), Costa Rica (art. 49) y Perú (art. 1) donde, además, el artículo 55,3 del Código Procesal Constitucional provee como uno de los contenidos de la decisión de amparo la "restitución o restablecimiento del agraviado en el pleno goce de sus derechos constitucionales ordenando que las cosas vuelvan al estado en que se encontraban antes de la violación," así como la prescripción de la conducta que ha de cumplirse para el cumplimiento efectivo de la decisión (art. 55,4).

Respecto de estos efectos de la decisión de amparo, la Ley de Amparo en Guatemala provee que en relación con el reclamante, el tribunal suspenderá la aplicación de la ley, el reglamento, la resolución o acto impugnado y, cuando fuese necesario, ordenará el restablecimiento de la situación jurídica lesionada o la terminación de la medida en cuestión (art. 49,a). Una norma similar está en Honduras (Ley de Justicia Constitucional, art. 63,2), y con mayor amplitud en la Ley de Garantías de Ecuador que habla de la orden de "reparación integral" (art. 18) por el daño material e inmaterial, mediante la cual se "procurará que la persona o personas titulares del derecho

---

303 Sobre esto en relación con el anterior artículo 80, Baker: explicó "Cuando el acto impugnado es de naturaleza positiva, el recurso de amparo tiene la forma de una *injunction* prohibitiva, más cualesquiera elementos adicionales que sean necesarios para reparar los daños ya infligidos. Esto último es para cumplirse mediante la restitución de la situación que existía antes que la Constitución fuese infringida. Cuando el acto es de naturaleza negativa, el recurso toma la forma de un decreto ordenando a la autoridad responsable cumplir positivamente con las disposiciones de la garantía constitucional infringida. En ambos casos, el objetivo de la sentencia es el de restablecer al accionante el goce pleno y libre de sus derechos constitucionales y, de acuerdo con este objetivo, la indemnización pecuniaria no resulta un remedio apropiado al amparo." Véase Richard D. Baker, *Judicial Review in México. A Study of the Amparo Suit,* University of Texas Press, Austin 1971, p. 238.

violado gocen y disfruten el derecho de la manera más adecuada posible y que se restablezca a la situación anterior a la violación," pudiendo incluir, "entre otras formas, la restitución del derecho, la compensación económica o patrimonial, la rehabilitación, la satisfacción, las garantías de que el hecho no se repita, la obligación de remitir a la autoridad competente para investigar y sancionar, las medidas de reconocimiento, las disculpas públicas, la prestación de servicios públicos, la atención de salud" (art. 18).

En Colombia, según el Decreto 2591 de tutela (art. 29,6) "cuando la violación o amenaza de violación derive de la aplicación de una norma incompatible con los derechos fundamentales, la providencia judicial que resuelva la acción interpuesta deberá además ordenar la inaplicación de la norma impugnada en el caso concreto."

Sin embargo, la decisión de amparo puede también tener un carácter protector cuando es decretada contra omisiones o acciones negativas de una autoridad pública, en cuyos casos, como lo prevé el Decreto 2591 de tutela de Colombia "cuando lo impugnado hubiere sido la denegación de un acto o una omisión, el fallo ordenará realizarlo o desarrollar la acción adecuada, para lo cual se otorgará un plazo prudencial perentorio" (art. 23). Una provisión similar está estipulada en la leyes de amparo de El Salvador (art. 35), Guatemala (art. 49,b) y Costa Rica (art. 49). En este último país, adicionalmente, está establecido que en casos en los que la acción de amparo sea interpuesta contra omisiones de las autoridades (por ejemplo la omisión de reglamentar una ley), la Sala Constitucional, en su decisión, debe determinar los elementos básicos a ser aplicados en el caso de acuerdo con los principios generales del derecho (art. 49,c); además se establece un término de dos meses para que la autoridad sancione la norma (art. 49).

Aun así, respecto de amenazas a los derechos, las decisiones de amparo pueden tener también una naturaleza preventiva, como también está previsto, por ejemplo, en la Ley de Jurisdicción Constitucional de Costa Rica (art. 49) y en el decreto 2591 de tutela de Colombia (art. 23), estableciendo respecto de la decisión de tutela que si se tratase "de una mera conducta o actuación material, o de una amenaza, se ordenará su inmediata cesación, así como evitar toda nueva violación o amenaza, perturbación o restricción."

Asimismo, en casos en los cuales, si para el momento cuando la protección de tutela es concedida el acto impugnado ha cesado en sus efectos o ya los ha producido (haciendo imposible restaurar el disfrute de sus derechos al accionante), el tribunal puede advertir terminantemente a la autoridad pública no causar otra vez las acciones u omisiones que originaron la acción de tutela (Colombia, art. 24). De modo similar se provee en el Código Procesal Constitucional de Perú (art. 1).

3. *La regla del contenido no anulatorio del amparo*

Aun siendo de carácter restitutorio, en términos generales, cuando la acción de amparo es interpuesta contra actos, particularmente actos de las autoridades (causando daños o peligros a los derechos constitucionales), el efecto inmediato de la decisión es suspender los efectos del acto impugnado respecto del accionante, no teniendo el proceso, normalmente, el propósito de anular esos actos del Estado. Tomar decisiones anulando leyes o actos administrativos es, en principio, competencia exclusiva de los tribunales de jurisdicción constitucional y de jurisdicción administrativa, y no de los jueces de amparo. Sólo cuando el amparo se intenta contra un acto administrativo ante los tribunales contencioso administrativos, como lo establece por ejemplo la Ley venezolana (art. 5), entonces en su decisión el juez si tiene poder anulatorio respecto de los actos administrativos impugnados.

Ahora bien, respecto de las leyes y específicamente aquellas autónomas, cuando una acción de amparo es interpuesta directamente contra ellas y según como lo disponen las leyes de amparo de México,[304] Guatemala[305] y Honduras,[306] el juez de amparo al dictar su decisión no tiene poder para anularlas y, en orden a proteger el derecho lesionado o amenazado, lo que puede hacer es declarar la inaplicabilidad de ellas al accionante en el caso particular. Debe hacerse la salvedad de que en México, cuando se trate de un amparo indirecto contra una norma general resuelto en segunda ocasión consecutiva, la Suprema Corte de Justicia puede hacer la declaratoria general de inconstitucionalidad (art. 231).

Particularmente y en relación con las leyes, en países donde el método concentrado de control de constitucionalidad es aplicado (como es el caso en todos los países latinoamericanos excepto Argentina), la anulación de leyes es una atribución judicial reservada a las jurisdicciones constitucionales (Cortes Supremas o Constitucionales), no siendo factible para los jueces de amparo anular leyes. Por otra parte, en países donde es aplicado el método difuso de control de constitucionalidad, los tribunales ordinarios no tienen atribución judicial para anular leyes, estando facultados solo para declarar su inconstitucionalidad y para decidir su inaplicabilidad respecto del caso particular, aplicando preferentemente la Constitución

En Costa Rica existe un sistema de control de constitucionalidad concentrado absoluto, conforme al cual se asigna a la Sala Constitucional de la Corte Suprema el poder para decidir ambas acciones: las acciones de amparo, así como las acciones procurando declarar la nulidad de leyes inconstitucionales. Aun ahí, la Ley de Jurisdicción Constitucional ha establecido que cuando el amparo es interpuesto contra una ley o cuando la Sala Constitucional determina que los actos impugnados están fundamentados en una ley, la misma no puede anular la ley en el proceso de amparo, limitándose a suspender su aplicación, solicitando al accionante que presente una petición separada para el control de la inconstitucionalidad de la ley, la cual debe ser presentada ante la misma Sala en el término de 15 días (art. 48).

En Venezuela, en relación con la facultad de todas las Salas del Tribunal Supremo para decidir casos aplicando el método difuso de control de constitucionalidad de las leyes, la ley reguladora del Tribunal Supremo provee que, en esos casos, al decidir un caso particular (incluyendo casos de amparo) las Salas deben notificar a la Sala Constitucional para que ésta, si lo estima, proceda a examinar la constitucio-

---

304 Véase Eduardo Ferrer Mac-Gregor, *La acción constitucional de amparo en México y España. Estudio de derecho comparado*, Editorial Porrúa, México, 2002, pp. 262–263; Richard D. Baker, *Judicial Review in México. A Study of the Amparo Suit*, University of Texas Press, Austin, 1971, p. 270.

305 Véase en Jorge Mario García Laguardia, *Jurisprudencia constitucional. Guatemala, Honduras, México. Una Muestra*, Guatemala, 1986, pp. 23, 24, 92, 93.

306 Véase Edmundo Orellana, *La justicia constitucional en Honduras*, Universidad Nacional Autónoma de Honduras, Tegucigalpa, 1993, pp. 208, 221.

nalidad de la ley de forma abstracta y, eventualmente, declare su nulidad (art. 5, 1,22; y 5,5).[307]

En relación con los actos administrativos, la regla general es también que las decisiones de amparo no pueden anular el acto administrativo impugnado, estando el juez de amparo facultado solamente para suspender sus efectos y aplicación al accionante. En términos generales y en estos casos, la facultad de anular actos administrativos es también exclusivamente una facultad atribuida a los tribunales de jurisdicción administrativa, como es el caso en Venezuela,[308] los cuales al tener competencia para conocer de las acciones de amparo contra los mismos (art. 5), entonces si pueden pronunciar su anulación al decretar el mandamiento de amparo.

No obstante el principio general antes indicado, algunas excepciones se pueden identificar respecto de la tendencia general en esta materia de amparo contra actos administrativos, cuando se intenta ante tribunales que no son parte de la jurisdicción contencioso administrativa, algunos países, en el caso de acciones de amparo contra actos administrativos, permiten las facultades anulatorias a los jueces de amparo.

En el caso de México donde, dado el hecho de que una de las modalidades de la acción de amparo es el amparo contra actos administrativos (de manera similar a los procedimientos contencioso-administrativos en otros países), la decisión de amparo en tales casos tiene efectos anulatorios.

Por otra parte, el Código Procesal Constitucional de Perú expresamente dispone que la decisión de amparo debe contener la "declaración de nulidad de la decisión, acto o resolución que hayan impedido el pleno ejercicio de los derechos constitucionales protegidos con determinación, en su caso, de la extensión de sus efectos" (art. 55).[309] También en Costa Rica, según el artículo 49 de la Ley de Jurisdicción Constitucional, en casos de acciones de amparo contra actos administrativos, la concesión del amparo implica los efectos anulatorios del acto administrativo impugnado.

Por otra parte, en relación con las acciones de amparo interpuestas contra decisiones judiciales, los efectos de la sentencia concediendo la protección constitucional de amparo también consisten en la anulación del acto judicial o decisión impugnada, como es el caso de Venezuela.[310]

---

307 Véase Allan R. Brewer-Carías, *Ley Orgánica del Tribunal Supremo de Justicia*, Editorial Jurídica Venezolana, Caracas, 2004, p. 40.

308 Véase Rafael Chavero G., *El nuevo amparo constitucional en Venezuela*, Ed. Sherwood, Caracas, 2001, pp. 358 ss.; Allan R. Brewer-Carías, *Instituciones Políticas y Constitucionales*, Vol. V, *Derecho y Acción de Amparo*, Editorial Jurídica Venezolana, Caracas, 1998, pp. 144; 400.

309 Véase Samuel B. Abad Yupanqui, *El proceso constitucional de amparo*, Gaceta Jurídica, Lima, 2004, p. 186.

310 Véase Rafael Chavero G., *El nuevo amparo constitucional en Venezuela*, Ed. Sherwood, Caracas, 2001, p. 511; Allan R. Brewer-Carías, "Derecho y Acción de Amparo, Vol. V, *Instituciones Políticas y Constitucionales* Editorial Jurídica Venezolana, Caracas, 1998, p. 297; Allan R. Brewer-Carías, "El problema del amparo contra sentencias o de cómo la Sala de Casación Civil remedia arbitrariedades judiciales," en *Revista de Derecho Público*, N° 34, Editorial Jurídica Venezolana, Caracas, abril-junio 1988, pp. 157–171.

4.   El carácter no indemnizatorio de la decisión de amparo

Otro aspecto que debe mencionarse respecto de las decisiones de amparo en Latinoamérica es que, en términos generales, ellas no tienen carácter indemnizatorio,[311] porque la función de los tribunales en estos procesos es sólo la protección de los derechos del accionante y no pronunciar decisiones de condena contra el agraviante, para el pago al agraviado de indemnización alguna por daños resultantes del agravio.[312] Es decir, el procedimiento de amparo es, en términos generales, un procedimiento preventivo y restitutorio, y no indemnizatorio,[313] estando los tribunales facultados para prevenir daños o restituir el goce de un derecho (como, por ejemplo, mediante la suspensión de los efectos agraviantes del acto), pero no para la condena del agraviante a pagar una indemnización.

Sin embargo, esta tendencia general también tiene algunas excepciones en algunas leyes de amparo de Latinoamérica que dan carácter indemnizatorio al proceso de amparo. Este es el caso de Bolivia,[314] Ecuador y Guatemala[315] donde los tribunales de amparo deben determinar la existencia de la responsabilidad civil y penal del agraviante, fijando el monto de los daños y perjuicios a pagar al agraviado.

En Ecuador por ejemplo, el artículo 18 de la Ley de Garantías dispone que en caso de declararse la vulneración de derechos el juez debe de ordenar la reparación integral por el daño material e inmaterial, lo que puede incluir. además de la restitución del derecho, la compensación económica o patrimonial por el daño material, lo que debe comprender, entre otras, "la compensación por la pérdida o detrimento de los ingresos de las personas afectadas, los gastos efectuados con motivo de los hechos y las consecuencias de carácter pecuniario que tengan un nexo causal con los hechos del caso. Además, el artículo 19 de la Ley, específicamente regula la reparación económica, precisando que "cuando parte de la reparación, por cualquier moti-

---

311 De manera similar a las *injunctions* de los Estados Unidos. Véase e caso *Simenstad v. Hagen*, 22 Wis. 2d 653, 126 N.W.2d 529, 1964, en John Bourdeau *et al.*, "Injunctions," in Kevin Schroder, John Glenn and Maureen Placilla, *Corpus Juris Secundum*, Volume 43A, Thomson West, 2004, p. 20.

312 Por ejemplo, en el caso de una orden administrativa ilegitima dictada por una autoridad municipal demoliendo un edificio -aun si fuese ejecutada y aun infringiendo un derecho constitucional a la propiedad-, la acción de amparo no tiene el propósito de indemnizar, siendo en este caso inadmisible particularmente dado el carácter irreparable del daño.

313 Véase José Luis Lazzarini, *El juicio de amparo*, Ed. La Ley, Buenos Aires, 1987, pp. 346–347; Néstor Pedro Sagüés, *Derecho procesal Constitucional,* Vol 3, *Acción de amparo*, Editorial Astrea Buenos Aires, 1988, p. 437; Rafael Chavero G., *El nuevo amparo constitucional en Venezuela,* Ed. Sherwood, Caracas, 2001, pp. 185, 242, 262, 326, 328; Allan R. Brewer-Carías, *Instituciones Políticas y Constitucionales,* Vol. V, *Derecho y Acción de Amparo,* Editorial Jurídica Venezolana, Caracas, 1998, p. 143.

314 En Bolivia, el artículo 57.1 de la ley, respecto del contenido de la decisión de amparo, establece que al decretar el amparo el tribunal determinará la existencia de responsabilidad civil y penal, fijando el monto de los daños y perjuicios a pagarse de acuerdo con lo establecido en el artículo 39.

315 También en Guatemala, el artículo 59 de la ley menciona los daños y perjuicios, estableciendo que cuando el tribunal en su decisión condena al pago de daños y perjuicios, el mismo debe fijar el monto o, al menos, establecer las bases para su determinación (artículo 59).

vo, implique pago en dinero al afectado o titular del derecho violado, la determinación del monto se tramitará en juicio verbal sumario ante el mismo juez, si fuere contra un particular; y en juicio contencioso administrativo si fuere contra el Estado."

En otras legislaciones, como la de Colombia y Costa Rica, los efectos indemnizatorios de la decisión de amparo son permitidos pero sólo en forma abstracta. A tal fin, en Costa Rica, el artículo 51 de la Ley de Jurisdicción Constitucional prevé que "toda resolución que acoja el recurso condenará en abstracto a la indemnización de los daños y perjuicios," correspondiendo la determinación concreta de ellos a la etapa de la ejecución de la sentencia.[316]

También en Colombia, el artículo 25 del Decreto 2591 regulador de la tutela dispone que cuando la parte agraviada no tiene otros medios y la violación de sus derechos es manifiesta, clara e indisputablemente consecuencia de una arbitrariedad, el tribunal *ex officio*, en la decisión concediendo la tutela, puede ordenar de forma abstracta la indemnización por los daños causados, siempre que ello sea necesario para asegurar el goce efectivo del derecho. Asimismo, en forma similar a lo que se prevé en la Ley costarricense, el artículo 23 de la Ley colombiana prescribe que la condena será decretada contra la entidad donde el agraviante trabaja, y contra éste solidariamente, cuando haya actuado con dolo o culpa, sin perjuicio de toda otra responsabilidad civil o penal. La determinación concreta de la indemnización corresponde a los tribunales de la jurisdicción contencioso administrativo en un procedimiento incidental que debe tener lugar dentro de los seis meses siguiente.[317]

Excepto en los casos de Bolivia, Guatemala, Colombia y Costa Rica, en todos los otros países latinoamericanos las acciones judiciales tendientes a procurar indemnización por parte del agraviante por su responsabilidad como consecuencia del agravio infligido al derecho constitucional del accionante, debe demandarse mediante un recurso judicial ordinario por separado para ese efecto ante la jurisdicción civil o

---

316 El artículo 52 de la Ley de Jurisdicción Constitucional dispone que cuando la acción de amparo es incoada contra las autoridades, la condena será declarada contra el estado o contra la entidad donde el accionado trabaja y con éste último solidariamente si ha actuado con dolo o culpa y sin excluir toda otra responsabilidad administrativa, civil o penal. También cuando el procedimiento de amparo está en curso y el acto del estado es revocado, paralizado o suspendido, el amparo será concedido solo para efectos de la correspondiente decisión que reconoce la indemnización (art. 52). En estos casos la determinación concreta será realizada por los tribunales de jurisdicción administrativa. En casos donde la acción de amparo es incoada contra individuos, el artículo 53 de dicha ley dispone que, al conceder el amparo, el tribunal debe también condenar la persona o entidad responsable a pagar los daños y perjuicios; la determinación de los cuales se realizará en la ejecución judicial civil de la decisión. Véase Rubén Hernández, *Derecho Procesal Constitucional*, Editorial Juricentro, San José 2001, p. 268; José Luis Villalobos, "El recurso de amparo en Costa Rica," en Humberto Nogueira Alcalá (Editor), *Acciones constitucionales de amparo y protección: realidad y perspectivas en Chile y América Latina*, Editorial Universidad de Talca, Talca, 2000, p. 229.

317 Véase Juan Carlos Esguerra Portocarrero, *La protección constitucional del ciudadano*, Legis, Bogotá, 2004, p. 155. También cuando el procedimiento de amparo está en curso y el acto del Estado es revocado, paralizado o suspendido, la tutela será concedida solo para efectos de la correspondiente decisión reconociendo la indemnización (art. 26).

administrativa. Esto se dispone en las leyes de amparo de El Salvador (art. 35); Panamá (art. 2.627) y es también el caso de Venezuela.

5. El pago de las costas procesales

Finalmente y con relación con las consecuencias económicas de la demanda de amparo, en las leyes latinoamericanas, en general, tal como se prevé en Argentina (art. 14); Colombia (art. 25); Costa Rica (arts. 51, 53); El Salvador (art. 35); Guatemala (arts. 44, 45, 100); Honduras (art. 105); Paraguay (art. 587) y Perú (art. 56), la parte contra quien se dirige la decisión debe pagar las costas del proceso.

En Venezuela se buscó aplicar el mismo principio con ocasión de la fallida reforma de la Ley Orgánica de 2014, al haber querido eliminarse la previsión de la Ley vigente que reduce el pago de costas procesales a los procesos de amparo interpuestos contra individuos, excluyendo dicho pago de los procesos de amparo contra las autoridades públicas (art. 33, Ley de 1988).

6. Los efectos de la sentencia de amparo

Otro aspecto importante de las decisiones definitivas de amparo está relacionado con sus efectos. Primero, en relación con su alcance, sobre si son de efectos generales o de efectos *inter partes*; segundo, en relación con los efectos de lo decidido, y su valor o no de *res iudicata* o *cosa juzgada;* y tercero, sobre el carácter obligatorio de la sentencia y sus consecuencias.

A. El efecto inter partes y sus excepciones

La regla general respecto de los efectos de las decisiones judiciales de amparo es que ellas solamente tienen efectos *inter partes*, es decir, solamente tienen efectos entre las partes del proceso (el accionante, el accionado y terceros coadyuvantes) y aquellos que han participado en el proceso. Esto está expresamente estipulado en las leyes mexicanas[318] y nicaragüenses (art. 44) de amparo.

Es decir, en forma similar a las *injunctions* en los Estados Unidos,[319] las decisiones de amparo en Latinoamérica solo tienen efectos vinculantes respecto de las partes del proceso y solo respecto de la controversia; siendo esta la consecuencia más importante del carácter individual del amparo como una acción principalmente diseñada para la protección de derechos y garantías constitucionales personales.[320]

---

318 El artículo 76 de la Ley de Amparo establece que "Las sentencias que se pronuncien en los juicios de amparo sólo se ocuparán de los individuos particulares o de las personas morales, privadas u oficiales que lo hubiesen solicitado, limitándose a ampararlos y protegerlos, si procediere, en el caso especial sobre el que verse la demanda, sin hacer una declaración general respecto de la ley o acto que la motivare."

319 Véase el caso *ESP Fidelity Corp. v. Department of Housing & Urban Development*, 512 F.2d 887, (9th Cir. 1975), en John Bourdeau *et al.*, "Injunctions," en Kevin Schroder, John Glenn and Maureen Placilla, *Corpus Juris Secundum*, Volume 43A, Thomson West, 2004, pp. 414.

320 Las regulaciones venezolanas pueden destacarse en este aspecto. En principio, las decisiones de la corte han sido constantes en otorgar a las acciones de amparo un carácter individual donde la legitimidad corresponde al individuo directamente afectado por la violación del derecho o garantía constitucional. Véase por ejemplo, la decisión de la Sala Constitucional del

La única excepción a este principio en los Estados Unidos son las sentencias sobre cuestiones constitucionales cuando son decididas por la Corte Suprema, en cuyo caso y debido a la doctrina del precedente o *stare decisis*, todos los tribunales están obligados a aplicar la misma regla constitucional en casos donde se planteen controversias similares.[321]

La misma regla existe en algunos países latinoamericanos como, por ejemplo, cuando la Corte Suprema de México sienta una "jurisprudencia," o como sucede en los casos relativos a interpretaciones constitucionales por parte de las Cortes Supremas o Constitucionales, a las cuales se le ha conferido efectos erga omnes e incluso vinculantes. Este es el caso de Venezuela, respecto de las sentencias de la Sala Constitucional (art. 336 de la Constitución) y de Perú respecto de las decisiones del Tribunal Constitucional (art. VII, Código Procesal Constitucional), en los procesos de anulación de las leyes.

Aun con esta excepción, la regla general respecto de las sentencias en los procesos de amparo es que las decisiones solamente tienen efectos vinculantes en relación con las partes del proceso (aunque incluyendo también terceros beneficiarios o terceras partes en el caso).

No obstante, este principio general tiene también sus excepciones debido al desarrollo progresivo de la naturaleza colectiva de algunos derechos constitucionales como, por ejemplo, es el caso de la violación de los derechos ambientales, de los derechos de las comunidades indígenas y de otros derechos difusos,[322] en cuyos casos[323] la sentencia definitiva puede beneficiar otras personas diferentes de aquellas que han participado activamente en el proceso como accionantes.

Este es el caso de las decisiones de amparo sobre derechos e intereses colectivos como los ambientales en Argentina y Brasil. En Venezuela, debido a la disposición constitucional respecto de intereses difusos o colectivos, la Sala Constitucional del Tribunal Supremo a partir de 2000 admitió las acciones de amparo procurando la protección y ejercicio de esos derechos colectivos, entre otros, por ejemplo, los derechos al sufragio. En tales casos, la Sala incluso, en un caso relativo a derechos electorales, le otorgó efectos *erga omnes* a las medidas precautelares, que beneficiaron no sólo a los individuos que interpusieron la acción para la protección constitucional, sino a todos los demás electores considerados como un grupo.[324] El amparo

---

15 de marzo de 2000 en *Revista de Derecho Público*, n° 81, Editorial Jurídica Venezolana, Caracas 2000, pp. 322–323.

321 Véase M. Glenn Abernathy and Barbara A. Perry, *Civil Liberties under the Constitution*, University of South Carolina Press, 1993, p. 5.

322 Véase Rafael Chavero G. *El nuevo amparo constitucional en Venezuela*, Ed. Sherwood, Caracas, 2001, pp. 333 ss.

323 Como también ocurre en relación con las *Class Actions* o acciones colectivas en los Estados Unidos. Véase M. Glenn Abernathy and Barbara A. Perry, *Civil Liberties under the Constitution*, University of South Carolina Press, 1993, p. 6.

324 Véase decisión de la Sala Constitucional N° 483 del 29 de mayo de 2.000, caso de *"Queremos Elegir" y otros*, en *Revista de Derecho Público*, N° 82, Editorial Jurídica Venezolana, 2000, pp. 489–491. En el mismo sentido, la decisión de la misma Sala n° 714 del 13 de Julio de 2.000, caso *APRUM* en *Revista de Derecho Público*, N° 83, 2000, Editorial Jurídica Venezolana, pp. 319 ss. La Sala Constitucional ha decidido que "toda persona puede acceder

para la protección de intereses y derechos colectivos y difusos, en todo caso, fue uno de los aspectos normativos que se buscó desarrollar con la fallida reforma de la Ley Orgánica de Amparo venezolana de 2014 (art. 48 ss.).

Por otra parte, debe destacarse que la Defensoría del Pueblo en Venezuela tiene competencia para promover, defender y salvaguardar los derechos y garantías constitucionales y además, los intereses legítimos, colectivos y difusos de los ciudadanos" (arts. 280 y 281,2 de la Constitución); siendo por consiguiente su legitimación admitida para presentar demandas de amparo en nombre de los ciudadanos como un todo.[325] En todos estos casos, por lo tanto, la sentencia judicial beneficia a todas las personas a quienes corresponde el ejercicio de los derechos e intereses colectivos en cuestión.

B   La cuestión del alcance de los efectos de la cosa juzgada

Por otra parte, como todas las decisiones judiciales definitivas, las decisiones de amparo en los países latinoamericanos también tienen efectos de cosa juzgada, dando estabilidad a la sentencia. Eso quiere decir que las decisiones de los tribunales son vinculantes no solo para las partes en el proceso, o sus beneficiarios, sino también para el mismo tribunal que no puede modificar su sentencia (inmutabilidad).

La cosa juzgada implica, por tanto, la imposibilidad que una nueva demanda sea admitida respecto de la misma materia ya decidida o que una decisión sea tomada en un sentido diferente al sentido con que se tomó en el proceso anterior.[326]

---

ante la justicia para ventilar derechos e intereses difusos o colectivos" y ha extendido "la legitimación activa a las asociaciones, sociedades, fundaciones, cámaras, sindicatos, y demás entes colectivos, cuyo objeto sea la defensa de la sociedad, siempre que obren dentro de los límites de sus objetivos societarios, destinados a velar por los intereses de sus miembros en cuanto a lo que es su objeto." v. Sentencia de la Sala Constitucional N° 656 de 30-6-2000, caso *Defensor del Pueblo vs. Comisión Legislativa Nacional*, que se refiere en la decisión n° 379 de febrero 26 de 2003, caso *Mireya Ripanti et vs. Presidente de Petróleos de Venezuela S.A. (PDVSA)*, en *Revista de Derecho Público*, n° 93-96, Editorial Jurídica Venezolana, Caracas, 2003, pp. 152 ss.

325   En un caso el Defensor del Pueblo actuó contra una amenaza de la Comisión Legislativa Nacional del año 2000 de designar miembros del Consejo Nacional Electoral sin cumplir con los requisitos constitucionales. En ese caso la Sala Constitucional decidió que "la Defensoría queda legitimada para interponer acciones cuyo objeto es hacer valer los derechos o intereses difusos y colectivos" sin requerir la aquiescencia de la sociedad en nombre de quien actúa, pero esta disposición no excluye o prohíbe el acceso de los ciudadanos al sistema judicial en defensa de los derechos e intereses colectivos (art. 26). Véase sentencia de la Sala Constitucional N° 656 del 6 de mayo de 2001, caso: *Defensor del Pueblo vs. Comisión Legislativa Nacional*, *Idem.*

326   En contraste, estos efectos de la cosa juzgada, como regla general, no son aplicables a las órdenes de las *injunctions* en los Estados Unidos, las cuales pueden ser modificadas por el tribunal. Como ya se ha resumido respecto de la doctrina judicial en esta materia: "Las *injuncions* son distintas de otras sentencias en el contexto de la cosa juzgada porque las partes están frecuentemente sujetas a la jurisdicción continua del tribunal y el tribunal debe hallar un equilibrio entre las políticas de la cosa juzgada y el derecho del tribunal a aplicar medidas modificadas a circunstancias cambiadas." Véase el caso *Town of Durham v. Cutter*, 121 N.H. 243, 428 A. 2d 904 (1981), *en* John Bourdeau *et al.*, "Injunctions," *en* Kevin Schroder, John Glenn and Maureen Placilla, *Corpus Juris Secundum*, Volume 43A, Thomson West, 2004, p.

Aun cuando los efectos de *cosa juzgada* constituyen principios generales en Latinoamérica, respecto de las decisiones de amparo han surgido discusiones en muchos países en relación con el alcance de esos efectos basados en la tradicional distinción que se ha establecido en el derecho procesal, entre los llamados efectos "sustanciales" o materiales y los efectos "formales" de la *cosa juzgada* con el objeto de determinar cuál de ellos aplica a la sentencia de amparo.

En términos generales, la "*cosa juzgada* formal" se aplica a decisiones judiciales en el sentido de que no impide el desarrollo de un nuevo proceso entre las partes, siempre que la materia no haya sido decidida al fondo en el procedimiento de amparo. En cuanto a la "*cosa juzgada* sustancial" se aplica cuando la decisión judicial ha entrado al fondo del asunto, no permitiendo que otros procesos se desarrollen sobre ella.

El fondo de la materia decidida en el procedimiento de amparo es aquella relacionada con el manifiesto daño o amenaza ilegítima y arbitraria causada por una parte agraviante en relación con determinado derecho o garantía constitucional del accionante. Es decir, el fondo en los procesos de amparo se reduce a determinar la existencia de la ilegitima y manifiesta violación del derecho, independientemente de otras posibles materias que puedan resolverse por las partes en otros procesos.

Al respecto, por ejemplo, la Ley N° 16.986 de Amparo de Argentina establece lo siguiente:

> *Art. 13*. La sentencia firme declarativa de la existencia o inexistencia de la lesión, restricción alteración o amenaza arbitraria o manifiestamente ilegal de un derecho o garantía constitucional, hace cosa juzgada respecto del amparo, dejando subsistente el ejercicio de las acciones o recursos que puedan corresponder a las partes, con independencia del amparo. [327]

Una disposición similar está estipulada en las leyes de amparo paraguaya (art. 579) y uruguaya (art. 11).[328]

416; y Owen M. Fiss and Doug Rendleman, *Injunctions*, The Foundation Press, 1984, pp. 497–498, 526.

327 Esta disposición, relativa a los efectos de la cosa juzgada, ha sido interpretada de dos maneras: Por una parte, Lazzarini ha considerado que la disposición establece los efectos de la "*cosa juzgada* sustantiva" de la decisión de amparo protectiva, alegando que la alusión que el artículo hace con relación a otras acciones o recursos, se está refiriendo a acciones penales tendientes a sancionar los agravios (causantes del daño) o a acciones civiles que procuran indemnización, pero no a otras acciones en las cuales el amparo puede ser nuevamente litigado. Véase José Luis Lazzarini, *El juicio de Amparo*, Ed. La Ley, Buenos Aires, 1987, pp. 356 ss. Por su parte Sagües ha considerado que, aun cuando la acción de amparo es un proceso bilateral debido a su carácter breve y sumario con las consiguientes restricciones respecto de pruebas y formalidades, no puede haber una decisión sobre el fondo del caso; así que ninguna *cosa juzgada* sustantiva puede producirse sino solo una *cosa juzgada* formal, siendo posible que el fondo de la materia pueda ser resuelto mediante los medios judiciales ordinarios, siempre que las partes aleguen que ha ocurrido un lesión a su derecho de defensa en el procedimiento de amparo (por ejemplo, en relación con las pruebas). Véase Néstor Pedro Sagües, *Derecho procesal Constitucional*, Vol. 3, *Acción de amparo*, Editorial Astrea, Buenos Aires, 1988, pp. 449 ss.

328 Véase Luis Alberto Viera, *Ley de Amparo*, Ediciones Idea, Montevideo, 1993, p. 40.

La ley de amparo venezolana, de manera similar a la disposición argentina y con el mismo criterio diferenciador respecto de los efectos de la cosa juzgada sustancial o formal[329] dispone que "La sentencia firme de amparo producirá efectos jurídicos respecto al derecho o garantía objetos del proceso, sin perjuicio de las acciones o recursos que legalmente correspondan a las partes" (art. 36).

Según esta norma, la *cosa juzgada* en la demanda de amparo solo se refiere a lo que ha sido litigado y decidido en el caso, respecto de la violación o agravio infligido al derecho o garantía constitucional.[330] En términos generales, por tanto, la decisión de amparo no resuelve todas las otras cuestiones posibles que pudiesen surgir de la lesión, sino solo el aspecto de la violación o lesión de los derechos o garantías constitucionales, siendo éste el único punto respecto del cual la decisión produce efectos de *cosa juzgada*. En estos casos, después que la decisión de amparo, otros asuntos legales pueden permanecer pendientes de solución para otros procesos y es por esto que la decisión de amparo en estos casos es pronunciada "sin perjuicio de las acciones y recursos que puedan legalmente corresponder a las partes." En este caso, como se ha dicho, la decisión de amparo tiene efectos de cosa juzgada formal.[331]

En muchos otros casos, naturalmente, la decisión de amparo, al pronunciarse sobre la violación del derecho constitucional provocada por acciones u omisiones ilegítimas, no deja espacio para discutir ningún otro punto legal a través de ningún otro procedimiento posterior, en cuyos casos, la sentencia de amparo tiene efectos de *cosa juzgada* sustancial.

---

329   Al respecto, la Antigua Corte Primera de lo Contencioso-Administrativo en una sentencia de 16-10-1986, caso *"Montilva"*, decidió que si en un caso "la acción de amparo es intentada con el mismo objeto, denunciando las mismas violaciones, basada en los mismos motivos y con idéntico objeto a la anterior y dirigida contra la misma persona, entonces es evidente que en ese caso, la fuerza de la *res judicata* se aplica para evitar la repetición del caso, dado el hecho de la controversia a ser resuelta tiene la misma identidad subjetiva y objetiva que la previamente decidida." Véase. Rafael Chavero G., *El nuevo amparo constitucional en Venezuela,* Ed. Sherwood, Caracas, 2001, pp. 338 ss.; Gustavo Linares Benzo, *El proceso de amparo en Venezuela*, Caracas, 1999, p. 121.

330   Véase en *Revista de Derecho Público,* n° 28, Editorial Jurídica Venezolana, Caracas, 1986, p. 106.

331   Véase al respecto, Juan Manuel Errázuriz y Jorge Miguel Otero A., *Aspectos procesales del recurso de protección*, Editorial Jurídica de Chile, Santiago, 1989, pp. 195 ss. y 202. Estos efectos de la decisión de amparo también existen respecto de la acción de amparo contra individuos y un caso puede ilustrar el punto: en 1.987 surgió una controversia en una universidad venezolana privada en Caracas -la Universidad Santa Maria- en relación con el cargo para la presidencia de la institución (rector), un cargo que era disputado por dos profesores alegando que habían sido designados por los órganos universitarios. La Corte Primera de lo Contencioso-Administrativo, en una decisión del 17 de diciembre de 1.987 pronunció una decisión de amparo en la materia demandada por uno de los rectores a fin de garantizar la seguridad jurídica a la comunidad universitaria dado el hecho de que el punto de quién era el *rector* de la universidad no podía permanecer sin solución indefinidamente. Sentenció considerando legitima la designación de uno de los *rectores* hasta que la controversia relativa a la legitimidad de los entes a cargo de las designaciones se resolviera en vía judicial." Véase en *El Universal,* Caracas, 27 de diciembre de 1.987, p. 2–5. De acuerdo con esta decisión, era necesaria que una acción civil adicional fuese resuelta a fin de decidir el fondo del asunto.

Esta distinción entre los efectos de *cosa juzgada* respecto de las decisiones de amparo ha sido expresamente establecida, por ejemplo, en la Ley de Amparo de El Salvador en la cual se prescribe lo siguiente:

"Art. 81.- La sentencia definitiva en los dos procesos mencionados en el artículo anterior produce los efectos de cosa juzgada contra toda persona o funcionario, haya o no intervenido en el proceso, sólo en cuanto a que el acto reclamado es o no constitucional, o violatorio de preceptos constitucionales. Con todo, el contenido de la sentencia no constituye en sí declaración, reconocimiento o constitución de derechos privados subjetivos de los particulares o del Estado; en consecuencia la resolución dictada no puede oponerse como excepción de cosa juzgada a ninguna acción que se ventile posteriormente ante los Tribunales de la República."

Las leyes de amparo hondureña (art. 72) y guatemalteca también disponen en términos similares que "las resoluciones dictadas en procesos de amparo ... son de efecto declarativo y no causan excepción de cosa juzgada, sin perjuicio de las disposiciones relativas a la jurisprudencia en materia de amparo" (art. 190).

Finalmente, en el Perú, el Código Procesal Constitucional no resuelve la discusión y se limita a estipular que "En los procesos constitucionales sólo adquiere la autoridad de cosa juzgada la decisión final que se pronuncie sobre el fondo" (art. 6).[332]

7.   El carácter obligatorio de las sentencias de amparo y la sanción al desacato judicial

Un último aspecto debe resaltarse respecto de los efectos de la decisión de amparo y es en relación con su carácter obligatorio. Como todas las decisiones judiciales, la sentencia de amparo es obligatoria no solo para las partes del proceso sino también respecto de todas las otras personas y funcionarios públicos que deben aplicarlas. El agraviante, por ejemplo, está obligado a acatarla de inmediato como expresamente lo dispone las leyes de amparo de Bolivia (art. 40); Colombia (arts. 27, 30); Costa Rica (art. 53); Ecuador (arts. 17.3, 21); Honduras (art. 65); Nicaragua (art. 48); Paraguay (art. 583); Perú (arts. 22, 24) y Venezuela (art. 29).

En orden a ejecutar la decisión, los tribunales pueden *ex officio*, o a petición de parte, tomar todas las medidas dirigidas a su cumplimiento, estando facultados, por ejemplo, en la ley guatemalteca, para decretar órdenes y librar oficios a las autoridades y funcionarios públicos de la administración pública o a las personas obligadas (art. 55). Los tribunales de amparo según lo dispuesto en las leyes de amparo de Guatemala (art. 105), El Salvador (art. 61) y Nicaragua (art. 77) también están facultados para usar los medios de fuerza pública para asegurar el cumplimiento de sus decisiones.

Aun así los jueces de amparo en Latinoamérica no tienen facultad directa de castigar, mediante la imposición de sanciones penales, el desacato a sus órdenes. En otras palabras, no tienen la facultad inherente de hacerlo, cosa que, en contraste, es

---

332 Véase Samuel B. Abad Yupanqui, *El proceso constitucional de amparo*, Gaceta Jurídica, Lima, 2004, pp. 194 ss.

una de los caracteres más importantes del sistema de la *injunction* en los Estados Unidos.[333] Estas facultades de sancionar penalmente fueron las que precisamente dieron a la *injunction* en los Estados Unidos su efectividad en relación con cualquier desobediencia, estando el mismo tribunal facultado para reivindicar su propio poder mediante la imposición de sanciones penales y pecuniarias con prisión y tas.[334] Los tribunales latinoamericanos, en contraste, no tienen esas facultades o éstas son muy débiles.

En efecto, aun cuando el desacato a la sentencia de amparo sea sancionable en las leyes de amparo latinoamericanas, no está en las manos del mismo tribunal de amparo el aplicar sanciones afectando personalmente al renuente. Estas facultades sancionatorias están atribuidas sea a la administración pública sea a un diferente tribunal penal. Así, por ejemplo, en caso de desacato, el tribunal de amparo debe procurar el comienzo de un procedimiento disciplinario administrativo contra el funcionario público rebelde que debe ser decidido por el órgano superior correspondiente en la administración pública, como está establecido en Colombia (art. 27), Perú (art. 59) y Nicaragua (art. 48).

Respecto de la aplicación de sanciones penales al rebelde, los tribunales de amparo, o la parte interesada, deben procurar el inicio de un proceso judicial penal en contra de aquél, el cual debe ser desarrollado por ante los tribunales penales competentes, como es la regla general establecida en Bolivia (art. 40.II); Colombia (arts. 27, 52, 53); Costa Rica (art. 71); El Salvador (arts. 37, 61); Guatemala (arts. 32, 54, 92); Honduras (art. 62); México (arts. 261, 262); Nicaragua (art. 77); Panamáá (art. 2632); y Paraguay (art. 584). En algunos casos excepcionales, como en Colombia (art. 27), el juez de tutela puede imponer (pero solo eso) detenciones administrativas a la parte renuente. Esta fue una previsión que se quiso incorporar en la fallida re-

---

333 Esto es particularmente importante con respecto a la contumacia penal, la cual fue establecida desde el caso *In Re Debs* (158 U.S. 564, 15 S.Ct. 900, 39 L.Ed. 1092 (1895)), donde de acuerdo con el magistrado Brewer quien pronunció la sentencia de la Corte Suprema, se decidió así: "Pero el poder de un tribunal de emitir una orden lleva consigo el poder también de sancionar por una desobediencia a tal orden y la pregunta acerca de la desobediencia ha sido, desde tiempos inmemoriales, la función especial del tribunal. Y esto no es un tecnicismo. Para que un tribunal pueda compeler obediencia a su orden debe tener el derecho a cuestionar si ha habido desobediencia a su orden. El someter la cuestión de la desobediencia a otro tribunal, sea un jurado u otra corte, equivaldría a privar los procedimientos de la mitad de su eficacia. En *Watson v. Williams,* 36 Miss. 331, 341, se declaró: "El poder de multar y encarcelar por contumacia ha sido considerado, desde la historia más antigua del derecho, como la necesaria faceta y atributo de un tribunal sin el cual no podría existir más de lo que pudiera existir sin un juez. Es un poder inherente a todos los tribunales de los que se tiene cuenta y coexistente con ellos por las sabias disposiciones del *Common Law*. Un tribunal sin el poder efectivo de protegerse a si mismo contra los asaltos de los desaforados o de ejecutar sus órdenes, sentencias o decretos contra los rebeldes a sus disposiciones, sería una desgracia al derecho y un estigma a la era que lo produjo." *V.* Owen M. Fiss and Doug Rendleman, *Injunctions*, The Foundation Press, 1984, p. 13. v.t. William M. Tabb and Elaine W. Shoben, *Remedies*, Thomson West, 2005, pp. 72 ss.

334 En Filipinas, el Reglamento sobre el Recurso de Amparo, faculta al tribunal competente a "ordenar al accionado que se niega a responder, o que responda falsamente, o a cualquier persona que de cualquier otro manera desobedezca o se resista a un proceso legítimo u orden del tribunal, a ser sancionado por contumacia. El contumaz puede ser encarcelado o multado."

forma de la Ley de Amparo de Venezuela de 2014, buscando otorgarle al juez de amparo amplias potestades sancionatorias de multa (arts. 26 y 65) y de imposición de la sanción de arresto por desacato (art. 64).

Por lo tanto, los jueces de amparo en Latinoamérica no tienen el poder para directamente imponer sanciones disciplinarias o penales a aquellos que desacatan sus órdenes y solo en algunos países tienen poder para directamente imponer multas (*astreintes*) a las partes renuentes de manera continua y hasta el cumplimiento de la orden. Este es el caso de Colombia (art. 27); Bolivia (art. 40.II); República Dominicana (art. 93); Guatemala (art. 53); Nicaragua, (art. 66); Perú (art. 22);[335] y México (193). En Venezuela, como se dijo, en la fallida reforma de la Ley Orgánica de 2014, se buscó atribuir al juez de amparo, poder sancionatorio mediante multas (art. 26), y en caso de desacato mediante arresto (art. 64), lo que no está previsto en la Ley vigente de 1988.

IX. LA REVISIÓN DE LAS SENTENCIAS DE AMPARO POR LAS JURISDICCIONES CONSTITUCIONALES (CORTE CONSTITUCIONAL O LA CORTE SUPREMA)

Debido al principio procesal general de la doble instancia, las decisiones de amparo (como también las decisiones judiciales pronunciadas en ejercicio del método difuso del control de constitucionalidad), son apelables ante los tribunales superiores de acuerdo con las normas generales establecidas en los Códigos procesales. Por supuesto, este principio general no aplica cuando el único tribunal competente en materia de amparo es el más alto tribunal del país, como sucede en Costa Rica, Nicaragua y El Salvador donde la acción de amparo es concentrada debiendo ejercerse exclusivamente ante la respectiva Sala Constitucional de la Corte Suprema de Justicia; o en relación con decisiones sobre control de constitucionalidad en países que siguen el sistema de control concentrado de la constitucionalidad de las leyes, donde es dicho alto tribunal el que decide.

En consecuencia y excepto en esos casos anteriores, las decisiones de amparo no pueden normalmente llegar al conocimiento de la Corte Suprema o a la Corte Constitucional para su revisión, salvo cuando se decide en apelación o cuando se ha establecido un recurso extraordinario o de revisión, en muchos casos similares al recurso de *certiorari* en los Estados Unidos

En efecto, particularmente cuando están involucradas materias de constitucionalidad, la Corte Suprema de Justicia de los Estados Unidos y cuando al conocer de una petición de *certiorari*, tiene competencia para revisar discrecionalmente las decisiones de las cortes federales de apelación y de las cortes federales especializadas, y también, todas las decisiones de las cortes supremas de los Estados que toquen materias de competencia federal. Se trata en efecto de una competencia discrecional de la Corte, no forzosa, por lo que en la materia puede decirse que no hay derecho de apelación de parte de las partes. Los asuntos llegan a la Corte a través de estos recursos de *certiorari*, mediante el cual la parte perdidosa en un tribunal infe-

---

335 Véase Samuel B. Abad Yupanqui, *El proceso constitucional de amparo*, Gaceta Jurídica, Lima 2004, p. 136.

rior solicita una revisión ante la Corte Suprema, explicando las razones de constitu-cionalidad que motivan su petición de revisión. [336]

Este método para buscar la revisión judicial de un caso por parte de la Corte Su-prema de los Estados Unidos está expresamente establecido en los casos previstos en el titulo 28 del *U.S Code*, de acuerdo con la *Rule* No. 10 de las *Rules* de la Corte Suprema aprobadas en 2005, donde se establece que el *certiorari* no es "materia de derecho sino materia de discreción judicial", que se ejerce solo por razones convin-centes, cuando hay razones especiales e importantes para ello.

Por consiguiente, de acuerdo con esta Regla y en orden a promover uniformidad y consistencia en la ley federal, los siguientes factores pueden motivar a la Corte Suprema para admitir el *certiorari*: 1. Cuestiones importantes en materia de ley federal sobre los que la Corte no se haya pronunciado todavía; 2. Interpretaciones contradictorias en materia ley federal por parte de tribunales inferiores; 3. Decisio-nes de tribunales inferiores que contradicen decisiones previas de la Corte Suprema; y 4. Desviaciones del curso reconocido y ordinario de los procedimientos judiciales por parte de los tribunales inferiores. [337]

Por supuesto, la decisión de *certiorari* puede ser adoptada sobre la base de otros factores, o puede ser negada aun cuando se den uno o más de los motivos antes mencionados. La discrecionalidad de la Corte no está limitada y depende de la im-portancia del caso particular y del interés público que la Corte considere tiene para proceder a la revisión judicial.

Aun cuando de manera diferente, en los sistemas latinoamericanos de control de constitucionalidad y de proceso de amparo, se puede identificar igualmente una tendencia general consistente en la competencia asignada a la Corte Suprema de Justicia o a los Tribunales Constitucionales, de determinadas facultades judiciales para revisar decisiones de tribunales inferiores relativas a asuntos constitucionales, tanto emitidas en los procedimientos de amparo o en aplicación del método difuso de control jurisdiccional. En esta forma, igualmente, el interés por establecer algún instrumento que asegure la uniformidad de la interpretación constitucional y la efectividad del ejercicio de los derechos constitucionales, ha provocado la incorpo-ración en las Constituciones y en las leyes reguladoras de los procesos constitucio-nales, de mecanismos judiciales a través de los cuales las más altas cortes tengan eventualmente la última palabra en materia constitucional.

1.   *La concentración de la competencia para conocer de la acción de amparo en la Jurisdicción Constitucional: Costa Rica, El Salvador, Nicaragua*

El asunto, por supuesto, como se ha dicho, ha quedado resuelto en los países donde está establecido el método concentrado de control de constitucionalidad de las leyes como el único método para asegurar el control jurisdiccional de las mis-mas y, donde, adicionalmente, se ha establecido el sistema judicial concentrado de amparo; como es el caso mencionado de Costa Rica y El Salvador, donde la Corte Suprema, a través de la Sala Constitucional, es el único tribunal en el país con la

---

336   Véase L. Baum, *The Supreme Court*, Washington, 1981, p. 81.

337   Véase respecto de la anterior Regla nº 17,1: R. A. Rossum y G. A. Tarr, *American Constitu-tional Law*, New York, 1983, p. 28.

exclusiva competencia para decidir acciones de amparo y para asegurar el control de constitucionalidad de las leyes.

En Costa Rica, según la Ley de Jurisdicción Constitucional de 1.989, el recurso de amparo y el habeas corpus pueden ser interpuestos solamente ante la Sala Constitucional de la Corte Suprema de Justicia; siendo también esta Sala, el tribunal constitucional con poderes exclusivos para ejercer el método de control concentrado de constitucionalidad de las leyes y de otros actos del Estado, mediante decisiones que pueden tener efectos anulatorios *erga omnes* (art. 10).

También en El Salvador está establecido un sistema concentrado absoluto de control de constitucionalidad de las leyes, asignando a la Sala Constitucional de la Corte Suprema de Justicia la competencia exclusiva para declarar la inconstitucionalidad de leyes, decretos y reglamentos cuando éstos sean impugnados por medio de una acción directa y popular, con facultad para anularlos con efectos generales *erga omnes* (arts. 2 y 10 de la ley). Adicionalmente, de modo similar al régimen costarricense, también en El Salvador, la Sala Constitucional de la Corte Suprema de Justicia es el único órgano judicial con la facultad exclusiva para decidir recursos de amparo y habeas corpus para la tutela de los derechos declarados en la constitución (art. 247).

La única excepción a esta regla en El Salvador está establecida en materia de habeas corpus cuando el agravio a los derechos constitucionales tiene lugar fuera de la ciudad capital, San Salvador. En esos casos, es posible interponer el recurso de amparo por ante las Cámaras de Segunda Instancia (art. 41), en cuyo caso, sólo si la sentencia negara la libertad de la parte agraviada, el caso puede ser revisado por la Sala Constitucional.

También ha sido la solución establecida en Nicaragua en matera de amparo, aun cuando en el marco de un sistema de control mixto de la constitucionalidad de las leyes. En Nicaragua, en efecto, en asuntos de control de constitucionalidad, el sistema constitucional que se aplica es el sistema mixto que combina el control concentrado de la constitucionalidad de las leyes a cargo de la Corte Suprema, con el poder general de todos los tribunales para decidir en asuntos de constitucionalidad de leyes mediante el método difuso, al decidir casos particulares, con efectos *inter partes*.

En estos últimos casos, en orden a asegurar la uniformidad de la interpretación constitucional, las decisiones de los tribunales en materia de control de la constitucionalidad de leyes, decretos y reglamentos pueden llegar a la Corte Suprema mediante el recurso de casación o mediante el recurso de amparo interpuesto ante la Corte Suprema por la parte correspondiente en el procedimiento de un caso. Solo cuando esta decisión no pueda ser cuestionada por el recurso de casación, la Ley de Amparo prescribe que el tribunal respectivo deberá enviarlo a la Corte Suprema para que esta ratifique la inconstitucionalidad de la ley, decreto o reglamento y para declarar su inaplicabilidad. En tales casos, las decisiones, aunque declaren la nulidad de la ley, no pueden afectar los derechos adquiridos de terceros conforme a esas leyes o reglamentos (arts. 21 y 22).

Sin embargo y en relación con las acciones de amparo y habeas corpus, en Nicaragua se ha establecido un sistema judicial concentrado mediante la asignación a la Corte Suprema de Justicia del poder exclusivo para decidir recursos de amparo y de protección a la libertad personal. Por consiguiente, en esta materia, la uniformidad de la interpretación constitucional respecto de la protección de los derechos constitucionales también está asegurada en forma automática.

2. *La tendencia a la revisión de las sentencias de amparo por las Jurisdicciones Constitucionales*

En contraste con la concentración del amparo en las Jurisdicciones Constitucionales, en otros países, donde el control de constitucionalidad de las leyes esta atribuida en forma difusa a todos los tribunales y donde las acciones de amparo son interpuestas también ante una variedad de tribunales inferiores, sin embargo, varios procedimientos adjetivos se han establecido para que las cuestiones constitucionales o las decisiones de amparo puedan llegar por ante la Corte Suprema o la Corte Constitucional.

Esto ha ocurrido, por ejemplo, mediante el recurso extraordinario en Argentina que tiene el método difuso como el único método existente del método de control constitucionalidad de las leyes.

En otros países donde el método concentrado de control de constitucionalidad de las leyes es el que ha establecido en forma exclusiva, como es el caso de Bolivia, Costa Rica, Chile, El Salvador, Honduras, Panamá, Paraguay y Uruguay, las Cortes Supremas de Justicia o los Tribunales Constitucionales, tienen el monopolio para decidir en materias de control de constitucionalidad delas leyes, asegurando de ese modo la uniformidad de la jurisprudencia en materia constitucional. Aun así, en todos esos países, el procedimiento de amparo no está necesariamente concentrado y, al contrario, corresponde a una variedad de tribunales inferiores, lo que no ha impedido que se hayan establecido correctivos procesales, por ejemplo en Bolivia y Honduras, para permitir al Tribunal Supremo o Tribunal Constitucional para poder dar la interpretación final en materia de amparo.

Por otra parte, en Brasil, Colombia, Guatemala, México, Perú, República Dominicana y Venezuela donde el método difuso está combinado con el método concentrado, aun cuando la doctrina constitucional puede ser desarrollada por una variedad de tribunales inferiores (por medio del control difuso de constitucionalidad o mediante decisiones de amparo), también se han establecido específicos correctivos adjetivos o procesales de revisión para permitir a las Cortes Supremas o Tribunales Constitucionales asegurar la uniformidad de la jurisprudencia en las materias constitucional y de amparo.

A continuación analizaremos todos estos mecanismos judiciales mediante los cuales, en materia de decisiones judiciales sobre control de constitucionalidad y amparo cuando son dictadas por una variedad de tribunales inferiores, los casos pueden llegar al conocimiento de las Cortes Supremas o a los Tribunales Constitucionales para dar la última interpretación de la Constitución, con la precisión de que en Panamá, Chile, Uruguay y Paraguay no hay previsión alguna respecto de esta materia.

Para analizar la situación de los países en los cuales si se han establecido mecanismos de revisión de las sentencias de amparo, teniendo siempre en cuenta el marco de la clasificación general según el método de control de constitucionalidad que se aplica en los diversos países (método difusivo; método concentrado; y sistema mixto de control de constitucionalidad), analizaremos los diversos mecanismos de revisión de las sentencias de amparo clasificándolos en cuatro grupos: sistemas recursos de revisión obligatoria; sistemas de recursos de revisión discrecional; sistemas automáticos de revisión obligatoria y sistemas automáticos de revisión discrecional; según que los asuntos lleguen al Tribunal Supremo o Corte Constitucional en ejercicio de un recurso o lleguen por envío o consulta automática.

3. *Los sistemas de recursos extraordinarios de revisión de conocimiento obligatorio*

A   *El recurso extraordinario en el Brasil*

El sistema brasileño de control de constitucionalidad fue transformado, desde 1.934, en un sistema mixto en el que el método difuso adoptado desde el siglo XIX, opera en combinación con un sistema concentrado que es ejercido por el Tribunal Superior Federal.

Respecto del método difuso de control de constitucionalidad y para permitir al Tribunal Supremo decidir en última instancia en materia de dicho control de leyes, desde su incorporación en la Constitución en 1.891, el Tribunal Supremo tiene el poder de revisar las decisiones de los tribunales inferiores en materia de constitucionalidad, mediante el ejercicio de un recurso extraordinario.

Este recurso puede ser interpuesto contra decisiones judiciales adoptadas en materia de protección de derechos constitucionales por las Cortes Superiores Federales o por las Cortes Federales Regionales cuando se considera que los tribunales han adoptado las decisiones de manera inconsistente con la Constitución, o en casos en que los tribunales han denegado la validez de un tratado o ley federal, o cuando las decisiones han declarado la inconstitucionalidad de un tratado o una ley federal; o cuando consideran que leyes o actos de autoridades locales como inconstitucionales o contrarios a una ley federal válida (Constitución, art. 199,III,b y c).

B   *El recurso de agravio en el Perú*

En el caso del Perú, el Tribunal Constitucional, como Jurisdicción Constitucional, también ejerce el método concentrado de control de constitucionalidad de las leyes, básicamente mediante decisiones resolviendo acciones de inconstitucionalidad de las mismas (Constitución, art. 202,1; Código, art. 77); todo dentro de un sistema mixto de control jurisdiccional que además faculta a todos los tribunales para aplicar el método difuso de control de constitucionalidad. Las acciones de amparo también se presentan ante una variedad de tribunales inferiores.

Con el fin de lograr uniformidad de interpretación constitucional, también en Perú algunos instrumentos adjetivos se han introducido aunque no de manera uniforme.

En materia de habeas corpus, amparos y habeas data, el artículo 202,2 de la Constitución atribuyó al Tribunal Constitucional la facultad de revisar, en última y definitiva instancia, todas las decisiones de instancias inferiores en las cuales se deniegue de la protección solicitada; asuntos que pueden llegar al Tribunal Constitucional de Perú, mediante un recurso de agravio constitucional interpuesto contra la sentencia de segunda instancia denegando el reclamo (Código, art. 18).

Si el recurso de agravio se denegara, la parte interesada puede también presentar al Tribunal Constitucional un recurso de *queja*, en cuyo caso si el tribunal considera el recurso debidamente sustentado, puede proceder a decidir el recurso de agravio pidiendo al tribunal superior que envíe el expediente respectivo (art. 19).

Si el Tribunal Constitucional considera que la sentencia impugnada está afectada por un defecto o vicio del procedimiento, puede anularla y ordenar la reposición del procedimiento al estado existente previo al defecto. En casos en los cuales el vicio solo afecte la sentencia atacada, el Tribunal debe revocarla y debe dictar en sustitución una decisión sustantiva (art. 20).

Por otra parte, en materia de sentencias dictadas por tribunales inferiores ejerciendo el método difuso de control de constitucionalidad, cuando los jueces ordinarios deciden la inaplicabilidad de leyes con base en argumentos constitucionales, conforme al artículo 14 de la Ley Orgánica del Poder Judicial, ellos deben obligatoriamente enviar sus sentencias a revisión por parte de la Corte Suprema de Justicia. Debe destacarse que en este caso, la remisión no es hecha al Tribunal Constitucional sino a la Corte Suprema de Justicia del Perú, a través de su Sala de Derecho Constitucional y Social, a fin de que ésta determine si la sentencia del tribunal ordinario en materia constitucional fue adecuada o no, convalidando la inaplicabilidad de la ley al caso particular.[338]

C   El recurso de apelación en Guatemala

En Guatemala, existe también un sistema mixto de control de constitucionalidad, permitiendo a todos los tribunales poder resolver sobre la inconstitucionalidad de leyes mediante el método difuso de control de constitucionalidad, que se ha establecido en paralelo con el método concentrado asignado a la Corte Constitucional. Esta puede declarar la nulidad de leyes cuando es solicitada mediante una acción de inconstitucionalidad. Adicionalmente, el procedimiento de amparo ha sido también atribuido a una variedad de tribunales inferiores.

A fin de asegurar la intervención final de la Corte Constitucional en materias de constitucionalidad respecto de las decisiones de protección de derechos humanos, éstas están sujetas a apelación por ante la Corte Constitucional (art. 60), que puede ser formulada por las partes, por el Procurador Público y por el Comisionado de Derechos Humanos (art. 63).

La decisión de la Corte Constitucional puede confirmar, revocar o modificar la resolución del tribunal inferior (art. 67) y puede también anular todo el procedimiento cuando se prueba que la normativa legal no fue observada en el proceso.

Sin embargo, en Guatemala la cuestión de la inconstitucionalidad de una ley puede plantearse como una acción o una excepción o incidencia en un caso particular, sometida al tribunal competente por el Procurador Público o por las partes. En estos casos, la decisión del tribunal aplicando el método difuso de control jurisdiccional puede ser también apelada ante la Corte Constitucional (art. 121).

---

338 Véase Aníbal Quiroga León: "El derecho procesal constitucional Peruano," en Juan Vega Gómez y Edgar Corzo Sosa, (Coord.) *Instrumentos de tutela y justicia constitucional, Memoria del VII Congreso Iberoamericano de Derecho Constitucional,* Instituto de Investigaciones Jurídicas, Universidad Nacional Autónoma de México, México, pp. 471 ss.

Si la cuestión de inconstitucionalidad de una ley es planteada en un proceso concreto, el tribunal competente deberá también resolver el punto (art. 123); y la decisión también puede ser apelada ante la Corte Constitucional (art. 130).

4. *Los sistemas de recursos extraordinarios de revisión de conocimiento discrecional*

A. *El recurso extraordinario en Argentina*

El sistema de justicia constitucional en Argentina, sigue el método difuso de control jurisdiccional, teniendo la Corte Suprema de la Nación poderes para revisar las decisiones de los tribunales inferiores en materia constitucional. Se trata, además, del único país latinoamericano que permanece con el sistema difuso de control de constitucionalidad como el único aplicado para asegurar la constitucionalidad de las leyes por los tribunales inferiores, particularmente los de primera instancia, los cuales son también los llamados a decidir las acciones de amparo.

En ambos casos, las decisiones de los tribunales en materia constitucional pueden alcanzar la Corte Suprema de la Nación mediante un recurso extraordinario que solo puede ser presentado contra las decisiones de los tribunales superiores de segunda instancia, cuando la validez de un tratado o de una ley ha sido cuestionada o, en términos generales, resuelven un asunto de control de constitucionalidad de una ley.[339] Este es, sin duda, el mecanismo judicial mediante el cual la Corte Suprema normalmente decide sobre la interpretación final de la Constitución cuando revisa la constitucionalidad de actos de estado y, por consiguiente, es el medio más importante de control de constitucionalidad.

En esta forma, la Corte Suprema está investida en el sistema argentino, con dos tipos de competencia de alzada, una competencia ordinaria de apelación, y otra competencia "extraordinaria;" ésta última siendo la que puede ejercer la Corte Suprema mediante el llamado "recurso extraordinario" a través del cual la Corte puede asegurar la uniformidad de la interpretación constitucional.

Sin embargo, a diferencia del sistema norteamericano de la petición de *certiorari*, donde las partes no tienen un derecho a recurrir y la Corte tiene la facultad discrecional de admitirlo, en el caso del recurso extraordinario, la Corte Suprema argentina ejerce una competencia obligatoria como consecuencia del derecho que tienen las partes de presentar dicho recurso, aunque la Corte tenga facultad discrecional para rechazarlo.[340]

Por supuesto, cuando decide estos recursos extraordinarios, la Corte Suprema no actúa como tribunal de tercera instancia porque su facultad de control solo se refiere a materias relativas a cuestiones constitucionales.

339 Véase Ley N° 48, Article 14; v. Elias Guastavino: *Recurso extraordinario de inconstitucionalidad*, Ed. La Roca, Buenos Aires, 1992; Lino Enrique Palacio: *El recurso extraordinario federal. Teoría y práctica*, Abeledo-Perrot, Buenos Aires, 1992, p. 14.

340 Véase Lino Enrique Palacio: *El recurso extraordinario federal. Teoría y práctica*, Abeledo-Perrot, Buenos Aires, 1992, p. 26.

Las decisiones de la Corte Suprema sobre el control de constitucionalidad, por otra parte, no son formalmente vinculantes para los tribunales inferiores,[341] pero debido a que como son pronunciadas por el más alto tribunal del país, tiene definitivamente una influencia importante sobre los mismos, particularmente cuando una doctrina ha sido clara y frecuentemente definida por la Corte.

Finalmente, debe mencionarse que aun sin fundamento en ninguna disposición legal, en 1.990, a través de una serie de decisiones judiciales, la Corte Suprema admitió lo que se ha llamado el recurso extraordinario *per saltum*; esto es, un recurso extraordinario presentado ante la Corte Suprema contra decisiones de primera instancia (no contra decisiones de los tribunales superiores) en circunstancias extraordinarias de interés institucional grave.[342] En estos casos, en forma muy excepcional, la Corte Suprema ha intervenido en procesos judiciales, en casos institucionales o de estado de gran importancia, revisando la decisión del tribunal de primera instancia, circunvalando la apelación ante el tribunal superior.

B. *El recurso de revisión en Venezuela*

En otros países con un sistema mixto de control de constitucionalidad de las leyes, como es el caso en Venezuela, la competencia de revisión por parte de la Corte o Tribunal Supremo como Jurisdicción Constitucional, para revisar las sentencias de los tribunales inferiores en materia constitucional, también está establecida pero como un poder discrecional de ésta.

En Venezuela el sistema de control de constitucionalidad es también de carácter mixto, estando establecido el método difuso en paralelo al método concentrado, siendo éste último asignado a la Sala Constitucional del Tribunal Supremo de Justicia con facultades para anular leyes cuando sea requerida por una acción popular.

Respecto de las decisiones dictadas por los tribunales inferiores aplicando el método difuso de control de constitucionalidad, al igual que respecto de las decisiones dictadas en los procesos de amparo, la Constitución de 1.999 estableció un recurso extraordinario de revisión que permite a la Sala Constitucional de la Corte Suprema dictar sentencias definitivas en todos los casos de importancia constitucional.

Este recurso extraordinario puede ser interpuesto contra las decisiones judiciales definitivas dictadas en procedimientos de amparo y, también, contra cualquier decisión judicial en la cual se resuelvan cuestiones constitucionales sobre la inaplicabilidad de leyes porque se hayan considerado inconstitucionales (art. 336.10).

La competencia extraordinaria de revisión por parte de la Sala Constitucional también se concibe en Venezuela como un poder discrecional,[343] a través de la cual

---

341 Véase R. Bielsa: *La protección constitucional y el recurso extraordinario*. Jurisdicción de la Corte Suprema, Buenos Aires, 1958, pp. 49, 198, 267; A. E. Ghigliani, *Del control jurisdiccional de constitucionalidad*, Buenos Aires, 1952, pp. 97, 98.

342 Véase Ricardo Haro, "*El per saltum en la justicia federal Argentina,*" en su libro: El Control de Constitucionalidad, Editorial Zavalía, Buenos Aires, 2003, pp. 87–122; Lino Enrique Palacio: *El recurso extraordinario federal*. Teoría y práctica, Buenos Aires, 1992, pp. 111–118.

343 En forma similar al escrito de *certiorari* en los Estados Unidos. v. Jesús María Casal: *Constitución y Justicia Constitucional*, Caracas, 2002, p. 92.

la Sala Constitucional puede dar uniformidad a la interpretación judicial constitucional y a la aplicación de los derechos humanos por parte de los tribunales ordinarios, teniendo la facultad de dar a su interpretación de la Constitución efectos generales vinculantes, similares a los efectos del principio procesal del *stare decisis* (art. 335).

C. *El recurso de revisión en la República Dominicana*

En el caso de la República Dominicana el artículo 54 de la Ley regula un recurso de revisión para ser intentado ante el Tribunal Constitucional, al cual se le otorga la potestad de "revisar las decisiones jurisdiccionales que hayan adquirido la autoridad de la cosa irrevocablemente juzgada" (art. 53) en los siguientes casos:

1. Cuando la decisión declare inaplicable por inconstitucional una ley, decreto, reglamento, resolución u ordenanza;

2. Cuando la decisión viole un precedente del Tribunal Constitucional; y

3. Cuando se haya producido una violación de un derecho fundamental, siempre que concurran y se cumplan todos y cada uno de los siguientes requisitos: a) Que el derecho fundamental vulnerado se haya invocado formalmente en el proceso, tan pronto quien invoque la violación haya tomado conocimiento de la misma. b) Que se hayan agotado todos los recursos disponibles dentro de la vía jurisdiccional correspondiente y que la violación no haya sido subsanada. c) Que la violación al derecho fundamental sea imputable de modo inmediato y directo a una acción u omisión del órgano jurisdiccional, con independencia de los hechos que dieron lugar al proceso en que dicha violación se produjo, los cuales el Tribunal Constitucional no podrá revisar" (art. 53).

En este último caso (art. 53.3), sin embargo, la jurisdicción del Tribunal no es obligatoria, sino que la admisión de la revisión queda sujeta a que el Tribunal Constitucional "considere que, en razón de su especial trascendencia o relevancia constitucional, el contenido del recurso de revisión justifique un examen y una decisión sobre el asunto planteado. El Tribunal siempre deberá motivar sus decisiones."

D. *El recurso de revisión en México*

Uno de los más importantes instrumentos de control jurisdiccional en México, bien es sabido que es el amparo contra las leyes, a través de los cuales los tribunales federales pueden ejercer el control de constitucionalidad de las leyes cuando deciden una "acción de inconstitucionalidad" que puede ser incoada ante un tribunal distrital federal, de acuerdo a la norma constitucional (art. 107, XI, XII). En estos casos de amparo contra las leyes, así como respecto de los amparos cuando se declara la inconstitucionalidad de una ley, las decisiones de los tribunales distritales federales son revisables por la Corte Suprema de Justicia (art. 107 constitucional, VIII, a), la cual tiene la facultad definitiva para decidir el asunto cuando decide los recursos de revisión que sean incoados por las partes.

En particular y según la reforma constitucional sancionada en 1.988, a la Corte Suprema le fue atribuida la facultad de decidir en última instancia todos los casos de amparo donde la decisión involucre la inconstitucionalidad de una ley o defina una interpretación directa de una norma de la constitución (art. 107, IX). Con tal fin, el recurso de revisión fue reglamentado por la Regulación No. 5/1999 del 21 de junio de 1.999 de la Corte Suprema,[344] correspondiéndole a la Corte Suprema determinar si el asunto de constitucionalidad involucrado en la decisión del tribunal inferior tiene la importancia y trascendencia necesaria como para ser estudiado por la Suprema Corte (art. 82, Ley de Amparo). De acuerdo con esta regulación, los asuntos considerados como teniendo importancia son aquellos donde los argumentos son excepcionales, es decir, de interés especial y aquellos de carácter trascendental cuando la resolución del caso pudiera tener efectos sobresalientes en materia constitucional de acuerdo al art. 40 de la Ley de amparo y 107, VIII constitucional.

Esta atribución permite a la Corte Suprema dar la interpretación final de la Constitución de manera uniforme,[345] estando sus decisiones limitadas a resolver las cuestiones constitucionales del caso.

E.   El recurso de revisión en Honduras

En Honduras, la Sala Constitucional de la Corte Suprema de Justicia también tiene el poder exclusivo de controlar la constitucionalidad de las leyes, sea mediante una acción directa o mediante la remisión de la cuestión constitucional por parte de un tribunal inferior. La única excepción respecto de esta concentración se refiere a los casos donde el control jurisdiccional de leyes se solicita mediante una acción de amparo; esto es, en materia de amparo contra leyes. En estos casos, los tribunales pueden decidir no aplicar una ley en un caso específico relacionado con la parte interesada, cuando es considerada contraria a derechos constitucionales.

En todos los casos de amparo, sin embargo, las decisiones de los tribunales inferiores están sujetas a revisión automática por parte del tribunal superior respectivo, y las decisiones de esos tribunal de apelaciones también pueden estar sujetas a control por parte de la Sala Constitucional de la Corte Suprema, a petición de parte, pero en este caso sobre una base de un poder discrecional (arts. 68, 69, Ley), teniendo así la Sala Constitucional la posibilidad de ser la última instancia para decidir en materia de amparos.

5.   Los sistemas de revisión automática de conocimiento obligatorio: Bolivia

En Bolivia, de acuerdo con la Constitución (arts. 202.1) y con la Ley del Tribunal Constitucional (art. 7,8), este no solo es el único tribunal con competencia exclusiva para decidir sobre el control de constitucionalidad de las leyes, sea mediante una acción directa o a través de una petición incidental; sino que adicionalmente tiene la facultad de revisar todas las decisiones pronunciadas por tribunales inferiores en materia de amparo o habeas corpus (art. 129.IV, Constitución; art. 38; y 41 ss. Ley). En este caso, a diferencia de las disposiciones en Argentina, ningún recurso extraordinario de control está previsto, así que el poder del Tribunal Constitucional de revisar las decisiones de amparo y habeas corpus es ejercido automáticamente en forma obligatoria.

---

344 Véase *Diario Oficial de la Federación* June 22, 1999. v. el texto en Eduardo Ferrer Mac Gregor: *La acción constitucional de amparo en México y España. Estudio de derecho comparado*, Editorial Porrúa, México, 2002, pp. 403 ss.

345 Véase Joaquín Brage Camazano: *La jurisdicción constitucional de la libertad (Teoría general, Argentina, México, Corte Interamericana de Derechos Humanos)*, Editorial Porrúa, Instituto Mexicano de Derecho Procesal Constitucional, México, 2005, pp. 153–155.

Para tal fin las decisiones judiciales que se dicten en la materia deben ser enviadas por los tribunales respectivos ante el Tribunal Constitucional de manera de garantizar la uniformidad de la interpretación constitucional.

6. *Los sistemas de revisión automática de conocimiento discrecional*

A. *La consulta obligatoria en Colombia*

En Colombia, la Corte Constitucional está facultada para revisar en forma automática las decisiones judiciales en materia de amparo, para lo cual tiene potestad discrecional.

Dicha Corte Constitucional, que fue creada en 1.991 como guardián último de la Constitución, al conocer de las acciones populares que se puedan intentar demandado la inconstitucionalidad de las leyes, tiene la competencia exclusiva para declarar la nulidad de las mismas, con efectos generales.[346] Este método concentrado de control de constitucionalidad en todo caso, está establecido en paralelo con el método difuso de control de constitucionalidad ejercido por todos los tribunales; y además con la atribución a una variedad de tribunales inferiores de la competencia para decidir en materia de tutela. Respecto de las decisiones de tutela, la Corte Constitucional tiene el poder de revisarlas.

Sin embargo, en este caso, contrario a la solución argentina no está previsto recurso extraordinario específico alguno de control, siendo la remisión de los expedientes a la Corte, obligatoria por parte de los tribunales, teniendo sin embargo, la Corte Constitucional poderes discrecionales para conocer de la revisión

Con tal propósito, el Decreto 2.591 de 1.991 sobre la acción de *tutela* establece que cuando una decisión de tutela no es apelada, debe ser siempre remitida automáticamente para revisión por parte de la Corte Constitucional (art. 31); y cuando las decisiones son apeladas, la decisión correspondiente del tribunal superior, sea confirmándola sea revocándola, también debe ser remitida automáticamente a la Corte Constitucional para su revisión (art. 32). En todos estos casos, la Sala Constitucional tiene poderes discrecionales para determinar cuál decisión de tutela será examinada o no (art. 33). [347]

De acuerdo con la ley reguladora de la tutela, todas las decisiones de la Corte Constitucional que revisen, modifiquen o revoquen la decisión de tutela o que unifiquen la jurisprudencia constitucional o clarifiquen el alcance de las disposiciones

---

346 Véase J. Vidal Perdomo: *Derecho constitucional general*, Bogotá 1985, p. 42; D.R. Salazar: Constitución Política de Colombia, Bogotá, 1982, p. 305; E. Sarria: *Guarda de la Constitución*, Bogotá, p. 78.

347 A tal efecto, la Corte Constitucional debe designar dos de sus magistrados para seleccionar, sin motivación expresa y de acuerdo con su criterio, las decisiones de *tutela* que han de ser reconsideradas. Sin embargo, cualquiera de los magistrados y el Defensor del Pueblo pueden solicitar la reconsideración de la decisión excluida cuando consideren que la reconsideración puede aclarar el alcance de un derecho o evitar un grave perjuicio. Asimismo, según la decisión 282 de febrero de 2.000, el Procurador General de la Nación puede solicitar la reconsideración de las decisiones de tutela cuando considere necesario defender el orden legal, el patrimonio público y los derechos y garantías fundamentales (artículo 7.12).

constitucionales, deben ser motivadas; y todas las otras deben ser justificadas (art. 35).

Por otra parte, las decisiones de revisión que adopte la Corte Constitucional solo producen efectos respecto del caso particular; por lo que el tribunal de primera instancia debe ser inmediatamente notificado, el cual a su vez debe notificar a las partes y dictar las resoluciones necesarias para adecuar sus propias decisiones al pronunciamiento de la Corte Constitucional.

En Colombia, sin embargo, no se ha establecido recurso extraordinario alguno para la revisión de sentencias dictadas por los tribunales en materia de control difuso de la constitucionalidad de las leyes que también existe.

B. La consulta obligatoria en Ecuador

En el caso del Ecuador, donde existe un sistema de justicia constitucional concentrado, se atribuye a la Corte Constitucional la potestad de revisar las sentencias de amparo dictadas por tribunales inferiores, las cuales deben ser obligatoriamente remitidas a la Corte en el término de tres días contados a partir de su ejecutoría a la Corte Constitucional, para su conocimiento y eventual selección y revisión (art. 25.1). La selección de las sentencias para su revisión, se debe hacer teniendo en cuenta las siguientes reglas previstas en el artículo 25 de la Ley de Garantías: Primero, "la Sala de Selección, después de conocer las sentencias, escogerá discrecionalmente aquellas sentencias objeto de la revisión" lo que se informará a través del portal de internet de la Corte Constitucional (25.2); segundo, "la exclusión de la revisión no requiere de motivación expresa" 25.3; tercero, la Sala de Selección debe tener en cuenta los siguientes parámetros para la selección, que deben ser explicados en el auto de selección: a) Gravedad del asunto; b) Novedad del caso e inexistencia de precedente judicial; c) Negación de los precedentes judiciales fijados por la Corte Constitucional; y d) Relevancia o trascendencia nacional del asunto resuelto en la sentencia" (art. 25.4). Teniendo en cuenta estas causales, el Defensor del Pueblo o cualquier juez de la Corte Constitucional puede solicitar la selección de la sentencia.

7. La competencia discrecional de control ex officio por parte de las Jurisdicciones Constitucionales en materia constitucional

Además de la competencia automática o de alzada de revisión por parte de la Jurisdicción Constitucional respecto de decisiones judiciales emitidas por tribunales inferiores en materia constitucional y resolviendo acciones de amparo, en algunos países latinoamericanos se ha atribuido a la Jurisdicción Constitucional competencia para revisar ex officio tales decisiones cuando aspectos constitucionales importantes están implicados.

En el caso de México, de acuerdo con la reforma constitucional aprobada en 1994 y 2014 (art. 107, VIII, tercer párrafo), la Corte Suprema de México fue revestida de la facultad discrecional de seleccionar los casos a revisar e materia de amparo, de importancia constitucional, cuando le es solicitado por los tribunales de circuito, ex officio o a pedido del Procurador General de la República. La principal característica de esta facultad de atracción es que ninguna petición de un particular es posible.

En Venezuela ha sido la Sala Constitucional de la Corte Suprema, a título de jurisdicción Constitucional, la cual ha desarrollado facultades *ex officio* para revisar decisiones de tribunales inferiores en materia constitucional, sin ninguna base constitucional. Con base en la antes mencionada facultad de la Sala Constitucional de conocer discrecionalmente las decisiones de los tribunales inferiores en materia constitucional de importancia, la Sala Constitucional, distorsionando sus facultades de control, extendió dicha facultad más allá de los casos específicos de decisiones de control de constitucionalidad y adoptadas en procesos de amparo establecidos en la Constitución; extensión que luego fue regularizada en la Ley Orgánica del Tribunal Supremo de Justicia desde 2004. En todo caso, mediante una doctrina judicial vinculante, la Sala extendió sus poderes de control a cualquier otra decisión judicial emitida en cualquier otra materia cuando la Sala considera que es contraria a la Constitución; una facultad que la Sala consideró autorizada a ejercer a pesar de la ausencia de cualquier norma constitucional, incluso *ex officio*. Estas facultades de control han sido también desarrolladas para casos de particulares decisiones judiciales cuando se consideran contrarios a la interpretación de la Sala Constitucional de la Constitución, o cuando se considera que están afectadas de un error grotesco respecto de la interpretación constitucional.[348]

REFLEXIÓN FINAL

Sin duda, como hemos señalado al inicio, entre todas las instituciones del derecho constitucional de América Latina, el derecho o la acción de amparo, protección o tutela puede considerarse como la más característica de todas, al punto de que bien se la puede calificar como una institución propiamente latinoamericana,[349] por lo demás, de origen mexicano, la cual ha incluso influido en su adopción en otras latitudes (Filipinas, por ejemplo).

Sin embargo, en su regulación legal, a pesar de toda su tradición constitucional, dicha institución, en muchos aspectos y en muchos países, no se adapta a los parámetros del derecho humano a la protección judicial para amparar los derechos humanos tal como se recogió en el artículo 25.1 de la Convención Americana sobre Derechos Humanos. El amparo, por tanto, siendo tan viejo casi como el mismo constitucionalismo latinoamericano,[350] todavía requiere de ajustes, los cuales se han venido realizando a nivel continental gracias precisamente al control de convencio-

---

348 Véase Decisión N° 93 del 6.2.2.001, caso *Olimpia Tours and Travel vs. Corporación de Turismo de Venezuela*, en *Revista de Derecho Público*, N° 85-88, Editorial Jurídica Venezolana, Caracas, 2001, pp. 414–415. v. Allan R. Brewer-Carías: *"Quis Custodiet ipsos Custodes:* De la interpretación constitucional a la inconstitucionalidad de la interpretación," en *VIII Congreso Nacional de Derecho Constitucional, Perú, Septiembre 2005*, Fondo Editorial, Colegio de Abogados de Arequipa, Arequipa, 2005, pp. 463–489.

349 Véase en general lo que hemos expuesto en Allan R. Brewer-Carías, *Constitucional Protection of Human Rights in Latin America. A Comparative Law Study on the amparo proceeding*, Cambridge University Press, New York, 2008.

350 Véase Allan R. Brewer-Carías, "Ensayo de síntesis comparativa sobre el régimen del amparo en la legislación latinoamericana", en *Revista Iberoamericana de Derecho Procesal Constitucional*, N° 9 enero-junio 2008, Editorial Porrúa, Instituto Iberoamericano de Derecho Procesal Constitucional, México 2008, pp. 311-321.

nalidad desarrollado por la Corte Interamericana de Derechos Humanos y por los jueces y tribunales nacionales en el orden interno con base a ese marco común que ha sido el citado artículo 25 de la Convención. Ello ha venido contribuyendo a darle a la institución del amparo su dimensión universal. Con ello, el camino se ha iniciado, como lo muestra el análisis que hemos efectuado, lo que no significa que no falte mucho por recorrer.

ARGENTINA

CONSTITUCIÓN NACIONAL DE
LA REPÚBLICA ARGENTINA, (1994)

Artículo 43.- Toda persona puede interponer acción expedita y rápida de amparo, siempre que no exista otro medio judicial más idóneo, contra todo acto u omisión de autoridades públicas o de particulares, que en forma actual o inminente lesione, restrinja, altere o amenace, con arbitrariedad o ilegalidad manifiesta, derechos y garantías reconocidos por esta Constitución, un tratado o una ley. En el caso, el juez podrá declarar la inconstitucionalidad de la norma en que se funde el acto u omisión lesiva.

Podrán interponer esta acción contra cualquier forma de discriminación y en lo relativo a los derechos que protegen al ambiente, a la competencia, al usuario y al consumidor, así como a los derechos de incidencia colectiva en general, el afectado, el defensor del pueblo y las asociaciones que propendan a esos fines, registradas conforme a la ley, la que determinará los requisitos y formas de su organización.

Toda persona podrá interponer esta acción para tomar conocimiento de los datos a ella referidos y de su finalidad, que consten en registros o bancos de datos públicos, o los privados destinados a proveer informes, y en caso de falsedad o discriminación, para exigir la supresión, rectificación, confidencialidad o actualización de aquéllos. No podrá afectarse el secreto de las fuentes de información periodística.

Cuando el derecho lesionado, restringido, alterado o amenazado fuera la libertad física, o en caso de agravamiento ilegítimo en la forma o condiciones de detención, o en el de desaparición forzada de personas, la acción de hábeas corpus podrá ser interpuesta por el afectado o por cualquiera en su favor y el juez resolverá de inmediato, aun durante la vigencia del estado de sitio.

LEY 16.986 ACCIÓN DE AMPARO, 18 DE OCTUBRE DE 1966

En uso de las atribuciones conferidas por el Artículo 5 del
Estatuto de la Revolución Argentina,

El Presidente de la Nación Argentina, Sanciona y Promulga con
Fuerza de ley:

Artículo 1. La acción de amparo será admisible contra todo acto u omisión de autoridad pública que, en forma actual o inminente, lesione, restrinja, altere o amenace, con arbitrariedad o ilegalidad manifiesta, los derechos o garantías explícita o implícitamente reconocidas por la Constitución Nacional, con excepción de la libertad individual tutelada por el habeas corpus.

Artículo 2. La acción de amparo no será admisible cuando:

a) Existan recursos o remedios judiciales o administrativos que permitan obtener la protección del derecho o garantía constitucional de que se trate;

b) El acto impugnado emanara de un órgano del Poder Judicial o haya sido adoptado por expresa aplicación de la Ley N° 16970;

c) La intervención judicial comprometiera directa o indirectamente la regularidad, continuidad y eficacia de la prestación de un servicio público, o el desenvolvimiento de actividades esenciales del Estado;

d) La determinación de la eventual invalidez del acto requiriese una mayor amplitud de debate o de prueba o la declaración de inconstitucionalidad de leyes, decretos u ordenanzas;

e) La demanda no hubiese sido presentada dentro de los quince días hábiles a partir de la fecha en que el acto fue ejecutado o debió producirse.

Artículo 3. Si la acción fuese manifiestamente inadmisible, el juez la rechazará sin sustanciación, ordenando el archivo de las actuaciones.

Artículo 4. Ser competente para conocer de la acción de amparo el juez de Primera Instancia con jurisdicción en el lugar en que el acto se exteriorice o tuviere o pudiere tener efecto. Se observarán, en lo pertinente, las normas sobre competencia por razón de la materia, salvo que aquéllas engendraran dudas razonables al respecto, en cuyo caso el juez requerido deberá conocer de la acción. Cuando un mismo acto u omisión afectare el derecho de varias personas, entenderá en todas esas acciones el juzgado que hubiese prevenido, disponiéndose la acumulación de autos, en su caso.

Artículo 5. La acción de amparo podrá deducirse por toda persona individual o jurídica, por sí o por apoderados, que se considere afectada conforme los presupuestos establecidos en el artículo 1. Podrá también ser deducida, en las mismas condiciones, por las asociaciones que sin revestir el carácter de personas jurídicas justificaren, mediante la exhibición de sus estatutos, que no contraharán una finalidad de bien público.

Artículo 6. La demanda deberá interponerse por escrito y contendrá:

a) El nombre, apellido y domicilios real y constituido del accionante;

b) La individualización, en lo posible, del autor del acto u omisión impugnados;

c) La relación circunstanciada de los extremos que hayan producido o están en vías de producir la lesión del derecho o garantía constitucional;

d) La petición, en términos claros y precisos.

Artículo 7. Con el escrito de interposición, el accionante acompañará la prueba instrumental de que disponga, o la individualizará si no se encontrase en su poder, con indicación del lugar en donde se encuentre. Indicará, asimismo, los demás medios de prueba de que pretenda valerse. El número de testigos no podrá exceder de cinco por cada parte, siendo carga de éstas hacerlos comparecer a su costa a la audiencia, sin perjuicio de requerir el uso de la fuerza pública en caso de necesidad. No se admitirá la prueba de absolución de posiciones.

Artículo 8. Cuando la acción fuera admisible, el juez requerirá la autoridad que corresponda un informe circunstanciado acerca de los antecedentes y fundamento de la medida impugnada, el que deberá ser evacuado dentro del plazo prudencial que fije. La omisión del pedido de informe es causa de nulidad del proceso. El requerido deberá cumplir la carga de ofrecer prueba en oportunidad de contestar el informe, en la forma establecida para el actor. Producido el informe o vencido el plazo otorgado sin su presentación, no habiendo prueba del accionante a tramitar, se dictará sentencia fundada dentro de las 48 horas, concediendo o denegando el amparo.

Artículo 9. Si alguna de las partes hubiese ofrecido prueba, deberá ordenarse su inmediata producción, fijándose la audiencia respectiva, la que deberá tener lugar dentro del tercer día.

Artículo 10. Si el actor no compareciera a la audiencia por sí o por apoderado, se lo tendrá por desistido, ordenándose el archivo de las actuaciones, con imposición de costas. Si fuere el accionado quien no concurriere, se recibirá la prueba del actor si la hubiere, y pasarán los autos para dictar sentencia.

Artículo 11. Evacuado el informe a que se refiere el artículo 8 o realizada, en su caso, la audiencia de prueba, el juez dictará sentencia dentro del tercer día. Si existiera prueba pendiente de producción por causas ajenas a la diligencia de las partes, el juez podrá ampliar dicho término por igual plazo.

Artículo 12. La sentencia que admita la acción deberá contener:

a) La mención concreta de la autoridad contra cuya resolución, acto u omisión se concede el amparo;

b) La determinación precisa de la conducta a cumplir, con las especificaciones necesarias para su debida ejecución;

c) El plazo para el cumplimiento de lo resuelto.

Artículo 13. La sentencia firme declarativa de la existencia o inexistencia de la lesión, restricción, alteración o amenaza arbitraria o manifiestamente ilegal de un derecho o garantía constitucional, hace cosa juzgada respecto del amparo, dejando subsistente el ejercicio de las acciones o recursos que puedan corresponder a las partes, con independencia del amparo.

Artículo 14. Las costas se impondrán al vencido. No habrá condena en costas si antes del plazo fijado para la contestación del informe a que se refiere el artículo 8, cesara el acto u omisión en que se fundó el amparo.

Artículo 15. Sólo serán apelables la sentencia definitiva, las resoluciones previstas en el artículo 3 y las que dispongan medidas de no innovar o la suspensión de los efectos del acto impugnado. El recurso deberá interponerse dentro de 48 horas de notificada la resolución impugnada y será fundado, debiendo denegarse o concederse en ambos efectos dentro de las 48 horas. En este último caso se elevará el expediente al respectivo Tribunal de Alzada dentro de las 24 horas de ser concedido. En caso de que fuera denegado, entenderá dicho Tribunal en el recurso directo que deberá articularse dentro de las 24 horas de ser notificada la denegatoria, debiendo dictarse sentencia dentro del tercer día.

Artículo 16. Es improcedente la recusación sin causa y no podrán articularse cuestiones de competencia, excepciones previas, ni incidentes.

Artículo 17. Son supletorias de las normas precedentes las disposiciones procesales en vigor.

Artículo 18. Esta ley será de aplicación en la Capital Federal y en el territorio de Tierra del Fuego, Antártida e Islas del Atlántico Sur. Asimismo, será aplicada por los jueces federales de las provincias en los casos en que el acto impugnado mediante la acción de amparo provenga de una autoridad nacional.

Artículo 19. La presente ley comenzará a regir desde el día de su publicación en el Boletín Oficial.

Artículo 20. Comuníquese, publíquese, dese a la Dirección Nacional del Registro Oficial y archívese.

Ongana. Enrique Martínez Paz. Conrado Etchebarne (h.).

BOLIVIA

CONSTITUCIÓN POLÍTICA DE BOLIVIA, (2008)

TÍTULO IV
GARANTÍAS JURISDICCIONALES Y ACCIONES DE DEFENSA

CAPÍTULO PRIMERO
GARANTÍAS JURISDICCIONALES

Artículo 109*.* I. Todos los derechos reconocidos en la Constitución son directamente aplicables y gozan de iguales garantías para su protección.

II. Los derechos y sus garantías sólo podrán ser regulados por la ley.

Artículo 110*.* I. Las personas que vulneren derechos constitucionales quedan sujetas a la jurisdicción y competencia de las autoridades bolivianas.

II. La vulneración de los derechos constitucionales hace responsables a sus autores intelectuales y materiales.

III. Los atentados contra la seguridad personal hacen responsables a sus autores inmediatos, sin que pueda servirles de excusa el haberlos cometido por orden superior.

[…]

Artículo 113*.* I. La vulneración de los derechos concede a las víctimas el derecho a la indemnización, reparación y resarcimiento de daños y perjuicios en forma oportuna.

II. En caso de que el Estado sea condenado a la reparación patrimonial de daños y perjuicios, deberá interponer la acción de repetición contra la autoridad o servidor público responsable de la acción u omisión que provocó el daño.

[…]

Artículo 115*.* I. Toda persona será protegida oportuna y efectivamente por los jueces y tribunales en el ejercicio de sus derechos e intereses legítimos.

II. El Estado garantiza el derecho al debido proceso, a la defensa y a una justicia plural, pronta, oportuna, gratuita, transparente y sin dilaciones.

[…]

CAPÍTULO SEGUNDO
ACCIONES DE DEFENSA

Sección I
Acción de libertad

Artículo 125. Toda persona que considere que su vida está en peligro, que es ilegalmente perseguida, o que es indebidamente procesada o privada de libertad personal, podrá interponer Acción de Libertad y acudir, de manera oral o escrita, por sí o por cualquiera a su nombre y sin ninguna formalidad procesal, ante cualquier juez o tribunal competente en materia penal, y solicitará que se guarde tutela a su vida, cese la persecución indebida, se restablezcan las formalidades legales o se restituya su derecho a la libertad.

Artículo 126. I. La autoridad judicial señalará de inmediato día y hora de la audiencia pública, la cual tendrá lugar dentro de las veinticuatro horas de interpuesta la acción, y dispondrá que la persona accionante sea conducida a su presencia o acudirá al lugar de la detención. Con dicha orden se practicará la citación, personal o por cédula, a la autoridad o a la persona denunciada, orden que será obedecida sin observación ni excusa, tanto por la autoridad o la persona denunciada como por los encargados de las cárceles o lugares de detención, sin que éstos, una vez citados, puedan desobedecer.

II. En ningún caso podrá suspenderse la audiencia. En ausencia del demandado, por inasistencia o abandono, se llevará a efecto en su rebeldía.

III. Conocidos los antecedentes y oídas las alegaciones, la autoridad judicial, obligatoriamente y bajo responsabilidad, dictará sentencia en la misma audiencia. La sentencia podrá ordenar la tutela de la vida, la restitución del derecho a la libertad, la reparación de los defectos legales, el cese de la persecución indebida o la remisión del caso al juez competente. En todos los casos, las partes quedarán notificadas con la lectura de la sentencia.

IV. El fallo judicial será ejecutado inmediatamente. Sin perjuicio de ello, la decisión se elevará en revisión, de oficio, ante el Tribunal Constitucional Plurinacional, en el plazo de las veinticuatro horas siguientes a su emisión.

Artículo 127. I. Los servidores públicos o personas particulares que resistan las decisiones judiciales en los casos previstos por esta acción, serán remitidos por orden de la autoridad que conoció de la acción ante el Ministerio Público para su procesamiento penal por atentado contra las garantías constitucionales.

II. La autoridad judicial que no proceda conforme con lo dispuesto por este **Artículo** quedará sujeta a sanción, de acuerdo con la Constitución y la ley.

Sección II
Acción de amparo constitucional

Artículo 128. La Acción de Amparo Constitucional tendrá lugar contra actos u omisiones ilegales o indebidos de los servidores públicos, o de persona individual o colectiva, que restrinjan, supriman o amenacen restringir o suprimir los derechos reconocidos por la Constitución y la ley.

Artículo 129. I. La Acción de Amparo Constitucional se interpondrá por la persona que se crea afectada, por otra a su nombre con poder suficiente o por la autoridad correspondiente de acuerdo con la Constitución, ante cualquier juez o tribunal competente, siempre que no exista otro medio o recurso legal para la protección inmediata de los derechos y garantías restringidos, suprimidos o amenazados.

II. La Acción de Amparo Constitucional podrá interponerse en el plazo máximo de seis meses, computable a partir de la comisión de la vulneración alegada o de notificada la última decisión administrativa o judicial.

III. La autoridad o persona demandada será citada en la forma prevista para la Acción de Libertad, con el objeto de que preste información y presente, en su caso, los actuados concernientes al hecho denunciado, en el plazo máximo de cuarenta y ocho horas desde la presentación de la Acción.

IV. La resolución final se pronunciará en audiencia pública inmediatamente recibida la información de la autoridad o persona demandada y, a falta de ésta, lo hará sobre la base de la prueba que ofrezca la persona accionante. La autoridad judicial examinará la competencia de la servidora pública o del servidor público o de la persona demandada y, en caso de encontrar cierta y efectiva la demanda, concederá el amparo solicitado. La decisión que se pronuncie se elevará, de oficio, en revisión ante el Tribunal Constitucional Plurinacional en el plazo de las veinticuatro horas siguientes a la emisión del fallo.

V. La decisión final que conceda la Acción de Amparo Constitucional será ejecutada inmediatamente y sin observación. En caso de resistencia se procederá de acuerdo con lo señalado en la Acción de Libertad. La autoridad judicial que no proceda conforme con lo dispuesto por este **Artículo**, quedará sujeta a las sanciones previstas por la ley.

Sección III

Acción de protección de privacidad

Artículo 130. I. Toda persona individual o colectiva que crea estar indebida o ilegalmente impedida de conocer, objetar u obtener la eliminación o rectificación de los datos registrados por cualquier medio físico, electrónico, magnético o informático, en archivos o bancos de datos públicos o privados, o que afecten a su derecho fundamental a la intimidad y privacidad personal o familiar, o a su propia imagen, honra y reputación, podrá interponer la Acción de Protección de Privacidad.

II. La Acción de Protección de Privacidad no procederá para levantar el secreto en materia de prensa.

Artículo 131. I. La Acción de Protección de Privacidad tendrá lugar de acuerdo con el procedimiento previsto para la acción de Amparo Constitucional.

II. Si el tribunal o juez competente declara procedente la acción, ordenará la revelación, eliminación o rectificación de los datos cuyo registro fue impugnado.

III. La decisión se elevará, de oficio, en revisión ante el Tribunal Constitucional Plurinacional en el plazo de las veinticuatro horas siguientes a la emisión del fallo, sin que por ello se suspenda su ejecución.

IV. La decisión final que conceda la Acción de Protección de Privacidad será ejecutada inmediatamente y sin observación. En caso de resistencia se procederá de acuerdo con lo señalado en la Acción de Libertad. La autoridad judicial que no proceda conforme con lo dispuesto por este **Artículo** quedará sujeta a las sanciones previstas por la ley.

[...]

Sección VI

Acción popular

Artículo 135. La Acción Popular procederá contra todo acto u omisión de las autoridades o de personas individuales o colectivas que violen o amenacen con violar derechos e intereses colectivos, relacionados con el patrimonio, el espacio, la seguridad y salubridad pública, el medio ambiente y otros de similar naturaleza reconocidos por esta Constitución.

Artículo 136. I. La Acción Popular podrá interponerse durante el tiempo que subsista la vulneración o la amenaza a los derechos e intereses colectivos. Para interponer esta acción no será necesario agotar la vía judicial o administrativa que pueda existir.

II. Podrá interponer esta acción cualquier persona, a título individual o en representación de una colectividad y, con carácter obligatorio, el Ministerio Público y el Defensor del Pueblo, cuando por el ejercicio de sus funciones tengan conocimiento de estos actos. Se aplicará el procedimiento de la Acción de Amparo Constitucional.

CÓDIGO PROCESAL CONSTITUCIONAL APROBADO POR LEY 254 DE 05/07/2012

TÍTULO I

DISPOSICIONES GENERALES, FACULTADES ESPECIALES DEL TRIBUNAL CONSTITUCIONAL PLURINACIONAL, RESOLUCIONES, EFECTOS Y EJECUCIÓN

CAPÍTULO PRIMERO

DISPOSICIONES GENERALES

Artículo 1. (Objeto).

El presente Código tiene por objeto regular los procesos constitucionales ante el Tribunal Constitucional Plurinacional, así como las acciones de defensa ante Juezas, Jueces y Tribunales competentes.

Artículo 2. (Interpretación Constitucional).

I. El Tribunal Constitucional Plurinacional en su labor interpretativa aplicará, con preferencia, la voluntad del constituyente, de acuerdo con sus actas y resoluciones, así como el tenor literal del texto de la Constitución Política del Estado..

II. Asimismo podrá aplicar:

1. La interpretación sistemática de la Constitución Política del Estado, y la interpretación según los fines establecidos en los principios constitucionales.

2. Los derechos reconocidos en la Constitución Política del Estado, de acuerdo con los Tratados y Convenios Internacionales de Derechos Humanos ratificados por el país, cuando éstos prevean normas más favorables. En caso de que esos tratados declaren derechos no contemplados en la Constitución Política del Estado se considerarán como parte del ordenamiento constitucional.

Artículo 3. (Principios Procesales de la Justicia Constitucional).

Las Magistradas y los Magistrados del Tribunal Constitucional Plurinacional así como las Juezas, los Jueces y Tribunales, a tiempo de impartir justicia constitucional, se regirán por los siguientes principios:

1. Conservación de la Norma. En los casos en que una ley admita diferentes interpretaciones, el Tribunal Constitucional Plurinacional en todo momento optará por la interpretación que sea compatible con el texto constitucional.

2. Dirección del Proceso. Por el que deben conducir la intervención de las partes y establecer los actos correctivos necesarios.

3. Impulso de Oficio. Por el que las diferentes actuaciones procesales se efectuarán sin necesidad de petición de las partes.

4. Celeridad. Que obliga a resolver los procesos evitando dilaciones en su tramitación.

5. No Formalismo. Por el que sólo podrán exigirse aquellas formalidades estrictamente necesarias para la consecución de los fines del proceso

6. Concentración. En el proceso constitucional debe reunirse la mayor actividad procesal en el menor número de actos posibles

7. Motivación. Que obliga a fundamentar y argumentar un fallo de forma jurídicamente razonable.

8. Comprensión Efectiva. Por el cual en toda resolución, los fundamentos de hecho y derecho, así como los razonamientos expuestos deben ser de fácil comprensión para las partes que intervienen en el proceso y la población en general.

Artículo 4. (Presunción de Constitucionalidad).

Se presume la constitucionalidad de toda norma de los Órganos del Estado en todos sus niveles, en tanto el Tribunal Constitucional Plurinacional no declare su inconstitucionalidad.

CAPÍTULO SEGUNDO
FACULTADES ESPECIALES DEL TRIBUNAL CONSTITUCIONAL PLURINACIONAL Y DEBER DE COOPERACIÓN, COLABORACIÓN DE LOS ÓRGANOS, INSTITUCIONES Y SUJETOS PÚBLICOS Y PRIVADOS

Artículo 5. (Deber de cooperación y colaboración).

Los órganos e instituciones públicas, las personas naturales o personas jurídicas públicas o privadas, prestarán al Tribunal Constitucional Plurinacional, en el plazo que éste determine la:

1. Cooperación o colaboración que se requiera con carácter preferente, urgente e inexcusable.

2. Remisión de cualquier documento necesario para la resolución del proceso constitucional.

Artículo 6. (Acumulación de procesos).

I. El Tribunal Constitucional Plurinacional, de oficio o a instancia de parte, podrá disponer la acumulación de aquellos procesos relacionados y conexos entre sí, siempre que esta medida no provoque atrasos innecesarios en el conocimiento y resolución de las causas.

II. La determinación de acumular procesos corresponderá a la Comisión de Admisión, que en forma fundamentada dispondrá la misma tomando en cuenta:

1. La existencia de un mismo acto u omisión que restrinja o amenace restringir derechos fundamentales o garantías constitucionales de dos o más personas que activan separadamente la jurisdicción constitucional.

2. Ninguna de las causas a acumularse debe contar con Resolución Definitiva.

3. El o los expedientes, serán acumulados por orden de prelación

Artículo 7. (Información complementaria pericial)

I. El Tribunal Constitucional Plurinacional, cuando estime necesario y corresponda, podrá disponer la producción de información complementaria pericial, definiendo su forma y otorgará un plazo de hasta 6 meses para la entrega del informe pericial.

II. Todos los plazos se suspenderán, entre tanto no se produzca la información complementaria pericial.

Artículo 8. (Audiencias públicas)

I. El Tribunal Constitucional Plurinacional, antes de pronunciar resolución, podrá señalar audiencia pública para que en el proceso constitucional, las partes fundamenten la pertinencia de sus pretensiones. Será obligatoria la presencia de la Procuraduría General del Estado, cuando se trate de la defensa de los intereses del Estado.

II. En la audiencia el Tribunal Constitucional Plurinacional, escuchará a las partes y a la Procuraduría General del Estado cuando corresponda, pudiendo formular las consultas que considere necesarias. La audiencia concluirá sin ningún pronunciamiento sobre el fondo de la causa.

Artículo 9. (Medidas cautelares).

El Tribunal Constitucional Plurinacional, de oficio o a petición de parte, a través de la Comisión de Admisión, podrá determinar las medidas cautelares que considere necesarias.

CAPÍTULO TERCERO
RESOLUCIONES DEL TRIBUNAL CONSTITUCIONAL PLURINACIONAL, EFECTOS Y EJECUCIÓN

Artículo 10. (Resoluciones).

I. El Tribunal Constitucional Plurinacional emitirá las siguientes resoluciones. 1. Sentencias Constitucionales. Resuelven las acciones, demandas y recursos, así como en revisión las acciones de defensa.

2. Declaraciones Constitucionales. Son adoptadas en caso de control previo o consultas realizadas al Tribunal Constitucional Plurinacional.

3 Autos Constitucionales. Son decisiones de admisión o rechazo, desistimiento, cumplimiento y otras que se emitan en el desarrollo del proceso.

II. La Sala Plena del Tribunal Constitucional Plurinacional resolverá los procesos sujetos a su conocimiento por mayoría absoluta de votos de sus miembros presentes

III. Las Magistradas y los Magistrados podrán formular voto disidente o en su caso aclaración de voto, debidamente fundamentado cuando sus criterios jurídicos no sean coincidentes con los de la mayoría.

Artículo 11. (Obligatoriedad).

Las Magistradas y los Magistrados del Tribunal Constitucional Plurinacional, no podrán excusarse de fallar en las causas sometidas a su conocimiento alegando insuficiencia, ausencia u obscuridad de la norma.

Artículo 12. (Citación o notificación).

I. Las sentencias, declaraciones y autos constitucionales serán notificados, mediante cédula, en las oficinas de notificaciones del Tribunal Constitucional Plurinacional

II. Sin perjuicio de lo señalado en el parágrafo anterior, el Tribunal Constitucional Plurinacional hará conocer a las partes en calidad de información el día de la notificación, en la cuenta personal de correo electrónico, el contenido de las sentencias, autos y Declaraciones Constitucionales, mediante sistema electrónico.

III. Asimismo cuando se trate de sentencias emitidas en acciones de inconstitucionalidad o acciones contra tributos, se notificará a la Gaceta Oficial de Bolivia, o en su caso a las instituciones de difusión de las leyes de Entidades Territoriales Autónomas, a objeto de que hagan una nueva publicación de la Ley o Reglamento con referencia a la Sentencia Constitucional.

Artículo 13. (Aclaración, enmienda y complementación).

I. Las partes, dentro de las cuarenta y ocho horas siguientes a la notificación de la resolución, podrán solicitar se precise conceptos obscuros, corrija errores materiales o subsane omisiones, sin afectar el fondo del fallo emitido.

II. El Tribunal Constitucional Plurinacional, de oficio, dentro de las cuarenta y ocho horas siguientes a la notificación de la resolución, podrá aclarar, enmendar o complementarla en temas estrictamente formales, sin afectar el fondo del fallo emitido.

Artículo 14. (Sentencias con calidad de cosa juzgada).

La sentencia que declare la inconstitucionalidad de una norma del ordenamiento jurídico, no dará lugar a la revisión de sentencias que tengan la calidad de cosa juzgada, ni a la revisión de los actos realizados con la norma cuando se presumía constitucional.

Artículo 15. (Carácter obligatorio, vinculante y valor jurisprudencial de las sentencias).

I. Las sentencias, declaraciones y autos del Tribunal Constitucional Plurinacional son de cumplimiento obligatorio para las partes intervinientes en un proceso constitucional; excepto las dictadas en las acciones de inconstitucionalidad y recurso contra tributos que tienen efecto general.

II. Las razones jurídicas de la decisión, en las resoluciones emitidas por el Tribunal Constitucional Plurinacional constituyen jurisprudencia y tienen carácter vinculante para los Órganos del poder público, legisladores, autoridades, tribunales y particulares.

Artículo 16. (Ejecución)

I. La ejecución de una Resolución Constitucional con calidad de cosa juzgada, corresponde al juzgado o tribunal que inicialmente conoció la acción

II. Corresponderá al Tribunal Constitucional Plurinacional conocer y resolver las quejas por demora o incumplimiento en la ejecución antes referida; asimismo le corresponde la ejecución en los procesos que directamente se presenten ante el mismo.

Artículo 17. (Cumplimiento de resoluciones)

I. El Tribunal Constitucional Plurinacional y las Juezas, Jueces y Tribunales de garantías constitucionales adoptarán las medidas que sean necesarias para el cumplimiento de sus resoluciones

II. Podrán requerir la intervención de la fuerza pública o la remisión de antecedentes ante la autoridad administrativa a fin de la sanción disciplinaria que corresponda

III. Podrán imponer multas progresivas a la autoridad o persona individual o colectiva, que incumpla sus decisiones, sin perjuicio de las responsabilidades civiles y penales que pudieran emerger.

Artículo 18. (Remisión a la Procuraduría General del Estado o al Ministerio Público)

El Tribunal Constitucional Plurinacional, a efectos de seguir las acciones civiles o penales derivadas del incumplimiento de sus decisiones, remitirá, respectivamente, los antecedentes a la Procuraduría General del Estado, si corresponde, o al Ministerio Público.

Artículo 19. (Publicación)

Las sentencias, declaraciones y autos constitucionales se publicarán en la Gaceta Constitucional, cuya periodicidad será mensual. El Tribunal Constitucional Plurinacional difundirá sus resoluciones, además de los mecanismos electrónicos, a través de los medios que vea conveniente.

CAPÍTULO CUARTO
DE LAS EXCUSAS

Artículo 20. (Causas de excusa).

Serán causas de excusa para Magistradas y Magistrados del Tribunal Constitucional Plurinacional:

1. El parentesco hasta el cuarto grado de consanguinidad, segundo de afinidad o el derivado de los vínculos de adopción con el accionante o las partes.

2. Tener relación de compadrazgo, padrino o ahijado, con alguna de las partes.

3. Tener proceso pendiente con alguna de las partes, siempre que éste no hubiere sido provocado exprofeso por una de ellas para inhabilitarlo, o ser o haber sido denunciante o acusador contra una de las partes para su enjuiciamiento penal, o denunciado por alguna de ellas con el mismo objeto.

4. Haber sido abogado, mandatario, testigo, perito o tutor en el proceso que debe conocer, o en cualquier función que comprometa su imparcialidad.

5. Haber manifestado su opinión sobre la pretensión litigada y que conste en actuado judicial.

6. Tener amistad íntima, enemistad u odio con alguna de las partes, que se manifieste por hechos notorios y recientes. En ningún caso procederá la excusa por ataques u ofensas inferidas al Magistrado, Vocal o Juez después que hubiere comenzado a conocer el asunto.

7. Ser acreedor, deudor o garante de alguna de las partes.

8. Ser o haber sido denunciante o querellante contra una de las partes, o denunciado o querellado por cualquiera de éstas con anterioridad a la iniciación de la causa.

Artículo 21. (Obligación de excusa).

I. La Magistrada o el Magistrado comprendido en cualquiera de las causales de excusa deberá apartarse en su primera actuación de oficio. Declarada legal la excusa, la Magistrada o el Magistrado quedará apartado definitivamente de conocer la causa

II. Todo acto o resolución posterior de la Magistrada o el Magistrado excusado, dentro de la misma causa, será nulo.

Artículo 22. (Responsabilidad penal).

Si la Magistrada o Magistrado comprendido en cualquiera de las causales de excusa no se aparta del conocimiento de la causa, será pasible de responsabilidad penal.

Artículo 23. (Procedimiento)

1. Cuando se trate de una Magistrada o Magistrado del Tribunal Constitucional Plurinacional, la excusa se presentará ante la Comisión de Admisión, que la remitirá a la Sala Plena del Tribunal Constitucional Plurinacional.

2. En un plazo de cuarenta y ocho horas, la Sala Plena resolverá la excusa mediante auto por mayoría de votos, sin recurso ulterior..

3. Si la excusa fuere declarada ilegal, la Magistrada o Magistrado reasumirá el conocimiento de la causa.

4. Si la excusa fuere declarada legal, se sustituirá a la Magistrada o Magistrado excusado del conocimiento de la causa.

5. Producida la excusa, la Magistrada o Magistrado no podrá realizar ningún acto en la misma causa, bajo sanción de nulidad.

CAPÍTULO QUINTO
NORMAS COMUNES EN LAS ACCIONES DE INCONSTITUCIONALIDAD, CONFLICTOS DE COMPETENCIAS, CONSULTAS Y RECURSOS

Artículo 24. (Requisitos)

I. Las Acciones de Inconstitucionalidad, conflictos de competencias y atribuciones, consultas y recursos deberán contener.

1. Nombre, apellido y generales de ley de quien interpone la acción, demanda, consulta o recurso, o de su representante legal, acompañando en este último caso la documentación que acredite su personería. Además deberá indicarse la dirección de un correo electrónico u otro medio alternativo de comunicación inmediata.

2. Nombre y domicilio contra quien se dirige la acción o recurso, cuando así corresponda

3. Exposición de los hechos, cuando corresponda.

4. En las acciones de inconstitucionalidad, la identificación de la disposición legal y las normas impugnadas, así como las normas constitucionales que se consideren infringidas, formulando con claridad los motivos por los que la norma impugnada es contraria a la Constitución Política del Estado..

5. Solicitud, en su caso, de medidas cautelares.

6. Petitorio.

II. Las acciones de inconstitucionalidad, conflictos de competencias y atribuciones, consultas y recursos, requerirán el patrocinio de abogada o abogado.

Artículo 25. (Plazos y notificaciones).

I. Los plazos en la sustanciación de las acciones de inconstitucionalidad, conflictos de competencias, consultas y recursos son perentorios y de cumplimiento obligatorio. En los procesos ante el Tribunal Constitucional Plurinacional se contarán los días hábiles de lunes a viernes. Los plazos procesales se computarán a partir del día siguiente de la notificación con la resolución

II. Las notificaciones en la sustanciación de las acciones de inconstitucionalidad, conflicto de competencias, consultas y recursos se realizarán de forma personal o mediante cédula en el domicilio que sea señalado.

Artículo 26. (Presentación de la acción, demanda, consulta o recurso y observaciones de forma).

I. Las acciones, demandas, consultas o recursos ante el Tribunal Constitucional Plurinacional podrán ser presentadas de forma personal o por cualquier otro medio, reglamentado por el Tribunal Constitucional Plurinacional, con cargo a remisión de original, mismo que se registrará en Secretaria General remitiéndose en el plazo de dos días a la Comisión de Admisión.

II. La Comisión de Admisión, en el plazo de cinco días de recibidos los antecedentes originales, observará, si fuera el caso, el incumplimiento de los requisitos establecidos en el Artículo 24 del presente Código, los cuales podrán ser subsanados en el plazo de cinco días. De no subsanarse, la acción, demanda, consulta o recurso se tendrá por no presentada

Artículo 27. (Trámite en la comisión de admisión).

I. Una vez verificado el cumplimiento de los requisitos o subsanadas las observaciones hechas a la acción presentada, la Comisión de Admisión en un plazo no mayor de cinco días se pronunciará sobre la admisión o rechazo de acuerdo con el procedimiento establecido en el presente Código.

II. La Comisión de Admisión rechazará las acciones, demandas, consultas y recursos en los siguientes casos

a) Cuando concurra la cosa juzgada constitucional

b). Cuando sea presentada de manera extemporánea en los casos que así corresponda, o

c) Cuando carezca en absoluto de fundamentos jurídico constitucionales que justifiquen una decisión de fondo

III. El auto constitucional de rechazo será impugnable mediante recurso de queja ante el pleno del Tribunal Constitucional Plurinacional en el plazo de setenta y dos horas a partir de su notificación, mismo que será resuelto en el plazo de cinco días.

Artículo 28. (Contenido de las sentencias declaraciones y autos constitucionales)

I. Toda Sentencia, Declaración o Auto Constitucional, deberá contener los suficientes argumentos de hecho y de derecho que justifique la decisión.

II. La parte resolutiva del fallo sobre el fondo de la acción, demanda, consulta o recurso podrá determinar su dimensionamiento en el tiempo y los efectos sobre lo resuelto.

TÍTULO II
ACCIONES DE DEFENSA

CAPÍTULO PRIMERO
NORMAS COMUNES DE PROCEDIMIENTO DE
ACCIONES DE DEFENSA

Sección I

Procedimiento ante juezas, jueces y tribunales

Artículo 29. (Reglas generales).

En los procedimientos ante juezas, jueces y tribunales en acciones de defensa serán aplicables las siguientes disposiciones

1. La interposición de la acción deberá realizarse en forma escrita, con excepción de la acción de libertad que podrá presentarse de forma oral, de ser así, el secretario del juzgado o tribunal levantará un acta que contenga la relación de los hechos que justifiquen la interposición de la acción

2. La Jueza, Juez o Tribunal, a petición de la parte accionante, le designará defensor público cuando no esté asistida por abogada o abogado particular. En la acción de libertad la parte accionante no requerirá de la asistencia de abogada o abogado

3. Cuando sea necesario, la Jueza, Juez o Tribunal garantizará la presencia de traductoras o traductores

4. El expediente constará por escrito y estará integrado por:

a) El memorial o documento en el que se halle transcrita la pretensión oral, en caso de la Acción de Libertad.

b) El auto de admisión y las providencias que se emitan

c) Las notificaciones que correspondan.

d) El informe o contestación a la acción

e) Los documentos que contengan elementos de prueba.

f) El acta de audiencia.

g) La resolución de la Jueza, Juez o Tribunal en Acción de Defensa.

5. Los plazos establecidos para las Acciones de Defensa son perentorios. Para sus efectos se entiende por días hábiles de lunes a viernes, salvando los días feriados. En el caso de Acciones de Libertad los plazos se computarán en días calendario

6. Las citaciones se realizarán en forma personal o mediante cédula.

7. No serán admitidas Acciones de Defensa en los casos en los que exista cosa juzgada constitucional

8. El Ministerio Público, la Defensoría del Pueblo y la Procuraduría General del Estado, en el marco de sus competencias, intervendrán en las Acciones de Defensa

Artículo 30. (Improcedencia)

I. En las Acciones de Amparo Constitucional o de Cumplimiento, la Jueza, Juez o Tribunal verificará el cumplimiento de lo establecido en el Artículo 33, 53 y 66 del presente Código

1. En caso de incumplirse lo establecido el Artículo 33 del presente Código, dispondrá la subsanación en el plazo de tres días a partir de su notificación. Cumplido el plazo y no se hubiera subsanado la observación, se tendrá por no presentada la acción.

2. Si se cumpliese lo establecido en el Artículo 53 o Artículo 66 del presente Código, mediante auto motivado, se declarará la improcedencia de la acción que se notificará a la parte accionante, para que en el plazo de tres días presente impugnación a la resolución asumida. De no presentarse la impugnación, la Jueza, Juez o Tribunal de Garantías procederá al archivo de obrados

II. Si la parte accionante impugna el auto de improcedencia, la Jueza, Juez o Tribunal, en el plazo de dos días remitirá en revisión la decisión asumida ante el Tribunal Constitucional Plurinacional.

III. Recibidos los antecedentes ante el Tribunal Constitucional Plurinacional, la Comisión de Admisión mediante auto confirmará la improcedencia o determinará la admisión de la acción devolviendo el expediente a la Jueza, Juez o Tribunal de Garantías remitente para la tramitación del proceso.

Artículo 31. (Comparecencia de terceros)

I. La persona natural o jurídica que pruebe interés legítimo en una Acción de Defensa podrá presentarse ante la Jueza, Juez o Tribunal, que de estimarlo necesario, admitirá sus alegaciones en audiencia

II. La Jueza, Juez o Tribunal, de oficio o a petición de parte cuando considere necesario podrá convocar a terceros interesados.

Artículo 32. (Competencia de juezas, jueces y tribunales).

I. La Acción de Libertad podrá interponerse ante cualquier Jueza, Juez o Tribunal competente, en Materia Penal. El resto de las acciones de defensa se interpondrán ante cualquiera de los siguientes Juzgados.

1. En las capitales de Departamento, ante la Sala de turno de los Tribunales Departamentales de Justicia o ante los Juzgados Públicos de Materia.

2. Fuera de las capitales de Departamento, ante los Juzgados Públicos o Juzgados Públicos Mixtos

II. El juzgado o tribunal competente será el del lugar en el que se haya producido la violación del derecho. Si en el lugar no hubiere autoridad judicial será competente la Jueza, Juez o Tribunal al que la parte pueda acceder por razones de cercanía territorial o mejores condiciones de transporte. Si la violación hubiese sido cometida fuera del lugar de residencia de la afectada o afectado, ésta o éste podrá presentar la acción, si lo estima pertinente, ante el juzgado o tribunal competente por razón del domicilio.

Artículo 33. (Requisitos para la acción)

La acción deberá contener al menos:

I. Nombre, apellido y generales de quien interpone la acción o de su representante legal, acompañando en este último caso, la documentación que acredite su personería. En el caso de terceras personas que tengan interés legítimo, deberán acreditar el interés alegado. Además, deberá indicarse la dirección de un correo electrónico u otro medio alternativo de comunicación inmediata.

2. Nombre y domicilio contra quien se dirige la acción, o los datos básicos para identificarla o identificarlo, así como, en el caso de que se conozca, el lugar dónde pueda ser notificada o notificado.

3. Patrocinio de abogado cuando corresponda, o en su caso la solicitud de defensor público.

4. Relación de los hechos.

5. Identificación de los derechos o garantías que se consideren vulnerados.

6. Solicitud, en su caso, de medidas cautelares.

7. Las pruebas que tenga en su poder o señalamiento del lugar donde se encuentren.

8. Petición.

Artículo 34. (Medidas cautelares).

En todo momento, la Jueza, Juez o Tribunal podrá determinar de oficio o a petición de parte, las medidas cautelares necesarias para evitar la consumación de la restricción, supresión o amenaza de restricción, del derecho o garantía constitucional que, a su juicio, pueda crear una situación irreparable.

Artículo 35. (Actuaciones previas).

En las Acciones de Libertad, Amparo Constitucional, Protección de Privacidad, Cumplimiento y Popular, se aplicará el siguiente procedimiento

1. Presentada la acción, la Jueza, Juez o Tribunal inmediatamente señalará día y hora para audiencia pública en los plazos establecidos para cada caso en el presente Código. También dispondrá la notificación personal o por cédula de la parte accionada, determinará se remita la prueba que ésta tenga en su poder y establecerá las medidas cautelares que considere necesarias.

2. La Jueza, Juez o Tribunal, de estimarlo necesario, ordenará la notificación para la audiencia a terceros interesados que puedan ser afectados en sus derechos o que aporten mayores elementos de juicio, para dictarse resolución.

3. La parte accionada podrá contestar la Acción de Defensa o informar antes o durante la audiencia pública.

Artículo 36. (Audiencia pública).

La audiencia pública se regirá de acuerdo con el siguiente procedimiento:

1. La audiencia será oral y su desarrollo constará en acta, pudiendo utilizarse otros medios de registro, excepto en los casos prohibidos por Ley.

2. La inasistencia de las partes no impedirá el desarrollo de la audiencia.

3. Se dará lectura a la acción y al informe o contestación.

4. Se escucharán las exposiciones de las partes. Si la Jueza, Juez o Tribunal, considerare oportuno, podrá escuchar a otras personas o representantes de instituciones propuestos por las partes.

5. Las partes podrán aportar las pruebas que demuestren los hechos que alegan, o en su caso las que desvirtúen los de la otra parte. La Jueza, Juez o Tribunal podrá desestimarlas cuando entienda que son impertinentes, o solicitar las que considere necesarias.

6. Durante el transcurso de la audiencia, la Jueza, Juez o Tribunal, podrá hacer las preguntas que crea oportunas para resolver el caso, controlará la actividad de los participantes y evitará dilaciones innecesarias.

7. En el desarrollo de la audiencia no podrán decretarse recesos hasta dictarse la correspondiente resolución. Para concluir la audiencia podrán habilitarse, si es necesario, horas extraordinarias.

8. La resolución que conceda o deniegue respectivamente la tutela solicitada, será emitida oralmente en la audiencia e inmediatamente ejecutada. Su lectura implicará la notificación a las partes que también la recibirán por escrito, mediante copia legalizada.

9. Los accionantes o accionados podrán solicitar aclaración, enmienda o complementación, en la audiencia o en el plazo de veinticuatro horas desde la notificación escrita. En el primer caso, la autoridad judicial deberá responder en la audiencia; en el segundo, en el plazo de veinticuatro horas a partir de la presentación del escrito de aclaración, enmienda o complementación.

Artículo 37. (Contenido de la resolución).

La resolución por escrito de la Acción de Defensa contendrá:

1. Título y fecha de la resolución.

2. Identificación de quien interpone la acción y en su caso de su representante legal.

3. Identificación de la autoridad, Órgano o persona contra quien se interpuso la acción.

4. Relación de los antecedentes procesales.

5. Relación de hechos y fundamentación de derechos que sustenten la resolución.

6. Decisión

Artículo 38. (Remisión al Tribunal Constitucional Plurinacional).

La resolución y antecedentes de la Acción de Defensa se elevará de oficio, en revisión ante el Tribunal Constitucional Plurinacional en el plazo de veinticuatro horas siguientes a la emisión de la resolución. El Auto de aclaración, enmienda o complementación, si lo hubiere, será elevado al Tribunal Constitucional Plurinacional inmediatamente después de la notificación a las partes.

Artículo 39. (Responsabilidad y repetición).

I. La resolución que conceda la acción, podrá determinar también, la existencia o no de indicios de responsabilidad civil o penal, estimando en el primer supuesto el monto a indemnizar por daños y perjuicios y en el segundo, remitiendo antecedentes al Ministerio Público y a la Procuraduría General del Estado cuando corresponda. A este efecto el Tribunal podrá abrir un término de prueba de hasta diez días, computables a partir de la notificación en la misma audiencia.

II. Si la responsabilidad fuera atribuible a una servidora o servidor público, la Jueza, Juez o Tribunal que concedió la acción, ordenará la remisión de una copia de la resolución a la máxima autoridad administrativa de la entidad donde preste sus servicios, para el inicio, si corresponde, del proceso disciplinario.

Artículo 40. (Ejecución inmediata y cumplimiento de resoluciones)

I. Las resoluciones determinadas por una Jueza, Juez o Tribunal en Acciones de Defensa, serán ejecutadas inmediatamente, sin perjuicio de su remisión, para revisión ante el Tribunal Constitucional Plurinacional, en el plazo establecido en el presente Código

II. La Jueza, Juez o Tribunal en Acciones de Defensa, para el cumplimiento de sus resoluciones, sin perjuicio de la responsabilidad penal, adoptará las medidas que sean necesarias, pudiendo requerir la intervención de la fuerza pública y la imposición de multas progresivas a la autoridad o particular renuente.

Sección II

Revisión de las acciones de defensa ante
el Tribunal Constitucional Plurinacional

Artículo 41. (Registro).

Recibidos los antecedentes de las Acciones de Libertad, Amparo Constitucional, de Protección de Privacidad, de Cumplimiento y Popular, el Tribunal Constitucional Plurinacional registrará su ingreso y en el plazo de diez días los remitirá a la Comisión de Admisión.

Artículo 42. (Sorteo).

La Comisión de Admisión recibidos los antecedentes, mediante sorteo asignará a la Magistrada o Magistrado Relator del Tribunal Constitucional Plurinacional que en Sala deberá conocer la resolución de Acción de Defensa en revisión.

Artículo 43. (Plazos para la resolución).

I. Las Acciones de Defensa serán revisadas y resueltas en el plazo de:

1. Veinte días siguientes al sorteo de la Magistrada o Magistrado Relator en las Acciones de Libertad.

2. Treinta días siguientes al sorteo de la Magistrada o Magistrado Relator en las Acciones de Amparo Constitucional, Protección de Privacidad, Cumplimiento y Popular.

II. Excepcionalmente el Pleno del Tribunal Constitucional Plurinacional mediante acuerdo jurisdiccional motivado, podrá disponer la ampliación del plazo previsto en el parágrafo anterior por un tiempo que no exceda la mitad del mismo.

Artículo 44. (Formas de sentencia en acciones de defensa).

Las sentencias en Acciones de Defensa podrán

1. Confirmar en todo o en parte la resolución de la Jueza, Juez o Tribunal de origen.

2. Revocar en todo o en parte la resolución de la Jueza, Juez o Tribunal de origen.

Artículo 45. (Contenido de la sentencia en acción de defensa).

La Sentencia en revisión, deberá contener los suficientes argumentos de hecho y de derecho que justifiquen la decisión.

CAPÍTULO SEGUNDO
ACCIÓN DE LIBERTAD

Artículo 46. (Objeto).

La Acción de Libertad tiene por objeto garantizar, proteger o tutelar los derechos a la vida, integridad física, libertad personal y libertad de circulación, de toda persona que crea estar indebida o ilegalmente perseguida, detenida, procesada, presa o que considere que su vida o integridad física está en peligro.

Artículo 47. (Procedencia).

La Acción de Libertad procede cuando cualquier persona crea que:

1. Su vida está en peligro

2. Está ilegalmente perseguida;

3. Está indebidamente procesada.

4. Está indebidamente privada de libertad personal.

Artículo 48. (Legitimación activa).

La Acción de Libertad podrá ser interpuesta por:

1. Toda persona que considere que su vida o integridad física está en peligro, que está ilegalmente perseguida, indebidamente procesada, presa o privada de libertad, por sí o por cualquiera a su nombre sin necesidad de poder.

2. La Defensoría del Pueblo.

3. La Defensoría de la Niñez y Adolescencia.

Artículo 49. (Normas especiales en el procedimiento).

La Acción de Libertad se tramitará de acuerdo con el siguiente procedimiento

1. Al momento de interponer la acción, la Jueza, Juez o Tribunal señalará día y hora de audiencia pública, que tendrá lugar dentro de las veinticuatro horas siguientes. Para tal efecto se dispondrá la notificación personal o por cédula a la autoridad o persona accionada.

2. En caso que la persona privada de libertad se encuentre en una cárcel u otro lugar de detención, la Jueza, Juez o Tribunal ordenará también la notificación de la encargada o encargado de dicho centro, para que conduzca a la persona privada de libertad al lugar de la audiencia, en el día y hora señalados, disposición que será obedecida sin observación ni excusa.

3. En caso de peligro, resistencia de la autoridad u otra situación que a criterio de la Jueza, Juez o Tribunal se justifique, podrá decidir acudir inmediatamente al lugar de la detención y allí instalará la audiencia.

4. Cualquier dilación será entendida como falta gravísima de la Jueza, Juez o Tribunal que conoce la acción de conformidad a la Ley del Órgano Judicial, sin perjuicio de la responsabilidad penal que pudiera surgir por el daño causado.

5. Si la audiencia tuviera que celebrarse en sábado, domingo o feriado, la Acción de Libertad será tramitada ante el Juzgado de Turno.

6. Aún habiendo cesado las causas que originaron la Acción de Libertad, la audiencia deberá realizarse en el día y hora señalados, a efectos de establecer las responsabilidades que correspondan.. .

Artículo 50. (Reparación de daños y perjuicios).

Si la acción fuera declarada procedente, las o los responsables de la violación del derecho serán condenadas o condenados a la reparación de daños y perjuicios, de conformidad a lo establecido en el Artículo 39 del presente Código.

CAPÍTULO TERCERO
ACCIÓN DE AMPARO CONSTITUCIONAL

Artículo 51. (Objeto).

La Acción de Amparo Constitucional tiene el objeto de garantizar los derechos de toda persona natural o jurídica, reconocidos por la Constitución Política del Estado y la Ley, contra los actos ilegales o las omisiones indebidas de las y los servidores públicos o particulares que los restrinjan, supriman o amenacen restringir o suprimir.

Artículo 52. (Legitimación activa).

La Acción de Amparo Constitucional podrá ser interpuesta por:

1. Toda persona natural o jurídica cuyos derechos estén siendo restringidos, suprimidos o amenazados, de serlo, directamente u otra en su nombre con poder suficiente.

2. El Ministerio Público.

3. La Defensoría del Pueblo.

4. La Procuraduría General del Estado.

5. La Defensoría de la Niñez y Adolescencia.

Artículo 53. (Improcedencia).

La Acción de Amparo Constitucional no procederá:

1. Contra resoluciones cuya ejecución estuviere suspendida por efecto de algún medio de defensa o recurso ordinario o extraordinario interpuesto con anterioridad por el recurrente, y en cuya razón pudieran ser revisadas, modificadas, revocadas o anuladas.

2. Contra actos consentidos libre y expresamente, o cuando hayan cesado los efectos del acto reclamado.

3. Contra resoluciones judiciales o administrativas que pudieran ser modificadas o suprimidas por cualquier otro recurso, del cual no se haya hecho uso oportuno.

4. Cuando la omisión de la Servidora o Servidor Público, vulnere un mandato expreso de la Constitución Política del Estado o la Ley, tutelado por la Acción de Cumplimiento.

5. Cuando los derechos o garantías vulnerados correspondan ser tutelados por las Acciones de Libertad, de Protección de Privacidad o Popular.

Artículo 54. (Subsidiariedad)

I. La Acción de Amparo Constitucional no procederá cuando exista otro medio o recurso legal para la protección inmediata de los derechos y garantías restringidos, suprimidos o amenazados de serlo.

II. Excepcionalmente, previa justificación fundada, dicha acción será viable cuando.

1. La protección pueda resultar tardía..

2. Exista la inminencia de un daño irremediable e irreparable a producirse de no otorgarse la tutela.

Artículo 55. (Plazo para la interposición de la acción)

I, La Acción de Amparo Constitucional podrá interponerse en el plazo máximo de seis meses, computable a partir de la comisión de la vulneración alegada o de conocido el hecho.

II. Para los casos de solicitud de complementación, aclaración y enmienda de una decisión judicial o administrativa, el plazo se computará desde la notificación con la resolución que la conceda o rechace.

Artículo 56. (Norma especial de procedimiento).

Presentada la acción, la Jueza, Juez o Tribunal señalará día y hora de audiencia pública, que tendrá lugar dentro de las cuarenta y ocho horas de interpuesta la acción. Para tal efecto se dispondrá la notificación personal o por cédula a la autoridad o persona accionada.

Artículo 57. (Efectos de la resolución).

I. La resolución que conceda el amparo ordenará la restitución de los derechos y garantías restringidos, suprimidos o amenazados con restringir o suprimir, y podrá establecer indicios de responsabilidad civil o penal de la accionada o accionado, de conformidad a lo establecido en el Artículo 39 del presente Código.

II. Si la acción fuese promovida por un acto ilegal o indebido, que restrinja, suprima o amenace con restringir o suprimir derechos, la sentencia determinará la nulidad del acto y la restitución del derecho.

III. Si la acción fuese promovida por una omisión ilegal o indebida, que restrinja, suprima o amenace con restringir o suprimir derechos, la sentencia ordenará el cese de la omisión ilegal o indebida

CAPÍTULO CUARTO
ACCIÓN DE PROTECCIÓN DE PRIVACIDAD

Artículo 58. (Objeto).

La Acción de Protección de Privacidad tiene por objeto garantizar el derecho de toda persona a conocer sus datos registrados por cualquier medio físico, electrónico, magnético o informático, que se encuentre en archivos o bancos de datos públicos o privados; y a objetar u obtener la eliminación o rectificación de éstos cuando contengan errores o afecten a su derecho a la intimidad y privacidad personal o familiar, o a su propia imagen, honra y reputación.

Artículo 59. (Legitimación activa)

1. Toda persona natural o jurídica que crea estar afectada en su derecho, u otra persona a su nombre con poder suficiente.

2. Las herederas o herederos de una persona fallecida, que crean que ésta ha sido afectada en su derecho a la privacidad, imagen, honra y reputación, cuando dicho

agravio genere directamente la vulneración de los derechos de ellas o ellos, en virtud del vínculo de parentesco con la difunta o difunto.

3. La Defensoría del Pueblo.

4. La Defensoría de la Niñez y Adolescencia.

Artículo 60. (Legitimación pasiva).

I. La Acción de Protección de Privacidad podrá ser interpuesta contra:

1. Toda persona natural o jurídica responsable de los archivos o bancos de datos públicos o privados donde se pueda encontrar la información correspondiente.

2. Toda persona natural o jurídica que pueda tener en su poder datos o documentos de cualquier naturaleza, que puedan afectar al derecho o la intimidad y privacidad personal, familiar o a la propia imagen, honra y reputación.

II. En ambos casos, tendrá legitimación pasiva la persona natural o jurídica, pública o privada, que compile datos personales en un registro, que independientemente de tener o no una finalidad comercial, esté destinado a producir informes, aunque no los circule o difunda

Artículo 61. (Interposición directa de la acción).

La Acción de Protección de Privacidad podrá interponerse de forma directa, sin necesidad de reclamo administrativo previo, por la inminencia de la violación del derecho tutelado y la acción tenga un sentido eminentemente cautelar.

Artículo 62. (Improcedencia).

La Acción de Protección de Privacidad no procederá cuando se haya interpuesto para levantar un secreto en materia de prensa, cuando hayan cesado los efectos del acto reclamado y cuando sea aplicable lo previsto en el Artículo 53 del presente Código.

Artículo 63. (Efectos de la resolución).

I. Si el Órgano Jurisdiccional considera probada la violación del derecho, podrá establecer la existencia de indicios de responsabilidad civil o penal de la accionada o accionado de conformidad al Artículo 39 del presente Código.

II. Si la acción fuese promovida por un acto ilegal o indebido, que impida conocer los datos registrados por cualquier medio físico, electrónico, magnético o informático en archivos de datos públicos o privados, la sentencia ordenará la revelación de los datos cuyo registro fuera impugnado.

III. Si la acción fuese promovida por un acto ilegal o indebido, que impida objetar los datos registrados por cualquier medio físico, electrónico, magnético informático en archivos de datos públicos o privados, la sentencia determinará se admita la objeción del accionante.

IV. Si la acción fuese promovida por un acto ilegal o indebido, que impida obtener la eliminación o rectificación de datos registrados por cualquier medio físico, electrónico, magnético o informático en archivos de datos públicos o privados, la sentencia ordenará la eliminación o rectificación de los datos del accionante.

CAPÍTULO QUINTO
ACCIÓN DE CUMPLIMIENTO

Artículo 64. (Objeto).

La Acción de Cumplimiento tiene por objeto garantizar la ejecución de la norma constitucional o legal, cuando es omitida por parte de Servidoras o Servidores Públicos u Órganos del Estado.

Artículo 65. (Legitimación activa).

La Acción de Cumplimiento podrá ser interpuesta por:

1. Toda persona natural o jurídica que crea estar afectada por la omisión del cumplimiento de una disposición constitucional o de la Ley, u otra persona en su nombre con poder suficiente.

2. El Ministerio Público.

3. La Defensoría del Pueblo..

4. La Procuraduría General del Estado.

5. La Defensoría de la Niñez y la Adolescencia.

Artículo 66. (Improcedencia).

La Acción de Cumplimiento no procederá:

1. Cuando sea viable la interposición de las acciones de Libertad, Protección de Privacidad o Popular.

2. Cuando el accionante no haya reclamado previamente y de manera documentada a la autoridad accionada, el cumplimiento legal del deber omitido.

3. Para el cumplimiento de sentencias judiciales que tengan autoridad de cosa juzgada.

4. En procesos o procedimientos propios de la administración, en los cuales se vulneren derechos y garantías constitucionales, tutelados por la Acción de Amparo Constitucional.

5. Contra la Asamblea Legislativa Plurinacional con la intención de exigir la aprobación de una Ley.

Artículo 67. (Efectos de la resolución).

En caso de determinarse el incumplimiento o la omisión de una norma constitucional o legal, la sentencia establecerá el cumplimiento inmediato del deber omitido, o en su caso determinará un plazo perentorio para el cumplimiento de la norma pudiendo determinar la existencia de indicios de responsabilidad civil o penal de la accionada o accionado de conformidad al Artículo 39 del presente Código

CAPÍTULO SEXTO
ACCIÓN POPULAR

Artículo 68. (Objeto).

La Acción Popular tiene por objeto garantizar los derechos e intereses colectivos, relacionados con el patrimonio, espacio, seguridad y salubridad pública, medio ambiente y otros de similar naturaleza reconocidos por la Constitución Política del

Estado, cuando ellos por acto u omisión de las autoridades o de personas naturales o jurídicas son violados o amenazados.

Artículo 69. (Legitimación activa).

La acción podrá ser interpuesta por:

1. Toda persona natural o jurídica, por sí o en representación de una colectividad, que considere violados o amenazados derechos o intereses colectivos señalados en el Artículo anterior.

2. El Ministerio Público y la Defensoría del Pueblo, con carácter obligatorio, cuando por el ejercicio de sus funciones tengan conocimiento de esos actos.

3. La Procuraduría General del Estado

Artículo 70. (Interposición de la acción).

La Acción Popular podrá interponerse durante el tiempo que subsista la vulneración o amenaza a los derechos e intereses colectivos protegidos por esta acción, sin necesidad de agotar la vía judicial o administrativa que exista al efecto.

Artículo 71. (Efectos de la resolución).

Si la Jueza, Juez o Tribunal concede la tutela, ordenará la anulación de todo acto o el cumplimiento del deber omitido, que viole o amenace violar derechos o intereses colectivos relacionados con el objeto de la acción, y podrá establecer la existencia de indicios de responsabilidad civil o penal del accionado, de conformidad al Artículo 39 del presente Código.

TÍTULO III
ACCIONES DE INCONSTITUCIONALIDAD
CAPÍTULO PRIMERO
DISPOSICIONES GENERALES

Artículo 72. (Objeto).

Las Acciones de Inconstitucionalidad son de puro derecho y tienen por objeto declarar la inconstitucionalidad de toda norma jurídica incluida en una Ley, decreto o cualquier género de resolución no judicial que sea contraria a la Constitución Política del Estado, a instancia de las autoridades públicas señaladas en el presente Código.

Artículo 73. (Tipos de acción de inconstitucionalidad).

Las Acciones de Inconstitucionalidad podrán ser:

1. Acción de Inconstitucionalidad de carácter abstracto contra leyes, estatutos autonómicos, cartas orgánicas, decretos, ordenanzas y todo género de resoluciones no judiciales.

2. Acción de Inconstitucionalidad de carácter concreto, que procederá en el marco de un proceso judicial o administrativo cuya decisión dependa de la constitucionalidad de leyes, estatutos autonómicos, cartas orgánicas, decretos, ordenanzas y todo género de resoluciones no judiciales.

CAPÍTULO SEGUNDO
ACCIÓN DE INCONSTITUCIONALIDAD ABSTRACTA

Artículo 74. (Legitimación activa).

Están legitimadas y legitimados para interponer la Acción de Inconstitucionalidad Abstracta, la Presidenta o Presidente del Estado Plurinacional, cualquier miembro de la Asamblea Legislativa Plurinacional o de los Órganos Legislativos de las Entidades Territoriales Autónomas, las máximas autoridades ejecutivas de las Entidades Territoriales Autónomas, así como la Defensora o el Defensor del Pueblo.

Artículo 75. (Prohibición de inadmisión por forma).

Las Acciones de Inconstitucionalidad de carácter abstracto no podrán ser rechazadas por razones de forma, las que en su caso podrán ser subsanadas en el plazo que establezca el Tribunal. De no subsanarse en el plazo establecido por el Tribunal Constitucional Plurinacional se tendrá por no presentada la acción.

Artículo 76. (Procedimiento)

I. Admitida la acción, la Comisión de Admisión ordenará se ponga en conocimiento de la autoridad u Órgano emisor de la norma impugnada, para que en el plazo de quince días se apersone y presente el informe que corresponda.

II. Cumplido el plazo, con o sin informe se procederá inmediatamente al sorteo, debiendo el Tribunal Constitucional Plurinacional emitir la sentencia correspondiente dentro de los cuarenta y cinco días siguientes.

Artículo 77. (Contenido de la sentencia).

El Tribunal Constitucional Plurinacional fundará la sentencia de inconstitucionalidad en la vulneración de cualquier precepto constitucional, haya o no sido invocado en la Acción interpuesta.

Artículo 78. (Efectos de la sentencia)

I. La sentencia podrá declarar la constitucionalidad o inconstitucionalidad de la Ley, Estatuto Autonómico, Carta Orgánica, Decreto, ordenanza y cualquier género de resolución no judicial.

II. La sentencia que declare:

1. La constitucionalidad de una norma contenida en una Ley, Estatuto Autonómico, Carta Orgánica, Decreto, ordenanza y cualquier género de resolución no judicial, hace improcedente una nueva demanda de inconstitucionalidad contra la misma norma, siempre y cuando se trate del mismo objeto o causa y se argumente los mismos preceptos constitucionales impugnados.

2. La inconstitucionalidad de una norma tendrá valor de cosa juzgada y sus fundamentos jurídicos serán de carácter vinculante y general.

3. La inconstitucionalidad total de una norma legal impugnada tendrá efecto abrogatorio sobre ella.

4. La inconstitucionalidad parcial de una norma legal impugnada tendrá efecto derogatorio de los Artículos o parte de éstos, sobre los que hubiera recaído la declaratoria de inconstitucionalidad y seguirán vigentes los restantes.

5. La inconstitucionalidad de otros preceptos que sean conexos o concordantes con la norma legal impugnada que deberán ser referidos de forma expresa, en cuyo caso tendrán los mismos efectos que en lo principal.

CAPÍTULO TERCERO
ACCIÓN DE INCONSTITUCIONALIDAD CONCRETA

Artículo 79. (Legitimación activa).

Tienen legitimación activa para interponer Acción de Inconstitucionalidad Concreta, la Jueza, Juez, Tribunal o Autoridad Administrativa que, de oficio o a instancia de una de las partes, entienda que la resolución del proceso judicial o administrativo, depende de la constitucionalidad de la norma contra la que se promueve la acción.

Artículo 80. (Procedimiento ante la autoridad judicial o administrativa.

I. Una vez solicitado se promueva la Acción de Inconstitucionalidad de carácter concreto ante la autoridad que conozca del proceso judicial o administrativo, se dispondrá el traslado, si corresponde, dentro de las veinticuatro horas, para que ésta sea respondida en el plazo de tres días a partir de su notificación.

II. Con la respuesta o sin ella, dentro de las veinticuatro horas subsiguientes al vencimiento del plazo, la autoridad decidirá, fundamentadamente, si promueve la Acción de Inconstitucionalidad Concreta.

III. Promovida la acción o no, la autoridad deberá remitir al Tribunal Constitucional Plurinacional su decisión junto con las fotocopias legalizadas de los antecedentes que sean necesarios. En el caso de no promoverse la acción, la remisión al Tribunal Constitucional Plurinacional se realizará a efectos de su revisión por la Comisión de Admisión.

IV. Rechazada la acción por manifiesta improcedencia proseguirá la tramitación de la causa. La resolución de rechazo se elevará en consulta al Tribunal Constitucional Plurinacional, de oficio, en el plazo de veinticuatro horas

Artículo 81. (Oportunidad y prohibición).

I. La Acción de Inconstitucionalidad Concreta podrá ser presentada por una sola vez en cualquier estado de la tramitación del proceso judicial o administrativo, aún en recurso de casación y jerárquico, antes de la ejecutoría de la Sentencia.

II. En la sustanciación de las acciones constitucionales no se admitirá ninguna Acción de Inconstitucionalidad Concreta.

Artículo 82. (Prosecución del trámite).

Promovida la acción no se interrumpirá la tramitación del proceso, mismo que continuará hasta el momento de dictarse la sentencia o resolución final que corresponda, mientras se pronuncie el Tribunal Constitucional Plurinacional.

Artículo 83. (Procedimiento ante el Tribunal Constitucional Plurinacional)

I. Recibida la Acción de Inconstitucionalidad Concreta con sus antecedentes, éstos pasarán a la Comisión de Admisión para los fines previstos en el presente Código.

II. La decisión de la autoridad judicial o administrativa por la que se rechaza promover la Acción de Inconstitucionalidad Concreta será conocida por la Comisión de Admisión que, en el plazo de diez días, ratificará la decisión de la autoridad, o admitirá la petición de Acción de Inconstitucionalidad Concreta.

III. El procedimiento será el mismo que el de la Acción de Inconstitucionalidad Abstracta.

Artículo 84. (Efectos de la sentencia)

I. Las sentencias dictadas por el Tribunal Constitucional Plurinacional en Acciones de Inconstitucionalidad Concreta, surtirán los mismos efectos establecidos para la Acción de Inconstitucionalidad Abstracta.

II. Las Servidoras o Servidores Públicos y personas particulares que estuvieren obligados a dar cumplimiento a la sentencia y no lo hicieren, serán sometidos a Proceso Penal, a cuyo efecto se remitirán antecedentes al Ministerio Público.

TÍTULO IV
CONFLICTOS DE COMPETENCIA

Artículo 85. (Objeto).

I. El Tribunal Constitucional Plurinacional conocerá y resolverá los conflictos sobre las:

1. Competencias y Atribuciones asignadas por la Constitución Política del Estado a los Órganos del Poder Público. 2. Competencias atribuidas por la Constitución Política del Estado, o la Ley a las Entidades Territoriales Autónomas. 3. Competencias entre la Jurisdicción Indígena Originaria Campesina, la Jurisdicción Ordinaria y la Jurisdicción Agroambiental.

II. Se entenderá por Órgano Constitucional a todo Órgano Público regulado en la Constitución Política del Estado y al que ésta le confiera atribuciones, funciones o responsabilidades propias.

III. Se entenderá por legislación de las Entidades Territoriales Autónomas aquellas que asignen, desarrollen o regulen competencias en el marco de la Tercera Parte, Título I, Capítulo Octavo de la Constitución Política del Estado

CAPÍTULO PRIMERO
CONFLICTO DE COMPETENCIAS Y ATRIBUCIONES
ENTRE ÓRGANOS DEL PODER PÚBLICO

Artículo 86. (Procedencia).

El conflicto de competencias y atribuciones entre Órganos del Poder Público procederá cuando alguno considere que sus competencias o atribuciones son ejercidas por otro u otros Órganos.

Artículo 87. (Legitimación).

En los conflictos de competencias y atribuciones podrán ser sujetos activos o pasivos todos los Órganos Públicos a los que la Constitución Política del Estado les confiera específicamente funciones o responsabilidades propias.

Artículo 88. (Procedimiento previo).

I. El Órgano que cuestione el ejercicio de una competencia o atribución a otro, le solicitará la revocatoria del acto cuestionado en el plazo de treinta días desde el conocimiento del acto por parte del demandante.

II. Si el Órgano requerido rechaza la solicitud o no se manifiesta en el plazo de quince días, el Órgano demandante se encontrará facultado para plantear el conflicto ante el Tribunal Constitucional Plurinacional.

Artículo 89. (Representación).

El conflicto de competencias se formulará por la persona representante del Órgano Constitucional que considere afectadas sus competencias. En el caso de Órganos Colegiados, se requerirá la aprobación por mayoría simple de sus miembros para la presentación de la demanda.

Artículo 90. (Procedimiento ante el tribunal constitucional plurinacional).

I. Admitida la demanda, la Comisión de Admisión del Tribunal Constitucional Plurinacional ordenará que ésta, se ponga en conocimiento del otro Órgano, para que en el plazo de quince días alegue lo que corresponda.

II. Cumplido el plazo, con o sin la formulación de los alegatos, la Comisión de Admisión, por orden, procederá al sorteo del asunto en trámite para asignar la Magistrada o Magistrado Relator. El Tribunal deberá emitir la resolución correspondiente en el plazo de cuarenta y cinco días a partir del sorteo.

Artículo 91. (Contenido y efectos de la sentencia).

La sentencia del Tribunal Constitucional Plurinacional determinará a qué Órgano corresponde la competencia o atribución objeto de la demanda, y en su caso, declarará nulos los actos ejecutados por el Órgano incompetente.

CAPÍTULO SEGUNDO
CONFLICTO DE COMPETENCIAS ENTRE EL NIVEL CENTRAL DEL ESTADO Y LAS ENTIDADES TERRITORIALES AUTÓNOMAS Y ENTRE ÉSTAS

Sección I
Disposiciones generales

Artículo 92. (Procedencia).

I. El conflicto de competencias entre el nivel central del Estado y las Entidades Territoriales Autónomas y Descentralizadas, y entre éstas, procederá como conflicto positivo, cuando una de ellas entienda que la otra ejerce una determinada competencia que no le corresponde de acuerdo a la Constitución Política del Estado o la Ley.

II. Asimismo, procederá como conflicto negativo, cuando ninguno de estos Niveles asuma las competencias atribuidas por la Constitución Política del Estado o la Ley.

Artículo 93. (Leyes en materia autonómica).

Se entenderá por leyes en materia autonómica aquella legislación del Estado o de las Entidades Territoriales Autónomas que asignen, desarrollen o regulen competencias en el marco de la Tercera Parte, Título I, Capítulo Octavo de la Constitución Política del Estado.

Artículo 94. (Legitimación).

Tienen legitimación para plantear o para que le sean planteados conflictos de competencias entre el nivel central del Estado y las Entidades Territoriales Autónomas y Descentralizadas, y entre éstas:

1. La Asamblea Legislativa Plurinacional y los Órganos Deliberativos de las Entidades Territoriales Autónomas y Descentralizadas, cuando el conflicto se formule sobre competencias legislativas.

2. El Gobierno y los Órganos Ejecutivos de las Entidades Territoriales Autónomas, cuando el conflicto se formule sobre competencias reglamentarias y de ejecución.

3. Las autoridades de las Autonomías Indígenas Originarias Campesinas, cuando el conflicto se formule sobre sus competencias.

Sección II
Conflictos positivos de competencias

Artículo 95. (Procedimiento previo).

I. La autoridad o autoridades que se consideren afectadas requerirán al Órgano correspondiente, que el acto cuestionado sea derogado o declarado nulo.

II. El requerimiento de incompetencia se formulará dentro de los veinte días siguientes al conocimiento del acto por parte de la autoridad o autoridades que se consideren afectadas, dirigido a la persona representante del Órgano correspondiente.

III. En el requerimiento se precisarán los preceptos de la disposición o los puntos concretos de la resolución o acto viciados de incompetencia, así como las disposiciones legales o constitucionales que se consideren vulneradas..

IV. El Órgano correspondiente resolverá en forma motivada el requerimiento dentro de los siete días siguientes a su recepción, aceptando o rechazándolo, sin recurso posterior.

V. Una vez notificado el rechazo del requerimiento, o vencido el plazo anterior sin que se hubiera emitido resolución, la autoridad que se considere afectada podrá interponer, en el plazo de quince días, la demanda de conflicto de competencia ante el Tribunal Constitucional Plurinacional

Artículo 96. (Suspensión de competencia).

La autoridad demandante podrá solicitar se disponga como medida cautelar la suspensión de competencia de la autoridad demandada. El Tribunal Constitucional Plurinacional tomará una decisión al respecto en el plazo no mayor de cinco días después de admitida la demanda.

Sección III
Conflictos negativos de competencias

Artículo 97. (Procedimiento previo).

I. La autoridad o autoridades que se consideren afectadas por la falta de ejercicio de una competencia, requerirán al Órgano responsable el ejercicio de la misma.

II. El requerimiento de ejercicio de competencia, se formulará en cualquier momento por parte de la autoridad o autoridades que se consideren afectadas, dirigiéndolo a la persona representante del Órgano correspondiente.

III. En el requerimiento se precisarán las disposiciones constitucionales o legales que se consideren omitidas.,

IV. El Órgano correspondiente resolverá en forma motivada el requerimiento dentro de los siete días siguientes a su recepción, aceptando o rechazándolo, sin recurso posterior. El Órgano correspondiente resolverá en forma motivada el requerimiento dentro de los siete días siguientes a su recepción, aceptando o rechazándolo, sin recurso posterior.

V. Una vez notificado el rechazo del requerimiento, o vencido el plazo anterior sin que se hubiera emitido resolución, la autoridad que se considere afectada podrá interponer, en el plazo de quince días, la demanda de conflicto de competencia ante el Tribunal Constitucional Plurinacional.

Artículo 98. (Procedencia por declinatoria).

I. El conflicto negativo de competencia por declinatoria procederá cuando la autoridad o autoridades se declaren no competentes para resolver una pretensión solicitada por cualquier persona natural o jurídica, por entender que esta competencia corresponde a otro Órgano. Para iniciar este conflicto negativo de competencia debe haberse agotado la vía administrativa.

II. En el conflicto negativo de competencia por declinatoria, la autoridad o autoridades que se consideren sin competencia requerirán al Órgano que entiendan responsable de la competencia para que ésta sea ejercitada. El requerimiento se formulará en el plazo de siete días, a partir de la notificación con el último acto administrativo.

III. En el requerimiento se precisarán las disposiciones constitucionales o legales que fundamentan su declinatoria y las razones por las que considera que la otra autoridad es la competente. Se resolverá en la forma y plazo señalado en el Artículo anterior.

IV. Una vez notificado el rechazo del requerimiento, o vencido el plazo anterior sin que se hubiera emitido resolución, la persona natural o jurídica que se considere afectada con una u otra resolución, podrá interponer en el plazo de quince días la demanda de conflicto de competencia ante el Tribunal Constitucional Plurinacional.

Artículo 99. (Procedimiento ante el Tribunal Constitucional Plurinacional en conflictos positivos o negativos).

I. Admitida la demanda, la Comisión de Admisión del Tribunal Constitucional Plurinacional ordenará que ésta se ponga en conocimiento de la parte demandada, para que en el plazo de quince días alegue lo que corresponda.

II. De ser solicitada la suspensión de competencia en conflictos positivos, el Tribunal Constitucional Plurinacional procederá de acuerdo con lo previsto por el Artículo 95 del presente Código.

III. Cumplido el plazo establecido en el numeral uno del presente Artículo, con o sin la formulación de los alegatos, la Comisión de Admisión, por orden, procederá al sorteo del asunto en trámite para asignar a la Magistrada o Magistrado Relator. El

Tribunal deberá emitir la resolución correspondiente en el plazo de cuarenta y cinco días a partir del sorteo.

CAPÍTULO TERCERO
CONFLICTOS DE COMPETENCIAS ENTRE LA JURISDICCIÓN INDÍGENA ORIGINARIA CAMPESINA Y LA JURISDICCIÓN ORDINARIA Y AGROAMBIENTAL

Artículo 100. (Objeto).

El Tribunal Constitucional Plurinacional resolverá los conflictos de competencias entre las Jurisdicciones Indígena Originaria Campesina, Ordinaria y Agroambiental.

Artículo 101. (Procedencia).

I. La demanda será planteada por cualquier Autoridad Indígena Originaria Campesina, cuando estime que una Autoridad de la Jurisdicción Ordinaria o Agroambiental está ejerciendo jurisdicción en el ámbito de vigencia personal, territorial o material que, de acuerdo con la Constitución Política del Estado y la Ley, le correspondería a la Autoridad Indígena Originaria Campesina.

II. La demanda también podrá ser planteada por cualquier Autoridad de la Jurisdicción Ordinaria o Agroambiental cuando estime que una Autoridad Indígena Originaria Campesina, del lugar donde tiene jurisdicción en razón de territorio, está ejerciendo atribuciones propias de la Jurisdicción Ordinaria o Agroambiental de acuerdo con la Constitución Política del Estado y la Ley.

Artículo 102. (Procedimiento previo).

I. La autoridad que reclame una competencia a la otra jurisdicción solicitará que ésta última se aparte de su conocimiento.

II. Si la autoridad requerida rechaza la solicitud o no se manifiesta en el plazo de los siete días subsiguientes, a partir de la petición de la autoridad demandante, ésta se encontrará facultada para plantear el conflicto ante el Tribunal Constitucional Plurinacional.

Artículo 103. (Procedimiento ante el Tribunal Constitucional Plurinacional).

I. Admitida la demanda, la Comisión de Admisión del Tribunal Constitucional Plurinacional ordenará que ésta se ponga en conocimiento de la autoridad demandada, para que en el plazo de quince días alegue lo que corresponda.

II. Cumplido el plazo, con o sin respuesta, la Comisión de Admisión, por orden, procederá al sorteo del asunto en trámite para asignar la Magistrada o Magistrado Relator. El Tribunal deberá emitir la resolución correspondiente en el plazo de cuarenta y cinco días a partir del sorteo.

TÍTULO V
CONTROL PREVIO DE CONSTITUCIONALIDAD Y CONSULTAS

CAPÍTULO PRIMERO
DISPOSICIONES GENERALES

Artículo 104. (Objeto).

El control previo de constitucionalidad tiene por objeto confrontar el texto de Tratados Internacionales, Proyectos de Leyes, Estatutos o Cartas Orgánicas, con la Constitución Política del Estado, así como determinar la constitucionalidad de preguntas de los referendos.

Artículo 105. (Tipos de control previo).

Los tipos de control previo de constitucionalidad pueden plantearse sobre:

1. Proyectos de Tratados Internacionales.

2. Consultas de Proyectos de Leyes.

3. Consultas de Proyectos de Estatutos o Cartas Orgánicas.

4. Consultas de preguntas de referendos

CAPÍTULO SEGUNDO
CONTROL PREVIO DE CONSTITUCIONALIDAD EN LA RATIFICACIÓN DE TRATADOS INTERNACIONALES

Artículo 106. (Objeto).

El control previo de constitucionalidad de Tratados Internacionales tiene por objeto confrontar el texto de dichos instrumentos con la Constitución Política del Estado, antes de su ratificación, y determinar su constitucionalidad o inconstitucionalidad, total o parcial.

Artículo 107. (Procedencia).

I. La Presidenta o Presidente del Estado, en caso de tener duda fundada sobre la constitucionalidad del Proyecto de Tratado o alguna de sus partes, lo remitirá ante el Tribunal Constitucional Plurinacional.

II. Remitido el texto del Tratado Internacional negociado por el Órgano Ejecutivo al Órgano Legislativo para su eventual aprobación y posterior ratificación, corresponderá a la Presidenta o Presidente de la Asamblea Legislativa Plurinacional enviar, de forma obligatoria y dentro del plazo de veinte días de su recepción, al Tribunal Constitucional Plurinacional, antes que dichos instrumentos internacionales sean ratificados.

A tiempo de remitirse en consulta el Tratado Internacional, la Presidenta o Presidente de la Asamblea Legislativa Plurinacional podrá manifestar la duda fundada que tenga, sobre la inconstitucionalidad del Proyecto de Tratado o algunas de sus estipulaciones.

III. En el mismo plazo, las Presidentas o Presidentes de las Cámaras de Senadores o de Diputados, respectivamente, o al menos cinco Senadores o diez Diputados, podrán manifestar directamente ante el Tribunal Constitucional Plurinacional, o a través de la Presidenta o Presidente de la Asamblea Legislativa Plurinacional, la duda fundada que tengan sobre la inconstitucionalidad del Proyecto de Tratado, o algunas de sus estipulaciones.

Artículo 108. (Procedimiento en el Tribunal).

I. Una vez admitida la consulta, la Comisión de Admisión dispondrá que ésta sea de conocimiento del Órgano Ejecutivo, cuando corresponda, para que en el plazo de quince días desde su notificación emita su opinión fundada sobre la consulta.

II. Transcurrido este plazo, con o sin la remisión de la opinión, el Tribunal Constitucional Plurinacional emitirá Declaración Constitucional en el plazo de los cuarenta y cinco días, sobre la constitucionalidad o inconstitucionalidad total o parcial del Proyecto del Tratado Internacional en consulta.

Artículo 109. (Declaración y efectos).

I. En caso de declararse la inconstitucionalidad de un Tratado Bilateral, el mismo no será ratificado, debiendo procederse a su renegociación, si corresponde.

II. La declaración de inconstitucionalidad de alguna cláusula de un Tratado Multilateral, no impedirá su aprobación, siempre que se formule reserva de los preceptos considerados contrarios a la Constitución Política del Estado por la Declaración del Tribunal Constitucional Plurinacional

Artículo 110. (Control previo sobre tratados sometidos a referendo).

I. Cualquier Tratado Internacional que requiera la aprobación mediante referendo de acuerdo con la Constitución Política del Estado, o cuando lo soliciten los ciudadanos o los representantes de la Asamblea Legislativa Plurinacional, será revisado por el Tribunal Constitucional Plurinacional dentro del plazo de treinta días desde el momento en que se conozca la propuesta de referendo planteada por el Órgano Ejecutivo, o se haya notificado por el Órgano Electoral la obtención de las firmas de al menos el cinco por ciento del electorado, o se haya notificado por la Asamblea Legislativa Plurinacional la obtención de por lo menos treinta y cinco por ciento del total de sus miembros para la iniciativa.

II. El Tribunal Constitucional Plurinacional decidirá sobre si el contenido del Proyecto de Tratado Internacional está conforme con la Constitución Política del Estado.

III. En caso que el Tratado Internacional contenga propuestas que sean contrarias a la Constitución Política del Estado, el Tribunal Constitucional Plurinacional declarará la inconstitucionalidad total o parcial del texto del Tratado Internacional considerado, y no podrá ser objeto de referendo aquello que se haya declarado inconstitucional.

CAPÍTULO TERCERO

CONSULTAS SOBRE LA CONSTITUCIONALIDAD DE PROYECTOS DE LEY

Artículo 111. (Objeto).

La consulta de constitucionalidad de un Proyecto de Ley tiene por objeto confrontar el texto de dicho Proyecto con la Constitución Política del Estado y garantizar la supremacía constitucional.

Artículo 112. (Legitimación).

Los legitimados para realizar consultas sobre la constitucionalidad de Proyectos de Ley son:

1. La Presidenta o Presidente del Estado Plurinacional, cuando se trate de proyectos cuya iniciativa tienen su origen en el Órgano Ejecutivo.

2. La Presidenta o Presidente de la Asamblea Legislativa Plurinacional, tratándose de Proyectos de Ley, cuando fuere aprobada por Resolución del Pleno de la Asamblea Legislativa Plurinacional o una de sus Cámaras, por dos tercios de los miembros presentes.

3. Para Proyectos de Ley de Materia Judicial, la Presidenta o Presidente del Tribunal Supremo de Justicia o del Tribunal Agroambiental, previa aprobación por la Sala Plena respectiva.

Artículo 113. (Suspensión del procedimiento).

La formulación de consulta suspenderá el procedimiento de aprobación del Proyecto de Ley en la Asamblea Legislativa Plurinacional.

Artículo 114. (Procedimiento).

Recibida la consulta, la Comisión de Admisión, verificará el cumplimiento de los requisitos, en el plazo de dos días, en su caso dispondrá se subsanen las mismas en el plazo de cinco días, subsanadas las observaciones, inmediatamente, procederá al sorteo de la Magistrada o Magistrado Relator. El Tribunal Constitucional Plurinacional emitirá la Declaración Constitucional en el plazo máximo de treinta días a partir del sorteo.

Artículo 115. (Declaración y efectos de la resolución en las consultas sobre constitucionalidad de proyectos de ley).

I. El Tribunal Constitucional Plurinacional declarará la constitucionalidad o inconstitucionalidad del Proyecto de Ley consultado. Esta declaración será de cumplimiento obligatorio para el Órgano Legislativo.

II. Si el Tribunal Constitucional Plurinacional establece la declaración de constitucionalidad del Proyecto de Ley, ya no podrá interponerse otra consulta o recurso posterior sobre las cuestiones consideradas y absueltas por el Tribunal.

III. La declaración de inconstitucionalidad del Proyecto de Ley obligará al Órgano Legislativo adecuar o eliminar las normas observadas por el Tribunal Constitucional Plurinacional.

CAPÍTULO CUARTO
CONTROL DE CONSTITUCIONALIDAD DE PROYECTOS DE ESTATUTOS O CARTAS ORGÁNICAS DE ENTIDADES TERRITORIALES AUTÓNOMAS

Artículo 116. (Objeto).

El control previo de constitucionalidad de Estatutos o Cartas Orgánicas tiene por objeto confrontar el contenido de dichos instrumentos normativos con la Constitución Política del Estado y garantizar la supremacía constitucional.

Artículo 117. (Procedencia).

El control previo de constitucionalidad de los Proyectos de Estatutos o Cartas Orgánicas es obligatorio para las entidades territoriales, antes de su vigencia como norma institucional básica de cada Entidad Territorial.

Artículo 118. (Legitimación).

I. La consulta sobre la constitucionalidad del Proyecto de Estatuto o Carta Orgánica deberá ser presentada por la Presidenta o Presidente del Órgano deliberante de la Entidad Territorial que lo propuso, previa aprobación por dos tercios del total de sus miembros.

II. En el caso de las Autonomías Indígenas Originario Campesinas estarán legitimados para la presentación de la consulta las autoridades que ellos designen de acuerdo a sus normas y procedimientos propios.

Artículo 119. (Procedimiento en el tribunal)

La Comisión de Admisión dentro de los diez días siguientes de conocida la consulta observará el cumplimiento de los requisitos establecidos en el presente Código para la presentación.

II. Cumplidos los requisitos o subsanadas las observaciones en un plazo de diez días, la Comisión de Admisión, por orden, dispondrá el sorteo de la Magistrada o Magistrado Relator. En caso de no adjuntarse los requisitos o no subsanadas las observaciones, en el plazo previsto, se tendrá por no presentada la consulta.

III. El Tribunal Constitucional Plurinacional emitirá Declaración Constitucional sobre la consulta en el plazo de cuarenta y cinco días siguientes

Artículo 120. (Resolución

I. El Tribunal Constitucional Plurinacional podrá declarar la constitucionalidad o inconstitucionalidad, parcial o total, del Proyecto de Estatuto o Carta Orgánica.

II. Si el Tribunal Constitucional Plurinacional declara la inconstitucionalidad del Proyecto de Estatuto o Carta Orgánica o de alguna de sus cláusulas, dispondrá que el Órgano deliberante adecúe el Proyecto de acuerdo con la Constitución Política del Estado. En este caso, y cuantas veces sea necesario, antes de entrar en vigencia, el Proyecto deberá ser objeto de un nuevo control de constitucionalidad.

CAPÍTULO QUINTO
CONSULTAS SOBRE LA CONSTITUCIONALIDAD DE PREGUNTAS PARA REFERENDO

Artículo 121. (Objeto).

La presente consulta tiene por objeto garantizar la constitucionalidad de las preguntas que se elaboren para referendos nacionales, departamentales o municipales.

Artículo 122. (Obligatoriedad).

Todas las preguntas de referendos nacionales, departamentales o municipales, estarán obligatoriamente sujetas a control de constitucionalidad.

Artículo 123. (Legitimación).

Tienen legitimación para presentar consulta sobre la constitucionalidad de preguntas de referendo:

1. A iniciativa estatal, la Presidenta o el Presidente de la instancia legislativa que promueva la iniciativa de referendo o la Presidenta o el Presidente del Estado Plurinacional, cuando corresponda.

2. A iniciativa popular, la Presidenta o Presidente del Tribunal Electoral competente.

Artículo 124. (Oportunidad).

Las consultas deberán efectuarse en el plazo de siete días desde la recepción de la solicitud de referendo. No podrá desarrollarse el cronograma de actividades para la ejecución de los referendos por el Tribunal Supremo Electoral o los Tribunales Departamentales Electorales, hasta tanto no se pronuncie el Tribunal Constitucional Plurinacional.

Artículo 125. (Procedimiento ante el Tribunal).

La Comisión de Admisión, una vez recibida la consulta, inmediatamente sorteará a la Magistrada o Magistrado Relator.

Artículo 126. (Plazo).

El Tribunal Constitucional Plurinacional absolverá la consulta dentro del plazo de quince días, a partir del sorteo de la Relatora o Relator.

Artículo 127. (Resolución).

I. La declaración de consultas sobre la constitucionalidad de preguntas de referendo establecerá su constitucionalidad o inconstitucionalidad.

II. En caso de declararse la inconstitucionalidad de las preguntas, el Órgano consultante solicitará a quien promovió la iniciativa la supresión o reformulación de las preguntas. En este segundo caso, si corresponde volverá a presentar la consulta a fin de verificar su compatibilidad constitucional.

TÍTULO VI
CONSULTAS DE AUTORIDADES INDÍGENA ORIGINARIA CAMPESINAS SOBRE LA APLICACIÓN DE SUS NORMAS JURÍDICAS A UN CASO CONCRETO

Artículo 128. (Objeto).

Las consultas de Autoridades Indígena Originaria Campesinas, sobre la aplicación de sus normas a casos concretos, tienen por objeto garantizar que dichas normas guarden conformidad con los principios, valores y fines previstos en la Constitución Política del Estado.

Artículo 129. (Legitimidad).

Está legitimada para presentar la consulta cualquier Autoridad Indígena Originaria Campesina que conozca el caso concreto.

Artículo 130. (Procedimiento ante el Tribunal).

La Comisión de Admisión, en el plazo de un día desde la recepción de la consulta, la remitirá a la Sala Especializada del Tribunal Constitucional Plurinacional. La declaración de la Sala se emitirá en el plazo de treinta días en idioma castellano y en el idioma de la Nación o Pueblo Indígena Originario Campesino que promovió la consulta, cuando corresponda.

Artículo 131. (Contenido de la consulta).

La consulta de Autoridades Indígena Originario Campesinas sobre la aplicación de sus normas a un caso concreto, cuando menos contendrá

1. Datos de la Nación o Pueblo Indígena Originario Campesino, su ubicación geográfica y la identificación de la autoridad que efectúa la consulta.

2. Hechos y circunstancias que podrían ser objeto de aplicación de la norma consultada, refiriendo el carácter consuetudinario de la misma.

3. Autorización de los miembros de la institución política que representa cuando se trate de Órganos colectivos.

4. Explicación sobre la duda que se tenga sobre la constitucionalidad de la norma y su aplicación.

Artículo 132. (Declaración y efectos).

I. El Tribunal Constitucional Plurinacional declarará la aplicabilidad o no de la norma consultada.

II. La declaración tendrá sólo carácter vinculante y obligatorio para las autoridades de la Nación o Pueblo Indígena Originario Campesino consultante.

TÍTULO VII
RECURSOS ANTE EL TRIBUNAL CONSTITUCIONAL PLURINACIONAL

CAPÍTULO PRIMERO
RECURSOS CONTRA TRIBUTOS, IMPUESTOS, TASAS, PATENTES, DERECHOS O CONTRIBUCIONES ESPECIALES

Artículo 133. (Objeto).

Tiene por objeto garantizar que toda disposición legal que cree, modifique o suprima un tributo, impuesto, tasa, patente, derecho o contribución de cualquier clase o naturaleza, se establezca de acuerdo con la Constitución Política del Estado.

Artículo 134. (Procedencia).

Este recurso procede cuando la norma impugnada fue promulgada y sancionada sin observar el contenido y alcances de las disposiciones constitucionales en esta materia.

Artículo 135. (Legitimación activa).

Tiene legitimación activa para interponer este recurso, toda persona natural o jurídica que se considere afectada por la creación, modificación o supresión de un tributo, impuesto, tasa, patente, derecho o contribución de cualquier clase o naturaleza.

Artículo 136. (Legitimación pasiva).

Este recurso podrá interponerse contra toda autoridad responsable de la creación, modificación o supresión de un tributo, impuesto, tasa, patente, derecho o contribución de cualquier clase o naturaleza.

Artículo 137. (Procedimiento).

Radicado el recurso en el Tribunal Constitucional Plurinacional, éste dispondrá la citación de la parte recurrida, que deberá contestar en el plazo de quince días a partir de la citación. Con o sin la respuesta, el Tribunal Constitucional Plurinacional dictará sentencia en el plazo de cuarenta y cinco días desde su admisión.

Artículo 138. (Sentencia y efectos).

I. La sentencia declarará.

1. La constitucionalidad de la norma legal impugnada, con costas al recurrente.

2. La inconstitucionalidad de la norma legal impugnada, a partir de la emisión de la sentencia, con efecto general.

II. En caso de declararse la inconstitucionalidad de la norma tributaria impugnada, la sentencia tendrá efectos derogatorios o abrogatorios.

CAPÍTULO SEGUNDO
RECURSO CONTRA RESOLUCIONES DEL ÓRGANO LEGISLATIVO

Artículo 139. (Objeto).

Este recurso tiene por objeto garantizar los derechos de toda persona natural o jurídica frente a resoluciones emitidas por el Órgano Legislativo.

Artículo 140. (Órgano legislativo).

Se entenderá por Órgano Legislativo Plurinacional tanto a la Asamblea Legislativa Plurinacional como a las Cámaras de Diputados y Senadores independientemente.

Artículo 141. (Plazo).

El plazo para interponer el recurso es de treinta días computables a partir de la aprobación de la Resolución Legislativa.

Artículo 142. (Sentencia y efectos).

El Tribunal Constitucional Plurinacional dictará sentencia en el plazo de cuarenta y cinco días desde su admisión y declarará

1. Fundado el recurso, caso en el que la Resolución impugnada será declarada nula.

2. Infundado el recurso, subsistiendo la Resolución impugnada, con imposición de costas y multa al recurrente

CAPÍTULO TERCERO
RECURSO DIRECTO DE NULIDAD

Artículo 143. (Objeto).

El Recurso Directo de Nulidad tiene por objeto declarar la nulidad de los actos de Órganos o autoridades públicas que usurpen funciones que no les competen, así como ejercer jurisdicción o potestad que no emane de la Ley.

Artículo 144. (Acto).

Se entenderá por acto, toda declaración, disposición o decisión, con alcance general o particular, de autoridad u Órgano Público, emitida en violación de la Constitución Política del Estado o las leyes.

Artículo 145. (Legitimación activa).

Tienen legitimación activa para interponer Recurso Directo de Nulidad:

1. Toda persona natural o jurídica.

2. El Defensor del Pueblo.

Artículo 146. (Improcedencia del recurso directo de nulidad).

No procede el Recurso Directo de Nulidad contra:

1. Supuestas infracciones al debido proceso.

2. Las resoluciones dictadas por las autoridades judiciales, excepto cuando hubieran sido dictadas después de haber cesado o suspendidas en el ejercicio de sus funciones a causa de un proceso administrativo disciplinario en su contra. Esta última previsión es aplicable a las demás autoridades.

Artículo 147. (Suspensión de competencia de la autoridad requerida en el recurso directo de nulidad).

Desde el momento de la notificación con el Recurso Directo de Nulidad, quedará suspendida la competencia de la autoridad recurrida con relación al caso concreto. Será nula de pleno derecho toda disposición que se dicte con posterioridad.

Artículo 148. (Sentencia y efectos).

El Tribunal Constitucional Plurinacional dictará sentencia en el plazo de cuarenta y cinco días desde su admisión y declarará

1. Infundado el recurso, cuando la autoridad recurrida haya obrado en el ámbito de sus competencias, o ejercido su jurisdicción y potestad conforme a Ley. En este caso, el Tribunal Constitucional Plurinacional impondrá costas y multa a la parte recurrente.

2. Fundado el recurso, cuando la autoridad no haya obrado con competencia o ejercido sus actos jurisdiccionales conforme a Ley. En este caso el Tribunal Constitucional Plurinacional determinará la nulidad de la resolución o acto recurrido, y dispondrá de oficio la remisión de antecedentes al Ministerio Público

TÍTULO VIII
CONSTITUCIONALIDAD DEL PROCEDIMIENTO DE REFORMA PARCIAL DE LA CONSTITUCIÓN POLÍTICA DEL ESTADO

Artículo 149. (Objeto).

La consulta tiene por objeto declarar la constitucionalidad del procedimiento de reforma parcial de la Constitución Política del Estado.

Artículo 150. (Legitimación activa).

Podrán elevar en consulta el procedimiento de reforma parcial de la Constitución Política del Estado:

1. La Presidenta o el Presidente del Estado Plurinacional.

2. Cualquier miembro de la Asamblea Legislativa Plurinacional

Artículo 151. (Procedencia).

La consulta sobre la constitucionalidad del procedimiento de reforma parcial de la Constitución Política del Estado procederá cuando sea promovida por los legitimados, en todos los casos en que se plantee dicha reforma.

Artículo 152. (Procedimiento ante el tribunal constitucional plurinacional).

I. La propuesta de reforma parcial de la Constitución Política del Estado, que tendrá como origen la iniciativa popular o una Ley de reforma de la Asamblea Legislativa Plurinacional, será revisada por el Tribunal Constitucional Plurinacional, una vez que se haya notificado por el Órgano Electoral la obtención de la firma de por lo menos el veinte por ciento del electorado, o se haya notificado por la Asamblea Legislativa Plurinacional la obtención de un mínimo de dos tercios de votos del total de sus miembros presentes.

II. El Tribunal Constitucional Plurinacional decidirá si el contenido de la iniciativa popular o de la Ley de reforma está conforme con la materia que la Constitución Política del Estado asigna a la reforma parcial.

III. En caso que la iniciativa popular o la Ley de reforma contenga propuestas de modificación constitucional que correspondan a la reforma total de la Constitución Política del Estado, el Tribunal Constitucional Plurinacional declarará improcedente, total o parcialmente, la iniciativa o la Ley de reforma, que no podrá ser objeto de referendo en aquello que el Tribunal Constitucional Plurinacional haya declarado inconstitucional.

DISPOSICIONES FINALES

Primera.

Se modifica el Artículo 1 de la Ley del Tribunal Constitucional Plurinacional N° 27 de 6 de junio de 2010, de la siguiente manera

"Artículo 1. (Objeto). La presente Ley tiene por objeto regular la estructura, organización y funcionamiento del Tribunal Constitucional Plurinacional."

Segunda.

Se incorpora el parágrafo III, al Artículo 30 de la Ley N° 27 de 6 de julio de 2010 del Tribunal Constitucional Plurinacional, con el siguiente texto:

"III. El periodo de funciones del Presidente del Tribunal Constitucional Plurinacional será de tres (3) años, pudiendo ser reelegida o reelegido."

Tercera.

A partir de la entrada en vigencia del Código Procesal Constitucional, queda derogada la parte segunda de la Ley del Tribunal Constitucional Plurinacional N° 27 de 6 de julio de 2010.

Cuarta.

Se modifica el Artículo 179 bis del Código Penal N° 1768 de 10 de marzo de 1997, con el siguiente texto

"Artículo 179 bis. (DESOBEDIENCIA A RESOLUCIONES EN ACCIONES DE DEFENSA Y DE INCONSTITUCIONALIDAD). La Servidora, Servidor Público o personas particulares que no cumplan las resoluciones, emitidas en acciones de defensa o de inconstitucionalidad, serán sancionadas o sancionados con reclusión de dos a seis años y con multa de cien a trescientos días"

Quinta.

Se crea la Academia Plurinacional de Estudios Constitucionales, dependiente del Tribunal Constitucional Plurinacional, destinada al estudio e investigación en materia Constitucional.

DISPOSICIONES TRANSITORIAS

Primera.

El presente Código Procesal Constitucional entrará en vigencia el 6 de agosto del año 2012.

Segunda.

Una vez entre en vigencia el presente Código Procesal Constitucional, se aplicará para el régimen de liquidación de causas establecido en la Ley N° 212 de 23 de diciembre de 2011.

Tercera.

El periodo de funciones de la Presidenta o Presidente del Tribunal Constitucional Plurinacional se computará a partir de la instalación del Tribunal Constitucional Plurinacional.

BRASIL
CONSTITUÇÃO DA REPÚBLICA FEDERATIVA
DO BRASIL, 1988 (Última reforma, 2005);

Artículo 5° - Todos são iguais perante a lei, sem distinção de qualquer natureza, garantindose aos brasileiros e aos estrangeiros residentes no País a inviolabilidade do direito à vida, à liberdade, à igualdade, à segurança e a propriedade, nos termos seguintes:...

LXVIII - concederse-á habeas-corpus sempre que alguém sofrer ou se achar ameaçado de sofrer violência ou coação em sua liberdade de locomoção, por ilegalidade ou abuso de poder;

LXIX - concederse-á mandado de segurança para proteger direito líquido e certo, não amparado por habeas-corpus ou habeas-data, quando o responsável pela ilegalidade ou abuso de poder for autoridade pública ou agente de pessoa jurídica no exercício de atribuições do poder público;

LXX - o mandado de segurança coletivo pode ser impetrado por:

a) partido político com representação no Congresso Nacional;

b) organização sindical, entidade de classe, ou associação legalmente constituída e em funcionamento há pelo menos um a no, em defesa dos interesses de seus membros ou associados;

LXXI - conceder-se-á mandado de injunção sempre que a falta de norma regulamentadora torne inviável o exercício dos direitos e liberdades constitucionais e das prerrogativas inerentes à nacionalidade, à soberania e à cidadania;

LXXII - conceder-se-á habeas-data:

a) para assegurar o conhecimento de informações relativas à pessoa do impetrante, constantes de registros ou bancos de dados de entidades governamentais ou de caráter público; b) para a retificação de dados, quando não se prefira fazê-lo por processo sigiloso, judicial ou administrativo;

190

MANDADO DE SEGURANÇA. LEI Nº 1.533,
DE 31 DE DEZEMBRO DE 1951

(Altera disposições do Código do Processo Civil, relativas
ao mandado de segurança. Alterada pelas Leis Nº 4.166/62, Nº 4348/64; Nº
6.014/1973; Nº 6.071/74 e Nº 9.259/96)

O PRESIDENTE DA REPÚBLICA:

Faço saber que o Congresso Nacional decreta e eu sanciono a seguinte lei:

Artículo 1. Conceder-se-á mandado de segurança para proteger direito líquido e certo, não amparado por habeas-corpus, sempre que, ilegalmente ou com abuso do poder, alguém sofrer violação ou houver justo receio de sofre-la por parte de autoridade, seja de que categoria for e sejam quais forem as funções que exerça.

§ 1º - Consideram-se autoridades, para os efeitos desta lei, os representantes ou administradores das entidades autárquicas e das pessoas naturais ou jurídicas com funções delegadas do Poder Público, somente no que entender com essas funções. *(Redação dada pela Lei nº 9.259, de 09/01/96)*

§ 2º - Quando o direito ameaçado ou violado couber a varias pessoas, qualquer delas poderá requerer o mandado de segurança.

Artículo 2. Considerar-se-á federal a autoridade coatora se as conseqüências de ordem patrimonial do ato contra o qual se requer o mandado houverem de ser suportadas pela união federal ou pelas entidades autárquicas federais.

Artículo 3. O titular de direito liquido e certo decorrente de direito, em condições idênticas, de terceiro, poderá impetrar mandado de segurança a favor do direito originário, se o seu titular não o fizer, em prazo razoável, apesar de para isso notificado judicialmente.

Artículo 4. Em caso de urgência, é permitido, observados os requisitos desta lei, impetrar o mandado de segurança por telegrama ou radiograma ao juiz competente, que poderá determinar seja feita pela mesma forma a notificação a autoridade coatora.

Artículo 5. Não se dará mandado de segurança quando se tratar:

I - de ato de que caiba recurso administrativo com efeito suspensivo, independente de caução.

II - de despacho ou decisão judicial, quando haja recurso previsto nas leis processuais ou possa ser modificado por via de correção.

III - de ato disciplinar, salvo quando praticado por autoridade incompetente ou com inobservância de formalidade essencial.

Artículo 6. A petição inicial, que deverá preencher os requisitos dos artigos 158 e 159 do Código do Processo Civil, será apresentada em duas vias e os documentos, que instruírem a primeira, deverão ser reproduzidos, por cópia, na segunda.

Parágrafo único. No caso em que o documento necessário a prova do alegado se acha em repartição ou estabelecimento publico, ou em poder de autoridade que recuse fornece-lo por certidão, o juiz ordenará, preliminarmente, por oficio, a exibição desse documento em original ou em cópia autêntica e marcará para cumprimento da ordem o prazo de dez dias. Se a autoridade que tiver procedido dessa maneira for a própria coatora, a ordem far-se-á no próprio instrumento da notificação. O escrivão extrairá cópias do documento para juntá-las à segunda via da petição. (*Redação dada pela Lei n° 4.166, de 04/12/62*)

Artículo 7. Ao despachar a inicial, o juiz ordenará:

I - que se notifique o coator do conteúdo da petição entregando-se-lhe a segunda via apresentada pelo requerente com as cópias dos documentos a fim de que, no prazo de quinze dias, preste as informações que achar necessárias. (*Redação dada pela Lei n° 4.166, de 04/12/62; Prazo alterado pela Lei n°4.238, de 26/06/64*)

II - que se suspenda o ato que deu motivo ao pedido quando for relevante o fundamento e do ato impugnado puder resultar a ineficácia da medida, caso seja deferida.

Artículo 8. A inicial será desde logo indeferida quando não for caso de mandado de segurança ou lhe faltar algum dos requisitos desta lei.

Parágrafo único. De despacho de indeferimento caberá o recurso previsto no art. 12.

Artículo 9. Feita a notificação, o serventuário em cujo cartório corra o feito juntará aos autos cópia autêntica do ofício endereçado ao coator, bem como a prova da entrega a este ou da sua recusa em aceitá-lo ou dar recibo.

Artículo 10. Findo o prazo a que se refere o item I do art. 7° e ouvido o representante do Ministério Público dentro em cinco dias, os autos serão conclusos ao juiz, independente de solicitação da parte, para a decisão, a qual deverá ser proferida em cinco dias, tenham sido ou não prestadas as informações pela autoridade coatora.

Artículo 11. Julgado procedente o pedido, o juiz transmitirá em ofício, por mão do oficial do juízo ou pelo correio, mediante registro com recibo de volta, ou por telegrama, radiograma ou telefonema, conforme o requerer o peticionário, o inteiro teor da sentença a autoridade coatora.

Parágrafo único. Os originais, no caso de transmissão telegráfica, radiofônica ou telefônica, deverão ser apresentados a agência expedidora com a firma do juiz devidamente reconhecida.

Artículo 12. Da sentença, negando ou concedendo o mandato cabe apelação. (*Redação dada pela Lei n° 6.014, de 27/12/73*)

Parágrafo único. A sentença, que conceder o mandato, fica sujeita ao duplo grau de jurisdição, podendo, entretanto, ser executada provisoriamente. (*Redação dada pela Lei n° 6.071, de 03/07/74*)

Artículo 13. Quando o mandado for concedido e o Presidente do Tribunal, ao qual competir o conhecimento do recurso, ordenár ao juiz a suspensão da execução da sentença, desse seu ato caberá agravo para o Tribunal a que presida. (*Redação dada pela Lei n° 6.014, de 27/12/73*)

Artículo 14. Nos casos de competência do Supremo Tribunal Federal e dos demais tribunais caberá ao relator a instrução do processo.

Artículo 15. A decisão do mandado de segurança não impedirá que o requerente, por ação própria, pleiteie os seus direitos e os respectivos efeitos patrimoniais.

Artículo 16. O pedido de mandado de segurança poderá ser renovado se a decisão denegatória não lhe houver apreciado o mérito.

Artículo 17. Os processos de mandado de segurança terão prioridade sobre todos os atos judiciais, salvo habeas-corpus. Na instância superior deverão ser levados a julgamento na primeira sessão que se seguir a data em que, feita a distribuição, forem conclusos ao relator.

Parágrafo único. O prazo para conclusão não poderá exceder de vinte e quatro horas, a contar da distribuição.

Artículo 18. O direito de requerer mandado de segurança extinguir-se-á decorridos cento e vinte dias contados da ciência, pela interessado, do ato impugnado.

Artículo 19. Aplicamse ao processo do mandado de segurança os artigos do Código de Processo Civil que regulam o litisconsórcio. (*Redação dada pela Lei nº 6.071, de 03/07/74*)

Artículo 20. Revogam-se os dispositivos do Código do Processo Civil sobre o assunto e mais disposições em contrario.

Artículo. 21. Esta lei entrará em vigor na data da sua publicação.

Rio de Janeiro, 31 de dezembro de 1951; 130° da Independência e 63° da República.

NORMAS PROCESSUAIS RELATIVAS A MANDADO DE SEGURANÇA.

LEI Nº 4.348, de 26 de junho de 1964

Estabelece normas processuais relativas a mandado de segurança

O PRESIDENTE DA REPÚBLICA:

Faço saber que o Congresso Nacional decreta e eu sanciono a seguinte lei:

Artículo 1. Nos processos de mandado de segurança serão observadas as seguintes normas:

a) é de dez dias o prazo para a prestação de informações de autoridade apontada como coatora. VETADO.

b) a medida liminar somente terá eficácia pelo prazo de (90) noventa dias a contar da data da respectiva concessão, prorrogável por (30) trinta dias quando provadamente o acúmulo de processos pendentes de julgamento justificar a prorrogação.

Artículo 2. Será decretada a perempção ou a caducidade da medida liminar "ex officio" ou a requerimento do Ministério Público, quando, concedida a medida, o impetrante criar obstáculo ao normal andamento do processo, deixar de promover, por mais de (3) três dias, os atos e diligências que lhe cumprirem, ou abandonar a causa por mais de (20) vinte dias.

Artículo 3. As autoridades administrativas, no prazo de (48) quarenta e oito horas da notificação da medida liminar, remeterão ao Ministério ou ao órgão a que se acham subordinadas e ao Procurador-Geral da República ou a quem tiver a representação judicial da União, do Estado, do Município ou entidade apontada como coatora, cópia autenticada do mandado notificatório, assim como indicações e elementos outros assim como indicações e elementos outros necessários às providências a serem tomadas para a eventual suspensão da medida e defesa do ato apontado como ilegal ou abusivo de poder.

Artículo 4. Quando, a requerimento de pessoa jurídica de direito público interessada e para evitar grave lesão à ordem à saúde, à segurança e à economia públicas, o

Presidente do Tribunal, ao qual couber o conhecimento do respectivo recurso (VE-TADO) suspender, em despacho fundamentado, a execução da liminar, e da senten-ça, dessa decisão caberá agravo, em efeito suspensivo, no prazo de cinco dias, con-tados da publicação do ato. (Vide Medida Provisória n° 2.180-35, de 24.8.2001)

Artículo 5. Não será concedida a medida liminar de mandados de segurança im-petrados visando à reclassificação ou equiparação de servidores públicos, ou à con-cessão de aumento ou extensão de vantagens.

Parágrafo único. Os mandados de segurança a que se refere este artigo serão executados depois de transitada em julgado a respectiva sentença.

Artículo 6 (VETADO)

Artículo 7. O recurso voluntário ou "ex officio", interposto de decisão concessiva de mandado de segurança que importe outorga ou adição de vencimento ou ainda reclassificação funcional, terá efeito suspensivo.

Artículo 8. Aos magistrados, funcionários da administração pública e aos serven-tuários da Justiça que descumprirem os prazos mencionados nesta lei, aplicam-se e do Estatuto dos Funcionários Públicos Civis da União (Lei n° 1.711, de 28/10/1952).

Artículo 9. Esta lei entrará em vigor na data de sua publicação, revogadas as dis-posições em contrário.

Brasília, 26 de junho de 1964; 143° da Independência e 76° da República.

COLOMBIA
CONSTITUCIÓN POLÍTICA DE LA
REPÚBLICA DE COLOMBIA, 1991 (Última reforma 2012)

Articulo 30. Quien estuviere privado de su libertad, y creyere estarlo ilegalmente, tiene derecho a invocar ante cualquier autoridad judicial, en todo tiempo, por sí o por interpuesta persona, el Habeas Corpus, el cual debe resolverse en el término de treinta y seis horas.

Articulo 86. Toda persona tendrá acción de tutela para reclamar ante los jueces, en todo momento y lugar, mediante un procedimiento preferente y sumario, por sí misma o por quien actúe a su nombre, la protección inmediata de sus derechos constitucionales fundamentales, cuando quiera que éstos resulten vulnerados o amenazados por la acción o la omisión de cualquier autoridad pública.

La protección consistirá en una orden para que aquel respecto de quien se solicita la tutela, actúe o se abstenga de hacerlo. El fallo, que será de inmediato cumplimiento, podrá impugnarse ante el juez competente y, en todo caso, éste lo remitirá a la Corte Constitucional para su eventual revisión.

Esta acción solo procederá cuando el afectado no disponga de otro medio de defensa judicial, salvo que aquella se utilice como mecanismo transitorio para evitar un perjuicio irremediable.

En ningún caso podrán transcurrir más de diez días entre la solicitud de tutela y su resolución.

La ley establecerá los casos en los que la acción de tutela procede contra particulares encargados de la prestación de un servicio público o cuya conducta afecte grave y directamente el interés colectivo, o respecto de quienes el solicitante se halle en estado de subordinación o indefensión.

ACCIÓN DE TUTELA. DECRETO NÚMERO 2591 DE 1991 (NOVIEMBRE 19)

Por el cual se reglamenta la acción de tutela consagrada en el artículo 86 de la Constitución Política.

El Presidente de la República de Colombia, en ejercicio de las facultades que le confiere el literal b) del artículo transitorio 5 de la Constitución Nacional oída y llevado a cabo el trámite de que trata el artículo transitorio 6, ante la Comisión Especial,

Decreta:

CAPÍTULO I
DISPOSICIONES GENERALES Y PROCEDIMIENTO

Artículo 1. *Objeto*. Toda persona tendrá acción de tutela para reclamar ante los jueces, en todo momento y lugar, mediante un procedimiento preferente y sumario, por sí misma o por quien actúe a su nombre, la protección inmediata de sus derechos constitucionales fundamentales, cuando quiera que éstos resulten vulnerados por la acción o la omisión de cualquier autoridad pública o de los particulares en los casos que señale este Decreto. Todos los días y horas son hábiles para interponer la acción de tutela.

La acción de tutela procederá aún bajo los estados de excepción. Cuando la medida excepcional se refiere a derechos, la tutela se podrá ejercer por lo menos para defender su contenido esencial, sin perjuicio de las limitaciones que la Constitución autorice y de lo que establezca la correspondiente ley estatutaria de los estados de excepción.

Exequible, sentencia C-018/93 (M.P.: Dr. Alejandro Martínez Caballero)

Artículo 2. *Derechos protegidos por la tutela*. La acción de tutela garantiza los derechos constitucionales fundamentales. Cuando una decisión de tutela se refiere a un derecho no señalado expresamente por la Constitución como fundamental, pero cuya naturaleza permita su tutela para casos concretos, la Corte Constitucional le dará prelación en la revisión a esta decisión.

Exequible, sentencia C-018/93 (M.P.: Dr. Alejandro Martínez Caballero)

Artículo 3. *Principios*. El trámite de la acción de tutela se desarrollará con arreglo a los principios de publicidad, prevalencia del derecho sustancial, economía, celeridad y eficacia.

Artículo 4. *Interpretación de los derechos tutelados*. Los derechos protegidos por la acción de tutela se interpretarán de conformidad con los tratados internacionales sobre derechos humanos ratificados por Colombia.

Artículo 5. *Procedencia de la acción de tutela*. La acción de tutela procede contra toda acción u omisión de las autoridades públicas, que haya violado, viole o amenace violar cualquiera de los derechos de que trata el artículo 2 de esta ley. También procede contra acciones u omisiones de particulares, de conformidad con lo establecido en el Capítulo III de este Decreto. La procedencia de la tutela en ningún caso está sujeta a que la acción de la autoridad o del particular se haya manifestado en un acto jurídico escrito.

Artículo 6. *Causales de improcedencia de la tutela.* La acción de tutela no procederá:

1. Cuando existan otros recursos o medios de defensa judiciales, salvo que aquélla se utilice como mecanismo transitorio para evitar un perjuicio irremediable. La existencia de dichos medios será apreciada en concreto, en cuanto a su eficacia, atendiendo las circunstancias en que se encuentre el solicitante.

Exequible, sentencia C-018/93 (M.P.: Dr. Alejandro Martínez Caballero)

(Se entiende por irremediable el perjuicio que sólo pueda ser reparado en su integridad mediante una indemnización.)

Inexequible, sentencia C-531/93 (M.P.: Dr. Eduardo Cifuentes Muñoz)

2. Cuando para proteger el derecho se pueda invocar el recurso de habeas corpus.

3. Cuando se pretenda proteger derechos colectivos, tales como la paz y los demás mencionados en el artículo 88 de la Constitución Política. Lo anterior no obsta para que el titular solicite la tutela de sus derechos amenazados o violados en situaciones que comprometan intereses o derechos colectivos siempre que se trate de impedir un perjuicio irremediable.

Exequible, sentencia C-018/93 (M.P.: Dr. Alejandro Martínez Caballero)

4. Cuando sea evidente que la violación del derecho originó un daño consumado, salvo cuando continúe la acción u omisión violatoria del derecho.

5. Cuando se trate de actos de carácter general, impersonal y abstracto.

Artículo 7 *Medidas provisionales para proteger un derecho.* Desde la presentación de la solicitud, cuando el juez expresamente lo considere necesario y urgente para proteger el derecho, suspenderá la aplicación del acto concreto que lo amenace o vulnere.

Sin embargo, a petición de parte o de oficio, se podrá disponer la ejecución o la continuidad de la ejecución, para evitar perjuicios ciertos e inminentes al interés público. En todo caso el juez podrá ordenar lo que considere procedente para proteger los derechos y no hacer ilusorio el efecto de un eventual fallo a favor del solicitante.

La suspensión de la aplicación se notificará inmediatamente a aquél contra quien se hubiere hecho la solicitud por el medio más expedito posible.

El juez también podrá, de oficio o a petición de parte, dictar cualquier medida de conservación o seguridad encaminada a proteger el derecho o a evitar que se produzcan otros daños como consecuencia de los hechos realizados, todo de conformidad con las circunstancias del caso.

El juez podrá, de oficio o a petición de parte, por resolución debidamente fundada, hacer cesar en cualquier momento la autorización de ejecución o las otras medidas cautelares que hubiere dictado.

Artículo 8. *La tutela como mecanismo transitorio.* Aún cuando el afectado disponga de otro medio de defensa judicial, la acción de tutela procederá cuando se utilice como mecanismo transitorio para evitar un perjuicio irremediable.

En el caso del inciso anterior, el juez señalará expresamente en la sentencia que su orden permanecerá vigente sólo durante el término que la autoridad judicial competente utilice para decidir de fondo sobre la acción instaurada por el afectado.

En todo caso el afectado deberá ejercer dicha acción en un término máximo de cuatro (4) meses a partir del fallo de tutela.

Si no se instaura, cesarán los efectos de éste.

Cuando se utilice como mecanismo transitorio para evitar un daño irreparable, la acción de tutela también podrá ejercerse conjuntamente con la acción de nulidad y de las demás precedentes ante la jurisdicción de lo contencioso administrativo. En estos casos, el juez si lo estima procedente podrá ordenar que no se aplique el acto particular respecto de la situación jurídica concreta cuya protección se solicita, mientras dure el proceso.

Exequible, sentencia C-018/93 (M.P.: Dr. Alejandro Martínez Caballero)

Artículo 9. *Agotamiento opcional de la vía gubernativa.* No será necesario interponer previamente la reposición y otro recurso administrativo para presentar la solicitud de tutela. El interesado podrá interponer los recursos administrativos, sin perjuicio de que ejerza directamente en cualquier momento la acción de tutela.

El ejercicio de la acción de tutela no exime de la obligación de agotar la vía gubernativa para acudir a la jurisdicción de lo contencioso administrativo.

Artículo 10. *Legitimidad e interés.* La acción de tutela podrá ser ejercida, en todo momento y lugar, por cualquiera persona vulnerada o amenazada en uno de sus derechos fundamentales, quien actuará por sí misma o a través de representante. Los poderes se presumirán auténticos.

También se pueden agenciar derechos ajenos cuando el titular de los mismos no esté en condiciones de promover su propia defensa. Cuando tal circunstancia ocurra, deberá manifestarse en la solicitud.

También podrán ejercerla el Defensor del Pueblo y los personeros municipales.

Artículo 11. *Caducidad.* La acción de tutela podrá ejercerse en todo tiempo salvo la dirigida contra sentencias o providencias judiciales que pongan fin a un proceso, la cual caducará a los dos meses de ejecutoriada la providencia correspondiente.

Inexequible, sentencia C-543/92 (M.P.: Dr. José Gregorio Hernández Galindo)

Artículo 12. *Efectos de la caducidad.* La caducidad de la acción de tutela no será obstáculo para impugnar el acto o la actuación mediante otra acción, si fuere posible hacerlo de conformidad con la ley.

Inexequible, sentencia C-543/92 (M.P.: Dr. José Gregorio Hernández Galindo)

Artículo 13. *Personas contra quien se dirige la acción e intervinientes.* La acción se dirigirá contra la autoridad pública o el representante del órgano que presuntamente violó o amenazó el derecho fundamental. Si uno u otro hubiesen actuado en cumplimiento de órdenes o instrucciones impartidas por un superior, o con su autorización o aprobación, la acción se entenderá dirigida contra ambos, sin perjuicio de lo que se decida en el fallo. De ignorarse la identidad de la autoridad pública, la acción se tendrá por ejercida contra el superior.

Quien tuviere un interés legítimo en el resultado del proceso podrá intervenir en él como coadyuvante del actor o de la persona o autoridad pública contra quien se hubiere hecho la solicitud.

Artículo 14. Contenido de la solicitud. Informalidad. En la solicitud de tutela se expresará, con la mayor claridad posible, la acción o la omisión que la motiva, el derecho que se considera violado o amenazado, el nombre de la autoridad pública, si fuere posible, o del órgano autor de la amenaza o del agravio, y la descripción de las demás circunstancias relevantes para decidir la solicitud. También contendrá el nombre y el lugar de residencia del solicitante.

No será indispensable citar la norma constitucional infringida, siempre que se determine claramente el derecho violado o amenazado. La acción podrá ser ejercida, sin ninguna formalidad o autenticación, por memorial, telegrama u otro medio de comunicación que se manifieste por escrito para lo cual se gozará de franquicia. No será necesario actuar por medio de apoderado.

En caso de urgencia o cuando el solicitante no sepa escribir o sea menor de edad, la acción podrá ser ejercida verbalmente. El juez deberá atender inmediatamente al solicitante, pero, sin poner en peligro el goce efectivo del derecho, podrá exigir su posterior presentación personal para recoger una declaración que facilite proceder con el trámite de la solicitud, u ordenar al secretario levantar el acta correspondiente sin formalismo alguno.

Artículo 15. Trámite preferencial. La tramitación de la tutela estará a cargo del juez, del presidente de la Sala o del magistrado a quien éste designe, en turno riguroso, y será sustanciada con prelación para lo cual se pospondrá cualquier asunto de naturaleza diferente, salvo el de habeas corpus.

Los plazos son perentorios e improrrogables.

Exequible la expresión, "...del presidente de la sala o del magistrado a quien éste designe, en turno riguroso...", sentencia C-186/98 (M.P. Dr. Vladimiro Naranjo Mesa)

Artículo 16. Notificaciones. Las providencias que se dicten se notificarán a las partes o intervinientes, por el medio que el juez considere más expedito y eficaz.

Artículo 17. Corrección de la solicitud. Si no pudiere determinarse el hecho o la razón que motiva la solicitud de tutela se prevendrá al solicitante para que la corrija en el término de tres días, los cuales deberán señalarse concretamente en la correspondiente providencia. Si no la corrigiere, la solicitud podrá ser rechazada de plano.

Si la solicitud fuere verbal, el juez procederá a corregirla en el acto, con la información adicional que le proporcione el solicitante.

Artículo 18. Restablecimiento inmediato. El juez que conozca de la solicitud podrá tutelar el derecho, prescindiendo de cualquier consideración formal y sin ninguna averiguación previa, siempre y cuando el fallo se funde en un medio de prueba del cual se pueda deducir una grave e inminente violación o amenaza del derecho.

Artículo 19. Informes. El juez podrá requerir informes al órgano o a la autoridad contra quien se hubiere hecho la solicitud y pedir el expediente administrativo o la documentación donde consten los antecedentes del asunto. La omisión injustificada de enviar esas pruebas al juez acarreará responsabilidades.

El plazo para informar será de uno a tres días, y se fijarán según sea la índole del asunto, la distancia y la rapidez de los medios de comunicación.

Los informes se considerarán rendidos bajo juramento.

Artículo 20*. Presunción de veracidad.* Si el informe no fuere rendido dentro del plazo correspondiente, se tendrán por ciertos los hechos y se entrará a resolver de plano, salvo que el juez estime necesaria otra averiguación previa.

Artículo 21*. Información adicional.* Si del informe resultare que no son ciertos los hechos, podrá ordenarse de inmediato información adicional que deberá rendirse dentro de tres días con las pruebas que sean indispensables. Si fuere necesario, se oirá en forma verbal al solicitante y a aquél contra quien se hubiere hecho la solicitud, de todo lo cual se levantará el acta correspondiente de manera sumaria.

En todo caso, el juez podrá fundar su decisión en cualquier medio probatorio para conceder o negar la tutela.

Artículo 22*. Pruebas.* El juez, tan pronto llegue al convencimiento respecto de la situación litigiosa, podrá proferir el fallo, sin necesidad de practicar las pruebas solicitadas.

Artículo 23*. Protección del derecho tutelado.* Cuando la solicitud se dirija contra una acción de la autoridad el fallo que conceda la tutela tendrá por objeto garantizar al agraviado el pleno goce de su derecho, y volver al estado anterior a la violación, cuando fuere posible.

Cuando lo impugnado hubiere sido la denegación de un acto o una omisión, el fallo ordenará realizarlo o desarrollar la acción adecuada, para lo cual se otorgará un plazo prudencial perentorio. Si la autoridad no expide el acto administrativo de alcance particular y lo remite al juez en el término de 48 horas, éste podrá disponer lo necesario para que el derecho sea libremente ejercido sin más requisitos. Si se hubiere tratado de una mera conducta o actuación material, o de una amenaza, se ordenará su inmediata cesación, así como evitar toda nueva violación o amenaza, perturbación o restricción.

En todo caso, el juez establecerá los demás efectos del fallo para el caso concreto.

Artículo 24*. Prevención a la autoridad.* Si al concederse la tutela hubieren cesado los efectos del acto impugnado, o éste se hubiera consumado en forma que no sea posible restablecer al solicitante en el goce de su derecho conculcado, en el fallo se prevendrá a la autoridad pública para que en ningún caso vuelva a incurrir en las acciones u omisiones que dieron mérito para conceder la tutela, y que, si procediere de modo contrario, será sancionada de acuerdo con lo establecido en el artículo correspondiente de este decreto, todo sin perjuicio de las responsabilidades en que ya hubiere incurrido.

El juez también prevendrá a la autoridad en los demás casos en que lo considere adecuado para evitar la repetición de la misma acción u omisión.

Artículo 25*. Indemnizaciones y costas.* Cuando el afectado no disponga de otro medio judicial, y la violación del derecho sea manifiesta y consecuencia de una acción clara e indiscutiblemente arbitraria, además de lo dispuesto en los dos artículos anteriores, en el fallo que conceda la tutela el juez de oficio, tiene la potestad de ordenar en abstracto la indemnización del daño emergente causado si ello fuere necesario para asegurar el goce efectivo del derecho así como el pago de las costas del proceso. La liquidación del mismo y de los demás perjuicios se hará ante la jurisdicción de lo contencioso administrativo o ante el juez competente, por el trámite incidental, dentro de los seis meses siguientes, para lo cual el juez que hubiere conocido de la tutela remitirá inmediatamente copia de toda la actuación.

La condena será contra la entidad de que dependa el demandado y solidariamente contra éste, si se considerara que ha mediado dolo o culpa grave de su parte, todo ello sin perjuicio de las demás responsabilidades administrativas, civiles o penales en que haya incurrido.

Si la tutela fuere rechazada o denegada por el juez, éste condenará al solicitante al pago de las costas cuando estimare fundadamente que incurrió en temeridad.

Exequible, sentencia C-543/92 (M.P.: Dr. José Gregorio Hernández Galindo)

Artículo 26. *Cesación de la actuación impugnada*. Si estando en curso la tutela, se dictare resolución, administrativa o judicial, que revoque, detenga o suspenda la actuación impugnada, se declarará fundada la solicitud únicamente para efectos de indemnización y de costas, si fueren procedentes.

El recurrente podrá desistir de la tutela, en cuyo caso se archivará el expediente.

Cuando el desistimiento hubiere tenido origen en una satisfacción extraprocesal de los derechos reclamados por el interesado, el expediente podrá reabrirse en cualquier tiempo, si se demuestra que la satisfacción acordada ha resultado incumplida o tardía.

Artículo 27. *Cumplimiento del fallo*. Proferido el fallo que concede la tutela, la autoridad responsable del agravio deberá cumplirlo sin demora.

Si no lo hiciere dentro de las cuarenta y ocho horas siguientes, el juez se dirigirá al superior del responsable y le requerirá para que lo haga cumplir y abra el correspondiente procedimiento disciplinario contra aquél. Pasadas otras cuarenta y ocho horas, ordenará abrir proceso contra el superior que no hubiere procedido conforme a lo ordenado y adoptará directamente todas las medidas para el cabal cumplimiento del mismo. El juez podrá sancionar por desacato al responsable y al superior hasta que cumplan su sentencia.

Lo anterior sin perjuicio de la responsabilidad penal del funcionario en su caso.

En todo caso, el juez establecerá los demás efectos del fallo para el caso concreto y mantendrá la competencia hasta que esté completamente restablecido el derecho o eliminadas las causas de la amenaza.

Artículo 28. *Alcances del fallo*. El cumplimiento del fallo de tutela no impedirá que se proceda contra la autoridad pública, si las acciones u omisiones en que incurrió generaren responsabilidad.

La denegación de la tutela no puede invocarse para excusar las responsabilidades en que haya podido incurrir el autor del agravio.

Artículo 29. *Contenido del fallo*. Dentro de los diez días siguientes a la presentación de la solicitud el juez dictará fallo, el cual deberá contener:

1. La identificación del solicitante.

2. La identificación del sujeto o sujetos de quien provenga la amenaza o vulneración.

Sentencia C-054/93 (M.P.: Dr. Alejandro Martínez Caballero), dispone estarse a lo resuelto en sentencia C-543/92.

3. La determinación del derecho tutelado.

4. La orden y la definición precisa de la conducta a cumplir con el fin de hacer efectiva la tutela.

5. El plazo perentorio para el cumplimiento de lo resuelto, que en ningún caso podrá exceder de 48 horas.

6. Cuando la violación o amenaza de violación derive de la aplicación de una norma incompatible con los derechos fundamentales, la providencia judicial que resuelva la acción interpuesta deberá además ordenar la inaplicación de la norma impugnada en el caso concreto.

Parágrafo. El contenido del fallo no podrá ser inhibitorio.

Artículo 30. Notificación del fallo. El fallo se notificará por telegrama o por otro medio expedito que asegure su cumplimiento a más tardar el día siguiente de haber sido proferido.

Artículo 31. Impugnación del fallo. Dentro de los tres días siguientes a su notificación el fallo podrá ser impugnado por el Defensor del Pueblo, el solicitante, la autoridad pública o el representante del órgano correspondiente, sin perjuicio de su cumplimiento inmediato.

Los fallos que no sean impugnados serán enviados al día siguiente a la Corte Constitucional para su revisión.

Artículo 32. Trámite de la impugnación. Presentada debidamente la impugnación el juez remitirá el expediente dentro de los dos días siguientes al superior jerárquico correspondiente.

El juez que conozca de la impugnación, estudiará el contenido de la misma, cotejándola con el acervo probatorio y con el fallo. El juez, de oficio o a petición de parte, podrá solicitar informes y ordenar la práctica de pruebas y proferirá el fallo dentro de los 20 días siguientes a la recepción del expediente. Si a su juicio el fallo carece de fundamento, procederá a revocarlo, lo cual comunicará de inmediato. Si encuentra el fallo ajustado a derecho, lo confirmará. En ambos casos, dentro de los diez días siguientes a la ejecutoria del fallo de segunda instancia, el juez remitirá el expediente a la Corte Constitucional, para su eventual revisión.

El término "eventual" fue declarado exequible, sentencia C-018/93 (M.P.: Dr. Alejandro Martínez Caballero)

Declarar EXEQUIBLE el aparte acusado del artículo 32 del Decreto 2591 de 1991. Sentencia C-1716/00 (M.P.: Dr. Carlos Gaviria Díaz)

Artículo 33. Revisión por la Corte Constitucional. La Corte Constitucional designará dos de sus Magistrados para que seleccionen, sin motivación expresa y según su criterio, las sentencias de tutela que habrán de ser revisadas. Cualquier Magistrado de la Corte o el Defensor del Pueblo, podrá solicitar que se revise algún fallo de tutela excluido por éstos cuando considere que la revisión puede aclarar el alcance de un derecho o evitar un perjuicio grave. Los casos de tutela que no sean excluidos de revisión dentro de los 30 días siguientes a su recepción, deberán ser decididos en el término de tres meses.

Exequible, sentencia C-018/93 (M.P.: Dr. Alejandro Martínez Caballero)

En el Decreto 262 de febrero 22 de 2000, artículo 7, numeral 12, se dispuso: El Procurador General de la Nación cumple las siguientes funciones: solicitar ante la Corte Constitucional la revisión de fallos de tutela, cuando lo considere necesario en defensa del orden jurídico, el patrimonio público o de los derechos y garantías fundamentales.

Artículo 34. *Decisión en Sala.* La Corte Constitucional designará los tres Magistrados de su seno que conformarán la Sala que habrá de revisar los fallos de tutela de conformidad con el procedimiento vigente para los Tribunales de Distrito judicial. Los cambios de jurisprudencia deberán ser decididos por la Sala Plena de la Corte, previo registro del proyecto de fallo correspondiente.

Exequible, sentencia C-018/93 (M.P.: Dr. Alejandro Martínez Caballero)

Artículo 35. *Decisiones de revisión.* Las decisiones de revisión que revoquen o modifiquen el fallo, unifiquen la jurisprudencia constitucional o aclaren el alcance general de las normas constitucionales deberán ser motivadas. Las demás podrán ser brevemente justificadas.

La revisión se concederá en el efecto devolutivo pero la Corte podrá aplicar lo dispuesto en el artículo 7 de este decreto.

Inhibición, sentencia C-003/99 (M.P. Dr. Fabio Morón Díaz)

Artículo 36. *Efectos de la revisión.* Las sentencias en que se revise una decisión de tutela solo surtirán efectos en el caso concreto y deberán ser comunicadas inmediatamente al juez o tribunal competente de primera instancia, el cual notificará la sentencia de la Corte a las partes y adoptará las decisiones necesarias para adecuar su fallo a lo dispuesto por ésta.

CAPÍTULO II
COMPETENCIA

Artículo 37. *Primera instancia.* Son competentes para conocer de la acción de tutela, a prevención, los jueces o tribunales con jurisdicción en el lugar donde ocurriere la violación o la amenaza que motivaren la presentación de la solicitud.

Exequible, sentencia C-054/93 (M.P.: Dr. Alejandro Martínez Caballero)

El que interponga la acción de tutela deberá manifestar, bajo la gravedad del juramento, que no ha presentado otra respecto de los mismos hechos y derechos. Al recibir la solicitud, se le advertirá sobre las consecuencias penales del falso testimonio.

Exequible la expresión "bajo la gravedad del juramento", sentencia C-616/97 (M.P.: Dr. Vladimiro Naranjo Mesa)

De las acciones dirigidas contra la prensa y los demás medios de comunicación serán competentes los jueces de circuito del lugar.

Exequible, sentencia C-054/93 (M.P.: Dr. Alejandro Martínez Caballero)

Artículo 38. *Actuación temeraria.* Cuando sin motivo expresamente justificado la misma acción de tutela sea presentada por la misma persona o su representante ante varios jueces o tribunales, se rechazarán o decidirán desfavorablemente todas las solicitudes.

Exequible, sentencia C-054/93 (M.P.: Dr. Alejandro Martínez Caballero)

El abogado que promoviere la presentación de varias acciones de tutela respecto de los mismos hechos y derechos, será sancionado con la suspensión de la tarjeta profesional al menos por dos años. En caso de reincidencia, se le cancelará su tarjeta profesional, sin perjuicio de las demás sanciones a que haya lugar.

Exequible, sentencia C-155A/93 (M.P.: Dr. Fabio Morón Díaz)

Artículo 39. *Recusación.* En ningún caso será procedente la recusación. El juez deberá declararse impedido cuando concurran las causales de impedimento del Código de Procedimiento Penal so pena de incurrir en la sanción disciplinaria correspondiente. El juez que conozca de la impugnación del fallo de tutela deberá adoptar las medidas procedentes para que se inicie el procedimiento disciplinario si fuere el caso.

Artículo 40. *Competencia especial.* Cuando las sentencias y las demás providencias judiciales que pongan término a un proceso, proferidas por los jueces superiores, los tribunales, la Corte Suprema de Justicia y el Consejo de Estado, amenacen o vulneren un derecho fundamental, será competente para conocer de la acción de tutela el superior jerárquico correspondiente.

Cuando dichas providencias emanen de Magistrados, conocerá el Magistrado que le siga en turno, cuya actuación podrá ser impugnada ante la correspondiente sala o sección.

Tratándose de sentencias emanadas de una sala o sección, conocerá la sala o sección que le sigue en orden, cuya actuación podrá ser impugnada ante la sala plena correspondiente de la misma Corporación.

Parágrafo 1º La acción de tutela contra tales providencias judiciales sólo procederá cuando la lesión del derecho sea consecuencia directa de éstas por deducirse de manera manifiesta y directa de su parte resolutiva, se hubieren agotado todos los recursos en la vía judicial y no exista otro mecanismo idóneo para reclamar la protección del derecho vulnerado o amenazado. Cuando el derecho invocado sea el debido proceso, la tutela deberá interponerse conjuntamente con el recurso procedente.

Quien hubiere interpuesto un recurso, o disponga de medios de defensa judicial, podrá solicitar también la tutela si ésta es utilizada como mecanismo transitorio para evitar un perjuicio irremediable. También podrá hacerlo quien, en el caso concreto, careciere de otro mecanismo de defensa judicial, siempre y cuando la acción sea interpuesta dentro de los 60 días siguientes a la firmeza de la providencia que hubiere puesto fin al proceso.

La tutela no procederá por errónea interpretación judicial de la ley ni para controvertir pruebas.

Parágrafo 2º. El ejercicio temerario de la acción de tutela sobre sentencias emanadas de autoridad judicial por parte del apoderado será causal de sanción disciplinaria. Para efectos, se dará traslado a la autoridad correspondiente.

Parágrafo 3º. La presentación de la solicitud de tutela no suspende la ejecución de las sentencias o de la providencia que puso fin al proceso.

Parágrafo 4º. No procederá la tutela contra fallos de tutela.

Inexequible, sentencia C-543/92 (M.P.: Dr. José Gregorio Hernández Galindo)

Artículo 41. *Falta de desarrollo legal.* No se podrá alegar la falta de desarrollo legal de un derecho fundamental civil o político para impedir su tutela.

CAPÍTULO III
TUTELA CONTRA LOS PARTICULARES

Artículo 42. *Procedencia.* La acción de tutela procederá contra acciones u omisiones de particulares en los siguientes casos:

1. Cuando aquel contra quien se hubiere hecho la solicitud esté encargado de la prestación del servicio público de educación para proteger los derechos consagrados en los artículos 13, 15, 16, 18, 19, 20, 23, 27, 29, 37 y 38 de la Constitución.

Exequible numeral 1º. Salvo la expresión, "para proteger los derechos consagrados en los artículos 13, 15, 16, 18, 19, 20, 23, 27, 29, 37 y 38 de la Constitución", que se declara inexequible, sentencia C-134/94 (M.P.: Dr. Vladimiro Naranjo Mesa)

2. Cuando aquel contra quien se hubiere hecho la solicitud esté encargado de la prestación del servicio público de salud para proteger los derechos a la vida, a la intimidad, a la igualdad y a la autonomía.

Exequible el numeral 2, salvo la expresión, "para proteger los derechos a la vida, a la intimidad, a la igualdad y a la autonomía", que se declara inexequible, sentencia C-134/94 (M.P. Dr. Vladimiro Naranjo Mesa)

3. Cuando aquel contra quien se hubiera hecho la solicitud esté encargado de la prestación de servicios públicos domiciliarios.

4. Cuando la solicitud fuere dirigida contra una organización privada, contra quien la controle efectivamente o fuere el beneficiario real de la situación que motivó la acción, siempre y cuando el solicitante tenga una relación de subordinación o indefensión con tal organización.

5. Cuando aquel contra quien se hubiere hecho la solicitud viole o amenace violar el artículo 17 de la Constitución.

6. Cuando la entidad privada sea aquella contra quien se hubiere hecho la solicitud en ejercicio del habeas data, de conformidad con lo establecido en el artículo 15 de la Constitución.

7. Cuando se solicite rectificación de informaciones inexactas o erróneas. En este caso se deberá anexar la transcripción de la información o la copia de la publicación y de la rectificación solicitada que no fue publicada en condiciones que aseguren la eficacia de la misma.

8. Cuando el particular actúe o deba actuar en ejercicio de funciones públicas, en cuyo caso se aplicará el mismo régimen que a las autoridades públicas.

9. Cuando la solicitud sea para tutelar la vida o la integridad de quien se encuentre en situación de subordinación o indefensión respecto del particular contra el cual se interpuso la acción. Se presume la indefensión del menor que solicite la tutela.

Exequible el numeral 9, salvo la expresión," la vida o la integridad de", sentencia C-134/94 (M.P.: Dr. Vladimiro Naranjo Mesa)

Artículo 43. *Trámite*. La acción de tutela frente a particulares se tramitará de conformidad con lo establecido en este Decreto, salvo en los artículos 9, 23 y los demás que no fueren pertinentes.

Artículo 44. *Protección alternativa*. La providencia que inadmita o rechace la tutela deberá indicar el procedimiento idóneo para proteger el derecho amenazado o violado.

Artículo 45. *Conductas legítimas*. No se podrá conceder la tutela contra conductas legítimas de un particular.

CAPÍTULO IV
LA TUTELA Y EL DEFENSOR DEL PUEBLO

Artículo 46. *Legitimación*. El Defensor del Pueblo podrá sin perjuicio del derecho que asiste a los interesados, interponer la acción de tutela en nombre de cualquier persona que se lo solicite o que esté en situación de desamparo e indefensión.

Artículo 47. *Parte*. Cuando el Defensor del Pueblo interponga la acción de tutela será, junto con el agraviado, parte en el proceso.

Artículo 48. *Asesores y asistentes*. El Defensor del Pueblo podrá designar libremente los asesores y asistentes necesarios para el ejercicio de esta función.

Artículo 49. *Delegación en personeros*. En cada municipio, el personero en su calidad de defensor en la respectiva entidad territorial podrá por delegación expresa del Defensor del Pueblo, interponer acciones de tutela o representarlo en las que éste interponga directamente.

Artículo 50. *Asistencia a los personeros*. Los personeros municipales y distritales podrán requerir del Defensor del Pueblo la asistencia y orientación necesarias en los asuntos relativos a la protección judicial de los derechos fundamentales.

Artículo 51. *Colombianos residentes en el exterior.* El colombiano que resida en el exterior, cuyos derechos fundamentales estén siendo amenazados o violados por una autoridad pública de la República de Colombia, podrá interponer acción de tutela por intermedio del Defensor del Pueblo, de conformidad con lo establecido en el presente Decreto.

CAPÍTULO V
SANCIONES

Artículo 52. *Desacato*. La persona que incumpliere una orden de un juez proferida con base en el presente Decreto incurrirá en desacato sancionable con arresto hasta de seis meses y multa hasta de 20 salarios mínimos mensuales, salvo que en este decreto ya se hubiere señalado una consecuencia jurídica distinta y sin perjuicio de las sanciones penales a que hubiere lugar.

Exequible el inciso primero, sentencia C-092/97 (M.P.: Dr. Carlos Gaviria Díaz)

La sanción será impuesta por el mismo juez mediante trámite incidental y será consultada al superior jerárquico quien decidirá dentro de los tres días siguientes si debe revocarse la sanción.

Exequible la expresión, sentencia C-243/96 (M.P.: Dr. Vladimiro Naranjo Mesa)

La consulta se hará en el efecto devolutivo.

Inexequible, sentencia C-243/96 (M.P.: Dr. Vladimiro Naranjo Mesa)

Artículo 53. *Sanciones penales*. El que incumpla el fallo de tutela o el juez que incumpla las funciones que le son propias de conformidad con este decreto incurrirá, según el caso, en fraude a resolución judicial, prevaricato por omisión o en las sanciones penales a que hubiere lugar.

También incurrirá en la responsabilidad penal a que hubiere lugar quien repita la acción o la omisión que motivó la tutela concedida mediante fallo ejecutoriado en proceso en el cual haya sido parte.

Artículo 54. *Enseñanza de la tutela*. En las instituciones de educación se impartirá instrucción sobre la acción de tutela de conformidad con lo establecido en el artículo 41 de la Constitución.

Artículo 55. *Vigencia*. El presente decreto rige a partir de la fecha de su publicación.

Publíquese y cúmplase

Dado en Santafé de Bogotá, D. C., a 19 de noviembre de 1991.

CÉSAR GAVIRIA TRUJILLO

Diario oficial número 40.165 del 19 de noviembre de 1991.

ACCIÓN DE TUTELA. DECRETO 306 DE 1992 (FEBRERO 19)
Por el cual se reglamenta el Decreto 2591 de 1991

El Presidente de la República de Colombia, en ejercicio de sus facultades constitucionales y, en especial, de la prevista por el artículo 189, numeral 11 de la Constitución Política,

Decreta:

Artículo 1. *De los casos en que no existe perjuicio irremediable*. De conformidad con el inciso segundo del numeral primero del artículo 6° del Decreto 2591 de 1991, se entiende por irremediable el perjuicio que sólo puede ser reparado en su integridad mediante una indemnización.

No se considera que el perjuicio tenga el carácter de irremediable, cuando el interesado puede solicitar a la autoridad judicial competente que se disponga el restablecimiento o protección del derecho, mediante la adopción de disposiciones como las siguientes:

a) Orden de reintegro o promoción a un empleo, cargo, rango o condición;

b) Orden de dar posesión a un determinado funcionario;

c) Autorización oportuna al interesado para ejercer el derecho;

d) Orden de entrega de un bien;

e) Orden de restitución o devolución de una suma de dinero pagada por razón de una multa, un tributo, una contribución, una tasa, una regalía o a cualquier otro título; revisión o modificación de la determinación administrativa de una obligación de pagar una suma de dinero; o declaración de inexistencia de esta última, y

f) Orden oportuna de actuar o de abstenerse de hacerlo, siempre que la conducta sea distinta del pago de una indemnización de perjuicios.

Lo dispuesto en este artículo se aplicará también en aquellos eventos en los cuales legalmente sea posible que además de las órdenes y autorizaciones mencionadas se condene al pago de perjuicios en forma complementaria.

Artículo 2. *De los derechos protegidos por la acción de tutela*. De conformidad con el artículo 1° del Decreto 2591 de 1991, la acción de tutela protege exclusivamente los derechos constitucionales fundamentales, y por lo tanto, no puede ser utilizada para hacer respetar derechos que sólo tienen rango legal, ni para hacer cumplir las leyes, los decretos, los reglamentos o cualquiera otra norma de rango inferior.

Artículo 3. *De cuando no existe amenaza de un derecho constitucional fundamental*. Se entenderá que no se encuentra amenazado un derecho constitucional fundamental por el solo hecho de que se abra o adelante una investigación o averiguación administrativa por la autoridad competente con sujeción al procedimiento correspondiente regulado por la ley.

Artículo 4. *De los principios aplicables para interpretar el procedimiento previsto por el Decreto 2591 de 1991*. Para la interpretación de las disposiciones sobre trámite de la acción de tutela previstas por el Decreto 2591 de 1991 se aplicarán los principios generales del Código de Procedimiento Civil, en todo aquello en que no sean contrarios a dicho decreto.

Cuando el juez considere necesario oír a aquel contra quien se haya hecho la solicitud de tutela, y dicha persona sea uno de los funcionarios que por ley rinden declaración por medio de certificación jurada, el juez solicitará la respectiva certificación.

Artículo 5. *De la notificación de las providencias a las partes*. De conformidad con el artículo 16 del Decreto 2591 de 1991 todas las providencias que se dicten en el trámite de una acción de tutela se deberán notificar a las partes o a los intervinientes. Para este efecto son partes la persona que ejerce la acción de tutela y el particular, la entidad o autoridad pública contra la cual se dirige la acción de tutela de conformidad con el artículo 13 del Decreto 2591 de 1991.

El juez velará porque de acuerdo con las circunstancias, el medio y la oportunidad de la notificación aseguren la eficacia de la misma y la posibilidad de ejercer el derecho de defensa.

Artículo 6. *Del contenido del fallo de tutela*. De conformidad con lo dispuesto en el artículo 29, numeral 3° del Decreto 2591 de 1991, el juez deberá señalar en el fallo el derecho constitucional fundamental tutelado, citar el precepto constitucional que lo consagra, y precisar en qué consiste la violación o amenaza del derecho frente a los hechos del caso concreto.

Artículo 7°. *De los efectos de las decisiones de revisión de la Corte Constitucional y de las decisiones sobre las impugnaciones de fallos de tutela*. Cuando el juez que conozca de la impugnación o la Corte Constitucional al decidir una revisión, revoque el fallo de tutela que haya ordenado realizar una conducta, quedarán sin efecto dicha providencia y la actuación que haya realizado la autoridad administrativa en cumplimiento del fallo respectivo.

Artículo 8°. *Reparto.* Cuando en la localidad donde se presente la acción de tutela funcionen varios despachos judiciales de la misma jerarquía y especialidad de aquel ante el cual se ejerció la acción, la misma se someterá a reparto que se realizará el mismo día y a la mayor brevedad, sea manualmente o por computador.

Realizado el reparto se remitirá inmediatamente la solicitud al funcionario competente.

En aquellos eventos en que la solicitud de tutela se presente verbalmente, el juez remitirá la declaración presentada, el acta levantada, o en defecto ambas, un informe sobre la solicitud, al funcionario de reparto con el fin de que se proceda a efectuar el mismo.

Artículo 9°. *Imposición de sanciones.* Para efectos de lo dispuesto en el artículo 52 del Decreto 2591 de 1991, cuando de acuerdo con la constitución o la ley el funcionario que haya incumplido una orden proferida por el juez sólo pueda ser sancionado por determinada autoridad pública, el juez remitirá a dicha autoridad copia de lo actuado para que ésta adopte la decisión que corresponda.

Artículo 10. *Vigencia.* El presente decreto rige a partir de la fecha de su publicación.

Publíquese y cúmplase

Dado en Santafé de Bogotá, D. C., a 19 de febrero de 1992.

CÉSAR GAVIRIA TRUJILLO

Diario oficial 40.344 del 19 de febrero de 1992.

Sentencia del Consejo de Estado, 6 de octubre de 1993 (Sala de lo Contencioso Administrativo, Sección Primera, C.P.: Dr. Miguel González Rodríguez). Denegó pretensiones del demandante. Expediente 2186.

Sentencia del Consejo de Estado, 2 de febrero de 1996 (Sala de los Contencioso Administrativo, Sección Primera, C.P.: Dr. Libardo Rodríguez Rodríguez). Denegó pretensiones acción de nulidad contra el Decreto 306 de 1992. Expediente 3344.

Sentencia del Consejo de Estado, 6 de febrero de 1996 (C.P.: Dr. Rodrigo Ramírez González). Decreta nulidad del artículo 1 del Decreto 306 de 1992. Expediente 3331.

ACCIÓN DE TUTELA. DECRETO N° 1382 DE 2000 (JULIO 12)

por el cual establecen reglas para el reparto de la acción de tutela

El Presidente de la República de Colombia, en ejercicio de las facultades consagradas en el numeral 11 del artículo 189 de la Constitución Política,

Considerando:

Que el artículo 37 del Decreto 2591 de 1991 prescribe la regla de competencia para conocer de la acción de tutela en primera instancia, en el sentido de atribuirla al juez con jurisdicción en el lugar donde ocurre la violación o amenaza del derecho fundamental;

Que por razón de la distribución geográfica de los despachos judiciales, pueden existir varios con posibilidad de conocer de la acción de tutela en un solo lugar;

Que se hace necesario regular la forma de reparto de las acciones de tutela, con el fin de racionalizar y desconcentrar el conocimiento de las mismas,

Decreta:

Artículo 1°. Para los efectos previstos en el artículo 37 del Decreto 2591 de 1991, conocerán de la acción de tutela, a prevención, los jueces con jurisdicción donde ocurriere la violación o la amenaza que motivare la presentación de la solicitud o donde se produjeren sus efectos, conforme a las siguientes reglas:

1. Las acciones de tutela que se interpongan contra cualquier autoridad pública del orden nacional, salvo lo dispuesto en el siguiente inciso, serán repartidas para su conocimiento, en primera instancia, a los Tribunales Superiores de Distrito Judicial, Administrativos y Consejos Seccionales de la Judicatura.

A los Jueces del Circuito o con categorías de tales, le serán repartidas para su conocimiento, en primera instancia, las acciones de tutela que se interpongan contra cualquier organismo o entidad del sector descentralizado por servicios del orden nacional o autoridad pública del orden departamental.

A los Jueces Municipales les serán repartidas para su conocimiento en primera instancia, las acciones de tutela que se interpongan contra cualquier autoridad pública del orden distrital o municipal y contra particulares.

Las acciones de tutela dirigidas contra la aplicación de un acto administrativo general dictado por una autoridad nacional serán repartidas para su conocimiento al Tribunal Contencioso Administrativo de Cundinamarca, siempre que se ejerzan como mecanismo transitorio para evitar un perjuicio irremediable.

Cuando la acción de tutela se promueva contra más de una autoridad y éstas sean de diferente nivel, el reparto se hará al juez de mayor jerarquía, de conformidad con las reglas establecidas en el presente numeral.

2. Cuando la acción de tutela se promueva contra un funcionario o corporación judicial, le será repartida al respectivo superior funcional del accionado. Si se dirige contra la Fiscalía General de la Nación, se repartirá al superior funcional del Juez al que esté adscrito el Fiscal.

Lo accionado contra la Corte Suprema de Justicia, el Consejo de Estado o el Consejo Superior de la Judicatura, Sala Jurisdiccional Disciplinaria, será repartido a la misma corporación y se resolverá por la Sala de Decisión, Sección o Subsección que corresponda de conformidad con el reglamento al que se refiere el artículo 4° del presente decreto.

Cuando se trate de autoridades administrativas en ejercicio de funciones jurisdiccionales, conforme al artículo 116 de la Constitución Política, se aplicará lo dispuesto en el numeral 1° del presente artículo.

Parágrafo. Si conforme a los hechos descritos en la solicitud de tutela el juez no es el competente, éste deberá enviarla al juez que lo sea a más tardar al día siguiente de su recibo, previa comunicación a los interesados.

En este caso, el término para resolver la tutela se contará a partir del momento en que sea recibida por el juez competente.

Artículo 2°. Cuando en la localidad donde se presente la acción de tutela funcionen varios despachos judiciales de la misma jerarquía y especialidad de aquél en que, conforme al artículo anterior, resulte competente para conocer de la acción, la misma se someterá a reparto que se realizará el mismo día y a la mayor brevedad.

Realizado el reparto se remitirá inmediatamente la solicitud al funcionario competente.

En aquellos eventos en que la solicitud de tutela se presente verbalmente, el juez remitirá la declaración presentada, en acta levantada, o en defecto de ambas, un informe sobre la solicitud al funcionario de reparto con el fin de que proceda a efectuar el mismo.

En desarrollo de la labor de reparto, el funcionario encargado podrá remitir a un mismo despacho las acciones de tutela de las cuales se pueda predicar una identidad de objeto, que permita su trámite por el mismo juez competente.

Artículo 3°. El juez que avoque el conocimiento de varias acciones de tutela con identidad de objeto, podrá decidir en una misma sentencia sobre todas ellas, siempre y cuando se encuentre dentro del término previsto para ello.

Cuando se presente una o más acciones de tutela con identidad de objeto respecto de una acción ya fallada, el juez podrá resolver aquélla estándose a lo resuelto en, la sentencia dictada bien por el mismo juez o por otra autoridad judicial, siempre y cuando se encuentre ejecutoriada. (Declarado inconstitucional)

Artículo 4°. Los reglamentos internos de la Corte Suprema de Justicia, del Consejo de Estado y de la Sala Disciplinaria del Consejo Superior de la Judicatura, podrán determinar que los asuntos relacionados con el conocimiento de la impugnación de fallos de acción de tutela sean resueltos por Salas de Decisión, Secciones o Subsecciones conformadas para tal fin. Así mismo determinará la conformación de Salas de Decisión, Secciones o Subsecciones para el conocimiento de las acciones de tutela que se ejerzan contra actuaciones de la propia corporación, a las que se refiere el inciso 2° del numeral 2 del artículo 1° del presente decreto.

Artículo 5°. Transitorio. Las reglas contenidas en el presente decreto sólo se aplicarán a las acciones de tutela que se presenten con posterioridad a su entrada en vigencia. Las acciones presentadas con anterioridad a esta fecha serán resueltas por el juez competente al momento de su presentación, así como la impugnación de sus fallos.

Artículo 6°. El presente decreto rige a partir de su publicación, y deroga todas las normas que le sean contrarias, en especial el artículo 8° del Decreto 306 de 1992.

Publíquese y cúmplase

Dado en Santa Fe de Bogotá, D. C., a 12 de julio de 2000.

Andrés Pastrana Arango

Publicado en el Diario Oficial N° 44.802 de 14 de julio de 2000.

COSTA RICA
CONSTITUCIÓN POLÍTICA DE LA REPÚBLICA DE COSTA RICA, 1949 (Última reforma 2003)

Artículo 48.- Toda persona tiene derecho al recurso de Hábeas Corpus cuando se considere ilegítimamente privada de su libertad.

Este recurso es de conocimiento exclusivo de la Corte Suprema de Justicia y queda a su juicio ordenar la comparecencia del ofendido, sin que para impedirlo pueda alegarse obediencia debida u otra excusa.

Para mantener o restablecer el goce de los otros derechos consagrados en esta Constitución, a toda persona le asiste, además, el recurso de Amparo, del que conocerán los tribunales que fije la ley.

LEY DE LA JURISDICCIÓN CONSTITUCIONAL
Ley Nº 7135 DE 11 DE OCTUBRE DE 1989

TÍTULO I
DISPOSICIONES PRELIMINARES

CAPÍTULO ÚNICO

Artículo 1. La presente ley tiene como fin regular la jurisdicción constitucional, cuyo objeto es garantizar la supremacía de las normas y principios constitucionales y del Derecho Internacional o Comunitario vigente en la República, su uniforme interpretación y aplicación, así como los derechos y libertades fundamentales consagrados en la Constitución o en los instrumentos internacionales de derechos humanos vigentes en Costa Rica.

Artículo 2. Le corresponde específicamente a la jurisdicción constitucional:

a)   Garantizar, mediante los recursos de hábeas corpus y de amparo, los derechos y libertades consagrados por la Constitución Política y los derechos humanos reconocidos por el Derecho Internacional vigente en Costa Rica.

b)   Ejercer el control de la constitucionalidad de las normas de cualquier naturaleza y de los actos sujetos al Derecho Público, así como la conformidad del ordenamiento interno con el Derecho Internacional o Comunitario, mediante la acción de inconstitucionalidad y demás cuestiones de constitucionalidad.

c)   Resolver los conflictos de competencia entre los Poderes del Estado, incluido el Tribunal Supremo de Elecciones, y los de competencia constitucional entre éstos y la Contraloría General de la República, las municipalidades, los entes descentralizados y las demás personas de Derecho Público.

ch) Conocer de los demás asuntos que la Constitución o la presente ley le atribuyan.

CArtículo 3. Se tendrá por infringida la Constitución Política cuando ello resulte de la confrontación del texto de la norma o acto cuestionado, de sus efectos, o de su interpretación o aplicación por las autoridades públicas, con las normas y principios constitucionales.

Artículo 4. La jurisdicción constitucional se ejerce por la Sala Constitucional de la Corte Suprema de Justicia establecida en el artículo 10 de la Constitución Política.

La Sala Constitucional está formada por siete magistrados propietarios y doce suplentes, todos elegidos por la Asamblea Legislativa en la forma prevista por la Constitución. Su régimen orgánico y disciplinario es el que se establece en la presente y en la Ley Orgánica del Poder Judicial.

La Sala Constitucional no está sometida al plan de vacaciones establecido en la Ley Orgánica del Poder Judicial y, en consecuencia, fijará las fechas en que sus miembros tomarán vacaciones, de manera que haya siempre una mayoría de magistrados propietarios.

Si la ausencia de propietarios fuere por licencia, se aplicará la regla anterior, excepto en los casos de enfermedad o de otro motivo justo.

Artículo 5. La Sala Constitucional regulará la forma de recibir y tramitar los recursos de hábeas corpus y de amparo, si se interpusieren después de las horas ordinarias de trabajo o en días feriados o de asueto, para cuyos efectos habrá siempre un magistrado de turno, quien les dará el curso inicial.

Artículo 6. En caso de impedimento, recusación o excusa, el Presidente de la Sala, oído el parecer del magistrado en cuestión, dispondrá su reemplazo, sin más trámite y sin que por ningún motivo se suspenda o interrumpa el curso del procedimiento.

Artículo 7. Le corresponde exclusivamente a la Sala Constitucional resolver sobre su propia competencia, así como conocer de las cuestiones incidentales que surjan ante ella y de las prejudiciales conexas.

Artículo 8. Una vez requerida legalmente su intervención, la Sala Constitucional deberá actuar de oficio y con la mayor celeridad, sin que pueda invocarse la inercia de las partes para retardar el procedimiento.

Los plazos establecidos por esta ley no podrán prorrogarse por ningún motivo. Cualquier retardo en su cumplimiento será sancionado disciplinariamente, sin perjuicio de la acción por responsabilidad del funcionario.

Los términos para las actuaciones y resoluciones judiciales se contarán a partir del recibo de la gestión que las motive, y, para las actividades de las partes desde la notificación de la resolución que las cause. Ni unos ni otros se interrumpirán o suspenderán por ningún incidente, ni por ninguna actuación que no esté preceptuada expresamente por la ley.

En materia de hábeas corpus los plazos por días son naturales. Ley de la Jurisdicción Constitucional -Normas Básicas de Derecho Público- CESDEPU-Versión WEB 2005.

Artículo 9. La Sala Constitucional rechazará de plano cualquier gestión manifiestamente improcedente o infundada.

Podrá también rechazarla por el fondo en cualquier momento, incluso desde su presentación, cuando considere que existen elementos de juicio suficientes, o que se trata de la simple reiteración o reproducción de una gestión anterior igual o similar rechazada; en este caso siempre que no encontrare motivos para variar de criterio o razones de interés público que justifiquen reconsiderar la cuestión.

Asimismo, podrá acogerla interlocutoriamente cuando considere suficiente fundarla en principios o normas evidentes o en sus propios precedentes o jurisprudencia, pero si se tratare de recursos de hábeas corpus o de amparo deberá esperar la defensa del demandado.

Artículo 10. Sin perjuicio de lo dispuesto en el artículo anterior, la Sala dispondrá que los trámites se realicen, en lo posible, en forma oral, y ordenará una comparecencia oral para que los interesados formulen conclusiones antes de la sentencia, necesariamente en las acciones de inconstitucionalidad, y facultativamente en los demás casos.

Artículo 11. A la Sala en pleno le corresponde dictar las sentencias y los autos con carácter de tales, que deberán ser motivados. Las demás resoluciones le corresponden al Presidente o, en su caso, al magistrado designado para la instrucción.

No habrá recurso contra las sentencias, autos o providencias de la jurisdicción constitucional.

Artículo 12. Las sentencias que dicte la Sala podrán ser aclaradas o adicionadas, a petición de parte, si se solicitare dentro de tercero día, y de oficio en cualquier tiempo, incluso en los procedimientos de ejecución, en la medida en que sea necesario para dar cabal cumplimiento al contenido del fallo.

Artículo 13. La jurisprudencia y los precedentes de la jurisdicción constitucional son vinculantes *erga omnes*, salvo para sí misma.

Artículo 14. La Sala Constitucional y su jurisdicción estarán sometidas únicamente a la Constitución y a la ley. A falta de disposición expresa, se aplicarán los principios del Derecho Constitucional, así como los del Derecho Público y Procesal generales, o, en su caso, los del Derecho Internacional o Comunitario, y, además, por su orden, la Ley General de la Administración Pública, la Ley Reguladora de la Jurisdicción Contencioso Administrativa y los Códigos Procesales. Ley de la

TÍTULO II
DEL RECURSO DE HÁBEAS CORPUS

CAPÍTULO ÚNICO

Artículo 15. Procede el hábeas corpus para garantizar la libertad e integridad personales, contra los actos u omisiones que provengan de una autoridad de cualquier orden, incluso judicial, contra las amenazas a esa libertad y las perturbaciones o restricciones que respecto de ella establezcan indebidamente las autoridades, lo mismo que contra las restricciones ilegítimas del derecho de trasladarse de un lugar a otro de la República, y de libre permanencia, salida e ingreso en su territorio.

Artículo 16. Cuando en el hábeas corpus se alegaren otras violaciones que tengan relación con la libertad personal, en cualquiera de sus formas, y los hechos fueren conexos con el acto atribuido como ilegítimo, por constituir su causa o finalidad, en esta vía se resolverá también sobre esas violaciones.

Artículo 17. El recurso se interpondrá ante la Sala Constitucional, y su tramitación estará a cargo de su Presidente o del Magistrado instructor. Si se tratare de un caso de improcedencia manifiesta, el Magistrado se abstendrá de tramitarlo y reservará el asunto para la próxima sesión de la Sala.

Artículo 18. Podrá interponer el recurso de hábeas corpus cualquier persona, en memorial, telegrama u otro medio de comunicación escrito, sin necesidad de autenticación.

Cuando se utilice la vía telegráfica se gozará de franquicia.

Artículo 19. La sustanciación del recurso se hará sin pérdida de tiempo, posponiendo cualquier asunto de distinta naturaleza que tuviere el Tribunal.

El Magistrado instructor pedirá informe a la autoridad que se indique como infractora, informe que deberá rendirse dentro del plazo que él determine y que no podrá exceder de tres días. Al mismo tiempo ordenará no ejecutar, respecto del ofendido, acto alguno que pudiere dar como resultado el incumplimiento de lo que en definitiva resuelva la Sala.

De ignorarse la identidad de la autoridad, el recurso se tendrá por establecido contra el jerarca.

Artículo 20. Cuando se trate de personas que han sido detenidas y puestas a la orden de alguna autoridad judicial, sin que se haya dictado auto que restrinja la libertad, el Magistrado instructor podrá suspender, hasta por cuarenta y ocho horas, la tramitación del recurso. En el mismo acto prevendrá a la autoridad judicial que practique las diligencias que correspondan e informe sobre el resultado de los procedimientos y si ha ordenado la detención.

Cualquier restricción a la libertad física, ordenada por autoridad competente, que exceda los plazos señalados por los artículos 37 y 44 de la Constitución Política, deberá imponerse mediante resolución debidamente fundamentada, salvo si se tratare de simples órdenes de presentación o de aprehensión.

Artículo 21. La Sala puede pedir los antecedentes para resolver el recurso.

También podrá ordenar la comparecencia del ofendido o practicar una inspección cuando lo considere necesario, de acuerdo con las circunstancias, ya sea antes de pronunciarse sobre el hábeas corpus o para efectos de ejecución, si lo considerare procedente, lo haya declarado con o sin lugar.

En cualquier momento se podrán ordenar medidas provisionales de protección de los señalados derechos.

Las órdenes correspondientes se comunicarán a la autoridad encargada de ejecutarlas.

Artículo 22. El informe a que se refiere el artículo 19 se remitirá a la Sala junto con copia de la orden de detención y de la resolución, en su caso, o de cualquiera otra que se hubiere dictado, así como de una explicación clara de las razones y preceptos legales en que se funde, y de la prueba que exista contra el perjudicado.

Artículo 23. Si el informe no fuere rendido dentro del plazo correspondiente, se podrán tener por ciertos los hechos invocados al interponerlo, y la Sala declarará con lugar el recurso, si procediere en derecho.

Artículo 24. Vencido el plazo establecido en el artículo 19 o, en su caso, celebrada la audiencia oral prevista en el artículo 10, la Sala deberá resolver el recurso dentro de los cinco días siguientes, excepto cuando estimare que debe realizar alguna diligencia probatoria, en cuyo caso el término correrá a partir del recibo de la prueba.

Al resolver, la Sala examinará, entre otros aspectos, los siguientes:

a) Si la autoridad tenía competencia para dictar la restricción de la libertad o la medida impuesta.

b) Si la detención se ordenó ilegítimamente o contra lo dispuesto en el artículo 37 de la Constitución Política.

c) Si existe auto de detención o prisión preventiva legalmente decretada, o si la pena que se está descontando es la impuesta por sentencia firme.

ch) Si, en caso de estar suspendidas las garantías constitucionales, la resolución se dictó dentro de las limitaciones de la Constitución Política, y de las razonablemente derivadas de la misma declaratoria.

d) Si por algún motivo fuere indebida la privación de la libertad o la medida impuesta.

e) Si efectivamente hubo o existe amenaza de violación de los derechos protegidos por el recurso.

f) Si la persona hubiere sido ilegítimamente incomunicada, o si la incomunicación legalmente decretada se mantiene por un plazo mayor al autorizado en el artículo 44 de la Constitución Política.

g) Si la detención, prisión o medida acordada se cumple en condiciones legalmente prohibidas.

h) Si el hecho que se le imputa está o no previsto por ley preexistente.

Artículo 25. Si del examen practicado resultare ilegítima la medida acordada por las autoridades, la Sala declarará con lugar el recurso, sin perjuicio de lo que proceda contra la autoridad responsable.

Artículo 26. La sentencia que declare con lugar el hábeas corpus dejará sin efecto las medidas impugnadas en el recurso, ordenará restablecer al ofendido en el pleno goce de su derecho o libertad que le hubieren sido conculcados, y establecerá los demás efectos de la sentencia para el caso concreto.

Además, condenará a la autoridad responsable a la indemnización de los daños y perjuicios causados, los cuales se liquidarán y ejecutarán en la vía contencioso administrativa por el procedimiento de ejecución de sentencia previsto en la ley reguladora de esa jurisdicción.

Artículo 27. Las resoluciones que se dicten se notificarán a los interesados cuando hubieren señalado casa u oficina dónde atender notificaciones.

Además, la resolución que decida el recurso deberá notificarse personalmente al perjudicado, para lo cual las autoridades correspondientes le brindarán todas las facilidades al notificador. Sin embargo, no será preciso notificarle al perjudicado la resolución que declare con lugar el recurso, si en el momento en que debe practicarse el acto ya hubiere sido puesto en libertad o existiere imposibilidad material para hacerlo. El notificador dejará constancia en el expediente de la información recabada durante la diligencia.

Artículo 28. Cuando la Sala apreciare, al decidir el asunto, que no se trata de un caso de hábeas corpus sino de amparo, lo declarará así, y continuará la tramitación conforme con lo reglado en los artículos 29 y siguientes de la presente ley.

La Sala podrá concederle un término de tres días al interesado, a fin de que convierta el recurso. Si no lo hiciere, se resolverá el asunto.

Cuando la Sala considere que las actuaciones u omisiones impugnadas están razonablemente fundadas en normas vigentes, se procederá en la forma prevista en el artículo 48.

Ley de la Jurisdicción Constitucional -Normas Básicas de Derecho Público-

TÍTULO III
DEL RECURSO DE AMPARO
CAPÍTULO I
DEL AMPARO CONTRA ÓRGANOS O SERVIDORES PÚBLICOS

Artículo 29. El recurso de amparo garantiza los derechos y libertades fundamentales a que se refiere esta Ley, salvo los protegidos por el de hábeas corpus.

Procede el recurso contra toda disposición, acuerdo o resolución y, en general, contra toda acción, omisión o simple actuación material no fundada en un acto administrativo eficaz, de los servidores y órganos públicos, que haya violado, viole o amenace violar cualquiera de aquellos derechos.

El amparo procederá no sólo contra los actos arbitrarios, sino también contra las actuaciones u omisiones fundadas en normas erróneamente interpretadas o indebidamente aplicadas.

Artículo 30. No procede el amparo:

a)   Contra las leyes u otras disposiciones normativas, salvo cuando se impugnen conjuntamente con actos de aplicación individual de aquellas, o cuando se trate de normas de acción automática, de manera que sus preceptos resulten obligatorios inmediatamente por su sola promulgación, sin necesidad de otras normas o actos que los desarrollen o los hagan aplicables al perjudicado.

b)   Contra las resoluciones y actuaciones jurisdiccionales del Poder Judicial.

c)   Contra los actos que realicen las autoridades administrativas al ejecutar resoluciones judiciales, siempre que esos actos se efectúen con sujeción a lo que fue encomendado por la respectiva autoridad judicial.

ch)   Cuando la acción u omisión hubiere sido legítimamente consentida por la persona agraviada.

d)   Contra los actos o disposiciones del Tribunal Supremo de Elecciones en materia electoral.

Artículo 31. No será necesaria la reposición ni ningún otro recurso administrativo para interponer el recurso de amparo. Cuando el afectado optare por ejercitar los recursos administrativos que conceda el ordenamiento, se suspenderá el plazo de prescripción mientras la Administración no resuelva expresamente, sin perjuicio de que se ejerza directamente en cualquier momento.

Artículo 32. Cuando el amparo se refiera al derecho de petición y de obtener pronta resolución, establecido en el artículo 27 de la Constitución Política, y no hubiere plazo señalado para contestar, se entenderá que la violación se produce una vez transcurridos diez días hábiles desde la fecha en que fue presentada la solicitud en la oficina administrativa, sin perjuicio de que, en la decisión del recurso, se aprecien las razones que se aduzcan para considerar insuficiente ese plazo, atendidas las circunstancias y la índole del asunto.

Artículo 33. Cualquier persona podrá interponer el recurso de amparo.

Ley de la Jurisdicción Constitucional -Normas Básicas de Derecho Público- CESDEPU- Versión WEB 2005.

Artículo 34. El recurso se dirigirá contra el servidor o el titular del órgano que aparezca como presunto autor del agravio. Si uno u otro hubiesen actuado en cumplimiento de órdenes o instrucciones impartidas por un superior, o con su autorización o aprobación, se tendrá por establecido el amparo contra ambos, sin perjuicio de lo que se decida en sentencia. De ignorarse la identidad del servidor, el recurso se tendrá por establecido contra el jerarca.

Se tendrá también como parte al tercero que derivare derechos subjetivos de la norma o del acto que cause el proceso de amparo.

Además, quien tuviere un interés legítimo en el resultado del recurso podrá apersonarse e intervenir en él como coadyuvante del actor o del demandado.

Artículo 35. El recurso de amparo podrá interponerse en cualquier tiempo mientras subsista la violación, amenaza, perturbación o restricción, y hasta dos meses después de que hayan cesado totalmente sus efectos directos respecto del perjudicado.

Sin embargo, cuando se trate de derechos puramente patrimoniales u otros cuya violación pueda ser válidamente consentida, el recurso deberá interponerse dentro de los dos meses siguientes a la fecha en que el perjudicado tuvo noticia fehaciente de la violación y estuvo en posibilidad legal de interponer el recurso.

Artículo 36. La prescripción del amparo, por no haberse interpuesto en tiempo, no será obstáculo para impugnar el acto o la actuación en otra vía, si fuere posible hacerlo conforme con la ley.

Artículo 37. La falta de impugnación directa de los decretos y disposiciones generales a que se refiere el inciso a) del artículo 30, o el transcurso del plazo para formularla, no impedirán que los actos de aplicación individual puedan discutirse en la vía del amparo, si infringieren algún derecho fundamental del reclamante.

Artículo 38. En el recurso de amparo se expresará, con la mayor claridad posible, el hecho o la omisión que lo motiva, el derecho que se considera violado o amenazado, el nombre del servidor público o del órgano autor de la amenaza o del agravio, y las pruebas de cargo.

No será indispensable citar la norma constitucional infringida, siempre que se determine claramente el derecho lesionado, salvo que se invoque un instrumento internacional.

El recurso no está sujeto a otras formalidades ni requerirá autenticación. Podrá plantearse por memorial, telegrama u otro medio de comunicación que se manifieste por escrito, para lo cual se gozará de franquicia telegráfica.

Artículo 39. La tramitación del recurso estará a cargo del Presidente de la Sala o del magistrado a quien éste designe, en turno riguroso, y se sustanciará en forma privilegiada, para lo cual se pospondrá cualquier asunto de naturaleza diferente, salvo el de hábeas corpus.

Los plazos son perentorios e improrrogables, sin perjuicio de lo dispuesto en el artículo 47.

Ley de la Jurisdicción Constitucional -Normas Básicas de Derecho Público-CESDEPU-Versión WEB 2005.

Artículo 40. Las resoluciones que se dicten en el recurso de amparo sólo se notificarán a las partes que hubieren señalado casa u oficina para oír notificaciones.

Artículo 41. La interposición del amparo no suspenderá los efectos de leyes u otras disposiciones normativas cuestionadas, pero sí la aplicación de aquellas al recurrente, así como la de los actos concretos impugnados.

Sin embargo, en casos de excepcional gravedad la Sala podrá disponer la ejecución o la continuidad de la ejecución, a solicitud de la Administración de la que dependa el funcionario u órgano demandado, o aun de oficio, cuando la suspensión cause o amenace causar daños o perjuicios ciertos e inminentes a los intereses públicos, mayores que los que la ejecución causaría al agraviado, mediante las cautelas que considere procedentes para proteger los derechos o libertades de este último y no hacer ilusorio el efecto de una eventual resolución del recurso a su favor.

La suspensión operará de pleno derecho, y se notificará sin demora al órgano o servidor contra quien se dirige el amparo, por la vía más expedita posible.

De igual modo, el Presidente o el Magistrado instructor podrán dictar cualquier medida de conservación o seguridad que la prudencia aconseje, para prevenir riesgos materiales o evitar que se produzcan otros daños como consecuencia de los hechos realizados, todo conforme con las circunstancias del caso.

La Sala podrá, por resolución fundada, hacer cesar en cualquier momento la autorización de ejecución o las otras medidas cautelares que se hubieren dictado.

Artículo 42. Si el recurso fuere oscuro, de manera que no pudiere establecerse el hecho que lo motiva, o no llenare los requisitos indicados, se prevendrá al recurrente que corrija los defectos dentro de tercero día, los cuales deberán señalarse concretamente en la misma resolución. Si no los corrigiere, el recurso será rechazado de plano.

Artículo 43. Cuando no fuere del caso rechazar de plano o resolver interlocutoriamente el recurso, se le pedirá informe al órgano o al servidor que se indique como autor del agravio, amenaza u omisión, lo que se hará por el medio escrito más rápido posible.

Al ordenarse el informe, se podrá también pedir el expediente administrativo o la documentación en que consten los antecedentes del asunto. La omisión injustificada de enviar esas piezas al tribunal acarreará responsabilidad por desobediencia.

Si el recurso se dirigiere contra un órgano colegiado, el informe y las piezas se pedirán a su Presidente; si se tratare del Poder Ejecutivo o de un Ministerio, al Ministro respectivo, y si se tratare del Consejo de Gobierno, al Ministro de la Presidencia.

Artículo 44. El plazo para informar será de uno a tres días, que se fijará según sean la índole del asunto, la distancia y la rapidez de los medios de comunicación.

Los informes se considerarán dados bajo juramento. Por consiguiente, cualquier inexactitud o falsedad hará incurrir al funcionario en las penas del perjurio o del falso testimonio, según la naturaleza de los hechos contenidos en el informe.

Artículo 45. Si el informe no fuere rendido dentro del plazo correspondiente, se tendrán por ciertos los hechos y se entrará a resolver el amparo sin más trámite, salvo que el tribunal estime necesaria alguna averiguación previa, todo sin perjuicio de las responsabilidades en que incurra el servidor omiso en el informe.

Artículo 46. Si del informe resultare que es cierto el cargo, se declarará con lugar el amparo, si procediere conforme a derecho.

Si fuere negativo, podrá ordenarse de inmediato una información, que deberá concluirse dentro de tres días con recepción de las pruebas que sean indispensables y, en su caso, se oirá en forma verbal al recurrente y al ofendido, si éste fuere persona distinta de aquél, lo mismo que al servidor o representante, de todo lo cual se levantará el acta correspondiente.

Artículo 47. Antes de dictar sentencia, para mejor proveer, la Sala podrá ordenar la práctica de cualquier otra diligencia.

Artículo 48. En cualquier momento en que la Sala considere que las actuaciones u omisiones impugnadas están razonablemente fundadas en normas vigentes, hayan sido éstas atacadas o no también como violatorias de los derechos o libertades reclamados, así lo declarará en resolución fundada, y suspenderá la tramitación y le otorgará al recurrente un término de quince días hábiles para que formalice la acción de inconstitucionalidad contra aquéllas. Si no lo hiciere, se archivará el expediente.

Cuando el amparo se interponga directamente contra las normas a que se refiere el inciso a) del artículo 30, el Presidente de la Sala suspenderá, sin más trámite, el recurso, y procederá en la forma prevista en el párrafo primero de este artículo.

Artículo 49. Cuando el acto impugnado sea de carácter positivo, la sentencia que conceda el amparo tendrá por objeto restituir o garantizar al agraviado en el pleno goce de su derecho, y restablecer las cosas al estado que guardaban antes de la violación, cuando fuere posible.

Si el amparo hubiere sido establecido para que una autoridad reglamente, cumpla o ejecute lo que una ley u otra disposición normativa ordena, dicha autoridad tendrá dos meses para cumplir con la prevención.

Cuando lo impugnado hubiere sido la denegación de un acto o una omisión, la sentencia ordenará realizarlo, para lo cual se otorgará un plazo prudencial perentorio. Si se hubiere tratado de una mera conducta o actuación material, o de una amenaza, se ordenará su inmediata cesación, así como evitar toda nueva violación o amenaza, perturbación o restricción semejante.

En todo caso, la Sala establecerá los demás efectos de la sentencia para el caso concreto.

Artículo 50. Si al declararse con lugar el amparo hubieren cesado los efectos del acto reclamado, o éste se hubiere consumado en forma que no sea posible restablecer al recurrente en el goce de su derecho o libertad conculcada, en la sentencia se prevendrá al órgano o servidor que no deberá incurrir en los actos u omisiones que dieron mérito para acoger el recurso, y que, si procediere de modo contrario, cometerá el delito previsto y penado en el artículo 71 de esta ley, todo sin perjuicio de las responsabilidades en que ya hubiere incurrido.

Artículo 51. Además de lo dispuesto en los dos artículos anteriores, toda resolución que acoja el recurso condenará en abstracto a la indemnización de los daños y perjuicios causados y al pago de las costas del recurso, y se reservará su liquidación para la ejecución de sentencia.

La condenatoria será contra el Estado o, en su caso, la entidad de que dependa el demandado, y solidariamente contra éste, si se considerara que ha mediado dolo o culpa de su parte, en los términos del artículo 199 de la Ley General de la Administración Pública, todo ello sin perjuicio de las demás responsabilidades administrativas, civiles o penales en que haya incurrido.

Si el amparo fuere desistido por el recurrente, rechazado o denegado por la Sala, ésta lo condenará al pago de las costas cuando estimare fundadamente que incurrió en temeridad.

Artículo 52. Si, estando en curso el amparo, se dictare resolución, administrativa o judicial, que revoque, detenga o suspenda la actuación impugnada, se declarará con lugar el recurso únicamente para efectos de indemnización y de costas, si fueren procedentes.

El recurrente podrá desistir del amparo, en cuyo caso se archivará el expediente si, a juicio de la Sala Constitucional, el recurso involucrare solamente derechos patrimoniales u otros renunciables. De lo contrario, continuará su tramitación.

Cuando el desistimiento se funde en una satisfacción extraprocesal de los derechos o libertades reclamados por el interesado, el expediente podrá reabrirse en cualquier tiempo, si se demuestra que la satisfacción acordada ha resultado incumplida o tardía.

Artículo 53. Firme la sentencia que declare procedente el amparo, el órgano o servidor responsable del agravio deberá cumplirla sin demora.

Si no lo hiciere dentro de las cuarenta y ocho horas siguientes a su firmeza, la Sala se dirigirá al superior del responsable y le requerirá para que lo haga cumplir y abra el correspondiente procedimiento disciplinario contra aquél.

Al mismo tiempo, mandará abrir proceso contra el culpable o los culpables, y, pasadas otras cuarenta y ocho horas, contra el superior que no hubiere procedido conforme con lo expuesto, salvo cuando se trate de funcionarios que gocen de fuero privilegiado, en cuyo caso se comunicará al Ministerio Público para lo que proceda.

Artículo 54. El cumplimiento de la sentencia que se dicte en el amparo no impedirá que se proceda contra el servidor, si los hechos u omisiones en que incurrió constituyeren delito, a cuyo efecto se testimoniarán las piezas necesarias y se remitirán al Ministerio Público.

Artículo 55. El rechazo del recurso de amparo no prejuzga sobre las responsabilidades en que haya podido incurrir el autor del agravio. El ofendido o la Administración, en su caso, podrán promover o ejercitar las acciones que correspondan, o aplicar las medidas pertinentes.

Artículo 56. La ejecución de las sentencias corresponde a la Sala Constitucional, salvo en lo relativo a la liquidación y cumplimiento de indemnizaciones y responsabilidades pecuniarias, o en otros aspectos que la propia Sala considere del caso, en que se hará en la vía contencioso administrativa por el procedimiento de ejecución de sentencia previsto en la ley reguladora de esa jurisdicción.

CAPÍTULO II
DEL AMPARO CONTRA SUJETOS DE DERECHO PRIVADO

Artículo 57. El recurso de amparo también se concederá contra las acciones u omisiones de sujetos de Derecho Privado, cuando éstos actúen o deban actuar en ejercicio de funciones o potestades públicas, o se encuentren, de derecho o de hecho, en una posición de poder frente a la cual los remedios jurisdiccionales comunes resulten claramente insuficientes o tardíos para garantizar los derechos o libertades fundamentales a que se refiere el artículo 2, inciso a), de esta Ley.

La resolución que rechace el recurso deberá indicar el procedimiento idóneo para tutelar el derecho lesionado.

No se podrán acoger en sentencia recursos de amparo contra conductas legítimas del sujeto privado.

Artículo 58. Cualquier persona podrá interponer el recurso.

Artículo 59. El recurso se dirigirá contra el presunto autor del agravio, si se tratare de persona física en su condición individual; si se tratare de una persona jurídica, contra su representante legal; y si lo fuere de una empresa, grupo o colectividad organizados, contra su personero aparente o el responsable individual.

Artículo 60. El recurso será inadmisible si no se interpusiere dentro del plazo señalado en el artículo 35 de la presente Ley.

Artículo 61. Cuando no corresponda rechazar de plano el recurso, se dará traslado a la persona o entidad que se indique como autora del agravio, amenaza u omisión, por un plazo de tres días, para lo cual se hará uso de la vía escrita más rápida posible. Ese plazo podrá aumentarse si resultare insuficiente por razón de la distancia.

La notificación del traslado se practicará o comunicará en el lugar de trabajo, o en la casa de habitación del presunto autor del agravio, si se tratare de personas físicas. Si fuere una persona jurídica o una empresa, grupo o colectividad organizados, se hará al representante o personero en su casa de habitación, o en la sede de la sociedad, asociación, empresa o corporación.

Artículo 62. La sentencia que conceda el amparo declarará ilegítima la acción u omisión que dio lugar al recurso, y ordenará que se cumpla lo que dispone la respectiva norma, según corresponda en cada caso, dentro del término que el propio fallo señale, y condenará a la persona o entidad responsable a la indemnización de los daños y perjuicios causados y al pago de las costas.

Si el acto fuere de carácter negativo, el efecto del amparo será obligar al responsable a que actúe en el sentido de respetar el derecho de que se trate, con aplicación en lo demás de lo dispuesto en el párrafo anterior.

La liquidación de los daños y perjuicios y de las costas se reservará a la vía civil de ejecución de sentencia.

Artículo 63. Si al declararse con lugar el amparo hubieren cesado los efectos del acto reclamado, o éste se hubiere consumado en forma que no sea posible restablecer al perjudicado en el goce de su derecho, la sentencia prevendrá al agraviante que no debe incurrir en actos u omisiones iguales o semejantes a los que dieron mérito para acoger el recurso, y lo condenará en abstracto a la indemnización de los daños y perjuicios causados y al pago de las costas, con aplicación de lo dispuesto en el artículo anterior. Todo ello sin perjuicio de las otras responsabilidades civiles o penales que correspondan.

Artículo 64. El rechazo del amparo contra sujetos de Derecho Privado no prejuzga sobre la responsabilidad civil o penal en que haya podido incurrir el autor del agravio, y el ofendido podrá ejercitar o promover las acciones respectivas.

Artículo 65. En lo no previsto en este capítulo o en el siguiente, se aplicarán las disposiciones y principios establecidos en el capítulo anterior, en lo que fueren compatibles.

CAPÍTULO III
DEL DERECHO DE RECTIFICACIÓN O RESPUESTA

Artículo 66. El recurso de amparo garantiza el derecho de rectificación o respuesta que se deriva de los artículos 29 de la Constitución Política y 14 de la Convención Americana sobre Derechos Humanos, a toda persona afectada por informaciones inexactas o agraviantes emitidas en su perjuicio, por medios de difusión que se dirijan al público en general, y, consecuentemente, para efectuar por el mismo órgano de difusión su rectificación o respuesta en las condiciones que establece esta Ley.

En ningún caso la rectificación o la respuesta eximirá de otras responsabilidades legales en que se hubiese incurrido.

Artículo 67. Cuando los ofendidos fueren una o más personas físicas directamente aludidas, el derecho podrá ser ejercido por cualquiera de ellas, pero, si lo hicieren varias, la extensión de cada rectificación o respuesta se reducirá a proporciones razonables que garanticen el debido equilibrio con la publicación o difusión que la cause.

Si la inexactitud o el agravio fuere sólo indirecto o hubiere sido inferido a un grupo o colectividad, el derecho lo tendrá la persona o grupo de personas cuya rectificación o respuesta proteja más claramente la honra o reputación de todos los ofendidos y, en condiciones semejantes, la que se haya presentado antes, todo ello a juicio del medio de comunicación o, en su caso, de la Sala Constitucional.

No obstante, cuando el ofendido pudiere identificarse con un grupo o colectividad organizados, o sus miembros en general, el derecho deberá ser ejercido por su personero o personeros autorizados una única vez, y, en el caso de una persona jurídica, por su representante legal. Si la inexactitud o el agravio afectare a más de un grupo, colectividad o persona jurídica, se aplicará lo dispuesto en el párrafo anterior.

Artículo 68. Las responsabilidades que se deriven de la rectificación o respuesta recaerán exclusivamente sobre sus autores y no sobre el medio de comunicación o sus personeros, con excepción de hechos nuevos que no se refieran a la materia de la rectificación o respuesta. La que fuere ordenada por la Sala Constitucional eximirá a unos y otros de responsabilidad, salvo la que en la misma sentencia de amparo se imponga a los segundos por su negativa injustificada a publicarla.

Artículo 69. El derecho de rectificación o respuesta se ejercerá de conformidad con las siguientes reglas y, en su defecto, por las restantes del presente título:

a) El interesado deberá formular la correspondiente solicitud, por escrito, al dueño o director del órgano de comunicación, dentro de los cinco días naturales posteriores a la publicación o difusión que se propone rectificar o contestar, y se acompañará el texto de su rectificación o respuesta redactada, en la forma más concisa posible y sin referirse a cuestiones ajenas a ella.

b) La rectificación o respuesta deberá publicarse o difundirse, y destacarse en condiciones equivalentes a las de la publicación o difusión que la motiva, dentro de los tres días siguientes, si se tratare de órganos de edición o difusión diaria, en los demás casos en la próxima edición o difusión materialmente posible que se hiciere después de ese plazo.

c) El órgano de comunicación podrá negarse a publicar o difundir los comentarios, afirmaciones o apreciaciones que excedan de sus límites razonables, o en lo que no tengan relación directa con la publicación o difusión.

ch) La Sala Constitucional, previa audiencia conferida por veinticuatro horas al órgano de comunicación, resolverá el recurso sin más trámite dentro de los tres días siguientes.

d) Si se declarare procedente el recurso, en la misma sentencia se aprobará el texto de la publicación o difusión, se ordenará hacerla en un plazo igual al previsto en el inciso b), y se determinarán la forma y condiciones en qué debe hacerse.

Artículo 70. Las resoluciones que se dicten en virtud del presente capítulo serán ejecutorias, y se harán efectivas en la vía civil por el procedimiento ejecutorio de sentencia establecido en el Código Procesal Civil.

CAPÍTULO IV
DE LAS SANCIONES

Artículo 71. Se impondrá prisión de tres meses a dos años, o de veinte a sesenta días multa, a quien recibiere una orden que deba cumplir o hacer cumplir, dictada en un recurso de amparo o de hábeas corpus, y no la cumpliere o no la hiciere cumplir, siempre que el delito no esté más gravemente penado.

Artículo 72. Se impondrá prisión de seis meses a tres años, o de sesenta a ciento veinte días multa, a quien diere lugar a que se acoja un nuevo recurso de amparo o de hábeas corpus, por repetirse en daño de las mismas personas las acciones, omisiones o amenazas que fueron base de un amparo anterior declarado procedente.

TÍTULO IV
DE LAS CUESTIONES DE CONSTITUCIONALIDAD
CAPÍTULO I
DE LA ACCIÓN DE INCONSTITUCIONALIDAD

Artículo 73. Cabrá la acción de inconstitucionalidad:

a)   Contra las leyes y otras disposiciones generales, incluso las originadas en actos de sujetos privados, que infrinjan, por acción u omisión, alguna norma o principio constitucional.

b)   Contra los actos subjetivos de las autoridades públicas, cuando infrinjan, por acción u omisión, alguna norma o principio constitucional, si no fueren susceptibles de los recursos de hábeas corpus o de amparo.

c)   Cuando en la formación de las leyes o acuerdos legislativos se viole algún requisito o trámite sustancial previsto en la Constitución o, en su caso, establecido en el Reglamento de Orden, Dirección y Disciplina Interior de la Asamblea Legislativa.

ch) Cuando se apruebe una reforma constitucional con violación de normas constitucionales de procedimiento.

d)   Cuando alguna ley o disposición general infrinja el artículo 7°, párrafo primero, de la Constitución, por oponerse a un tratado público o convenio internacional.

e)   Cuando en la suscripción, aprobación o ratificación de los convenios o tratados internacionales, o en su contenido o efectos se haya infringido una norma o principio constitucional o, en su caso, del Reglamento de Orden, Dirección y Disciplina Interior de la Asamblea Legislativa. En este evento, la declaratoria se hará solamente para los efectos de que se interpreten y apliquen en armonía con la Constitución o, si su contradicción con ella resultare insalvable, se ordene su desaplicación con efectos generales y se proceda a su denuncia.

f)   Contra la inercia, las omisiones y las abstenciones de las autoridades públicas.

Artículo 74. No cabrá la acción de inconstitucionalidad contra los actos jurisdiccionales del Poder Judicial, ni contra los actos o disposiciones del Tribunal Supremo de Elecciones relativos al ejercicio de la función electoral.

Artículo 75. Para interponer la acción de inconstitucionalidad es necesario que exista un asunto pendiente de resolver ante los tribunales, inclusive de hábeas corpus o de amparo, o en el procedimiento para agotar la vía administrativa, en que se invoque esa inconstitucionalidad como medio razonable de amparar el derecho o interés que se considera lesionado.

No será necesario el caso previo pendiente de resolución cuando por la naturaleza del asunto no exista lesión individual y directa, o se trate de la defensa de intereses difusos, o que atañen a la colectividad en su conjunto.

Tampoco la necesitarán el Contralor General de la República, el Procurador General de la República, el Fiscal General de la República y el Defensor de los Habitantes.

En los casos de los dos párrafos anteriores, interpuesta la acción se seguirán los trámites señalados en los artículos siguientes, en lo que fueren compatibles.

Artículo 76. Quien hubiere establecido la acción de inconstitucionalidad no podrá plantear otras relacionadas con el mismo juicio o procedimiento, aunque las funde en motivos diferentes; y la que se interponga en esas condiciones será rechazada de plano.

Artículo 77. El derecho a pedir la declaración de inconstitucionalidad en casos determinados, se extingue por caducidad cuando ese derecho no se ejercite antes de que el respectivo proceso judicial quede resuelto por sentencia firme.

Artículo 78. El escrito en que se interponga la acción deberá presentarse debidamente autenticado.

Se expondrán sus fundamentos en forma clara y precisa, con cita concreta de las normas o principios que se consideren infringidos.

Artículo 79. El escrito será presentado ante la Secretaría de la Sala, junto con certificación literal del libelo en que se haya invocado la inconstitucionalidad en el asunto principal, conforme con lo dispuesto en el párrafo primero del artículo 75.

Además, con todo escrito o documento se acompañarán siete copias firmadas para los magistrados de la Sala, y las necesarias para la Procuraduría y las partes contrarias en el proceso o procedimiento principal.

Artículo 80. Si no se llenaren las formalidades a que se refieren los dos artículos anteriores, el Presidente de la Sala señalará por resolución cuáles son los requisitos omitidos y ordenará cumplirlos dentro de tercero día.

Si no se diere cumplimiento a lo ordenado, el Presidente denegará el trámite de la acción. De esta última resolución podrá pedirse revocatoria dentro de tercero día, en cuyo caso el Presidente elevará el asunto a conocimiento de la Sala para que ésta decida lo que corresponda.

Artículo 81. Si el Presidente considerara cumplidos los requisitos de que se ha hecho mérito, conferirá audiencia a la Procuraduría General de la República y a la contraparte que figure en el asunto principal, por un plazo de quince días, a fin de que manifiesten lo que estimen conveniente.

Al mismo tiempo dispondrá enviar nota al tribunal u órgano que conozca del asunto, para que no dicte la resolución final antes de que la Sala se haya pronunciado sobre la acción, y ordenará que publique un aviso en el Boletín Judicial, por tres veces consecutivas, haciendo saber a los tribunales y a los órganos que agotan la vía administrativa que esa demanda ha sido establecida, a efecto de que en los procesos o procedimientos en que se discuta la aplicación de la ley, decreto, disposición, acuerdo o resolución, tampoco se dicte resolución final mientras la Sala no haya hecho el pronunciamiento del caso.

Si la acción fuere planteada por el Procurador General de la República, la audiencia se le dará a la persona que figure como parte contraria en el asunto principal.

Artículo 82. En los procesos en trámite no se suspenderá ninguna etapa diferente a la de dictar la resolución final, salvo que la acción de inconstitucionalidad se refiera a normas que deban aplicarse durante la tramitación.

Artículo 83. En los quince días posteriores a la primera publicación del aviso a que alude el párrafo segundo del artículo 81, las partes que figuren en los asuntos pendientes a la fecha de la interposición de la acción, o aquellos con interés legítimo, podrán apersonarse dentro de ésta, a fin de coadyuvar en las alegaciones que pudieren justificar su procedencia o improcedencia, o para ampliar, en su caso, los motivos de inconstitucionalidad en relación con el asunto que les interesa.

Artículo 84. Si después de la acción y antes de la publicación del aviso respectivo se presentaren otras acciones de inconstitucionalidad contra la misma ley, decreto, disposición, acuerdo o resolución, esas acciones se acumularán a la primera y se tendrán como ampliación.

También se acumularán las acciones que con ese carácter interpongan las partes de los juicios suspendidos, si fueren presentadas dentro de los quince días posteriores a la primera publicación del aviso.

Las acciones que se planteen después de ese plazo se dejarán en suspenso, mientras se resuelven las que hubieren sido presentadas anteriormente.

Artículo 85. Una vez vencido el plazo, se convocará a la audiencia oral prevista por el artículo 10, a fin de que el actor, las otras partes apersonadas y la Procuraduría General de la República presenten sus conclusiones.

Artículo 86. La Sala debe resolver la acción de inconstitucionalidad dentro de un término máximo de un mes, a partir de la fecha en que concluya la vista. El Presidente señalará, en cada caso, el término respectivo, de acuerdo con la índole y complejidad del asunto.

Artículo 87. Las resoluciones que denieguen la acción deberán examinar todos los motivos de inconstitucionalidad que se hubieren alegado para fundamentarla.

Únicamente surtirán efecto entre las partes en el caso concreto y no producirán cosa juzgada. La acción de inconstitucionalidad podrá ejercerse contra normas o actos previamente declarados constitucionales y en casos o procesos distintos.

Artículo 88. Las sentencias que declaren la inconstitucionalidad y pronuncien la anulación consecuente de la norma o los actos impugnados, producirán cosa juzgada y eliminarán la norma o acto del ordenamiento.

Esa eliminación regirá a partir de la primera vez que se publique el aviso a que se refiere el artículo 90, lo cual se hará constar en él.

Artículo 89. La sentencia que declare la inconstitucionalidad de una norma de ley o disposición general, declarará también la de los demás preceptos de ella, o de cualquier otra ley o disposición cuya anulación resulte evidentemente necesaria por conexión o consecuencia, así como la de los actos de aplicación cuestionados.

Artículo 90. Cualquiera que sea la forma en que se dicte el fallo, se notificará siempre al Procurador General, al recurrente y a las partes que se hubieren apersonado. Además, la Secretaría de la Sala lo comunicará por nota a los funcionarios que conozcan del asunto principal y de los de las demás partes apersonadas, para que lo hagan constar en los autos, y publicará por tres veces consecutivas un aviso en el Boletín Judicial, en igual sentido.

La declaración de inconstitucionalidad se comunicará además al Poder o Poderes, órganos o entidades que emitieron las normas o actos declarados, así como, en su caso, a los competentes para su corrección o conversión; además, deberá publicarse íntegramente en el Boletín Judicial, y reseñarse en el Diario Oficial "La Gaceta" y en las publicaciones oficiales de los textos a que pertenecían la norma o normas anuladas.

Artículo 91. La declaración de inconstitucionalidad tendrá efecto declarativo y retroactivo a la fecha de vigencia del acto o de la norma, todo sin perjuicio de derechos adquiridos de buena fe.

La sentencia constitucional de anulación podrá graduar y dimensionar en el espacio, el tiempo o la materia, su efecto retroactivo, y dictará las reglas necesarias para evitar que éste produzca graves dislocaciones de la seguridad, la justicia o la paz sociales.

Artículo 92. La sentencia constitucional anulatoria tendrá efecto retroactivo, en todo caso, en favor del indiciado o condenado, en virtud de proceso penal o procedimiento sancionatorio.

Artículo 93. La disposición contenida en el artículo 91 no se aplicará respecto de aquellas relaciones o situaciones jurídicas que se hubieren consolidado por prescripción o caducidad, en virtud de sentencia pasada en autoridad de cosa juzgada material o por consumación en los hechos, cuando éstos fueren material o técnicamente irreversibles, o cuando su reversión afecte seriamente derechos adquiridos de buena fe; todo lo anterior sin perjuicio de las potestades de la Sala, de conformidad con dicho artículo.

Artículo 94. Los efectos patrimoniales continuos de la cosa juzgada se ajustarán, sin retroacción, a la sentencia constitucional anulatoria, a partir de su eficacia.

Artículo 95. Lo dispuesto en los artículos anteriores no impedirá la eliminación, por nulidad absoluta, de los actos administrativos, conforme con la Ley General de la Administración Pública.

CAPÍTULO II
DE LA CONSULTA DE CONSTITUCIONALIDAD

Artículo 96. Por la vía de la consulta de constitucionalidad, la jurisdicción constitucional ejercerá la opinión consultiva previa sobre los proyectos legislativos, en los siguientes supuestos:

a)   Preceptivamente, cuando se trate de proyectos de reformas constitucionales, o de reformas a la presente Ley, así como de los tendientes a la aprobación de convenios o tratados internacionales, inclusive las reservas hechas o propuestas a unos u otros.

b)   Respecto de cualesquiera otros proyectos de ley, de la aprobación legislativa de actos o contratos administrativos, o de reformas al Reglamento de Orden, Dirección y Disciplina Interior de la Asamblea Legislativa, cuando la consulta se presente por un número no menor de diez diputados.

c)   Cuando lo soliciten la Corte Suprema de Justicia, el Tribunal Supremo de Elecciones o la Contraloría General de la República, si se tratara de proyectos de ley o de mociones incorporadas a ellos, en cuya tramitación, contenido o efectos estimaren como indebidamente ignorados, interpretados o aplicados los principios o normas relativos a su respectiva competencia constitucional.

ch)   Cuando lo solicite el Defensor de los Habitantes, por considerar que infringen derechos o libertades fundamentales reconocidos por la Constitución o los instrumentos internacionales de derechos humanos vigentes en la República.

Artículo 97. En los casos del inciso a) del artículo anterior, la consulta la hará el Directorio de la Asamblea Legislativa. En los demás casos, los diputados o el órgano legitimado para hacerla.

Artículo 98. Cuando se trate de reformas constitucionales, la consulta deberá hacerse después de su aprobación en primer debate, en primera legislatura, y antes de la definitiva. Cuando se trate de otros proyectos o actos legislativos sujetos al trámite de emisión de las leyes, deberá interponerse después de aprobados en primer debate y antes de serlo en tercero.

No obstante, cuando la Asamblea Legislativa tuviere un plazo constitucional o reglamentario para votar el proyecto, la consulta deberá hacerse con la anticipación debida, y el proyecto se votará aunque no se haya recibido el criterio de la Sala.

En los demás supuestos, la consulta deberá plantearse antes de la aprobación definitiva.

Artículo 99. Salvo que se trate de la consulta forzosa prevista en el inciso a) del artículo 96, la consulta deberá formularse en memorial razonado, con expresión de los aspectos cuestionados del proyecto, así como de los motivos por los cuales se tuvieren dudas u objeciones sobre su constitucionalidad.

Artículo 100. Recibida la consulta, la Sala lo comunicará a la Asamblea Legislativa y solicitará la remisión del respectivo expediente y sus antecedentes, de ser posible, o copias certificadas de ellos.

La consulta no interrumpirá ningún trámite, salvo el de votación del proyecto en tercer debate o, en su caso, la sanción y publicación del decreto respectivo, sin perjuicio de lo dispuesto en el párrafo segundo del artículo 98.

Una vez evacuada la consulta, continuará la discusión del proyecto.

Ley de la Jurisdicción Constitucional - Normas Básicas de Derecho Público - CESDEPU - Versión WEB 2005.

Artículo 101. La Sala evacuará la consulta dentro del mes siguiente a su recibo, y, al hacerlo, dictaminará sobre los aspectos y motivos consultados o sobre cualesquiera otros que considere relevantes desde el punto de vista constitucional.

El dictamen de la Sala sólo será vinculante en cuanto establezca la existencia de trámites inconstitucionales del proyecto consultado.

En todo caso, el dictamen no precluye la posibilidad de que posteriormente la norma o normas cuestionadas puedan ser impugnadas por las vías de control de constitucionalidad.

CAPÍTULO III
DE LAS CONSULTAS JUDICIALES DE CONSTITUCIONALIDAD

Artículo 102. Todo juez estará legitimado para consultarle a la Sala Constitucional cuando tuviere dudas fundadas sobre la constitucionalidad de una norma o acto que deba aplicar, o de un acto, conducta u omisión que deba juzgar en un caso sometido a su conocimiento.

Además, deberá hacerlo preceptivamente cuando haya de resolver los recursos de revisión a que se refiere el artículo 42 de la Constitución Política, fundados en una alegada violación de los principios del debido proceso o de los derechos de audiencia o defensa; pero esto solamente para los efectos de que la Sala Constitucional defina el contenido, condiciones y alcances de tales principios o derechos, sin calificar ni valorar las circunstancias del caso concreto que motiva el respectivo recurso.

Artículo 103. Las consultas a que se refiere el artículo anterior serán procedentes en todo caso, sin perjuicio de otras que se hayan planteado, o de acciones de inconstitucionalidad interpuestas o que se interpongan en el mismo proceso.

Artículo 104. La consulta se formulará mediante resolución en la que se indicarán las normas, actos, conductas u omisiones cuestionados, y los motivos de duda del tribunal sobre su validez o interpretación constitucionales. Se emplazará a las partes para dentro de tercero día y se suspenderá la tramitación del proceso o recurso hasta tanto la Sala Constitucional no haya evacuado la consulta.

Al enviar la consulta, se acompañará el expediente o las piezas pertinentes.

Artículo 105. De la consulta se dará audiencia a la Procuraduría General de la República, si no fuere parte en el proceso o recurso principal. Las partes, en este último caso podrán apersonarse ante la Sala, únicamente para los efectos de que sean notificadas.

No obstante, cualquiera de ellas que estuviere legitimada para plantear una acción podrá solicitarle a la Sala, dentro del término del emplazamiento, que se le dé al asunto el carácter y los efectos de dicha acción de inconstitucionalidad, en cuyo caso deberán interponer formalmente esta última dentro de los quince días siguientes. Si lo hicieren, se le dará a la acción el trámite correspondiente, y la Sala se abstendrá de evacuar la consulta como tal, pero deberá pronunciarse sobre ésta en el fallo.

Si no se solicitare o aprovechare el procedimiento de conversión indicado en el párrafo anterior, la Sala evacuará la consulta sin más trámite y sin audiencia de partes, en un plazo máximo de un mes a partir de su recibo.

Artículo 106. La Sala podrá evacuar la consulta en cualquier momento, cuando considere que está suficientemente contestada mediante la simple remisión a su jurisprudencia y precedentes, todo esto con las mismas salvedades previstas en el párrafo segundo del artículo 9 de esta ley.

Artículo 107. La resolución de la Sala se le comunicará al tribunal consultante, al Procurador General de la República y a las partes apersonadas, tendrá los mismos efectos y se publicará de igual manera que la sentencia dictada en la acción de inconstitucionalidad, salvo que no precluirá el planteamiento de ésta en el mismo proceso, si fuere procedente.

Artículo 108. En lo no dispuesto en el presente capítulo, las consultas judiciales de constitucionalidad se regirán por las normas del anterior y, supletoriamente, de la acción de inconstitucionalidad, en lo que fueren razonablemente aplicables.

TÍTULO V
DE LOS CONFLICTOS CONSTITUCIONALES

CAPÍTULO ÚNICO

Artículo 109. Le corresponde a la Sala Constitucional resolver:

a) Los conflictos de competencia o atribuciones entre los Poderes del Estado, incluido el Tribunal Supremo de Elecciones, o entre cualquiera de ellos y la Contraloría General de la República.

b) Los conflictos de competencia o atribuciones constitucionales entre cualquiera de los Poderes u órganos dichos y las entidades descentralizadas, municipalidades u otras personas de Derecho Público, o los de cualquiera de éstas entre sí.

Artículo 110. La cuestión será planteada por el jerarca de cualquiera de los órganos o entidades en conflicto, quien enviará a la Secretaría de la Sala un memorial con expresión de todas las razones jurídicas en que se fundamente.

El Presidente de la Sala le dará audiencia al jerarca del otro órgano o entidad por un plazo improrrogable de ocho días.

Artículo 111. Cumplido el plazo señalado en el artículo anterior, aunque no se hubiere contestado la audiencia, la Sala resolverá el conflicto dentro de los siguientes diez días, salvo que considere indispensable practicar alguna prueba, en cuyo caso dicho plazo se contará a partir del momento en que ésta se haya evacuado.

TÍTULO VI
DISPOSICIONES FINALES

CAPÍTULO ÚNICO

-Normas Básicas de Derecho Público-CESDEPU-Versión WEB 2005. Artículo 112.

Modifícanse:

a) El párrafo segundo del artículo 21 de la Ley Especial sobre Jurisdicción de los Tribunales, Nº 5711 del 27 de junio de 1975, reformado por el artículo 6 de la ley Nº 6726 del 10 de marzo de 1982, para que diga así:

"En materia de extradición se estará a lo que disponga la ley respectiva".

b) El párrafo segundo del artículo 20 de la Ley Reguladora de la Jurisdicción Contencioso Administrativa, Nº 3667 del 20 de marzo de 1966, para que diga así:

"2. Podrán serlo, igualmente, por razones de constitucionalidad, las leyes y demás disposiciones normativas y los actos de la Administración Pública, para los efectos de la correspondiente acción de inconstitucionalidad".

c) El artículo 490 del Código de Procedimientos Penales, al cual se le adiciona un inciso 6) que dirá así:

"6) Cuando no hubiere sido impuesta mediante el debido proceso u oportunidad de defensa".

ch) El artículo 45 de la Ley Constitutiva de la Caja Costarricense de Seguro Social, Nº 17 del 22 de octubre de 1943 y sus reformas, que dirá así:

"*Artículo 45:* Constituye retención indebida y, en consecuencia, se impondrá la pena establecida en el artículo 216 del Código Penal, a quien no enterare a la Caja el monto de la cuota obrera establecido en el artículo 30 de esta ley.

En el caso de la prevención señalada en el último párrafo del artículo 223 del Código Penal, el patrono podrá ofrecer garantía real suficiente por el monto de las cuotas obreras retenidas.

Se aplicará de treinta a ciento ochenta días multa al patrono que no dedujere la cuota obrera que establece el artículo 30 de esta ley. Si el patrono fuere una persona jurídica, la obligación recaerá sobre su representante legal. El patrono deberá ser apercibido por el Jefe del Departamento de Gestión de Cobros y Créditos de la Caja Costarricense de Seguro Social para que, dentro del quinto día, contado a partir del recibo del comunicado, deposite en favor de la Caja Costarricense de Seguro Social el monto de las cuotas no retenidas.

Transcurrido ese plazo sin que se efectúe el pago, el hecho se denunciará al Ministerio Público para que se haga el requerimiento respectivo.

Será sancionado con pena de sesenta a trescientos días multa el Patrono que realice maniobras, declaraciones falsas o cualesquiera otros actos u omisiones tendientes a defraudar los intereses de la Caja Costarricense de Seguro Social, tratándose de sus cotizaciones".

Artículo 113. Deróganse las siguientes leyes y disposiciones:

a) La Ley de Hábeas Corpus, N° 35 del 24 de noviembre de 1932.

b) La Ley de Amparo, N° 1161 del 2 de junio de 1950.

c) Los artículos 962 a 969 del Código de Procedimientos Civiles, así como el capítulo IV del título IV, artículos 534 a 541, "Proceso de Inaplicabilidad", del nuevo Código Procesal Civil que sustituye al anterior.

ch) Todas las disposiciones legales que establezcan causales de apremio corporal, salvo aquellas referentes al incumplimiento de deberes alimentarios.

Artículo 114. Esta ley rige a partir de su publicación y sólo podrá ser modificada por otra destinada expresamente a complementar o modificar su texto.

Transitorio I. Mientras no se promulgue la Ley del Defensor de los Habitantes, la actuación que se le señala en esta Ley le corresponderá al Procurador General de la República.

Transitorio II. Los recursos de inconstitucionalidad, de amparo y de hábeas corpus que se encuentren pendientes de resolución a la fecha de entrada en vigencia de esta ley, se ajustarán a ella respecto de todos los trámites que no se hayan cumplido o debido cumplir, salvo la redacción de la sentencia.

Las sentencias que no hayan sido redactadas o firmadas en los recursos ya votados, seguirán a cargo de los tribunales actualmente competentes, por un plazo improrrogable de dos meses a partir de la promulgación de esta Ley.

Los términos perentorios e improrrogables establecidos en la presente Ley, para las actuaciones de la Sala Constitucional, no se aplicarán a los recursos interpuestos con anterioridad a su promulgación, ni tampoco a los que se interpongan durante los primeros tres años de su vigencia.

(Ref. por Ley 7209 de 8 de noviembre de 1990)

Transitorio III. El Poder Ejecutivo, a solicitud de la Corte Suprema de Justicia y mediante decretos ejecutivos, hará las modificaciones necesarias en el presupuesto del Poder Judicial, en todo lo que se relacione con las plazas nuevas y compra de equipo necesarios para el funcionamiento de la Sala Constitucional.

Se autoriza el aumento de personal indispensable para el normal funcionamiento de la Sala.

Comuníquese al Poder Ejecutivo.

Asamblea Legislativa. San José, a los cinco días del mes de octubre de mil novecientos ochenta y nueve.

Dado en la Presidencia de la República. San José, a los once días del mes de octubre de mil novecientos ochenta y nueve.

Ejecútese y publíquese

CHILE
CONSTITUCIÓN POLÍTICA DE LA
REPÚBLICA DE CHILE, 1980 (Última reforma, 2005);

Artículo 20.- El que por causa de actos u omisiones arbitrarios o ilegales sufra privación, perturbación o amenaza en el legítimo ejercicio de los derechos y garantías establecidos en el artículo 19, números 1°, 2°, 3° inciso cuarto, 4°, 5°, 6°, 9° inciso final, 11°, 12°, 13°, 15°, 16° en lo relativo a la libertad de trabajo y al derecho a su libre elección y libre contratación, y a lo establecido en el inciso cuarto, 19°, 21°, 22°, 23°, 24°, y 25° podrá ocurrir por sí o por cualquiera a su nombre, a la Corte de Apelaciones respectiva, la que adoptará de inmediato las providencias que juzgue necesarias para restablecer el imperio del derecho y asegurar la debida protección del afectado, sin perjuicio de los demás derechos que pueda hacer valer ante la autoridad o los tribunales correspondientes.

Procederá, también, el recurso de protección en el caso del N° 8° del artículo 19, cuando el derecho a vivir en un medio ambiente libre de contaminación sea afectado por un acto u omisión ilegal imputable a una autoridad o persona determinada.

Artículo 21.- Todo individuo que se hallare arrestado, detenido o preso con infracción de lo dispuesto en la Constitución o en las leyes, podrá ocurrir por sí, o por cualquiera a su nombre, a la magistratura que señale la ley, a fin de que ésta ordene se guarden las formalidades legales y adopte de inmediato las providencias que juzgue necesarias para restablecer el imperio del derecho y asegurar la debida protección del afectado.

Esa magistratura podrá ordenar que el individuo sea traído a su presencia y su decreto será precisamente obedecido por todos los encargados de las cárceles o lugares de detención. Instruida de los antecedentes, decretará su libertad inmediata o hará que se reparen los defectos legales o pondrá al individuo a disposición del juez competente, procediendo en todo breve y sumariamente, y corrigiendo por sí esos defectos o dando cuenta a quien corresponda para que los corrija.

El mismo recurso, y en igual forma, podrá ser deducido en favor de toda persona que ilegalmente sufra cualquiera otra privación, perturbación o amenaza en su derecho a la libertad personal y seguridad individual. La respectiva magistratura dictará en tal caso las medidas indicadas en los incisos anteriores que estime conducentes para restablecer el imperio del derecho y asegurar la debida protección del afectado.

TEXTO REFUNDIDO DEL AUTO ACORDADO DE LA CORTE SUPREMA, SOBRE TRAMITACIÓN Y FALLO DEL RECURSO DE PROTECCIÓN DE LAS GARANTÍAS CONSTITUCIONALES
ACTA N° 94-2015 de 17 de julio de 2015

El texto inicial, el cual fue aprobado inicialmente el 24 de julio de 1992, fue modificado en 1998, 2007 y 2015.

En Santiago, a diecisiete de julio de dos mil quince se deja constancia que con fecha diecinueve de junio pasado, se reunió el Tribunal Pleno bajo la Presidencia del titular señor Sergio Muñoz Gajardo y con la asistencia de los ministros señores Juica, Valdés, Pierry y Silva, señoras Maggi, Egnem y Sandoval, señores Cisternas y Blanco, señoras Chevesich y Muñoz, señor Cerda y el suplente señor Miranda, se acordó el dictar el siguiente:

Teniendo presente:

Que se aprobaron las modificaciones propuestas por el Comité de Modernización al Auto Acordado sobre Tramitación y Fallo del Recurso de Protección de las Garantías Constitucionales. Asimismo, se acordó dictar un texto refundido de tal normativa, cuyo tenor es el siguiente:

"En ejercicio de la facultades económicas de que está investida esta Corte, en conformidad con lo preceptuado por el artículo 79 de la Constitución Política y artículo 96 N° 4 e inciso final, del Código Orgánico de Tribunales, se acuerda dictar el siguiente Auto Acordado para regular la tramitación y fallo del recurso de protección de garantías constitucionales a que se refiere el artículo 20 de la Carta Fundamental:

1°.- El recurso o acción de protección se interpondrá ante la Corte de Apelaciones en cuya jurisdicción se hubiere cometido el acto o incurrido en la omisión arbitraria o ilegal que ocasionen privación, perturbación o amenaza en el legítimo ejercicio de las garantías constitucionales respectivas, o donde éstos hubieren producido sus efectos, a elección del recurrente, dentro del plazo fatal de treinta días corridos contados desde la ejecución del acto o la ocurrencia de la omisión o, según la naturaleza de éstos, desde que se haya tenido noticias o conocimiento cierto de los mismos, lo que se hará constar en autos.

2°.- El recurso se interpondrá por el afectado o por cualquiera otra persona en su nombre, capaz de parecer en juicio, aunque no tenga para ello mandato especial, por escrito en papel simple o por cualquier medio electrónico

Presentado el recurso, el Tribunal examinará en cuenta si ha sido interpuesto en tiempo y sí se mencionan hechos que puedan constituir la vulneración de garantías de las indicadas en el artículo 20 de la Constitución Política de la República. Si su presentación es extemporánea o no se señalan hechos que puedan constituir vulneración a garantías de las mencionadas en la referida disposición constitucional, lo declarará inadmisible desde luego por resolución fundada, la que será susceptible del recurso de reposición ante el mismo tribunal, el que deberá interponerse dentro de tercero día. En carácter de subsidiario de la reposición, procederá la apelación para ante la Corte Suprema recurso que será resuelto en cuenta.

3° Acogido a tramitación el recurso, la Corte de Apelaciones ordenará que informe, por la vía que estime más rápida y efectiva, la persona o personas, funcionarios o autoridad que según el recurso o en concepto del Tribunal son los causantes del acto u omisión arbitraria o ilegal, que haya podido producir privación, perturbación o amenaza del libre ejercicio de los derechos que se solicita proteger, fijándole un plazo breve y perentorio para emitir el informe señalándole que conjuntamente con éste, el obligado en evacuarlo remitirá a la Corte todos los antecedentes que existan en su poder sobre el asunto motivo del recurso.

En los casos en que el recurrido sea un organismo público, bastará la notificación al jefe local del servicio o a su representante en el territorio jurisdiccional respectivo.

Recibido el informe y los antecedentes requeridos, o sin ellos, el Tribunal ordenará traer los autos en relación y dispondrá agregar extraordinariamente la causa a la tabla del día subsiguiente, previo sorteo, en [as Cortes de Apelaciones de más de una Sala.

Los oficios que fueren necesarios para el cumplimiento de las diligencias decretadas se despacharán por comunicación directa, por correo o por cualquier medio electrónico; a través de las Oficinas del Estado o por medio de un ministro de fe.

El Tribunal cuando lo juzgue conveniente para los fines del recurso, podrá decretar orden de no innovar.

4°.-   Las personas, funcionarios u Órganos del Estado afectados o recurridos, podrán hacerse parte en el recurso.

5°.-   Para mejor acierto del fallo se podrán decretar todas las diligencias que el Tribunal estime necesarias.

La Corte apreciará de acuerdo con las regias de la sana crítica los antecedentes que se acompañen al recurso y los demás que se agreguen durante su tramitación.- La sentencia que se dicte, ya sea que lo acoja, rechace o declare inadmisible el recurso, será apelable ante la Corte Suprema.

6°.-   La sentencia se notificará personalmente o por el estado a la persona que hubiere deducido el recurso y a los recurridos que hubieren hecho parte en él.

La apelación se interpondrá en el término fatal de cinco días hábiles, contados desde la notificación por el Estado Diario de la sentencia que decide el recurso.

7°.-   Recibidos los autos en la Secretaría de la Corte Suprema, el Presidente del Tribunal ordenará dar cuenta preferente del recurso en la Sala que corresponda, la cual si lo estima conveniente, se le solicita con fundamento plausible y especialmente cuando se le pide de común acuerdo por recurrente, recurrido y quienes hayan sido considerados como parles en el procedimiento, podrá ordenar que sea resuelto previa vista de la causa, disponiendo traer los autos en relación, evento en el cual el recurso se agregará extraordinariamente a la tabla respectiva de la Sala que corresponda.

8°.-   Para entrar al conocimiento del recurso o para el mejor acierto del fallo, la Corte Suprema, podrá solicitar de cualquier autoridad o persona los antecedentes que considere necesarios para la resolución del asunto.

Todas las notificaciones que deban practicarse se harán por el estado diario.

9° Tanto en la Corte de Apelaciones como en la Corte Suprema, cuando en ésta se traiga el recurso "en relación", la suspensión de la vista de las causas procederá por una sola vez a petición del recurrente, cualquiera que sea el número de ellos y respecto de la otra parte, aunque fuere más de uno el funcionario o persona afectada, sólo cuando el Tribunal estimare el fundamento de su solicitud muy calificado. La suspensión no procederá de común acuerdo de las partes.

10°.-   La Corte de Apelaciones y la Corte Suprema, en su caso, fallará el recurso dentro del quinto día hábil, pero tratándose de las garantías constitucionales contempladas en los números 1o, 3° inciso 4°, 12° y 13° del artículo 19 de la Constitución Política, la sentencia se expedirá dentro del segundo día hábil, plazos que se contarán desde que se halle en estado la causa.

11°.-   Tanto la Corte de Apelaciones como la Corte Suprema, cuando lo estimen procedente, podrán imponer la condenación en costas.

12°.-   En contra de la sentencia que expida la Corte ce Apelaciones no procederá el recurso de casación.

13°.-   Si respecto de un mismo acto u omisión se dedujeren dos o más recursos, aún por distintos afectados, y de los que corresponda conocer a una determinada Corte de Apelaciones, de acuerdo con lo establecido en el punto primero del presente auto, se acumularán todos los recursos al que hubiere ingresado primero en el respectivo libro de la Secretaría del Tribunal formándose, un solo expediente, para ser resueltos en una misma sentencia.

14°.-   Firme el fallo de primera instancia por haber transcurrido el plazo para interponer el recurso de apelación, sin que éste se hubiere deducido, o dictado sentencia por la Corte Suprema cuando fuere procedente, se transcribirá lo resuelto a la persona, funcionario o autoridad cuyas actuaciones hubieren motivado el recurso de protección, por oficio directo, o por cualquier medio electrónico si el caso así lo requiere.

15°.-   Si la persona, el funcionario o el representarte o Jefe del Órgano del Estado, ya tenga éste la calidad de titular, interino, suplente o subrogante, o cualquiera otra, no evacuare los informes o no diere cumplimiento a las diligencias, resoluciones y sentencias dentro de los plazos que la Corte de Apelaciones o la Corte Suprema ordenaren, conforme a lo establecido en este Auto Acordado, podrán éstas imponer al renuente, oyéndolo o en su rebeldía alguna o algunas de las siguientes medidas: a) amonestación privada; b) censura por escrito; c) multa a beneficio fiscal que no sea inferior a una unidad tributaria mensual ni exceda de cinco unidades tributarias mensuales; y d) suspensión de funciones hasta por cuatro meses, tiempo durante el cual el funcionario gozará de medio sueldo. Todo ello además de la responsabilidad penal en que pudieran incurrir dichas personas.

16°.-   Este Auto Acordado reemplaza el de 29 de marzo de 1977, sobre la misma materia y empezará a regir treinta días después de su publicación en el Diario Oficial."

Transcríbase a las Cortes de Apelaciones del país para su conocimiento. Publíquese en el Diario Oficial.

Háganse las comunicaciones pertinentes.

Para constancia se extiende la presente acta.

Sr. Muñoz

Sr. Juica

Sr. Valdés

Sr. Pierry

Sr. Silva

Sra. Maggi

Sra. Egnem

Sra. Sandoval

Sr. Cisternas

Sr. Blanco

Sr. Chevisich

Sra. Muñoz

Sr. Cerda

Sr. Miranda

AD-132-2015

ECUADOR
CONSTITUCIÓN POLÍTICA DE LA REPÚBLICA DE ECUADOR
Registro Oficial N° 449 20 Octubre 2008;

CAPÍTULO TERCERO
GARANTÍAS JURISDICCIONALES

Sección Primera
Disposiciones comunes

Art. 86. Las garantías jurisdiccionales se regirán, en general, por las siguientes disposiciones:

1. Cualquier persona, grupo de personas, comunidad, pueblo o nacionalidad podrá proponer las acciones previstas en la Constitución.

2. Será competente la jueza o juez del lugar en el que se origina el acto o la omisión o donde se producen sus efectos, y serán aplicables las siguientes normas de procedimiento:

a) El procedimiento será sencillo, rápido y eficaz. Será oral en todas sus fases e instancias.

b) Serán hábiles todos los días y horas.

c) Podrán ser propuestas oralmente o por escrito, sin formalidades, y sin necesidad de citar la norma infringida. No será indispensable el patrocinio de un abogado para proponer la acción.

d) Las notificaciones se efectuarán por los medios más eficaces que estén al alcance del juzgador, del legitimado activo y del órgano responsable del acto u omisión.

e) No serán aplicables las normas procesales que tiendan a retardar su ágil despacho.

3. Presentada la acción, la jueza o juez convocará inmediatamente a una audiencia pública, y en cualquier momento del proceso podrá ordenar la práctica de pruebas y designar comisiones para recabarlas. Se presumirán ciertos los fundamentos alegados por la persona accionante cuando la entidad pública requerida no demuestre lo contrario o no suministre información. La jueza o juez resolverá la causa me-

diante sentencia, y en caso de constatarse la vulneración de derechos, deberá declararla, ordenar la reparación integral, material e inmaterial, y especificar e individualizar las obligaciones, positivas y negativas, a cargo del destinatario de la decisión judicial, y las circunstancias en que deban cumplirse.

Las sentencias de primera instancia podrán ser apeladas ante la corte provincial. Los procesos judiciales sólo finalizarán con la ejecución integral de la sentencia o resolución.

4. Si la sentencia o resolución no se cumple por parte de servidoras o servidores públicos, la jueza o juez ordenará su destitución del cargo o empleo, sin perjuicio de la responsabilidad civil o penal a que haya lugar. Cuando sea un particular quien incumpla la sentencia o resolución, se hará efectiva la responsabilidad determinada en la ley.

5. Todas las sentencias ejecutoriadas serán remitidas a la Corte Constitucional, para el desarrollo de su jurisprudencia.

Art. 87. Se podrán ordenar medidas cautelares conjunta o independientemente de las acciones constitucionales de protección de derechos, con el objeto de evitar o hacer cesar la violación o amenaza de violación de un derecho.

Sección Segunda

Acción de protección

Art. 88. La acción de protección tendrá por objeto el amparo directo y eficaz de los derechos reconocidos en la Constitución, y podrá interponerse cuando exista una vulneración de derechos constitucionales, por actos u omisiones de cualquier autoridad pública no judicial; contra políticas públicas cuando supongan la privación del goce o ejercicio de los derechos constitucionales; y cuando la violación proceda de una persona particular, si la violación del derecho provoca daño grave, si presta servicios públicos impropios, si actúa por delegación o concesión, o si la persona afectada se encuentra en estado de subordinación, indefensión o discriminación.

Sección tercera

Acción de hábeas corpus

Art. 89. La acción de hábeas corpus tiene por objeto recuperar la libertad de quien se encuentre privado de ella de forma ilegal, arbitraria o ilegítima, por orden de autoridad pública o de cualquier persona, así como proteger la vida y la integridad física de las personas privadas de libertad.

Inmediatamente de interpuesta la acción, la jueza o juez convocará a una audiencia que deberá realizarse en las veinticuatro horas siguientes, en la que se deberá presentar la orden de detención con las formalidades de ley y las justificaciones de hecho y de derecho que sustenten la medida. La jueza o juez ordenará la comparecencia de la persona privada de libertad, de la autoridad a cuya orden se encuentre la persona detenida, de la defensora o defensor público y de quien la haya dispuesto o provocado, según el caso. De ser necesario, la audiencia se realizará en el lugar donde ocurra la privación de libertad.

La jueza o juez resolverá dentro de las veinticuatro horas siguientes a la finalización de la audiencia. En caso de privación ilegítima o arbitraria, se dispondrá la libertad. La resolución que ordene la libertad se cumplirá de forma inmediata.

En caso de verificarse cualquier forma de tortura, trato inhumano, cruel o degradante se dispondrá la libertad de la víctima, su atención integral y especializada, y la imposición de medidas alternativas a la privación de la libertad cuando fuera aplicable.

Cuando la orden de privación de la libertad haya sido dispuesta en un proceso penal, el recurso se interpondrá ante la Corte Provincial de Justicia.

Art. 90. Cuando se desconozca el lugar de la privación de libertad y existan indicios sobre la intervención de algún funcionario público o cualquier otro agente del Estado, o de personas que actúen con su autorización, apoyo o aquiescencia, la jueza o juez deberá convocar a audiencia al máximo representante de la Policía Nacional y al ministro competente. Después de escucharlos, se adoptarán las medidas necesarias para ubicar a la persona y a los responsables de la privación de libertad.

Sección cuarta
Acción de acceso a la información pública

Art. 91. La acción de acceso a la información pública tendrá por objeto garantizar el acceso a ella cuando ha sido denegada expresa o tácitamente, o cuando la que se ha proporcionado no sea completa o fidedigna. Podrá ser interpuesta incluso si la negativa se sustenta en el carácter secreto, reservado, confidencial o cualquiera otra clasificación de la información. El carácter reservado de la información deberá ser declarado con anterioridad a la petición, por autoridad competente y de acuerdo con la ley.

Sección quinta
Acción de hábeas data

Art. 92. Toda persona, por sus propios derechos o como representante legitimado para el efecto, tendrá derecho a conocer de la existencia y a acceder a los documentos, datos genéticos, bancos o archivos de datos personales e informes que sobre sí misma, o sobre sus bienes, consten en entidades públicas o privadas, en soporte material o electrónico. Asimismo tendrá derecho a conocer el uso que se haga de ellos, su finalidad, el origen y destino de información personal y el tiempo de vigencia del archivo o banco de datos.

Las personas responsables de los bancos o archivos de datos personales podrán difundir la información archivada con autorización de su titular o de la ley.

La persona titular de los datos podrá solicitar al responsable el acceso sin costo al archivo, así como la actualización de los datos, su rectificación, eliminación o anulación. En el caso de datos sensibles, cuyo archivo deberá estar autorizado por la ley o por la persona titular, se exigirá la adopción de las medidas de seguridad necesarias. Si no se atendiera su solicitud, ésta podrá acudir a la jueza o juez. La persona afectada podrá demandar por los perjuicios ocasionados.

Sección sexta

Acción por incumplimiento

Art. 93. La acción por incumplimiento tendrá por objeto garantizar la aplicación de las normas que integran el sistema jurídico, así como el cumplimiento de sentencias o informes de organismos internacionales de derechos humanos, cuando la norma o decisión cuyo cumplimiento se persigue contenga una obligación de hacer o no hacer clara, expresa y exigible. La acción se interpondrá ante la Corte Constitucional.

Sección séptima

Acción extraordinaria de protección

Art. 94. La acción extraordinaria de protección procederá contra sentencias o autos definitivos en los que se haya violado por acción u omisión derechos reconocidos en la Constitución, y se interpondrá ante la Corte Constitucional.

El recurso procederá cuando se hayan agotado los recursos ordinarios y extraordinarios dentro del término legal, a menos que la falta de interposición de estos recursos no fuera atribuible a la negligencia de la persona titular del derecho constitucional vulnerado.

TÍTULO IX.
SUPREMACÍA CONSTITUCIONAL

CAPÍTULO III.
CORTE CONSTITUCIONAL

Art. 437. Los ciudadanos en forma individual o colectiva podrán presentar una acción extraordinaria de protección contra sentencias, autos definitivos y resoluciones con fuerza de sentencia. Para la admisión de este recurso la Corte constatará el cumplimiento de los siguientes requisitos:

1. Que se trate de sentencias, autos y resoluciones firmes o ejecutoriados.

2. Que el recurrente demuestre que en el juzgamiento se ha violado, por acción u omisión, el debido proceso u otros derechos reconocidos en la Constitución.

LEY ORGÁNICA DE GARANTÍAS JURISDICCIONALES Y CONTROL CONSTITUCIONAL

Registro Oficial Suplemento 52 de 22-oct-2009

Oficio N° SAN2009077

Quito, 21 de septiembre del 2009.

Señor Luis Fernando Badillo

Director del Registro Oficial, Enc.

Ciudad

De mi consideración:

La Asamblea Nacional, de conformidad con las atribuciones que le confiere la Constitución de la República del Ecuador y la Ley Orgánica de la Función Legislativa, discutió y aprobó el Proyecto de **LEY ORGÁNICA DE GARANTÍAS JURISDICCIONALES Y CONTROL CONSTITUCIONAL.**

En sesión de 10 de septiembre del 2009, el Pleno de la Asamblea Nacional conoció y se pronunció sobre la objeción parcial presentada por el señor Presidente Constitucional de la República.

Por lo expuesto; y, tal como lo dispone el artículo 138 de la Constitución de la República del Ecuador y el artículo 64 de la Ley Orgánica de la Función Legislativa, acompaño el texto de la **LEY ORGÁNICA DE GARANTÍAS JURISDICCIONALES Y CONTROL CONSTITUCIONAL**, para que se sirva publicarla en el Registro Oficial.

Atentamente,

f.) Dr. Francisco Vergara O., Secretario General.

EL PLENO DE LA ASAMBLEA NACIONAL
Considerando:

Que, en el año 2008 entró en vigencia la nueva Constitución de la República del Ecuador, en la que se introducen cambios sustanciales y definitivos en el reconocimiento de los derechos, su sistema de protección y en la estructura del Estado Ecuatoriano;

Que, la Disposición Transitoria Primera de la Constitución establece la obligación de aprobar, en trescientos sesenta días, la ley que regule el funcionamiento de la Corte Constitucional y los procedimientos de control constitucional;

Que, es indispensable ajustar la normativa legal a las disposiciones constitucionales, para garantizar la vigencia de los derechos humanos y de la naturaleza y la supremacía constitucional;

Que, para el logro de tal objetivo se requiere de una nueva ley que promueva el fortalecimiento de la justicia constitucional y el proceso de constitucionalización del sistema jurídico, político y social, para que todas las prácticas institucionales y no institucionales se ajusten material y formalmente a las exigencias que se desprenden del texto constitucional;

Que, la justicia constitucional es una herramienta eficaz e idónea para hacer realidad las exigencias del texto constitucional, para asegurar la vigencia del principio democrático y para controlar eficazmente la actividad de los poderes públicos y de los particulares;

Que, la Constitución y los tratados internacionales, en particular la Convención Americana de Derechos Humanos y el Pacto Internacional de Derechos Civiles y Políticos, reconocen que el fin del Estado y de la organización social es el goce de los derechos de los seres humanos y de la naturaleza y que, para tal efecto, deben existir recursos sencillos y rápidos ante los jueces o tribunales competentes que les permitan amparar a los seres humanos y a la naturaleza frente a actos u omisiones que amenacen o violen sus derechos, y adoptar las medidas pertinentes para asegurar la reparación integral derivada de vías de hecho que vulneran dichos derechos; de igual modo, es indispensable que exista un procedimiento cautelar, expedito y eficaz que faculte a los órganos jurisdiccionales para dictar medidas urgentes en aquellos casos en que se amenace de modo inminente y grave un derecho, y de esta manera brinde protección oportuna y se eviten daños irreversibles;

Que, se requiere de una normativa que asegure que toda disposición jurídica sea susceptible de control judicial constitucional, que proporcione al juez herramientas conceptuales, técnicas y prácticas, y pautas concretas y específicas para examinar la constitucionalidad material y formal del proceso de producción normativa, y que promueva la participación popular dentro de dichos procesos;

Que, se requiere asegurar que todos los jueces resuelvan todos los asuntos sometidos a su conocimiento desde una perspectiva constitucional y con sujeción a las normas constitucionales, y que la Corte Constitucional lidere este proceso de constitucionalización de la justicia;

Que, se debe regular la estructura y las competencias de la Corte Constitucional, que garantice su independencia, legitimidad y eficiencia; y,

En ejercicio de sus facultades constitucionales y legales, expide la siguiente:

LEY ORGÁNICA DE GARANTÍAS JURISDICCIONALES Y CONTROL CONSTITUCIONAL

TÍTULO I

NORMAS GENERALES

Art. 1. Objeto y finalidad de la ley. Esta ley tiene por objeto regular la jurisdicción constitucional, con el fin de garantizar jurisdiccionalmente los derechos reconocidos en la Constitución y en los instrumentos internacionales de derechos humanos y de la naturaleza; y garantizar la eficacia y la supremacía constitucional.

Art. 2. Principios de la justicia constitucional. Además de los principios establecidos en la Constitución, se tendrán en cuenta los siguientes principios generales para resolver las causas que se sometan a su conocimiento:

1. Principio de aplicación más favorable a los derechos. Si hay varias normas o interpretaciones aplicables a un caso concreto, se debe elegir la que más proteja los derechos de la persona.

2. Optimización de los principios constitucionales. La creación, interpretación y aplicación del derecho deberá orientarse hacia el cumplimiento y optimización de los principios constitucionales.

3. Obligatoriedad del precedente constitucional. Los parámetros interpretativos de la Constitución fijados por la Corte Constitucional en los casos sometidos a su conocimiento tienen fuerza vinculante. La Corte podrá alejarse de sus precedentes de forma explícita y argumentada garantizando la progresividad de los derechos y la vigencia del estado constitucional de derechos y justicia.

4. Obligatoriedad de administrar justicia constitucional. No se puede suspender ni denegar la administración de justicia por contradicciones entre normas, oscuridad o falta de norma jurídica.

Art. 3. Métodos y reglas de interpretación constitucional. Las normas constitucionales se interpretarán en el sentido que más se ajuste a la Constitución en su integralidad, en caso de duda, se interpretará en el sentido que más favorezca a la plena vigencia de los derechos reconocidos en la Constitución y que mejor respete la voluntad del constituyente.

Se tendrán en cuenta los siguientes métodos y reglas de interpretación jurídica constitucional y ordinaria para resolver las causas que se sometan a su conocimiento, sin perjuicio de que en un caso se utilicen uno o varios de ellos:

1. Reglas de solución de antinomias. Cuando existan contradicciones entre normas jurídicas, se aplicará la competente, la jerárquicamente superior, la especial, o la posterior.

2. Principio de proporcionalidad. Cuando existan contradicciones entre principios o normas, y no sea posible resolverlas a través de las reglas de solución de antinomias, se aplicará el principio de proporcionalidad. Para tal efecto, se verificará que la medida en cuestión proteja un fin constitucionalmente válido, que sea idónea, necesaria para garantizarlo, y que exista un debido equilibrio entre la protección y la restricción constitucional.

3. Ponderación. Se deberá establecer una relación de preferencia entre los principios y normas, condicionada a las circunstancias del caso concreto, para determinar la decisión adecuada. Cuanto mayor sea el grado de la no satisfacción o de afectación de un derecho o principio, tanto mayor tiene que ser la importancia de la satisfacción del otro.

4. Interpretación evolutiva o dinámica. Las normas se entenderán a partir de las cambiantes situaciones que ellas regulan, con el objeto de no hacerlas inoperantes o ineficientes o de tornarlas contrarias a otras reglas o principios constitucionales.

5. Interpretación sistemática. Las normas jurídicas deberán ser interpretadas a partir del contexto general del texto normativo, para lograr entre todas las disposiciones la debida coexistencia, correspondencia y armonía.

6. Interpretación teleológica. Las normas jurídicas se entenderán a partir de los fines que persigue el texto normativo.

7. Interpretación literal. Cuando el sentido de la norma es claro, se atenderá su tenor literal, sin perjuicio de que, para lograr un resultado justo en el caso, se puedan utilizar otros métodos de interpretación.

8. Otros métodos de interpretación. La interpretación de las normas jurídicas, cuando fuere necesario, se realizará atendiendo los principios generales del derecho y la equidad, así como los principios de unidad, concordancia práctica, eficacia integradora, fuerza normativa y adaptación.

Art. 4. *Principios procesales*. La justicia constitucional se sustenta en los siguientes principios procesales:

1. Debido proceso. En todo procedimiento constitucional se respetarán las normas del debido proceso prescritas en la Constitución y en los instrumentos internacionales de derechos humanos.

2. Aplicación directa de la Constitución. Los derechos y garantías establecidas en la Constitución y en los instrumentos internacionales de derechos humanos, serán de directa e inmediata aplicación por y ante cualquier servidora o servidor público, administrativo o judicial, de oficio o a petición de parte.

3. Gratuidad de la justicia constitucional. El acceso y el servicio de la administración de justicia constitucional es gratuito, sin perjuicio de la condena en costas y de los gastos procesales a que hubiere lugar de conformidad con el reglamento que la Corte Constitucional dicte para el efecto.

4. Inicio por demanda de parte. Salvo norma expresa en contrario, los procesos se inician por demanda de parte.

5. Impulso de oficio. La jueza o juez tiene el deber de impulsar de oficio los procesos constitucionales hasta llegar a su conclusión, salvo en los casos expresamente señalados en esta ley.

6. Dirección del proceso. La jueza o juez deberá dirigir los procesos de forma activa, controlará la actividad de los participantes y evitará las dilaciones innecesarias. En función de este principio, la jueza o juez podrá interrumpir a los intervinientes para solicitar aclaraciones o repreguntar, determinar el objeto de las acciones, encauzar el debate y demás acciones correctivas, prolongar o acortar la duración de la audiencia.

7. Formalidad condicionada. La jueza o juez tiene el deber de adecuar las formalidades previstas en el sistema jurídico al logro de los fines de los procesos constitucionales. No se podrá sacrificar la justicia constitucional por la mera omisión de formalidades.

8. Doble instancia. Los procesos constitucionales tienen dos instancias, salvo norma expresa en contrario.

9. Motivación. La jueza o juez tiene la obligación de fundamentar adecuadamente sus decisiones a partir de las reglas y principios que rigen la argumentación jurídica. En particular, tiene la obligación de pronunciarse sobre los argumentos y razones relevantes expuestas durante el proceso por las partes y los demás intervinientes en el proceso.

10. Comprensión efectiva. Con la finalidad de acercar la comprensión efectiva de sus resoluciones a la ciudadanía, la jueza o juez deberá redactar sus sentencias de forma clara, concreta, inteligible, asequible y sintética, incluyendo las cuestiones de hecho y derecho planteadas y el razonamiento seguido para tomar la decisión que adopte.

11. Economía procesal. En virtud de este principio, la jueza o juez tendrá en cuenta las siguientes reglas:

a)   Concentración. Reunir la mayor cantidad posible de cuestiones debatidas, en el menor número posible de actuaciones y providencias. La jueza o juez deberá atender simultáneamente la mayor cantidad de etapas procesales.

b)   Celeridad. Limitar el proceso a las etapas, plazos y términos previstos en la ley, evitando dilaciones innecesarias.

c)   Saneamiento. Las situaciones o actuaciones afectadas por la omisión de formalidades pueden ser convalidadas por la parte en cuyo favor se establecen.

12. Publicidad. Los procedimientos previstos en esta ley serán públicos, sin perjuicio de las medidas especiales que tome la jueza o juez para preservar la intimidad de las personas o la seguridad del Estado.

13. *Iura novit curia*. La jueza o juez podrá aplicar una norma distinta a la invocada por los participantes en un proceso constitucional.

14. Subsidiariedad. Se tomarán en cuenta los demás principios procesales establecidos en la legislación ordinaria, en la medida en que sean compatibles con la naturaleza del control constitucional.

Art. 5. Modulación de los efectos de las sentencias. Las juezas y jueces, cuando ejerzan jurisdicción constitucional, regularán los efectos en el tiempo, la materia y el espacio de sus providencias para garantizar la vigencia de los derechos constitucionales y la supremacía constitucional.

TÍTULO II
GARANTÍAS JURISDICCIONALES DE LOS DERECHOS CONSTITUCIONALES

CAPÍTULO I
NORMAS COMUNES

Art. 6. Finalidad de las garantías. Las garantías jurisdiccionales tienen como finalidad la protección eficaz e inmediata de los derechos reconocidos en la Constitución y en los instrumentos internacionales de derechos humanos, la declaración de la violación de uno o varios derechos, así como la reparación integral de los daños causados por su violación.

Las medidas cautelares tienen como finalidad prevenir, impedir o interrumpir la violación de un derecho.

Salvo los casos en que esta ley dispone lo contrario, la acción de protección, el hábeas corpus, la acción de acceso a la información pública, el hábeas data, la acción por incumplimiento, la acción extraordinaria de protección y la acción extraordinaria de protección contra decisiones de la justicia indígena, se regulan de conformidad con este capítulo.

Art. 7. Competencia. Será competente cualquier jueza o juez de primera instancia del lugar en donde se origina el acto u omisión o donde se producen sus efectos. Cuando en la misma circunscripción territorial hubiere varias juezas o jueces competentes, la demanda se sorteará entre ellos. Estas acciones serán sorteadas de modo adecuado, preferente e inmediato. En caso de que se presente la demanda oralmente, se realizará el sorteo sólo con la identificación personal. En las acciones de hábeas data y acceso a la información pública, se estará a lo dispuesto en esta ley.

La jueza o juez que deba conocer las acciones previstas en este título no podrá inhibirse, sin perjuicio de la excusa a que hubiere lugar.

La jueza o juez que sea incompetente en razón del territorio o los grados, inadmitirá la acción en su primera providencia.

La jueza o juez de turno será competente cuando se presente una acción en días feriados o fuera del horario de atención de los otros juzgados.

Art. 8. _Normas comunes a todo procedimiento._ Serán aplicables las siguientes normas:

1. El procedimiento será sencillo, rápido y eficaz.

2. El procedimiento será oral en todas sus fases e instancias. La audiencia deberá registrarse por cualquier medio que esté al alcance de la jueza o juez, de preferencia grabación magnetofónica. Donde existan sistemas informáticos se deberá tener un expediente electrónico, salvo documentos que constituyan elementos de prueba y las siguientes actuaciones que deberán reducirse a escrito:

    a.   La demanda de la garantía específica.

    b.   La calificación de la demanda.

    c.   La contestación a la demanda.

    d.   La sentencia o el auto que aprueba el acuerdo reparatorio.

3. Serán hábiles todos los días y horas.

4. Las notificaciones se harán por los medios más eficaces que estén al alcance de la jueza o juez, de la persona legitimada activa y de la persona, entidad u órgano responsable del acto u omisión. De ser posible se preferirán medios electrónicos.

1. No serán aplicables las normas procesales ni aceptables los incidentes que tiendan a retardar el ágil despacho de la causa.

2. Un mismo afectado no podrá presentar más de una vez la demanda de violación de derechos contra las mismas personas, por las mismas acciones u omisiones, y con la misma pretensión.

3. No se requerirá el patrocinio de una abogada o abogado para proponer la acción ni para apelar. De ser necesario o cuando la persona lo solicite, la jueza o juez deberá asignar al accionante o persona afectada un defensor público, un abogado de la Defensoría del Pueblo o un asistente legal comunitario según lo que establece el Código Orgánico de la Función Judicial.

4. Los autos de inadmisión y las sentencias son apelables ante la Corte Provincial.

Art. 9. _Legitimación activa._ Las acciones para hacer efectivas las garantías jurisdiccionales previstas en la Constitución y esta ley, podrán ser ejercidas:

    a)   Por cualquier persona, comunidad, pueblo, nacionalidad o colectivo, vulnerada o amenazada en uno o más de sus derechos constitucionales, quien actuará por sí misma o a través de representante o apoderado; y,

    b)   Por el Defensor del Pueblo.

Se consideran personas afectadas quienes sean víctimas directas o indirectas de la violación de derechos que puedan demostrar daño. Se entenderá por daño la consecuencia o afectación que la violación al derecho produce.

En el caso de las acciones de hábeas corpus y extraordinaria de protección, se estará a las reglas específicas de legitimación que contiene esta ley.

Art. 10. Contenido de la demanda de garantía. La demanda, al menos, contendrá:

1. Los nombres y apellidos de la persona o personas accionantes y, si no fuere la misma persona, de la afectada.

2. Los datos necesarios para conocer la identidad de la persona, entidad u órgano accionado.

3. La descripción del acto u omisión violatorio del derecho que produjo el daño. Si es posible una relación circunstanciada de los hechos. La persona accionante no está obligada a citar la norma o jurisprudencia que sirva de fundamento a su acción.

4. El lugar donde se le puede hacer conocer de la acción a la persona o entidad accionada.

5. El lugar donde ha de notificarse a la persona accionante y a la afectada, si no fuere la misma persona y si el accionante lo supiere.

6. Declaración de que no se ha planteado otra garantía constitucional por los mismos actos u omisiones, contra la misma persona o grupo de personas y con la misma pretensión. La declaración de no haber planteado otra garantía, podrá subsanarse en la primera audiencia.

7. La solicitud de medidas cautelares, si se creyere oportuno.

8. Los elementos probatorios que demuestren la existencia de un acto u omisión que tenga como resultado la violación de derechos constitucionales, excepto los casos en los que, de conformidad con la Constitución y esta ley, se invierte la carga de la prueba.

Si la demanda no contiene los elementos anteriores, se dispondrá que se la complete en el término de tres días. Transcurrido este término, si la demanda está incompleta y del relato se desprende que hay una vulneración de derechos grave, la jueza o juez deberá tramitarla y subsanar la omisión de los requisitos que estén a su alcance para que proceda la audiencia.

Art. 11. Comparecencia de la persona afectada. Cuando la acción haya sido presentada por interpuesta persona, la jueza o juez deberá notificar a la persona afectada. Ésta podrá comparecer en cualquier momento, modificar la demanda, desistir de la acción o deducir los recursos de ley aunque no haya comparecido antes.

Art. 12. Comparecencia de terceros. Cualquier persona o grupo de personas que tenga interés en la causa podrá presentar un escrito de *amicus curiae* que será admitido al expediente para mejor resolver hasta antes de la sentencia. De creerlo necesario, la jueza o juez podrá escuchar en audiencia pública a la persona o grupo interesado.

Podrán también intervenir en el proceso, en cualquier estado de la causa, como parte coadyuvante del accionado, cualquier persona natural o jurídica que tuviere interés directo en el mantenimiento del acto u omisión que motivare la acción constitucional.

Art. 13. Calificación de la demanda de garantía. La jueza o juez calificará la demanda dentro de las veinticuatro horas siguientes a su presentación. La calificación de la demanda deberá contener:

1. La aceptación al trámite, o la indicación de su inadmisión debidamente motivada.

2. El día y hora en que se efectuará la audiencia, que no podrá fijarse en un término mayor de tres días desde la fecha en que se calificó la demanda.

3. La orden de correr traslado con la demanda a las personas que deben comparecer a la audiencia.

4. La disposición de que las partes presenten los elementos probatorios para determinar los hechos en la audiencia, cuando la jueza o juez lo considere necesario.

5. La orden de la medida o medidas cautelares, cuando la jueza o juez las considere procedentes.

Art. 14. Audiencia. La audiencia pública se llevará a cabo bajo la dirección de la jueza o juez, el día y hora señalado. Podrán intervenir tanto la persona afectada como la accionante, cuando no fueren la misma persona. La jueza o juez podrá escuchar a otras personas o instituciones, para mejor resolver. La audiencia comenzará con la intervención de la persona accionante o afectada y demostrará, de ser posible, el daño y los fundamentos de la acción; posteriormente intervendrá la persona o entidad accionada, que deberá contestar exclusivamente los fundamentos de la acción. Tanto la persona accionante como la accionada tendrán derecho a la réplica; la última intervención estará a cargo del accionante. El accionante y la persona afectada tendrán hasta veinte minutos para intervenir y diez minutos para replicar; de igual modo, las entidades o personas accionadas, tendrán derecho al mismo tiempo. Si son terceros interesados, y la jueza o el juez lo autoriza, tendrán derecho a intervenir diez minutos.

La jueza o juez deberá hacer las preguntas que crea necesarias para resolver el caso, controlar la actividad de los participantes y evitar dilaciones innecesarias.

La audiencia terminará sólo cuando la jueza o juez se forme criterio sobre la violación de los derechos y dictará sentencia en forma verbal en la misma audiencia, expresando exclusivamente su decisión sobre el caso. La jueza o juez, si lo creyere necesario para la práctica de pruebas, podrá suspender la audiencia y señalar una nueva fecha y hora para continuarla.

La ausencia de la persona, institución u órgano accionado no impedirá que la audiencia se realice. La ausencia de la persona accionante o afectada podrá considerarse como desistimiento, de conformidad con el artículo siguiente. Si la presencia de la persona afectada no es indispensable para probar el daño, la audiencia se llevará a cabo con la presencia del accionante.

Art. 15. Terminación del procedimiento. El proceso podrá terminar mediante auto definitivo, que declare el desistimiento o apruebe el allanamiento, o mediante sentencia.

1. Desistimiento. La persona afectada podrá desistir de la acción en cualquier momento por razones de carácter personal que serán valoradas por la jueza o juez.

Se considerará desistimiento tácito cuando la persona afectada no compareciere a la audiencia sin justa causa y su presencia fuere indispensable para demostrar el daño. En caso de desistimiento el expediente será archivado.

2. Allanamiento. En cualquier momento del procedimiento, hasta antes de la expedición de la sentencia, la persona o institución accionada podrá allanarse. El allanamiento podrá ser total o parcial. En ambos casos, la jueza o juez declarará la violación del derecho y la forma de reparar la violación. En caso de allanamiento parcial, el procedimiento continuará en lo que no hubiere acuerdo.

El acuerdo reparatorio, que será aprobado mediante auto definitivo, procederá en los casos en que exista allanamiento por parte de la persona o institución accionada; éstas y la persona afectada podrán llegar a un acuerdo sobre las formas y modos de reparación.

No se podrá apelar el auto definitivo que aprueba el allanamiento y acuerdo reparatorio.

En ningún caso la jueza o juez aceptará el desistimiento, allanamiento o acuerdo reparatorio que implique afectación a derechos irrenunciables o acuerdos manifiestamente injustos.

3. Sentencia. Cuando la jueza o juez se forme criterio, dictará sentencia en la misma audiencia, y la notificará por escrito dentro de las cuarenta y ocho horas siguientes.

Art. 16. Pruebas. La persona accionante deberá demostrar los hechos que alega en la demanda o en la audiencia, excepto en los casos en que se invierte la carga de la prueba. La recepción de pruebas se hará únicamente en audiencia y la jueza o juez sólo podrá negarla cuando la haya calificado de inconstitucional o impertinente.

En la calificación de la demanda o en la audiencia, la jueza o juez podrá ordenar la práctica de pruebas y designar comisiones para recabarlas, sin que por ello se afecte el debido proceso o se dilate sin justificación la resolución del caso. Cuando la jueza o juez ordene la práctica de pruebas en audiencia, deberá establecer el término en el cual se practicarán, que no será mayor de ocho días y por una sola vez. Por excepción, la jueza o juez podrá ampliar de manera justificada este término exclusivamente por la complejidad de las pruebas y hasta cuando éstas sean practicadas. En caso de ser injustificada la ampliación o de retardar en exceso la resolución de la causa, se considerará como falta grave y se aplicará la sanción correspondiente, de conformidad con el Código Orgánico de la Función Judicial.

La comisión para recabar pruebas podrá ser unipersonal o pluripersonal, para que realice una visita al lugar de los hechos, recoja versiones sobre los hechos y las evidencias pertinentes y elabore un informe que tendrá el valor de prueba practicada.

Se presumirán ciertos los hechos de la demanda cuando la entidad pública accionada no demuestre lo contrario o no suministre la información solicitada, siempre que de otros elementos de convicción no resulte una conclusión contraria. En los casos en que la persona accionada sea un particular, se presumirán ciertos los hechos cuando se trate de discriminación o violaciones a los derechos del ambiente o de la naturaleza.

Art. 17. Contenido de la sentencia. La sentencia deberá contener al menos:

1. Antecedentes: La identificación de la persona afectada y de la accionante, de no ser la misma persona; la identificación de la autoridad, órgano o persona natural o jurídica contra cuyos actos u omisiones se ha interpuesto la acción.

1. Fundamentos de hecho: La relación de los hechos probados relevantes para la resolución.

2. Fundamentos de derecho: La argumentación jurídica que sustente la resolución.

3. Resolución: La declaración de violación de derechos, con determinación de las normas constitucionales violadas y del daño, y la reparación integral que proceda y el inicio del juicio para determinar la reparación económica, cuando hubiere lugar.

De no encontrar violación de ningún derecho, la jueza o juez deberá cumplir con los elementos anteriores en lo que fuere aplicable.

Art. 18. Reparación integral. En caso de declararse la vulneración de derechos se ordenará la reparación integral por el daño material e inmaterial. La reparación integral procurará que la persona o personas titulares del derecho violado gocen y disfruten el derecho de la manera más adecuada posible y que se restablezca a la situación anterior a la violación. La reparación podrá incluir, entre otras formas, la restitución del derecho, la compensación económica o patrimonial, la rehabilitación, la satisfacción, las garantías de que el hecho no se repita, la obligación de remitir a la autoridad competente para investigar y sancionar, las medidas de reconocimiento, las disculpas públicas, la prestación de servicios públicos, la atención de salud.

La reparación por el daño material comprenderá la compensación por la pérdida o detrimento de los ingresos de las personas afectadas, los gastos efectuados con motivo de los hechos y las consecuencias de carácter pecuniario que tengan un nexo causal con los hechos del caso. La reparación por el daño inmaterial comprenderá la compensación, mediante el pago de una cantidad de dinero o la entrega de bienes o servicios apreciables en dinero, por los sufrimientos y las aflicciones causadas a la persona afectada directa y a sus allegados, el menoscabo de valores muy significativos para las personas, así como las alteraciones, de carácter no pecuniario, en las condiciones de existencia del afectado o su familia. La reparación se realizará en función del tipo de violación, las circunstancias del caso, las consecuencias de los hechos y la afectación al proyecto de vida.

En la sentencia o acuerdo reparatorio deberá constar expresa mención de las obligaciones individualizadas, positivas y negativas, a cargo del destinatario de la decisión judicial y las circunstancias de tiempo, modo y lugar en que deben cumplirse, salvo la reparación económica que debe tramitarse de conformidad con el artículo siguiente.

La persona titular o titulares del derecho violado deberán ser necesariamente escuchadas para determinar la reparación, de ser posible en la misma audiencia. Si la jueza o juez considera pertinente podrá convocar a nueva audiencia para tratar exclusivamente sobre la reparación, que deberá realizarse dentro del término de ocho días.

Art. 19. Reparación económica. Cuando parte de la reparación, por cualquier motivo, implique pago en dinero al afectado o titular del derecho violado, la determinación del monto se tramitará en juicio verbal sumario ante la misma jueza o juez, si fuere contra un particular; y en juicio contencioso administrativo si fuere contra el Estado. De estos juicios se podrán interponer los recursos de apelación, casación y demás recursos contemplados en los códigos de procedimiento pertinentes.

Art. 20. Responsabilidad y repetición. Declarada la violación del derecho, la jueza o juez deberá declarar en la misma sentencia la responsabilidad del Estado o de la persona particular.

En el caso de la responsabilidad estatal, la jueza o juez deberá remitir el expediente a la máxima autoridad de la entidad responsable para que inicie las acciones administrativas correspondientes, y a la Fiscalía General del Estado en caso de que de la violación de los derechos declarada judicialmente se desprenda la existencia de una conducta tipificada como delito. Si no se conociere la identidad de la persona o personas que provocaron la violación, la jueza o juez deberá remitir el expediente a la máxima autoridad de la entidad pública para que determine sus identidades.

Art. 21. Cumplimiento. La jueza o juez deberá emplear todos los medios que sean adecuados y pertinentes para que se ejecute la sentencia o el acuerdo reparatorio, incluso podrá disponer la intervención de la Policía Nacional.

Durante esta fase de cumplimiento, la jueza o juez podrá expedir autos para ejecutar integralmente la sentencia e incluso podrá evaluar el impacto de las medidas de reparación en las víctimas y sus familiares; de ser necesario, podrá modificar las medidas.

La jueza o juez podrá delegar el seguimiento del cumplimiento de la sentencia o acuerdo reparatorio a la Defensoría del Pueblo o a otra instancia estatal, nacional o local, de protección de derechos. Estos podrán deducir las acciones que sean necesarias para cumplir la delegación. La Defensoría del Pueblo o la instancia delegada deberá informar periódicamente a la jueza o juez sobre el cumplimiento de la sentencia o acuerdo reparatorio.

El caso se archivará sólo cuando se haya ejecutado integralmente la sentencia o el acuerdo reparatorio.

Art. 22. Violaciones procesales. En caso de violación al trámite de garantías constitucionales o incumplimiento de la sentencia o acuerdo reparatorio, la jueza o juez deberá sancionar a la persona o institución que incumple, de conformidad con las siguientes reglas:

1. En caso de que el incumplimiento provoque daños, la misma jueza o juez sustanciará un incidente de daños y perjuicios, mediante un procedimiento sumario, por este hecho y contra la persona responsable, particular o pública, y su cuantía será cobrada mediante apremio real.

2. En caso de que el incumplimiento sea de parte de servidoras o servidores judiciales o de acciones u omisiones durante el trámite, se considerará como falta gravísima y se comunicará del particular al Consejo de la Judicatura para que proceda de conformidad con el Código Orgánico de la Función Judicial.

3. Si las violaciones al trámite o términos establecidos en esta ley proviene de la propia jueza o juez, la parte perjudicada podrá presentar la denuncia ante la autoridad correspondiente del Consejo de la Judicatura, de acuerdo a las normas del Código Orgánico de la Función Judicial.

4. En caso de que servidoras o servidores públicos incumplieran una sentencia o acuerdo reparatorio, la jueza o juez ordenará el inicio del procedimiento para su eventual destitución. En caso de destitución del servidor omiso, el remplazo debe cumplir el fallo bajo las mismas prevenciones.

5. No se podrán dictar actos ulteriores que afecten el fallo, bajo las mismas prevenciones.

Art. 23. *Abuso del derecho*. La jueza o juez podrá disponer de sus facultades correctivas y coercitivas, de conformidad con el Código Orgánico de la Función Judicial, a quien, abusando del derecho, interponga varias acciones en forma simultánea o sucesiva por el mismo acto u omisión, por violación del mismo derecho y en contra de las mismas personas.

En los casos en que los peticionarios o las abogadas y abogados presenten solicitudes o peticiones de medidas cautelares de mala fe, desnaturalicen los objetivos de las acciones o medidas o con ánimo de causar daño, responderán civil o penalmente, sin perjuicio de las facultades correctivas otorgadas a las juezas o jueces por el Código Orgánico de la Función Judicial y de las sanciones que puedan imponer las direcciones regionales respectivas del Consejo de la Judicatura.

Art. 24. *Apelación*. Las partes podrán apelar en la misma audiencia o hasta tres días hábiles después de haber sido notificadas por escrito. La apelación será conocida por la Corte Provincial; si hubiere más de una sala, se radicará por sorteo. La interposición del recurso no suspende la ejecución de la sentencia, cuando el apelante fuere la persona o entidad accionada.

Cuando hubiere más de una sala, la competencia se radicará por sorteo. La Corte Provincial avocará conocimiento y resolverá por el mérito del expediente en el término de ocho días. De considerarlo necesario, la jueza o juez podrá ordenar la práctica de elementos probatorios y convocar a audiencia, que deberá realizarse dentro de los siguientes ocho días hábiles; en estos casos, el término se suspende y corre a partir de la audiencia.

Art. 25. *Selección de sentencias por la Corte Constitucional*. Para la selección de las sentencias por la Corte Constitucional, se tendrán en cuenta las siguientes reglas:

1. Todas las sentencias ejecutoriadas de garantías jurisdiccionales serán remitidas en el término de tres días contados a partir de su ejecutoría a la Corte Constitucional, para su conocimiento y eventual selección y revisión.

2. La Sala de Selección, después de conocer las sentencias, escogerá discrecionalmente aquellas sentencias objeto de la revisión. El caso seleccionado se hará conocer a través del portal de internet de la Corte Constitucional.

3. La exclusión de la revisión no requiere de motivación expresa.

4. La Sala de Selección tendrá en cuenta los siguientes parámetros para la selección, que deberán ser explicados en el auto de selección:

   a) Gravedad del asunto.

   b) Novedad del caso e inexistencia de precedente judicial.

   c) Negación de los precedentes judiciales fijados por la Corte Constitucional.

   d) Relevancia o trascendencia nacional del asunto resuelto en la sentencia.

5. La Defensora o Defensor del Pueblo o cualquier jueza o juez de la Corte Constitucional podrá solicitar la selección de la sentencia, a partir de las causales descritas en el numeral anterior.

6. En caso de que la sentencia no haya sido seleccionada dentro del término de veinte días desde su recepción en la Corte Constitucional, se entiende excluida de la revisión.

7. La Corte definirá los mecanismos para registrar y controlar los casos remitidos y no seleccionados.

8. La Corte dictará sentencia en los casos seleccionados dentro del término de cuarenta días siguientes a su selección.

9. Se remitirá, una vez adoptada la decisión, el expediente a la jueza o juez competente de primera instancia, para que notifique a las partes la sentencia y la ejecute.

10. No cabe recurso alguno de ninguna de las decisiones tomadas por la Corte en el proceso de selección.

El trámite de selección o revisión no suspende los efectos de la sentencia.

CAPÍTULO II
MEDIDAS CAUTELARES

Sección Primera
Principios Generales

Art. 26. Finalidad. Las medidas cautelares tendrán por objeto evitar o cesar la amenaza o violación de los derechos reconocidos en la Constitución y en instrumentos internacionales sobre derechos humanos.

Las medidas cautelares deberán ser adecuadas a la violación que se pretende evitar o detener, tales como la comunicación inmediata con la autoridad o persona que podría prevenir o detener la violación, la suspensión provisional del acto, la orden de vigilancia policial, la visita al lugar de los hechos. En ningún caso se podrán ordenar medidas privativas de la libertad.

Art. 27. Requisitos. Las medidas cautelares procederán cuando la jueza o juez tenga conocimiento de un hecho por parte de cualquier persona que amenace de modo inminente y grave con violar un derecho o viole un derecho.

Se considerará grave cuando pueda ocasionar daños irreversibles o por la intensidad o frecuencia de la violación.

No procederán cuando existan medidas cautelares en las vías administrativas u ordinarias, cuando se trate de ejecución de órdenes judiciales o cuando se interpongan en la acción extraordinaria de protección de derechos.

Art. 28. Efecto jurídico de las medidas. El otorgamiento de medidas cautelares y su adopción no constituirá prejuzgamiento sobre la declaración de la violación ni tendrán valor probatorio en el caso de existir una acción por violación de derechos.

Art. 29. Inmediatez. Las medidas cautelares deberán ser ordenadas de manera inmediata y urgente. La jueza o juez deberá ordenarlas en el tiempo más breve posible desde que recibió la petición.

Art. 30. Responsabilidad y sanciones. El incumplimiento de las medidas cautelares será sancionado de la misma manera que en los casos de incumplimiento de la sentencia en las garantías jurisdiccionales constitucionales.

Sección Segunda

Procedimiento

Art. 31. Procedimiento. El procedimiento para ordenar medidas cautelares será informal, sencillo, rápido y eficaz en todas sus fases. La jueza o el juez tendrá la obligación de buscar los medios más sencillos que estén a su alcance para proteger el derecho amenazado o que está siendo vulnerado.

Art. 32. Petición. Cualquier persona o grupo de personas podrá interponer una petición de medidas cautelares, de manera verbal o escrita, ante cualquier jueza o juez. Si hubiere más de una jueza o juez, la competencia se radicará por sorteo. En la sala de sorteos se atenderá con prioridad a la persona que presente una medida cautelar. En caso de que se presente la petición oralmente, se realizará el sorteo sólo con la identificación personal.

La petición podrá ser interpuesta conjuntamente con el requerimiento de cualquiera de las garantías jurisdiccionales previstas en la Constitución, cuando tenga por objeto detener la violación del derecho. En estos casos, las medidas cautelares se tramitarán previamente a la acción para declarar la violación de derechos por lo que no se requerirá la calificación del requerimiento para que proceda la orden de medidas cautelares; de ser procedente, la jueza o juez podrá ordenar las medidas cautelares cuando declare la admisibilidad de la acción. El requerimiento se tramitará de conformidad con lo dispuesto en esta ley.

El peticionario deberá declarar si ha interpuesto otra medida cautelar por el mismo hecho.

Art. 33. Resolución. Una vez que la jueza o juez conozca sobre la petición de medidas cautelares, si verifica por la sola descripción de los hechos que se reúnen los requisitos previstos en esta ley, otorgará inmediatamente las medidas cautelares correspondientes. No se exigirán pruebas para ordenar estas medidas ni tampoco se requiere notificación formal a las personas o instituciones involucradas.

La jueza o juez admitirá o denegará la petición de medidas cautelares mediante resolución sobre la cual no se podrá interponer recurso de apelación.

En el caso de que la jueza o juez ordene las medidas correspondientes, especificará e individualizará las obligaciones, positivas y negativas, a cargo del destinatario de la medida cautelar y las circunstancias de tiempo, modo y lugar en que deben cumplirse; sin perjuicio de que, por las circunstancias del caso, la jueza o juez actúe de forma verbal; y se utilizarán los medios que estén al alcance de la jueza o juez, tales como llamadas telefónicas, envíos de fax o visitas inmediatas al lugar de los hechos.

Art. 34. Delegación. La jueza o juez tiene la obligación de garantizar el cumplimiento y ejecución de las medidas cautelares que ordene, para lo cual podrá delegar a la Defensoría del Pueblo o a cualquier otra institución estatal encargada de la protección de derechos, la supervisión de la ejecución de medidas cautelares.

Art. 35. Revocatoria. La revocatoria de las medidas cautelares procederá sólo cuando se haya evitado o interrumpido la violación de derechos, hayan cesado los requisitos previstos en esta ley o se demuestre que no tenían fundamento. En este último caso, la persona o institución contra la que se dictó la medida podrá defenderse y presentar los hechos o argumentos que sustenten la revocatoria de la medida cautelar. Para que proceda la revocatoria, la institución o persona a quien se haya delegado o las partes, deberán informar a la jueza o juez sobre la ejecución de las medidas.

Cuando la jueza o juez considere que no procede la revocatoria, deberá determinar las razones mediante auto, que podrá ser apelado en el término de tres días.

Art. 36. Audiencia. De manera excepcional y de considerarlo necesario, la jueza o juez podrán convocar a los involucrados a una audiencia para ordenar las medidas, modificarlas, supervisarlas o revocarlas.

Art. 37. Prohibición. No se podrá interponer una medida cautelar contra otra medida cautelar por el mismo hecho violatorio o amenaza a los derechos.

Art. 38. Remisión de providencias. La jueza o juez deberá enviar, mediante informe sumario o auto, las medidas cautelares adoptadas o negadas a la Corte Constitucional para su eventual selección y revisión.

CAPÍTULO III
ACCIÓN DE PROTECCIÓN

Art. 39. Objeto. La acción de protección tendrá por objeto el amparo directo y eficaz de los derechos reconocidos en la Constitución y tratados internacionales sobre derechos humanos, que no estén amparados por las acciones de hábeas corpus, acceso a la información pública, hábeas data, por incumplimiento, extraordinaria de protección y extraordinaria de protección contra decisiones de la justicia indígena.

Art. 40. Requisitos. La acción de protección se podrá presentar cuando concurran los siguientes requisitos:

1. Violación de un derecho constitucional;

2. Acción u omisión de autoridad pública o de un particular de conformidad con el artículo siguiente; y,

3. Inexistencia de otro mecanismo de defensa judicial adecuado y eficaz para proteger el derecho violado.

Art. 41. Procedencia y legitimación pasiva. La acción de protección procede contra:

1. Todo acto u omisión de una autoridad pública no judicial que viole o haya violado los derechos, que menoscabe, disminuya o anule su goce o ejercicio.

2. Toda política pública, nacional o local, que conlleve la privación del goce o ejercicio de los derechos y garantías.

3. Todo acto u omisión del prestador de servicio público que viole los derechos y garantías.

4. Todo acto u omisión de personas naturales o jurídicas del sector privado, cuando ocurra al menos una de las siguientes circunstancias:

a) Presten servicios públicos impropios o de interés público;

b) Presten servicios públicos por delegación o concesión;

c) Provoque daño grave;

d) La persona afectada se encuentre en estado de subordinación o indefensión frente a un poder económico, social, cultural, religioso o de cualquier otro tipo.

5. Todo acto discriminatorio cometido por cualquier persona.

Art. 42. Improcedencia de la acción. La acción de protección de derechos no procede:

1. Cuando de los hechos no se desprenda que existe una violación de derechos constitucionales.

2. Cuando los actos hayan sido revocados o extinguidos, salvo que de tales actos se deriven daños susceptibles de reparación.

3. Cuando en la demanda exclusivamente se impugne la constitucionalidad o legalidad del acto u omisión, que no conlleven la violación de derechos.

4. Cuando el acto administrativo pueda ser impugnado en la vía judicial, salvo que se demuestre que la vía no fuere adecuada ni eficaz.

5. Cuando la pretensión del accionante sea la declaración de un derecho.

6. Cuando se trate de providencias judiciales.

7. Cuando el acto u omisión emane del Consejo Nacional Electoral y pueda ser impugnado ante el Tribunal Contencioso Electoral.

En estos casos, de manera sucinta la jueza o juez, mediante auto, declarará inadmisible la acción y especificará la causa por la que no procede la misma.

CAPÍTULO IV
ACCIÓN DE HÁBEAS CORPUS

Art. 43. Objeto. La acción de hábeas corpus tiene por objeto proteger la libertad, la vida, la integridad física y otros derechos conexos de la persona privada o restringida de libertad, por autoridad pública o por cualquier persona, tales como:

1. A no ser privada de la libertad en forma ilegal, arbitraria o ilegítima, protección que incluye la garantía de que la detención se haga siempre por mandato escrito y motivado de juez competente, a excepción de los casos de flagrancia;

2. A no ser exiliada forzosamente, desterrada o expatriada del territorio nacional;

3. A no ser desaparecida forzosamente;

4. A no ser torturada, tratada en forma cruel, inhumana o degradante;

5. A que, en caso de ser una persona extranjera, incluso antes de haber solicitado refugio o asilo político, no ser expulsada y devuelta al país donde teme persecución o donde peligre su vida, su libertad, su integridad y su seguridad;

6. A no ser detenida por deudas, excepto en el caso de pensiones alimenticias;

7. A la inmediata excarcelación de la persona procesada o condenada, cuya libertad haya sido ordenada por una jueza o juez;

8. A la inmediata excarcelación de la persona procesada cuando haya caducado la prisión preventiva por haber transcurrido seis meses en los delitos sancionados con prisión y de un año en los delitos sancionados con reclusión;

9. A no ser incomunicada, o sometida a tratamientos vejatorios de su dignidad humana;

10. A ser puesta a disposición del juez o tribunal competente inmediatamente y no más tarde de las veinticuatro horas siguientes a su detención.

Art. 44. Trámite. La acción de hábeas corpus, en lo que no fueren aplicables las normas generales, seguirá el siguiente trámite:

1. La acción puede ser interpuesta ante cualquier jueza o juez del lugar donde se presuma está privada de libertad la persona. Cuando se desconozca el lugar de privación de libertad, se podrá presentar la acción ante la jueza o juez del domicilio del accionante. Cuando la orden de privación de la libertad haya sido dispuesta en un proceso penal, la acción se interpondrá ante la Corte Provincial de Justicia; de haber más de una sala, se sorteará entre ellas.

2. Dentro de las veinticuatro horas siguientes a la presentación de la acción, la jueza o juez dirigirá y realizará la audiencia, en la que se deberán presentar las justificaciones de hecho y de derecho que sustentan la medida privativa de libertad. La jueza o juez deberá ordenar la comparecencia de la persona privada de la libertad y de la autoridad a cuya orden se encuentre la persona y la defensora o defensor público. De considerarlo necesario la jueza o juez, la audiencia se realizará en el lugar donde ocurre la privación de la libertad.

3. La jueza o juez dictará sentencia en la audiencia y, dentro de las veinticuatro horas después de finalizada, notificará la resolución por escrito a las partes.

4. Procede la apelación de conformidad con las normas comunes a las garantías jurisdiccionales. Cuando la privación haya sido dispuesta en la Corte Provincial de Justicia, se apelará ante la Presidenta o Presidente de la Corte Nacional; y, cuando hubiere sido dispuesta por la Corte Nacional de Justicia, se apelará ante cualquier otra sala que no ordenó la prisión preventiva.

Art. 45. Reglas de aplicación. Las juezas y jueces observarán las siguientes reglas:

1. En caso de verificarse cualquier forma de tortura se dispondrá la libertad de la víctima, su atención integral y especializada, y la imposición de medidas alternativas a la privación de la libertad.

2. En caso de privación ilegítima o arbitraria, la jueza o juez declarará la violación del derecho, dispondrá la inmediata libertad y la reparación integral. La privación arbitraria o ilegítima se presumirá en los siguientes casos:

a) Cuando la persona no fuere presentada a la audiencia.

b) Cuando no se exhiba la orden de privación de libertad.

c) Cuando la orden de privación de libertad no cumpla los requisitos legales o constitucionales.

d) Cuando se hubiere incurrido en vicios de procedimiento en la privación de libertad.

e) En los casos en que la privación de la libertad es llevada a cabo por particulares, cuando no se justifique la privación de libertad.

3. La orden judicial que dispone la libertad será obedecida inmediatamente por los encargados del lugar de la privación de libertad, sin que sea admisible ningún tipo de observación o excusa.

4. En cualquier parte del proceso, la jueza o juez puede adoptar todas las medidas que considere necesarias para garantizar la libertad y la integridad de la persona privada de libertad, incluso podrá disponer la intervención de la Policía Nacional.

Art. 46. Desaparición Forzada. Cuando se desconozca el lugar de la privación de libertad y existan indicios sobre la intervención de alguna servidora o servidor público, o cualquier otro agente del Estado, o de personas que actúen con su autorización, apoyo o aquiescencia, la jueza o juez deberá convocar a audiencia al máximo representante de la Policía Nacional y a la ministra o ministro competente. Después de escucharlos, se adoptarán las medidas necesarias para ubicar a la persona y a los responsables de la privación de libertad.

CAPÍTULO V
ACCIÓN DE ACCESO A LA INFORMACIÓN PÚBLICA

Art. 47. Objeto y ámbito de protección. Esta acción tiene por objeto garantizar el acceso a la información pública, cuando ha sido denegada expresa o tácitamente, cuando se creyere que la información proporcionada no es completa o ha sido alterada o cuando se ha negado al acceso físico a las fuentes de información. También procederá la acción cuando la denegación de información se sustente en el carácter secreto o reservado de la misma.

Se considerará información pública toda aquella que emane

o que esté en poder de entidades del sector público o entidades privadas que, para el tema materia de la información, tengan participación del Estado o sean concesionarios de éste.

No se podrá acceder a información pública que tenga el carácter de confidencial o reservada, declarada en los términos establecidos por la ley. Tampoco se podrá acceder a la información estratégica y sensible a los intereses de las empresas públicas.

Art. 48. Normas especiales. Para efectos de la presentación de la acción, la violación del derecho se entenderá ocurrida en el lugar en el que real o presuntamente se encuentra la información requerida.

Si la información no consta en el archivo de la institución solicitada, la entidad pública deberá comunicar el lugar o archivo donde se encuentra la información solicitada.

La jueza o juez deberá actuar conforme a lo establecido en la Constitución y la Ley que regula esta materia.

CAPÍTULO VI
ACCIÓN DE HÁBEAS DATA

Art. 49. Objeto. La acción de hábeas data tiene por objeto garantizar judicialmente a toda persona el acceso a los documentos, datos genéticos, bancos o archivos de datos personales e informes que sobre sí misma, o sobre sus bienes, estén en poder de entidades públicas o de personas naturales o jurídicas privadas, en soporte material o electrónico. Asimismo, toda persona tiene derecho a conocer el uso que se haga de dicha información, su finalidad, el origen y destino, y el tiempo de vigencia del archivo o banco de datos.

El titular de los datos podrá solicitar al responsable del archivo o banco de datos, el acceso sin costo a la información antes referida, así como la actualización de los datos, su rectificación, eliminación o anulación. No podrá solicitarse la eliminación de datos personales que por disposición de la ley deban mantenerse en archivos públicos.

Las personas responsables de los bancos o archivos de datos personales únicamente podrán difundir la información archivada con autorización del titular o de la ley.

Las presentes disposiciones son aplicables a los casos de rectificación a que están obligados los medios de comunicación, de conformidad con la Constitución.

El concepto de reparación integral incluirá todas las obligaciones materiales e inmateriales que el juez determine para hacer efectiva dicha reparación.

Art. 50. *Ámbito de protección.* Se podrá interponer la acción de hábeas data en los siguientes casos:

1. Cuando se niega el acceso a los documentos, datos genéticos, bancos o archivos de datos personales e informes que consten en entidades públicas o estén en poder de personas naturales o jurídicas privadas.

2. Cuando se niega la solicitud de actualización, rectificación, eliminación o anulación de datos que fueren erróneos o afecten sus derechos.

3. Cuando se da un uso de la información personal que viole un derecho constitucional, sin autorización expresa, salvo cuando exista orden de jueza o juez competente.

Art. 51. *Legitimación activa.* Toda persona, natural o jurídica, por sus propios derechos o como representante legitimado para el efecto, podrá interponer una acción de hábeas data.

CAPÍTULO VII
ACCIÓN POR INCUMPLIMIENTO

Art. 52. *Objeto y ámbito.* La acción por incumplimiento tiene por objeto garantizar la aplicación de las normas que integran el sistema jurídico, así como el cumplimiento de sentencias, decisiones o informes de organismos internacionales de protección de derechos humanos.

Esta acción procederá cuando la norma, sentencia, decisión o informe cuyo cumplimiento se persigue contengan una obligación de hacer o no hacer, clara, expresa y exigible.

Art. 53. *Legitimación pasiva.* La acción por incumplimiento procederá en contra de toda autoridad pública y contra de personas naturales o jurídicas particulares cuando actúen o deban actuar en ejercicio de funciones públicas, o presten servicios públicos. Procederá contra particulares también en el caso de que las sentencias, decisiones o informes de organismos internacionales de protección de derechos humanos impongan una obligación a una persona particular determinada o determinable.

Art. 54. Reclamo previo. Con el propósito de que se configure el incumplimiento, la persona accionante previamente reclamará el cumplimiento de la obligación a quien deba satisfacerla. Si se mantuviera el incumplimiento o la autoridad pública o persona particular no contestare el reclamo en el término de cuarenta días, se considerará configurado el incumplimiento.

Art. 55. Demanda. La demanda deberá contener:

1. Nombre completo de la persona accionante.

2. Determinación de la norma, sentencia o informe del que se solicita su cumplimiento, con señalamiento de la obligación clara, expresa y exigible que se requiere cumplir.

3. Identificación de la persona, natural o jurídica, pública o privada de quien se exige el cumplimiento.

4. Prueba del reclamo previo.

5. Declaración de no haber presentado otra demanda en contra de las mismas personas, por las mismas acciones u omisiones y con la misma pretensión.

6. Lugar en el que se ha de notificar a la persona requerida.

Art. 56. Causales de inadmisión. La acción por incumplimiento no procede en los siguientes casos:

1. Si la acción es interpuesta para proteger derechos que puedan ser garantizados mediante otra garantía jurisdiccional.

2. Si se trata de omisiones de mandatos constitucionales.

3. Si existe otro mecanismo judicial para lograr el cumplimiento de la norma, sentencia, decisión o informe, salvo en los casos en los cuales, de no admitirse la acción por incumplimiento, se provoque un perjuicio grave e inminente para el accionante.

4. Si no se cumplen los requisitos de la demanda.

Art. 57. Procedimiento. Presentada la demanda a la Corte Constitucional, la sala de admisiones lo admitirá o inadmitirá conforme lo establecido en los artículos precedentes.

En caso de considerar admisible la demanda, inmediatamente se designará mediante sorteo a la jueza o juez ponente y dentro de las veinticuatro horas siguientes, se notificará a la persona accionada para que cumpla o justifique el incumplimiento en una audiencia que se realizará en el término de dos días, ante la jueza o juez ponente.

En la audiencia, la persona accionada comparecerá y contestará la demanda y presentará las pruebas y justificativos que considere pertinentes.

En caso de que existan hechos que deban justificarse, se podrá abrir el término de prueba por ocho días tras los cuales se dictará sentencia. Si la persona accionada no comparece a la audiencia o si no existen hechos que deban justificarse, se elaborará el proyecto de sentencia y el Pleno dictará sentencia en el término de dos días tras la celebración de la audiencia.

CAPÍTULO VIII
ACCIÓN EXTRAORDINARIA DE PROTECCIÓN

Art. 58. Objeto. La acción extraordinaria de protección tiene por objeto la protección de los derechos constitucionales y debido proceso en sentencias, autos definitivos, resoluciones con fuerza de sentencia, en los que se hayan violado por acción u omisión derechos reconocidos en la Constitución.

Art. 59. Legitimación activa. La acción extraordinaria de protección puede ser interpuesta por cualquier persona o grupo de personas que han o hayan debido ser parte en un proceso por sí mismas o por medio de procurador judicial.

Art. 60. Término para accionar. El término máximo para la interposición de la acción será de veinte días contados desde la notificación de la decisión judicial a la que se imputa la violación del derecho constitucional, para quienes fueron parte; y, para quienes debieron serlo, el término correrá desde que tuvieron conocimiento de la providencia.

Art. 61. Requisitos. La demanda deberá contener:

1. La calidad en la que comparece la persona accionante.

2. Constancia de que la sentencia o auto está ejecutoriada.

3. Demostración de haber agotado los recursos ordinarios y extraordinarios, salvo que sean ineficaces o inadecuados o que la falta de interposición de estos recursos no fuera atribuible a la negligencia del titular del derecho constitucional vulnerado.

4. Señalamiento de la judicatura, sala o tribunal del que emana la decisión violatoria del derecho constitucional.

5. Identificación precisa del derecho constitucional violado en la decisión judicial.

6. Si la violación ocurrió durante el proceso, la indicación del momento en que se alegó la violación ante la jueza o juez que conoce la causa.

Art. 62. Admisión. La acción extraordinaria será presentada ante la judicatura, sala o tribunal que dictó la decisión definitiva; éste ordenará notificar a la otra parte y remitir el expediente completo a la Corte Constitucional en un término máximo de cinco días.

La sala de admisión en el término de diez días deberá verificar lo siguiente:

1. Que exista un argumento claro sobre el derecho violado y la relación directa e inmediata, por acción u omisión de la autoridad judicial, con independencia de los hechos que dieron lugar al proceso;

2. Que el recurrente justifique argumentadamente, la relevancia constitucional del problema jurídico y de la pretensión;

3. Que el fundamento de la acción no se agote solamente en la consideración de lo injusto o equivocado de la sentencia;

4. Que el fundamento de la acción no se sustente en la falta de aplicación o errónea aplicación de la ley;

5. Que el fundamento de la acción no se refiera a la apreciación de la prueba por parte de la jueza o juez;

6. Que la acción se haya presentado dentro del término establecido en el artículo 60 de esta ley;

7. Que la acción no se plantee contra decisiones del Tribunal Contencioso Electoral durante procesos electorales; y,

8. Que el admitir un recurso extraordinario de protección permita solventar una violación grave de derechos, establecer precedentes judiciales, corregir la inobservancia de precedentes establecidos por la Corte Constitucional y sentenciar sobre asuntos de relevancia y trascendencia nacional.

Si declara la inadmisibilidad, archivará la causa y devolverá el expediente a la jueza, juez o tribunal que dictó la providencia y dicha declaración no será susceptible de apelación; si la declara admisible se procederá al sorteo para designar a la jueza o juez ponente, quien sin más trámite elaborará y remitirá el proyecto de sentencia, al pleno para su conocimiento y decisión.

La admisión de la acción no suspende los efectos del auto o sentencia objeto de la acción.

Esta identificación incluirá una argumentación clara sobre el derecho y la relación directa e inmediata, por acción u omisión.

Art. 63. Sentencia. La Corte Constitucional determinará si en la sentencia se han violado derechos constitucionales del accionante y si declara la violación, ordenará la reparación integral al afectado.

La Corte Constitucional tendrá el término máximo de treinta días contados desde la recepción del expediente para resolver la acción.

La sentencia de la Corte deberá contener los elementos establecidos en las normas generales de las garantías jurisdiccionales establecidas en esta ley, aplicados a las particularidades de esta acción.

Art. 64. Sanciones. Cuando la acción extraordinaria de protección fuere interpuesta sin fundamento alguno, la Corte Constitucional establecerá los correctivos y comunicará al Consejo de la Judicatura para que sancione a la o el abogado patrocinador, de conformidad con el Código Orgánico de la Función Judicial. La reincidencia será sancionada con suspensión del ejercicio profesional, de conformidad con lo dispuesto en el Código Orgánico de la Función Judicial.

CAPÍTULO IX
ACCIÓN EXTRAORDINARIA DE PROTECCIÓN CONTRA DECISIONES DE LA JUSTICIA INDÍGENA

Art. 65. Ámbito. La persona que estuviere inconforme con la decisión de la autoridad indígena en ejercicio de funciones jurisdiccionales, por violar los derechos constitucionalmente garantizados o discriminar a la mujer por el hecho de ser mujer, podrá acudir a la Corte Constitucional y presentar la impugnación de esta decisión, en el término de veinte días de que la haya conocido.

Se observarán los principios que, sobre esta materia, se encuentran determinados en la Constitución, instrumentos internacionales de derechos humanos de los pueblos y nacionalidades indígenas, demás instrumentos de derechos humanos, Código Orgánico de la Función Judicial y la ley.

Art. 66. Principios y procedimiento. La Corte Constitucional deberá respetar los siguientes principios y reglas:

1. Interculturalidad. El procedimiento garantizará la comprensión intercultural de los hechos y una interpretación intercultural de las normas aplicables a fin de evitar una interpretación etnocéntrica y monocultural. Para el entendimiento intercultural, la Corte deberá recabar toda la información necesaria sobre el conflicto resuelto por las autoridades indígenas.

2. Pluralismo jurídico. El Estado ecuatoriano reconoce, protege y garantiza la co-existencia y desarrollo de los sistemas normativos, usos y costumbres de las nacio-nalidades, pueblos indígenas y comunidades de conformidad con el carácter plurina-cional, pluriétnico y pluricultural del Estado.

3. Autonomía. Las autoridades de las nacionalidades, pueblos y comunidades indígenas, gozarán de un máximo de autonomía y un mínimo de restricciones en el ejercicio de sus funciones jurisdiccionales, dentro de su ámbito territorial, de con-formidad con su derecho indígena propio. No obstante el reconocimiento de un máximo de autonomía, tiene los límites establecidos por la Constitución vigente, los instrumentos internacionales de derechos de los pueblos indígenas y esta ley.

4. Debido proceso. La observancia de las normas, usos y costumbres, y procedi-mientos que hacen parte del derecho propio de la nacionalidad, pueblo o comunidad indígena constituyen el entendimiento intercultural del principio constitucional del debido proceso.

5. Oralidad. En todo momento del procedimiento, cuando intervengan las perso-nas, grupos o autoridades indígenas, se respetará la oralidad y se contará con traduc-tores de ser necesario. La acción podrá ser presentada en castellano o en el idioma de la nacionalidad o pueblo al que pertenezca la persona. Cuando se la reduzca a escrito, deberá constar en la lengua propia de la persona o grupos de personas y será traducida al castellano.

6. Legitimación activa. Cualquier persona o grupo de personas podrá presentar esta acción. Cuando intervenga una persona a nombre de la comunidad, deberá de-mostrar la calidad en la que comparece.

7. Acción. La persona o grupo planteará su acción verbalmente o por escrito y manifestará las razones por las que se acude al tribunal y las violaciones a los dere-chos que supuestamente se han producido. Esta solicitud será reducida a escrito por el personal de la Corte dentro del término de veinte días.

8. Calificación. Inmediatamente la sala de admisiones deberá comunicar si se acepta a trámite y las razones que justifican su decisión. Se sentará un acta sobre la calificación.

9. Notificación. De aceptarse a trámite, la jueza o juez ponente de la Corte desig-nado mediante sorteo, señalará día y hora para la audiencia y hará llamar a la autori-dad o autoridades indígenas que tomaron la decisión o podrá acudir a la comunidad, de estimarse necesario.

10. Audiencia. La autoridad o autoridades serán escuchadas al igual que las per-sonas que presentaron la acción por el Pleno de la Corte. La audiencia deberá ser grabada. De considerarse necesario, se escuchará a la persona o personas que fueron contraparte en el proceso del cual se revisa la sentencia.

11. Opinión técnica. La jueza o juez ponente podrá solicitar la opinión técnica de una persona experta en temas relacionados con justicia indígena y recibir opiniones de organizaciones especializadas en estos temas.

12. Proyecto de sentencia. La jueza o juez ponente presentará el proyecto de sentencia del Pleno para su conocimiento y resolución. La sentencia puede ser modulada para armonizar los derechos constitucionalmente garantizados y los derechos propios de la comunidad, pueblo o nacionalidad.

13. Notificación de la sentencia. La sentencia sobre constitucionalidad de las decisiones indígenas deberá ser transmitida de forma oral y motivadamente en la comunidad, ante la presencia de al menos los accionantes y la autoridad indígena, a través del ponente o su delegado. La sentencia deberá ser reducida a escrito, en castellano y en la lengua propia de la persona o grupo de personas.

14. Violación de derechos de las mujeres. Las juezas o jueces deberán impedir que en sentencias de justicia indígena se alegue la costumbre, la interculturalidad o el pluralismo jurídico para violar los derechos humanos o de participación de las mujeres.

CAPÍTULO X
REPETICIÓN CONTRA SERVIDORAS Y SERVIDORES PÚBLICOS POR VIOLACIÓN DE DERECHOS

Art. 67. Objeto y ámbito. La repetición tiene por objeto declarar y hacer efectiva la responsabilidad patrimonial por dolo o culpa grave de las servidoras y servidores públicos en el ejercicio de sus funciones, cuando el Estado ha sido condenado a reparar materialmente mediante sentencia o auto definitivo en un proceso de garantías jurisdiccionales o en una sentencia o resolución definitiva de un organismo internacional de protección de derechos.

Se considera como servidoras y servidores públicos a las personas que en cualquier forma o a cualquier título trabajen, presten servicios o ejerzan un cargo, función o dignidad dentro del sector público. Este artículo también se aplica para las servidoras y servidores judiciales.

La acción prescribirá en el plazo de tres años, contados a partir de la realización del pago hecho por el Estado.

Art. 68. Legitimación activa. La máxima autoridad de la entidad responsable asumirá el patrocinio de esta causa a nombre del Estado y deberá interponer la demanda ante la Sala de lo Contencioso Administrativo de la Corte Provincial competente para que se reintegren al Estado los recursos erogados por concepto de reparación. Cuando el Gobierno Autónomo Descentralizado ha reparado a la víctima, intervendrá el representante legal de la institución. Se contará, para la defensa de los intereses del Estado, con la intervención de la Procuradora o Procurador General del Estado. En caso de que la máxima autoridad fuere la responsable directa de la violación de derechos, el patrocinio de la causa lo asumirá la Procuraduría General del Estado.

La jueza o juez deberá poner en conocimiento de la máxima autoridad de la entidad responsable y de la Procuradora o Procurador General la sentencia o auto definitivo de un proceso de garantías jurisdiccionales o del representante legal del Gobierno Autónomo Descentralizado.

Cualquier persona puede poner en conocimiento de la Procuradora o Procurador General la existencia de una sentencia, auto definitivo o resolución de un organismo internacional competente en la cual se ordena la reparación material.

De igual forma, cualquier persona podrá interponer la acción de repetición ante la Sala de lo Contencioso Administrativo de la Corte Provincial competente. La acción no vincula procesalmente a la persona. La Sala de lo Contencioso Administrativo de la Corte Provincial competente deberá comunicar inmediatamente a la máxima autoridad de la entidad correspondiente para que asuma el patrocinio de la causa. La máxima autoridad de la entidad y la Procuradora o Procurador General no podrá excusarse de participar en el procedimiento de repetición.

En caso de que la máxima autoridad de la entidad no demande la repetición o no asuma el patrocinio de la causa cuando la acción ha sido interpuesta por un particular, se podrá interponer una acción por incumplimiento en su contra.

Art. 69. Investigación previa a la demanda. La máxima autoridad de la entidad deberá determinar, previa a la presentación de la demanda, la identidad de las personas presuntamente responsables de la violación o violaciones de derechos. La máxima autoridad de dicha institución estará obligada a identificar al presunto o presuntos responsables, aún en el caso de que ya no continúen trabajando para dicha institución.

De no determinarse la identidad de los presuntos responsables, la Procuradora o Procurador presentarán la demanda en contra de la máxima autoridad de la entidad. En caso de existir causal de imposibilidad para la identificación o paradero del presunto o presuntos responsables de la violación de derechos, la máxima autoridad de la institución podrá alegarla en el proceso de repetición.

En caso de existir un proceso administrativo sancionatorio, al interior de la institución accionada, en el que se haya determinado la responsabilidad de la persona o personas contra quienes se debe interponer la acción de repetición, servirá de base suficiente para iniciar el proceso de repetición.

La investigación prevista en este artículo no podrá extenderse por más del término de veinte días, transcurrido el cual la máxima autoridad de la entidad o la Procuradora o Procurador General deberá presentar la demanda.

Art. 70. Demanda. La demanda de repetición deberá contener:

1. El nombre y el apellido de la persona demandada o demandadas y la determinación de la institución que provocó la violación de derechos.

2. Los antecedentes en los que se expondrá el hecho, los derechos violados y la reparación material realizada por el Estado.

3. Los fundamentos de hecho y derecho que sustentan la acción de repetición.

4. La pretensión de pago de lo erogado por el Estado por concepto de reparación material.

5. La solicitud de medidas cautelares reales, si fuere necesario.

Se adjuntará a la demanda:

a) La sentencia o auto definitivo en un proceso de garantías jurisdiccionales o una sentencia o resolución definitiva de un organismo internacional de protección de derechos en el que se ordena la reparación material al Estado.

b)   El justificativo de pago por concepto de reparación material realizado por el Estado.

En caso de que la demanda sea interpuesta por una persona o personas particulares, éstos no estarán obligados a adjuntar el justificativo de pago.

La demanda podrá interponerse en contra de una o varias personas presuntamente responsables.

La demanda se interpondrá sin perjuicio de que las servidoras o servidores públicos presuntamente responsables hayan cesado en sus funciones.

Art. 71. Trámite. La Sala de lo Contencioso Administrativo de la Corte Provincial competente calificará la demanda y citará inmediatamente a la persona demandada o demandadas, a la máxima autoridad de la entidad y a la Procuradora o Procurador General, y convocará a audiencia pública, que deberá realizarse en el término máximo de quince días.

La audiencia comenzará con la contestación a la demanda y con el anuncio de prueba de parte de la servidora o servidor público. La máxima autoridad de la entidad y el Procurador o Procuradora tendrán derecho a exponer sus argumentos y a anunciar sus pruebas. La Sala excepcionalmente, de considerar que es necesario para el esclarecimiento de la responsabilidad del agente del Estado, podrá ordenar la práctica de pruebas en la misma audiencia. En esta audiencia se fijará la fecha y hora de la audiencia de prueba y resolución, la misma que deberá realizarse en el término máximo de veinte días desde la primera audiencia.

En la audiencia de prueba y resolución la Sala deberá escuchar los alegatos y valorar las pruebas presentadas. Se garantizará el debido proceso y el derecho de las partes a ser escuchadas en igualdad de condiciones.

Art. 72. Sentencia. En la audiencia de prueba y resolución la Sala, previa deliberación, deberá dictar sentencia en forma verbal, en la que declarará, de encontrar fundamentos, la responsabilidad de la persona o personas demandadas por la violación de derechos que generaron la obligación del Estado de reparar materialmente y además ordenará a la persona o personas responsables a pagar al Estado lo erogado por concepto de reparación material.

La Sala notificará por escrito la sentencia en el término de tres días, en la que deberá fundamentar sobre la declaratoria de dolo o culpa grave en contra de la servidora o servidor público, y establecerá la forma y el tiempo en que se realizará el pago. Cuando existiere más de una persona responsable, se establecerá, en función de los hechos y el grado de responsabilidad, el monto que deberá pagar cada responsable. En ningún caso, la sentencia podrá dejar en estado de necesidad a la persona responsable.

La ejecución de la sentencia se tramitará de conformidad con las reglas del juicio ejecutivo contemplado en el Código de Procedimiento Civil.

Art. 73. Recursos. De la sentencia se podrá interponer recurso de apelación ante la Sala de lo Contencioso Administrativo de la Corte Nacional de Justicia.

TÍTULO III
CONTROL ABSTRACTO DE CONSTITUCIONALIDAD
CAPÍTULO I
NORMAS GENERALES

Art. 74. Finalidad. El control abstracto de constitucionalidad tiene como finalidad garantizar la unidad y coherencia del ordenamiento jurídico a través de la identificación y la eliminación de las incompatibilidades normativas, por razones de fondo o de forma, entre las normas constitucionales y las demás disposiciones que integran el sistema jurídico.

Art. 75. Competencias. Para ejercer el control abstracto de constitucionalidad, la Corte Constitucional será competente para:

1. Resolver las acciones de inconstitucionalidad en contra de:

   a) Enmiendas y reformas constitucionales.

   b) Resoluciones legislativas aprobatorias de tratados internacionales.

   c) Leyes, decretos leyes de urgencia económica y demás normas con fuerza de ley.

   d) Actos normativos y administrativos con carácter general.

2. Resolver las objeciones de inconstitucionalidad presentadas por la Presidenta o Presidente de la República en el proceso de formación de las leyes.

3. Ejercer el control de constitucionalidad en los siguientes casos:

   a) Proyectos de reformas, enmiendas y cambios constitucionales.

   b) Convocatorias a referendo para reforma, enmienda y cambio constitucional.

   c) Decretos que declaran o que se dictan con fundamento en los estados de excepción.

   d) Tratados internacionales.

   e) Convocatorias a consultas populares, excepto aquellas en las que se consulta la revocatoria del mandato.

   f) Estatutos de autonomía y sus reformas.

4. Promover los procesos de inconstitucionalidad abstracta, cuando con ocasión de un proceso constitucional, encuentre la incompatibilidad entre una disposición jurídica y las normas constitucionales.

Art. 76. Principios y reglas generales. El control abstracto de constitucionalidad se regirá por los principios generales del control constitucional previstos por la Constitución y las normas constitucionales, la jurisprudencia y la doctrina. En particular, se regirá por los siguientes principios:

1. Control integral. Se deberá confrontar la disposición acusada con todas las normas constitucionales, incluso por aquellas que no fueron invocadas expresamente por el demandante.

2. Presunción de constitucionalidad de las disposiciones jurídicas. Se presume la constitucionalidad de las disposiciones jurídicas.

3. In dubio pro legislatore. En caso de duda sobre la constitucionalidad de una disposición jurídica, se optará por no declarar la inconstitucionalidad.

4. Permanencia de las disposiciones del ordenamiento jurídico. El examen de constitucionalidad debe estar orientado a permitir la permanencia de las disposiciones en el ordenamiento jurídico.

5. Interpretación conforme. Cuando exista una interpretación de la disposición jurídica que sea compatible con las normas constitucionales, no se declarará la inconstitucionalidad y en su lugar se fijará la interpretación obligatoria compatible con aquella. De igual modo, cuando una parte de una disposición jurídica la torne en su integridad inconstitucional, no se declarará la inconstitucionalidad de toda ella, sino que se invalidará la parte inconstitucional y dejará vigente la disposición así reformada.

6. Declaratoria de inconstitucionalidad como último recurso. Se declarará la inconstitucionalidad de las disposiciones jurídicas cuando exista una contradicción normativa, y por vía interpretativa no sea posible la adecuación al ordenamiento constitucional.

7. Instrumentalidad de las formas y procedimientos. El desconocimiento o vulneración de las reglas formales y procedimentales en la producción normativa, únicamente acarrea la declaratoria de inconstitucionalidad cuando implica la trasgresión de los principios o fines sustanciales para los cuales fue instituida la respectiva regla.

8. Control constitucional de normas derogadas. Cuando normas derogadas tengan la potencialidad de producir efectos jurídicos contrarios a la Constitución, se podrá demandar y declarar su inconstitucionalidad.

9. Configuración de la unidad normativa. Se presume la existencia de unidad normativa en los siguientes casos:

   a) Cuando la disposición acusada o su contenido se encuentran reproducidos en otros textos normativos no demandados;

   b) Cuando no es posible producir un fallo sobre una disposición jurídica expresamente demandada, sin pronunciarse también sobre otra con la cual guarda una conexión estrecha y esencial; y,

   c) Cuando la norma impugnada es consecuencia o causa directa de otras normas no impugnadas.

CAPÍTULO II
NORMAS COMUNES DE PROCEDIMIENTO

Art. 77. Legitimación. La demanda de inconstitucionalidad puede ser propuesta por cualquier persona, individual o colectivamente.

Art. 78. Plazo. El plazo para interponer las acciones de inconstitucionalidad se regirá por las siguientes reglas:

1. Por razones de contenido, las acciones pueden ser interpuestas en cualquier momento.

2. Por razones de forma, las acciones pueden ser interpuestas dentro del año siguiente a su entrada en vigencia.

Art. 79. Contenido de la demanda de inconstitucionalidad. La demanda de inconstitucionalidad contendrá:

1. La designación de la autoridad ante quien se propone.

2. Nombre completo, número de cédula de identidad, de ciudadanía o pasaporte y domicilio de la persona demandante.

3. Denominación del órgano emisor de la disposición jurídica objeto del proceso; en el caso de colegislación a través de sanción, se incluirá también al órgano que sanciona.

4. Indicación de las disposiciones acusadas como inconstitucionales.

5. Fundamento de la pretensión, que incluye:

   a) Las disposiciones constitucionales presuntamente infringidas, con especificación de su contenido y alcance.

   b) Argumentos claros, ciertos, específicos y pertinentes, por los cuales se considera que exista una incompatibilidad normativa.

6. La solicitud de suspensión provisional de la disposición demandada debidamente sustentada, cuando a ello hubiere lugar; sin perjuicio de la adopción de otras medidas cautelares conforme la Constitución y esta Ley.

7. Casillero judicial, constitucional o correo electrónico para recibir notificaciones.

8. La firma de la persona demandante o de su representante, y de la abogada o abogado patrocinador de la demanda.

Art. 80. Admisibilidad. Para que la demanda sea admitida se seguirán las siguientes reglas:

1. La sala de admisión decidirá sobre la admisibilidad de la demanda dentro del término de quince días.

2. El auto admisorio tendrá el siguiente contenido:

   a) La decisión sobre la admisión de la demanda.

   b) La orden de recabar información que fuere necesaria para resolver, cuando fuere pertinente.

   c) La orden para correr traslado con la demanda al órgano emisor de la disposición demandada y, de ser el caso, al órgano colegislador, concediendo el término de quince días para que intervenga cuando lo considere necesario, defendiendo o impugnando la constitucionalidad de la norma demandada.

   d) La orden al órgano emisor que remita el expediente con los informes y demás documentos que dieron origen a la norma.

   e) La orden de poner en conocimiento del público la existencia del proceso, así como un resumen completo y fidedigno de la demanda. Esta obligación comprende la de ordenar la publicación respectiva en el Registro Oficial y en el portal electrónico de la Corte Constitucional.

3. El auto será notificado al demandante en el casillero o correo electrónico respectivo. De no haberlo fijado no tendrá lugar ninguna notificación, sin perjuicio de que pueda comparecer en cualquier momento y fijarlo para notificaciones posteriores.

Art. 81. Sorteo. Admitida la demanda, la Secretaría General deberá efectuar el reparto de las demandas de inconstitucionalidad por sorteo para determinar la jueza o juez ponente.

Art. 82. Acumulación de demandas. Se deberán acumular las demandas respecto de las cuales exista una coincidencia total o parcial de normas impugnadas.

Art. 83. Inadmisión. La inadmisión se realizará mediante auto, cuando no cumpla los requisitos de la demanda y siempre que no sean subsanables, debiendo indicarse con precisión los requisitos incumplidos, para su respectiva corrección.

Se concederá el término de cinco días a la persona demandante para realizar la corrección. Cuando no se complete la demanda en este término, se la archivará.

Contra el auto de inadmisión no procede recurso alguno.

Art. 84. Rechazo. Se rechazará la demanda en los siguientes casos:

1. Cuando carezca de competencia, en cuyo caso se ordenará el envío de la demanda con sus anexos a la jueza o juez que considere competente.

2. Cuando la demanda se presente por fuera de los términos previstos en la ley.

3. Cuando no se corrija la demanda dentro del término de cinco días.

4. Cuando recae sobre normas jurídicas amparadas por una sentencia que tenga efectos de cosa juzgada.

Contra el auto de rechazo no cabe recurso alguno.

Art. 85. Intervenciones públicas e intervenciones oficiales. Sorteada la causa y remitida a la jueza o juez ponente, éste iniciará la sustanciación. En el término de diez días siguientes al sorteo, el órgano emisor de la disposición demandada o cualquier persona, podrán intervenir para defender o impugnar la constitucionalidad de las disposiciones jurídicas demandadas.

La sentencia deberá exponer de manera sucinta, clara, completa y precisa todos los argumentos de hecho y de derecho expuestos por los intervinientes, y deberá tenerlos en cuenta dentro de su análisis.

Art. 86. Información para resolver. La jueza o juez ponente, podrá recabar información que considere necesaria y pertinente para la resolución del proceso.

El ponente podrá invitar a entidades públicas, universidades, organizaciones privadas y a expertos en las materias relacionadas con el tema del proceso, para que presenten informes técnicos sobre puntos específicos que sean relevantes para realizar el análisis del caso.

La solicitud de informes técnicos deberá permitir la diversidad de criterios y pareceres, de haberlos.

En estos casos, se extenderá el término para presentar el proyecto de sentencia hasta quince días, contado a partir del vencimiento de aquel fijado para las intervenciones públicas y oficiales.

Art. 87. Audiencia. Cualquier interviniente dentro del proceso constitucional o cualquiera de los jueces de la Corte puede solicitar que se convoque una audiencia pública ante el Pleno, para que quien hubiere expedido la norma o participado en su elaboración, y el demandante, expongan, clarifiquen, sustenten y profundicen los argumentos de hecho y derecho en que sustentan su pretensión, que será aceptada siempre que la jueza o juez ponente lo considere necesario. De manera excepcional se podrá invitar a la audiencia a otros intervinientes dentro del proceso constitucional, cuando resulte necesario para realizar un análisis completo del proceso. La invitación deberá permitir la diversidad de criterios y pareceres, de haberlos.

Esta audiencia se podrá solicitar hasta cinco días después de vencido el término para recabar información, en caso de haberse solicitado, o de las intervenciones públicas y oficiales y se realizará hasta cinco días después de haber sido solicitada.

Art. 88. Criterios de las juezas o jueces de la Corte. Cualquiera de las juezas o jueces de la Corte podrá presentar al ponente sus criterios sobre el proceso, para que los evalúe y tenga en cuenta en la elaboración del respectivo proyecto de sentencia.

Para tal efecto, cualquier jueza o juez de la Corte puede acceder al expediente, examinarlo y solicitar copias, antes de que sea discutido en el Pleno de la Corte Constitucional.

El criterio podrá presentarse en cualquier momento hasta el vencimiento del término de veinte días contados a partir de las comparecencias públicas y oficiales.

Art. 89. Proyecto de sentencia. La jueza o juez ponente presentará por escrito el proyecto de sentencia a la Secretaría General de la Corte Constitucional, para que ésta envíe copia del mismo a todos los jueces de la Corte.

El proyecto será presentado dentro del término de quince días a partir del vencimiento del término para la presentación de los criterios de los jueces de la Corte.

Cualquier jueza o juez de la Corte podrá presentar observaciones al proyecto de sentencia dentro del término de cinco días siguientes a la presentación en Secretaría.

Art. 90. Deliberación y decisión. La sentencia de la Corte Constitucional se sujetará a las siguientes reglas:

1. La decisión deberá adoptarse dentro del término de diez días a partir del vencimiento del término para la presentación de las observaciones de los miembros de la Corte Constitucional;

2. La decisión se adoptará por la mayoría absoluta, se aclara que la mayoría corresponde a cinco (5) votos, de las juezas o jueces de la Corte Constitucional;

3. Cuando el proyecto no sea aprobado, se designará una nueva jueza o juez ponente para que elabore el proyecto.

Art. 91. Contenido de la sentencia. La sentencia de la Corte Constitucional deberá contener:

1. Antecedentes procesales, en los que deberán constar al menos:

   a) Trascripción de la disposición jurídica demandada.

   b) Indicación expresa, clara, precisa y sucinta de la pretensión y su fundamento.

   c) Contenido sucinto de las intervenciones.

   d) Etapas procesales agotadas.

2. Parte considerativa, que se referirá al menos a los siguientes temas:

   a) Competencia de la Corte Constitucional para resolver el caso.

   b) Planteamiento de los problemas jurídicos de los que depende la resolución del caso.

   c) Resolución de los problemas jurídicos, que deberá tener en cuenta todos los argumentos expuestos por las partes involucradas en el proceso.

d) Síntesis explicativa, en la que se deberá describir de forma clara, concreta, inteligible, asequible y sintética las cuestiones de hecho y derecho planteadas y el razonamiento seguido por la Corte Constitucional para tomar la decisión que se hubiere adoptado.

3. Parte resolutiva, en la que se pronunciará sobre la constitucionalidad de la disposición demandada y sobre los efectos de la decisión.

Art. 92. Votos concurrentes y votos salvados. Las juezas o jueces de la Corte Constitucional podrán elaborar votos concurrentes o salvar el voto, para lo cual deberán entregar en la Secretaría General el escrito correspondiente dentro del término de diez días a partir de la adopción de la decisión.

Art. 93. Publicación y notificaciones. Los autos, sentencias y demás providencias correspondientes a estos procesos, serán publicadas y notificadas en los lugares señalados por los intervinientes, en medios electrónicos de acceso público para su seguimiento. En el Registro Oficial se ordenará la publicación de las sentencias.

La publicación de las sentencias debe contener los votos salvados y concurrentes de las juezas o jueces de la Corte, y se efectuará dentro del término de diez días a partir de la adopción de la decisión. La notificación de la sentencia se realizará dentro del término de veinticuatro horas de expedida la sentencia.

Art. 94. Aclaración y ampliación. La persona demandante, el órgano emisor de la disposición demandada y aquellos quienes intervinieron en el proceso de su elaboración y expedición, podrán solicitar la aclaración o ampliación de la sentencia en el término de tres días a partir de su notificación y será resuelta dentro del término de ocho días a partir de su presentación.

Art. 95. Efectos de la sentencia en el tiempo. Las sentencias que se dicten en ejercicio del control abstracto de constitucionalidad surten efectos de cosa juzgada y producen efectos generales hacia el futuro. De manera excepcional se podrán diferir o retrotraer los efectos de las sentencias, cuando sea indispensable para preservar la fuerza normativa y superioridad jerárquica de las normas constitucionales, la plena vigencia de los derechos constitucionales, y cuando no afecte la seguridad jurídica y el interés general.

Cuando la declaratoria de inconstitucionalidad de una disposición jurídica produzca un vacío normativo que sea fuente potencial de vulneración de los derechos constitucionales o produzca graves daños, se podrá postergar los efectos de la declaratoria de inconstitucionalidad.

Art. 96. Efectos del control de constitucionalidad. Las sentencias que se dicten sobre las acciones públicas de inconstitucionalidad surten efectos de cosa juzgada, en virtud de lo cual:

1. Ninguna autoridad podrá aplicar el contenido de la disposición jurídica declarada inconstitucional por razones de fondo, mientras subsista el fundamento de la sentencia.

2. Cuando la sentencia que desecha la demanda de inconstitucionalidad ha estado precedida de control integral, no se podrán formular nuevas demandas de inconstitucionalidad contra el precepto acusado, mientras subsista el fundamento de la sentencia.

3. Cuando la sentencia no ha estado precedida de un control integral, no se podrán formular nuevas demandas de inconstitucionalidad contra el precepto acusado con fundamento en los cargos analizados en la sentencia, mientras subsista el fundamento del juicio de constitucionalidad.

4. Las sentencias producen efectos generales hacia el futuro. De manera excepcional se podrán diferir o retrotraer los efectos de las sentencias, cuando sea indispensable para preservar la fuerza normativa y superioridad jerárquica de las normas constitucionales, y la plena vigencia de los derechos constitucionales.

Art. 97. Reglas procesales especiales. Para el control constitucional de la convocatoria a referendo, de enmiendas, reformas y cambios constitucionales, de estados de excepción, de las leyes objetadas por la Presidenta o Presidente de la República y control previo de constitucionalidad de los proyectos de Estatutos de Autonomía Regional, los términos procesales previstos en este capítulo se reducirán de la siguiente forma:

1. Los previstos para veinte días se reducirán a diez.

2. Los previstos para quince días se reducirán a siete.

3. Los previstos para diez días se reducirán a cinco.

4. Los previstos para cinco días se reducirán a tres.

CAPÍTULO III
ACCIÓN PÚBLICA DE INCONSTITUCIONALIDAD

Art. 98. Regla general. La acción pública de inconstitucionalidad podrá ser propuesta por cualquier persona.

La Corte Constitucional conocerá sobre las acciones de inconstitucionalidad respecto de cualquier acto normativo de carácter general y de cualquier acto administrativo con efectos generales, de conformidad con las normas establecidas en el capítulo anterior.

CAPÍTULO IV
CONTROL CONSTITUCIONAL DE LAS ENMIENDAS Y REFORMAS CONSTITUCIONALES

Sección Primera
Modalidades de control constitucional

Art. 99. Modalidades de control constitucional. Para efectos del control constitucional de las enmiendas, reformas y cambios constitucionales, la Corte Constitucional intervendrá a través de los siguientes mecanismos:

1. Dictamen de procedimiento.

2. Sentencia de constitucionalidad de la convocatoria a referendo.

3. Sentencia de constitucionalidad de las enmiendas, reformas y cambios constitucionales.

Sección Segunda
Control constitucional del procedimiento de proyectos de enmienda o reforma a la Constitución

Art. 100. Remisión de proyecto normativo. Todo proyecto de enmienda o reforma constitucional debe ser enviado a la Corte Constitucional para que indique cuál de los procedimientos previstos en la Constitución corresponde, de acuerdo en los siguientes casos:

1. Cuando la iniciativa provenga de la Presidenta o Presidente de la República, antes de expedir el decreto por el cual se convoca a referendo, o antes de emitir el decreto por el cual se remite el proyecto a la Asamblea Nacional;

2. Cuando la iniciativa provenga de la ciudadanía, antes de dar inicio a la recolección de las firmas requeridas para la respectiva convocatoria a referendo o para la presentación a la Asamblea Nacional;

3. Cuando la iniciativa provenga de la Asamblea Nacional, antes de dar inicio al proceso de aprobación legislativa.

En todos los casos se deberá anexar un escrito en el que se sugiera el procedimiento a seguir, y las razones de derecho que justifican esta opción.

Art. 101. Contenido del dictamen. El dictamen de la Corte Constitucional deberá indicar cuál de los procedimientos previstos en el Capítulo Tercero del Título IX de la Constitución debe seguirse para tramitar el proyecto normativo, y las razones de derecho que justifican esta decisión. Para tal efecto, se tendrán en cuenta las siguientes reglas:

1. Cualquier proyecto normativo que tenga por objeto o efecto restringir el alcance de los derechos y garantías constitucionales fundamentales o modificar el régimen procedimental de reforma a la Constitución, sólo podrá tramitarse de acuerdo con el procedimiento previsto en el artículo 444 de la Constitución, a través de la convocatoria a una Asamblea Constituyente;

2. Cuando el proyecto normativo no encuadre en el supuesto del numeral anterior, se tramitará de acuerdo con el procedimiento para las enmiendas o reformas constitucionales, según sea el caso.

Sección Tercera
Control constitucional de la convocatoria a referendo

Art. 102. Control constitucional de convocatorias a referendo. Cuando la enmienda, reforma o cambio constitucional se tramite a través de un referendo, existirá un control constitucional previo de la respectiva convocatoria.

Art. 103. Alcance del control constitucional. La Corte Constitucional efectuará un control formal de la convocatoria a referendo. En el desarrollo de este control, la Corte Constitucional verificará al menos:

1. El cumplimiento de las reglas procesales para la realización de la convocatoria;

2. La competencia en el ejercicio del poder de reforma a la Constitución; y,

3. La garantía plena de la libertad del elector, y en particular, el cumplimiento de las cargas de claridad y lealtad.

Art. 104. Control constitucional de los considerandos que introducen la pregunta. Para controlar la constitucionalidad de los considerandos introductorios, la Corte Constitucional verificará el cumplimiento de los siguientes requisitos:

1. No inducción de las respuestas en la electora o elector;

2. Concordancia plena entre el considerando que introduce la pregunta y el texto normativo. Esta concordancia comprende la relación entre las finalidades que se señalan en el considerando que introduce la pregunta y el texto sometido a consideración del pueblo;

3. Empleo de lenguaje valorativamente neutro y sin carga emotiva, sencillo y comprensible para el elector;

4. Relación directa de causalidad entre el texto normativo sometido a aprobación del pueblo y la finalidad o propósito que se señala en el considerando que introduce la pregunta, de modo que una vez aprobada la disposición jurídica, la finalidad perseguida se obtenga con una alta probabilidad; y,

5. No se proporcione información superflua o ninguna otra que no guarde relación con el texto normativo a ser aprobado por el electorado.

Art. 105. Control constitucional del cuestionario. Para garantizar la libertad del elector o electora, la Corte Constitucional verificará que el cuestionario sometido a votación cumpla, entre otros, con los siguientes parámetros:

1. La formulación de una sola cuestión por cada pregunta, salvo que exista una interrelación e interdependencia entre los distintos componentes normativos;

2. La posibilidad de aceptar o negar varios temas individualmente en la misma consulta. Se prohíbe la aprobación o rechazo en bloque;

3. La propuesta normativa no esté encaminada a establecer excepciones puntuales que beneficien un proyecto político específico; y,

4. La propuesta normativa tenga efectos jurídicos y modificaciones al sistema jurídico.

Si la Corte Constitucional no resolviere sobre la convocatoria, los considerandos y el cuestionario del referendo, dentro del término de veinte días siguientes a haber iniciado el respectivo control previo, se entenderá que ha emitido dictamen favorable. Esta omisión dará lugar a las sanciones administrativas que correspondan.

Sección Cuarta

Control constitucional de las enmiendas, reformas y cambios constitucionales

Art. 106. Control posterior de enmiendas, reformas y cambios constitucionales. Las enmiendas, reformas y cambios constitucionales podrán ser demandados ante la Corte Constitucional, de acuerdo con las siguientes reglas:

1. Las enmiendas y reformas que se tramitan a través de un referendo, pueden ser demandadas únicamente por vicios de procedimiento ocurridos con posterioridad a la convocatoria respectiva;

2. Las enmiendas que se tramitan a través de la Asamblea Nacional, pueden ser demandadas por vicios de forma y procedimiento en su trámite y aprobación. El

examen de los vicios formales incluye el análisis de la competencia de la Asamblea Nacional para reformar la Constitución;

3. El examen de los vicios formales incluye el análisis de la competencia para reformar la Constitución;

4. Las reformas que se tramitan a través de la Asamblea Nacional pueden ser demandadas por vicios de procedimiento en su trámite y aprobación;

5. Los cambios constitucionales realizados a través de una Asamblea Constituyente pueden ser demandados por vicios de forma y procedimiento, de conformidad con las reglas determinadas por la misma Asamblea; y,

6. En cualquiera de los casos anteriores, la demanda de inconstitucionalidad debe ser interpuesta dentro de los treinta días siguientes a su entrada en vigencia.

CAPÍTULO V
CONTROL CONSTITUCIONAL DE LOS
TRATADOS INTERNACIONALES

Art. 107. Modalidades de control constitucional de los tratados internacionales. Para efectos del control constitucional de los tratados internacionales, la Corte Constitucional intervendrá a través de los siguientes mecanismos:

1. Dictamen sobre la necesidad de aprobación legislativa;

2. Control constitucional previo a la aprobación legislativa; y,

3. Control sobre las resoluciones mediante las que se imparte la aprobación legislativa.

Art. 108. Competencia. El control constitucional de los tratados internacionales comprende la verificación de la conformidad de su contenido con las normas constitucionales, el examen del cumplimiento de las reglas procedimentales para su negociación, suscripción y aprobación, y el cumplimiento del trámite legislativo respectivo.

Art. 109. Resolución acerca de la necesidad de aprobación de la Asamblea Nacional. Los tratados internacionales, previamente a su ratificación por la Presidenta o Presidente de la República, serán puestos en conocimiento de la Corte Constitucional, quien resolverá, en el término de ocho días desde su recepción, si requieren o no aprobación legislativa.

Art. 110. Tratados susceptibles de control constitucional. La Corte Constitucional realizará el control constitucional de los tratados internacionales, de la siguiente manera:

1. Los tratados internacionales que requieran aprobación legislativa, tendrán un control automático de constitucionalidad antes de su ratificación, previo a iniciarse el respectivo proceso de aprobación legislativa.

2. Los tratados que se tramitan a través de un referendo, pueden ser demandados únicamente por vicios de procedimiento ocurridos con posterioridad a la convocatoria respectiva.

3. Las resoluciones mediante las cuales se imparte la aprobación legislativa para la ratificación de dichos tratados internacionales, podrán ser demandadas ante la

Corte Constitucional dentro del plazo de dos meses siguientes a su expedición, únicamente por vicios formales y procedimentales.

4. Los tratados internacionales suscritos que no requieran aprobación legislativa, podrán ser demandados dentro del plazo de seis meses siguientes a su suscripción.

Art. 111. Trámite del control constitucional. El trámite del control constitucional de los tratados internacionales se sujetará a las siguientes reglas:

1. El control constitucional previsto en los numerales 2, 3 y 4 del artículo 110 seguirá las reglas previstas para la acción de inconstitucionalidad en general.

2. Para el control constitucional previsto en el numeral 1 del artículo 110, se seguirán las siguientes reglas:

a) La Presidenta o Presidente de la República enviará a la Corte Constitucional copia auténtica de los tratados internacionales, en un plazo razonable. En caso de no hacerlo, la Corte Constitucional lo conocerá de oficio.

b) Una vez efectuado el sorteo para la designación de la jueza o juez ponente, se ordenará la publicación a través del Registro Oficial y del portal electrónico de la Corte Constitucional, para que dentro del término de diez días, contados a partir de la publicación, cualquier ciudadano intervenga defendiendo o impugnando la constitucionalidad parcial o total del respectivo tratado internacional.

c) La Corte Constitucional deberá resolver dentro del término de treinta días contados a partir de la finalización del término para la publicación antes mencionada. En caso de no hacerlo, se entenderá que existe informe favorable de constitucionalidad, y el respectivo tratado será remitido para la aprobación legislativa.

d) En lo no previsto en este capítulo, se seguirán las reglas determinadas para el procedimiento general.

Art. 112. Efectos de las sentencias y dictámenes. Las sentencias y dictámenes correspondientes tendrán los mismos efectos de las de constitucionalidad abstracta en general, y en particular, los siguientes:

1. Cuando el tratado requiera la aprobación legislativa y la sentencia declare la conformidad del tratado internacional con las normas constitucionales, se enviará a la Asamblea Nacional para la aprobación respectiva;

2. Cuando se declara la inconstitucionalidad de uno de dichos tratados por razones de fondo, la Asamblea Nacional se abstendrá de aprobarlo hasta tanto se produzca la enmienda, reforma o cambio constitucional. De ser procedentes las reservas, se podrá aprobar cuando se las formule;

3. Cuando se declara la inconstitucionalidad por razones de forma, se deberá enmendar el vicio por el órgano que lo produjo; y,

4. Cuando se declara la inconstitucionalidad de un tratado ya ratificado, el Estado deberá denunciar el tratado ante el órgano correspondiente, la orden de promover la renegociación del tratado, o promover la enmienda, reforma o cambio constitucional.

CAPÍTULO VI
CONTROL CONSTITUCIONAL DE LAS DISPOSICIONES LEGALES DE ORIGEN PARLAMENTARIO

Art. 113. *Regla general*. La Corte Constitucional ejercerá el control constitucional formal y material sobre las normas legales de origen parlamentario que hayan sido impugnadas a través de una demanda de inconstitucionalidad.

Art. 114. *Alcance del control formal*. El control formal de constitucionalidad tendrá en cuenta los principios y reglas previstos en la Constitución y la ley que regula la Función Legislativa, y el cumplimiento de los principios de publicidad y unidad de materia.

Art. 115. *Publicidad*. El control formal de constitucionalidad comprenderá la verificación de la adopción de todas las medidas idóneas y eficaces para que las propuestas legislativas sometidas a debate y votación, y las modificaciones que se introduzcan, sean conocidas por todas las y los asambleístas. Para tal efecto la Corte Constitucional verificará, entre otras cosas que:

1. Los proyectos parlamentarios incluyan un título o nombre que los identifique;

2. Los proyectos parlamentarios incluyan una exposición y una descripción de su contenido;

3. Los proyectos parlamentarios sean dados a conocer con la antelación debida al inicio del debate y aprobación parlamentaria; y,

4. Las modificaciones al proyecto inicial sean dadas a conocer a todas las y los asambleístas.

Art. 116. *Unidad de materia*. El control formal de constitucionalidad comprenderá la verificación de la unidad de materia, para lo cual la Corte Constitucional verificará, entre otras cosas, que:

1. Todas las disposiciones de una ley se refieran a una sola materia, por lo que debe existir entre todas ellas una conexidad clara, específica, estrecha, necesaria y evidente, de carácter temático, teleológico o sistemático;

2. La totalidad del contenido del proyecto corresponda con su título;

3. Para determinar la conexidad entre las disposiciones legales, la Corte Constitucional deberá tener en cuenta la exposición de motivos y las variaciones entre los textos originales y los definitivos, entre otros.

Art. 117. *Vicios subsanables*. Si la Corte Constitucional encuentra vicios de procedimiento subsanables en la formación del acto sujeto a su control, ordenará devolverlo a la autoridad que lo profirió para que dentro del plazo que fije la Corte, respetando el legal o reglamentariamente establecido, enmiende el defecto observado. Subsanado el vicio o vencido el plazo, la Corte Constitucional procederá a decidir sobre la constitucionalidad del acto, cuando a ello hubiere lugar.

Dicho plazo no podrá ser superior a treinta días contados a partir del momento en que la autoridad esté en capacidad de subsanarlo.

Art. 118. *Control material*. Para realizar el control material la Corte Constitucional tendrá en cuenta los principios generales de la justicia constitucional y los métodos de interpretación establecidos en esta Ley.

CAPÍTULO VII
CONTROL CONSTITUCIONAL DE LOS ESTADOS DE EXCEPCIÓN

Art. 119. Objetivos y alcance del control. El control constitucional de los estados de excepción tiene por objeto garantizar el disfrute pleno de los derechos constitucionales y salvaguardar el principio de separación y equilibrio de los poderes públicos.

La Corte Constitucional efectuará un control formal y material constitucional automático de los decretos que declaren un estado de excepción y de los que se dicten con fundamento en éste. El trámite del control no afecta la vigencia de dichos actos normativos.

Art. 120. Control formal de la declaratoria de estado de excepción. La Corte Constitucional verificará que la declaratoria del estado de excepción y el decreto cumplan con los siguientes requisitos:

1. Identificación de los hechos y de la causal constitucional que se invoca;

2. Justificación de la declaratoria;

3. Ámbito territorial y temporal de la declaratoria;

4. Derechos que sean susceptibles de limitación, cuando fuere el caso; y,

5. Las notificaciones que correspondan de acuerdo a la Constitución y a los Tratados Internacionales.

Art. 121. Control material de la declaratoria de estado de excepción. La Corte Constitucional realizará un control material de la declaratoria del estado de excepción, para lo cual verificará al menos lo siguiente:

1. Que los hechos alegados en la motivación hayan tenido real ocurrencia;

2. Que los hechos constitutivos de la declaratoria configuren una agresión, un conflicto armado internacional o interno, grave conmoción interna, calamidad pública o desastre natural;

3. Que los hechos constitutivos de la declaratoria no puedan ser superados a través del régimen constitucional ordinario; y,

4. Que la declaratoria se decrete dentro de los límites temporales y espaciales establecidos en la Constitución de la República.

Art. 122. Control formal de las medidas adoptadas con fundamento en el estado de excepción. La Corte Constitucional verificará que las medidas adoptadas con fundamento en la declaratoria de estado de excepción cumplan al menos los siguientes requisitos formales:

1. Que se ordenen mediante decreto, de acuerdo con las formalidades que establece el sistema jurídico; y,

2. Que se enmarquen dentro de las competencias materiales, espaciales y temporales de los estados de excepción.

Art. 123. Control material de las medidas dictadas con fundamento en el estado de excepción. Para efectos del control material, la Corte Constitucional verificará que las medidas dictadas con fundamento en el estado de excepción cumplan los siguientes requisitos:

1. Que sean estrictamente necesarias para enfrentar los hechos que dieron lugar a la declaratoria, y que las medidas ordinarias sean insuficientes para el logro de este objetivo;

2. Que sean proporcionales al hecho que dio lugar a la declaratoria;

3. Que exista una relación de causalidad directa e inmediata entre los hechos que dieron lugar a la declaratoria y las medidas adoptadas;

4. Que sean idóneas para enfrentar los hechos que dieron lugar a la declaratoria;

5. Que no exista otra medida que genere un menor impacto en términos de derechos y garantías;

6. Que no afecten el núcleo esencial de los derechos constitucionales, y se respeten el conjunto de derechos intangibles; y,

7. Que no se interrumpa ni se altere el normal funcionamiento del Estado.

Art. 124. Remisión del decreto a la Corte Constitucional. El trámite para el control constitucional de los estados de excepción se sujetará a las siguientes reglas:

1. La Presidenta o Presidente remitirá el decreto a la Corte Constitucional dentro de las cuarenta y ocho horas siguientes a su firma.

2. De no hacerlo, la Corte Constitucional lo conocerá de oficio.

3. En lo no previsto en este capítulo, se seguirán las reglas previstas para el procedimiento general.

Art. 125. Coexistencia del control de constitucionalidad con el control político. La declaratoria de constitucionalidad no impide el ejercicio del control político de los estados de excepción, ni la revocatoria de los respectivos decretos por parte de la Asamblea Nacional.

CAPÍTULO VIII
CONTROL CONSTITUCIONAL DE LOS MECANISMOS DE PARTICIPACIÓN POPULAR DIRECTA

Sección Primera
Control constitucional de la iniciativa popular normativa

Art. 126. Alcance del control constitucional de la iniciativa popular normativa. Cuando una norma jurídica sea el resultado de la iniciativa popular normativa, el control comprenderá el examen de la constitucionalidad del trámite respectivo. En tales circunstancias, el control tendrá el mismo alcance y se ejercerá en los mismos términos del régimen general del control constitucional.

Sección Segunda
Control constitucional de las consultas populares

Art. 127. Alcance. La Corte Constitucional realizará un control automático de constitucionalidad de todas las convocatorias a consulta popular. El control de constitucionalidad se ejercerá en los mismos términos y condiciones que el control previsto en la Sección Tercera del Capítulo Cuarto del presente Título, y estará encaminado a garantizar la libertad de la electora o elector y la constitucionalidad de las disposiciones jurídicas o las medidas a adoptar a través de este procedimiento.

Las disposiciones jurídicas que fueren el resultado de un referendo, se someterán al régimen general del control constitucional.

CAPÍTULO IX
CONTROL CONSTITUCIONAL DE LAS OMISIONES NORMATIVAS

Art. 128. Alcance. El control abstracto de constitucionalidad comprende el examen de las omisiones normativas, cuando los órganos competentes omiten un deber claro y concreto de desarrollar normativamente los preceptos constitucionales. Este control se sujetará al régimen general de competencia y procedimiento del control abstracto de constitucionalidad.

Art. 129. Efecto de las omisiones normativas. Las omisiones normativas tendrán los siguientes efectos:

1. En el caso de las omisiones normativas absolutas, se concederá al órgano competente un plazo determinado por la Corte Constitucional para la respectiva subsanación. En caso de que no se expida la normatividad en el plazo concedido, la Corte Constitucional formulará por vía jurisprudencial las reglas básicas correspondientes que sean indispensables para garantizar la debida aplicación y acatamiento de las normas constitucionales. Dichas reglas básicas mantendrán su vigencia hasta que se dicten por la Función o institución correspondiente las normas reguladoras de esa materia.

2. En el caso de las omisiones normativas relativas, cuando existiendo regulación se omiten elementos normativos constitucionalmente relevantes, serán subsanadas por la Corte Constitucional, a través de las sentencias de constitucionalidad condicionada.

El control sobre las omisiones normativas relativas comprende la determinación y la eliminación de las exclusiones arbitrarias de beneficios, cuando la disposición jurídica omita hipótesis o situaciones que deberían subsumirse dentro de su presupuesto fáctico, y no exista una razón objetiva y suficiente que soporte la exclusión.

Art. 130. Sentencias de constitucionalidad diferida para evitar la omisión normativa. Cuando la declaratoria de inconstitucionalidad de una disposición jurídica produzca una omisión normativa que sea fuente potencial de vulneración de los derechos constitucionales o produzca graves daños, se podrá postergar los efectos de la declaratoria de inconstitucionalidad.

CAPÍTULO X
CONTROL CONSTITUCIONAL DE LAS LEYES OBJETADAS POR LA PRESIDENTA O PRESIDENTE DE LA REPÚBLICA

Art. 131. Trámite. Cuando la Presidenta o Presidente de la República objete total o parcialmente un proyecto de ley por razones de inconstitucionalidad, se seguirá el siguiente trámite:

1. Una vez presentada la objeción, la Asamblea Nacional deberá enviar a la Corte Constitucional la siguiente documentación:

   a)   Proyecto de ley;

   b)   Objeciones presidenciales; y,

c)   Escrito en el que se expongan las razones por las cuales se considera infundada la objeción presidencial, cuando a ello hubiere lugar.

2. La documentación deberá ser remitida dentro de los diez días siguientes a la
presentación de la objeción presidencial. Si no lo hiciere dentro de este tiempo, la
Corte Constitucional lo conocerá de oficio.

3. Una vez recibida la documentación, se realizará el trámite previsto en esta
ley.

La Corte Constitucional emitirá su dictamen en el plazo de treinta días contados
desde la remisión de la documentación.

Art. 132. Efectos de la sentencia de la Corte Constitucional. La sentencia de la
Corte Constitucional producirá los siguientes efectos jurídicos:

1. Cuando declare la constitucionalidad del proyecto, la Asamblea Nacional deberá promulgarlo y ordenar su publicación. No se podrá demandar la constitucionalidad de la ley promulgada mientras permanezcan los fundamentos de hecho y de
derecho de la declaratoria.

2. Cuando se declara la inconstitucionalidad parcial, la Asamblea Nacional deberá reformular el proyecto de ley para adecuarlo a los términos previstos en la sentencia.

3. Cuando se declara la inconstitucionalidad total, el proyecto deberá ser archivado hasta tanto desaparezca el fundamento de hecho o de derecho de la sentencia.

CAPÍTULO XI
CONTROL CONSTITUCIONAL DE LOS ESTATUTOS DE AUTONOMÍA

Art. 133. Modalidades de control constitucional. Para efectos del control constitucional de los Estatutos de Autonomía de las regiones autónomas y de los distritos
metropolitanos autónomos, la Corte Constitucional intervendrá a través de los siguientes mecanismos:

1. Control previo de constitucionalidad de los proyectos de Estatutos de Autonomía elaborados por los gobiernos provinciales o cantonales, según sea el caso;

2. Control automático de constitucionalidad de la consulta popular en la que se
aprueba el Estatuto de Autonomía; y,

3. Control posterior de constitucionalidad de las leyes orgánicas de conformación de regiones autónomas y distritos metropolitanos autónomos.

Art. 134. Control de constitucionalidad. Para el control previo, automático e integral de los proyectos de Estatutos de Autonomía de las Regiones Autónomas y
Distritos Metropolitanos Autónomos, se verificará la observancia de los requisitos y
criterios que establece la Constitución al respecto.

La Corte Constitucional deberá pronunciarse en el plazo de cuarenta y cinco días
siguientes a la recepción del proyecto. En caso de que la Corte no se pronuncie en
este plazo, se presumirá la constitucionalidad y continuará con el trámite previsto en
la Constitución.

Los proyectos de reformas a los Estatutos de Autonomía se sujetarán al control
de constitucionalidad establecido en estas normas.

CAPÍTULO XII
CONTROL CONSTITUCIONAL DE LOS ACTOS NORMATIVOS NO PARLAMENTARIOS Y ACTOS ADMINISTRATIVOS DE CARÁCTER GENERAL

Art. 135. Reglas generales. Procederá la acción de inconstitucionalidad respecto de cualquier acto normativo o administrativo de carácter general que vulnere normas constitucionales.

La constitucionalidad de dichos actos no se agota ni se presume por su sujeción a la ley. Cuando la inconstitucionalidad del acto deriva de la inconstitucionalidad de la ley, se analizará la inconstitucionalidad conexa de la norma correspondiente.

Art. 136. Distribución de competencias. Para el control de los actos normativos y administrativos de carácter general, a la Corte Constitucional le corresponde el control de constitucionalidad de todos los actos normativos y administrativos de carácter general.

Art. 137. Legitimación activa para el restablecimiento del derecho. El restablecimiento del derecho y la reparación integral derivada de la declaratoria de inconstitucionalidad, cuando a ello hubiere lugar, únicamente puede ser solicitada por la persona directamente lesionada en sus derechos.

Art. 138. Plazo para la interposición de la acción. La acción de inconstitucionalidad puede ser solicitada en cualquier tiempo a partir de la expedición del acto.

Art. 139. Efectos de la declaratoria de inconstitucionalidad. Por regla general, la declaratoria de inconstitucionalidad de los actos normativos y administrativos de carácter general tendrá efectos hacia el futuro.

Art. 140. Procedimiento. Los procesos de inconstitucionalidad de actos normativos que se tramiten en la Corte Constitucional se sujetarán a las reglas de procedimiento previstas en el Capítulo II del Título III de la presente ley.

TITULO IV
CONTROL CONCRETO DE CONSTITUCIONALIDAD

Art. 141. Finalidad y objeto del control concreto de constitucionalidad. El control concreto tiene como finalidad garantizar la constitucionalidad de la aplicación de las disposiciones jurídicas dentro de los procesos judiciales.

Los jueces aplicarán las disposiciones constitucionales, sin necesidad que se encuentren desarrolladas en otras normas de menor jerarquía. En las decisiones no se podrá restringir, menoscabar o inobservar su contenido.

Art. 142. Procedimiento. Las juezas y jueces, las autoridades administrativas y servidoras y servidores de la Función Judicial aplicarán las disposiciones constitucionales, sin necesidad que se encuentren desarrolladas en otras normas de menor jerarquía. En las decisiones no se podrá restringir, menoscabar o inobservar su contenido.

En consecuencia, cualquier jueza o juez, de oficio o a petición de parte, sólo si tiene duda razonable y motivada de que una norma jurídica es contraria a la Constitución o a los instrumentos internacionales de derechos humanos que establezcan derechos más favorables que los reconocidos en la Constitución, suspenderá la tramitación de la causa y remitirá en consulta el expediente a la Corte Constitucional, la que en un plazo no mayor a cuarenta y cinco días resolverá sobre la constitucionalidad de la norma.

Si transcurrido el plazo previsto la Corte Constitucional no se pronuncia, el proceso seguirá sustanciándose. Si la Corte Constitucional resolviere luego de dicho plazo, la resolución no tendrá efecto retroactivo, pero quedará a salvo la acción extraordinaria de protección por parte de quien hubiere sido perjudicado por recibir un fallo o resolución contraria a la resolución de la Corte Constitucional.

No se suspenderá la tramitación de la causa, si la norma jurídica impugnada por la jueza o juez es resuelta en sentencia.

El tiempo de suspensión de la causa no se computará para efectos de la prescripción de la acción o del proceso.

Art. 143. Efectos del fallo. El fallo de la Corte Constitucional tendrá los siguientes efectos:

1. Cuando se pronuncie sobre la compatibilidad de la disposición jurídica en cuestión con las normas constitucionales, el fallo tendrá los mismos efectos de las sentencias en el control abstracto de constitucionalidad.

2. Cuando se pronuncie únicamente sobre la constitucionalidad de la aplicación de la disposición jurídica, el fallo tendrá efectos entre las partes y para casos análogos. Para tal efecto, se deberá definir con precisión el supuesto fáctico objeto de la decisión, para que hacia el futuro las mismas hipótesis de hecho tengan la misma solución jurídica, sin perjuicio de que otras hipótesis produzcan el mismo resultado.

TITULO V
OTRAS COMPETENCIAS

Art. 144. Competencias. La Corte Constitucional debe realizar las demás funciones previstas en la Constitución de la República, y en particular, las siguientes:

1. Resolver los conflictos de competencia o de atribuciones constitucionales entre las funciones del Estado o entre los órganos establecidos en la Constitución que les sean planteados.

2. Presentar proyectos de ley en los asuntos que guarden relación con sus atribuciones.

3. Emitir un dictamen de admisibilidad para el inicio del juicio político en contra de la Presidenta o Presidente, Vicepresidenta o Vicepresidente de la República por delitos contra la seguridad del Estado, concusión, cohecho, peculado, enriquecimiento ilícito, genocidio, tortura, desaparición forzada de personas, plagio y homicidio por razones políticas o de conciencia.

4. Emitir dictamen previo sobre la destitución de la Presidenta o Presidente de la República por arrogación de funciones.

5. Comprobar el abandono del cargo de la Presidenta o Presidente de la República, previa declaración de la Asamblea Nacional.

6. Dictaminar sobre la arrogación de funciones por parte de la Asamblea Nacional, previa su disolución por la Presidenta o Presidente de la República.

En todos estos casos, la resolución se tomará por el Pleno de la Corte Constitucional.

CAPÍTULO I
CONFLICTOS DE COMPETENCIAS

Art. 145. Conflictos de competencias constitucionales. La Corte Constitucional resolverá los conflictos de competencias constitucionales, positivos o negativos, entre funciones u órganos establecidos en la Constitución, cuya solución no esté atribuida a otro órgano.

Los titulares de los órganos constitucionales, incluidos regímenes especiales, o funciones del Estado podrán someter a conocimiento de la Corte Constitucional la existencia de un conflicto de competencia.

Art. 146. Conflicto positivo. Los conflictos positivos se resolverán de conformidad con las siguientes reglas:

1. Requerimiento previo de incompetencia. Cuando el legitimado activo considere que otro órgano o función ha asumido sus competencias, requerirá a ésta, por escrito, que se abstenga de realizar los actos, revoque las decisiones o resoluciones que haya adoptado; de negarse o de guardar silencio la requerida, por el término de quince días, aquella podrá acudir a la Corte Constitucional con una demanda para que, en sentencia, declare que, según la Constitución las atribuciones asumidas por la requerida son de competencia de la requirente.

2. Contenido de la demanda. La demanda contendrá:

   a) La identidad de la demandante y de la demandada.

   b) Las competencias respecto de las cuales hay conflicto, con especificación de las actividades y facultades que, a juicio de la demandante, comprenden las competencias que se atribuye.

   c) Los fundamentos constitucionales en que se apoya su pretensión, debidamente argumentados.

   d) El casillero constitucional en donde deberá ser notificado durante el proceso y el domicilio y los personeros de la institución demandada.

A la demanda deberá acompañar los documentos que le habiliten y la prueba del requerimiento prescrito en el artículo anterior y de que ha sido infructuoso.

3. Trámite y sentencia. Recibida la demanda, se seguirá, en lo que fuere pertinente, las normas generales del proceso para el control abstracto de constitucionalidad.

La sentencia deberá determinar a quién corresponden las competencias disputadas.

Art. 147. Conflicto negativo. Cualquier persona, órgano o función podrá plantear un conflicto negativo de competencias ante la Corte Constitucional. La Corte convocará a las entidades contra las que se plantee el conflicto y resolverá de conformidad con lo dispuesto en los artículos anteriores.

Si encontrare que ninguna de las instituciones notificadas es competente, se dirigirá al órgano o función que creyere pudiere resultar competente, para vincularlo al proceso, escucharlo y resolver el conflicto.

CAPÍTULO II
JUICIO POLÍTICO, DESTITUCIÓN DE LA PRESIDENTA O PRESIDENTE DE LA REPÚBLICA, VICEPRESIDENTA O VICEPRESIDENTE DE LA REPÚBLICA Y DISOLUCIÓN DE LA ASAMBLEA NACIONAL

Art. 148. Dictamen para iniciar juicio político contra la Presidenta o Presidente, o la Vicepresidenta o Vicepresidente de la República. Recibida la solicitud en la Secretaría General de la Corte Constitucional, la Secretaria o Secretario, con la presencia de todas las juezas y jueces de la Corte que hacen quórum, procederá a sortear a la jueza o juez ponente que debe preparar el proyecto de dictamen y le entregará, en el mismo acto, la documentación recibida por parte de la Asamblea Nacional.

La jueza o juez ponente, presentará el proyecto de dictamen en el plazo de tres días a partir de la fecha del sorteo, en el que constará:

1. Si la solicitud ha sido propuesta de conformidad con la Constitución.

2. Si en la solicitud se singulariza la infracción que se le imputa y si por la tipificación jurídica que se hace en la solicitud, ella cabe en el tipo de infracciones previstas en el artículo 129 de la Constitución.

3. Si, en consecuencia, procede o no iniciar el juicio político.

Inmediatamente presentado el proyecto de dictamen, la Presidenta o Presidente de la Corte Constitucional convocará a sesión al Pleno, dentro de las veinticuatro horas siguientes. El dictamen será emitido dentro de las cuarenta y ocho horas de presentado el proyecto por la jueza o juez ponente, y se resolverá con las dos terceras partes de los integrantes del Pleno.

Art. 149. Dictamen para la destitución de la Presidenta o Presidente o Vicepresidenta o Vicepresidente de la República. Antes de dar por concluido el proceso para destitución, la Presidenta o Presidente de la Asamblea Nacional remitirá el expediente con todo lo actuado a la Corte Constitucional. El expediente llevará la certificación de la Secretaría de la Asamblea Nacional de que está completo y de que es auténtico.

Recibido el expediente por la Corte Constitucional, se procederá, con la presencia de todas las juezas o jueces que hacen quórum, a sortear la o el ponente que debe preparar el proyecto de dictamen y le entregará, en el mismo acto, la documentación recibida por parte de la Asamblea Nacional. El proyecto de dictamen será presentado dentro de las veinticuatro horas del sorteo y en él se hará constar:

1. Si del expediente aparece que se han respetado las normas del debido proceso en su sustanciación;

2. Si los actos que se le imputan a la Presidenta o Presidente, Vicepresidenta o Vicepresidente de la República constituyen arrogación de las funciones, competencias o atribuciones.

La causa se resolverá con el voto de las dos terceras partes de los integrantes del Pleno. En lo demás el proceso en la Corte Constitucional seguirá lo dispuesto en el artículo 148 de esta Ley.

Art. 150. Dictamen para comprobar el abandono del cargo de la Presidenta o Presidente de la República. Hasta veinticuatro horas después de que la Corte Constitucional haya recibido de la Asamblea Nacional la solicitud para el dictamen sobre el abandono del cargo de la Presidenta o Presidente de la República, la Presidenta o Presidente de la Corte Constitucional convocará a sesión al Pleno para comprobar lo solicitado.

El Pleno de la Corte Constitucional emitirá su dictamen dentro de las veinticuatro horas siguientes a la hora de inicio de la sesión. El dictamen de abandono requerirá la votación de al menos las dos terceras partes de los integrantes del Pleno de la Corte Constitucional.

Art. 151. Disolución de la Asamblea Nacional. El decreto por el cual la Presidenta o Presidente de la República decide disolver la Asamblea Nacional por haberse arrogado funciones que no le competen constitucionalmente, singularizará los actos que, a su juicio, constituyen arrogación de funciones y deberá explicar la pertinencia de la aplicación del precepto constitucional a esos actos.

Este decreto, antes de ser publicado en el Registro Oficial, deberá ser entregado en la Secretaría General de la Corte Constitucional para que la misma emita su dictamen constitucional. El expediente se resolverá con el voto de las dos terceras partes de los integrantes del Pleno.

Art. 152. Dictamen para la disolución de la Asamblea Nacional. La Secretaria o Secretario General, en presencia de todas y todos los jueces de la Corte Constitucional que hacen quórum, procederá a sortear a la o el ponente quien presentará un informe en veinticuatro horas.

La jueza o juez ponente informará si el decreto está debidamente motivado y si los actos que se le imputan a la Asamblea Nacional constituyen arrogación de funciones que no le competen constitucionalmente y acompañará el proyecto de dictamen, y seguirá el trámite previsto en el artículo 151 de esta Ley. El expediente se resolverá con el voto de las dos terceras partes de los integrantes del Pleno.

Art. 153. Efectos del dictamen de la Corte Constitucional. Solo si el dictamen de la Corte Constitucional se pronuncia por la constitucionalidad de la solicitud de juicio político, la moción de destitución o el decreto de disolución de la Asamblea Nacional, podrá continuar el juicio político, la discusión y votación de la moción de destitución o, en su caso, de la disolución de la Asamblea Nacional.

Ni en el caso del juicio político ni en el del voto de destitución, la Corte Constitucional tiene competencia para pronunciarse acerca de si están probadas las infracciones y la responsabilidad de la Presidenta o Presidente de la República. Tampoco es de su competencia pronunciarse acerca de la existencia de las infracciones para la destitución de la Asamblea Nacional ni de la responsabilidad de éstas en ellas.

CAPÍTULO III
ACCIÓN DE INTERPRETACIÓN

Art. 154. Objeto y Competencia. La Corte Constitucional, a petición de parte, realizará la interpretación de las normas de la parte orgánica de la Constitución de la República, con el objeto de establecer el alcance de dichas normas, siempre que no exista una ley que desarrolle la cuestión objeto de interpretación.

La Asamblea Nacional podrá expedir leyes sobre la materia que fue objeto de los dictámenes interpretativos de la Corte Constitucional, sin perjuicio del control de constitucionalidad que pueda realizarse.

Art. 155. Legitimación activa. Podrán solicitar dictamen de interpretación constitucional:

1. La Presidenta o Presidente de la República.

2. La Asamblea Nacional, por acuerdo del Pleno.

3. La Función de Transparencia y Control Social a través de su órgano rector.

4. La Función Electoral a través de su órgano rector.

5. La Función Judicial a través de su órgano rector.

6. Las personas que cuenten con el respaldo del cero punto veinticinco por ciento del registro electoral nacional.

Art. 156. Contenido de la Solicitud de interpretación. La solicitud de interpretación constitucional contendrá:

1. La identificación clara del solicitante y la acreditación de quien comparezca.

2. La indicación y la trascripción de la o las normas constitucionales.

3. Las razones por las que el solicitante considere que la norma requiere interpretación.

4. La opinión del solicitante sobre el alcance que debe darse a las normas cuya interpretación se solicita.

5. La designación del casillero constitucional, judicial o el lugar para recibir notificaciones.

Art. 157. Trámite. Las acciones de interpretación seguirán el trámite general establecido en las normas generales relativas al control abstracto de constitucionalidad en lo que le sea aplicable.

Art. 158. Contenido del dictamen. El dictamen interpretativo, en su parte resolutiva, fijará claramente, mediante una regla, el alcance de la norma constitucional objeto de interpretación, a partir de la explicación de los argumentos constitucionales y los métodos hermenéuticos que sirvan para fundamentarla.

Art. 159. Naturaleza y efectos del dictamen interpretativo. Los dictámenes interpretativos de la Corte Constitucional tienen carácter vinculante general desde el momento de su publicación en el Registro Oficial.

Art. 160. Mayoría para decidir. La promulgación de un dictamen interpretativo requiere el voto conforme de siete de las juezas o jueces de la Corte Constitucional. Expedido el dictamen, se publicará inmediatamente en el Registro Oficial.

Cuando el Pleno de la Corte en su sentencia o dictamen interpretativo se aparte de la regla interpretativa fijada, podrá hacerlo solo con el voto conforme de por lo menos siete juezas o jueces, quienes deberán explicar y argumentar justificadamente las razones de su decisión, con base en los métodos de interpretación constitucional establecidos en esta ley.

Art. 161. Alcance de la interpretación. La Corte Constitucional no podrá, a través de un dictamen de interpretación, ejercer ninguna de las facultades para las cuales la Constitución y esta ley contemplan un procedimiento determinado, en especial:

1. Ejercer el control abstracto de constitucionalidad.

2. Expedir sentencias de garantías jurisdiccionales.

3. Resolver conflictos de competencia.

4. Declarar la inconstitucionalidad por el fondo o por la forma de actos normativos o administrativos de carácter general.

5. Declarar de oficio la inconstitucionalidad de normas conexas en los casos sometidos a su conocimiento.

6. Resolver acciones por incumplimiento.

7. Resolver acciones extraordinarias de protección.

TITULO VI
INCUMPLIMIENTO DE SENTENCIAS Y DICTÁMENES CONSTITUCIONALES

Art. 162. Efectos de las sentencias y dictámenes constitucionales. Las sentencias y dictámenes constitucionales son de inmediato cumplimiento, sin perjuicio de la interposición de los recursos de aclaración o ampliación, y sin perjuicio de su modulación.

Art. 163. Incumplimiento de las sentencias y dictámenes constitucionales. Las juezas y jueces tienen la obligación de ejecutar las sentencias en materia constitucional que hayan dictado. Subsidiariamente, en caso de inejecución o defectuosa ejecución, se ejercitará la acción de incumplimiento ante la Corte Constitucional.

Si la Corte Constitucional apreciara indicios de responsabilidad penal o disciplinaria en la jueza o juez que incumple, deberá poner en conocimiento del hecho a la Fiscalía o al Consejo de la Judicatura, según corresponda.

En los casos de incumplimiento de sentencias y dictámenes emitidos por la Corte Constitucional, se podrá presentar la acción de incumplimiento previstas en este título directamente ante la misma Corte.

Para garantizar su eficacia se podrá solicitar el auxilio de la Policía Nacional.

Art. 164. Trámite. La acción de incumplimiento de sentencias constitucionales tendrá el siguiente trámite:

1. Podrá presentar esta acción quien se considere afectado siempre que la jueza o juez que dictó la sentencia no la haya ejecutado en un plazo razonable o cuando considere que no se la ha ejecutado integral o adecuadamente.

2. Cuando se trate del incumplimiento de sentencias expedidas dentro de procesos de garantía judiciales de derechos constitucionales, la jueza o juez competente, a petición de parte, remitirá el expediente a la Corte Constitucional, al cual acompañará un informe debidamente argumentado sobre las razones del incumplimiento suyo o de la autoridad obligada, para lo cual tendrá un término de cinco días desde el momento en que el interesado hizo la solicitud.

3. En caso de que la jueza o juez se rehúse a remitir el expediente y el informe, o lo haga fuera del término establecido en el numeral anterior, el afectado podrá solicitar, directamente a la Corte Constitucional, dentro de los diez días siguientes al vencimiento del término señalado, que ordene a la jueza o juez la remisión del expediente y declare el incumplimiento de la sentencia.

4. En caso de incumplimiento de sentencias y dictámenes de la Corte Constitucional, ésta de oficio o a petición de parte, ejecutará directamente las medidas necesarias para hacer efectiva su decisión.

Art. 165. Efecto de las decisiones de la justicia constitucional en las acciones de incumplimiento de sentencias. En el trámite de la acción, la Corte Constitucional podrá ejercer todas las facultades que la Constitución, esta Ley y el Código Orgánico de la Función Judicial le atribuyen a los jueces para la ejecución de sus decisiones, con el objeto de hacer efectiva la sentencia incumplida y lograr la reparación integral de los daños causados a la o el solicitante.

TITULO VII
ESTRUCTURA DE LA ADMINISTRACIÓN DE JUSTICIA CONSTITUCIONAL

CAPÍTULO I
INTEGRACIÓN DE LA ADMINISTRACIÓN DE JUSTICIA CONSTITUCIONAL

Art. 166. Órganos de la administración de justicia constitucional. La justicia constitucional comprende:

1. Los juzgados de primer nivel.
2. Las Cortes Provinciales.
3. La Corte Nacional de Justicia.
4. La Corte Constitucional.

CAPÍTULO II
ÓRGANOS JURISDICCIONALES DE LA JUSTICIA ORDINARIA

Art. 167. Juezas y jueces de primer nivel. Compete a las juezas y jueces de primer nivel conocer y resolver, en primera instancia, la acción de protección, hábeas corpus, hábeas data, acceso a la información pública, petición de medidas cautelares; y ejercer control concreto en los términos establecidos en esta ley.

Art. 168. Cortes Provinciales de Justicia. Compete a las Cortes Provinciales:

1. Conocer y resolver los recursos de apelación que se interpongan en contra de los autos y las sentencias de las juezas y jueces de instancia respecto de las acciones de protección, hábeas corpus, hábeas data y acción de acceso a la información.

2. Conocer las acciones de hábeas corpus en los casos de fuero y de órdenes de privación de libertad dictadas por jueza o juez penal de primera instancia.

3. Ejercer el control concreto de constitucionalidad en los términos previstos en esta Ley.

Art. 169. Corte Nacional de Justicia. Compete a la Corte Nacional de Justicia:

1. Conocer y resolver los recursos de apelación de las acciones de hábeas corpus resueltos por las cortes provinciales, en los términos establecidos en esta ley.

2. Conocer las acciones de hábeas corpus en los casos de fuero.

3. Ejercer el control concreto de constitucionalidad en los términos establecidos en esta ley.

CAPÍTULO III
CORTE CONSTITUCIONAL

Sección Primera:
Generalidades

Art. 170. Naturaleza. La Corte Constitucional es el máximo órgano de control e interpretación constitucional y del sistema de administración de justicia constitucional. Es un órgano autónomo e independiente de los demás órganos del poder público, tiene jurisdicción nacional y tendrá su sede en la ciudad de Quito.

Sección Segunda
Juezas y jueces de la Corte Constitucional

Art. 171. Integración y período de las juezas y jueces de la Corte Constitucional. La Corte Constitucional está integrada por nueve miembros quienes ostentan el título de juezas o jueces. Dichas juezas o jueces desempeñarán sus funciones por un período institucional de nueve años, y no podrán ser reelegidos inmediatamente.

La renovación de las juezas o jueces de la Corte Constitucional será por tercios, cada tres años.

Las juezas y jueces de la Corte Constitucional permanecerán en el ejercicio de sus cargos mientras no incurran en una de las causales de cesación establecidas en esta Ley.

Art. 172. Requisitos para ser jueza o juez de la Corte Constitucional. Para ser designada jueza o juez de la Corte Constitucional se requerirá:

1. Ser ecuatoriana o ecuatoriano y encontrarse en ejercicio de sus derechos de participación política.

2. Tener título de tercer nivel en Derecho legalmente reconocido en el país.

3. Haber ejercido con probidad notoria la profesión de abogada o abogado, la judicatura o la docencia universitaria en ciencias jurídicas, por un lapso mínimo de diez años.

4. Demostrar probidad y ética, que será valorada a través del concurso público.

Art. 173. Inhabilidades. No pueden ser designadas como juezas o jueces de la Corte Constitucional:

1. Quienes pertenezcan o hayan pertenecido a la directiva de un partido o movimiento político en los diez años inmediatamente anteriores a su postulación.

2. Quienes al presentarse al concurso público tengan contrato con el Estado, como personas naturales o como representantes o apoderados de personas jurídicas, siempre que el contrato se haya celebrado para la ejecución de obra pública, prestación de servicio público o explotación de recursos naturales.

3. Quienes se encuentren en mora en el pago de pensiones alimenticias.

4. Los miembros de las Fuerzas Armadas y de la Policía Nacional en servicio activo.

5. Quienes se encuentren suspendidas o suspendidos en el ejercicio de la profesión.

6. Quienes hayan ejercido autoridad ejecutiva en gobiernos de facto.

7. Quienes se hallaren incursas o incursos en uno o varios de los impedimentos generales para el ingreso al servicio civil en el sector público.

8. Quien sea cónyuge o conviviente, o sea pariente hasta el cuarto grado de consanguinidad o segundo de afinidad de un miembro de la Corte Constitucional o de algún miembro de la Comisión Calificadora.

Art. 174. Incompatibilidades. La función de jueza o juez de la Corte Constitucional es de dedicación exclusiva. No podrán desempeñar ningún otro cargo público o privado o ejercer cualquier profesión a excepción de la docencia universitaria fuera del horario de trabajo. Las juezas o jueces de la Corte Constitucional están impedidos para defender o asesorar pública o privadamente.

Cuando concurriera causa de incompatibilidad en quien fuera designada como jueza o juez de la Corte Constitucional, deberá, antes de tomar posesión, cesar en el cargo o en la actividad incompatible. Si no lo hace en el término de diez días siguientes a su designación, se presume que no acepta el cargo.

Art. 175. Excusa obligatoria. Son causales de excusa obligatoria para la jueza o juez de la Corte Constitucional:

1. Tener ella o él, su cónyuge o conviviente, o alguno de sus parientes dentro del cuarto grado de consanguinidad o segundo de afinidad, interés directo o indirecto en el proceso.

2. Ser cónyuge o conviviente o pariente dentro del cuarto grado de consanguinidad o segundo de afinidad de alguna de las partes, o de su representante legal, o de su mandataria o mandatario, o de su abogada o abogado defensor.

3. Haber sido la jueza o juez, su cónyuge o alguno de sus parientes indicados en el numeral precedente, sujeto procesal en instancia anterior, del proceso que se sometería a su conocimiento.

4. Haber adquirido la calidad de acreedor, deudor o garante de alguna de las partes con anterioridad a la fecha de la presentación de la demanda que dio lugar al proceso judicial, salvo cuando el sujeto pasivo o activo de la obligación, según el caso, sea una entidad del sector público, instituciones del sistema financiero o sociedad anónima.

5. Tener ella o él, su cónyuge o conviviente, o alguno de sus parientes dentro del cuarto grado de consanguinidad o segundo de afinidad, un proceso judicial pendiente con alguna de las partes, o haberlo tenido dentro de los dos años precedentes.

6. Ser asignatario, legatario, donatario, empleador, representante, dependiente, mandatario o socio de alguna de las partes.

7. Haber formulado la jueza o juez, su cónyuge o pariente en primer grado de consanguinidad, denuncia penal contra una de las partes o de su representante o apoderado, o estar aquellos legitimados para intervenir como parte civil en el respectivo proceso penal.

Art. 176. Procedimiento para la excusa obligatoria. Cuando se verifique una de las causales establecidas en el artículo anterior, las juezas o jueces de la Corte Constitucional se excusarán de manera obligatoria.

En caso de no hacerlo, cualquiera de los intervinientes en el proceso constitucional podrá solicitar a la Presidenta o Presidente de la Corte Constitucional la recusación, quien lo resolverá de manera definitiva en el término de tres días. En el evento de aceptar el pedido de excusa obligatoria, dispondrá el sorteo de una nueva jueza o juez para la sustanciación de la causa.

En caso de ser la Presidenta o Presidente quien deba excusarse, la petición será resuelta por el Pleno de la Corte Constitucional de la misma manera establecida en el inciso anterior.

Parágrafo Primero

Selección, designación y cesación

Art. 177. *Principios del procedimiento de selección y designación.* El procedimiento de selección y designación de juezas y jueces se regirá por los principios de independencia, publicidad, transparencia, celeridad y meritocracia. Todas las deliberaciones y decisiones de la Comisión Calificadora serán públicas.

Art. 178. *Fases para la selección y designación de juezas y jueces.* El proceso de selección y designación seguirá las siguientes fases:

1. Integración de la Comisión Calificadora.

2. Convocatoria.

3. Concurso.

4. Impugnación.

5. Comparecencia oral y

6. Designación.

Art. 179. *Integración de la Comisión Calificadora.* Para integrar la Comisión Calificadora se tendrán en cuenta las siguientes reglas:

1. La Presidenta o Presidente de la Corte Constitucional solicitará a las máximas autoridades de la Función Legislativa, Ejecutiva y de Transparencia y Control Social, con una antelación de seis meses a la conclusión del período de la terna de jueces de la Corte que corresponda, que en el término de diez días realice la designación de las personas que integrarán la Comisión Calificadora.

2. La Comisión Calificadora estará integrada por dos personas nombradas por la Función Legislativa, dos por la Función Ejecutiva y dos por la Función de Transparencia y Control Social, de fuera de su seno. Las personas que integran la Comisión Calificadora deberán reunir los mismos requisitos y tendrán los mismos impedimentos establecidos para la judicatura en la Corte Constitucional, y una vez que han sido nombrados actuarán con absoluta independencia de las autoridades nominadoras. En los casos de representación de cuerpos colectivos, los miembros deben ser nombrados por acuerdo adoptado por mayoría absoluta.

3. Los miembros de la Comisión Calificadora se posesionarán ante la máxima autoridad de la Función de Transparencia y Control Social en el término de cinco días desde su designación, e inmediatamente iniciará el proceso de selección de juezas y jueces.

Art. 180. *Convocatoria y verificación de requisitos.* Se seguirán las siguientes etapas:

1. Convocatoria .La Comisión Calificadora realizará una convocatoria pública para que la Función Legislativa, Ejecutiva y de Transparencia y Control Social presenten candidaturas para las judicaturas de la Corte Constitucional. Para tal efecto, se seguirán las siguientes reglas:

a) La convocatoria debe contener todos los principios y reglas sustanciales y procedimentales para la selección de las juezas o jueces de la Corte Constitucional, tales como el cronograma del proceso de selección, los requisitos de las juezas y jueces de la Corte, y el sistema y los criterios de evaluación. De igual modo, debe contener la invitación para la inscripción de veedurías nacionales e internacionales.

b) La convocatoria se publicará a través de los medios de comunicación, y en particular a través de medios electrónicos de acceso público gratuito.

2. Inscripción de veedurías. La inscripción de veedurías se debe realizar en el término de cinco días a partir de la publicación de la convocatoria, y se acreditará ante la Comisión Calificadora con el solo cumplimiento de los requisitos formales exigidos para el efecto en la convocatoria.

3. Presentación de candidaturas. Las Funciones Legislativa, Ejecutiva y de Transparencia y Control Social deberán presentar, cada una, nueve candidatas o candidatos alternados, de fuera de su seno, a la Comisión Calificadora. En caso de que los candidatos presentados no cumplan los requisitos, deberán designar reemplazos en el término de tres días.

Art. 181. *Concurso público.* Cerrado el proceso de revisión formal, se iniciará el concurso público entre las candidatas y candidatos que hayan cumplido los requisitos exigidos por la Constitución. El concurso se ajustará a los siguientes lineamientos, y deberá ser efectuado de conformidad con el reglamento previo que dicte la Comisión Calificadora:

1. Se debe garantizar estricta igualdad de oportunidades y la prohibición de discriminar entre los candidatos presentados, en el proceso de selección.

2. El ejercicio de las obligaciones de cuidado será tenido en cuenta para la valoración de la experiencia profesional.

3. Se procurará garantizar la paridad entre hombres y mujeres, para lo cual, de existir dos candidaturas en iguales condiciones, se preferirá la candidatura de la mujer.

4. Se evitará la utilización de factores de evaluación subjetivos o irrazonables, tales como el lugar de origen, preferencias personales, las creencias o la opinión política, religiosa o filosófica, el origen familiar, u otros análogos.

5. La valoración de la formación, la experiencia y la producción profesional y académica, debe tener en cuenta el desempeño en cada una de estas áreas y la calidad de los productos obtenidos. Los méritos no podrán exceder del treinta por ciento de la puntuación total.

6. El concurso de oposición deberá versar sobre las materias y las habilidades que se requieren para el ejercicio de la judicatura en la Corte Constitucional.

El concurso previsto en el reglamento dictado por la Comisión tendrá lugar en el término máximo de veinte días contados a partir de la publicación de la lista de candidatas y candidatos convocados al concurso. La evaluación se realizará dentro del término de treinta días.

Art. 182. Impugnaciones. Publicado el listado de candidatos, se abrirá un período de quince días hábiles para que la Comisión Calificadora reciba y dé trámite a las impugnaciones de la ciudadanía, las que se harán conocer a los candidatos. Cerrado el período de impugnaciones, se abrirá el período de audiencias públicas en el que las y los candidatos serán escuchados por la Comisión en relación con las impugnaciones recibidas, por un término de quince días.

Concluido el período de contestación de impugnaciones, la Comisión Calificadora elaborará inmediatamente el listado definitivo de las personas elegibles.

Art. 183. Comparecencia oral y elección y designación de juezas y jueces. La Comisión Calificadora publicará a través de los medios de comunicación el listado de las personas elegibles con el señalamiento del lugar, día y hora en que se llevará a cabo una comparecencia pública oral, que deberá realizarse en el término de cinco días siguientes a la publicación. Las personas elegibles serán examinadas en orden alfabético y no más de tres por día. En dicho acto se formularán preguntas escogidas al azar a cada una de las candidatas y candidatos, elaboradas previamente por la Comisión, y que privilegien la argumentación y no la memoria.

Concluida esta fase, inmediatamente la Comisión Calificadora elaborará una lista con los puntajes obtenidos por cada candidata o candidato y designará a los tres que hubieren obtenido las puntuaciones más altas como juezas y jueces de la Corte Constitucional, que serán posesionados en sesión extraordinaria de la Asamblea Nacional, que deberá convocar obligatoriamente la Presidenta o Presidente de la Asamblea Nacional una vez que conozca los resultados del proceso de selección.

Art. 184. Listado de elegibles. Las personas que no resultaren designadas pasarán a formar parte del listado de elegibles, que harán los reemplazos para los casos de la ausencia temporal o definitiva en las judicaturas de la Corte Constitucional.

Las personas que formen parte del listado de elegibles podrán participar en el siguiente concurso para judicaturas de la Corte Constitucional, pero durante su participación no podrán reemplazar temporal o definitivamente a ningún juez.

En el caso de la falta temporal, el reemplazo se designará a través de sorteo, y caso de falta definitiva, se designará del listado de elegibles en estricto orden de puntajes obtenidos.

Art. 185. De la cesación de funciones de las juezas o jueces de la Corte Constitucional. Las juezas o jueces de la Corte Constitucional cesarán en sus funciones y dejarán vacante el cargo en los siguientes casos:

1. Por terminación del período para el cual fueron designados; sin embargo, se mantendrán en funciones hasta ser legalmente reemplazados.

2. Por muerte.

3. Por renuncia legalmente aceptada por el Pleno de la Corte Constitucional.

4. Por incapacidad física o mental permanente que le impida ejercer el cargo, certificada por un comité de médicos especializados.

5. Por haber incurrido en una inhabilidad, de conformidad con lo establecido en esta ley.

6. Por destitución, que procederá en los siguientes casos:

a) Por incurrir en culpa inexcusable en el cumplimiento de los deberes inherentes a su cargo.

b) Por violar la reserva propia de la función.

c) En caso de responsabilidad penal determinada conforme a la Constitución y esta ley.

7. Por abandono injustificado del cargo, declarado por el Pleno de la Corte Constitucional.

La resolución sobre la configuración de estas causales deberá ser determinada por el Pleno de la Corte Constitucional con el voto favorable de las dos terceras partes de sus integrantes.

Parágrafo Segundo
Responsabilidades

Art. 186. Régimen de responsabilidades. Las juezas y jueces de la Corte Constitucional se encuentran sometidos al siguiente régimen especial de responsabilidades:

1. Las juezas o jueces de la Corte Constitucional no pueden ser sometidos a juicio político por la Asamblea Nacional, ni removidos por las autoridades que intervinieron en su designación.

2. Sin perjuicio de la responsabilidad civil, la responsabilidad penal por hechos punibles cometidos durante y con ocasión de las funciones ejercidas en la judicatura, serán objeto de denuncia, investigación y acusación única y exclusivamente por la o el Fiscal General del Estado, y de juicio por el pleno de la Corte Nacional de Justicia, con el voto afirmativo de las dos terceras partes de sus integrantes; excepto en lo que tiene que ver con las opiniones, fallos y votos emitidos en el ejercicio de su cargo, en cuyo caso, no serán objeto de responsabilidad penal.

3. La destitución será decidida por el Pleno de la Corte Constitucional con el voto conforme de las dos terceras partes de sus miembros, de acuerdo con el siguiente procedimiento:

a) Cualquier persona podrá presentar al Pleno una solicitud de destitución de una jueza o juez de la Corte Constitucional, con fundamento exclusivo en las causales señaladas en esta Ley, adjuntando todas las pruebas de las que se disponga.

b) El Pleno de la Corte Constitucional, con exclusión de la jueza o juez acusado, se reunirá para conocer la solicitud y sus pruebas, y para decidir sobre el inicio del procedimiento, con el voto favorable de la mayoría, se aclara que la mayoría corresponde a cinco (5) votos, teniendo la Presidenta o Presidente el voto dirimente.

c) Admitida la solicitud, correrá traslado a la jueza o juez acusado con ésta y las pruebas aportadas, y convocará inmediatamente al solicitante para que exponga sus argumentos y pruebas ante el Pleno, lo cual se realizará dentro del término de cinco días posteriores a la admisión, con exclusión de la jueza o juez acusado.

d) Concluida la exposición y dentro del término de cinco días posteriores, convocará al Pleno para escuchar a la jueza o juez acusado, a quien le concederá un término de diez días para que aporte las pruebas que considere pertinentes.

e) El Pleno, con exclusión de la jueza o juez acusado, adoptará la decisión.

Parágrafo Tercero
Competencias y estructura interna

Art. 187. Competencias. Únicamente con ocasión del ejercicio de las atribuciones establecidas en el artículo 436 de la Constitución, la Corte Constitucional producirá precedente constitucional, que será obligatorio y vinculante en los términos previstos en la Constitución y en la presente ley.

Art. 188. Estructura interna de la Corte Constitucional. Para el cumplimiento de sus funciones la Corte Constitucional estará organizada internamente de la siguiente manera:

1. Pleno de la Corte Constitucional.

2. Sala de admisión.

3. Sala de selección de procesos constitucionales.

4. Salas de revisión de procesos constitucionales.

5. Presidencia.

6. Secretaría General.

7. Órganos de apoyo.

8. Centro de Estudios Constitucionales.

Parágrafo Cuarto
Pleno de la Corte Constitucional

Art. 189. Pleno de la Corte Constitucional. La reunión de todas las juezas y jueces de la Corte Constitucional conforma el Pleno de la Corte.

Las sesiones del Pleno de la Corte Constitucional serán presididas por la Presidenta o Presidente de la Corte Constitucional. A falta de éste lo reemplazará la o el Vicepresidente. La Secretaria o Secretario del Pleno de la Corte es la Secretaria o Secretario General de la Corte Constitucional.

Art. 190. Quórum. El Quórum deliberatorio del Pleno será de cinco juezas o jueces. Las decisiones se tomarán por al menos cinco votos de las juezas o jueces de la Corte, excepto en el caso de la destitución de una jueza o juez, evento en el cual se requiere el voto conforme de las dos terceras partes del Pleno.

Art. 191. Funciones. Corresponde al Pleno de la Corte Constitucional:

1. Elegir con por lo menos cinco votos de sus integrantes a la Presidenta o Presidente, y la Vicepresidenta o Vicepresidente de la Corte Constitucional.

2. Ejercer las funciones de control constitucional previstas en la Constitución de la República y en la presente ley, de la siguiente manera:

a) Ejercer el control abstracto de constitucionalidad del sistema jurídico.

b)   Resolver sobre los informes y las consultas que se formulen en desarrollo del control concreto de constitucionalidad.

c)   Resolver sobre las sentencias de unificación en el caso de las acciones de protección, extraordinaria de protección, incumplimiento, hábeas corpus, hábeas data y acceso a la información pública.

d)   Resolver sobre las acciones extraordinarias de protección de derechos en contra de decisiones de la justicia ordinaria e indígena.

e)   Ejercer las funciones previstas en los artículos 129, 130, número 1; 134, número 4; 145, número 5; 148; y, 436, número 7 de la Constitución de la República.

3. Organizar las salas de admisión, selección y revisión de conformidad con lo establecido en esta ley.

4. Designar al Secretario General, al Secretario Técnico Jurisdiccional y al Secretario de Gestión Institucional, conforme los candidatos propuestos por el Presidente de la Corte Constitucional. El Pleno podrá devolver las candidaturas si no son idóneas.

5. Tramitar y resolver las excusas obligatorias de las juezas y jueces de la Corte Constitucional.

6. Aprobar el presupuesto de la institución conforme el proyecto presentado por la Presidenta o Presidente de la Corte Constitucional.

7. Ejercer la función disciplinaria respecto de la actuación de las juezas o jueces de la Corte Constitucional y sancionar de conformidad lo establecido en esta ley.

8. Expedir, interpretar y modificar a través de resoluciones los reglamentos internos necesarios para el funcionamiento de la Corte Constitucional.

9. Preparar y aprobar las iniciativas de proyectos de ley que sean de competencia de la Corte Constitucional, previa su presentación a la Asamblea Nacional, así como ejercer la potestad normativas establecidas en el numeral 10 del artículo 436 de la Constitución.

10. Las demás que establezca la ley y los reglamentos internos y las demás no atribuidas a los demás órganos.

Parágrafo Quinto
Presidencia

Art. 192. Presidenta o presidente de la Corte Constitucional. La Presidenta o Presidente de la Corte Constitucional será una de sus juezas o jueces.

Art. 193. Funciones de la Presidenta o Presidente de la Corte Constitucional. Son funciones de la Presidenta o Presidente de la Corte Constitucional las siguientes:

1. Ser el representante legal, judicial y extrajudicial de la Corte Constitucional.

2. Convocar y presidir las sesiones ordinarias y extraordinarias del Pleno.

3. Elaborar y presentar para aprobación del Pleno el proyecto de presupuesto de la Corte Constitucional.

4. Designar a las y los funcionarios y empleados de la Corte Constitucional, conforme los reglamentos internos.

5. Establecer conjuntamente con la o el Secretario de Gestión Institucional la planta de personal de la Corte Constitucional.

6. Aprobar las bases de la convocatoria de los concursos públicos para el ingreso de las y los funcionarios de la Corte Constitucional.

7. Decidir las cuestiones que afecten al funcionamiento interno de la Corte Constitucional, no señaladas por esta Ley.

8. Delegar las funciones que considere necesarias conforme el reglamento.

9. Conformar comisiones especiales.

10. Ejercer funciones que le correspondan como jueza o juez.

11. Las demás que establezca esta Ley y el reglamento.

Parágrafo Sexto
Juezas y jueces de la Corte Constitucional

Art. 194. Funciones de las juezas y jueces de la Corte Constitucional. Las juezas y jueces de la Corte Constitucional desempeñarán las siguientes funciones:

1. Formar parte del Pleno de la Corte Constitucional con derecho a voz y voto.

2. Formar parte de las diferentes salas de la Corte Constitucional conforme lo establecido en la presente ley.

3. Realizar la sustanciación de las causas y elaborar los proyectos de sentencias que profiera la Corte Constitucional.

4. Cumplir y hacer cumplir la Constitución y garantizar la vigencia efectiva de los derechos constitucionales y la supremacía constitucional.

5. Las demás funciones delegadas por el Pleno o la Presidenta o Presidente de la Corte Constitucional.

6. Cumplir con el plan estratégico y los planes operativos anuales de la Corte Constitucional.

7. Las demás que establezca esta Ley y los reglamentos internos de la Corte Constitucional.

Art. 195. Jueza o juez ponente. En cada proceso existirá una jueza o juez ponente, que será designado mediante sorteo, y que tiene como función realizar el proyecto de admisibilidad cuando corresponda en la Sala de Admisión, la sustanciación de las causas y elaborar el proyecto de sentencia.

El Pleno de la Corte Constitucional podrá asignar a más de una jueza o juez como ponente en un mismo asunto, cuando la complejidad del tema lo amerite.

Art. 196. Despachos de las juezas o jueces. Los despachos están integrados por la jueza o juez, los asesores y el personal administrativo necesario para su correcto funcionamiento.

Los despachos se encargan de sustanciar los procesos constitucionales y contribuir a la elaboración de los proyectos de fallo.

Parágrafo Séptimo
Sala de admisión, selección y revisión

Art. 197. Sala de admisión. La Corte Constitucional contará con una Sala de Admisión encargada de calificar y admitir la procedencia de acciones constitucionales en los casos y términos establecidos en la ley. Esta sala estará integrada por tres juezas o jueces constitucionales, que actuarán mensualmente de manera rotativa.

La Sala de Admisión deberá realizar un análisis exhaustivo de la demanda en las acciones extraordinarias de protección y de cumplimiento para determinar el estricto apego a los requisitos de admisibilidad y procedencia establecidos en esta Ley.

Art. 198. Sala de selección. Para efectos de la selección de sentencias en materia de garantías jurisdiccionales y las resoluciones de medidas cautelares, la Corte Constitucional tendrá una Sala de Selección compuesta por tres juezas o jueces que actuarán mensualmente de manera rotativa.

Las decisiones de la Sala de Selección serán discrecionales y no cabrá ningún recurso contra ellas.

Art. 199. Salas de revisión. Para efectos de la revisión de sentencias de protección, cumplimiento, hábeas corpus, hábeas data, acceso a la información pública y resoluciones de medidas cautelares, la Corte Constitucional tendrá salas de revisión de procesos, compuestas, cada una, por tres juezas o jueces designados para cada caso por el Pleno, de manera rotativa y al azar. Cada una de estas salas estará presidida por una de las tres juezas o jueces de la respectiva sala.

Sección Tercera
Secretaría General, órganos de apoyo y Centro de Estudios Constitucionales

Art. 200. Secretaría General. La Corte Constitucional tendrá una Secretaria o Secretario General, así como una Prosecretaria o Prosecretario General, que son de libre nombramiento y remoción por el Pleno y tendrán la función de coordinar los procesos de archivo, custodia, notificación de las providencias y demás funciones que les atribuya el reglamento.

Art. 201. Personal y órganos de apoyo. Son personal y órganos necesarios de apoyo las y los asesores, Secretaría General, Secretaría Técnica Jurisdiccional, Secretaría de Gestión Institucional, oficinas regionales y las unidades administrativas que establezca la Corte Constitucional, que se regularán de conformidad con el reglamento interno que dicte la Corte Constitucional.

Con excepción de los asesores ocasionales y los Secretarios que designa el Pleno, los funcionarios de la Corte Constitucional serán seleccionados a través de concursos de mérito y oposición.

Art. 202. Del Centro de Estudios y Difusión del Derecho Constitucional. La Corte Constitucional contará con un Centro de Estudios Constitucionales encargado de fomentar la investigación jurídica en áreas de teoría del derecho, derecho constitucional ecuatoriano, derecho constitucional comparado, derechos humanos e historia del derecho constitucional ecuatoriano.

DISPOSICIONES TRANSITORIAS

Primera. Las acciones constitucionales establecidas en la Constitución de 1998, pendientes de despacho en la Corte Constitucional, continuarán sustanciándose de conformidad con la normatividad adjetiva vigente al momento de iniciar su trámite, debiendo armonizarse con la Constitución del 2008.

Segunda. Las Reglas de Procedimiento para el ejercicio de las Competencias de la Corte Constitucional para el período de transición, expedidas en uso de sus atribuciones por el Pleno de la Corte, publicadas en el Suplemento del Registro Oficial N° 466 de 13 de noviembre de 2008, tienen validez jurídica para las causas constitucionales ingresadas hasta antes de la vigencia de esta Ley, sin perjuicio de aplicar los trámites y términos de esta ley en lo que resultaren más favorables a la vigencia y eficacia de los derechos constitucionales.

Los procesos de control abstracto de constitucionalidad que se hubieren presentado para conocimiento de la Corte Constitucional para el período de transición y en los cuales no exista auto de admisión, se regirán por las normas de procedimiento establecidas en esta Ley.

Tercera. Las actuales juezas y jueces de la Corte Constitucional para el Período de Transición y sus suplentes, continuarán en sus funciones hasta ser reemplazados de conformidad con la Constitución y esta ley.

Cuarta. Las decisiones judiciales, dictámenes, sentencias ejecutoriadas y demás resoluciones expedidas o que se expidan por la Corte Constitucional para el período de transición, así como los efectos generados por aquellas, tendrán validez y carácter de definitivos.

Quinta. Podrán presentarse las acciones extraordinarias de protección contra sentencias, autos definitivos y resoluciones con fuerza de sentencia dictadas con posterioridad a la entrada en vigor de la Constitución de la República.

Sexta. Una vez constituidas las nuevas funciones Legislativa, Ejecutiva y de Transparencia y Control Social se organizará la Comisión Calificadora para designar a las juezas y jueces de la Corte Constitucional. El Consejo de Participación Ciudadana dictará las normas y procedimientos del concurso conforme lo establecido en la Constitución y en la presente ley.

Las juezas y jueces designados se autoconvocarán para designar sus autoridades y cumplir sus funciones.

Séptima. Una vez conformada la Corte Constitucional, iniciará el proceso de evaluación del personal conforme el artículo 26 del Régimen de Transición establecido en la Constitución.

Octava. Los procesos que se encuentren en conocimiento de los actuales miembros de la Corte Constitucional para la transición serán sorteados cuando se posesionen los nuevos miembros.

Novena. Al tercer año de funciones de la Corte Constitucional, el Pleno realizará un sorteo entre sus miembros para determinar cuáles deberán ser reemplazados conforme a las reglas de renovación parcial establecidas en la Ley; al sexto año, el sorteo se realizará entre aquellos miembros de la Corte que continuaron en funciones tras el primer sorteo.

Décima. De conformidad con la Disposición Transitoria Quinta de la Constitución de la República, todos los bienes del ex Tribunal Constitucional se transferirán a la Corte Constitucional.

Undécima. Dentro del plazo de ciento ochenta días a partir de la vigencia de esta Ley, la Corte Constitucional dictará los reglamentos internos necesarios de conformidad con esta Ley.

Décimo segunda. El Registro Oficial y la Editora Nacional continuarán adscritos a la Corte Constitucional y dependerán en forma administrativa y presupuestaria de dicho organismo hasta que se transformen en una empresa pública del Estado, de conformidad con la Disposición Transitoria Quinta de la Constitución de la República.

Décimo tercera. Los tratados internacionales ratificados con anterioridad a la entrada en vigencia de la Constitución y sobre cuya constitucionalidad no haya existido pronunciamiento judicial previo, podrán ser demandados ante la Corte Constitucional únicamente por vicios de fondo.

Décimo cuarta. Las disposiciones legales de origen parlamentario expedidas con anterioridad a la entrada en vigencia de esta ley y sobre cuya constitucionalidad no haya existido pronunciamiento judicial previo, podrán ser demandadas ante la Corte Constitucional únicamente por vicios de fondo.

Décimo quinta. Las declaratorias de emergencia o estados de excepción y las medidas adoptadas en virtud de tales declaratorias que se encuentren vigentes a la fecha de expedición de esta ley, deberán ser puestas en conocimiento de la Corte Constitucional para el respectivo control de constitucionalidad.

Décimo sexta. Las sentencias interpretativas, dictámenes, actos jurisdiccionales y demás resoluciones dictadas por la Corte Constitucional para la transición, así como los efectos generados por aquellas, tendrán validez para los casos y situaciones resueltas antes de la promulgación de esta ley.

Décimo séptima. Los jueces alternos que han venido actuando en la Corte Constitucional para el período de transición continuarán en sus funciones hasta ser reemplazados de conformidad con la Constitución y esta ley.

DISPOSICIONES REFORMATORIAS

Primera. En todas las disposiciones legales donde se diga "Tribunal Constitucional", deberá leerse "Corte"

DISPOSICIONES DEROGATORIAS

Primera. Deróganse todas las disposiciones contrarias a esta ley.

Segunda. Se derogan expresamente las siguientes disposiciones:

Ley del Control Constitucional, publicada en el Registro Oficial N° 99 de 2 de julio de 1997.

Resolución s/n de la Corte Suprema de Justicia, promulgada en el Registro Oficial N° 378 de 27 de julio de 2001.

Resolución s/n de la Corte Suprema de Justicia, publicada en el Registro Oficial N° 559 de 19 de abril de 2002.

Resolución s/n del Tribunal Constitucional publicada en el Suplemento del Registro Oficial N° 246 de 2 de agosto de 1999.

Resolución 2622001TP del Tribunal Constitucional, "Reglamento de Trámite de Expedientes en el Tribunal Constitucional", promulgada en el Registro Oficial 492 del 11 de enero de 2002.

Resolución s/n de la Corte Suprema de Justicia, que contiene el "Estatuto Transitorio del Control Constitucional", publicada en el Registro Oficial N° 176, de 26 de abril de 1993.

Artículo 71 de la Codificación de la Ley Orgánica de Régimen Municipal, publicada en el Registro Oficial Suplemento N° 159 de 5 de diciembre de 2005.

DISPOSICIÓN FINAL

En todo aquello no previsto expresamente en esta Ley, se estará a lo dispuesto supletoriamente en sus reglamentos, en el Código Civil, Código de Procedimiento Civil, Código de Procedimiento Penal y Ley Orgánica de la Procuraduría General del Estado, en lo que fueren aplicables y compatibles con el Derecho Constitucional. Esta ley entrará en vigencia desde su promulgación en el Registro Oficial.

Dado y suscrito en la sede de la Asamblea Nacional, ubicada en el Distrito Metropolitano de Quito, provincia de Pichincha, a los diez días del mes de septiembre de dos mil nueve. f.) Fernando Cordero Cueva, Presidente de la Asamblea Nacional. f.) Dr. Francisco Vergara O., Secretario General de la Asamblea Nacional.

EL SALVADOR
CONSTITUCIÓN DE LA REPÚBLICA DE EL SALVADOR, 1983 (Última reforma, 2003);

Artículo 247.- Toda persona puede pedir amparo ante la Sala de lo Constitucional de la Corte Suprema de Justicia por violación de los, derechos que otorga la presente Constitución.

El habeas corpus puede pedirse ante la Sala de lo Constitucional de la Corte Suprema de Justicia o ante las Cámaras de Segunda Instancia que no residan en la capital. La resolución de las Cámaras que denegare la libertad del favorecido podrá ser objeto de revisión, a solicitud del interesado, por la Sala de lo Constitucional de la Corte Suprema de Justicia.

LEY DE PROCEDIMIENTOS CONSTITUCIONALES.
Aprobada por D.L. Nº 2996, de 14/01/60.

*PUBLICADA EN EL DIARIO OFICIAL Nº 15, TOMO 186,
DE 22 DE ENERO DE 1960.*

REFORMAS:

- D.L. Nº 49, del 22 de diciembre de 1960, publicado en el D.O. Nº 239, Tomo 189, del 22 de diciembre de 1960.

- D.L. 378, del 10 de octubre 1977, publicado en el D.O. Nº 198, Tomo 257, del 26 de octubre de 1977.

- D.L. Nº 131, del 12 de septiembre de 1985, publicado en el D.O. Nº 192, Tomo 289, del 11 de octubre de 1985.

- D.L. Nº 965, del 30 de abril de 1988, publicado en el D.O. Nº 85, Tomo 299, del 9 de mayo de 1988.

- D.L. Nº 182, del 11 de diciembre de 1997, publicado en el D.O. Nº 239, Tomo 337, del 22 de diciembre de 1997.

LA ASAMBLEA LEGISLATIVA DE LA REPUBLICA DE EL SALVADOR

Considerando:

I. Que es conveniente reunir en un solo cuerpo legal las regulaciones de los preceptos contenidos en los arts. 96, 164 Inc. 2° y 222 de la Constitución, que garantizan la pureza de la Constitución;

II. Que la acción de inconstitucionalidad de las leyes, decretos y reglamentos en su forma y contenido, de un modo general y obligatorio, aún no ha sido especialmente legislada por lo que es conveniente hacerlo;

III. Que la acción de amparo constitucional, la cual tiene más de setenta años de proteger los derechos individuales en El Salvador, precisa ser mejorada tanto en su forma como en su fondo a fin de que esté en concordancia con las exigencias actuales de la sociedad salvadoreña y pueda dar una mayor protección a los derechos que la Constitución otorga a la persona;

IV.Que para que sean llenadas ampliamente las finalidades a que se refiere el Considerando I, es necesario que esta ley contenga el habeas corpus;

POR TANTO,

en uso de facultades constitucionales, a iniciativa conjunta del señor Presidente de la República, por medio del Ministro de Justicia, y de la Corte Suprema de Justicia,

Decreta

la siguiente

LEY DE PROCEDIMIENTOS CONSTITUCIONALES

TÍTULO I
PRINCIPIOS GENERALES Y JURISDICCIÓN

Artículo 1. Son procedimientos constitucionales, los siguientes:

1) El de inconstitucionalidad de las leyes, decretos y reglamentos;

2) El amparo; y

3) El de exhibición de la persona.

Artículo 2. Cualquier ciudadano puede pedir a la Sala de lo Constitucional de la Corte Suprema de Justicia, que declare la inconstitucionalidad de las leyes, decretos y reglamentos en su forma y contenido, de un modo general y obligatorio.

Corresponde la sustanciación del proceso al Presidente de la Sala.

Artículo 3. Toda persona puede pedir amparo ante la Sala de lo Constitucional de la Corte Suprema de Justicia, por violación de los derechos que le otorga la Constitución.

Artículo 4. Cuando la violación del derecho consista en restricción ilegal de la libertad individual, cometida por cualquier autoridad o individuo, la persona agraviada tiene derecho al "habeas corpus" ante la Sala de lo Constitucional de la Corte Suprema de Justicia o ante las Cámaras de Segunda Instancia que no residan en la capital.

Artículo 5. Iniciado cualquiera de los procesos constitucionales, no será necesaria la solicitud de las partes para su continuación, debiendo el Tribunal pronunciar de oficio todas las resoluciones hasta la sentencia.

Los plazos que señala esta ley comprenderán únicamente los días hábiles; serán perentorios e improrrogables; y, transcurrido cualquiera de ellos para una audiencia o traslado, sin que se haga uso de los mismos, se pronunciará la resolución que corresponda, procediendo de oficio al apremio, si fuere necesaria la devolución del expediente.

TÍTULO II
PROCESOS DE INCONSTITUCIONALIDAD

Artículo 6. La demanda de inconstitucionalidad deberá presentarse por escrito ante la Sala de lo Constitucional de la Corte Suprema de Justicia, y contendrá.

1) El nombre, profesión u oficio y domicilio del peticionario;

2) La ley, el decreto o el reglamento que se estime inconstitucional, citado el número y fecha del Diario Oficial en que se hubiere publicado, o acompañando el ejemplar de otro periódico, sino se hubiere usado aquél para su publicación;

3) Los motivos en que se haga descansar la inconstitucionalidad expresada, citando los artículos pertinentes de la Constitución;

4) La petición de la declaratoria de inconstitucionalidad de la ley, decreto o reglamento; y

5) El lugar y fecha de la demanda, y firma del peticionario o de quien lo hiciere a su ruego.

Con la demanda deberán presentarse los documentos que justifiquen la ciudadanía del peticionario.

Artículo 7. Presentada la demanda con los requisitos mencionados se pedirá informe detallado a la autoridad que haya emitido la disposición considerada inconstitucional, la que deberá rendirlo en el término de diez días, acompañando a su informe cuando lo crea necesario, las certificaciones de actas, discusiones, antecedentes y demás comprobantes que fundamenten su actuación.

Artículo 8. De la demanda o informe se correrá traslado por un término prudencial que no exceda de noventa días, al Fiscal General de la República, quien estará obligado a evacuarlo dentro del plazo que se le señale.

Artículo 9. Evacuado el traslado por el Fiscal y practicadas las diligencias que se estimaren necesarias, se pronunciará sentencia.

Artículo 10. La sentencia definitiva no admitirá ningún recurso y será obligatoria de un modo general para los órganos del Estado, para sus funcionarios y autoridades y para toda persona natural o jurídica.

Si en la sentencia se declarare que en la ley, decreto o reglamento no existe la inconstitucionalidad alegada ningún Juez o funcionario podrá negarse a acatarla, amparándose en las facultades que conceden los arts. 185 y 235 de la Constitución.

Artículo 11. La sentencia definitiva se publicará en el Diario Oficial dentro de los quince días subsiguientes al de su pronunciamiento, para lo cual se remitirá copia de la referida sentencia al Director de dicho periódico, y si este funcionario no cumpliere, la Corte ordenará que se publique en uno de los diarios de mayor circulación de la capital de la República, sin perjuicio de la responsabilidad en que haya incurrido.

TÍTULO III
PROCESO DE AMPARO

CAPÍTULO I
DEMANDA

Artículo 12. Toda persona puede pedir amparo ante la Sala de lo Constitucional de la Corte Suprema de Justicia, por violación de los derechos que le otorga la Constitución.

La acción de amparo procede contra toda clase de acciones u omisiones de cualquier autoridad, funcionario del Estado o de sus órganos descentralizados y de las sentencias definitivas pronunciadas por la Sala de lo Contencioso Administrativo que violen aquellos derechos u obstaculicen su ejercicio. Cuando el agraviado fuere el Estado, la Sala de lo Constitucional tendrá obligación de mandar a suspender el acto reclamado.

La acción de amparo únicamente podrá incoarse cuando el acto contra el que se reclama no puede subsanarse dentro del respectivo procedimiento mediante otros recursos.

Si el amparo solicitado se fundare en detención ilegal o restricción de la libertad personal de un modo indebido, se observará lo que dispone el Título IV de la presente ley.

Artículo 13. El juicio de amparo es improcedente en asuntos judiciales puramente civiles, comerciales o laborales, y respecto de sentencias definitivas ejecutoriadas en materia penal.

Artículo 14. La demanda de amparo podrá presentarse por la persona agraviada, por sí o por su representante legal o su mandatario, por escrito y deberá expresar.

1) El nombre, edad, profesión u oficio y domicilio del demandante y, en su caso, los de quién gestiona por él. Si el demandante fuere una persona jurídica, además de las referencias personales del apoderado, se expresará el nombre, naturaleza y domicilio de la entidad;

2) La autoridad o funcionario demandado.

3) El acto contra el que se reclama;

4) El derecho protegido por la Constitución que se considere violado u obstaculizado en su ejercicio;

5) Relación de las acciones u omisiones en que consiste la violación;

6) Las referencias personales del tercero a quien benefició el acto reclamado, caso de que lo haya; y,

7) El lugar y fecha del escrito y firma del demandante o de quien lo hiciere a su ruego:

Con la demanda y con todo otro escrito que las partes presenten durante el curso del juicio, se acompañará una copia firmada de los mismos. La Sala formará con tales duplicados y con las copias de las actuaciones y resoluciones que provea, una pieza por separado, la cual tendrá igual valor que los originales en los casos de extravío o pérdida del respectivo proceso.

Artículo 15. La demanda se presentará en la Secretaría de la Sala de lo Constitucional de la Corte Suprema de Justicia, pero las personas que tuviesen su domicilio fuera de la sede del Tribunal, también podrán presentarla ante un Juez de primera Instancia, quién identificará al demandante y hará constar esta circunstancia al pie del escrito de demanda en la nota en que se exprese el día y hora de su presentación. Esta nota será firmada por el Juez y el Secretario, y sellada, se remitirá la demanda por correo certificado a la Secretaría de la Sala de lo Constitucional mencionada, en el mismo día o a más tardar, en el siguiente de haberse recibido.

Artículo 16. Son partes en el juicio de amparo:

1) La persona agraviada que promueve el juicio; y,

2) La autoridad contra quien se interpone la demanda.

Podrá también mostrarse parte en el juicio el tercero a quien beneficie la ejecución del acto reclamado, y tomará el proceso en el estado en que lo encuentre, sin poder hacerlo retroceder por ningún motivo.

Artículo 17. El Ministerio Público intervendrá en el juicio en defensa de la constitucionalidad.

Artículo 18. Recibida la demanda, la Sala la admitirá si se hubiere llenado los requisitos que exige el *Artículo* 14. En caso contrario, prevendrá al demandante que lo haga dentro del plazo de tres días contados a partir del día siguiente de la notificación. La falta de aclaración o de corrección oportuna, producirá la declaratoria de inadmisibilidad de la demanda.

CAPÍTULO II
SUSPENSIÓN DEL ACTO RECLAMADO

Artículo 19. Al admitir la demanda, la Sala en el mismo auto, resolverá sobre la suspensión del acto contra el que se reclama, aún cuando el peticionario no la hubiere solicitado.

En todo caso, la suspensión sólo procede respecto de actos que produzcan o puedan producir efectos positivos.

Artículo 20. Será procedente ordenar la suspensión provisional inmediata del acto reclamado cuando su ejecución pueda producir un daño irreparable o de difícil reparación por la sentencia definitiva.

Artículo 21. Ordenada o no la suspensión provisional inmediata, se pedirá informe a la autoridad o funcionario demandado, quien deberá rendirlo dentro de veinticuatro horas.

Artículo 22. En el informe, la autoridad se concretará a expresar si son ciertos o no los hechos que se atribuyen.

La falta de informe dentro del término legal, hará presumir la existencia del acto reclamado para los efectos de la suspensión, y se impondrá al funcionario desobediente una multa de diez a cien colones a juicio prudencial de la Sala.

Artículo 23. Recibido el informe o transcurrido el plazo sin que el demandado lo rindiere, se mandará oír en la siguiente audiencia al Fiscal de la Corte.

Con la contestación del Fiscal o sin ella, la Sala resolverá sobre la suspensión, decretándola, declarándola sin lugar o, en su caso, confirmando o revocando la provisional si se hubiere decretado.

Artículo 24. Siempre que se ordenare la suspensión, se notificará inmediatamente a la autoridad o funcionario demandado, y si no la cumple, se procederá en la forma indicada en los arts. 36 y 37.

Para ordenar la suspensión podrá usarse la vía telegráfica con aviso de recepción; el informe se pedirá acompañándose copia fotostática del escrito de demanda.

La autoridad demandada podrá rendir su informe, en el incidente de suspensión por la vía telegráfica.

Artículo 25. La resolución que deniegue la suspensión del acto no causa estado y podrá revocarse en cualquier estado del juicio, siempre que la Sala lo estime procedente.

CAPÍTULO III
PROCEDIMIENTO

Artículo 26. Resuelta la suspensión, se pedirá nuevo informe a la autoridad o funcionario demandado, quien deberá rendirlo detalladamente dentro de tercero día más el término de la distancia, haciendo una relación pormenorizada de los hechos, con las justificaciones que estime convenientes y certificando únicamente los pasajes en que apoye la legalidad del acto.

Artículo 27. Transcurrido el plazo, con o sin el informe de la autoridad o funcionario demandado, se dará traslado al Fiscal de la Corte, y luego al actor y al tercero que hubiese comparecido, por tres días a cada uno, para que aleguen lo conducente.

Artículo 28. Si fueren varios los terceros, no se les dará traslado, sino audiencia común por tres días, previniéndoseles que, en la misma nombren procurador común o designe uno de ellos para que los represente. Si no lo hicieren, el Tribunal designará entre ellos al que deba representarlos.

Artículo 29. Concluidos los términos de los traslados y audiencia en su caso, se abrirá el juicio a pruebas por ocho días, si fuera necesario.

Si la prueba hubiere de recibirse fuera de la capital y consistiere en la inspección, de testigos o de peritos, se concederá además el término de la distancia y la Sala podrá remitir originales los autos, por correo certificado, al Juez de Primera Instancia de la respectiva jurisdicción territorial, para que las reciba con las formalidades legales, o librará las provisiones que creyere convenientes.

Se prohíben las compulsas salvo el caso del Art. 83. En ningún caso podrá pedirse posiciones a la autoridad o funcionario demandado.

Artículo 30. Concluida la prueba se dará traslado al Fiscal y a las partes por el término de tres días a cada uno, para que formulen y presenten sus respectivos alegatos escritos. Si fuesen varios los terceros, tendrá lugar lo previsto en el art. 28.

CAPÍTULO IV
SOBRESEIMIENTO

Artículo 31. El juicio de amparo terminará por sobreseimiento en los casos siguientes:

1) Por desistimiento del actor, sin que sea necesaria la aceptación del demandado;

2) Por expresa conformidad del agraviado con el acto reclamado;

3) Por advertir el Tribunal que la demanda se admitió en contravención con los Artos. 12, 13 y 14 siempre que no se tratare de un error de derecho.

4) Por no rendirse prueba sobre la existencia del acto reclamado, cuando aquella fuere necesaria;

5) Por haber cesado los efectos del acto; y

6) Por fallecimiento del agraviado si el acto reclamado afectare únicamente a su persona.

CAPÍTULO V
SENTENCIA Y EJECUCIÓN

Artículo 32. Devueltos los traslados y transcurrida la audiencia de que tratan los arts. 27 y 30, se pronunciará la sentencia.

Artículo 33. En la sentencia se relacionarán los hechos y cuestiones jurídicas que se controviertan, dando las razones y fundamentos legales que se estimen procedentes y citando las leyes y dictámenes que se consideren aplicables. La Sala podrá omitir la relación de la prueba y los alegatos de las partes, pero hará la apreciación jurídica de la prueba en caso necesario.

Artículo 34. Pronunciada la sentencia definitiva se comunicará a la autoridad o funcionario demandado, a quien se transcribirá, en caso necesario, la sentencia y se notificará a las otras partes.

Artículo 35. En la sentencia que concede el amparo, se ordenará a la autoridad demandada que las cosas vuelvan al estado en que se encontraban antes del acto reclamado. Si éste se hubiere ejecutado en todo o en parte, de un modo irremediable, habrá lugar a la acción civil de indemnización por daños y perjuicios contra el responsable personalmente y en forma subsidiaria contra el Estado.

Cuando el amparo sea procedente porque un funcionario o autoridad obstaculice en cualquier forma, con sus actos, dilaciones u omisiones el ejercicio de un derecho que otorga la Constitución, la sentencia determinará la actuación que deberá seguir la autoridad o el funcionario responsable, quien estará obligado a dictar sus providencias en el sentido indicado, y si no lo hace dentro del plazo que se le señale, incurrirá en el delito de desobediencia y el Tribunal lo mandará procesar.

La sentencia contendrá, además, la condena en las costas, daños y perjuicios del funcionario que en su informe hubiere negado la existencia del acto reclamado, o hubiese omitido dicho informe o falseado los hechos en el mismo. Esta parte de la sentencia se ejecutará conforme al procedimiento común.

Si la sentencia deniega el amparo o se estuviere en el caso del Nº 4 del art. 31, se condenará en las costas, daños y perjuicios al demandante; también se condenará en costas, daños y perjuicios al tercero que sucumbiere en sus pretensiones.

El funcionario demandado deberá proceder al cumplimiento de la sentencia dentro de las veinticuatro horas de haber sido comunicada, o dentro del plazo que el Tribunal señale.

Artículo 36. Si la autoridad demandada no procede al cumplimiento de la sentencia que concede al amparo dentro del término indicado, la sala requerirá al Superior inmediato si lo tuviere, en nombre de la República, para que la haga cumplir, o hará dicho requerimiento directamente a la autoridad renuente en caso de no tener superior; todo, sin perjuicio de que la Sala comunique el hecho a la Corte Suprema de Justicia para los efectos consiguientes.

Artículo 37. Si a pesar del requerimiento la sentencia no se cumpliere en su totalidad, la Corte Suprema de Justicia la hará cumplir coactivamente, solicitando los medios materiales necesarios al Órgano Ejecutivo y mandará procesar al desobediente, quien quedará desde ese momento, suspenso en sus funciones, aplicándose en su caso lo dispuesto en el artículo 237 de la Constitución.

TÍTULO IV
HABEAS CORPUS
CAPÍTULO I
NATURALEZA Y OBJETO DEL RECURSO

Artículo 38. Siempre que la ley no provea especialmente lo contrario, todos tienen derecho a disponer de su persona, sin sujeción a otro.

Cuando este derecho ha sido lesionado, deteniéndose a la persona contra su voluntad dentro de ciertos límites ya sea por amenazas, por temor de daño, apremio u otros obstáculos materiales, debe entenderse que la persona está reducida a prisión y en custodia de la autoridad o del particular que ejerce la detención.

Una persona tiene bajo su custodia a otra, cuando no la confine dentro de ciertos límites territoriales por fuerza o amenazas, dirige sus movimientos y la obliga contra su voluntad a ir o permanecer donde aquélla dispone.

Artículo 39. Cuando no exista tal detención dentro de ciertos límites, pero se pretende y se ejerce autoridad con un dominio general sobre las acciones de la persona, contra su consentimiento, entonces se dice que ésta se halla bajo la restricción del sujeto que ejerce tal poder.

Artículo 40. En todos los casos, sean cuales fueren, en que exista prisión, encierro, custodia o restricción que no esté autorizado por la ley, o que sea ejercido de un modo o en un grado no autorizado por la misma, la parte agraviada tiene derecho a ser protegida por el auto de exhibición de la persona.

Artículo 41. El auto de exhibición personal puede pedirse por escrito presentado directamente en la Secretaría de la Sala de lo Constitucional de la Corte Suprema de Justicia o a la Secretaría de cualquiera de las Cámaras de Segunda Instancia que no residan en la capital o por carta o telegrama, por aquél cuya libertad esté indebidamente restringida o por cualquiera otra persona. La petición debe expresar, si fuere posible, la especie de encierro, prisión o restricción que sufre el agraviado; el lugar en que lo padece y la persona bajo cuya custodia está solicitándose que se decrete el auto de exhibición personal y jurando que lo expresado es verdad.

Artículo 42. El auto de exhibición personal deberá decretarse de oficio cuando hubiere motivos para suponer que alguien estuviese con su libertad ilegalmente restringida.

Artículo 43. El Tribunal cometerá el cumplimiento del auto de exhibición a la autoridad o persona que sea de su confianza, del lugar en que debe cumplirse o seis leguas de contorno, con tal de que sepa leer y escribir, tenga veintiún años cumplidos de edad y esté en el ejercicio de los derechos de ciudadanía.

Ninguna persona puede excusarse de servir el cargo de Juez Ejecutor por pretexto ni motivo alguno, excepto el caso de imposibilidad física legalmente comprobada, a juicio del Tribunal, o por alguna de las causales enumeradas en el art. 320 y 321 Pr. Pn.

Artículo 44. El auto de exhibición se contrae a que el Juez Ejecutor haga que se le exhiba la persona del favorecido, por el Juez, autoridad o particular bajo cuya custodia se encuentre y que se le manifieste el proceso o la razón por qué está reducida a prisión, encierro o restricción. Si no se sabe quién sea la persona cuya libertad esta restringida, se expresará en el auto que debe exhibirse la que sea. Si se tiene noticia de la persona que padece, pero se ignora la autoridad o el particular bajo cuya custodia esté, se expresará en el auto que cualquiera que sea ésta presente a la persona a cuyo favor se expide.

Artículo 45. El Ejecutor, acompañado del Secretario que nombre intimará el auto a la persona o autoridad bajo cuya custodia esté el favorecido, en el acto mismo de recibirlo si se hallare en el lugar, o dentro de veinticuatro horas si estuviese fuera.

Artículo 46. El particular o autoridad bajo cuya custodia o restricción se encuentre el favorecido, deberá exhibirlo inmediatamente al Ejecutor, presentando la causa respectiva, o dando la razón por qué se le tiene en detención o restricción, si no lo hubiere. El Juez Ejecutor hará constar en la notificación del auto lo que aquélla conteste, diligencia que será firmada por la misma, si supiere, y por el Ejecutor y Secretario.

CAPÍTULO II
DEL PROCEDIMIENTO

Artículo 47. Si el que tiene bajo su custodia al favorecido fuere una persona particular que proceda sin autorización, el Ejecutor proveerá: póngase en libertad a N (nombre del favorecido), que se haya en custodia ilegal de N (nombre de la persona particular). Aquel será puesto en el acto en libertad sin necesidad de fianza y se retornará el auto a la Sala de lo Constitucional de la Corte Suprema de Justicia o a la Cámara de que se trate, con informe. El Tribunal mandará a acusar recibo y juzgar al culpable de la detención ilegal.

Artículo 48. Si el particular procediere en virtud de la facultad concedida en el Art. 242 Pr. Pn. por tratarse de un culpable aprehendido infraganti, sea que hubiese o no transcurrido las veinticuatro horas que en dicho artículo se señalan y se tratare de un delito o falta de los que dan lugar a procedimiento de oficio, el Ejecutor proveerá "Póngase a N. a disposición del Juez (el que sea competente) y retórnese el auto con informe.

Si el que tiene bajo su custodia o restricción al favorecido fuese una autoridad distinta de la que debe juzgarlo, en uso de la facultad concedida en el art. 243 Pr. Pn. el Ejecutor procederá de la manera indicada en el inciso anterior.

En cualesquiera de los casos de este artículo, si se tratare de delito o falta de los que no dan lugar a procedimiento de oficio, y la iniciativa de la parte agraviada para perseguir el delito privado no se hubiese producido en la forma determinada por la ley, el Juez Ejecutor proveerá: "Póngase en libertad a N. que se halla en custodia ilegal y retórnese el auto con informe".

Artículo 49. Si el que tiene a otro bajo su custodia fuere padre, guardador o persona a quien corresponda el derecho de corrección doméstica, y se hubiese excedido notablemente en los límites de ella, el Ejecutor proveerá así: "habiéndose excedido del poder doméstico correccional N., quién tiene bajo su custodia a N., póngase a éste en libertad". En lo demás se procederá como se previene en el art. 48.

Artículo 50. Si el que tiene bajo su custodia a otro fuere autoridad competente y no hubiese transcurrido el término de inquirir, el Ejecutor se abstendrá de pronunciar resolución, y aquella autoridad continuará conociendo del proceso hasta que transcurra dicho término, y transcurrido éste, el Ejecutor procederá como se indica en los tres artículos siguientes.

Artículo 51. Si la autoridad fuese competente y no se hubiere comenzado el procedimiento, transcurrido el término de ley para inquirir, el Ejecutor proveerá: "No habiéndose comenzado el procedimiento contra N., dentro del plazo legal, póngase en libertad".

Artículo 52. Si ya se hubiese comenzado el procedimiento, pero sin que se hubiere proveído el auto de detención dentro del término legal, y las pruebas de la causa no dieren mérito para dictarlo, el Ejecutor proveerá: "No habiéndose proveído el auto de detención contra N., en el término que previene la ley, y no suministrado la causa el mérito suficiente para proveerlo, póngase el detenido en libertad".

En el caso del inciso anterior si hubiere mérito para dictar el auto de detención, el Ejecutor resolverá: "No habiéndose proveído el auto de detención contra N., pero habiendo mérito para ello, permanezca en la detención en que se halla".

Artículo 53. Si ya estuviese dictado el auto de detención, pero sin fundamento legal, el Ejecutor proveerá: "No habiendo fundamento legal para la detención, procede la libertad del favorecido N., y retórnese el auto con informe".

Artículo 54. Si el juez o cualquiera otra autoridad competente proceden con arreglo a la ley, el Ejecutor proveerá: "Continúese la causa según su estado y retórnese el auto con informe".

Artículo 55. Si el que se halla bajo la custodia de otro lo estuviere por sentencia ejecutoriada, el Ejecutor proveerá: "Continúe N., bajo la custodia de N., por el término de ley y retórnese el auto con informe".

Artículo 56. Si el caso del artículo anterior el rematado ya hubiese cumplido su condena, el Ejecutor proveerá: "Habiendo N., rematado, que se halla bajo la custodia de N., cumplida su condena, procede su libertad".

Artículo 57. Si el detenido, preso o rematado fuese molestado con más prisiones o restricciones que las permitidas por la ley, o incomunicado contra lo que ella previene, decretará el Ejecutor: "N., que se halla bajo la custodia de N., no será molestado con tal prisión o restricción (la que sea ilegal)"; se la quitará efectivamente y retornará el auto con informe.

Artículo 58. Cuando el favorecido con el auto de exhibición estuviere solamente bajo la restricción de otro, el Ejecutor proveerá: "Retórnese el auto con informe", si la restricción fuere legal; y siendo ilegal decretará: "Cese la restricción ejercida por N., en la persona de N.".

Artículo 59. Siempre que apareciere por la declaración jurada de un testigo fidedigno o por cualquiera otra prueba semiplena, recogida por el Tribunal competente, o por el Juez Ejecutor comisionado, que alguno está detenido en prisión, o se halla en custodia ilegal y hay motivos fundados para creer que será extrañado o sufrirá un daño irreparable, o se le oculta, antes de que pueda ser socorrido en el curso ordinario de la ley, o siempre que un acto de exhibición de la persona haya sido desobedecido, el Tribunal competente dictará una orden para que el Ejecutor a quien se someta, se apodere del reducido a prisión o puesto en restricción y lo traslade a otro sitio de detención a la orden del Tribunal que hubiere ordenado la exhibición y luego lo presentará al mismo Tribunal, el cual ordenará inmediatamente lo que corresponda para proteger a la persona favorecida con arreglo a la ley.

Artículo 60. Si la persona o autoridad ya no tiene bajo su custodia o restricción al favorecido, pero lo ha tenido y lo ha trasladado a otro lugar, o a la orden de otra persona o autoridad, o ha sido extrañado del territorio de la República, también deberá darle razón al Ejecutor de tales circunstancias y mencionarle el lugar donde se encuentre el detenido, si lo supiere. En la misma obligación estará la persona o la autoridad en el caso del Art. 59.

Artículo 61. Caso de desobediencia, el Ejecutor proveerá: "Negándose N., al cumplimiento del auto de exhibición, vuelva al Tribunal comitente con informe". Este Tribunal pedirá el auxilio de la fuerza armada y la pondrá a disposición del Ejecutor para que se apodere del favorecido, donde quiera que se encuentre en el territorio de la República y de su proceso si lo hubiere, y aprehenda además a la persona o autoridad que se haya negado a obedecer, resuelva lo conveniente sobre la libertad del favorecido, o su traslado a otro lugar de detención, a la orden de la autoridad competente, deje en arresto al desobediente, y de cuenta con todo al Tribunal competente, para que se siga el enjuiciamiento criminal respectivo.

Cuando se tratare de alguno de los funcionarios que mencionan los arts. 236 y 238 de la Constitución, el Ejecutor sólo se apoderará de la persona del favorecido, sin aprehender a dicha autoridad y retornará el auto con informe, para que el Tribunal a su vez, lo ponga en conocimiento de la Corte Suprema de Justicia, la cual procederá conforme se indica en el inciso siguiente, en lo que fuere procedente.

Si fuere alguno de los funcionarios dichos en el inciso anterior, quien se negare a obedecer al auto de exhibición, y puesto dicho auto en conocimiento de la Corte Suprema de Justicia, ésta pedirá oficialmente al Presidente de la República o al superior jerárquico respectivo si lo hubiere, que ponga inmediatamente en libertad al favorecido, o a la disposición de la autoridad competente para que lo juzgue, y si su petición no fuere cumplida, la Corte remitirá sin dilación, certificación de las diligencias a la Asamblea Legislativa, para que inicie el procedimiento contra el Presidente de la República y el funcionario desobediente, o contra éste o el superior jerárquico respectivo, si lo hubiere.

En la misma forma se procederá, en lo que fuere pertinente, cuando el Presidente de la República o cualquier otro funcionario negare el auxilio de la fuerza armada, para que el Ejecutor cumpla su encargo.

Artículo 62. Si la persona a cuyo favor se expediere un acto de exhibición personal hubiese muerto cuando éste se notifica, el Ejecutor proveerá: "Recíbase información sobre las circunstancias de la muerte del favorecido N., y con ella retórnese el auto". En seguida se recibirá declaración a dos testigos fidedignos, por lo menos, con citación de la persona que tenía bajo su custodia al favorecido y del pariente más cercano de éste, que se halle presente, y se remitirá lo actuado con informe.

Si la muerte hubiere sido natural, el Tribunal mandará acusar recibo y archivar el expediente, pero si tuviese motivos para estimar que la muerte fue violenta, mandará instruir causa con arreglo a derecho y proceder contra los culpables.

Artículo 63. La enumeración de los casos de exhibición mencionados en los artículos precedentes no es taxativa; y en cualquier otro caso distinto, en que la libertad individual de una persona esté restringida, tal persona tiene el derecho de pedir el auto de exhibición, a ser protegida por el mismo y ser puesta en libertad cuando la expresada restricción sea ilegal.

Artículo 64. El Juez Ejecutor se limitará a informar al Tribunal comitente, absteniéndose de dictar providencias sobre lo principal de la exhibición, siempre que hubiere proceso contra el favorecido, en los casos que siguen:

1) Cuando se hubiese admitido un recurso ordinario y no hubiese sido resuelto todavía, si dicho recurso lo hubiere interpuesto la parte reo, de resolución contemplada en algunos de los casos de los números 1°, 2° y 3° del art. 520 Pr. Pn., respectivamente, y

2) Cuando conste en autos que ya se ha concedido otra exhibición a favor del reo por el mismo motivo. No se entenderá que la exhibición se ha pedido por el mismo motivo, aunque fuere en el mismo proceso, cuando la exhibición se hubiese resuelto en diferentes fases del procedimiento criminal.

Artículo 65. Si el Ejecutor, en cualquiera de los casos contemplados en los artículos precedentes, encontrare faltas graves en el proceso, al mismo tiempo que resuelva lo procedente sobre lo principal del auto de exhibición, concluirá: "Y retórnese el auto con informe de las irregularidades notadas en la causa". El Tribunal, en vista del informe y del proceso, que pedirá si lo juzgare necesario, mandará a subsanar las faltas y lo pondrá en conocimiento de la Corte Suprema de Justicia, la cual deducirá a la autoridad que las cometió la responsabilidad disciplinaria o criminal correspondiente.

CAPÍTULO III
RESOLUCIÓN

Artículo 66. Dentro del quinto día de notificado el auto de exhibición a la persona o autoridad contra quien se dirija, debe el Ejecutor cumplir enteramente su encargo, si por tener que imponerse del proceso no pudiere hacerlo en el acto.

Artículo 67. Los proveídos del Ejecutor se extenderán a continuación del auto de exhibición de la persona y serán autorizados por el secretario que nombre.

Artículo 68. Mientras el Ejecutor cumpla su encargo, estarán sometidos a su conocimiento privativo, el favorecido y su proceso; pero el Ejecutor no podrá ejercer más funciones que las necesarias para cumplir con el auto de exhibición, ni debe tomar otra injerencia en aquel proceso. Se exceptúa el caso previsto en la primera parte del artículo 50.

Artículo 69. Concluidas sus funciones el Ejecutor devolverá dicho proceso a la autoridad que conozca de él, con certificación de lo que hubiere resuelto.

Artículo 70. Todo retorno de un auto de exhibición será acompañado de un informe suscinto y estrictamente arreglado al mérito del proceso o de los hechos.

Artículo 71. Devuelto el auto de exhibición por el Juez Ejecutor, la Sala o la Cámara resolverá dentro de los cinco días siguientes al recibo de aquél, salvo que estimare necesario pedir el proceso si lo hubiere, lo que hará en la siguiente audiencia.

En este caso, el Tribunal librará oficio a la autoridad respectiva para pedir el proceso, o usará la vía telegráfica con aviso de recepción si la autoridad reside fuera del lugar donde aquél tiene su asiento.

La autoridad requerida remitirá el proceso a la Sala o Cámara sin pérdida de tiempo, en el mismo día en que reciba la orden de remisión.

La Sala o Cámara resolverá dentro de los cinco días siguientes de haber recibido el proceso.

Artículo 72. Si la resolución fuese concediendo la libertad del favorecido, librará inmediatamente orden al Juez de la causa, o a la autoridad que hubiese restringido la libertad de aquél, para que cumpla lo ordenado, sin perjuicio de ordenar lo procedente conforme a la ley según el caso.

Si la resolución fuese denegando la libertad del favorecido y hubiese sido pronunciada por una Cámara de Segunda Instancia, el favorecido o quien hubiese solicitado la exhibición, podrá interponer dentro de los cinco días hábiles siguientes al de la notificación de aquélla, recurso de revisión para ante la Sala de lo Constitucional de la Corte Suprema de Justicia, la que lo resolverá con sólo la vista de los autos.

Para este efecto, la Cámara retendrá el proceso, si lo hubiere pedido, durante el plazo indicado en este inciso. Si la Cámara denegare la admisión del recurso, el interesado podrá recurrir de hecho, conforme a las reglas generales.

Cualquiera que fuere la resolución de la Sala o Cámara la certificará a la autoridad respectiva para que la agregue a los autos o la archive si no hubiere proceso.

Artículo 73. Si el Juez no cumpliere la resolución de la Sala o de la Cámara, ésta la pondrá inmediatamente en conocimiento de la Corte Suprema de Justicia, y la Corte destituirá al inferior desobediente, ordenando su juzgamiento.

Si el funcionario desobediente perteneciere a cualquier otro Órgano del Gobierno, la Corte procederá como se dispone en el art. 61 de esta ley.

CAPÍTULO IV
RESPONSABILIDAD DE LOS FUNCIONARIOS EN EL AUTO DE EXHIBICIÓN

Artículo 74. No hay autoridad, tribunal, ni fuero alguno privilegiado en esta materia. En todo caso tendrá lugar el auto de exhibición de la persona como la primera garantía del individuo, cualquiera que sea su nacionalidad o el lugar de su residencia.

Artículo 75. El auto de exhibición de la persona no priva a las autoridades ni les limita las facultades que les concede.

Artículo 76. El Tribunal que haya decretado el auto de exhibición personal, una vez concluida su tramitación, ordenará el procesamiento de la persona o autoridad que hubiese tenido en detención, custodia o restricción al favorecido, siempre que apareciere que hubiese cometido delito y remitirá certificación de los mismos autos al Tribunal competente si el propio no lo fuere, o al Órgano o autoridad correspondiente si fuese necesaria la declaración previa de que hay lugar a formación de causa. La orden de procesamiento o detención en el primer caso, o la resolución de que hay lugar a formación de causa en el segundo, suspende al referido funcionario en el ejercicio de su cargo o de sus funciones, de conformidad con la ley.

Artículo 77. Cualquier autoridad o persona contra quien, o a cuyo favor, se hubiere librado el auto de exhibición personal, puede reclamar ante la Sala o Cámara respectiva sobre las faltas o irregularidades del Ejecutor en el desempeño de su cargo, sin perjuicio del cumplimiento de los proveídos de éste. En tal caso la Sala o Cámara pedirá informe al Juez Ejecutor, quien deberá evacuarlo dentro de tercero día más el término de la distancia, y con lo que conteste o no, pasado dicho término, se recibirá la información a pruebas por ocho días más el término de la distancia, si fuere necesario, y concluidos se resolverá lo conveniente.

Si el Ejecutor resultare culpable de algún delito, se le mandará juzgar con arreglo a derecho, o se le deducirán las responsabilidades civiles, o se le impondrán las medidas disciplinarias, si los hechos violatorios de la ley no constituyen delito.

TÍTULO FINAL
DISPOSICIONES GENERALES

Artículo 78. En los procesos constitucionales se usará papel común. A las partes que intervengan no se les exigirá fianza o caución alguna para iniciarlos, seguirlos o ejecutar las respectivas sentencias.

Artículo 79. En los procesos constitucionales no se concederá el término de la distancia. La Sala de lo Constitucional podrá notificar sus resoluciones, citar, solicitar informes y en general efectuar toda clase de acto de comunicación procesal, utilizando cualquier medio técnico, sea electrónico, magnético o cualquier otro, que posibilite la constancia por escrito y ofrezca garantías de seguridad y confiabilidad.

Las entidades públicas, al rendir sus informes, deberán identificar el medio técnico por el cual recibirán comunicaciones, y los particulares podrán solicitar se les notifique a través de tales medios.

Todos los días y horas serán hábiles para llevar a cabo actos procesales de comunicación por dichos medios de transmisión. Las resoluciones se tendrán por notificadas desde las ocho horas del día hábil siguiente a la recepción de la comunicación.

Artículo 80. En los procesos de amparo y de exhibición de la persona, el Tribunal suplirá de oficio los errores u omisiones pertenecientes al derecho en que incurrieren las partes.

Artículo 81. La sentencia definitiva en los dos procesos mencionados en el artículo anterior produce los efectos de cosa juzgada contra toda persona o funcionario, haya o no intervenido en el proceso, sólo en cuanto a que el acto reclamado es o no constitucional, o violatorio de preceptos constitucionales. Con todo, el contenido de la sentencia no constituye en sí declaración, reconocimiento o constitución de derechos privados subjetivos de los particulares o del Estado; en consecuencia la resolución dictada no puede oponerse como excepción de cosa juzgada a ninguna acción que se ventile posteriormente ante los Tribunales de la República.

Artículo 82. Todo funcionario o autoridad está en la obligación de ordenar dentro de tercero día que se extiendan las certificaciones que se les pidiere, siempre que en la solicitud se exprese que el objeto de la certificación es para que pueda surtir efecto en un proceso constitucional; y aún cuando la persona solicitare certificación de expedientes, procesos o archivos relativos a ella misma, o a sus bienes, que por leyes especiales tengan carácter de secreto o reservado.

El funcionario o autoridad, una vez extendida la certificación solicitada, la remitirá directamente y sin dilación al Tribunal que esté conociendo en el proceso constitucional.

Artículo 83. Si el funcionario o autoridad no ordenare dentro del término respectivo extender la certificación pedida, o no la extendiere en un término prudencial que se le señale, incurrirá en una multa de veinticinco a cien colones por cada infracción, y la parte respectiva hará manifestación en el proceso constitucional de aquella circunstancia, pidiendo la compulsa correspondiente.

El Tribunal en tal caso, ordenará la compulsa del pasaje del proceso o instrumento, cuya certificación hubiere sido denegada o retardada, aunque ya haya transcurrido el término probatorio, sin perjuicio de imponer la multa respectiva.

Artículo 84. Todo funcionario que en el término legal no conteste un informe, traslado o audiencia, incurrirá en una multa de veinticinco a cien colones, a juicio prudencial del Tribunal.

Artículo 85. El Tribunal que conozca del juicio impondrá las multas que menciona esta ley, oyendo en la siguiente audiencia al funcionario infractor y con la sola vista de los autos. Tales multas se cobrarán por el sistema de retención del sueldo, para lo cual el Tribunal librará orden al pagador respectivo a fin de que efectúe la retención e ingrese su monto al fondo general de la Nación.

Artículo 86. Fuera del caso contemplado en el inciso segundo del artículo 72 de esta Ley, la sentencia no admite recurso alguno, quedando los funcionarios que las pronuncien, sujetos a las responsabilidades correspondientes.

Artículo 87. Los procesos pendientes continuarán tramitándose con arreglo a la presente ley, quedando válidos los actos procesales ya concluidos. Si estuviere conociendo un Tribunal o Sala distinta de aquella cuya competencia señala esta ley, se pasará el proceso, con noticia de las partes, al Tribunal que corresponda.

Artículo 88. Queda derogada la Ley de Amparo emitida por Decreto Legislativo N° 7 de fecha 25 de septiembre de 1950, publicado en el Diario Oficial del 9 de octubre del mismo año, así como los Arts. 536 al 565, ambos inclusive, del Código de Instrucción Criminal, y cualquier otra disposición que se oponga a la presente ley.

Artículo 89. El presente Decreto entrará en vigencia treinta días después de su publicación en el Diario Oficial.

Dado en el Salón de sesiones de la Asamblea Legislativa; Palacio Nacional: San Salvador, a los catorce días del mes de enero de mil novecientos sesenta.

GUATEMALA
CONSTITUCIÓN POLÍTICA DE LA REPÚBLICA DE GUATEMALA,
1989 (Última reforma 1993);

TITULO VI
GARANTÍAS CONSTITUCIONES Y DEFENSA DEL ORDEN CONSTITUCIONAL

CAPÍTULO I
EXHIBICIÓN PERSONAL

Artículo 263.- Derecho a la exhibición personal. Quien se encuentre ilegalmente preso, detenido o cohibido de cualquier otro modo del goce de su libertad individual, amenazado de la pérdida de ella, o sufriere vejámenes, aun cuando su prisión o detención fuere fundada en ley, tiene derecho a pedir su inmediata exhibición ante los tribunales de justicia, ya sea con el fin de que se le restituya o garantice su libertad, se hagan cesar los vejámenes o termine la coacción a que estuviere sujeto.

Si el tribunal decretare la libertad de la persona ilegalmente recluida, ésta quedará libre en el mismo acto y lugar.

Cuando así se solicite o el juez o tribunal lo juzgue pertinente, la exhibición reclamada se practicará en el lugar donde se encuentre el detenido, sin previo aviso ni notificación. Es ineludible la exhibición personal del detenido en cuyo favor se hubiere solicitado.

Artículo 264.- Responsabilidades de los infractores. Las autoridades que ordenen el ocultamiento del detenido o que se nieguen a presentarlo al tribunal respectivo, o que en cualquier forma burlen esta garantía, así como los agentes ejecutores, incurrirán en el delito de plagio y serán sancionados de conformidad con la ley.

Si como resultado de las diligencias practicadas no se localiza a la persona a cuyo favor se interpuso la exhibición, el tribunal de oficio, ordenará inmediatamente la pesquisa del caso, hasta su total esclarecimiento.

CAPÍTULO II
AMPARO

Artículo 265.- Procedencia del amparo. Se instituye el amparo con el fin de proteger a las personas contra las amenazas de violaciones a sus derechos o para restaurar el imperio de los mismos cuando la violación hubiere ocurrido. No hay ámbito que no sea susceptible de amparo, y procederá siempre que los actos, resoluciones, disposiciones o leyes de autoridad lleven implícitos una amenaza, restricción o violación a los derechos que la Constitución y las leyes garantizan.

LEY DE AMPARO, EXHIBICIÓN PERSONAL Y CONSTITUCIONALIDAD. DECRETO Nº 1-86

LA ASAMBLEA NACIONAL CONSTITUYENTE

Considerando:

Que de conformidad con los principios en que se basa la organización democrática del Estado, deben existir medios jurídicos que garanticen el irrestricto respeto a los derechos inherentes al ser humano, a la libertad de su ejercicio y a las normas fundamentales que rigen la vida de la República de Guatemala, a fin de asegurar el régimen de derecho;

Considerando:

Que para tales propósitos debe emitirse una ley que desarrolle adecuadamente los principios en que se basa el amparo, como garantía contra la arbitrariedad; la exhibición personal, como garantía de la libertad individual; y la declaratoria de inconstitucionalidad de leyes y disposiciones generales, como garantía de la supremacía constitucional;

POR TANTO,

En uso de las facultades soberanas de que está investida,

Decreta, Sanciona y Promulga:

La siguiente:

LEY DE AMPARO, EXHIBICIÓN PERSONAL Y DE CONSTITUCIONALIDAD

TÍTULO ÚNICO
PROTECCIÓN CONSTITUCIONAL

CAPÍTULO UNO
NORMAS FUNDAMENTALES Y DISPOSICIONES GENERALES

Artículo 1. Objeto de la Ley. La presente ley tiene por objeto desarrollar las garantías y defensas del orden constitucional y de los derechos inherentes a la persona protegidos por la Constitución Política de la República de Guatemala, las leyes y los convenios internacionales ratificados por Guatemala.

Artículo 2. Interpretación extensiva de la ley. Las disposiciones de esta ley se interpretarán siempre en forma extensiva, a manera de procurar la adecuada protección de los derechos humanos y el funcionamiento eficaz de las garantías y defensas del orden constitucional.

Artículo 3. Supremacía de la Constitución. La Constitución prevalece sobre cualquier ley o tratado. No obstante, en materia de derechos humanos, los tratados y convenciones aceptados y ratificados por Guatemala prevalece sobre el derecho interno.

Artículo 4. Derecho de defensa. La defensa de la persona y sus derechos son inviolables. Nadie podrá ser condenado, ni privado de sus derechos, sin haber citado, oído y vencido en proceso legal ante juez o tribunal competente y preestablecido.

En todo procedimiento administrativo o judicial deben guardarse u observarse las garantías propias del debido proceso.

Artículo 5. Principios procesales para la aplicación de esta ley. En cualesquiera procesos relativos a la justicia constitucional rigen los siguientes principios:

   a)   Todos los días y horas son hábiles;

   b)   Las actuaciones serán en papel simple, salvo lo que sobre reposición del mismo se resuelva en definitiva;

   c)   Toda notificación deberá hacerse a más tardar al día siguiente de la fecha de la respectiva resolución, salvo el término de la distancia;

   d)   Los tribunales deberán tramitarlos y resolverlos con prioridad a los demás asuntos.

Artículo 6. Impulso de oficio. En todo proceso relativo a la justicia constitucional sólo la iniciación del trámite es rogada. Todas las diligencias posteriores se impulsarán de oficio bajo la responsabilidad del tribunal respectivo, quien mandará se corrijan por quien corresponda, las deficiencias de presentación y trámite que aparezcan en los procesos.

Artículo 7. Aplicación supletoria de otras leyes. En todo lo previsto en esta ley se aplicarán supletoriamente las leyes comunes interpretadas en congruencia con el espíritu de la Constitución.

TÍTULO DOS
AMPARO

CAPÍTULO UNO
PROCEDENCIA

Artículo 8. Objeto del amparo. El amparo protege a las personas contra las amenazas de violaciones a sus derechos o restaura el imperio de los mismos cuando la violación hubiere ocurrido. No hay ámbito que no sea susceptible de amparo y procederá siempre que los actos, resoluciones, disposiciones o leyes de autoridad lleven implícitos una amenaza, restricción o violación a los derechos que la Constitución y las leyes garantizan.

Artículo 9. Sujetos pasivos del amparo. Podrá solicitarse amparo contra el Poder Público, incluyendo entidades descentralizadas o autónomas, las sostenidas con fondos del Estado creadas por ley o concesión o las que actúen por delegación de los órganos del Estado, en virtud de contrato, concesión o conforme a otro régimen semejante. Asimismo podrá solicitarse contra entidades a las que debe ingresarse por mandato legal y otras reconocidas por ley, tales como partidos políticos, asociaciones, sociedades, sindicatos, cooperativas y otras semejantes.

El amparo procederá contra las entidades a que se refiere en este artículo cuando ocurrieren las situaciones previstas en el artículo siguiente o se trate de prevenir o evitar que se causen daños patrimoniales, profesionales o de cualquier naturaleza.

Artículo 10. Procedencia del amparo. La procedencia del amparo se extiende a toda situación que sea susceptible de un riesgo, una amenaza, restricción o violación a los derechos que la Constitución y las leyes de la República de Guatemala reconocen, ya sea que dicha situación provenga de personas y entidades de derecho público o entidades de derecho privado.

Toda persona tiene derecho a pedir amparo, entre otros casos:

a) Para que se le mantenga o restituya en el goce de los derechos y garantías que establece la Constitución o cualquiera otra ley;

b) Para que se declare en casos concretos que una ley, un reglamento, una resolución o acto de autoridad, no obligan al recurrente por contravenir o restringir cualesquiera de los derechos garantizados por la Constitución o reconocidos por cualquiera otra ley;

c) Para que en casos concretos se declare que una disposición o resolución no meramente legislativa del Congreso de la República; no le es aplicable al recurrente por violar un derecho constitucional;

d) Cuando la autoridad de cualquier jurisdicción dicte reglamento, acuerdo o resolución de cualquier naturaleza, con abuso de poder o excediéndose de sus facultades legales, o cuando carezca de ellas o bien las ejerza en forma tal que el agravio que se causare o pueda causarse no sea reparable por otro medio legal de defensa;

e) Cuando en actuaciones administrativas se exijan al afectado el cumplimiento de requisitos, diligencias o actividades no razonables o ilegales, o cuando no hubiere medio o recurso de efecto suspensivo;

f) Cuando las peticiones y trámites ante autoridades administrativas no sean resueltos en el término que la ley establece, o de no haber tal término, en el de treinta días, una vez agotado el procedimiento correspondiente; así como cuando las peticiones no sean admitidas para su trámite;

g) En materia política, cuando se vulneren derechos reconocidos por la ley o por los estatutos de las organizaciones políticas. Sin embargo, en materia puramente electoral, el análisis y examen del tribunal se concretará al aspecto jurídico, dando por sentadas las cuestiones de hecho que se tuvieron por probadas en el recurso de revisión;

h) En los asuntos de los órdenes judicial y administrativo, que tuvieren establecidos en la ley procedimientos y recursos, por cuyo medio puedan ventilarse adecuadamente de conformidad con el principio jurídico del debido proceso, si después de haber hecho uso el interesado de los recursos establecidos por la ley, subsiste la amenaza, restricción o violación a los derechos que la Constitución y las leyes garantizan.

Lo determinado en los incisos anteriores, no excluye cualesquiera otros casos, que no estando comprendidos en esa enumeración, sean susceptibles de amparo de conformidad con lo establecido por los artículos 265 de la Constitución y 8 de esta ley.

CAPÍTULO DOS
COMPETENCIA

Artículo 11. *Competencia de la Corte de Constitucionalidad*. Corresponde a la Corte de Constitucionalidad, conocer en única instancia, en calidad de Tribunal

Extraordinario de Amparo, en los amparos interpuestos en contra del Congreso de la República, la Corte Suprema de Justicia, el Presidente y el Vicepresidente de la República.

Artículo 12. Competencia de la Corte Suprema de Justicia. La Corte Suprema de Justicia conocerá de los amparos en contra de:

a) El Tribunal Supremo Electoral;

b) Los Ministros de Estado o Viceministros cuando actúen como Encargados del Despacho;

c) Las Salas de la Corte de Apelaciones, Cortes Marciales, Tribunales de Segunda Instancia de Cuentas y de lo Contencioso-Administrativo;

d) El Procurador General de la Nación;

e) El Procurador de los Derechos Humanos;

f) La Junta Monetaria;

g) Los Embajadores o Jefes de la Misión Diplomática guatemaltecos acreditados en el extranjero; y

h) El Consejo Nacional de Desarrollo Urbano y Rural.

Artículo 13. Competencia de la Corte de Apelaciones. Las Salas de la Corte de Apelaciones del orden común, en sus respectivas jurisdicciones, conocerán de los amparos que se interpongan contra:

a) Los Viceministros de Estado y los Directores Generales;

b) Los funcionarios judiciales de cualquier fuero o ramo que conozcan en primera instancia;

c) Los Alcaldes y Corporaciones Municipales de las cabeceras departamentales;

d) El Jefe de la Contraloría General de Cuentas;

e) Los gerentes, jefes o presidentes de las entidades descentralizadas o autónomas del Estado o sus cuerpos directivos, consejos o juntas rectoras de toda clase;

f) El Director General del Registro de Ciudadanos;

g) Las asambleas generales y juntas directivas de los colegios profesionales;

h) Las asambleas generales y órganos de dirección de los partidos políticos;

i) Los cónsules o encargados de consulados guatemaltecos en el extranjero;

j) Los consejos regionales o departamentales de desarrollo urbano y rural y los gobernadores.

Artículo 14. Competencia de los jueces de primera instancia. Los jueces de primera instancia del orden común, en sus respectivas jurisdicciones, conocerán de los amparos que se interpongan en contra de:

a) Los administradores de rentas;

b) Los jueces menores;

c) Los jefes y demás empleados de policía;

d) Los alcaldes y corporaciones municipales no comprendidos en el artículo anterior;

e) Los demás funcionarios, autoridades y empleados de cualquier fuero o ramo no especificados en los artículos anteriores;

f) Las entidades de derecho privado.

Artículo 15. Competencia no establecida. La competencia establecida en los artículos anteriores se aplica cuando el amparo se interpone contra alguno de los individuos integrantes de los organismos y entidades mencionados, siempre que actúen en función o por delegación de éstos.

Cuando la competencia no estuviere claramente establecida, la Corte de Constitucionalidad, determinará sin formar artículo, el tribunal que deba conocer. En este caso, el tribunal ante el que se hubiere promovido el amparo, si dudare de su competencia, de oficio o a solicitud de parte, se dirigirá a la Corte de Constitucionalidad dentro de las cuatro horas siguientes a la interposición, indicando la autoridad impugnada y la duda de la competencia de ese tribunal. La Corte de Constitucionalidad resolverá dentro de veinticuatro horas y comunicará lo resuelto en la forma más rápida.

Lo actuado por el tribunal original conservará su validez.

Artículo 16. Facultad de la Corte de Constitucionalidad en materia de competencia. No obstante lo dispuesto en los artículos anteriores, la Corte de Constitucionalidad podrá modificar la competencia de los diversos tribunales mediante auto acordado que comunicará por medio de oficio circular, debiendo además, ordenar su publicación en el Diario Oficial.

La competencia establecida en el artículo 11 de esta ley no podrá ser modificada.

Artículo 17. Impedimentos, excusas y recusaciones. Cuando el tribunal ante el cual se pida amparo, tenga impedimento legal o motivo de excusa, después de conceder la suspensión del acto, resolución o procedimiento reclamado, si fuere procedente, dictará auto razonado con expresión de causa y pasará inmediatamente los autos al de igual categoría más próximo del orden común. Si se tratara de los miembros de un tribunal colegiado, se ordenará, en su caso, la suspensión del acto y se llamará inmediatamente a los suplentes a efecto de que el tribunal quede integrado en la misma audiencia en que se presente el amparo.

No obstante las reglas establecidas sobre competencia, el amparo será admitido por el tribunal ante quien se haya presentado y sin demora lo remitirá al tribunal competente.

Artículo 18. Tramitación total del amparo. Si en un departamento de la República hubiere más de un tribunal competente, el que conozca a prevención llevará a cabo la tramitación total del amparo.

CAPÍTULO TRES

INTERPOSICIÓN

Artículo 19. Conclusión de recursos ordinarios. Para pedir amparo, salvo casos establecidos en esta ley, deben previamente agotarse los recursos ordinarios judiciales y administrativos, por cuyo medio se ventilan adecuadamente los asuntos de conformidad con el principio del debido proceso.

Artículo 20. Plazo para la petición de amparo. La petición de amparo debe hacerse dentro del plazo de los treinta días siguientes al de la última notificación al

GUATEMALA

afectado o de conocido por éste el hecho que a su juicio, le perjudica. "Sin embargo, durante el proceso electoral y únicamente en lo concerniente a esta materia, el plazo será de cinco días".

(Adicionado por Decreto Número 36-90 del Congreso)

El plazo anterior no rige cuando el amparo se promueva en contra del riesgo de aplicación de leyes o reglamentos inconstitucionales a casos concretos; así como ante la posibilidad manifiesta de que ocurran actos violatorios a los derechos del sujeto activo.

Artículo 21. Requisitos de la petición. El amparo se pedirá por escrito, llenando los requisitos siguientes:

a) Designación del tribunal ante el que se presenta;

b) Indicación de los nombres y apellidos del solicitante o de la persona que lo represente; su edad, estado civil, nacionalidad, profesión u oficio, domicilio y lugar para recibir notificaciones. Si se gestiona por otra persona deberá acreditarse la representación;

c) Cuando quien promueve el amparo sea una persona jurídica, deberán indicarse sucintamente los datos relativos a su existencia y personalidad jurídica;

d) Especificación de la autoridad, funcionario, empleado, persona o entidad contra quien se interpone el amparo;

e) Relación de los hechos que motivan el amparo;

f) Indicación de las normas constitucionales de otra índole en que descansa la petición de amparo con las demás argumentaciones y planteamientos de derecho;

g) Acompañar la documentación que se relacione con el caso, en original o en copias, o indicar el lugar en donde se encuentre y los nombres de las personas a quienes les consten los hechos y los lugares donde pueden ser citadas y precisar cualesquiera otras diligencias de carácter probatorio que conduzcan al esclarecimiento del caso;

h) Lugar y fecha;

i) Firmas del solicitante y del abogado colegiado activo que lo patrocina, así como el sello de éste. Si el solicitante no sabe o no puede firmar lo hará por él otra persona o el abogado que auxilia;

j) Acompañar copia para cada una de las partes y una adicional para uso del tribunal.

Artículo 22. Omisión de requisitos en la petición. Cuando la persona que solicita un amparo haya omitido el señalamiento de uno o más requisitos en la interposición o sea defectuosa la personería, el Tribunal que conozca del caso resolverá dándole trámite al amparo y ordenando al interponente cumplir con los requisitos faltantes dentro del término de tres días, pero, en lo posible, no suspenderá el trámite. Cuando el tribunal lo estime pertinente podrá agregarse a este término el de la distancia.

Artículo 23. Gestor judicial. Sólo los abogados colegiados y los parientes dentro de los grados de la ley, podrán actuar gestionando por el afectado y sin acreditar representación en forma cuando declaren que actúan por razones de urgencia, para la debida protección de los intereses que les han sido encomendados. Antes de resolver el amparo deberá acreditarse la representación que se ejercita, salvo casos de urgencia que el tribunal calificará.

Artículo 24. Petición de amparo provisional. En el memorial de interposición del amparo podrá solicitarse la suspensión provisional de la disposición, acto, resolución o procedimiento reclamado.

Artículo 25. Legitimación activa del Ministerio Público y del Procurador de los Derechos Humanos. El Ministerio Público y el Procurador de los Derechos Humanos, tienen legitimación activa para interponer amparo a efecto de proteger los intereses que les han sido encomendados.

Artículo 26. Solicitud verbal. La persona notoriamente pobre o ignorante, el menor y el incapacitado, que no pudieren actuar con auxilio profesional, podrán comparecer ante los tribunales en solicitud verbal de amparo, en cuyo caso se procederá a levantar acta acerca de los agravios denunciados, de la que de inmediato se remitirá copia al Procurador de los Derechos Humanos para que aconseje o, en su caso, patrocine al interesado. La negativa infundada a levantar el acta y remitir la copia a donde corresponda, otorga al reclamante la facultad de ocurrir verbalmente ante la Corte de Constitucionalidad, la que resolverá de inmediato lo pertinente.

CAPÍTULO CUATRO
AMPARO PROVISIONAL

Artículo 27. Amparo provisional. La suspensión provisional del acto reclamando procede tanto de oficio como a instancia de parte. En cualquier caso el tribunal, en la primera resolución que dicte, aunque no hubiere sido pedido, resolverá sobre la suspensión provisional del acto, resolución o procedimiento reclamados, cuando a su juicio las circunstancias lo hagan aconsejable.

Artículo 28. Amparo provisional de oficio. Deberá decretarse de oficio la suspensión provisional del acto, resolución o procedimiento reclamado, entre otros, en los casos siguientes:

a) Si del mantenimiento del acto o resolución resultare peligro de privación de la vida del sujeto activo del amparo, riesgo a su integridad personal, daño grave o irreparable al mismo;

b) Cuando se trate de acto o resolución cuya ejecución deje sin materia o haga inútil el amparo al hacer difícil, gravosa o imposible la restitución de las cosas a su estado anterior;

c) Cuando la autoridad o entidad contra la que interponga el amparo esté procediendo con notoria ilegalidad o falta de jurisdicción o competencia; y

d) Cuando se trate de actos que ninguna autoridad o persona pueda ejecutar legalmente.

Artículo 29. Amparo provisional en cualquier estado del procedimiento. En cualquier estado del procedimiento, antes de dictar sentencia y a petición del interesado o de oficio, los tribunales de amparo tienen facultad para acordar la suspensión provisional del acto, resolución o procedimiento reclamado.

Artículo 30. Revocación del amparo provisional. Asimismo, en cualquier estado del procedimiento, antes de dictar sentencia y a petición de parte o de oficio, los tribunales de amparo tienen facultad para revocar la suspensión provisional del acto, resolución o procedimiento reclamados, cuando a su juicio el mantenimiento de la medida no se justifique y siempre que no esté contemplado dentro de los casos de suspensión obligada.

Artículo 31. Acta del estado que guardan los hechos y actos suspendidos. Cuando la singularidad del caso lo requiera, en el momento de comunicarle a la autoridad impugnada la suspensión del acto, se levantará acta en la que se hará constar detalladamente el estado que en ese momento guardan los hechos y actos que se suspenden y la prevención hecha de no modificarlos hasta que se resuelva en sentencia o lo ordene el tribunal.

Artículo 32. Encausamiento por desobediencia. Si la persona a quien se haya notificado la suspensión, desobedece la orden judicial y sigue actuando, el tribunal que conozca del proceso ordenará inmediatamente su encausamiento, librándose para el efecto certificación de lo conducente para la iniciación del proceso penal que corresponda.

CAPÍTULO CINCO
PROCEDIMIENTO

Artículo 33. Trámite inmediato del amparo. Los jueces y tribunales están obligados a tramitar los amparos el mismo día en que les fueren presentados, mandando pedir los antecedentes o en su defecto informe circunstanciado a la persona, autoridad, funcionario o empleado contra el cual se haya pedido amparo, quienes deberán cumplir remitiendo los antecedentes o informando dentro del perentorio término de cuarenta y ocho horas, más el de la distancia, que fijará el tribunal en la misma resolución, a su prudente arbitrio.

Si dentro del indicado término no se hubiesen enviado los antecedentes o el informe, el tribunal que conozca del caso, deberá decretar la suspensión provisional del acto, resolución o procedimiento reclamado.

Artículo 34. Interés de terceros en el amparo. Si la autoridad, persona impugnada o el solicitante de amparo tuviesen conocimiento de que alguna persona tiene interés directo en la subsistencia o suspensión del acto, resolución o procedimiento, ya sea por ser parte en las diligencias o por tener alguna otra relación jurídica con la situación planteada, están obligadas a hacerlo saber al tribunal, indicando su nombre y dirección y en forma sucinta, la relación de tal interés. En este caso, el Tribunal de Amparo dará audiencia a dicha persona en la misma forma que al Ministerio Público, teniéndosela como parte.

Artículo 35. Primera audiencia a los interesados y prueba. Recibidos los antecedentes o el informe, el tribunal deberá confirmar o revocar la suspensión provisional decretada en el auto inicial del procedimiento. De estos antecedentes o del informe dará vista al solicitante, al Ministerio Público, institución que actuará mediante la sección que corresponda según la materia de que se trate, a las personas comprendidas en el artículo anterior y a las que a su juicio también tengan interés en la subsistencia o suspensión del acto, resolución o procedimiento, quienes podrán alegar dentro del término común de cuarenta y ocho horas.

Vencido dicho término, hayan o no alegado las partes, el tribunal estará obligado a resolver, pero si hubiere hechos que establecer abrirá a prueba el amparo, por el improrrogable término de ocho días. Los tribunales de amparo podrán relevar de la prueba en los casos en que a su juicio no sea necesario, pero la tramitarán obligada-mente si fuere pedida por el solicitante.

Si el amparo se abriere a prueba, el tribunal, en la misma resolución, indicará los hechos que se pesquisarán de oficio, sin perjuicio de cualesquiera otros que fueren necesarios o de las pruebas que rindieren las partes.

Artículo 36. Pesquisa de oficio. Si hubiere hechos controvertidos, el tribunal los pesquisará de oficio, practicando cuanta diligencia sea necesaria para agotar la in-vestigación. Ninguna persona o autoridad puede negarse a acudir al llamado de un tribunal de amparo ni resistirse a cumplir con sus providencias, salvo caso de fuerza mayor que comprobará el mismo tribunal.

El incumplimiento a lo ordenado en diligencias de prueba será sancionado con-forme al Código Penal, para lo cual el Tribunal de Amparo certificará lo conducente a un tribunal del orden penal.

Artículo 37. Segunda audiencia. Concluido el término probatorio, el tribunal dictará providencia dando audiencia a las partes y al Ministerio Público por el término común de cuarenta y ocho horas, transcurrido el cual, se hayan o no pro-nunciado, dictará sentencia dentro de tres días.

Artículo 38. Vista Pública. Si al evacuarse la audiencia a que se refiere el artícu-lo anterior, o al notificarse la resolución que omite la apertura a prueba, alguna de las partes o el Ministerio Público solicita que se vea el caso en vista pública, ésta se efectuará el último de los tres días siguientes y a la hora que señale el tribunal. Cuando se haya efectuado vista pública, el tribunal dictará sentencia dentro del pla-zo de los tres días siguientes.

A la vista podrán comparecer a alegar las partes y sus abogados, así como la au-toridad o entidad impugnada y sus abogados. Si la autoridad impugnada fuere públi-ca o se tratare del Estado, puede delegar su representación en el Ministerio Público, en el caso que éste manifieste acuerdo con la actuación que originó el amparo.

Artículo 39. Plazo para que dicte sentencia la Corte de Constitucionalidad. Cuando la Corte de Constitucionalidad conociere en única instancia o en apelación, el plazo para pronunciar sentencia podrá ampliarse por cinco días más, según la gravedad del asunto.

Artículo 40. Auto para mejor fallar. El tribunal podrá mandar practicar las dili-gencias y recabar los documentos que estime convenientes para mejor fallar, dentro de un plazo no mayor de cinco días.

Vencido el plazo del auto para mejor fallar, o practicadas las diligencias ordena-das, el tribunal dictará su resolución dentro de los términos de los artículos anterio-res.

Artículo 41. Enmienda del procedimiento. En los procesos de amparo los tribu-nales no tienen facultad de enmendar el procedimiento en primera instancia, excep-tuándose de esta prohibición a la Corte de Constitucionalidad.

CAPÍTULO SEIS
SENTENCIA

Artículo 42. Análisis del caso y sentencia. Al pronunciar sentencia, el tribunal de amparo examinará los hechos, analizará las pruebas y actuaciones y todo aquello que formal, real y objetivamente resulte pertinente; examinará todos y cada uno de los fundamentos de derecho aplicables, hayan sido o no alegados por las partes.

Con base en las consideraciones anteriores y aportando su propio análisis doctrinal y jurisprudencial, pronunciará sentencia, interpretando siempre en forma extensiva la Constitución, otorgando o denegando amparo, con el objeto de brindar la máxima protección en esta materia, y hará las demás declaraciones pertinentes.

Artículo 43. Doctrina legal. La interpretación de las normas de la Constitución y de otras leyes contenidas en las sentencias de la Corte de Constitucionalidad, sienta doctrina legal que debe respetarse por los tribunales al haber tres fallos contestes de la misma Corte. Sin embargo, la Corte de Constitucionalidad podrá separarse de su propia jurisprudencia, razonando la innovación, la cual no es obligatoria para los otros tribunales, salvo que lleguen a emitirse tres fallos sucesivos contestes en el mismo sentido.

Artículo 44. Costas y sanciones. El tribunal también decidirá sobre las costas y sobre la imposición de las multas o sanciones que resultaren de la tramitación del amparo.

Artículo 45. Condena en costas. La condena en costas será obligatoria cuando se declare procedente el amparo. Podrá exonerarse al responsable, cuando la interposición del amparo se base en la jurisprudencia previamente sentada, cuando el derecho aplicable sea de dudosa interpretación y en los casos en que, a juicio del tribunal, se haya actuado con evidente buena fe.

Artículo 46. Multas. Cuando el tribunal estime, razonándolo debidamente, que el amparo interpuesto es frívolo o notoriamente improcedente, además de condenar en las costas, sancionará con multa de cincuenta a mil quetzales, según la gravedad del caso, al abogado que lo patrocine.

Artículo 47. Obligación de imponer multas y sanciones. Los tribunales de amparo tienen la obligación de imponer las multas y sanciones establecidas en la presente ley, e incurrirán en responsabilidad si no lo hicieren. Las partes tienen el derecho; el Ministerio Público y el Procurador de los Derechos Humanos la obligación, de exigir la imposición de las sanciones que procedan contra los responsables. Las multas en ningún caso podrán convertirse en prisión.

Artículo 48. Improcedencia de las sanciones y multas. Las sanciones y multas que establece esta ley no son aplicables al Ministerio Público ni al Procurador de los Derechos Humanos, cuando sean los interponentes del amparo.

CAPÍTULO SIETE
EFECTOS Y EJECUCIÓN DEL AMPARO

Artículo 49. Efectos del amparo. La declaración de procedencia del amparo tendrá los siguientes efectos:

a) Dejar en suspenso, en cuanto al reclamante, la ley, el reglamento, resolución o acto impugnados y, en su caso, el restablecimiento de la situación jurídica afectada o el cese de la medida;

b) Fijar un término razonable para que cese la demora, si el caso fuere de mero retardo en resolver, practicar alguna diligencia o ejecutar algún acto ordenado de antemano;

c) Cuando el amparo hubiese sido interpuesto por omisión de la autoridad en la emisión de la reglamentación de la ley, el Tribunal de Amparo resolverá fijando las bases o elementos de aplicación de ésta al caso concreto, según los principios generales del derecho, la costumbre, los precedentes para otros casos, la analogía de otros reglamentos y la equidad, siguiendo el orden que el tribunal decida.

Artículo 50. Desobediencia de la autoridad contra quien se pidió el amparo. Si la autoridad o entidad no resuelve dentro del término fijado por el tribunal de amparo:

a) El interesado podrá recurrir a la autoridad inmediata superior o en su caso, al Tribunal de lo Contencioso Administrativo para que emita resolución;

b) Si no hubiere superior jerárquico o si por la naturaleza del asunto no fuere posible la vía contencioso-administrativa, el funcionario responsable quedará separado *ipso facto* del cargo al día siguiente de haberse vencido el término fijado por el tribunal de amparo, salvo que se tratare de funcionario de elección popular, en cuyo caso responderá por los daños y perjuicios que se causaren;

c) Si la entidad o autoridad contra la que se pidió amparo fuere de las indicadas en el artículo 9 de esta ley, se aplicará lo dispuesto en el párrafo anterior y si el funcionario directamente responsable no fuere designado por elección de algún cuerpo colegiado, quedará ipso facto destituido en los términos anteriormente establecidos. Si el funcionario fuere por designación del cuerpo colegiado, su situación se homologará a la de los funcionarios de elección popular;

d) Si el amparo hubiere sido contra actos de una entidad esencialmente privada de las incluidas en el artículo 9 de esta ley, se procederá como en el caso de los funcionarios de elección popular.

Artículo 51. Acto consumado de modo irreparable. Cuando el acto reclamado se haya consumado de manera irreparable o cuando hubieren cesado sus efectos, la sentencia del Tribunal de Amparo hará la declaración correspondiente y mandará deducir responsabilidades civiles y penales.

Artículo 52. Conminatoria al obligado. Decretada la procedencia del amparo, en la misma sentencia el tribunal conminará al obligado para que dé exacto cumplimiento a lo resuelto dentro del término de veinticuatro horas, salvo que para ello fuere necesario mayor tiempo a juicio del tribunal, que en este caso fijará el que estime conveniente.

Artículo 53. Apercibimiento al obligado. En la misma sentencia se apercibirá al obligado, que en caso de incumplimiento incurrirá en multa de cien a cuatro mil quetzales, sin perjuicio de las responsabilidades civiles y penales consiguientes.

Artículo 54. Incumplimiento de la resolución. Si el obligado no hubiere dado exacto cumplimiento a lo resuelto, de oficio se ordenará su encausamiento certificándose lo conducente, sin perjuicio de dictarse todas aquellas medidas que conduzcan a la inmediata ejecución de la resolución de amparo.

Si el obligado a cumplir con lo resuelto en el amparo, gozare de antejuicio, se certificará lo conducente al organismo o tribunal que corresponda para que conozca del caso.

Artículo 55. Medidas para el cumplimiento de la sentencia. Para la debida ejecución de lo resuelto en amparo, el tribunal, de oficio o a solicitud de parte, deberá tomar todas las medidas que conduzcan al cumplimiento de la sentencia. Para este efecto podrá librar órdenes y mandamientos a autoridades, funcionarios o empleados de la administración pública o personas obligadas.

Artículo 56. Liquidación de costas. Cuando haya condena en costas, el tribunal practicará su liquidación a petición de parte, la que se tramitará en la vía incidental.

Artículo 57. Liquidación de multas. Concluido el trámite del amparo, la secretaría del tribunal hará la liquidación de las multas que correspondan.

Toda multa deberá pagarse dentro de los cinco días siguientes de la fecha en que quede firme el fallo.

La secretaría emitirá de inmediato la orden de pago correspondiente.

Artículo 58. Responsabilidad solidaria. Cuando un dignatario, funcionario, empleado o trabajador dé lugar al amparo con motivo del ejercicio de su cargo, función o servicio, el Estado, la entidad o persona a quien sirva será solidariamente responsable por los daños y perjuicios que se causaren. El que pague puede repetir contra el autor de los daños y perjuicios lo que haya pagado.

Artículo 59. Daños y perjuicios. Cuando el tribunal declare que ha lugar al pago de daños y perjuicios, sea en sentencia o en resolución posterior, fijará su importe en cantidad líquida o establecerá, por lo menos, las bases con arreglo a las cuales deberá hacerse la liquidación o dejará la fijación de su importe a juicio de expertos, que se tramitará por el procedimiento de los incidentes. Además de los casos establecidos en esta ley, el tribunal, después de la sentencia, a petición de parte, condenará al pago de daños y perjuicios cuando hubiere demora o resistencia a ejecutar lo resuelto en la sentencia.

CAPÍTULO OCHO
RECURSO DE APELACIÓN

Artículo 60. Tribunal de apelación. La Corte de Constitucionalidad conocerá de todos los recursos de apelación que se interpongan en materia de amparo.

*Artículo 61. **Resoluciones contra las que puede interponerse apelación***. Son apelables: Las sentencias de amparo; los autos que denieguen, concedan o revoquen el amparo provisional; los autos que resuelvan la liquidación de costas y de daños y perjuicios; y los autos que pongan fin al proceso.

El recurso de apelación deberá interponerse dentro de las cuarenta y ocho horas siguientes a la última notificación.

Artículo 62. Apelación sin carácter suspensivo. La apelación del auto que conceda, deniegue o revoque el amparo provisional, no suspende el trámite del amparo y el tribunal original continuará conociendo. En este caso enviará inmediatamente las copias que estime procedentes y sobre ellas conocerá el tribunal superior. La remisión se hará dentro de las veinticuatro horas siguientes de interpuesto el recurso.

Artículo 63. Legitimación para apelar. Podrán interponer recurso de apelación, las partes, el Ministerio Público y el Procurador de los Derechos Humanos.

Artículo 64. Interposición del recurso de apelación. El recurso de apelación se interpondrá por escrito indistintamente ante el tribunal que haya conocido el amparo o ante la Corte de Constitucionalidad.

Si la interposición del recurso se hubiere efectuado directamente ante la Corte de Constitucionalidad, en forma inmediata ésta pedirá telegráfica o telefónicamente los antecedentes.

Artículo 65. Diligencias para mejor fallar. El tribunal de apelación podrá mandar a practicar las diligencias que estime convenientes para mejor fallar, dentro de un término no mayor de tres días en caso de apelación de auto, y no mayor de cinco días en caso de apelación de sentencia.

Vencido el término del auto para mejor fallar o practicadas las diligencias ordenadas, el tribunal dictará sentencia.

Artículo 66. Vista y resolución. En caso de apelación de auto, recibidos los antecedentes el tribunal resolverá dentro de las treinta y seis horas siguientes. Si fuere de apelación de la sentencia, se señalará día y horas para la vista dentro de los tres días siguientes y se resolverá dentro de los cinco días inmediatos a esta, salvo lo dispuesto en el artículo 65.

La vista será pública si lo pidiere alguna de las partes.

Artículo 67. Contenido de la resolución. La Corte de Constitucionalidad en su resolución deberá confirmar, revocar o modificar lo resuelto por el tribunal de primer grado, y en caso de revocación o modificación, hará el pronunciamiento que en derecho corresponda.

Los autos se devolverán al tribunal de origen con certificación de lo resuelto.

Artículo 68. Anulación de actuaciones. La Corte de Constitucionalidad podrá anular las actuaciones cuando el estudio del proceso establezca que no se observaron las disposiciones legales, debiéndose reponer las actuaciones desde que se incurrió en nulidad.

Artículo 69. Impugnación de lo resuelto. Contra las resoluciones de la Corte de Constitucionalidad sólo procede la aclaración y ampliación, pero los magistrados que las dicten serán responsables con arreglo a la ley.

CAPÍTULO NUEVE
ACLARACIÓN Y AMPLIACIÓN

Artículo 70. Interposición. Cuando los conceptos de un auto o de una sentencia, sean obscuros, ambiguos o contradictorios, podrá pedirse que se aclaren.

Si se hubiere omitido resolver alguno de los puntos sobre los que versare el amparo, podrá solicitarse la ampliación.

Artículo 71. Trámite y resolución. La aclaración y ampliación, deberán pedirse dentro de las veinticuatro horas siguientes de notificado el auto o la sentencia, y el tribunal deberá resolverlos sin más trámite dentro de las cuarenta y ocho horas siguientes.

CAPÍTULO DIEZ
OCURSOS

Artículo 72. Legitimación para ocurrir en queja. Si alguna de las partes afectadas estima que en el trámite y ejecución del amparo el tribunal no cumple lo previsto en la ley o lo resuelto en la sentencia, podrá ocurrir en queja ante la Corte de Constitucionalidad, para que, previa audiencia por veinticuatro horas al ocursado, resuelva lo procedente. Si hubiere mérito para abrir procedimiento, se certificará lo conducente y se enviará inmediatamente al tribunal que corresponda.

Podrán tomarse todas las medidas disciplinarias que se estimen pertinentes.

Artículo 73. Sanción en caso de improcedencia. En la declaración de improcedencia de un ocurso de queja interpuesto sin fundamento, se impondrá al quejoso una multa de cincuenta a quinientos quetzales.

CAPÍTULO ONCE
DISPOSICIONES VARIAS

Artículo 74. Sobreseimiento. Los tribunales de amparo podrán sobreseer los expedientes en caso de fallecimiento del interponente si el derecho afectado concierne sólo a su persona.

Artículo 75. Desistimiento. En caso de desistimiento, si éste se presenta en forma auténtica o se ratifica ante la autoridad competente, deberá aprobarse sin más trámite y se archivará el expediente.

Si se solicita, el tribunal se pronunciará sobre las costas. Si se hubiere dado lugar a sanciones el tribunal las aplicará.

Artículo 76. Archivo de expedientes. No podrá archivarse ningún expediente de amparo sin que conste haberse ejecutado lo resuelto y satisfecho en su totalidad las sanciones impuestas.

Artículo 77. Causas de responsabilidad. Causan responsabilidad:

a) La negativa de admisión de un amparo o el retardo malicioso en su tramitación. El retardo se presume malicioso, pero admite prueba en contrario;

b) La demora injustificada en la transmisión y entrega de los mensajes y despachos;

c) La alteración o la falsedad en los informes que deban rendirse por cualquier persona;

d) La omisión de las sanciones que fija esta ley y del encausamiento de los responsables;

e) Archivar un expediente sin estar completamente fenecido; y

f) El retardo en las notificaciones, el que se sancionará con multa de diez a veinticinco quetzales por cada día de atraso.

Artículo 78. Desobediencia. La desobediencia, retardo u oposición a una resolución dictada en un proceso de amparo de parte de un funcionario o empleado del Estado y sus instituciones descentralizadas y autónomas es causa legal de destitución, además de las otras sanciones establecidas en las leyes.

Artículo 79. Responsabilidad penal. Toda persona extraña a un proceso de amparo que en cualquier forma, por acción u omisión, retardare, impidiere, o estorbare su tramitación o ejecución, será responsable penalmente de conformidad con la ley.

Artículo 80. Repetición. En los casos en que el Estado o cualquiera de sus entidades haya pagado por responsabilidad del funcionario o subalterno, el Ministerio Público está obligado a iniciar las acciones para repetir contra el responsable.

Artículo 81. Recopilación de resoluciones. Los tribunales de amparo remitirán a la Corte de Constitucionalidad una copia certificada de toda resolución final de amparo, para su ordenación y archivo.

TÍTULO TRES
EXHIBICIÓN PERSONAL

CAPÍTULO UNO
PROCEDENCIA

Artículo 82. Derecho a la exhibición personal. Quien se encuentre ilegalmente preso, detenido o cohibido de cualquier otro modo en el goce de su libertad individual, amenazado de la pérdida de ella, o sufriere vejámenes, aún cuando su prisión o detención fuere fundada en ley, tiene derecho a pedir su inmediata exhibición ante los tribunales de justicia, ya sea con el fin de que se le restituya o garantice su libertad, se hagan cesar los vejámenes o termine la coacción a que estuviere sujeto.

CAPÍTULO DOS
COMPETENCIA

Artículo 83. Tribunales competentes. La competencia de los tribunales para la exhibición personal se rige de conformidad con lo dispuesto para los tribunales de amparo, sin embargo, en esta materia, la competencia que corresponde a la Corte de Constitucionalidad, se ejercerá por la Corte Suprema de Justicia.

Artículo 84. Conocimiento a prevención. La competencia específica es, sin perjuicio de que la exhibición personal podrá iniciarse ante cualquier tribunal, el que dictará a prevención, las providencias urgentes que el caso requiera, pasando sin demora el conocimiento del asunto con informe de lo actuado al tribunal competente.

CAPÍTULO TRES
INTERPOSICIÓN

Artículo 85. Legitimación para pedir la exhibición personal. La exhibición personal puede pedirse por escrito, por teléfono o verbalmente, por el agraviado o por cualquiera otra persona, sin necesidad de acreditar representación alguna y sin sujeción a formalidades de ninguna clase.

Artículo 86. Conocimiento de oficio. Todo tribunal de justicia que llegare a tener conocimiento en cualquier forma que alguna persona se encuentra en la situación contemplada en el artículo 82, confinada o en simple custodia y se temiere que su paradero sea incierto, estará obligado a iniciar y promover de oficio la exhibición personal.

Artículo 87. Denuncia obligatoria. El alcaide, jefe, subalterno o ejecutor del establecimiento o lugar en donde una persona estuviere detenida, presa o privada de su libertad, que tuviere conocimiento de un hecho que dé lugar a la exhibición personal, deberá denunciarlo inmediatamente a cualquier tribunal que pueda conocer de la exhibición personal, bajo pena de cincuenta a quinientos quetzales de multa, sin perjuicio de las demás sanciones legales.

CAPÍTULO CUATRO
TRÁMITE

Artículo 88. Auto de exhibición. Inmediatamente que se reciba la solicitud o se tenga conocimiento de un hecho que dé lugar a la exhibición personal, el tribunal, en nombre de la República de Guatemala y sin demora alguna, emitirá auto de exhibición, señalando hora para el efecto y ordenando a la autoridad, funcionario, empleado o persona presuntamente responsable para que presente al ofendido, acompañe original o copia del proceso o antecedentes que hubiere y rinda informe detallado sobre los hechos que la motivaron, conteniendo por lo menos lo siguiente:

a) Quién ordenó la detención o vejación y quién la ejecutó, indicando la fecha y circunstancias del hecho;

b) Si el detenido ha estado bajo la inmediata custodia del informante o si la ha transferido a otro, en cuyo caso expresará el nombre de éste, así como el lugar, tiempo y motivo de la transferencia; y

c) La orden que motivó la detención.

Artículo 89. Plazo para la exhibición. El plazo dentro el cual debe hacerse la presentación del agraviado, nunca podrá exceder de veinticuatro horas a partir de la petición o denuncia.

Artículo 90. Instrucción inmediata. Cuando el tribunal tuviere conocimiento de los hechos a que se contrae el artículo 82, instruirá el proceso correspondiente de inmediato, constituyéndose sin demora en el lugar en que estuviere el agraviado; y si el ofendido residiere fuera del perímetro o municipio del tribunal que conozca, se nombrará un juez ejecutor que procederá conforme al artículo siguiente.

En caso de no proceder como se ordena en el párrafo anterior, los integrantes del tribunal que conozca de los hechos relacionados, serán castigados como cómplices del delito del plagio.

Artículo 91. Auxiliares del tribunal. Cuando el agraviado esté fuera del municipio donde resida el tribunal que conoce de la exhibición, en defecto de juez ejecutor, podrá comisionarse el cumplimiento del auto de exhibición a cualquier otra autoridad o persona cuyas calidades garanticen su cometido.

En estos casos se harán llegar las diligencias al ejecutor por la vía más rápida, procediéndose inmediatamente a cumplir el mandato del tribunal. Para este objeto, el ejecutor se trasladará sin demora al lugar en que se encuentre aquél bajo cuya disposición se hallare el agraviado, le notificará el auto del tribunal, le exigirá que le exhiba inmediatamente al ofendido, así como los antecedentes que hubiere o informe de su conducta, y le ordenará hacer cesar, en su caso, las restricciones o vejaciones a que estuviere sometido el ofendido. El ejecutor informará enseguida del resultado de su comisión.

Artículo 92. Desobediencia de la autoridad. Transcurrido el término fijado para la exhibición de la persona y retorno del auto, si no hubiere cumplido la autoridad o funcionario a quien se intimó, el tribunal dictará contra el remiso orden de captura y lo someterá a encausamiento, ordenando al mismo tiempo la libertad del preso si procediere conforme la ley, sin perjuicio de que el juez ejecutor comparezca personalmente al centro de detención, buscando en todos los lugares al agraviado.

En este caso, deberá hacerse constar la desobediencia del remiso y el ejecutor dará aviso por telégrafo o por teléfono si fuere posible.

Artículo 93. Derecho de antejuicio de la autoridad. Si la autoridad remisa a que se refiere el artículo anterior gozare de derecho de antejuicio, el tribunal queda obligado, inmediatamente y bajo su estricta responsabilidad, a iniciar las diligencias de antejuicio ante al órgano correspondiente.

Artículo 94. Obligación de proceder a la exhibición personal. Hay obligación de presentar a la persona aun cuando se halle presa en virtud de orden de autoridad judicial competente a consecuencia de un procedimiento en forma y, en tal caso, se hará el retorno remitiendo los autos.

Artículo 95. Personas plagiadas o desaparecidas. Cuando la exhibición se hubiere solicitado en favor de personas plagiadas o desaparecidas, el juez que haya ordenado la exhibición debe comparecer por sí mismo a buscarlas en el lugar en donde presuntamente se encuentren, ya sean centros de detención, cárceles o cualquier otro lugar señalado, sugerido o sospechado en donde pudieran encontrarse.

Artículo 96. Exhibición en el lugar de detención. Cuando así se solicite o el tribunal lo juzgue pertinente, la exhibición pedida se practicará en el lugar donde se encuentre el detenido, sin previo aviso o notificación a persona alguna.

Artículo 97. Libertad de la persona afectada. Si del estudio del informe y antecedentes resultare que es ilegal la detención o prisión, se decretará la libertad de la persona afectada y ésta quedará libre en el mismo acto y lugar.

A petición del afectado o del interponente, el Juez ordenará a la autoridad que entregue al detenido a la persona designada por el mismo afectado o interponente y en lugar seguro, haciéndose constar en acta.

Artículo 98. Testigos, expertos e informes. El tribunal podrá, para la misma audiencia en que se ha decretado la exhibición, ordenar la comparecencia de los testigos o expertos que considere necesarios para esclarecer los hechos, así como recabar cualquier otro tipo de información.

Artículo 99. Acta y resolución de la exhibición. En la audiencia de la exhibición se levantará acta en la que se asentarán todas las incidencias que en ella ocurran. Seguidamente se emitirá resolución declarando la procedencia o improcedencia de la exhibición.

Artículo 100. Condena en costas. Sólo habrá condena en costas para el solicitante cuando evidentemente se establezca que la petición fue maliciosa o temeraria, o que haya sido promovida con el fin de obstaculizar la administración de la justicia.

La condena en costas es obligatoria cuando la exhibición fuere declarada con lugar, debiendo indicar el tribunal quién es el responsable de su pago.

CAPÍTULO CINCO
DEL EJECUTOR

Artículo 101. Cargo de ejecutor. El cargo de ejecutor será *ad honorem*.

Artículo 102. Preeminencia e inmunidad del ejecutor. Todas las autoridades y habitantes de la República guardarán al ejecutor, durante el tiempo que dure el desempeño de su cargo, las preeminencias y respeto debidos. Además, durante este tiempo gozará de inmunidad personal y no podrá ser detenido por ninguna causa, salvo por delito in fraganti.

Artículo 103. Búsqueda del agraviado. Cuando el ejecutor comparezca al centro de detención a practicar la exhibición personal ordenada, y el agraviado no fuere habido o presentado, deberá buscarlo personalmente en todos los lugares de ese centro de detención, sin perjuicio de seguir buscándolo en donde pudiere ser encontrado.

Artículo 104. Medidas de seguridad durante la exhibición. Mientras se practican las diligencias de exhibición, el ejecutor deberá tomar, dentro de la ley, las medidas de seguridad que fueren necesarias contra el detenido para evitar su evasión.

Artículo 105. Auxilio de la fuerza pública. Los tribunales y el ejecutor, en su caso, podrán pedir el auxilio de la fuerza pública para el cumplimiento de sus resoluciones, y si la autoridad requerida no lo presta inmediatamente, incurrirá en responsabilidad conforme lo prescribe el Código Penal.

CAPÍTULO SEIS
DISPOSICIONES GENERALES

Artículo 106. Gratuidad y prioridad de los mensajes. Los mensajes telegráficos, postales y telefónicos relativos a la exhibición personal, deberán transmitirse con prioridad y gratuitamente, dándose constancia de la hora del depósito.

Los jefes de las oficinas respectivas serán responsables por la falta de cumplimiento de esta disposición bajo la pena de diez a cien quetzales de multa.

Artículo 107. Pesquisa para establecer responsabilidades. Comprobados los hechos que dieron lugar a la solicitud de exhibición, el mismo tribunal, o en su caso el ejecutor, hará lo posible por agotar la pesquisa a fin de averiguar quiénes son los directamente responsables, lo cual se hará constar en la resolución que dicte el tribunal.

Lo conducente se certificará al tribunal correspondiente para el encausamiento de los responsables.

Artículo 108. Sanciones a los responsables del ocultamiento del detenido. Las autoridades que ordenaren el ocultamiento del detenido o se negaren a presentarlo al tribunal respectivo, o que en cualquier otra forma burlaren la garantía de la exhibición personal, así como los agentes ejecutores, incurrirán en el delito de plagio, serán separados de sus cargos y sancionados de conformidad con la ley.

Artículo 109. Pesquisa en caso de personas desaparecidas. Si como resultado de las diligencias practicadas se tuvieren indicios de que la persona a cuyo favor se interpuso la exhibición hubiese desaparecido, el tribunal ordenará inmediatamente la pesquisa del caso.

Las autoridades de policía quedan obligadas a informar al tribunal, al Procurador de los Derechos Humanos y a los interesados, acerca de las investigaciones realizadas, las que deben ser constantes hasta tener noticia cierta sobre el paradero de la persona desaparecida, a su vez el Tribunal de Exhibición Personal remitirá informe de las diligencias y de toda novedad que sobrevenga, a la Corte Suprema de Justicia.

Artículo 110. Desistimiento y sobreseimiento. Las diligencias de exhibición personal no pueden ser sobreseídas ni se puede desistir de ellas mientras no se localice al detenido, agraviado o desaparecido.

Artículo 111. Recusación. Si se recusare al funcionario que conozca de una exhibición personal, no se debe suspender el trámite de ésta, sino que el funcionario debe seguir actuando, bajo su responsabilidad, en todo aquello mandado por ley o que favorezca al agraviado, mientras se transfiere el caso a otro tribunal competente, o se agota el trámite de la exhibición en el mismo tribunal.

Artículo 112. Impulso procesal obligatorio. El trámite de una exhibición personal no se extingue con la resolución que la declara procedente.

Al declararse la procedencia de una exhibición personal, los tribunales les deberán ordenar que se prosiga la investigación para determinar la responsabilidad acerca de los actos reclamados.

Artículo 113. Normas de aplicación supletoria. Las disposiciones relativas al amparo serán aplicables a la exhibición personal en lo que fueren pertinentes y al prudente arbitrio y discreción de los tribunales de justicia.

TÍTULO CUATRO
CONSTITUCIONALIDAD DE LAS LEYES

CAPÍTULO UNO
SUPREMACÍA DE LA CONSTITUCIÓN

Artículo 114. Jerarquía de las leyes. Los tribunales de justicia observarán siempre el principio de que la Constitución prevalece sobre cualquier ley y tratado internacional, sin perjuicio de que en materia de derechos humanos prevalecen los tratados y convenciones internacionales aceptados y ratificados por Guatemala.

Artículo 115. Nulidad de las leyes y disposiciones inconstitucionales. Serán nulas de pleno derecho las leyes y las disposiciones gubernativas o de cualquier otro orden que regulen el ejercicio de los derechos que la Constitución garantiza, si los violan, disminuyen, restringen o tergiversan.

Ninguna ley podrá contrariar las disposiciones de la Constitución. Las leyes que violen o tergiversen las normas constitucionales son nulas de pleno derecho.

CAPÍTULO DOS
INCONSTITUCIONALIDAD EN CASOS CONCRETOS

Artículo 116. Inconstitucionalidad de las leyes en casos concretos. En casos concretos, en todo proceso de cualquier competencia o jurisdicción, en cualquier instancia y en casación, hasta antes de dictarse sentencia, las partes podrán plantear como acción, excepción o incidente, la inconstitucionalidad total o parcial de una ley a efecto de que se declare su inaplicabilidad. El tribunal deberá pronunciarse al respecto.

Artículo 117. Inconstitucionalidad de una ley en casación. La inconstitucionalidad de una ley podrá plantearse en casación hasta antes de dictarse sentencia. En este caso, la Corte Suprema de Justicia, agotado el trámite de la inconstitucionalidad y previamente a resolver la casación, se pronunciará sobre la inconstitucionalidad en auto razonado. Si la resolución fuere apelada, remitirá los autos a la Corte de Constitucionalidad.

También podrá plantearse la inconstitucionalidad como motivación del recurso y en este caso es de obligado conocimiento.

Artículo 118. Inconstitucionalidad de una ley en lo administrativo. Cuando en casos concretos se aplicaren leyes o reglamentos inconstitucionales en actuaciones administrativas, que por su naturaleza tuvieren validez aparente y no fueren motivo de amparo, el afectado se limitará a señalarlo durante el proceso administrativo correspondiente.

En estos casos, la inconstitucionalidad deberá plantearse en lo contencioso-administrativo dentro de los treinta días siguientes a la fecha en que causó estado la resolución y se tramitará conforme al procedimiento de inconstitucionalidad de una ley en caso concreto.

Sin embargo, también podrá plantearse la inconstitucionalidad en el recurso de casación, en la forma que establece el artículo anterior, si no hubiere sido planteada en lo contencioso-administrativo.

Artículo 119. Inconstitucionalidad de una ley en el ramo laboral. En el ramo laboral, además de la norma general aplicable a todo juicio, cuando la inconstitucionalidad de una ley fuere planteada durante un proceso con motivo de un conflicto colectivo de trabajo, se resolverá por el tribunal de trabajo correspondiente.

CAPÍTULO TRES
TRAMITACIÓN DE INCONSTITUCIONALIDAD EN CASOS CONCRETOS

Artículo 120. Competencia. En casos concretos, la persona a quien afecte directamente la inconstitucionalidad de una ley, puede plantearla ante el tribunal que corresponda según la materia. El tribunal asume el carácter de tribunal constitucional.

Si se planteare inconstitucionalidad en un proceso seguido ante un juzgado menor, éste se inhibirá inmediatamente de seguir conociendo y enviará los autos al superior jerárquico que conocerá de la inconstitucionalidad en primera instancia.

Artículo 121. Acción de inconstitucionalidad como única pretensión. En la acción de inconstitucionalidad en casos concretos, interpuesta la demanda, el tribunal dará audiencia al Ministerio Público y a las partes por el término de nueve días. Vencido este término podrá celebrarse vista pública, si alguna de las partes lo pidiere.

El tribunal resolverá dentro de los tres días siguientes. La resolución será apelable ante la Corte de Constitucionalidad.

Artículo 122. Acción de inconstitucionalidad con otras pretensiones. Si el actor propusiere dentro del mismo proceso la declaración de inconstitucionalidad junto con otras pretensiones, el tribunal dará audiencia conforme se prevé en el artículo anterior. Vencido el plazo, hayan o no comparecido las partes, dentro de tercero día, dictará auto resolviendo exclusivamente la pretensión de inconstitucionalidad.

Artículo 123. Inconstitucionalidad de una ley como excepción o incidente. En casos concretos las partes podrán plantear, como excepción o en incidente, la inconstitucionalidad de una ley que hubiere sido citada como apoyo de derecho en la demanda, en la contestación o que de cualquier otro modo resulte del trámite de un juicio, debiendo el tribunal pronunciarse al respecto.

Artículo 124. Trámite en cuerda separada. Planteada la inconstitucionalidad de una ley, como excepción o en incidente, el tribunal la tramitará en cuerda separada, dará audiencia a las partes y al Ministerio Público por el término de nueve días y, haya sido o no evacuada la audiencia, resolverá respecto de la inconstitucionalidad en auto razonado dentro del término de los tres días siguientes.

Artículo 125. Trámite de la excepción de inconstitucionalidad y otras excepciones. Si con la excepción de inconstitucionalidad se interpusieran otras excepciones, el trámite de estas últimas será el que les corresponda según la naturaleza del proceso de que se trate. Si entre las excepciones interpuestas se hallaren las de incompetencia o compromiso, éstas deberán ser resueltas previamente en ese orden. En su oportunidad, el tribunal competente deberá resolver la de inconstitucionalidad dentro del término establecido en el artículo anterior. Las excepciones restantes serán resueltas al quedar firme lo relativo a la inconstitucionalidad.

Artículo 126. Suspensión del proceso. El proceso se suspenderá desde el momento en que el tribunal de primera instancia dicte el auto que resuelva lo relativo a la inconstitucionalidad, hasta que el mismo cause ejecutoria. El tribunal solamente podrá seguir conociendo de los asuntos a que se refiere el artículo 129 de esta ley.

CAPÍTULO CUATRO
RECURSO DE APELACIÓN

Artículo 127. Apelación. La resolución a que se refiere el artículo 121 y los autos que se dicten sobre la inconstitucionalidad en los demás casos, son apelables. La apelación deberá interponerse, de manera razonada, dentro de tercero día.

Artículo 128. Limitación de la jurisdicción del tribunal. Desde que se interpone la apelación, la jurisdicción del tribunal queda limitada a conceder o denegar la alzada.

Artículo 129. Facultad del tribunal. No obstante lo dispuesto en el artículo anterior, el tribunal podrá seguir conociendo:

a) De los incidentes que se tramitan en pieza separada formada antes de admitirse la apelación;

b) De todo lo relativo a bienes embargados, su conservación y custodia; de su venta, si hubiere peligro de pérdida o deterioro; y de lo relacionado con las providencias cautelares; y

c) Del desistimiento del recurso de apelación interpuesto si no se hubieren elevado los autos a la Corte de Constitucionalidad.

Artículo 130. Vista y resolución. En el trámite de la apelación recibida los autos la Corte de Constitucionalidad señalará de oficio, día y hora para la vista dentro de un término que no podrá exceder de nueve días. La vista será pública si lo pidiere alguna de las partes.

La sentencia deberá dictarse dentro de los seis días siguientes a la vista.

Artículo 131. Devolución de las actuaciones. Al quedar firme la sentencia las actuaciones se devolverán inmediatamente al tribunal de origen, con certificación del fallo, para los efectos consiguientes.

Artículo 132. Ocurso de hecho. Si el tribunal que conoce negare el recurso de apelación, procediendo éste, la parte que se tenga por agraviada, puede ocurrir de hecho a la Corte de Constitucionalidad, dentro de los tres días de notificada la denegatoria, pidiendo se le conceda el recurso.

La Corte de Constitucionalidad remitirá original el ocurso al tribunal inferior para que informe dentro de las veinticuatro horas siguientes. Con vista del informe, resolverá el ocurso dentro de veinticuatro horas, declarando si es o no apelable la providencia de la que se negó la apelación. Si la Corte de Constitucionalidad lo estima necesario, pedirá los autos originales.

En el primer caso pedirá los autos originales y procederá de acuerdo con lo dispuesto en el artículo 130, y, en el segundo, declarará sin lugar el ocurso, ordenando se archiven las diligencias respectivas e imponiendo al recurrente una multa de cincuenta quetzales.

CAPÍTULO CINCO
INCONSTITUCIONALIDAD DE LEYES, REGLAMENTOS Y DISPOSICIONES DE CARÁCTER GENERAL

Artículo 133. Planteamiento de la inconstitucionalidad. La inconstitucionalidad de las leyes, reglamentos o disposiciones de carácter general que contengan vicio parcial o total de inconstitucionalidad se plantearán directamente ante la Corte de Constitucionalidad.

Artículo 134. Legitimación activa. Tiene legitimación para plantear la inconstitucionalidad de leyes, reglamentos o disposiciones de carácter general:

a) La Junta Directiva del Colegio de Abogados actuando a través de su Presidente;

b) El Ministerio Público a través del Procurador General de la Nación;

c) El Procurador de los Derechos Humanos en contra de leyes, reglamentos o disposiciones de carácter general que afecten intereses de su competencia;

d) Cualquier persona con el auxilio de tres abogados colegiados activos.

Artículo 135. Requisitos de la solicitud. La petición de inconstitucionalidad se hará por escrito, conteniendo en lo aplicable los requisitos exigidos en toda primera solicitud conforme las leyes procesales comunes, expresando en forma razonada y clara los motivos jurídicos en que descansa la impugnación.

Artículo 136. Omisión de requisitos. Si en el memorial de interposición se hubieren omitido requisitos, la Corte de Constitucionalidad ordenará al interponente suplirlos dentro de tercero día.

Artículo 137. Integración de la Corte por inconstitucionalidad de una ley. Cuando la inconstitucionalidad planteada sea contra una ley, la Corte de Constitucionalidad se integrará con siete miembros en la forma prevista en el artículo 269 de la Constitución.

Artículo 138. Suspensión provisional. Sin perjuicio de lo dispuesto en el artículo 136, la Corte de Constitucionalidad deberá decretar, de oficio y sin formar artículo, dentro de los ocho días siguientes a la interposición, la suspensión provisional de la ley, reglamento o disposición de carácter general si, a su juicio, la inconstitucionalidad fuere notoria y susceptible de causar gravámenes irreparables.

La suspensión tendrá efecto general y se publicará en el Diario Oficial al día siguiente de haberse decretado.

Artículo 139. Audiencia, vista y resolución. Si no se dispone la suspensión provisional o, en su caso, decretada ésta, se dará audiencia por quince días comunes al Ministerio Público y a cualesquiera autoridades o entidades que la Corte de Constitucionalidad estime pertinente, transcurridos los cuales, se haya evacuado o no la audiencia, de oficio se señalará día y hora para la vista dentro del término de veinte días. La vista será pública si lo pidiere el interponente o el Ministerio Público. La sentencia deberá pronunciarse dentro de los veinte días siguientes al de la vista.

La Corte deberá dictar sentencia dentro del término máximo de dos meses a partir de la fecha en que se haya interpuesto la inconstitucionalidad.

Artículo 140. Efectos de la declaratoria de inconstitucionalidad. Cuando la sentencia de la Corte de Constitucionalidad declare la inconstitucionalidad total de una ley, reglamento o disposición de carácter general, éstas quedarán sin vigencia; y si la inconstitucionalidad fuere parcial, quedará sin vigencia en la parte que se declare inconstitucional. En ambos casos dejarán de surtir efecto desde el día siguiente al de la publicación del fallo en el Diario Oficial.

Artículo 141. Efectos del fallo en caso de suspensión provisional. Cuando se hubiere acordado la suspensión provisional conforme al artículo 138, los efectos del fallo se retrotraerán a la fecha en que se publicó la suspensión.

Artículo 142. Resolución definitiva. Contra las sentencias de la Corte de Constitucionalidad y contra los autos dictados de conformidad con lo preceptuado por el artículo 138, no cabrá recurso alguno.

CAPÍTULO SEIS
DISPOSICIONES COMUNES

Artículo 143. Resolución de la inconstitucionalidad como punto de derecho. La inconstitucionalidad en cualquier caso, será resuelta como punto de derecho. No obstante, para su resolución se podrán invocar y consultar antecedentes, dictámenes, opiniones, elementos doctrinarios y jurisprudencia.

El tribunal ante el que se plantee la inconstitucionalidad deberá pronunciarse sobre ella, so pena de responsabilidad.

Artículo 144. Normas aplicables en la resolución. La sentencia sobre inconstitucionalidad se dictará de acuerdo con lo dispuesto en esta ley para los procesos de amparo y de inconstitucionalidad en casos concretos, en lo que fueren aplicables.

Artículo 145. Votación para la declaratoria. La inconstitucionalidad solamente podrá declararse con el voto favorable de la mayoría absoluta de los miembros que forman el tribunal.

Artículo 146. Publicación de las sentencias. La publicación de las sentencias de la Corte de Constitucionalidad que declaren la inconstitucionalidad total o parcial, deberá hacerse en el Diario Oficial dentro de los tres días siguientes a la fecha en que queden firmes.

Artículo 147. Aclaración y ampliación. Contra las sentencias y autos dictados en materia de inconstitucionalidad se puede pedir aclaración o ampliación. Para el efecto se estará a lo dispuesto en los artículos 70 y 71 de la esta ley.

Artículo 148. Sanciones. *Cuando la inconstitucionalidad se declare sin lugar, el tribunal de primer grado y la Corte de Constitucionalidad, en su caso, impondrá a cada uno de los abogados auxiliantes una multa de cien a mil quetzales, sin perjuicio de la condena en costas al interponente.*

No se impondrá dicha sanción ni se condenará en costas, cuando el interponente estuviere comprendido en los incisos a), b) y c) del artículo 134 de esta ley.

TÍTULO CINCO
CORTE DE CONSTITUCIONALIDAD

CAPÍTULO UNO
JURISDICCIÓN

Artículo 149. Función esencial de la Corte de Constitucionalidad. La Corte de Constitucionalidad es un Tribunal permanente de jurisdicción privativa, cuya función esencial es la defensa del orden constitucional; actúa como Tribunal colegiado con independencia de los demás organismos del Estado y ejerce funciones específicas que le asigna la Constitución y esta ley.

CAPÍTULO DOS
INTEGRACIÓN

Artículo 150. Integración de la Corte de Constitucionalidad. La Corte de Constitucionalidad se integra con cinco Magistrados titulares, cada uno de los cuales tendrá su respectivo suplente. Cuando conozca de asuntos de inconstitucionalidad contra de la Corte Suprema de Justicia, el Congreso de la República, el Presidente o Vicepresidente de la República, el número de sus integrantes se elevará a siete, escogiéndose los otros dos Magistrados por sorteo de entre los suplentes.

Los Magistrados durarán en sus funciones cinco años y serán designados en la siguiente forma:

a) Un Magistrado por el pleno de la Corte Suprema de Justicia;

b) Un Magistrado por el pleno del Congreso de la República;

c) Un Magistrado por el Presidente de la República en Consejo de Ministros;

d) Un Magistrado por el Consejo Superior Universitario de la Universidad de San Carlos de Guatemala;

e) Un Magistrado por la Asamblea del Colegio de Abogados de Guatemala.

Simultáneamente con la designación del titular, se hará la del respectivo suplente, ante el Congreso de la República.

Artículo 151. Requisitos para ser Magistrado de la Corte de Constitucionalidad. Para ser Magistrado de la Corte de Constitucionalidad se requiere:

a) Ser guatemalteco de origen;

b) Ser abogado colegiado activo;

c) Ser de reconocido honorabilidad;

d) Tener por lo menos quince años de graduación profesional.

Artículo 152. Requisitos especiales. Los Magistrados de la Corte de Constitucionalidad, además de los requisitos contemplados en el artículo anterior y que les son comunes a todos ellos, deberán ser escogidos preferentemente entre personas con experiencia en la función y administración pública, magistraturas, ejercicio profesional y docencia universitaria, según sea el órgano del Estado que lo designe.

Artículo 153. Plazo para designar a los Magistrados. La Corte Suprema de Justicia, el Presidente de la República en Consejo de Ministros, el Consejo Superior Universitario de la Universidad de San Carlos de Guatemala y el Colegio de Abogados deberán designar a los respectivos Magistrados propietarios y suplentes y remitir al Congreso de la República dentro de los sesenta días siguientes a la instalación de este Organismo, los nombres de quienes hubieren sido designados para ocupar estos cargos en la Corte de Constitucionalidad. En el mismo plazo el Congreso de la República deberá designar a sus respectivos Magistrados.

Artículo 154. Designación de Magistrados por la Corte Suprema de Justicia y por el Congreso de la República. La designación de Magistrados titulares y suplentes por parte del pleno de la Corte Suprema de Justicia y por parte del pleno del Congreso de la República se realizará mediante convocatoria expresa, por mayoría absoluta de votos y de conformidad con los procedimientos que determinen sus leyes internas.

Artículo 155. Designación de Magistrados por el Consejo Superior Universitario y por la Asamblea General del Colegio de Abogados. La designación de Magistrados titulares y suplentes por parte del Consejo Superior Universitario y por parte de la Asamblea General del Colegio de Abogados se hará por mayoría absoluta de votos de los miembros presentes en el acto electoral en votación secreta. En este acto no se podrán ejercitar representaciones.

La convocatoria para el acto electoral en ambos casos deberá hacerse con una anticipación no menor de quince días y deberá publicarse en el Diario Oficial y en dos diarios de mayor circulación.

Artículo 156. Impugnación de las designaciones de Magistrados. No es impugnable el procedimiento interno para la designación de los Magistrados por el pleno de la Corte Suprema de Justicia, por el pleno del Congreso de la República y por el Presidente de la República en Consejo de Ministros.

La designación de Magistrados por el Consejo Superior Universitario de la Universidad de San Carlos de Guatemala y por la Asamblea del Colegio de Abogados de Guatemala podrán ser impugnadas conforme a la ley; pero mientras se resuelven las impugnaciones continuarán actuando los Magistrados titulares y suplentes que deben ser sustituidos.

Artículo 157. Instalación de la Corte de Constitucionalidad. El Congreso de la República emitirá el decreto de integración de la Corte de Constitucionalidad, la que se instalará noventa días después de la instalación del Congreso de la República; los Magistrados titulares y suplentes prestarán juramento de fidelidad a la Constitución ante este Organismo.

Artículo 158. Presidencia de la Corte de Constitucionalidad. La Presidencia de la Corte de Constitucionalidad será desempeñada por los mismos Magistrados titulares que la integran, en forma rotativa, en período de un año, comenzando por el de mayor edad y siguiendo en orden descendente de edades.

Artículo 159. Designación del Presidente. En la primera sesión que la Corte de Constitucionalidad celebre después de haber sido instalada, procederá a designar al Presidente y a establecer el orden de los Magistrados vocales conforme a su derecho de asunción a la presidencia.

Artículo 160. Obligación de cesar en cargos incompatibles. Cuando alguna persona designada para ocupar una Magistratura tuviere causa de incompatibilidad para dicha función, deberá, antes de tomar posesión, cesar en el cargo o actividad incompatible. Si no lo hiciere en el plazo de quince días siguientes a la designación se entenderá que no acepta el cargo de Magistrado a la Corte de Constitucionalidad. La misma disposición se aplicará cuando la causa de incompatibilidad sobrevenga durante el ejercicio de la función.

Artículo 161. Causas de Cesantía. Los Magistrados de la Corte de Constitucionalidad cesan de ejercer su función por renuncia presentada ante la Corte y aceptada por ésta; por expirar el plazo de su designación, salvo el caso indicado en el artículo 157; por incompatibilidad sobrevenida; por motivación de auto de prisión, o por incapacidades propias de los funcionarios judiciales.

Será la misma Corte de Constitucionalidad la que conozca y resuelva sobre cualquier causa que requiera la suspensión del Magistrado en el ejercicio de su función.

Artículo 162. Reelección de los Magistrados. Los Magistrados de la Corte de Constitucionalidad podrán ser reelectos por el mismo organismo del Estado o institución que los designó, o por otro que tuviere facultades de designación.

CAPÍTULO TRES
FUNCIONES

Artículo 163. Funciones de la Corte de Constitucionalidad. Corresponde a la Corte de Constitucionalidad:

a) Conocer en única instancia de las impugnaciones interpuestas contra leyes o disposiciones de carácter general, objetadas parcial o totalmente de inconstitucionalidad;

b) Conocer en única instancia, en calidad de Tribunal Extraordinario de Amparo, las acciones de amparo interpuestas contra el Congreso de la República, la Corte Suprema de Justicia, el Presidente y el Vicepresidente de la República;

c) Conocer en apelación de todos los amparos interpuestos ante cualquiera de los tribunales de justicia. Si la apelación fuere contra de una resolución de amparo de la Corte Suprema de Justicia, la Corte de Constitucionalidad se ampliará con dos vocales, escogiéndose los otros dos Magistrados por sorteo de entre los suplentes;

d) Conocer en apelación de todas las impugnaciones contra las leyes objetadas de inconstitucionalidad en casos concretos, en cualquier juicio, en casación o en los casos contemplados por esta ley;

e) Emitir opinión sobre la constitucionalidad de los tratados, convenios y proyectos de ley, a solicitud de cualquiera de los Organismos del Estado;

f) Conocer y resolver lo relativo a cualquier conflicto de competencia o de jurisdicción en materia de constitucionalidad;

g) Compilar la doctrina y principios constitucionales que vaya sentando con motivo de las resoluciones de amparo y de inconstitucionalidad, manteniendo al día el boletín o gaceta jurisprudencial;

h) Emitir opinión sobre la inconstitucionalidad de las leyes vetadas por el Ejecutivo alegando inconstitucionalidad;

i) Actuar, opinar, dictaminar o conocer de aquellos asuntos de su competencia establecidos en la Constitución de la República.

Artículo 164. Otras funciones de la Corte de Constitucionalidad. Corresponde también a la Corte de Constitucionalidad:

a) Dictaminar sobre la reforma a las leyes constitucionales previamente a su aprobación por parte del Congreso;

b) Emitir opinión sobre la constitucionalidad de los proyectos de ley a solicitud del Congreso de la República;

c) Conocer de las cuestiones de competencia entre los organismos y entidades autónomas del Estado.

Artículo 165. Facultad reglamentaria. La Corte de Constitucionalidad dictará los reglamentos sobre su propia organización y funcionamiento.

CAPÍTULO CUATRO
CONDICIONES DE EJERCICIO

Artículo 166. Representación legal de la Corte de Constitucionalidad. La representación legal de la Corte de Constitucionalidad le corresponde a su Presidente, quien la convoca y preside. Adoptará las medidas necesarias para su buen funcionamiento, ejerciendo además las potestades administrativas sobre el personal del tribunal.

Artículo 167. Ejercicio de Funciones. Los Magistrados de la Corte de Constitucionalidad ejercerán sus funciones independientemente del órgano o entidad que los designó y conforme a los principios de imparcialidad y dignidad inherentes a su investidura. No podrán ser perseguidos por las opiniones expresadas en el ejercicio de su cargo.

Artículo 168. Inamovilidad. Los Magistrados de la Corte son inamovibles, no podrán ser suspendidos sino en virtud de las causas que se indican en esta ley y gozarán de los mismos privilegios e inmunidades que los Magistrados de la Corte Suprema de Justicia.

Artículo 169. Causas de incompatibilidad. La condición de miembro titular de la Corte de Constitucionalidad es incompatible con cargos de dirección política, de administración del Estado o de sindicatos y, con el ejercicio profesional.

No es incompatible el ejercicio profesional con el cargo de Magistrado suplente.

Artículo 170. Facultad de inhibirse de conocer. A los Magistrados de la Corte de Constitucionalidad no se aplican las causales de excusa establecidas en la Ley del Organismo Judicial ni en cualquiera otra ley. Cuando a su juicio, por tener interés directo o indirecto, o por estar en cualquier otra forma comprometida su imparcialidad, los Magistrados podrán inhibirse de conocer, en cuyo caso se llamará al suplente que corresponda.

CAPÍTULO CINCO
OPINIONES CONSULTIVAS

Artículo 171. Facultad de solicitar la opinión de la Corte de Constitucionalidad. Podrán solicitar la opinión de la Corte de Constitucionalidad, el Congreso de la República, el Presidente de la República y la Corte Suprema de Justicia.

Artículo 172. Forma de solicitar la opinión de la Corte de Constitucionalidad. Toda opinión será solicitada por escrito. El memorial deberá formularse en términos precisos, expresar las razones que la motivan y contener las preguntas específicas sometidas a la consideración de la Corte de Constitucionalidad.

A la solicitud deberá acompañarse todos los documentos que puedan arrojar luz sobre la cuestión.

Artículo 173. Informaciones necesarias para emitir opinión. La Corte de Constitucionalidad podrá pedir cualquier información o aclaración adicional a la consulta que se le formule y que le sea necesaria para emitir opinión.

Artículo 174. Plazo para emitir opinión. La Corte de Constitucionalidad deberá emitir su opinión dentro del plazo de sesenta días siguientes a la presentación de la solicitud.

Artículo 175. Forma en que deben ser evacuadas las consultas. La Corte de Constitucionalidad evacuará las consultas en forma clara y precisa, razonando suficientemente sus conclusiones y el apoyo jurídico y doctrinario de las mismas.

Los Magistrados, si así lo deciden, podrán hacer constar su opinión individual junto con la opinión consultiva de la Corte, bien sea que disientan de la mayoría o no.

Artículo 176. Solemnidad de los pronunciamientos. Las opiniones de la Corte de Constitucionalidad serán pronunciadas en audiencia pública solemne, con citación de la entidad o personas solicitantes de la opinión, así como de cualesquiera otras personas que el tribunal estime pertinente convocar. El Presidente de la República designará la persona o personas, que acompañarán al Ministro de Estado que corresponda y que representarán al Organismo Ejecutivo. Si el Congreso hubiere sido el solicitante de la opinión, hará igual designación entre los diputados. También podrán concurrir los abogados de los solicitantes, el Procurador General de la Nación y Junta Directiva del Colegio de Abogados.

Artículo 177. Publicidad de las opiniones de la Corte de Constitucionalidad. Todas las opiniones de la Corte de Constitucionalidad serán publicadas en el Diario Oficial dentro de tercero día de haber sido pronunciadas en audiencia pública.

CAPÍTULO SEIS
DISPOSICIONES GENERALES

Artículo 178. Votaciones. Las resoluciones de la Corte de Constitucionalidad deberán contar con la opinión favorable de la mayoría absoluta de los Magistrados que la integran.

Artículo 179. Quórum. Para las sesiones de la Corte de Constitucionalidad se requiere la presencia de todos sus miembros, pudiéndose llamar a los suplentes para llenar ausencias y las vacantes temporales de los Magistrados propietarios.

Artículo 180. Sesiones de la Corte de Constitucionalidad. La Corte de Constitucionalidad celebrará sesiones las veces que sea necesario, debiendo establecer lo relativo a las reuniones, ordinarias y las extraordinarias; estas últimas cuando las convoque el Presidente o sea solicitado por dos o más Magistrados.

Las sesiones del tribunal serán privadas, pero, cuando la Corte así lo decida, podrán asistir personas interesadas directamente en el asunto que se trate.

Artículo 181. Firma obligatoria de los acuerdos y opiniones. Los acuerdos y opiniones de la Corte de Constitucionalidad serán firmados obligatoriamente por todos los Magistrados que al momento de adoptarse integren el tribunal. Si alguno disiente de la mayoría, deberá razonar su voto en el propio acto y hacerlo constar en el libro que para el efecto se lleve.

Artículo 182. Acumulación de asuntos. La Corte de Constitucionalidad podrá disponer la acumulación de aquellos asuntos en que dadas las circunstancias y por razones de identidad o de similitud, se justifique la unidad del trámite y decisión.

Artículo 183. Conocimiento obligatorio. Reclamada su intervención en forma legal en asuntos de su competencia, la Corte de Constitucionalidad no podrá, sin incurrir en responsabilidad, suspender, retardar, ni denegar la administración de justicia, ni excusarse de ejercer su autoridad aún en casos de falta, obscuridad, ambigüedad o insuficiencia de disposiciones legales.

Artículo 184. Resoluciones en materia de jurisdicción y competencia. Las resoluciones de la Corte de Constitucionalidad en materia de jurisdicción y de competencia son definitivas y contra las mismas no caben más que aclaración y ampliación.

Artículo 185. Vinculación de las decisiones de la Corte de Constitucionalidad. Las decisiones de la Corte de Constitucionalidad vinculan al poder público y órganos del Estado, y tienen plenos efectos frente a todos.

CAPÍTULO SIETE
DISPOSICIONES REGLAMENTARIAS

Artículo 186. Presupuesto de la Corte de Constitucionalidad. Es atribución de la Corte de Constitucionalidad formular su propio presupuesto; y con base en la disposición contenida en el artículo 268 de la Constitución de la República, se le asignará una cantidad no menor del cinco por ciento del mínimo del dos por ciento del presupuesto de ingresos del Estado que correspondan al Organismo Judicial, cantidad que deberá entregarse a la Tesorería de la Corte de Constitucionalidad cada mes en forma proporcional y anticipada por el órgano que corresponda.

Son fondos privativos de la Corte de Constitucionalidad los derivados de la administración de justicia constitucional y a ella corresponde su administración e inversión.

Las multas que se impongan con motivo de la aplicación de esta ley ingresarán a los fondos privativos de la Corte de Constitucionalidad.

Artículo 187. Funcionarios de la Corte de Constitucionalidad. Son funcionarios al servicio de la Corte de Constitucionalidad, el Secretario General, los abogados jefes de sección, los oficiales y los auxiliares necesarios para su buen funcionamiento.

Artículo 188. Régimen de servicio civil y clases pasivas. La Corte de Constitucionalidad establecerá el régimen de servicio civil y de clases pasivas del Tribunal, pudiendo incorporarlo al régimen existente en el Estado sobre clases pasivas. La selección del personal, su nombramiento y remoción corresponden a la Presidencia de la Corte.

Artículo 189. Publicación trimestral de la Gaceta Jurisprudencial. La Corte de Constitucionalidad deberá publicar trimestralmente la Gaceta Jurisprudencial, en la cual se deberán insertar íntegramente todas las sentencias que dicte en materia de su competencia y las opiniones que le corresponda evacuar conforme a la ley. También se podrán incluir en la misma, trabajos relacionados con los asuntos jurídicos de su competencia que estime dignos de su publicación.

TÍTULO SEIS
DISPOSICIONES FINALES

Artículo 190. Cosa juzgada. Las resoluciones dictadas en procesos de amparo y de exhibición personal son de efecto declarativo y no causan excepción de cosa juzgada, sin perjuicio de las disposiciones relativas a la jurisprudencia en materia de amparo. Las resoluciones en casos que contengan planteamiento de inconstitucionalidad de leyes, reglamentos y disposiciones de carácter general sólo causan efecto de cosa juzgada con respecto al caso concreto en que fueron dictadas, pero también tienen efectos jurisprudenciales.

Artículo 191. Disposiciones de aplicación supletoria. Para las situaciones no previstas en la presente ley, se aplicarán las disposiciones reglamentarias que la Corte de Constitucionalidad promulgará y publicará en el Diario Oficial.

Artículo 192. Reformas a la ley. Esta ley puede ser reformada por el Congreso de la República y requiere para su reforma el voto de las dos terceras partes de diputados que integran el Congreso, previo dictamen favorable de la Corte de Constitucionalidad.

Artículo 193. Epígrafes. Los epígrafes relativos a la identificación del contenido de las normas de esta ley y que preceden a cada artículo no tienen validez interpretativa.

Artículo 194. Derogatoria. Se deroga el Decreto número 8 de la Asamblea Nacional Constituyente de la República de Guatemala del veinte de abril de mil novecientos sesenta y seis, y cualquiera otra disposición que sea contraria o se oponga a la presente ley.

Los procesos iniciados bajo el imperio de la ley derogada, se acomodarán inmediatamente a los trámites de la nueva ley al entrar en vigencia. Los tribunales podrán concederle el término necesario a los interesados para cumplir con requisitos que el mismo tribunal estimare que falten. Sin embargo, en tanto se integra la Corte de Constitucionalidad, lo referente al recurso de apelación se tramitará conforme a las disposiciones del Decreto antes citado.

Artículo 195. Vigencia de esta ley. La presente ley entrará en vigencia el día catorce de enero de mil novecientos ochenta y seis.

Dado en el Palacio del Organismo Legislativo: en la ciudad de Guatemala, a los ocho días del mes de enero de mil novecientos ochenta y seis.

ROBERTO CARPIO NICOLLE,
Presidente alterno.
Diputado por Lista Nacional.
HÉCTOR ARAGÓN QUIÑÓNEZ,
Presidente alterno.
Diputado por Distrito Metropolitano.
RAMIRO DE LEÓN CARPIO,
Presidente alterno.
Diputado por Lista Nacional.
GERMÁN SCHEEL MONTES,
Primer Secretario.
Diputado por Quetzaltenango.
JUAN ALBERTO SALGUERO CAMBARA,
Segundo Secretario.
Diputado por Jutiapa.
TOMAS AYUSO PANTOJA,
Tercer Secretario.
Diputado por Retalhuleu.
ANTONIO ARENALES FORNO,
Cuarto Secretario.
Diputado por Distrito Metropolitano.
JULIO LOWENTHAL FONCEA,
Quinto Secretario.
Diputado por Lista Nacional.
AIDA CECILIA MEJIA DE RODRÍGUEZ,
Sexto Secretario.
Diputado por Lista Nacional.

HONDURAS
CONSTITUCIÓN POLÍTICA DE LA
REPÚBLICA DE HONDURAS,
1982 (Última reforma, 2005).

TITULO IV:
DE LAS GARANTÍAS CONSTITUCIONALES

CAPÍTULO I

DEL HABEAS CORPUS Y EL AMPARO

Artículo 182.- El Estado reconoce la garantía de Habeas Corpus o de Exhibición Personal. E consecuencia, toda persona agraviada o cualquiera otra en nombre de ésta tiene derecho a promoverla:

1. Cuando se encuentre ilegalmente presa, detenida o cohibida de cualquier modo en el goce de su libertad individual; y

2. Cuando en su detención o prisión legal, se apliquen al detenido o preso, tormentos, torturas, vejámenes, exacción ilegal y toda coacción, restricción o molestia innecesaria para su seguridad individual o para el orden de la prisión.

La acción de Habeas Corpus se ejercerá sin necesidad de poder ni de formalidad alguna, verbalmente o por escrito, utilizando cualquier medio de comunicación, en horas o días hábiles o inhábiles y libre de costas.

Los jueces o magistrados no podrá desechar la acción de Habeas Corpus y tienen la obligación ineludible de proceder de inmediato para hacer cesar la violación a la libertad o a la seguridad personales.

Los tribunales que dejaren de admitir estas acciones incurrirán en responsabilidad penal y administrativa.

Las autoridades que ordenaren y los agentes que ejecutaren el ocultamiento del detenido o que en cualquier forma quebranten esta garantía incurrirán en el delito de detención ilegal.

Artículo 183.- El Estado reconoce la garantía de Amparo.

En consecuencia toda persona agraviada o cualquiera otra en nombre de ésta, tiene derecho a interponer recurso de amparo:

1. Para que se le mantenga o restituya en el goce o disfrute de los derechos o garantías que la constitución establece; y

2. Para que se declare en casos concretos que una ley, resolución, acto o hecho de autoridad, no obliga al recurrente ni es aplicable por contravenir, disminuir o tergiversar cualesquiera de los derechos reconocidos por esta Constitución.

El Recurso de Amparo se interpondrá de conformidad con la Ley.

LEY SOBRE JUSTICIA CONSTITUCIONAL (2004)

TÍTULO I
DISPOSICIONES GENERALES

Artículo 1. Objeto de la ley. La presente ley tiene por objeto desarrollar las garantías constitucionales y las defensas del orden jurídico constitucional.

Artículo 2. Regla de interpretación y aplicación. Las disposiciones de esta ley se interpretarán y aplicarán siempre de manera que aseguren una eficaz protección de los derechos humanos y el adecuado funcionamiento de las defensas del orden jurídico constitucional.

Se interpretarán y aplicarán de conformidad con los tratados, convenciones y otros instrumentos internacionales sobre derechos humanos vigentes en la República de Honduras, tomando en consideración las interpretaciones que de ellos hagan los tribunales Internacionales.

Artículo 3. Del conocimiento de las acciones. Los órganos jurisdiccionales a que se refiere esta ley ejercen la justicia constitucional y a ellos corresponde conocer de las acciones de:

1. Habeas corpus o exhibición personal y de habeas data;

2. Amparo;

3. Inconstitucionalidad;

4. Revisión y

5. De los conflictos entre los Poderes del Estado o entre Cualquiera de éstos y el Tribunal Supremo Electoral. De los conflictos de competencia o atribuciones de las municipalidades entre si. De los conflictos de competencia o atribuciones que se produzcan entre el Ministerio Público, la Procuraduría General de la Republica y el Tribunal Superior de Cuentas.

6) Conocer de los demás asuntos que la Constitución de la República o la presente ley le atribuyan.

Artículo 4. Reglas especiales de la jurisdicción constitucional. En el ejercicio de la justicia constitucional los órganos jurisdiccionales observarán las siguientes reglas:

1. Todas las actuaciones se practicaran en papel simple o Común;

2. Toda notificación deberá hacerse a más tardar el día siguiente a la fecha de la respectiva providencia, auto o sentencia.

3. La tramitación y resolución de la acción de hábeas corpus o exhibición personal será prioritaria respecto de cualquier otro asunto de que estuviere conociendo el correspondiente órgano Jurisdiccional. En defecto de tal acción, la prioridad le corresponderá por su orden a la de amparo y a la de inconstitucionalidad.

4. Interpuesta cualquiera de las acciones constitucionales, Los órganos jurisdiccionales impulsarán de oficio todos los Trámites.

5. En la tramitación de las acciones de exhibición personal, Amparo e inconstitucionalidad, prevalecerá el fondo sobre la Forma, por lo que los defectos procesales no impedirán la expedita sustanciación de los asuntos. Las partes podrán corregir sus

propios errores, siempre que fueren subsanables. No obstante los órganos jurisdiccionales que conozcan del asunto podrán hacerlo de oficio.

6. Contra las providencias, autos y sentencias que se dicten en el ejercicio de la jurisdicción constitucional no cabrá recurso alguno;

7. Los plazos establecidos en esta ley son improrrogables a menos que la misma disponga lo contrario.

8. El incumplimiento de tales plazos por parte de los titulares de los órganos jurisdiccionales, originará la responsabilidad señalada en la presente ley.

Artículo 5. De la supremacía de la constitución. En el ejercicio de la justicia constitucional los Órganos jurisdiccionales solamente están sometidos a la Constitución de la República y a la ley.

Artículo 6. Del principio de inmutabilidad de las sentencias -aclaración- corrección de errores. Los órganos jurisdiccionales en el ejercicio de la justicia constitucional no podrán variar ni modificar sus sentencias después de firmadas; pero sí aclarar algún concepto oscuro o corregir errores materiales de las mismas. Estas aclaraciones podrán hacerse de oficio dentro del día hábil siguiente al de la fecha de la sentencia, o a solicitud de parte, presentada a más tardar el día hábil siguiente al de la notificación. En este último caso, el órgano jurisdiccional resolverá lo que estime procedente dentro del día hábil siguiente al de la presentación de la solicitud.

Artículo 7. De la sala de lo constitucional jurisdicción-integración. Las funciones que la presente ley atribuye a la Corte Suprema de Justicia, serán cumplidas por ésta a través de la Sala de lo Constitucional, a la cual corresponde la jurisdicción constitucional. La Sala de lo Constitucional estará integrada por cinco (5) magistrados de la Corte Suprema de Justicia, designados por el pleno de la misma.

Artículo 8. Del carácter de las sentencias pronunciadas por la sala de lo constitucional unanimidad-mayoría. Las sentencias pronunciadas por unanimidad de votos por la Sala de lo Constitucional, se proferirán en nombre de la Corte Suprema de Justicia y tendrán el carácter de definitivas. Cuando las sentencias se pronuncien por mayoría de votos deberán someterse al pleno de la Corte Suprema de Justicia para su conocimiento y resolución definitiva, para tal efecto el Presidente de la Sala remitirá la sentencia y sus antecedentes a la Presidencia de la Corte Suprema de Justicia, a más tardar al día siguiente hábil de emitido el fallo, quien deberá en el acto de su recepción convocar al Pleno para su conocimiento y resolución dentro del término de diez (10) días hábiles a partir de la fecha en que se hayan recibido los antecedentes.

TÍTULO II
DE LAS ACCIONES DE PROTECCIÓN
DE LOS DERECHOS CONSTITUCIONALES

CAPÍTULO I

DE LA COMPETENCIA

Artículo 9. De la competencia de la sala. La Corte Suprema de Justicia, a través de la Sala de lo Constitucional conocerá y resolverá:

1. De los recursos de hábeas corpus o de exhibición personal y del de Habeas Data.

2. Del recurso de amparo previsto en el último párrafo del Artículo 40 de esta Ley.

3. Del recurso de amparo por violación de los derechos fundamentales que fueran cometidos por:

a) El Presidente de la República o los Secretarios de Estado.

b) Las Cortes de Apelaciones.

c) El Tribunal Superior de Cuentas, la Procuraduría General de la República y el Tribunal Supremo Electoral.

d) Las violaciones cometidas por los demás funcionarios con autoridad en toda la República.

4. Del Recurso de Revisión en Materia Penal y Civil; y,

5. De los conflictos de competencia a que se refiere el Artículo 107 de esta ley.

Artículo 10. De la competencia de las cortes de apelaciones. Las Cortes de Apelaciones en su respectiva jurisdicción conocerán y resolverán:

1. Del hábeas corpus o de exhibición personal; y,

2. Del amparo por violación de los derechos fundamentales que fueran cometidos por:

a) Jueces de Letras Departamentales o Seccionales, Jueces de Sentencia, Jueces de Ejecución y Jueces de Paz, en los casos de jurisdicción preventiva; y,

b) Empleados departamentales o seccionales del orden político, administrativo o militar.

Artículo 11. De la competencia de los juzgados de letras. Los Juzgados de Letras, en sus respectivas jurisdicciones y competencias, conocerán y resolverán:

1. Del recurso de hábeas corpus o exhibición personal; y,

2. del recurso de amparo, en los casos siguientes:

a) Por violaciones cometidas por los inferiores en el orden Jerárquico, según la materia.

b) De las violaciones cometidas por las Corporaciones Municipales o alguno de sus miembros, inclusive los Jueces de Policía y Alcaldes Auxiliares; y,

c) De las violaciones cometidas por los empleados que no estén comprendidos en las disposiciones anteriores.

Artículo 12. Del conocimiento a prevención en caso de ambigüedad. Cuando la competencia no estuviere claramente establecida, conocerá de la acción de habeas corpus y de amparo, a prevención, el órgano jurisdiccional que, por razón de la materia, tenga jurisdicción en el lugar donde ocurrió la violación o la amenaza de los derechos o en donde haya producido o pudiere producir efectos.

CAPÍTULO II
DE LA ACCIÓN DE EXHIBICIÓN PERSONAL Y DE HABEAS DATA

Sección I

Disposiciones generales

Artículo 13. Del deber del Estado de garantizar la libertad personal y la integridad e intimidad de la persona humana. El Estado reconoce la garantía de Hábeas Corpus o Exhibición Personal, y de Hábeas Data. En consecuencia en el Hábeas Corpus o Exhibición Personal, toda persona agraviada o cualquier otra en nombre de ésta tiene derecho a promoverla; y el Hábeas Data únicamente puede promoverla la persona cuyos datos personales o familiares consten en los archivos, registros públicos o privados de la misma manera:

1. EL HÁBEAS CORPUS O EXHIBICIÓN PERSONAL:

   a) Cuando se encuentre ilegalmente presa, detenida, cohibida de cualquier modo en el goce de su libertad; y,

   b) Cuando en su detención o prisión legal, se apliquen al detenido o preso, tormentos torturas, vejámenes, exacción colega y toda coacción, restricción o molestias innecesarias para su seguridad individua o para el orden de la prisión; y,

2. EL HÁBEAS DATA:

   a) Toda persona tiene el derecho a acceder a la información sobre si misma o sus bienes en forma expedita y no onerosa ya está contenida en bases de datos, registros públicos o privados y, en el caso de que fuere necesario, actualizara, rectificarla y/o enmendarla.

   b) Únicamente conocerá de la garantía de Hábeas Data la Sala de lo Constitucional de la Corte Suprema de Justicia.

Artículo 14. -De la restitución o aseguramiento de la libertad -cese de tormentos- La persona que se encuentre en cualesquiera de las situaciones previstas en el artículo anterior u otra persona en su nombre, tendrá derecho a pedir su inmediata exhibición ante los órganos jurisdiccionales para que se le restituya o asegure su libertad o se hagan cesar los tormentos, torturas, tratos crueles, inhumanos o degradantes, vejámenes, exacciones ilegales o demás coacciones, restricciones o molestias.

Artículo 15. -De la resolución de otras violaciones a la libertad. Cuando en la exhibición personal se aleguen otras violaciones que guarden relación con la libertad personal en cualquiera de sus formas y los hechos fueren conexos con el acto tenido como ilegítimo por constituir su causa o su finalidad, se resolverá también sobre estas violaciones.

Artículo 16. De la no exigencia de requisitos formales. Las acciones de Hábeas Corpus y de Hábeas Data se ejercerán sin necesidad de poder ni de formalidad alguna, verbalmente o por escrito, utilizando cualquier medio de comunicación, en horas o días hábiles e inhábiles y libres de costas.

Sección II
De la competencia

Artículo 17. -De la capacidad para conocer y resolver esta acción. Todos los titulares de los órganos jurisdiccionales en sus respectivas jurisdicciones y competencias serán aptos para conocer de la acción de hábeas corpus o de exhibición personal.

Artículo 18. -De la inexcusabilidad para inhibirse del conocimiento y trámite de la acción. Los titulares de los órganos jurisdiccionales no podrán desechar esta acción constitucional y tienen la obligación ineludible de proceder de inmediato para hacer cesar la violación a la libertad o seguridad personal.

Los titulares de los órganos jurisdiccionales que dejaren de admitir está acción incurrirán en responsabilidad penal y administrativa.

Las autoridades que ordenaren y los agentes que ejecutaren el ocultamiento del detenido o que en cualquier forma quebrante esta garantía incurrirán en el delito de detención ilegal.

Artículo 19. Del modo de iniciar la acción. La acción de exhibición personal se iniciará de oficio o a petición de cualquier persona, sea o no pariente del supuesto ofendido, en los términos del Artículo 16.

Artículo 20. De la iniciación de oficio. La acción de exhibición personal se iniciará de oficio cuando el Órgano jurisdiccional tenga noticias de que una persona se encuentra ilegalmente presa, detenida o cohibida de cualquier modo en el goce de su libertad personal, o cuando en su detención o prisión legal se le estén aplicando tormentos, torturas, tratos crueles, inhumanos o degradantes, o vejámenes de cualquier clase, o se le esté haciendo objeto de apremios ilegales o de coacción, restricción o molestia innecesaria para su seguridad individual o para el orden de la prisión.

Artículo 21. De la simplicidad en el ejercicio de la acción. El peticionario expresará en la solicitud o acción, los hechos que motivan la acción; el lugar, real o probable en que se encuentra el ofendido, si lo sabe, y la autoridad o persona a quien considere culpable. De ignorarse la identidad del supuesto autor de la violación constitucional, la demanda se tendrá por ejercitada contra el superior jerárquico de la dependencia respectiva, en su caso.

Artículo 22. De la interposición oral de la acción. Si la acción de exhibición personal no se solicitare por escrito, el órgano jurisdiccional levantará acta en la que dejará constancia del lugar y de la fecha, del nombre y apellidos del solicitante, del medio empleado para su formulación, así como de la fecha y hora de la solicitud, del nombre y apellidos de la persona detenida o agraviada, lugar en que se encuentra real o presuntamente, los hechos que motivaron la detención o prisión y, en general, los demás datos que sobre el hecho haya suministrado el interesado, y si fuere necesario en el mismo acto se hará consignar el nombramiento del juez ejecutor. Si el actor no puede o no sabe escribir, se dejará constancia de ello en el acta.

Artículo 23. De la obligación de denuncia. Los alcaides, jefes, encargados y subalternos de un establecimiento o lugar en donde una persona se encuentre detenida, presa o privada de su libertad, están obligados a denunciar inmediatamente cualquier hecho que dé lugar a la exhibición personal del detenido o preso ante cualesquiera de los órganos jurisdiccionales a que esta ley se refiere.

La circunstancia de que la correspondiente orden haya sido dada por un superior jerárquico, no eximirá de la obligación contemplada en el párrafo precedente.

La contravención a esta norma sujetará a quienes la quebranten a lo que al efecto establezca la legislación penal aplicable.

Artículo 24. -De las privaciones de libertad que se consideran ilegales y arbitrarias. Es ilegal y arbitraria:

1. Toda orden verbal de prisión o arresto, salvo si tiene como finalidad impedir la inminente comisión de un delito, la fuga de quienes hayan participado en aquél o evitar daños graves a las personas o a la propiedad.

2. Toda orden de prisión o arresto que no emane de autoridad competente o que haya sido expedida sin las formalidades legales o por motivos que no hayan sido previamente establecidos en la ley; y

3. Toda detención o arresto que no se cumpla en los centros destinados para el efecto por el Estado.

Sección III

De la substanciación de la acción

Artículo 25. -De la prioridad en la substanciación de la acción de habeas corpus. La substanciación de la acción de hábeas corpus se hará sin pérdida de tiempo, por lo que el respectivo órgano jurisdiccional pospondrá cualquier asunto de distinta naturaleza de que estuviere conociendo.

Adoptará sin tardanza, asimismo, las medidas necesarias para la averiguación del caso y para proteger la libertad o la seguridad del detenido o preso. En caso contrario, se le juzgará como coautor de la detención, vejación o agravio.

Artículo 26. -De los deberes de los titulares del órgano jurisdiccional o del juez ejecutor de la acción. Recibida la acción de exhibición personal, el titular del órgano jurisdiccional o el ejecutor designado en su caso ordenará, mediante auto, la inmediata exhibición del detenido o preso, ante el funcionario que se designe y éste al alcalde, jefe, encargado o subalterno, o a la persona presuntamente responsable, que presente al ofendido, así como el original o copia de la orden de detención y que rinda informe detallado de los hechos que la motivaron; todo lo cual deberá cumplir dentro de un plazo que no exceda las 24 horas.

El informe contendrá, por lo menos, lo siguiente:

1. Autoridad o persona que ordenó la detención ó vejación y el nombre y apellidos de quienes ejecutaren el correspondiente acto, con indicación de la fecha y circunstancias del mismo;

2. Las causas que motivaron la detención o la conducta denunciada y las circunstancias y fechas en que tuvieron lugar;

3. Indicación de si el detenido o preso ha estado únicamente bajo su inmediata custodia o si fue transferido de otro centro de reclusión ó detención, en cuyo caso indicará el nombre de éste, la fecha en que tuvo lugar el traslado, el estado físico del agraviado en dicho momento y el motivo de la transferencia; y

4. Firma y sello del servidor público o persona que rinde el informe.

En el auto de admisión se ordenará, asimismo, no ejecutar acto alguno que pueda dar como resultado un cambio en las condiciones en que se encuentra el detenido o preso, salvo si ello es necesario para preservar su vida, su salud y su integridad física mental.

Si el informe no se rinde en el término señalado, se tendrán por ciertos los hechos invocados por el demandante o solicitante y, si procede en derecho, se declarará con lugar la exhibición pedida.

El auto de admisión de la demanda de exhibición también se notificará al Ministerio Público, para el cumplimiento de los deberes de su cargo. La ausencia de apersonamiento del Ministerio Público no impedirá la tramitación y resolución del recurso.

Artículo 27. De la exhibición obligatoria del agraviado. La presentación del agraviado ante la autoridad requirente se efectuará sin excusas ni condiciones de ninguna clase. Si no se exhibe a la persona detenida o presa, el funcionario o empleado responsable será destituido y el órgano jurisdiccional ordenará su detención y lo pondrá sin tardanza a la orden de la autoridad competente para que lo encause con base en lo dispuesto en la legislación penal; y ordenará, asimismo, la libertad del detenido o preso, si ello procede de conformidad con la ley.

Si la no exhibición obedece al propósito de ocultar al detenido o preso, bien sea en el mismo establecimiento o en cualesquiera otros, se estará a lo dispuesto en el párrafo anterior y el delito se sancionará con la pena máxima aplicable al secuestro.

Si la no exhibición se debe a que la autoridad o persona ya no tiene bajo su custodia al detenido o preso porque fue trasladado a otro lugar o establecimiento, dicha persona o autoridad conducirá al ejecutor al lugar o establecimiento en que se encuentra el detenido o preso, o al que fue trasladado.

Artículo 28. De las facultades del ejecutor y obligaciones de la autoridad recurrida en caso de practicarse la acción sin previo aviso. Cuando la parte interesada lo haya solicitado o el ejecutor lo juzgue pertinente, la exhibición personal se practicará en el lugar en que se encuentre el detenido o preso, sin previo aviso a autoridad o persona alguna.

Notificado el auto de exhibición al Jefe del establecimiento o a quien haga sus veces, éste deberá presentar de inmediato a la persona agraviada y entregarle sin tardanza al ejecutor, el informe y antecedentes del caso. Mientras resuelve lo pertinente, el órgano jurisdiccional adoptará las medidas de seguridad que crea oportunas para proteger al detenido o preso. Tales medidas deberán ser cumplidas, sin pretexto alguno, por las correspondientes autoridades.

El ejecutor tendrá libre acceso a todas las dependencias del lugar de detención, en días u horas hábiles o inhábiles y deberá hacer las pesquisas o interrogatorios que estime oportunos.

Artículo 29. De las obligaciones del órgano jurisdiccional en caso de no dar con el paradero del agraviado. Si la autoridad o persona requerida negare haber restringido la libertad del beneficiario del recurso de hábeas corpus, el tribunal deberá ordenar todas las medidas pertinentes para lograr la ubicación del mismo, reservando las actuaciones hasta que la persona aparezca o sea encontrada.

Artículo 30. Del deber de los órganos jurisdiccionales o ejecutores en el caso del artículo 24. Cuando los órganos jurisdiccionales o ejecutores tuvieren conocimiento de que alguno de los hechos a que se refiere el Artículo 24 están teniendo lugar, iniciarán de inmediato el proceso correspondiente y se constituirán sin demora en el lugar en que estuviere el agraviado, para los efectos previstos en esta ley.

Artículo 31. De la exhibición obligatoria. El detenido o preso deberá ser presentado al ejecutor, aún cuando la detención o prisión sea consecuencia de una orden de autoridad judicial competente y de un procedimiento legal regular.

Artículo 32. De la prevención de las detenciones ilegales. Si la persona en cuyo favor se ejercita la acción de exhibición personal se encuentra bajo custodia de autoridad competente pero no ha transcurrido el término contenido en el Artículo 71 de la Constitución de la República, el ejecutor declarará legal la detención o incomunicación, pero velará porque se ponga al detenido o preso a la orden de la autoridad competente para su juzgamiento.

Artículo 33. De los medios de prueba. El ejecutor podrá, en cualquier momento del trámite y sin formalidad alguna, ordenar la comparecencia de los testigos, peritos o expertos que considere necesarios para esclarecer los hechos y recabar cualquier otra clase de información.

Artículo 34. Del acta del ejecutor. En la audiencia de la exhibición se levantará acta en la que se asentarán todas las incidencias que en ella ocurran.

Artículo 35. Del auxilio al ejecutor. El ejecutor, en su caso, pedirá el auxilio de la fuerza pública o de cualquier ciudadano para el cumplimiento de su cometido.

La negativa a prestar dicho auxilio se sancionará de conformidad con lo dispuesto en la legislación penal.

Artículo 36. De la urgencia y gratuidad de las comunicaciones. Los mensajes telegráficos, postales, telefónicos, electrónicos, faxes o cualquier otro medio de comunicación relacionados con la exhibición personal se transmitirán o enviarán por la correspondiente oficina estatal o privada urgente y gratuitamente, debiendo darle constancia al interesado. Los Jefes de las indicadas oficinas serán personalmente responsables por la falta de cumplimiento de esta disposición y se sancionarán por el superior jerárquico con una multa equivalente a un día de su salario por cada día de atraso.

Sección IV

De la sentencia

Artículo 37. De las obligaciones posteriores a la conclusión del trámite. Concluidos los trámites establecidos en el Capítulo anterior, el ejecutor declarará sin dilación alguna si ha o no lugar a la acción.

Recibidos los antecedentes contentivos de las actuaciones practicadas por el ejecutor o concluidas las mismas por el titular del órgano jurisdiccional, éste dictará la sentencia que corresponda dentro de los tres (03) días hábiles siguientes.

Artículo 38. De la procedencia de la acción. Se declarará con lugar la exhibición personal, cuando se constate la violación de alguno (s) de los supuestos establecidos en los artículos 13 y 24 de esta ley. En caso contrario se declarará sin lugar.

Artículo 39. Del efecto las resoluciones procedentes. Si del estudio de los antecedentes a que se refieren los artículos precedentes, resulta que la detención, restricción o amenaza es ilegal, el ejecutor decretará la orden de libertad del agraviado o la cesación de las restricciones, vejámenes, tratos crueles, inhumanos o degradantes, amenazas, apremios ilegales o de cualquier otra coacción, restricción o molestia innecesaria para la seguridad individual o para el orden de la prisión, y pondrá esos hechos en conocimiento del Ministerio Público con el objeto de que se ejerza la acción penal correspondiente.

Igual obligación tendrá el juez o magistrado que conozca de la acción una vez dictada la sentencia que declare con lugar la misma.

Las resoluciones anteriores tendrán el carácter de Sentencias Definitivas, una vez revisadas en su caso por la Sala de lo Constitucional.

Artículo 40. De la substanciación de la acción de hábeas data. Aplicación supletoria. El recurso de Hábeas Data será interpuesto ante la Sala de lo Constitucional de la Corte Suprema de Justicia cuando se haya agotado el trámite administrativo correspondiente.

En la sustanciación del recurso que observará el procedimiento establecido para el Hábeas Corpus o exhibición personal.

Las disposiciones que regulan el recurso de exhibición personal o Hábeas Corques, se aplicarán, en lo pertinente al procedimiento de Hábeas Data.

CAPÍTULO III
DE LA ACCIÓN DE AMPARO

Sección I

Disposiciones generales

Artículo 41. De la finalidad de la acción y el derecho de pedirla. El Estado reconoce la garantía de amparo. En consecuencia toda persona agraviada o cualquiera en nombre de ésta, tiene derecho a interponer recurso de amparo:

1. Para que se le mantenga o restituya en el goce de los derechos o garantías que la Constitución, los tratados, convenciones y otros instrumentos internacionales establecen;

2. Para que se declare en casos concretos que un reglamento, hecho, acto o resolución de autoridad, no obliga al recurrente ni es aplicable por contravenir, disminuir o tergiversar cualquiera de los derechos reconocidos por la Constitución

Cuando la acción de amparo se interpusiese ante un Órgano Jurisdiccional incompetente, éste deberá remitir el escrito original al Órgano Jurisdiccional competente.

Artículo 42. De la procedencia de la acción. Procede la acción de amparo contra los hechos, actos, omisiones o amenazas de cualquiera de los Poderes del Estado, incluyendo las entidades descentralizadas, desconcentradas, Corporaciones municipales e instituciones autónomas; las sostenidas con fondos públicos y las que actúen por delegación de algún órgano del Estado en virtud de concesión, de contrato u otra resolución válida.

Artículo 43. De la amplitud de la acción. La acción de amparo podrá interponerse aún cuando el hecho o acto violatorio de los derechos no conste por escrito.

Artículo 44. De los sujetos de la acción. La acción de amparo podrá ser ejercida por cualquier persona natural o jurídica y podrá interponerse por la persona agraviada o por cualquier otra civilmente capaz sin necesidad de poder, en este último caso prevalecerá el criterio de la persona en cuyo favor se demanda o se interpone el amparo.

Artículo 45. De los principios de la substanciación de la acción. La acción de amparo se sustanciara con arreglo a los principios de independencia, moralidad en el debate, informalidad, publicidad, prevalencia del derecho sustancial, gratuidad, celeridad, economía procesal, eficacia y debido proceso.

Artículo 46. De la inadmisibilidad de la acción. Es inadmisible el recurso de amparo:

1. Cuando se aleguen violaciones de mera legalidad.

2. Contra resoluciones dictadas en los juicios de amparo;

3. Cuando los actos hayan sido consentidos por el agraviado. Se entenderá que han sido consentidos por el agraviado, cuando no se hubieren ejercitado, dentro de los términos legales, los recursos o acciones, salvo los casos de probada imposibilidad para la interposición de los recursos correspondientes;

4. Cuando no se hubiese ejercitado la acción de amparo dentro del plazo establecido en el artículo 48;

5. Contra los actos consumados de modo irreparable;

6. Cuando han cesado los efectos del acto reclamado;

7. En los asuntos judiciales puramente civiles, con respecto a las partes que intervengan o hubieren intervenido en ellos y a los terceros que tuvieren expeditos recursos o acciones legales en el mismo juicio, y contra las sentencias definitivas, ejecutoriadas, en causa criminal.

8. Cuando se tuvieren expeditos recursos o acciones legales en la vía Contencioso Administrativa; y,

9. Cuando examinados que sean los antecedentes, se constate en forma manifiesta que la acción tiene por objeto la dilación del proceso.

El Órgano Jurisdiccional rechazará de plano la demanda de amparo que fuese inadmisible. Dentro del trámite sobreseerá las diligencias tan luego como consten en autos la causal de inadmisiblidad

Sección II

Del ejercicio de la acción

Artículo 47. De la interposición de la acción. El amparo deberá interponerse ante el órgano jurisdiccional competente, sin perjuicio de lo estatuido en los artículos 12 y 41 párrafo último de esta ley.

Artículo 48. Del plazo para promover la acción. La acción de amparo deberá presentarse dentro de los dos meses siguientes a la fecha de la última notificación al afectado o de aquélla en que este haya tenido conocimiento de la acción u omisión que, a su juicio, le perjudica o pueda perjudicarle.

Artículo 49. De los requisitos del escrito de interposición. La acción de amparo se interpondrá por escrito y contendrá:

1. La designación del órgano jurisdiccional ante el que se presenta;

2. Los nombres y apellidos, estado civil, nacionalidad, profesión u oficio, domicilio y lugar para recibir notificaciones del solicitante y, en su caso, de quien lo represente. Cuando quién promueva el amparo sea una persona jurídica, se indicarán de manera sucinta, los datos relativos a su existencia, personalidad jurídica, nacionalidad, domicilio y fines;

3. Hecho, acto, resolución, orden o mandato contra el cual se reclama, con expresión del juicio o diligencia en que ha sido dictada la resolución orden o mandato reclamado, y la indicación de los recursos de que se ha hecho uso para obtener su subsanación.

4. Indicación concreta de la autoridad, funcionario, persona o entidad contra quien se interpone el amparo;

5. Relación de los hechos que motivan la solicitud, con las pruebas correspondientes que tuviere a su disposición;

6. El o los derechos constitucionales que se considera violado o amenazado;

7. Lo que se pide;

8. Lugar y fecha; y

Firma o huella digital si no sabe leer o escribir del recurrente o agraviado, y en su caso firma del representante o apoderado legal.

Artículo 50. Del plazo para enmendar. Si por deficiencias en la redacción no pudiere determinarse el hecho o la razón de la solicitud de amparo u otro dato esencial de los previstos en el artículo 47, el órgano jurisdiccional le concederá al demandante un plazo de tres días hábiles para que corrija la demanda. Si no lo hiciere, la acción se declarará inadmisible.

Sección III

De la substanciación de la acción de amparo

Artículo 51. De la prioridad en la substanciación de la acción de amparo. La acción de amparo será substanciado con prelación a cualquier otro asunto, salvo el de exhibición personal. En consecuencia, los órganos jurisdiccionales iniciarán el trámite de las respectivas demandas el mismo día de su presentación o el día hábil siguiente.

Artículo 52. De la comunicación pidiendo antecedentes o informe. En el auto de admisión de la demanda de amparo, el órgano jurisdiccional ordenará el libramiento de comunicación a la autoridad, persona o entidad contra la que se interpone la acción para que remita los respectivos antecedentes o rinda un informe circunstanciado en relación con los mismos.

El plazo para remitir los antecedentes o el informe será determinado por el órgano jurisdiccional, pero no podrá exceder de cinco (5) días hábiles teniendo en cuenta la distancia y la rapidez de los medios de comunicación.

Los informes se considerarán rendidos bajo juramento, por consiguiente, cualquier inexactitud o falsedad hará incurrir a quienes lo firmen en el delito de falsificación de documentos públicos.

El auto de admisión de la demanda de amparo se notificará al Ministerio Público, para el cumplimiento de los deberes de su cargo. La ausencia de apersonamiento del Ministerio Público no impedirá la tramitación y resolución del recurso.

El envío de los antecedentes no obsta para que la autoridad recurrida siga con el conocimiento del asunto, y con tal fin, dejará un extracto de las actuaciones principales, siempre y cuando el amparo no se haya admitido con suspensión del acto reclamado.

Artículo 53. *Del efecto de la no remisión de antecedentes o informe*. Si dentro del plazo señalado en el artículo anterior no se enviaren los antecedentes o el informe, la autoridad que estuviere conociendo de la acción dictara un auto de apremio, mandando a requerir a la autoridad recurrida bajo el apercibiendo de que si no cumple dentro del término de veinticuatro horas con el mandato, se tendrá como violado el derecho o garantía que motiva la acción, y se resolverá éste sin más trámite, salvo el caso fortuito o de fuerza mayor.

El no envío de los antecedentes o, en su caso, del informe, hará incurrir al responsable en el delito de abuso de autoridad y los daños y perjuicios que se ocasionaren, correrán por cuenta de quien haya incumplido lo prescrito en el párrafo anterior.

El órgano jurisdiccional ante quien se promoviere la acción, deberá hacer, a la autoridad recurrida, las prevenciones establecidas en este y el precedente artículo.

Artículo 54. *De la vista al recurrente*. Recibidos los antecedentes o el informe en su caso, el órgano jurisdiccional concederá vista por cuarenta y ocho horas al recurrente para que formalice su petición por escrito.

Si el recurrente no formaliza el recurso, sin más trámite se sobreseerán las diligencias; sin embargo, si del escrito de interposición de amparo se aprecia que el recurrente desarrolló de manera puntual el concepto de la violación, se continuará con el trámite normal del proceso de amparo.

Artículo 55. *Del período probatorio*. El órgano jurisdiccional podrá decretar la apertura a pruebas, de oficio o a instancia de parte. El período probatorio no excederá de ocho (8) días hábiles comunes para proponer y evacuar las pruebas ofrecidas. Este período podrá ampliarse hasta por cuatro (4) días hábiles, si se debe de rendir prueba fuera de la sede del órgano jurisdiccional que conozca del amparo.

Artículo 56. *De la vista al fiscal*. Recibidos los antecedentes o el informe, y evacuadas en su caso las pruebas, si la acción no es incoada por el Ministerio Público, se dará vista al fiscal por el término de cuarenta y ocho horas para que emita su dictamen. El órgano jurisdiccional dictará sentencia dentro de los cinco (5) días hábiles siguientes, otorgado o denegado el amparo.

Sección IV

De las medidas cautelares

Artículo 57. *Del momento para decretar medidas cautelares*. Las medidas cautelares podrán decretarse en el auto de admisión de la demanda o en cualquier estado del procedimiento, pero antes de dictar sentencia.

Artículo 58. *Del modo de decretarlas*. La suspensión provisional del acto reclamado y demás medidas cautelares, podrán decretarse a instancia de parte, bajo la responsabilidad del peticionario.

En casos excepcionales, prudenciales y razonablemente apreciados por el órgano jurisdiccional, previa a la adopción de las medidas cautelares que correspondan, el órgano jurisdiccional podrá decretar el rendimiento de la caución que, igualmente de manera prudencial y razonable, estime procedente.

Artículo 59. De los casos de procedencia de las medidas cautelares. Se decretarán medidas cautelares sobre el hecho, acto, resolución, amenaza, orden o mandato reclamado:

1. Si de su mantenimiento resulta peligro para la integridad personal del reclamante o una grave e inminente violación de un derecho fundamental;

2. Cuando su ejecución haga inútil el amparo al hacer difícil, gravosa o imposible la restitución de las cosas a su estado anterior,

3. Cuando sea notoria la falta de jurisdicción o competencia de la autoridad, persona o entidad contra la que se reclama; y,

4. En cualquier otra situación análoga a las anteriores.

Artículo 60. Del modo de comunicarlas. Decretadas las medidas cautelares, se comunicarán éstas a la Autoridad, persona o entidad que corresponda, por escrito y por el medio de verificación más rápido dentro de las veinticuatro (24) horas siguientes.

Artículo 61. De la duración de las medidas cautelares. En cualquier estado del juicio, pero antes de dictar sentencia, se podrá revocar o modificar la medida cautelar decretada, de oficio o a petición de parte.

También se podrá reconsiderar la denegatoria en virtud de circunstancias sobrevinientes que no se conocían en el momento en que se dictó la resolución.

Artículo 62. De las sanciones por incumplimiento. Si la autoridad, persona o entidad a quien se haya comunicado la medida cautelar desobedece la orden judicial y sigue actuando, el órgano jurisdiccional notificará al Ministerio Público para que ejercite la acción penal correspondiente.

El incumplimiento de lo prescrito en este artículo por parte de la autoridad recurrida, será sancionado de conformidad con lo establecido en el Código Penal, sin perjuicio del cumplimiento de la medida cautelar decretada.

Sección V
De la sentencia y sus efectos

Artículo 63. De los requisitos de la sentencia. La sentencia otorgará o denegará el amparo. La sentencia que otorgue el amparo contendrá en su parte dispositiva:

1. La mención concreta de la autoridad, persona o entidad contra cuya resolución, acción u omisión se concede el amparo;

2. La indicación precisa de la resolución, acto o hecho de autoridad que no obliga al peticionario ni le es aplicable por contravenir, disminuir o tergiversar cualquiera de los derechos fundamentales.

3. La determinación precisa de la conducta a cumplir, con las especificaciones necesarias para su debida ejecución; y

4. Las multas u otras sanciones aplicables.

El Órgano Jurisdiccional, al dictar la sentencia tendrá siempre en cuenta que su finalidad es garantizar al agraviado en el pleno goce de sus derechos fundamentales y volver las cosas, siempre que sea posible, al estado anterior a la violación.

La sentencia que deniegue el amparo, ordenara que se devuelvan los antecedentes a la autoridad recurrida y que se continúe con el trámite procedente.

Artículo 64. De la ejecución de la sentencia. Cuando la acción de amparo se haya ejercitado por la denegación de un acto o por una omisión, la sentencia ordenará su realización o que se ejecute el acto omitido.

Si la autoridad recurrida que motivó el recurso, no procediere inmediatamente a ejecutar lo dispuesto en la sentencia, la Corte Suprema de Justicia, a petición de parte o de oficio, comisionará a otra autoridad del lugar o a un ciudadano, para que con el carácter de Juez Ejecutor, dé el debido cumplimiento a lo mandado a efecto de que ordene la realización o ejecución del acto omitido, y en su caso proceda a ordenar la inmediata cesación de la violación declarada, disponiendo lo necesario para evitar toda nueva violación, perturbación, peligro o restricción; asimismo comunicara lo actuado al Ministerio Público para que ejercite la acción penal correspondiente.

El Ejecutor representa al Órgano Jurisdiccional que lo haya nombrado, goza de las prerrogativas e inmunidades de los miembros de dicho Órgano y no podrá negarse a desempeñar el encargo, sino por enfermedad u otro motivo justo, a juicio del Órgano que lo hubiere nombrado.

Para la eficacia de lo dispuesto en este artículo, el Órgano Jurisdiccional respectivo, o el Ejecutor, en su caso, podrán requerir el auxilio de la fuerza pública, y en defecto de ella el de los ciudadanos, quienes están obligados a darlo y serán considerados como agentes de la autoridad.

Artículo 65. Del cumplimiento inmediato de la sentencia que conceda el amparo. Proferida la sentencia que otorga el amparo, el responsable del Agravio deberá cumplirla tan pronto como se haya puesto en su conocimiento lo resuelto. Si no lo hiciere, el órgano jurisdiccional remitirá al Ministerio Público certificación de las correspondientes actuaciones para que inicie la acción penal correspondiente.

Artículo 66. De la responsabilidad de la autoridad recurrida. El cumplimiento de la sentencia que otorga el amparo no impedirá que se proceda contra el responsable del agravio si sus acciones u omisiones generan responsabilidad.

Artículo 67. Del efecto excluyente y no prejuzgamiento de la sentencia denegatoria. La denegación del amparo deja a salvo las acciones civiles o penales que en derecho procedan contra el autor del agravio alegado y no prejuzga sobre ninguna materia.

Artículo 68. De la consulta obligatoria. La sentencia de amparo dictada por los Jueces de Letras Departamentales o Seccionales irá en trámite de consulta obligatoria para ante la Corte de Apelaciones que corresponda. Sobre la sentencia que se pronuncie en este procedimiento, a solicitud de parte la Corte de Apelaciones elevará petición de estudio de la sentencia emitida para ante la Sala de lo Constitucional de la Corte Suprema de Justicia, quien discrecionalmente resolverá sobre su admisión.

La sentencia de amparo dictada por las Cortes de Apelaciones en virtud del artículo 10 de la presente ley, irá en trámite de consulta obligatoria para ante la Sala de lo Constitucional.

En los supuestos de los párrafos primero y segundo de este artículo, las sentencias que emitan en su orden la Corte de Apelaciones o la Sala de lo Constitucional, no serán objeto de recurso alguno.

Artículo 69. De la sentencia que recaiga en la consulta. El órgano jurisdiccional competente que conozca de la consulta, conforme a lo dispuesto en el artículo anterior fallará con sólo la vista de autos, dentro de seis días de haberlos recibido, reformando, confirmando o revocando la sentencia consultada, y comunicará inmediatamente por el medio de comunicación más efectivo a la autoridad recurrida que la dictó en primera instancia, ordenando su cumplimiento.

CAPÍTULO IV
DISPOSICIONES FINALES COMUNES A LA EXHIBICIÓN PERSONAL, HÁBEAS DATA Y EL AMPARO

Artículo 70. De la prohibición de plantear cuestiones incidentales. En el recurso de Hábeas Corpus o Exhibición Personal, Hábeas Data y Amparo no podrán plantearse cuestiones incidentales.

Cuando el órgano jurisdiccional se declare incompetente para conocer de una acción de amparo, lo remitirá original al funcionario competente, a más tardar dentro de veinticuatro horas para que le de el curso correspondiente. La falta de cumplimiento de este precepto será sancionada de conformidad con la ley.

Artículo 71. De las causas de responsabilidad. Son causas de responsabilidad:

1. La negativa de admisión de una acción por causas distintas de las previstas en esta ley o el retardo injustificado en su tramitación;

2. La demora injustificada en la remisión, transmisión y entrega de los expedientes, mensajes y despachos;

3. La alteración o la falsedad en los informes que deban rendirse por cualquier funcionario o persona; y

4. La no aplicación de las sanciones que fija esta ley y la omisión del encauzamiento de los responsables;

Artículo 72. Del efecto de la sentencia. Las sentencias dictadas en los procedimientos de Hábeas Corpus o Exhibición Personal, Hábeas Data y Amparo producirán efecto de cosa juzgada solamente entre las partes y en relación a la controversia constitucional planteada.

El efecto de cosa juzgada, sólo se hará valer i la respectiva sentencia declara que la acción u omisión ha violado derechos constitucionales. Esta sentencia, sin embargo, no originará derechos subjetivos a favor de los particulares o del Estado, por lo que no podrá oponerse como excepción de cosa juzgada en ningún proceso que se ventile con posterioridad ante los Órganos Jurisdiccionales.

Artículo 73. De la doctrina legal en el amparo. Tres sentencias conformes dictadas por la Corte Suprema de Justicia a través de la Sala de lo Constitucional en las demandas de amparo e inconstitucionalidad, constituyen doctrina legal, por lo que deberán observarse como ley; sin embargo la Sala de lo Constitucional, podrá separarse de su propia jurisprudencia razonando la innovación.

TÍTULO III
DEL CONTROL DE CONSTITUCIONALIDAD

CAPÍTULO I
DEL CONTROL DE CONSTITUCIONALIDAD
POR LA SALA DE LO CONSTITUCIONAL

Artículo 74. *Del conocimiento exclusivo*. Únicamente la Corte Suprema de Justicia, por medio de la Sala de lo Constitucional, como intérprete último y definitivo de la Constitución en los casos concretos sometidos a su conocimiento, tiene la facultad originaria y exclusiva para conocer de la garantía de inconstitucionalidad conforme a los artículos 184,313 numeral 5) y 316 de la Constitución, y del control previo de constitucionalidad previsto en el artículo 216 de la misma.

Artículo 75. *De la inconstitucionalidad por razón de forma o de contenido*. Las leyes podrán ser declaradas inconstitucionales por razón de forma o de contenido.

A la Corte Suprema de Justicia le compete el conocimiento y la resolución originaria y exclusiva en la materia, y deberá pronunciarse con los requisitos de las sentencias definitivas.

En la forma, cuando no se ha observado el proceso legislativo establecido en la Constitución de la Republica, o cuando a una disposición se le atribuya el carácter de ley sin haber sido creada por el órgano legislativo.

En el contenido, cuando una ley es contraria a la Constitución de la Republica.

Artículo 76. *De los casos en que procede la acción*. Procede la acción de inconstitucionalidad:

1. Contra las leyes y otras normas de carácter y aplicación general no sometidos al control de la jurisdicción contencioso administrativa, que infrinjan preceptos constitucionales.

2. Cuando se ponga en vigencia una reforma constitucional con inobservancia de los requisitos establecidos en la Constitución de la República;

3. Cuando al aprobarse un tratado internacional que afecte una disposición constitucional, no se siga el procedimiento establecido en el artículo diecisiete de la Constitución de la Republica; y,

4. Cuando la ley ordinaria contraríe lo dispuesto en un Tratado o convención internacional del que Honduras forma parte.

La acción de inconstitucionalidad podrá ejercitarse de manera total o parcial.

Artículo 77. *De la promoción de la acción*. La declaración de inconstitucionalidad de una ley y su derogación podrá solicitarse por quien se considere lesionado en su interés directo, personal y legítimo;

1. Por vía de acción que deberá promover ante la Corte Suprema de Justicia;

2. Por vía de excepción, que podrá oponer en cualquier procedimiento judicial, y

3. También el órgano jurisdiccional que conozca en cualquier procedimiento judicial, podrá solicitar de oficio la declaración de inconstitucionalidad de una ley antes de dictar resolución.

En los casos contemplados en los numerales 2) y 3), se elevarán las actuaciones a la Corte Suprema de Justicia siguiéndose el procedimiento hasta el momento de la citación para sentencia, a partir de lo cual se suspenderá el procedimiento judicial de la cuestión principal en espera de la resolución sobre la inconstitucionalidad

Artículo 78. *Del momento para intentar la acción*. La declaración de inconstitucionalidad de una ley o alguno (s) de sus preceptos podrá solicitarse en cualquier tiempo posterior a su vigencia.

CAPÍTULO II
DEL PROCEDIMIENTO

Sección I
De la inconstitucionalidad por vía de acción

Artículo 79. *De los requisitos de la inconstitucionalidad por vía de acción*. La demanda de inconstitucionalidad por vía de acción deberá contener:

1. Suma y designación de la Sala de lo Constitucional.

2. El nombre y apellidos, profesión u oficio, domicilio y dirección para recibir notificaciones del solicitante o de su mandatario o representante legal;

3. El señalamiento de la ley o alguno(s) de sus preceptos, cuya declaración de inconstitucionalidad se pretende;

4. Los motivos que le sirven de fundamento a la pretensión;

5. Explicación clara y precisa del interés directo, personal y legitimo que motiva su acción; así como la explicación del concepto que motiva su acción de inconstitucionalidad; y,

6. El lugar, fecha de la demanda y la firma del solicitante.

Con la demanda de inconstitucionalidad se acompañará copia de la misma.

Artículo 80. *De la comunicación y traslado*. Admitida la demanda de inconstitucionalidad por razón de forma, se librara comunicación a la Secretaria del Congreso Nacional a efecto de que dentro del plazo de cinco (05) días remita los antecedentes del proceso de formación de la ley impugnada o en su caso informe. Una vez recibidos los antecedentes o el informe en su caso se dará traslado de estos por el término de seis (6) días hábiles al Ministerio Público, para que emita su dictamen.

Cuando se tratare de un recurso por razón del contenido, se le dará el trámite correspondiente, oyendo el dictamen del Ministerio Público.

Artículo 81. *Del plazo para dictar sentencia*. Una vez recibido el dictamen del Ministerio Público, o de vencido el plazo para hacerlo, se dictará sentencia dentro de los veinte (20) días hábiles siguientes.

Sección II

De la inconstitucionalidad por vía de excepción

Artículo 82. *De la solicitud por vía de excepción*. La excepción de inconstitucionalidad se opondrá en cualquier estado del proceso, antes de la citación para sentencia.

Artículo 83. *De los requisitos de la solicitud*. El escrito de excepción deberá reunir los requisitos establecidos en el artículo 79 de esta ley.

Artículo 84. *Del procedimiento*. Recibidas las diligencias en la Corte Suprema de Justicia, la Sala de lo Constitucional resolverá sobre la procedencia o improcedencia de la admisión de la excepción de inconstitucionalidad.

Artículo 85. *Del modo de proceder una vez admitida la excepción*. Admitida la excepción, la Sala de lo Constitucional procederá de conformidad con lo establecido en los artículos 80 y 81 de esta ley.

Artículo 86. *De la responsabilidad en caso de inadmisibilidad o improcedencia*. Si la inconstitucionalidad por vía de excepción fuese declarada inadmisible o improcedente, el incidentista será responsable por el resarcimiento de los daños o perjuicios que hubiere ocasionado con motivo de la suspensión del procedimiento principal.

Sección III

De la inconstitucionalidad promovida
De oficio por los órganos jurisdiccionales

Artículo 87. *De la inconstitucionalidad de oficio*. Los órganos jurisdiccionales podrán solicitar de oficio que se declare la inconstitucionalidad de una ley o alguno (s) de sus preceptos, cuando conociendo en cualquier procedimiento judicial, consideren que la ley o alguno (s) de sus preceptos aplicable al caso, es contrario a la Constitución de la República o a un Tratado Internacional y que de dicha ley o precepto legal depende el fallo que deben dictar.

Artículo 88. *Del deber de señalar la ley o precepto que se presume inconstitucional*. El Órgano Jurisdiccional que solicite de oficio la declaración de inconstitucionalidad, dictará una resolución motivada, en la cual señalará la precisión y claridad la ley o precepto legal que supone violatorio de la Constitución, y por que la decisión del juicio depende de la aplicación de esta ley o precepto legal.

CAPÍTULO III

DE LAS SENTENCIAS EN LOS PROCEDIMIENTOS
DE INCONSTITUCIONALIDAD

Artículo 89. *De los alcances de la sentencia*. La sentencia podrá declarar la inconstitucionalidad total o parcial de una ley.

Procede la declaración parcial de inconstitucionalidad cuando la parte de la ley en que se da la violación pueda ser separada de la totalidad. De lo contrario deberá declararse la inconstitucionalidad de la totalidad de la ley.

Artículo 90. *Del efecto extensivo de la declaratoria de inconstitucionalidad*. La sentencia que declare la inconstitucionalidad de un precepto legal, podrá declarar también inconstitucionales aquellos preceptos de la misma ley o de otra u otras con las que tenga una relación directa y necesaria.

Artículo 91. De la desestimación por repetición. La Sala de lo Constitucional podrá desestimar toda acción, excepción o cuestión de inconstitucionalidad cuando los motivos alegados sean los mismos, aunque se trate de personas distintas, en que se hubiese sustentado un proceso anterior en el que la respectiva sentencia haya declarado sin lugar la inconstitucionalidad.

Artículo 92. De la notificación de la sentencia. Las Sentencias deberán notificarse personalmente o de oficio a más tardar el día siguiente de su fecha mediante cédula fijada en la Tabla de Avisos.

Artículo 93. Del plazo para devolver los antecedentes. Cuando el proceso hubiese sido promovido por vía de excepción o de oficio, la sentencia recaída se certificará y se remitirá juntamente con las actuaciones del proceso principal al órgano jurisdiccional de su competencia, para que decida de conformidad con la sentencia de la Corte Suprema. La remisión se hará dentro de los cinco (5) días siguientes a la fecha de la notificación.

Artículo 94. De los efectos de la sentencia. - Publicación. La sentencia en que declare la inconstitucionalidad de una norma será de ejecución inmediata, y tendrá de efectos generales y por tanto derogará la norma inconstitucional debiendo comunicarse al Congreso Nacional, quien lo hará publicar en el Diario oficial la "Gaceta".

La sentencia no afectará las situaciones jurídicas que ya hayan sido definitivamente resueltas y ejecutadas.

En materia penal, beneficiará, en su caso, al procesado o condenado.

TÍTULO IV
DE LA REVISIÓN

CAPÍTULO ÚNICO
DE LA REVISIÓN EN MATERIA PENAL Y CIVIL

Artículo 95. De la revisión en materia penal y civil. Ningún poder ni autoridad puede avocarse causas pendientes ni abrir juicios fenecidos, salvo en causas juzgadas en materia penal que pueden ser revisadas en toda época a favor de lo condenados, a pedimento de éstos, de cualquier persona del Ministerio Público o de oficio.

Toda persona agraviada que hubiese sido parte en el proceso o con derecho a ser llamada a participar en él, puede demandar la revisión de sentencias firmes en materia civil dentro del plazo de seis (6) meses contados desde el día en que habiéndose realizado la última notificación quedó firme la sentencia.

La acción de revisión, se ejercerá exclusivamente ante la Sala de lo Constitucional de la Corte Suprema de Justicia.

Sección I

De la revisión en materia penal

Artículo 96. De la procedencia de la acción. Las sentencias firmes podrán ser revisadas en cualquier tiempo por la Sala de lo Constitucional de la Corte Suprema de Justicia a favor del condenado, en cualquiera de los casos siguientes cuando:

1. Dos o más personas hayan sido condenadas por un mismo delito, que sólo pudo ser cometido por una de ellas;

2. Una misma persona haya sido condenada por el mismo hecho delictivo, en dos sentencias distintas;

3. Una persona haya sido condenada en una sentencia, y absuelta en otra por el mismo hecho delictivo;

4. Una persona haya sido condenada como autor o cómplice del homicidio de otra que en realidad no ha fallecido;

5. Haya sido condenada alguna persona en virtud de sentencia con base en un documento o testimonio declarado después falso, por sentencia firme;

Después de la condena sobrevengan nuevos hechos o elementos de prueba que solos unidos a los ya examinados en el proceso, hagan evidente que el hecho no existió, que el condenado no lo cometió o que el hecho cometido, no es punible o encuadra en una norma mas favorable; o se produzca un cambio de doctrina legal que favorece al reo;

Se haya condenado por prevaricato o cohecho a alguno de los jueces por su actuación en el juicio que se trate; y,

Proceda la aplicación retroactiva de una ley penal por ser más benigna.

Artículo 97. De la forma de promoverla. La revisión deberá ser promovida por escrito ante la Sala de lo Constitucional de la Corte Suprema de Justicia, con expresión concreta de los motivos en que se funda y de las disposiciones legales aplicables.

El peticionario deberá ofrecer todos los medios de prueba que acrediten la verdad de sus afirmaciones, y acompañar la prueba documental o indicar el lugar o archivo en que se encuentre.

Artículo 98. De la suspensión de la ejecución de la sentencia impugnada Si la Sala de lo Constitucional admite la solicitud de revisión no suspenderá la ejecución de la sentencia salvo si por no existir duda en cuanto a la realidad de los hechos en que se funda la solicitud, la Sala de lo Constitucional de la Corte Suprema de Justicia, dispone otra cosa y ordena la libertad del condenado. En caso necesario, se podrá aplicar una medida cautelar.

Artículo 99. De los efectos de la sentencia. La Sala de lo Constitucional, según proceda, declarará sin lugar la revisión o anulará la sentencia impugnada.

Si anula la sentencia, pronunciará el nuevo fallo y, en el caso previsto en el numeral 7) del artículo 96, devolverá los antecedentes al correspondiente Tribunal de Sentencia, para que se celebre nuevo juicio.

En el nuevo juicio no podrá intervenir ninguno de los miembros del Tribunal de Sentencia que dictó el fallo revisado.

En el caso del numeral 2) del artículo 96, la Sala de lo Constitucional de la Corte Suprema de Justicia declarará la nulidad de la sentencia en que se imponga mayor pena, dejando válida aquella en la que se condene a una pena menor.

Si se da el caso previsto en el numeral 3) del artículo 96, se declarará la nulidad de la sentencia condenatoria, a efecto de que pueda ser ejecutada la sentencia absolutoria.

Artículo 100. De la posibilidad de intentar nuevamente la acción. El rechazo de la solicitud de revisión no impedirá la interposición de una nueva solicitud, fundada en motivos distintos.

Artículo 101. De las disposiciones referentes a la sentencia que declare procedente la acción. La sentencia que dicte la Sala de lo Constitucional de la Corte Suprema de Justicia ordenará, según el caso:

1. La libertad del condenado;

2. La restitución total o parcial de la suma de dinero pagada en concepto de multa;

3. El cese de la inhabilitación y de las penas accesorias, con devolución de los efectos del comiso, si ello es posible, y la cesación de las medidas de seguridad; y,

4. La ejecución de la nueva pena o la práctica de un nuevo cómputo, cuando en la nueva sentencia se imponga pena al condenado, con abono del tiempo que haya estado en prisión.

Sección II

De la revisión en materia civil

Artículo 102. De la procedencia de la acción. La Sala de lo Constitucional de la Corte Suprema de Justicia podrá rever una sentencia firme pronunciada en juicio declarativo ordinario de mayor cuantía, en los casos siguientes:

1. Si después de pronunciada se recobraren documentos decisivos, detenidos por fuerza mayor, o por obra de la parte en cuyo favor se hubiere dictado.

2. Si hubiere recaído en virtud de documentos que al tiempo de dictarse ignoraba una de las partes haber sido reconocidos y declarados falsos, o cuya falsedad se reconociere o declarare después.

3. Si habiéndose dictado en virtud de prueba testifical, los testigos hubieren sido condenados por falso testimonio, dado en las declaraciones que sirvieren de fundamento a la sentencia; y

4. Si la sentencia firme se hubiere dictado injustamente en virtud de cohecho, violencia u otra maquinación fraudulenta.

Artículo 103. De la suspensión de la ejecución de la sentencia impugnada. Por la interposición de esta acción no se suspenderá la ejecución de la sentencia impugnada.

Podrá, sin embargo, el Órgano Jurisdiccional, en vista de las circunstancias, a petición del recurrente, y oído el Fiscal, ordenar que se suspenda la ejecución de la sentencia, siempre que aquél diere fianza bastante para satisfacer el valor de lo litigado y los perjuicios que se causen con la inejecución de la sentencia, para el caso de que la acción fuere desestimada.

Artículo 104. De los efectos de la sentencia que declare procedente la acción. Si la Sala de lo Constitucional, o en su caso la Corte Suprema de Justicia, estimare procedente la revisión por haberse comprobado, con arreglo a la ley, los hechos en que se funda, lo declarará así, y anulará en todo o en parte la sentencia impugnada.

En la misma sentencia que acepte el recurso de revisión declarará el Órgano Jurisdiccional si debe o no seguirse nuevo juicio. En el primer caso determinará, además el estado en que queda el proceso, el cual se remitirá para su conocimiento al Órgano Jurisdiccional de que proceda.

Servirán de base al nuevo juicio las declaraciones que se hubieren hecho en el recurso de revisión, las cuales no podrán ser ya discutidas.

Artículo 105. De los efectos de la sentencia que declare improcedente la acción. Cuando la acción de revisión se declare improcedente, se condenará en las costas al que lo hubiere promovido, y se ordenará que sean devueltos al Órgano Jurisdiccional que corresponda los autos mandados traer a la vista.

Sección III

Trámite común al recurso
de revisión penal y civil

Artículo 106. De la citación para audiencia. Si la Sala de lo Constitucional de la Corte Suprema de Justicia admite la solicitud de revisión, ordenará la inmediata remisión de los antecedentes y citará a las partes a una audiencia, que deberá celebrarse dentro de los treinta (30) días hábiles siguientes a la fecha de recepción de los antecedentes, para que la parte afectada con la admisión del recurso se pueda oponer al mismo y ambas partes presenten las pruebas en que se fundan sus pretensiones, debiendo oírse en la misma audiencia la opinión del Fiscal del Despacho, de no ser éste parte en el proceso.

Cumplido lo anterior, se suspenderá la audiencia por el tiempo que requiera para examinar las pruebas presentadas y dictar la sentencia que corresponda de conformidad a la materia. Dicha suspensión no podrá exceder de veinte (20) días hábiles.

TÍTULO V
DE LOS CONFLICTOS DE COMPETENCIA

Artículo 107. De los tipos de conflicto. La Sala de lo Constitucional resolverá:

1. Los conflictos de competencia o atribuciones que se susciten entre los Poderes del Estado o entre cualquiera de éstos y el Tribunal Supremo Electoral.

2. Los conflictos de competencia o atribuciones que se produzcan entre el Ministerio Público, la Procuraduría General de la Republica y el Tribunal Superior de Cuentas; y,

3. Los conflictos de competencia o atribuciones de las municipalidades entre si.

Artículo 108. De los sujetos legitimados y los requisitos de la solicitud. La cuestión será planteada por los titulares de los órganos o entidades en conflicto.

La solicitud señalará con claridad y precisión, la causa del conflicto y las normas jurídicas con que se relaciona.

Artículo 109. Del traslado para ser oído. La Sala de lo Constitucional dará traslado de inmediato a los titulares de los otros órganos o entidades, para que dentro de los seis (6) días hábiles siguientes a la fecha de la recepción del traslado, exponga lo que considere oportuno sobre el asunto.

Artículo 110. Del plazo para resolver el conflicto. Transcurrido el término señalado en el artículo precedente, se haya o no pronunciado la otra parte, la Sala de lo Constitucional resolverá el conflicto dentro de los diez (10) días hábiles siguientes.

Dentro del término a que se refiere el párrafo anterior, la Sala de lo Constitucional podrá ordenar la práctica de cualquier prueba con suspensión del plazo para dictar sentencia.

La Sentencia recaída se notificará a más tardar el día siguiente hábil a los órganos o entidades involucradas en el conflicto y la sentencia tendrá el carácter de firme.

TÍTULO VI
DISPOSICIONES COMUNES A LAS ACCIONES QUE REGULA ESTA LEY

Artículo 111. Del desistimiento de la acción. A excepción de la acción de exhibición personal, el agraviado podrá desistir en cualquier estado del procedimiento de la acción interpuesta, mediante su comparecencia personal. En los casos de las personas jurídicas, lo podrán hacer por medio de su representante legal debidamente acreditado.

En tal caso quedarán subsistentes las acciones y recursos que puedan corresponderle a las partes con independencia de la acción desistida.

Artículo 112. De la causa legal de destitución. Sin perjuicio de otras sanciones establecidas en esta ley, la desobediencia, retardo u oposición a una resolución o sentencia dictada con motivo de las acciones constitucionales que regula la presente ley, de parte de un funcionario o empleado del Estado, de sus instituciones desconcentradas o descentralizadas y demás a que se refiere el artículo 42, será causa legal de destitución, la que deberá producirse de inmediato.

Artículo 113. Del encausamiento. Toda persona extraña a los procesos que se regulan en la presente ley, lo mismo que el funcionario judicial o administrativo que en cualquier forma, por acción u omisión, retarde, impida o estorbe su tramitación o ejecución, será encausada de conformidad con la ley.

Artículo 114. Del cumplimiento de la ley. La Corte Suprema de Justicia, por medio de la Sala de lo Constitucional, velará por el estricto cumplimiento de lo dispuesto en esta Ley.

Artículo 115. Del deber del secretario en los órganos colegiados. En el caso de que la comunicación ordenando el envío de los antecedentes o en su defecto informe, fuere dirigida a entidades o instituciones cuya autoridad u órgano de dirección es colegiado el secretario de la junta directiva procederá a ejecutar el envío de los antecedentes o en su defecto un informe dentro del plazo o término señalado en la comunicación recibida; sin perjuicio de que una vez que éste funcionario ponga en conocimiento de la junta directiva del órgano colegiado el contenido de la comunicación, ésta podrá remitir al órgano judicial requirente las observaciones que estime pertinentes.

Artículo 116. De la no suspensión de recursos previo a la sentencia. La substanciación de las garantías de amparo e inconstitucionalidad vía acción, así como en los casos de incompatibilidad entre la Constitución y la Ley ordinaria, no obsta para que las partes hagan uso de los recursos procesales que la Constitución y las leyes les conceden; sin embargo ningún recurso ordinario o extraordinario será resuelto en forma definitiva sino hasta que recaiga sentencia en la acción intentada.

Artículo 117. De la responsabilidad de los titulares de los órganos jurisdiccionales. Los titulares de los órganos jurisdiccionales que conozcan de las acciones a que esta ley se refiere, están obligados a imponer las sanciones previstas en la misma e incurrirán en responsabilidad civil y administrativa si no lo hicieren.

Artículo 118. De la condena al pago de daños y perjuicios. Cuando el órgano jurisdiccional establezca que la acción, pretende dilatar el proceso, razonándolo debidamente, condenará al recurrente al pago de los daños y perjuicios ocasionados, los cuales se liquidarán en la sede de instancia.

TÍTULO VII
DISPOSICIONES FINALES Y TRANSITORIAS

Artículo 119. De los casos no previstos. En los casos no previstos en esta ley, el procedimiento para conocer de los asuntos que se sometan a la decisión de la Sala de lo Constitucional de la Corte Suprema de Justicia, lo establecerá la propia Sala en las resoluciones que adopte de conformidad con la naturaleza del asunto.

Artículo 120. Del deber de motivar y fundamentar las sentencias. Recursos oponibles. Las sentencias definitivas que recayeren en cualquiera de las acciones contenidas en esta Ley, deberán contener la motivación y fundamentación correspondiente a la parte resolutiva de la sentencia. De igual manera se estará a lo resuelto en el presente artículo en caso de haber pronunciamiento del Pleno de la Corte Suprema de Justicia.

Contra los fallos proferidos por unanimidad de la Sala de lo Constitucional y los que en su caso dicte el Pleno de la Corte Suprema de Justicia, solo cabra el recurso de reposición, que podrá ser interpuesto en el acto de la notificación o al día siguiente hábil al de su notificación por la tabla de avisos del Despacho.

Artículo 121. Del ámbito temporal de validez de la ley. Las acciones de amparo, exhibición personal e inconstitucionalidad que se hallen en trámite a la fecha de entrada en vigencia de la presente ley, se resolverán de conformidad con las disposiciones de la Ley de Amparo del 14 de abril de 1936; excepto en materia penal cuando favorezca al procesado.

Artículo 122. De la secretaria de la sala de lo constitucional. Se crea la Secretaría de la Sala Constitucional, en atención al papel fundamental de ser guardián de la Constitucionalidad de las leyes y protector de la Justicia Constitucional y para tal efecto contará con los funcionarios y personal que determine su Reglamento Interno.

Artículo 123. De la derogación. Derógase la Ley de Amparo emitida el 14 de abril de 1936 y sus reformas, el artículo 94 del Decreto N° 189-87 del 20 de noviembre de 1987, contentivo de la Ley de Jurisdicción de lo Contencioso Administrativo; los artículos 373, 374, 375, 376, 377, 378, 379 y 380 del Código Procesal Penal; 961, 962, 963, 964, 965 y 966 del Código de Procedimientos Civiles, primera parte Procedimientos Civiles; y cualquier otra disposición que se oponga a la presente ley.

Artículo 124. De la vigencia. La presente ley entrara en vigencia veinte (20) días después de su publicación en el Diario Oficial La Gaceta, a excepción de los artículo 3 numeral 1). 4 numeral 3), 9 numeral 1), 13 literal b), 16;40;70 y 72 en lo referente a la garantía de habeas data y el artículo 95 en lo referente al plazo de interposición de la Garantía de Revisión en Materia Civil; los cuales entrarán en vigencia, una vez producida la ratificación de las reformas al texto constitucional.

Dado en la ciudad de Tegucigalpa, municipio del Distrito Central, en el Salón de Sesiones del Congreso Nacional a lo veinte días del mes de enero de dos mil cuatro.

Porfirio Lobo Sosa

Presidente

Juan Orlando Hernández A.

Secretario

Guilliam Guifarro Montes de Oca

Secretaria

Al Poder Ejecutivo.

Por Tanto, Ejecútese.

Tegucigalpa, M.D.C., 30 de agosto de 2004.

Ricardo Maduro

Presidente de la República

Roberto Pacheco Reyes

El secretario de estado en los despachos de gobernación y justicia

MÉXICO
CONSTITUCIÓN POLÍTICA DE
LOS ESTADOS UNIDOS MEXICANOS, 1917
(Última reforma publicada DOF 10-02-2014);

Artículo 103. Los Tribunales de la Federación resolverán toda controversia que se suscite

I. Por normas generales, actos u omisiones de la autoridad que violen los derechos humanos reconocidos y las garantías otorgadas para su protección por esta Constitución, así como por los tratados internacionales de los que el Estado Mexicano sea parte;

II. Por normas generales o actos de la autoridad federal que vulneren o restrinjan la soberanía de los estados o la esfera de competencia del Distrito Federal, y

III. Por normas generales o actos de las autoridades de los Estados o del Distrito Federal que invadan la esfera de competencia de la autoridad federal.

Artículo reformado DOF 31-12-1994, 06-06-2011

Artículo 107. Las controversias de que habla el artículo 103 de esta Constitución, con excepción de aquellas en materia electoral, se sujetarán a los procedimientos que determine la ley reglamentaria, de acuerdo con las bases siguientes:

Párrafo reformado DOF 25-10-1993, 06-06-2011

I. El juicio de amparo se seguirá siempre a instancia de parte agraviada, teniendo tal carácter quien aduce ser titular de un derecho o de un interés legítimo individual o colectivo, siempre que alegue que el acto reclamado viola los derechos reconocidos por esta Constitución y con ello se afecte su esfera jurídica, ya sea de manera directa o en virtud de su especial situación frente al orden jurídico.

Tratándose de actos o resoluciones provenientes de tribunales judiciales, administrativos o del trabajo, el quejoso deberá aducir ser titular de un derecho subjetivo que se afecte de manera personal y directa;

Fracción reformada DOF 06-06-2011

II. Las sentencias que se pronuncien en los juicios de amparo sólo se ocuparán de los quejosos que lo hubieren solicitado, limitándose a ampararlos y protegerlos, si procediere, en el caso especial sobre el que verse la demanda.

Cuando en los juicios de amparo indirecto en revisión se resuelva la inconstitucionalidad de una norma general por segunda ocasión consecutiva, la Suprema Corte de Justicia de la Nación lo informará a la autoridad emisora correspondiente.

Cuando los órganos del Poder Judicial de la Federación establezcan jurisprudencia por reiteración en la cual se determine la inconstitucionalidad de una norma general, la Suprema Corte de Justicia de la Nación lo notificará a la autoridad emisora. Transcurrido el plazo de 90 días naturales sin que se supere el problema de inconstitucionalidad, la Suprema Corte de Justicia de la Nación emitirá, siempre que fuere aprobada por una mayoría de cuando menos ocho votos, la declaratoria general de inconstitucionalidad, en la cual se fijarán sus alcances y condiciones en los términos de la ley reglamentaria.

Lo dispuesto en los dos párrafos anteriores no será aplicable a normas generales en materia tributaria.

En el juicio de amparo deberá suplirse la deficiencia de los conceptos de violación o agravios de acuerdo con lo que disponga la ley reglamentaria.

Cuando se reclamen actos que tengan o puedan tener como consecuencia privar de la propiedad o de la posesión y disfrute de sus tierras, aguas, pastos y montes a los ejidos o a los núcleos de población que de hecho o por derecho guarden el estado comunal, o a los ejidatarios o comuneros, deberán recabarse de oficio todas aquellas pruebas que puedan beneficiar a las entidades o individuos mencionados y acordarse las diligencias que se estimen necesarias para precisar sus derechos agrarios, así como la naturaleza y efectos de los actos reclamados.

En los juicios a que se refiere el párrafo anterior no procederán, en perjuicio de los núcleos ejidales o comunales, o de los ejidatarios o comuneros, el sobreseimiento por inactividad procesal ni la caducidad de la instancia, pero uno y otra sí podrán decretarse en su beneficio. Cuando se reclamen actos que afecten los derechos colectivos del núcleo tampoco procederán desistimiento ni el consentimiento expreso de los propios actos, salvo que el primero sea acordado por la Asamblea General o el segundo emane de ésta;

Fracción reformada DOF 02-11-1962, 25-10-1967, 20-03-1974, 07-04-1986, 06-06-2011

III. Cuando se reclamen actos de tribunales judiciales, administrativos o del trabajo, el amparo sólo procederá en los casos siguientes:

a) Contra sentencias definitivas, laudos y resoluciones que pongan fin al juicio, ya sea que la violación se cometa en ellos o que, cometida durante el procedimiento, afecte las defensas del quejoso trascendiendo al resultado del fallo. En relación con el amparo al que se refiere este inciso y la fracción V de este artículo, el Tribunal Colegiado de Circuito deberá decidir respecto de todas las violaciones procesales que se hicieron valer y aquéllas que, cuando proceda, advierta en suplencia de la queja, y fijará los términos precisos en que deberá pronunciarse la nueva resolución. Si las violaciones procesales no se invocaron en un primer amparo, ni el Tribunal Colegiado correspondiente las hizo valer de oficio en los casos en que proceda la suplencia de la queja, no podrán ser materia de concepto de violación, ni de estudio oficioso en juicio de amparo posterior.

La parte que haya obtenido sentencia favorable y la que tenga interés jurídico en que subsista el acto reclamado, podrá presentar amparo en forma adhesiva al que promueva cualquiera de las partes que intervinieron en el juicio del que emana el acto reclamado. La ley determinará la forma y términos en que deberá promoverse.

Para la procedencia del juicio deberán agotarse previamente los recursos ordinarios que se establezcan en la ley de la materia, por virtud de los cuales aquellas sentencias definitivas, laudos y resoluciones puedan ser modificados o revocados, salvo el caso en que la ley permita la renuncia de los recursos.

Al reclamarse la sentencia definitiva, laudo o resolución que ponga fin al juicio, deberán hacerse valer las violaciones a las leyes del procedimiento, siempre y cuando el quejoso las haya impugnado durante la tramitación del juicio mediante el recurso o medio de defensa que, en su caso, señale la ley ordinaria respectiva. Este requisito no será exigible en amparos contra actos que afecten derechos de menores o incapaces, al estado civil, o al orden o estabilidad de la familia, ni en los de naturaleza penal promovidos por el sentenciado;

Inciso reformado DOF 10-08-1987, 06-06-2011

b) Contra actos en juicio cuya ejecución sea de imposible reparación, fuera de juicio o después de concluido, una vez agotados los recursos que en su caso procedan, y

c) Contra actos que afecten a personas extrañas al juicio;

Fracción reformada DOF 25-10-1967

IV. En materia administrativa el amparo procede, además, contra actos u omisiones que provengan de autoridades distintas de los tribunales judiciales, administrativos o del trabajo, y que causen agravio no reparable mediante algún medio de defensa legal. Será necesario agotar estos medios de defensa siempre que conforme a las mismas leyes se suspendan los efectos de dichos actos de oficio o mediante la interposición del juicio, recurso o medio de defensa legal que haga valer el agraviado, con los mismos alcances que los que prevé la ley reglamentaria y sin exigir mayores requisitos que los que la misma consigna para conceder la suspensión definitiva, ni plazo mayor que el que establece para el otorgamiento de la suspensión provisional, independientemente de que el acto en sí mismo considerado sea o no susceptible de ser suspendido de acuerdo con dicha ley.

No existe obligación de agotar tales recursos o medios de defensa si el acto reclamado carece de fundamentación o cuando sólo se aleguen violaciones directas a esta Constitución;

Fe de erratas a la fracción DOF 14-03-1951. Fracción reformada DOF 25-10-1967, 06-06-2011

V. El amparo contra sentencias definitivas, laudos o resoluciones que pongan fin al juicio se promoverá ante el Tribunal Colegiado de Circuito competente de conformidad con la ley, en los casos siguientes:

Párrafo reformado DOF 10-08-1987, 06-06-2011

a) En materia penal, contra resoluciones definitivas dictadas por tribunales judiciales, sean éstos federales, del orden común o militares.

b) En materia administrativa, cuando se reclamen por particulares sentencias definitivas y resoluciones que ponen fin al juicio dictadas por tribunales administrativos o judiciales, no reparables por algún recurso, juicio o medio ordinario de defensa legal;

Inciso reformado DOF 10-08-1987

c) En materia civil, cuando se reclamen sentencias definitivas dictadas en juicios del orden federal o en juicios mercantiles, sea federal o local la autoridad que dicte el fallo, o en juicios del orden común.

En los juicios civiles del orden federal las sentencias podrán ser reclamadas en amparo por cualquiera de las partes, incluso por la Federación, en defensa de sus intereses patrimoniales, y

d) En materia laboral, cuando se reclamen laudos dictados por las Juntas Locales o la Federal de Conciliación y Arbitraje, o por el Tribunal Federal de Conciliación y Arbitraje de los Trabajadores al Servicio del Estado;

La Suprema Corte de Justicia, de oficio o a petición fundada del correspondiente Tribunal Colegiado de Circuito, del Fiscal General de la República, en los asuntos en que el Ministerio Público de la Federación sea parte, o del Ejecutivo Federal, por conducto del Consejero Jurídico del Gobierno, podrá conocer de los amparos directos que por su interés y trascendencia así lo ameriten.

Párrafo adicionado DOF 10-08-1987. Reformado DOF 31-12-1994, 10-02-2014
Fracción reformada DOF 25-10-1967, 06-08-1979

VI. En los casos a que se refiere la fracción anterior, la ley reglamentaria señalará el procedimiento y los términos a que deberán someterse los Tribunales Colegiados de Circuito y, en su caso, la Suprema Corte de Justicia de la Nación para dictar sus resoluciones;

Fracción reformada DOF 25-10-1967, 06-08-1979, 10-08-1987, 06-06-2011

VII. El amparo contra actos u omisiones en juicio, fuera de juicio o después de concluido, o que afecten a personas extrañas al juicio, contra normas generales o contra actos u omisiones de autoridad administrativa, se interpondrá ante el Juez de Distrito bajo cuya jurisdicción se encuentre el lugar en que el acto reclamado se ejecute o trate de ejecutarse, y su tramitación se limitará al informe de la autoridad, a una audiencia para la que se citará en el mismo auto en el que se mande pedir el informe y se recibirán las pruebas que las partes interesadas ofrezcan y oirán los alegatos, pronunciándose en la misma audiencia la sentencia;

Fe de erratas a la fracción DOF 14-03-1951.
Fracción reformada DOF 25-10-1967, 06-06-2011

VIII. Contra las sentencias que pronuncien en amparo los Jueces de Distrito o los Tribunales Unitarios de Circuito procede revisión. De ella conocerá la Suprema Corte de Justicia:

Párrafo reformado DOF 31-12-1994

a) Cuando habiéndose impugnado en la demanda de amparo normas generales por estimarlas directamente violatorias de esta Constitución, subsista en el recurso el problema de constitucionalidad.

Inciso reformado DOF 25-10-1993, 06-06-2011

b) Cuando se trate de los casos comprendidos en las fracciones II y III del artículo 103 de esta Constitución.

La Suprema Corte de Justicia, de oficio o a petición fundada del correspondiente Tribunal Colegiado de Circuito, del Fiscal General de la República, en los asuntos en que el Ministerio Público de la Federación sea parte, o del Ejecutivo Federal, por conducto del Consejero Jurídico del Gobierno, podrá conocer de los amparos en revisión, que por su interés y trascendencia así lo ameriten.

Párrafo reformado DOF 31-12-1994, 10-02-2014

En los casos no previstos en los párrafos anteriores, conocerán de la revisión los tribunales colegiados de circuito y sus sentencias no admitirán recurso alguno;

Fe de erratas a la fracción DOF 14-03-1951.
Fracción reformada DOF 25-10-1967, 08-10-1974, 10-08-1987

IX. En materia de amparo directo procede el recurso de revisión en contra de las sentencias que resuelvan sobre la constitucionalidad de normas generales, establezcan la interpretación directa de un precepto de esta Constitución u omitan decidir sobre tales cuestiones cuando hubieren sido planteadas, siempre que fijen un criterio de importancia y trascendencia, según lo disponga la Suprema Corte de Justicia de la Nación, en cumplimiento de los acuerdos generales del Pleno. La materia del recurso se limitará a la decisión de las cuestiones propiamente constitucionales, sin poder comprender otras;

Fracción reformada DOF 25-10-1967, 10-08-1987, 11-06-1999, 06-06-2011

X. Los actos reclamados podrán ser objeto de suspensión en los casos y mediante las condiciones que determine la ley reglamentaria, para lo cual el órgano jurisdiccional de amparo, cuando la naturaleza del acto lo permita, deberá realizar un análisis ponderado de la apariencia del buen derecho y del interés social.

Dicha suspensión deberá otorgarse respecto de las sentencias definitivas en materia penal al comunicarse la promoción del amparo, y en las materias civil, mercantil y administrativa, mediante garantía que dé el quejoso para responder de los daños y perjuicios que tal suspensión pudiere ocasionar al tercero interesado. La suspensión quedará sin efecto si éste último da contragarantía para asegurar la reposición de las cosas al estado que guardaban si se concediese el amparo y a pagar los daños y perjuicios consiguientes;

Fe de erratas a la fracción DOF 14-03-1951.
Fracción reformada DOF 25-10-1967, 06-06-2011

XI. La demanda de amparo directo se presentará ante la autoridad responsable, la cual decidirá sobre la suspensión. En los demás casos la demanda se presentará ante los Juzgados de Distrito o los Tribunales Unitarios de Circuito los cuales resolverán sobre la suspensión, o ante los tribunales de los Estados en los casos que la ley lo autorice;

Fracción reformada DOF 25-10-1967, 10-08-1987, 31-12-1994, 06-06-2011

XII. La violación de las garantías de los artículos 16, en materia penal, 19 y 20 se reclamará ante el superior del tribunal que la cometa, o ante el Juez de Distrito o Tribunal Unitario de Circuito que corresponda, pudiéndose recurrir, en uno y otro caso, las resoluciones que se pronuncien, en los términos prescritos por la fracción VIII.

Si el Juez de Distrito o el Tribunal Unitario de Circuito no residieren en el mismo lugar en que reside la autoridad responsable, la ley determinará el juez o tribunal ante el que se ha de presentar el escrito de amparo, el que podrá suspender provisionalmente el acto reclamado, en los casos y términos que la misma ley establezca;

Fe de erratas a la fracción DOF 14-03-1951.

Fracción reformada DOF 25-10-1967, 31-12-1994

XIII. Cuando los Tribunales Colegiados de un mismo Circuito sustenten tesis contradictorias en los juicios de amparo de su competencia, el Fiscal General de la República, en asuntos en materia penal y procesal penal, así como los relacionados con el ámbito de sus funciones, los mencionados tribunales y sus integrantes, los Jueces de Distrito, las partes en los asuntos que los motivaron o el Ejecutivo Federal, por conducto del Consejero Jurídico del Gobierno, podrán denunciar la contradicción ante el Pleno del Circuito correspondiente, a fin de que decida la tesis que debe prevalecer como jurisprudencia.

Párrafo reformado DOF 10-02-2014

Cuando los Plenos de Circuito de distintos Circuitos, los Plenos de Circuito en materia especializada de un mismo Circuito o los Tribunales Colegiados de un mismo Circuito con diferente especialización sustenten tesis contradictorias al resolver las contradicciones o los asuntos de su competencia, según corresponda, los Ministros de la Suprema Corte de Justicia de la Nación, los mismos Plenos de Circuito, así como los órganos a que se refiere el párrafo anterior, podrán denunciar la contradicción ante la Suprema Corte de Justicia, con el objeto de que el Pleno o la Sala respectiva, decida la tesis que deberá prevalecer.

Cuando los Plenos de Circuito de distintos Circuitos, los Plenos de Circuito en materia especializada de un mismo Circuito o los Tribunales Colegiados de un mismo Circuito con diferente especialización sustenten tesis contradictorias al resolver las contradicciones o los asuntos de su competencia, según corresponda, los Ministros de la Suprema Corte de Justicia de la Nación, los mismos Plenos de Circuito, así como los órganos a que se refiere el párrafo anterior, podrán denunciar la contradicción ante la Suprema Corte de Justicia, con el objeto de que el Pleno o la Sala respectiva, decida la tesis que deberá prevalecer.

Cuando las Salas de la Suprema Corte de Justicia de la Nación sustenten tesis contradictorias en los juicios de amparo cuyo conocimiento les compete, los ministros, los Tribunales Colegiados de Circuito y sus integrantes, los Jueces de Distrito, el Fiscal General de la República, en asuntos en materia penal y procesal penal, así como los relacionados con el ámbito de sus funciones, el Ejecutivo Federal, por conducto del Consejero Jurídico del Gobierno, o las partes en los asuntos que las motivaron, podrán denunciar la contradicción ante el Pleno de la Suprema Corte, conforme a la ley reglamentaria, para que éste resuelva la contradicción.

Párrafo reformado DOF 10-02-2014

Las resoluciones que pronuncien el Pleno o las Salas de la Suprema Corte de Justicia así como los Plenos de Circuito conforme a los párrafos anteriores, sólo tendrán el efecto de fijar la jurisprudencia y no afectarán las situaciones jurídicas concretas derivadas de las sentencias dictadas en los juicios en que hubiese ocurrido la contradicción;

Fe de erratas a la fracción DOF 14-03-1951.

Fracción reformada DOF 25-10-1967, 31-12-1994, 06-06-2011

XIV. Se deroga;

Fracción reformada DOF 25-10-1967, 17-02-1975.

Derogada DOF 06-06-2011

XV. El Fiscal General de la República o el Agente del Ministerio Público de la Federación que al efecto designe, será parte en todos los juicios de amparo en los que el acto reclamado provenga de procedimientos del orden penal y aquéllos que determine la ley;

Fracción reformada DOF 10-02-2014

XVI. Si la autoridad incumple la sentencia que concedió el amparo, pero dicho incumplimiento es justificado, la Suprema Corte de Justicia de la Nación, de acuerdo con el procedimiento previsto por la ley reglamentaria, otorgará un plazo razonable para que proceda a su cumplimiento, plazo que podrá ampliarse a solicitud de la autoridad. Cuando sea injustificado o hubiera transcurrido el plazo sin que se hubiese cumplido, procederá a separar de su cargo al titular de la autoridad responsable y a consignarlo ante el Juez de Distrito. Las mismas providencias se tomarán respecto del superior jerárquico de la autoridad responsable si hubiese incurrido en responsabilidad, así como de los titulares que, habiendo ocupado con anterioridad el cargo de la autoridad responsable, hubieran incumplido la ejecutoria.

Si concedido el amparo, se repitiera el acto reclamado, la Suprema Corte de Justicia de la Nación, de acuerdo con el procedimiento establecido por la ley reglamentaria, procederá a separar de su cargo al titular de la autoridad responsable, y dará vista al Ministerio Público Federal, salvo que no hubiera actuado dolosamente y deje sin efectos el acto repetido antes de que sea emitida la resolución de la Suprema Corte de Justicia de la Nación.

El cumplimiento sustituto de las sentencias de amparo podrá ser solicitado por el quejoso al órgano jurisdiccional, o decretado de oficio por la Suprema Corte de Justicia de la Nación, cuando la ejecución de la sentencia afecte a la sociedad en mayor proporción a los beneficios que pudiera obtener el quejoso, o cuando, por las circunstancias del caso, sea imposible o desproporcionadamente gravoso restituir la situación que imperaba antes de la violación. El incidente tendrá por efecto que la ejecutoria se dé por cumplida mediante el pago de daños y perjuicios al quejoso. Las partes en el juicio podrán acordar el cumplimiento sustituto mediante convenio sancionado ante el propio órgano jurisdiccional.

No podrá archivarse juicio de amparo alguno, sin que se haya cumplido la sentencia que concedió la protección constitucional;

Fracción reformada DOF 31-12-1994, 06-06-2011

XVII. La autoridad responsable que desobedezca un auto de suspensión o que, ante tal medida, admita por mala fe o negligencia fianza o contrafianza que resulte ilusoria o insuficiente, será sancionada penalmente;

Fracción reformada DOF 06-06-2011

XVIII. Se deroga.
Fracción derogada DOF 03-09-1993
Artículo reformado DOF 19-02-1951

LEY DE AMPARO, REGLAMENTARIA DE LOS ARTÍCULOS 103 Y 107 DE LA CONSTITUCIÓN POLÍTICA DE LOS ESTADOS UNIDOS MEXICANOS

Diario Oficial de la Federación el 2 de abril de 2013

Al margen un sello con el Escudo Nacional, que dice: Estados Unidos Mexicanos.- Presidencia de la República.

ENRIQUE PEÑA NIETO, Presidente de los Estados Unidos Mexicanos, a sus habitantes sabed:

Que el Honorable Congreso de la Unión, se ha servido dirigirme el siguiente

DECRETO

"EL CONGRESO GENERAL DE LOS ESTADOS UNIDOS MEXICANOS, DECRETA:

SE EXPIDE LA LEY DE AMPARO, REGLAMENTARIA DE LOS ARTÍCULOS 103 Y 107 DE LA CONSTITUCIÓN POLÍTICA DE LOS ESTADOS UNIDOS MEXICANOS; SE REFORMAN Y ADICIONAN DIVERSAS DISPOSICIONES DE LA LEY ORGÁNICA DEL PODER JUDICIAL DE LA FEDERACIÓN, DE LA LEY REGLAMENTARIA DE LAS FRACCIONES I Y II DEL ARTÍCULO 105 DE LA CONSTITUCIÓN POLÍTICA DE LOS ESTADOS UNIDOS MEXICANOS, DE LA LEY ORGÁNICA DE LA ADMINISTRACIÓN PÚBLICA FEDERAL, DE LA LEY ORGÁNICA DEL CONGRESO GENERAL DE LOS ESTADOS UNIDOS MEXICANOS Y DE LA LEY ORGÁNICA DE LA PROCURADURÍA GENERAL DE LA REPÚBLICA.

Artículo Primero. Se expide la Ley de Amparo, Reglamentaria de los artículos 103 y 107 de la Constitución Política de los Estados Unidos Mexicanos.

TÍTULO PRIMERO
REGLAS GENERALES

CAPÍTULO I
DISPOSICIONES FUNDAMENTALES

Artículo 1º. El juicio de amparo tiene por objeto resolver toda controversia que se suscite:

I. Por normas generales, actos u omisiones de autoridad que violen los derechos humanos reconocidos y las garantías otorgadas para su protección por la Constitución Política de los Estados Unidos Mexicanos, así como por los tratados internacionales de los que el Estado Mexicano sea parte;

II. Por normas generales, actos u omisiones de la autoridad federal que vulneren o restrinjan la soberanía de los Estados o la esfera de competencias del Distrito Federal, siempre y cuando se violen los derechos humanos reconocidos y las garantías otorgadas para su protección por la Constitución Política de los Estados Unidos Mexicanos; y

III. Por normas generales, actos u omisiones de las autoridades de los Estados o del Distrito Federal, que invadan la esfera de competencia de la autoridad federal, siempre y cuando se violen los derechos humanos reconocidos y las garantías otorgadas por la Constitución Política de los Estados Unidos Mexicanos.

El amparo protege a las personas frente a normas generales, actos u omisiones por parte de los poderes públicos o de particulares en los casos señalados en la presente Ley.

Artículo 2º. El juicio de amparo se tramitará en vía directa o indirecta. Se substanciará y resolverá de acuerdo con las formas y procedimientos que establece esta Ley.

A falta de disposición expresa se aplicará en forma supletoria el Código Federal de Procedimientos Civiles y, en su defecto, los principios generales del derecho.

Artículo 3º. En el juicio de amparo las promociones deberán hacerse por escrito.

Podrán ser orales las que se hagan en las audiencias, notificaciones y comparecencias autorizadas por la ley, dejándose constancia de lo esencial. Es optativo para el promovente presentar su escrito en forma impresa o electrónicamente.

Las copias certificadas que se expidan para la substanciación del juicio de amparo no causarán contribución alguna.

Los escritos en forma electrónica se presentarán mediante el empleo de las tecnologías de la información, utilizando la Firma Electrónica conforme la regulación que para tal efecto emita el Consejo de la Judicatura Federal.

La Firma Electrónica es el medio de ingreso al sistema electrónico del Poder Judicial de la Federación y producirá los mismos efectos jurídicos que la firma autógrafa, como opción para enviar y recibir promociones, documentos, comunicaciones y notificaciones oficiales, así como consultar acuerdos, resoluciones y sentencias relacionadas con los asuntos competencia de los órganos jurisdiccionales.

En cualquier caso, sea que las partes promuevan en forma impresa o electrónica, los órganos jurisdiccionales están obligados a que el expediente electrónico e impreso coincidan íntegramente para la consulta de las partes.

El Consejo de la Judicatura Federal, mediante reglas y acuerdos generales, determinará la forma en que se deberá integrar, en su caso, el expediente impreso.

Los titulares de los órganos jurisdiccionales serán los responsables de vigilar la digitalización de todas las promociones y documentos que presenten las partes, así como los acuerdos, resoluciones o sentencias y toda información relacionada con los expedientes en el sistema, o en el caso de que éstas se presenten en forma electrónica, se procederá a su impresión para ser incorporada al expediente impreso. Los secretarios de acuerdos de los órganos jurisdiccionales darán fe de que tanto en el expediente electrónico como en el impreso, sea incorporada cada promoción, documento, auto y resolución, a fin de que coincidan en su totalidad. El Consejo de la Judicatura Federal, en ejercicio de las facultades que le confiere la Ley Orgánica del Poder Judicial de la Federación, emitirá los acuerdos generales que considere necesarios a efecto de establecer las bases y el correcto funcionamiento de la Firma Electrónica.

No se requerirá Firma Electrónica cuando el amparo se promueva en los términos del artículo 15 de esta Ley.

Artículo 4°. De manera excepcional, y sólo cuando exista urgencia atendiendo al interés social o al orden público, las Cámaras del Congreso de la Unión, a través de sus presidentes, o el Ejecutivo Federal por conducto de su Consejero Jurídico, podrán solicitar al Presidente de la Suprema Corte de Justicia de la Nación que un juicio de amparo, incluidos los recursos o procedimientos derivados de éste, se substancien y resuelvan de manera prioritaria, sin modificar de ningún modo los plazos previstos en la ley.

La urgencia en los términos de este artículo se justificará cuando:

I. Se trate de amparos promovidos para la defensa de grupos vulnerables en los términos de la ley.

II. Se trate del cumplimiento de decretos, resoluciones o actos de autoridad en materia de competencia económica, monopolios y libre concurrencia.

III. Se trate de prevenir daños irreversibles al equilibrio ecológico.

IV. En aquellos casos que el Pleno de la Suprema Corte de Justicia de la Nación estime procedentes.

Recibida la solicitud, el Presidente de la Suprema Corte de Justicia de la Nación la someterá a consideración del Pleno, que resolverá de forma definitiva por mayoría simple. La resolución incluirá las providencias que resulten necesarias, las que se notificarán, cuando proceda, al Consejo de la Judicatura Federal.

Para la admisión, trámite y resolución de las solicitudes, así como las previsiones a que hace referencia este artículo, deberán observarse los acuerdos generales que al efecto emita la Suprema Corte de Justicia de la Nación.

CAPÍTULO II
CAPACIDAD Y PERSONERÍA

Artículo 5°. Son partes en el juicio de amparo:

I. El quejoso, teniendo tal carácter quien aduce ser titular de un derecho subjetivo o de un interés legítimo individual o colectivo, siempre que alegue que la norma, acto u omisión reclamados violan los derechos previstos en el artículo 1o de la presente Ley y con ello se produzca una afectación real y actual a su esfera jurídica, ya sea de manera directa o en virtud de su especial situación frente al orden jurídico.

El interés simple, en ningún caso, podrá invocarse como interés legítimo. La autoridad pública no podrá invocar interés legítimo.

El juicio de amparo podrá promoverse conjuntamente por dos o más quejosos cuando resientan una afectación común en sus derechos o intereses, aun en el supuesto de que dicha afectación derive de actos distintos, si éstos les causan un perjuicio análogo y provienen de las mismas autoridades.

Tratándose de actos o resoluciones provenientes de tribunales judiciales, administrativos, agrarios o del trabajo, el quejoso deberá aducir ser titular de un derecho subjetivo que se afecte de manera personal y directa;

La víctima u ofendido del delito podrán tener el carácter de quejosos en los términos de esta Ley.

II. La autoridad responsable, teniendo tal carácter, con independencia de su naturaleza formal, la que dicta, ordena, ejecuta o trata de ejecutar el acto que crea, modifica o extingue situaciones jurídicas en forma unilateral y obligatoria; u omita el acto que de realizarse crearía, modificaría o extinguiría dichas situaciones jurídicas.

Para los efectos de esta Ley, los particulares tendrán la calidad de autoridad responsable cuando realicen actos equivalentes a los de autoridad, que afecten derechos en los términos de esta fracción, y cuyas funciones estén determinadas por una norma general.

III. El tercero interesado, pudiendo tener tal carácter:

a) La persona que haya gestionado el acto reclamado o tenga interés jurídico en que subsista;

b) La contraparte del quejoso cuando el acto reclamado emane de un juicio o controversia del orden judicial, administrativo, agrario o del trabajo; o tratándose de persona extraña al procedimiento, la que tenga interés contrario al del quejoso;

c) La víctima del delito u ofendido, o quien tenga derecho a la reparación del daño o a reclamar la responsabilidad civil, cuando el acto reclamado emane de un juicio del orden penal y afecte de manera directa esa reparación o responsabilidad;

d) El indiciado o procesado cuando el acto reclamado sea el no ejercicio o el desistimiento de la acción penal por el Ministerio Público;

e) El Ministerio Público que haya intervenido en el procedimiento penal del cual derive el acto reclamado, siempre y cuando no tenga el carácter de autoridad responsable.

IV. El Ministerio Público Federal en todos los juicios, donde podrá interponer los recursos que señala esta Ley, y los existentes en amparos penales cuando se reclamen resoluciones de tribunales locales, independientemente de las obligaciones que la misma ley le precisa para procurar la pronta y expedita administración de justicia.

Sin embargo, en amparos indirectos en materias civil y mercantil, y con exclusión de la materia familiar, donde sólo se afecten intereses particulares, el Ministerio Público Federal podrá interponer los recursos que esta Ley señala, sólo cuando los quejosos hubieren impugnado la constitucionalidad de normas generales y este aspecto se aborde en la sentencia.

Artículo 6°. El juicio de amparo puede promoverse por la persona física o moral a quien afecte la norma general o el acto reclamado en términos de la fracción I del artículo 5o. de esta Ley. El quejoso podrá hacerlo por sí, por su representante legal o por su apoderado, o por cualquier persona en los casos previstos en esta Ley.

Cuando el acto reclamado derive de un procedimiento penal, podrá promoverlo, además, por conducto de su defensor o de cualquier persona en los casos en que esta Ley lo permita.

Artículo 7°. La Federación, los Estados, el Distrito Federal, los municipios o cualquier persona moral pública podrán solicitar amparo por conducto de los servidores públicos o representantes que señalen las disposiciones aplicables, cuando la norma general, un acto u omisión los afecten en su patrimonio respecto de relaciones jurídicas en las que se encuentren en un plano de igualdad con los particulares.

Las personas morales oficiales estarán exentas de prestar las garantías que en esta Ley se exige a las partes.

Artículo 8°. El menor de edad, persona con discapacidad o mayor sujeto a interdicción podrá pedir amparo por sí o por cualquier persona en su nombre sin la intervención de su legítimo representante cuando éste se halle ausente, se ignore quién sea, esté impedido o se negare a promoverlo. El órgano jurisdiccional, sin perjuicio de dictar las providencias que sean urgentes, le nombrará un representante especial para que intervenga en el juicio, debiendo preferir a un familiar cercano, salvo cuando haya conflicto de intereses o motivo que justifiquen la designación de persona diversa.

Si el menor hubiere cumplido catorce años, podrá hacer la designación de representante en el escrito de demanda.

Artículo 9°. Las autoridades responsables podrán ser representadas o sustituidas para todos los trámites en el juicio de amparo en los términos de las disposiciones legales y reglamentarias aplicables. En todo caso podrán por medio de oficio acreditar delegados que concurran a las audiencias para el efecto de que en ellas rindan pruebas, aleguen, hagan promociones e interpongan recursos.

El Presidente de la República será representado en los términos que se señalen en el acuerdo general que expida y se publique en el Diario Oficial de la Federación. Dicha representación podrá recaer en el propio Consejero Jurídico, en el Procurador General de la República o en los secretarios de estado a quienes en cada caso corresponda el asunto, en términos de las leyes orgánicas y reglamentos aplicables. Los reglamentos interiores correspondientes señalarán las unidades administrativas en las que recaerá la citada representación. En el citado acuerdo general se señalará el mecanismo necesario para determinar la representación en los casos no previstos por los mismos.

Los órganos legislativos federales, de los Estados y del Distrito Federal, así como los gobernadores y jefe de gobierno de éstos, procuradores General de la República y de las entidades federativas, titulares de las dependencias de la administración pública federal, estatales o municipales, podrán ser sustituidos por los servidores públicos a quienes las leyes y los reglamentos que las rigen otorguen esa atribución, o bien por conducto de los titulares de sus respectivas oficinas de asuntos jurídicos.

Cuando el responsable sea una o varias personas particulares, en los términos establecidos en la presente Ley, podrán comparecer por sí mismos, por conducto de un representante legal o por conducto de un apoderado.

Artículo 10. La representación del quejoso y del tercero interesado se acreditará en juicio en los términos previstos en esta Ley.

En los casos no previstos, la personalidad en el juicio se justificará en la misma forma que determine la ley que rija la materia de la que emane el acto reclamado y cuando ésta no lo prevenga, se estará a lo dispuesto por el Código Federal de Procedimientos Civiles.

Cuando se trate del Ministerio Público o cualquier otra autoridad, se aplicarán las reglas del artículo anterior.

Artículo 11. Cuando quien comparezca en el juicio de amparo indirecto en nombre del quejoso o del tercero interesado afirme tener reconocida su representación ante la autoridad responsable, le será admitida siempre que lo acredite con las constancias respectivas, salvo en materia penal en la que bastará la afirmación en ese sentido.

En el amparo directo podrá justificarse con la acreditación que tenga en el juicio del que emane la resolución reclamada. La autoridad responsable que reciba la demanda expresará en el informe justificado si el promovente tiene el carácter con que se ostenta.

La autoridad responsable que reciba la demanda expresará en el informe justificado si el promovente tiene el carácter con que se ostenta.

Artículo 12. El quejoso y el tercero interesado podrán autorizar para oír notificaciones en su nombre, a cualquier persona con capacidad legal, quien quedará facultada para interponer los recursos que procedan, ofrecer y rendir pruebas, alegar en las audiencias, solicitar su suspensión o diferimiento y realizar cualquier acto que resulte ser necesario para la defensa de los derechos del autorizante, pero no podrá substituir o delegar dichas facultades en un tercero.

En las materias civil, mercantil, laboral tratándose del patrón, o administrativa, la persona autorizada, deberá acreditar encontrarse legalmente autorizada para ejercer la profesión de licenciado en derecho o abogado, y deberán proporcionarse los datos correspondientes en el escrito en que se otorgue dicha autorización. Sin embargo, las partes podrán designar personas solamente para oír notificaciones e imponerse de los autos, a cualquier persona con capacidad legal, quien no gozará de las demás facultades a que se refiere el párrafo anterior.

Artículo 13. Cuando la demanda se promueva por dos o más quejosos con un interés común, deberán designar entre ellos un representante, en su defecto, lo hará el órgano jurisdiccional en su primer auto sin perjuicio de que la parte respectiva lo substituya por otro. Los terceros interesados podrán también nombrar representante común.

Cuando dos o más quejosos reclamen y aduzcan sobre un mismo acto u omisión ser titulares de un interés legítimo, o bien en ese mismo carácter reclamen actos u omisiones distintos pero con perjuicios análogos, provenientes de la misma autoridad, y se tramiten en órganos jurisdiccionales distintos, cualquiera de las partes podrá solicitar al Consejo de la Judicatura Federal que determine la concentración de todos los procedimientos ante un mismo órgano del Poder Judicial de la Federación, según corresponda. Recibida la solicitud, el Consejo de la Judicatura Federal, en atención al interés social y al orden público, resolverá lo conducente y dictará las providencias que resulten necesarias.

Artículo 14. Para el trámite de la demanda de amparo indirecto en materia penal bastará que el defensor manifieste, bajo protesta de decir verdad, tener tal carácter. En este caso, la autoridad ante quien se presente la demanda pedirá al juez o tribual que conozca del asunto, que le remita la certificación correspondiente.

Si el promovente del juicio posteriormente carece del carácter con el que se ostentó, el órgano jurisdiccional de amparo le impondrá una multa de cincuenta a quinientos días de salario mínimo general vigente en el Distrito Federal al momento de realizarse la conducta sancionada y ordenará la ratificación de la demanda al agraviado dentro de un término de tres días.

Al ratificarse la demanda se tramitará el juicio, entendiéndose las diligencias directamente con el agraviado siempre en presencia de su defensor, ya sea de oficio o designado por él, mientras no constituya representante dentro del juicio de amparo. De lo contrario, la demanda se tendrá por no interpuesta y quedarán sin efecto las providencias dictadas en el expediente principal y en el incidente de suspensión.

Artículo 15. Cuando se trate de actos que importen peligro de privación de la vida, ataques a la libertad personal fuera de procedimiento, incomunicación, deportación o expulsión, proscripción o destierro, extradición, desaparición forzada de personas o alguno de los prohibidos por el artículo 22 de la Constitución Política de los Estados Unidos Mexicanos, así como la incorporación forzosa al Ejército, Armada o Fuerza Aérea nacionales, y el agraviado se encuentre imposibilitado para promover el amparo, podrá hacerlo cualquiera otra persona en su nombre, aunque sea menor de edad.

En estos casos, el órgano jurisdiccional de amparo decretará la suspensión de los actos reclamados, y dictará todas las medidas necesarias para lograr la comparecencia del agraviado.

Una vez lograda la comparecencia, se requerirá al agraviado para que dentro del término de tres días ratifique la demanda de amparo. Si éste la ratifica por sí o por medio de su representante se tramitará el juicio; de lo contrario se tendrá por no presentada la demanda y quedarán sin efecto las providencias dictadas.

Si a pesar de las medidas tomadas por el órgano jurisdiccional de amparo no se logra la comparecencia del agraviado, resolverá la suspensión definitiva, ordenará suspender el procedimiento en lo principal y se harán los hechos del conocimiento del Ministerio Público de la Federación. En caso de que éste sea autoridad responsable, se hará del conocimiento al Procurador General de la República. Cuando haya solicitud expresa de la Comisión Nacional de los Derechos Humanos, se remitirá copia certificada de lo actuado en estos casos.

Transcurrido un año sin que nadie se apersone en el juicio, se tendrá por no interpuesta la demanda.

Cuando, por las circunstancias del caso o lo manifieste la persona que presenta la demanda en lugar del quejoso, se trate de una posible comisión del delito de desaparición forzada de personas, el juez tendrá un término no mayor de veinticuatro horas para darle trámite al amparo, dictar la suspensión de los actos reclamados, y requerir a las autoridades correspondientes toda la información que pueda resultar conducente para la localización y liberación de la probable víctima. Bajo este supuesto, ninguna autoridad podrá determinar que transcurra un plazo determinado para que comparezca el agraviado, ni podrán las autoridades negarse a practicar las diligencias que de ellas se soliciten o sean ordenadas bajo el argumento de que existen plazos legales para considerar la desaparición de una persona.

Artículo 16. En caso de fallecimiento del quejoso o del tercero interesado, siempre que lo planteado en el juicio de amparo no afecte sus derechos estrictamente personales, el representante legal del fallecido continuará el juicio en tanto interviene el representante de la sucesión.

Si el fallecido no tiene representación legal en el juicio, éste se suspenderá inmediatamente que se tenga conocimiento de la defunción. Si la sucesión no interviene dentro del plazo de sesenta días siguientes al en que se decrete la suspensión, el juez ordenará lo conducente según el caso de que se trate.

Cualquiera de las partes que tenga noticia del fallecimiento del quejoso o del tercero interesado deberá hacerlo del conocimiento del órgano jurisdiccional de amparo, acreditando tal circunstancia, o proporcionando los datos necesarios para ese efecto.

CAPÍTULO III
PLAZOS

Artículo 17. El plazo para presentar la demanda de amparo es de quince días, salvo:

I. Cuando se reclame una norma general autoaplicativa, o el procedimiento de extradición, en que será de treinta días;

II. Cuando se reclame la sentencia definitiva condenatoria en un proceso penal, que imponga pena de prisión, podrá interponerse en un plazo de hasta ocho años;

III. Cuando el amparo se promueva contra actos que tengan o puedan tener por efecto privar total o parcialmente, en forma temporal o definitiva, de la propiedad, posesión o disfrute de sus derechos agrarios a los núcleos de población ejidal o comunal, en que será de siete años, contados a partir de que, de manera indubitable, la autoridad responsable notifique el acto a los grupos agrarios mencionados; derechos agrarios a los núcleos de población ejidal o comunal, en que será de siete años, contados a partir de que, de manera indubitable, la autoridad responsable notifique el acto a los grupos agrarios mencionados;

IV. Cuando el acto reclamado implique peligro de privación de la vida, ataques a la libertad personal fuera de procedimiento, incomunicación, deportación o expulsión, proscripción o destierro, desaparición forzada de personas o alguno de los prohibidos por el artículo 22 de la Constitución Política de los Estados Unidos Mexicanos, así como la incorporación forzosa al Ejército, Armada o Fuerza Aérea nacionales, en que podrá presentarse en cualquier tiempo.

Artículo 18. Los plazos a que se refiere el artículo anterior se computarán a partir del día siguiente a aquél en que surta efectos, conforme a la ley del acto, la notificación al quejoso del acto o resolución que reclame o a aquél en que haya tenido conocimiento o se ostente sabedor del acto reclamado o de su ejecución, salvo el caso de la fracción I del artículo anterior en el que se computará a partir del día de su entrada en vigor.

Artículo 19. Son días hábiles para la promoción, substanciación y resolución de los juicios de amparo todos los del año, con excepción de los sábados y domingos, uno de enero, cinco de febrero, veintiuno de marzo, uno y cinco de mayo, dieciséis de septiembre, doce de octubre, veinte de noviembre y veinticinco de diciembre, así como aquellos en que se suspendan las labores en el órgano jurisdiccional ante el cual se tramite el juicio de amparo, o cuando no pueda funcionar por causa de fuerza mayor.

Artículo 20. El juicio puede promoverse por escrito, comparecencia o medios electrónicos en cualquier día y hora, si se trata de actos que importen peligro de privación de la vida, ataques a la libertad personal fuera de procedimiento, incomunicación, deportación o expulsión, proscripción o destierro, extradición, desaparición forzada de personas o alguno de los prohibidos por el artículo 22 de la Constitución Política de los Estados Unidos Mexicanos, así como la incorporación forzosa al Ejército, Armada o Fuerza Aérea nacionales. En estos casos, cualquier hora será hábil para tramitar el incidente de suspensión y dictar las providencias urgentes a fin de que se cumpla la resolución en que se haya concedido.

Para los efectos de esta disposición, los jefes y encargados de las oficinas públicas de comunicaciones estarán obligados a recibir y transmitir, sin costo alguno para los interesados, los mensajes en que se demande amparo por alguno de los actos enunciados, así como las resoluciones y oficios que expidan las autoridades que conozcan de la suspensión, fuera de las horas del despacho y a pesar de que existan disposiciones en contrario de autoridades administrativas.

Artículo 21. La presentación de las demandas o promociones de término en forma impresa podrá hacerse el día en que éste concluya, fuera del horario de labores de los tribunales ante la oficialía de partes correspondiente que habrá de funcionar hasta las veinticuatro horas del día de su vencimiento.

La presentación de las demandas o las promociones de término en forma electrónica a través de la Firma Electrónica, podrán enviarse hasta las veinticuatro horas del día de su vencimiento.

Con independencia de lo anterior, los órganos jurisdiccionales de amparo podrán habilitar días y horas cuando lo estimen pertinente para el adecuado despacho de los asuntos.

Artículo 22. Los plazos se contarán por días hábiles, comenzarán a correr a partir del día siguiente al en que surta sus efectos la notificación y se incluirá en ellos el del vencimiento, inclusive para las realizadas en forma electrónica a través del uso de la Firma Electrónica, salvo en materia penal, en donde se computarán de momento a momento.

Correrán para cada parte desde el día siguiente a aquél en que para ella hubiese surtido sus efectos la notificación respectiva.

Artículo 23. Si alguna de las partes reside fuera de la jurisdicción del órgano de amparo que conozca o deba conocer del juicio, la demanda y la primera promoción del tercero interesado podrán presentarse, dentro de los plazos legales, en la oficina pública de comunicaciones del lugar de su residencia, en la más cercana en caso de no haberla, o bien, en forma electrónica a través del uso de la Firma Electrónica.

CAPÍTULO IV
NOTIFICACIONES

Artículo 24. Las resoluciones que se dicten en los juicios de amparo deben notificarse a más tardar dentro del tercer día hábil siguiente, salvo en materia penal, dentro o fuera de procedimiento, en que se notificarán inmediatamente en que sean pronunciadas. La razón que corresponda se asentará inmediatamente después de dicha resolución.

El quejoso y el tercero interesado podrán autorizar a cualquier persona con capacidad legal exclusivamente para oír notificaciones aún las de carácter personal e imponerse de los autos, quien no gozará de las demás facultades previstas en el artículo 12 de esta Ley.

Cuando el quejoso y el tercero interesado cuenten con Firma Electrónica y pretendan que los autorizados en términos del párrafo anterior, utilicen o hagan uso de ésta en su representación, deberán comunicarlo al órgano jurisdiccional correspondiente, señalando las limitaciones o revocación de facultades en el uso de la misma.

Artículo 25. Las notificaciones al titular del Poder Ejecutivo Federal se entenderán con el titular de la Secretaría de Estado, de la Consejería Jurídica del Ejecutivo Federal o de la Procuraduría General de la República, que deba representarlo en el juicio de amparo, de acuerdo con lo dispuesto en el acuerdo general al que hace referencia el artículo 9o de esta Ley.

Las notificaciones a las entidades a que se hace referencia en el párrafo anterior deberán ser hechas por medio de oficio impreso dirigido al domicilio oficial que corresponda o en forma digital a través del uso de la Firma Electrónica.

Artículo 26. Las notificaciones en los juicios de amparo se harán:

I. En forma personal:

a) Al quejoso privado de su libertad, en el local del órgano jurisdiccional que conozca del juicio, o en el de su reclusión o a su defensor, representante legal o persona designada para oír notificaciones;

b) La primera notificación al tercero interesado y al particular señalado como autoridad responsable;

c) Los requerimientos y prevenciones;

d) El acuerdo por el que se le requiera para que exprese si ratifica su escrito de desistimiento;

e) Las sentencias dictadas fuera de la audiencia constitucional;

f) El sobreseimiento dictado fuera de la audiencia constitucional;

g) Las resoluciones que decidan sobre la suspensión definitiva cuando sean dictadas fuera de la audiencia incidental;

h) La aclaración de sentencias ejecutorias;

i) La aclaración de las resoluciones que modifiquen o revoquen la suspensión definitiva;

j) Las resoluciones que desechen la demanda o la tengan por no interpuesta;

k) Las resoluciones que a juicio del órgano jurisdiccional lo ameriten; y

l) Las resoluciones interlocutorias que se dicten en los incidentes de reposición de autos;

II. Por oficio:

a) A la autoridad responsable, salvo que se trate de la primera notificación a un particular señalado como tal, en cuyo caso se observará lo establecido en el inciso b) de la fracción I del presente artículo;

b) A la autoridad que tenga el carácter de tercero interesado; y

c) Al Ministerio Público de la Federación en el caso de amparo contra normas generales.

III. Por lista, en los casos no previstos en las fracciones anteriores; y

IV. Por vía electrónica, a las partes que expresamente así lo soliciten, y que previamente hayan obtenido la Firma Electrónica.

Artículo 27. Las notificaciones personales se harán de acuerdo con las siguientes reglas:

I. Cuando obre en autos el domicilio de la persona, o se encuentre señalado uno para recibir notificaciones ubicado en el lugar en que resida el órgano jurisdiccional que conozca del juicio:

a) El actuario buscará a la persona que deba ser notificada, se cerciorará de su identidad, le hará saber el órgano jurisdiccional que ordena la notificación y el número de expediente y le entregará copia autorizada de la resolución que se notifica y, en su caso, de los documentos a que se refiera dicha resolución. Si la persona se niega a recibir o a firmar la notificación, la negativa se asentará en autos y aquélla se tendrá por hecha;

b) Si no se encuentra a la persona que deba ser notificada, el actuario se cerciorará de que es el domicilio y le dejará citatorio para que, dentro de los dos días hábiles siguientes, acuda al órgano jurisdiccional a notificarse, especificándose el mismo y el número del expediente. El citatorio se dejará con la persona que se encuentre en el domicilio; si la persona por notificar no acude a la cita, la notificación se hará por lista; y por lista en una página electrónica; y

c) Si el actuario encuentra el domicilio cerrado y ninguna persona acude a su llamado, se cerciorará de que es el domicilio correcto, lo hará constar y fijará aviso en la puerta a fin de que, dentro de los dos días hábiles siguientes, acuda al órgano jurisdiccional a notificarse. Si no se presenta se notificará por lista y por lista en una página electrónica pudiendo, el referido órgano, tomar las medidas necesarias para lograr la notificación personal si lo estima pertinente.

En todos los casos a que se refieren los incisos anteriores, el actuario asentará razón circunstanciada en el expediente;

II. Cuando el domicilio señalado de la persona a notificar no se encuentre en el mismo lugar en que resida el órgano jurisdiccional, la primera notificación se hará por exhorto o despacho en términos del Código Federal de Procedimientos Civiles, los que podrán ser enviados y recibidos haciendo uso de la Firma Electrónica. En el exhorto o despacho se requerirá que se señale domicilio en el lugar del juicio, con apercibimiento que de no hacerlo, las siguientes notificaciones, aún las personales, se practicarán por lista, sin perjuicio de que pueda hacer la solicitud a que se refiere la fracción IV del artículo 26 de esta Ley.

Cuando el domicilio se encuentre fuera de la circunscripción territorial del órgano jurisdiccional que conoce del juicio, pero en zona conurbada, podrá comisionar al notificador para que la realice en los términos de la fracción I de este artículo;

III. Cuando no conste en autos domicilio para oír notificaciones, o el señalado resulte inexacto:

a) Las notificaciones personales al quejoso se efectuarán por lista.

b) Tratándose de la primera notificación al tercero interesado y al particular señalado como autoridad responsable, el órgano jurisdiccional dictará las medidas que estime pertinentes con el propósito de que se investigue su domicilio y podrá requerir a la autoridad responsable para que proporcione el que ante ella se hubiera señalado. Siempre que el acto reclamado emane de un procedimiento judicial la notificación se hará en el último domicilio señalado para oír notificaciones en el juicio de origen.

Si a pesar de lo anterior no pudiere efectuarse la notificación, se hará por edictos a costa del quejoso en términos del Código Federal de Procedimientos Civiles. En caso de que el quejoso no acredite haber entregado para su publicación los edictos dentro del plazo de veinte días siguientes al en que se pongan a su disposición, se sobreseerá el amparo.

c) Cuando se trate de personas de escasos recursos a juicio del órgano jurisdiccional, se ordenará la publicación correspondiente en el Diario Oficial de la Federación sin costo para el quejoso.

Cuando deba notificarse al interesado la providencia que mande ratificar el escrito de desistimiento de la demanda o de cualquier recurso, si no consta en autos el domicilio para oír notificaciones, ni se expresan estos datos en el escrito, continuará el juicio.

Artículo 28. Las notificaciones por oficio se harán conforme a las reglas siguientes:

I. Si el domicilio de la oficina principal de la autoridad se encuentra en el lugar del juicio, un empleado hará la entrega, recabando la constancia de recibo correspondiente.

Si la autoridad se niega a recibir el oficio, el actuario hará del conocimiento del encargado de la oficina correspondiente que no obstante esta circunstancia, se tendrá por hecha la notificación. Si a pesar de esto subsiste la negativa, asentará la razón en autos y se tendrá por hecha;

II. Si el domicilio de la autoridad se encuentra fuera del lugar del juicio, se enviará el oficio por correo en pieza certificada con acuse de recibo, el que se agregará en autos. Las oficinas públicas de comunicaciones están obligadas a transmitir, sin costo alguno, los oficios a que se refieren las anteriores fracciones.

En casos urgentes, cuando el domicilio se encuentre fuera de la circunscripción territorial del órgano jurisdiccional que conozca del juicio, pero en zona conurbada, podrá ordenarse que la notificación se haga por medio del actuario; y

III. En casos urgentes, cuando lo requiera el orden público o fuere necesario para la eficacia de la notificación, el órgano jurisdiccional que conozca del amparo o del incidente de suspensión o de cualquier otro previsto por esta Ley, podrá ordenar que la notificación se haga a las autoridades responsables por cualquier medio oficial, sin perjuicio de practicarla conforme a las fracciones I y II de este artículo.

Las oficinas públicas de comunicaciones están obligadas a transmitir, sin costo alguno, los oficios a que se refieren las anteriores fracciones.

Artículo 29. Las notificaciones por lista se harán en una que se fijará y publicará en el local del órgano jurisdiccional, en lugar visible y de fácil acceso, así como en el portal de internet del Poder Judicial de la Federación. La fijación y publicación de esta lista se realizará a primera hora hábil del día siguiente al de la fecha de la resolución que la ordena y contendrá:

I.   El número del juicio o del incidente de suspensión de que se trate;

II.   El nombre del quejoso;

III.   La autoridad responsable; y

IV.   La síntesis de la resolución que se notifica.

El actuario asentará en el expediente la razón respectiva.

Artículo 30. Las notificaciones por vía electrónica se sujetarán a las reglas siguientes:

I. A los representantes de las autoridades responsables y a las autoridades que tengan el carácter de terceros interesados, así como cualesquier otra que tuviere intervención en el juicio, la primera notificación deberá hacerse por oficio impreso, en los términos precisados en el artículo 28 de esta Ley y excepcionalmente a través de oficio digitalizado mediante la utilización de la Firma Electrónica.

A efecto de dar cumplimiento a lo dispuesto por el párrafo anterior, cuando el domicilio se encuentre fuera del lugar del juicio, la primera notificación se hará por correo, en pieza certificada con acuse de recibo por medio de oficio digitalizado, con la utilización de la Firma Electrónica.

En todos los casos la notificación o constancia respectiva se agregará a los autos.

Las autoridades responsables que cuenten con Firma Electrónica están obligadas a ingresar al sistema electrónico del Poder Judicial de la Federación todos los días y obtener la constancia a que se refiere la fracción III del artículo 31 de esta Ley, en un plazo máximo de dos días a partir de que el órgano jurisdiccional la hubiere enviado, con excepción de las determinaciones dictadas en el incidente de suspensión en cuyo caso el plazo será de veinticuatro horas.

De no generarse la constancia de consulta antes mencionada, el órgano jurisdiccional que corresponda tendrá por hecha la notificación y se dará por no cumplida por la autoridad responsable la resolución que contenga. Cuando el órgano jurisdiccional lo estime conveniente por la naturaleza del acto podrá ordenar que las notificaciones se hagan por conducto del actuario, quien además, asentará en el expediente cualquiera de las situaciones anteriores.

En aquellos asuntos que por su especial naturaleza, las autoridades responsables consideren que pudiera alterarse su normal funcionamiento, éstas podrán solicitar al órgano jurisdiccional la ampliación del término de la consulta de los archivos contenidos en el sistema de información electrónica.

El auto que resuelva sobre la ampliación podrá ser recurrido a través del recurso de queja en los plazos y términos establecidos para las resoluciones a las que se refiere el artículo 97, fracción I, inciso b) de esta Ley;

II. Los quejosos o terceros interesados que cuenten con Firma Electrónica están obligados a ingresar al sistema electrónico del Poder Judicial de la Federación todos los días y obtener la constancia a que se refiere la fracción III del artículo 31 de esta Ley, en un plazo máximo de dos días a partir de que el órgano jurisdiccional la hubiere enviado, con excepción de las determinaciones dictadas en el incidente de suspensión, en cuyo caso, el plazo será de veinticuatro horas.

De no ingresar al sistema electrónico del Poder Judicial de la Federación dentro de los plazos señalados, el órgano jurisdiccional que corresponda tendrá por hecha la notificación. Cuando el órgano jurisdiccional lo estime conveniente por la naturaleza del acto podrá ordenar que las notificaciones se hagan por conducto del actuario, quien además, hará constar en el expediente cualquiera de las situaciones anteriores, y

III. Cuando por caso fortuito, fuerza mayor o por fallas técnicas se interrumpa el sistema, haciendo imposible el envío y la recepción de promociones dentro de los plazos establecidos en la ley, las partes deberán dar aviso de inmediato, por cualquier otra vía, al órgano jurisdiccional que corresponda, el que comunicará tal situación a la unidad administrativa encargada de operar el sistema. En tanto dure ese acontecimiento, se suspenderán, únicamente por ese lapso, los plazos correspondientes.

Una vez que se haya restablecido el sistema, la unidad administrativa encargada de operar el sistema enviará un reporte al o los órganos jurisdiccionales correspondientes en el que deberá señalar la causa y el tiempo de la interrupción del sistema, para efectos del cómputo correspondiente.

El órgano jurisdiccional que corresponda deberá notificar a las partes sobre la interrupción del sistema, haciéndoles saber el tiempo de interrupción, desde su inicio hasta su restablecimiento, así como el momento en que reinicie el cómputo de los plazos correspondientes.

Artículo 31. Las notificaciones surtirán sus efectos conforme a las siguientes reglas:

I. Las que correspondan a las autoridades responsables y a las autoridades que tengan el carácter de terceros interesados, desde el momento en que hayan quedado legalmente hechas;

Cuando el oficio que contenga el auto o resolución que se debe notificar se envíe por correo y no se trate de la suspensión, en la fecha que conste en el acuse de recibo, siempre y cuando sea un día hábil. En caso contrario, a la primera hora del día hábil siguiente;

II. Las demás, desde el día siguiente al de la notificación personal o al de la fijación y publicación de la lista que se realice en los términos de la presente Ley. Tratándose de aquellos usuarios que cuenten con Firma Electrónica, la notificación por lista surtirá sus efectos cuando llegado el término al que se refiere la fracción II del artículo 30, no hubieren generado la constancia electrónica que acredite la consulta de los archivos respectivos, debiendo asentar el actuario la razón correspondiente; y

III. Las realizadas por vía electrónica cuando se genere la constancia de la consulta realizada, la cual, por una parte, el órgano jurisdiccional digitalizará para el expediente electrónico y, por otra, hará una impresión que agregará al expediente impreso correspondiente como constancia de notificación.

Se entiende generada la constancia cuando el sistema electrónico del Poder Judicial de la Federación produzca el aviso de la hora en que se recupere la determinación judicial correspondiente, contenida en el archivo electrónico.

Artículo 32. Serán nulas las notificaciones que no se hicieren en la forma que establecen las disposiciones precedentes.

CAPÍTULO V
COMPETENCIA

Sección Primera
Reglas de Competencia

Artículo 33. Son competentes para conocer del juicio de amparo:

I.   La Suprema Corte de Justicia de la Nación;

II.   Los tribunales colegiados de circuito;

III.   Los tribunales unitarios de circuito;

IV.   Los juzgados de distrito; y

V.   Los órganos jurisdiccionales de los poderes judiciales de los Estados y del Distrito Federal, en los casos previstos por esta Ley.

Artículo 34. Los tribunales colegiados de circuito son competentes para conocer del juicio de amparo directo.

La competencia de los tribunales se fija de acuerdo con la residencia de la autoridad que haya dictado el acto reclamado y, en su caso, atendiendo a la especialización por materia.

En materia agraria y en los juicios en contra de tribunales federales de lo contencioso administrativo, es competente el tribunal colegiado de circuito que tenga jurisdicción en donde el acto reclamado deba tener ejecución, trate de ejecutarse, se esté ejecutando o se haya ejecutado; si el acto reclamado puede tener ejecución en más de un circuito o ha comenzado a ejecutarse en uno de ellos y sigue ejecutándose en otro, es competente el tribunal colegiado de circuito que primero hubiere recibido la demanda; en su defecto, aquél que dicte acuerdo sobre la misma.

Artículo 35. Los juzgados de distrito y los tribunales unitarios de circuito son competentes para conocer del juicio de amparo indirecto.

También lo serán las autoridades del orden común cuando actúen en auxilio de los órganos jurisdiccionales de amparo.

Artículo 36. Los tribunales unitarios de circuito sólo conocerán de los juicios de amparo indirecto promovidos contra actos de otros tribunales de la misma naturaleza. Será competente otro tribunal del mismo circuito, si lo hubiera, o el más próximo a la residencia de aquél que haya emitido el acto reclamado.

Artículo 37. Es juez competente el que tenga jurisdicción en el lugar donde el acto que se reclame deba tener ejecución, trate de ejecutarse, se esté ejecutando o se haya ejecutado.

Si el acto reclamado puede tener ejecución en más de un distrito o ha comenzado a ejecutarse en uno de ellos y sigue ejecutándose en otro, es competente el juez de distrito ante el que se presente la demanda.

Cuando el acto reclamado no requiera ejecución material es competente el juez de distrito en cuya jurisdicción se haya presentado la demanda.

Artículo 38. Es competente para conocer del juicio de amparo indirecto que se promueva contra los actos de un juez de distrito, otro del mismo distrito y especialización en su caso y, si no lo hubiera, el más cercano dentro de la jurisdicción del circuito al que pertenezca.

Artículo 39. Cuando se trate de amparos contra actos de autoridades que actúen en auxilio de la justicia federal, no podrá conocer el juez de distrito que deba avocarse al conocimiento del asunto en que se haya originado el acto reclamado.

En este caso, conocerá otro del mismo distrito y especialización, en su caso, y si no lo hubiera, el más cercano dentro de la jurisdicción del circuito a que pertenezca.

Artículo 40. El pleno o las salas de la Suprema Corte de Justicia de la Nación podrán ejercer, de manera oficiosa o a solicitud del Procurador General de la República la facultad de atracción para conocer de un amparo directo que corresponda resolver a los tribunales colegiados de circuito, cuando por su interés y trascendencia lo ameriten, de conformidad con el siguiente procedimiento:

I. Planteado el caso por cualquiera de los ministros, o en su caso hecha la solicitud por el Procurador General de la República, el pleno o la sala acordará si procede solicitar los autos al tribunal colegiado de circuito, en cuyo caso, previa suspensión del procedimiento, éste los remitirá dentro del plazo de tres días siguientes a la recepción de la solicitud;

II. Recibidos los autos se turnará el asunto al ministro que corresponda, para que dentro del plazo de quince días formule dictamen a efecto de resolver si se ejerce o no dicha facultad; y

III. Transcurrido el plazo anterior, el dictamen será discutido por el tribunal pleno o por la sala dentro de los tres días siguientes.

Si el pleno o la sala decide ejercer la facultad de atracción se avocará al conocimiento; en caso contrario, devolverá los autos al tribunal de origen.

Sección Segunda

Conflictos Competenciales

Artículo 41. Ningún órgano jurisdiccional puede sostener competencia a su superior.

Artículo 42. Luego que se suscite una cuestión de competencia, se suspenderá todo procedimiento con excepción del incidente de suspensión.

Artículo 43. Cuando alguna de las salas de la Suprema Corte de Justicia de la Nación tenga información de que otra sala está conociendo de cualquier asunto a que aquélla le corresponda, la requerirá para que cese en el conocimiento y le remita los autos.

Dentro del término de tres días, la sala requerida dictará resolución, y si estima que no es competente, remitirá los autos a la requirente. Si considera que es competente hará saber su resolución a la requirente, suspenderá el procedimiento y remitirá los autos al presidente de la Suprema Corte de Justicia de la Nación, para que el tribunal pleno resuelva lo que proceda.

Cuando se turne a una de las salas de la Suprema Corte de Justicia de la Nación un asunto en materia de amparo y ésta estime que no es competente para conocer de él, así lo declarará y remitirá los autos a la que estime competente. Si esta última considera que tiene competencia, se avocará al conocimiento del asunto; en caso contrario, comunicará su resolución a la sala que se hubiese declarado incompetente y remitirá los autos al presidente de la Suprema Corte de Justicia de la Nación, para que el tribunal pleno resuelva lo procedente.

Artículo 44. Cuando la Suprema Corte de Justicia de la Nación conozca de la revisión interpuesta contra la sentencia definitiva dictada en un juicio que debió tramitarse como directo, declarará insubsistente la sentencia recurrida y remitirá los autos al correspondiente tribunal colegiado de circuito.

Si en el mismo supuesto del párrafo anterior quien conoce de la revisión es un tribunal colegiado de circuito, declarará insubsistente la sentencia recurrida y se avocará al conocimiento en la vía directa.

Artículo 45. Cuando se reciba en un tribunal colegiado de circuito una demanda que deba tramitarse en vía indirecta, declarará de plano carecer de competencia y la remitirá con sus anexos al órgano que estime competente. Si se trata de un órgano de su mismo circuito, éste conocerá del asunto sin que pueda objetar su competencia, salvo en el caso previsto en el artículo 49 de esta Ley; si el órgano designado no pertenece al mismo circuito, únicamente podrá plantear la competencia por razón del territorio o especialidad, en términos del artículo 48 de esta Ley.

Artículo 46. Cuando un tribunal colegiado de circuito tenga información de que otro conoce de un asunto que a aquél le corresponda, lo requerirá para que le remita los autos. Si el requerido estima no ser competente deberá remitir los autos, dentro de los tres días siguientes a la recepción del requerimiento. Si considera que lo es, en igual plazo hará saber su resolución al requirente, suspenderá el procedimiento y remitirá los autos al presidente de la Suprema Corte de Justicia de la Nación, quien lo turnará a la sala que corresponda, para que dentro del plazo de ocho días resuelva lo que proceda.

Cuando el tribunal colegiado de circuito que conozca de un juicio o recurso estime carecer de competencia para conocer de ellos, lo declarará así y enviará dentro de los tres días siguientes los autos al órgano jurisdiccional que en su concepto lo sea.

Si éste acepta la competencia, se avocará al conocimiento; en caso contrario, dentro de los tres días siguientes comunicará su resolución al órgano que declinó la competencia y remitirá los autos a la Suprema Corte de Justicia de la Nación para que dentro del plazo de ocho días resuelva lo que proceda.

Artículo 47. Cuando se presente una demanda de amparo ante un juez de distrito o ante un tribunal unitario de circuito, en la que se reclamen actos que estimen sean materia de amparo directo, declararán carecer de competencia y de inmediato remitirán la demanda y sus anexos al tribunal colegiado de circuito que corresponda.

El presidente del tribunal decidirá, sin trámite alguno, si acepta o no la competencia. En el primer caso, mandará tramitar el expediente y señalará al quejoso un plazo de cinco días para la presentación de las copias, notificará a la autoridad responsable para que en su caso, provea respecto a la suspensión del acto reclamado y le otorgará un plazo de diez días para que rinda el informe correspondiente. En el caso que decida no aceptar la competencia, remitirá los autos al juzgado o tribunal que estime competente, sin perjuicio de las cuestiones de competencia que pudieran suscitarse entre jueces de distrito o tribunales unitarios de circuito.

Si la competencia del tribunal colegiado de circuito aparece del informe justificado de la autoridad responsable, el juez de distrito o tribunal unitario de circuito se declarará incompetente conforme a este artículo, remitirá los autos al tribunal colegiado de circuito que estime competente para el efecto previsto en el párrafo anterior y lo comunicará a la autoridad responsable para que ésta en su caso, continúe lo relativo a la suspensión del acto reclamado conforme a lo establecido en esta Ley.

Artículo 48. Cuando se presente una demanda de amparo ante juez de distrito o tribunal unitario de circuito y estimen carecer de competencia, la remitirán de plano, con sus anexos, al juez o tribunal competente, sin decidir sobre la admisión ni sobre la suspensión del acto reclamado, salvo que se trate de actos que importen peligro de privación de la vida, ataques a la libertad personal fuera de procedimiento, incomunicación, deportación o expulsión, proscripción o destierro, extradición, desaparición forzada de personas o alguno de los prohibidos por el artículo 22 de la Constitución Política de los Estados Unidos Mexicanos, así como la incorporación forzosa al Ejército, Armada o Fuerza Aérea nacionales.

Recibida la demanda y sus anexos por el órgano requerido, éste decidirá de plano, dentro de las cuarenta y ocho horas siguientes, si acepta o no el conocimiento del asunto. Si acepta, comunicará su resolución al requirente, previa notificación de las partes. En caso contrario, devolverá la demanda al requirente, quien deberá resolver dentro de las cuarenta y ocho horas siguientes si insiste o no en declinar su competencia. Si no insiste, se limitará a comunicar su resolución al requerido y se dará por terminado el conflicto competencial. Si insiste en declinar su competencia y la cuestión se plantea entre órganos de la jurisdicción de un mismo tribunal colegiado de circuito, remitirá los autos al tribunal colegiado de circuito de su jurisdicción, el cual dará aviso al requerido para que exponga lo que estime pertinente.

Si el conflicto competencial se plantea entre órganos que no sean de la jurisdicción de un mismo tribunal colegiado de circuito, lo resolverá el que ejerza jurisdicción sobre el requirente, quien remitirá los autos y dará aviso al requerido para que exponga lo conducente, debiéndose estar a lo que se dispone en el artículo anterior.

Recibidos los autos y el oficio relativo, el tribunal colegiado de circuito tramitará el expediente y resolverá dentro de los ocho días siguientes quién debe conocer del juicio; comunicará su resolución a los involucrados y remitirá los autos al órgano declarado competente.

Admitida la demanda de amparo indirecto ningún órgano jurisdiccional podrá declararse incompetente para conocer del juicio antes de resolver sobre la suspensión definitiva.

Artículo 49. Cuando el juez de distrito o el tribunal unitario de circuito ante el cual se hubiese promovido un juicio de amparo tenga información de que otro está conociendo de un juicio diverso promovido por el mismo quejoso, contra las mismas autoridades y por el mismo acto reclamado, aunque los conceptos de violación sean distintos, lo comunicará de inmediato por oficio a dicho órgano, y anexará la certificación del día y hora de presentación de la demanda, así como, en su caso, del auto dictado como primera actuación en el juicio. Cuando se resuelva que se trata de un mismo asunto, se continuará el juicio promovido ante el juez de distrito o tribunal unitario de circuito que haya resultado competente y se deberá sobreseer en el otro juicio.

Recibido el oficio, el órgano resolverá dentro de las veinticuatro horas siguientes si se trata del mismo asunto y si le corresponde su conocimiento, y comunicará lo anterior al oficiante. Si reconoce la competencia de éste, le remitirá los autos relativos.

En caso de conflicto competencial, se estará a lo dispuesto en el artículo 48 de esta Ley.

Cuando se resuelva que se trata de un mismo asunto, se continuará el juicio promovido ante el juez de distrito o tribunal unitario de circuito que haya resultado competente y se deberá sobreseer en el otro juicio.

Artículo 50. Cuando alguna de las partes estime que un juez de distrito o tribunal unitario de circuito está conociendo de un juicio de amparo que debe tramitarse como directo, podrá ocurrir ante el tribunal colegiado de circuito que estime competente y exhibir copia de la demanda y de las constancias conducentes.

El presidente del tribunal colegiado pedirá informe al juez de distrito o tribunal unitario de circuito, que deberá rendirse en el plazo de veinticuatro horas, y resolverá dentro de las cuarenta y ocho horas siguientes.

CAPÍTULO VI
IMPEDIMENTOS, EXCUSAS Y RECUSACIONES

Artículo 51. Los ministros de la Suprema Corte de Justicia de la Nación, los magistrados de circuito, los jueces de distrito, así como las autoridades que conozcan de los juicios de amparo, deberán excusarse cuando ocurra cualquiera de las siguientes causas de impedimento:

I. Si son cónyuges o parientes de alguna de las partes, de sus abogados o representantes, en línea recta por consanguinidad o afinidad sin limitación de grado; en la colateral por consanguinidad dentro del cuarto grado, o en la colateral por afinidad dentro del segundo;

II. Si tienen interés personal en el asunto que haya motivado el acto reclamado o lo tienen su cónyuge o parientes en los grados expresados en la fracción anterior;

III. Si han sido abogados o apoderados de alguna de las partes en el asunto que haya motivado el acto reclamado o en el juicio de amparo;

IV. Si hubieren tenido el carácter de autoridades responsables en el juicio de amparo, o hubieren emitido en otra instancia o jurisdicción el acto reclamado o la resolución impugnada, excepto cuando se trate del presidente del órgano jurisdiccional de amparo en las resoluciones materia del recurso de reclamación;

V. Si hubieren aconsejado como asesores la resolución reclamada;

VI. Si figuran como partes en algún juicio de amparo semejante al de su conocimiento;

VII. Si tuvieren amistad estrecha o enemistad manifiesta con alguna de las partes, sus abogados o representantes; y

VIII. Si se encuentran en una situación diversa a las especificadas que implicaran elementos objetivos de los que pudiera derivarse el riesgo de pérdida de imparcialidad.

Artículo 52. Sólo podrán invocarse como excusas las causas de impedimento que enumera el artículo anterior.

Las partes podrán plantear como causa de recusación cualquiera de tales impedimentos.

Artículo 53. El que se excuse deberá, en su caso, proveer sobre la suspensión excepto cuando aduzca tener interés personal en el asunto, salvo cuando proceda legalmente la suspensión de oficio. El que deba sustituirlo resolverá lo que corresponda, en tanto se califica la causa de impedimento.

Artículo 54. Conocerán de las excusas y recusaciones:

I. El pleno de la Suprema Corte de Justicia de la Nación en los asuntos de su competencia;

II. La sala correspondiente de la Suprema Corte de Justicia de la Nación, en los asuntos de su competencia, así como en el supuesto del artículo 56 de esta Ley; y

III. Los tribunales colegiados de circuito:

a) De uno de sus magistrados;

b) De dos o más magistrados de otro tribunal colegiado de circuito;

c) De los jueces de distrito, los titulares de los tribunales unitarios y demás autoridades que conozcan de los juicios de amparo, que se encuentren en su circuito.

Artículo 55. Los ministros de la Suprema Corte de Justicia de la Nación manifestarán estar impedidos ante el tribunal pleno o ante la sala que conozca del asunto de que se trate.

Los magistrados de circuito y los jueces de distrito manifestarán su impedimento y lo comunicarán al tribunal colegiado de circuito que corresponda.

Las excusas se calificarán de plano.

Artículo 56. Cuando uno de los ministros se manifieste impedido en asuntos del conocimiento del pleno o sala, los restantes calificarán la excusa. Si la admiten, éstos continuarán en el conocimiento del asunto; en caso de empate, quien presida tendrá voto de calidad.

Cuando se manifiesten impedidos dos o más ministros de una de las salas, se calificarán las excusas por otra sala. Si las admiten, se pedirá al presidente de la Suprema Corte de Justicia de la Nación la designación de los ministros que se requieran para que la primera pueda funcionar válidamente.

Artículo 57. Cuando uno de los integrantes de un tribunal colegiado de circuito se excuse o sea recusado, los restantes resolverán lo conducente.

En caso de empate, la resolución corresponderá al tribunal colegiado de circuito siguiente en orden del mismo circuito y especialidad y, de no haberlos, al del circuito más cercano.

Cuando la excusa o recusación se refiera a más de un magistrado, la resolución se hará en términos del párrafo anterior.

Si sólo es fundada la excusa o recusación de uno de los magistrados, el asunto se devolverá al tribunal de origen para que resuelva. Si fueren dos o más los magistrados que resulten impedidos, el propio tribunal que así lo decidió resolverá el asunto principal.

Artículo 58. Cuando se declare impedido a un juez de distrito o magistrado de tribunal unitario de circuito, conocerá del asunto otro del mismo distrito o circuito, según corresponda y, en su caso, especialización; en su defecto, conocerá el más próximo perteneciente al mismo circuito.

Artículo 59. En el escrito de recusación deberán manifestarse, bajo protesta de decir verdad, los hechos que la fundamentan y exhibirse en billete de depósito la cantidad correspondiente al monto máximo de la multa que pudiera imponerse en caso de declararse infundada. De no cumplirse estos requisitos la recusación se desechará de plano, salvo que, por lo que hace al último de ellos, se alegue insolvencia. En este caso, el órgano jurisdiccional la calificará y podrá exigir garantía por el importe del mínimo de la multa o exentar de su exhibición.

Artículo 60. La recusación se presentará ante el servidor público a quien se estime impedido, el que lo comunicará al órgano que deba calificarla. Éste, en su caso, la admitirá y solicitará informe al servidor público requerido, el que deberá rendirlo dentro de las veinticuatro horas siguientes a su notificación.

Si el servidor público admite la causa de recusación, se declarará fundada; si la negare, se señalará día y hora para que dentro de los tres días siguientes se celebre la audiencia en la que se ofrecerán, admitirán y desahogarán las pruebas de las partes y se dictará resolución.

En caso de no rendirse el informe a que se refiere el párrafo primero, se declarará fundada la causa de recusación, en cuyo caso se devolverá al promovente la garantía exhibida.

Si se declara infundada la recusación el servidor público seguirá conociendo del asunto.

Si el órgano que deba calificar la recusación la hubiere negado y ésta se comprobase, quedará sujeto a la responsabilidad que corresponda conforme a esta Ley.

CAPÍTULO VII
IMPROCEDENCIA

Artículo 61. El juicio de amparo es improcedente:

I. Contra adiciones o reformas a la Constitución Política de los Estados Unidos Mexicanos;

II. Contra actos de la Suprema Corte de Justicia de la Nación;

III. Contra actos del Consejo de la Judicatura Federal;

IV. Contra resoluciones dictadas por el Tribunal Electoral del Poder Judicial de la Federación;

V. Contra actos del Congreso de la Unión, su Comisión Permanente o cualquiera de sus cámaras en procedimiento de colaboración con los otros poderes que objeten o no ratifiquen nombramientos o designaciones para ocupar cargos, empleos o comisiones en entidades o dependencias de la Administración Pública Federal, centralizada o descentralizada, órganos dotados de autonomía constitucional u órganos jurisdiccionales de cualquier naturaleza;

VI. Contra resoluciones de los tribunales colegiados de circuito;

VII. Contra las resoluciones o declaraciones del Congreso Federal o de las Cámaras que lo constituyen, de las Legislaturas de los Estados o de sus respectivas Comisiones o Diputaciones Permanentes, en declaración de procedencia y en juicio político, así como en elección, -suspensión o remoción de funcionarios en los casos en que las Constituciones correspondientes les confieran la facultad de resolver soberana o discrecionalmente;

VIII. Contra normas generales respecto de las cuales la Suprema Corte de Justicia de la Nación haya emitido una declaratoria general de inconstitucionalidad en términos de lo dispuesto por el Capítulo VI del Título Cuarto de esta Ley, o en términos de lo dispuesto por la Ley Reglamentaria de las Fracciones I y II del Artículo 105 de la Constitución Política de los Estados Unidos Mexicanos;

IX. Contra resoluciones dictadas en los juicios de amparo o en ejecución de las mismas;

X. Contra normas generales o actos que sean materia de otro juicio de amparo pendiente de resolución promovido por el mismo quejoso, contra las mismas autoridades y por el propio acto reclamado, aunque las violaciones constitucionales sean diversas, salvo que se trate de normas generales impugnadas con motivo de actos de aplicación distintos. En este último caso, solamente se actualizará esta causal cuando se dicte sentencia firme en alguno de los juicios en la que se analice la constitucionalidad de las normas generales; si se declara la constitucionalidad de la norma general, esta causal no se actualiza respecto de los actos de aplicación, si fueron impugnados por vicios propios;

XI. Contra normas generales o actos que hayan sido materia de una ejecutoria en otro juicio de amparo, en los términos de la fracción anterior;

XII. Contra actos que no afecten los intereses jurídicos o legítimos del quejoso, en los términos establecidos en la fracción I del artículo 5o de la presente Ley, y contra normas generales que requieran de un acto de aplicación posterior al inicio de su vigencia;

XIII. Contra actos consentidos expresamente o por manifestaciones de voluntad que entrañen ese consentimiento;

XIV. Contra normas generales o actos consentidos tácitamente, entendiéndose por tales aquéllos contra los que no se promueva el juicio de amparo dentro de los plazos previstos.

No se entenderá consentida una norma general, a pesar de que siendo impugnable en amparo desde el momento de la iniciación de su vigencia no se haya reclamado, sino sólo en el caso de que tampoco se haya promovido amparo contra el primer acto de su aplicación en perjuicio del quejoso.

Cuando contra el primer acto de aplicación proceda algún recurso o medio de defensa legal por virtud del cual pueda ser modificado, revocado o nulificado, será optativo para el interesado hacerlo valer o impugnar desde luego la norma general en juicio de amparo. En el primer caso, sólo se entenderá consentida la norma general si no se promueve contra ella el amparo dentro del plazo legal contado a partir del día siguiente de aquél al en que surta sus efectos la notificación de la resolución recaída al recurso o medio de defensa, si no existieran medios de defensa ordinarios en contra de dicha resolución, o de la última resolución recaída al medio de defensa ordinario previsto en ley contra la resolución del recurso, aún cuando para fundarlo se hayan aducido exclusivamente motivos de ilegalidad.

Si en contra de dicha resolución procede amparo directo, deberá estarse a lo dispuesto en el capítulo respectivo a ese procedimiento;

XV. Contra las resoluciones o declaraciones de las autoridades competentes en materia electoral; Se exceptúa de lo anterior-

XVI. Contra actos consumados de modo irreparable;

XVII. Contra actos emanados de un procedimiento judicial o de un procedimiento administrativo seguido en forma de juicio, cuando por virtud del cambio de situación jurídica en el mismo deban considerarse consumadas irreparablemente las violaciones reclamadas en el procedimiento respectivo, por no poder decidirse en tal procedimiento sin afectar la nueva situación jurídica.

Cuando en amparo indirecto se reclamen violaciones a los artículos 19 ó 20 de la Constitución Política de los Estados Unidos Mexicanos, solamente la sentencia de primera instancia hará que se consideren irreparablemente consumadas las violaciones para los efectos de la improcedencia prevista en este precepto. La autoridad judicial que conozca del proceso penal, suspenderá en estos casos el procedimiento en lo que corresponda al quejoso, una vez concluida la etapa intermedia y hasta que sea notificada de la resolución que recaiga en el juicio de amparo pendiente;

XVIII. Contra las resoluciones de tribunales judiciales, administrativos o del trabajo, respecto de las cuales conceda la ley ordinaria algún recurso o medio de defensa, dentro del procedimiento, por virtud del cual puedan ser modificadas, revocadas o nulificadas.

Se exceptúa de lo anterior:

a) Cuando sean actos que importen peligro de privación de la vida, ataques a la libertad personal fuera de procedimiento, incomunicación, deportación o expulsión, proscripción o destierro, extradición, desaparición forzada de personas o alguno de los prohibidos por el artículo 22 de la Constitución Política de los Estados Unidos Mexicanos, así como la incorporación forzosa al Ejército, Armada o Fuerza Aérea nacionales;

b) Cuando el acto reclamado consista en órdenes de aprehensión o reaprehensión, autos de vinculación a proceso, resolución que niegue la libertad bajo caución o que establezca los requisitos para su disfrute, resolución que decida sobre el incidente de desvanecimiento de datos, orden de arresto o cualquier otro que afecte la libertad personal del quejoso, siempre que no se trate de sentencia definitiva en el proceso penal;

c) Cuando se trate de persona extraña al procedimiento.

Cuando la procedencia del recurso o medio de defensa se sujete a interpretación adicional o su fundamento legal sea insuficiente para determinarla, el quejoso quedará en libertad de interponer dicho recurso o acudir al juicio de amparo;

XIX. Cuando se esté tramitando ante los tribunales ordinarios algún recurso o medio de defensa legal propuesto por el quejoso que pueda tener por efecto modificar, revocar o nulificar el acto reclamado;

XX. Contra actos de autoridades distintas de los tribunales judiciales, administrativos o del trabajo, que deban ser revisados de oficio, conforme a las leyes que los rijan, o proceda contra ellos algún juicio, recurso o medio de defensa legal por virtud del cual puedan ser modificados, revocados o nulificados, siempre que conforme a las mismas leyes se suspendan los efectos de dichos actos de oficio o mediante la interposición del juicio, recurso o medio de defensa legal que haga valer el quejoso, con los mismos alcances que los que prevé esta Ley y sin exigir mayores requisitos que los que la misma consigna para conceder la suspensión definitiva, ni plazo mayor que el que establece para el otorgamiento de la suspensión provisional, independientemente de que el acto en sí mismo considerado sea o no susceptible de ser suspendido de acuerdo con esta Ley.

No existe obligación de agotar tales recursos o medios de defensa, si el acto reclamado carece de fundamentación, cuando sólo se aleguen violaciones directas a la

Constitución o cuando el recurso o medio de defensa se encuentre previsto en un reglamento sin que la ley aplicable contemple su existencia.

Si en el informe justificado la autoridad responsable señala la fundamentación y motivación del acto reclamado, operará la excepción al principio de definitividad contenida en el párrafo anterior;

XXI. Cuando hayan cesado los efectos del acto reclamado;

XXII. Cuando subsista el acto reclamado pero no pueda surtir efecto legal o material alguno por haber dejado de existir el objeto o la materia del mismo; y

XXIII. En los demás casos en que la improcedencia resulte de alguna disposición de la Constitución Política de los Estados Unidos Mexicanos, o de esta Ley.

Artículo 62. Las causas de improcedencia se analizarán de oficio por el órgano jurisdiccional que conozca del juicio de amparo.

CAPÍTULO VIII
SOBRESEIMIENTO

Artículo 63. El sobreseimiento en el juicio de amparo procede cuando:

I. El quejoso desista de la demanda o no la ratifique en los casos en que la ley establezca requerimiento. En caso de desistimiento se notificará personalmente al quejoso para que ratifique su escrito en un plazo de tres días, apercibido que de no hacerlo, se le tendrá por no desistido y se continuará el juicio.

No obstante, cuando se reclamen actos que tengan o puedan tener como consecuencia privar de la propiedad o de la posesión y disfrute de sus tierras, aguas, pastos y montes a los ejidos o núcleos de población que de hecho o por derecho guarden el estado comunal, no procede el desistimiento del juicio o de los recursos, o el consentimiento expreso de los propios actos, salvo que lo acuerde expresamente la Asamblea General, pero uno y otro sí podrán decretarse en su beneficio;

II. El quejoso no acredite sin causa razonable a juicio del órgano jurisdiccional de amparo haber entregado los edictos para su publicación en términos del artículo 27 de esta Ley una vez que se compruebe que se hizo el requerimiento al órgano que los decretó;

III. El quejoso muera durante el juicio, si el acto reclamado sólo afecta a su persona;

IV. De las constancias de autos apareciere claramente demostrado que no existe el acto reclamado, o cuando no se probare su existencia en la audiencia constitucional; y

V. Durante el juicio se advierta o sobrevenga alguna de las causales de improcedencia a que se refiere el capítulo anterior.

Artículo 64. Cuando las partes tengan conocimiento de alguna causa de sobreseimiento, la comunicarán de inmediato al órgano jurisdiccional de amparo y, de ser posible, acompañarán las constancias que la acrediten.

Cuando un órgano jurisdiccional de amparo advierta de oficio una causal de improcedencia no alegada por alguna de las partes ni analizada por un órgano jurisdiccional inferior, dará vista al quejoso para que en el plazo de tres días, manifieste lo que a su derecho convenga.

Artículo 65. El sobreseimiento no prejuzga sobre la constitucionalidad o legalidad del acto reclamado, ni sobre la responsabilidad de la autoridad responsable al ordenarlo o ejecutarlo y solo podrá decretarse cuando no exista duda de su actualización.

CAPÍTULO IX
INCIDENTES

Artículo 66. En los juicios de amparo se substanciarán en la vía incidental, a petición de parte o de oficio, las cuestiones a que se refiere expresamente esta Ley y las que por su propia naturaleza ameriten ese tratamiento y surjan durante el procedimiento. El órgano jurisdiccional determinará, atendiendo a las circunstancias de cada caso, si se resuelve de plano, amerita un especial pronunciamiento o si se reserva para resolverlo en la sentencia.

Artículo 67. En el escrito con el cual se inicia el incidente deberán ofrecerse las pruebas en que se funde. Se dará vista a las partes por el plazo de tres días, para que manifiesten lo que a su interés convenga y ofrezcan las pruebas que estimen pertinentes. Atendiendo a la naturaleza del caso, el órgano jurisdiccional determinará si se requiere un plazo probatorio más amplio y si suspende o no el procedimiento.

Transcurrido el plazo anterior, dentro de los tres días siguientes se celebrará la audiencia en la que se recibirán y desahogarán las pruebas, se oirán los alegatos de las partes y, en su caso, se dictará la resolución correspondiente.

Sección Primera
Nulidad de Notificaciones

Artículo 68. Antes de la sentencia definitiva las partes podrán pedir la nulidad de notificaciones en el expediente que la hubiere motivado, en la siguiente actuación en que comparezcan. Dictada la sentencia definitiva, podrán pedir la nulidad de las notificaciones realizadas con posterioridad a ésta, en la siguiente actuación que comparezcan.

Este incidente se tramitará en términos del artículo anterior y no suspenderá el procedimiento.

Las promociones de nulidad notoriamente improcedentes se desecharán de plano.

Artículo 69. Declarada la nulidad, se repondrá el procedimiento a partir de la actuación anulada.

Sección Segunda
Reposición de Constancias de Autos

Artículo 70. El incidente de reposición de constancias de autos se tramitará a petición de parte o de oficio, en ambos casos, se certificará su preexistencia y falta posterior. Este incidente no será procedente si el expediente electrónico a que hace referencia el artículo 3o de esta Ley permanece sin alteración alguna, siendo únicamente necesario, en tal en tal caso, que el órgano jurisdiccional realice la copia impresa y certificada de dicho expediente digital.

Artículo 71. El órgano jurisdiccional requerirá a las partes para que dentro del plazo de cinco días, aporten las copias de las constancias y documentos relativos al expediente que obren en su poder. En caso necesario, este plazo podrá ampliarse por otros cinco días.

El juzgador está facultado para investigar de oficio la existencia de las piezas de autos desaparecidas, valiéndose para ello de todos los medios de prueba admisibles en el juicio de amparo y ley supletoria.

Artículo 72. Transcurrido el plazo a que se refiere el artículo anterior, se citará a las partes a una audiencia que se celebrará dentro de los tres días siguientes, en la que se hará relación de las constancias que se hayan recabado, se oirán los alegatos y se dictará la resolución que corresponda.

Si la pérdida es imputable a alguna de las partes, la reposición se hará a su costa, quien además pagará los daños y perjuicios que el extravío y la reposición ocasionen, sin perjuicio de las sanciones penales que ello implique.

CAPÍTULO X
SENTENCIAS

Artículo 73. Las sentencias que se pronuncien en los juicios de amparo sólo se ocuparán de los individuos particulares o de las personas morales, privadas u oficiales que lo hubieren solicitado, limitándose a ampararlos y protegerlos, si procediere, en el caso especial sobre el que verse la demanda.

El Pleno y las Salas de la Suprema Corte de Justicia de la Nación, así como los tribunales colegiados de circuito, tratándose de resoluciones sobre la constitucionalidad de una norma general o sobre la convencionalidad de los tratados internacionales y amparos colectivos, deberán hacer públicos los proyectos de sentencias que serán discutidos en las sesiones correspondientes, con la misma anticipación que la publicación de las listas de los asuntos que se resolverán a que se refiere el artículo 184 de esta Ley.

Cuando proceda hacer la declaratoria general de inconstitucionalidad se aplicarán las disposiciones del Título Cuarto de esta Ley.

En amparo directo, la calificación de los conceptos de violación en que se alegue la inconstitucionalidad de una norma general, se hará únicamente en la parte considerativa de la sentencia.

Artículo 74. La sentencia debe contener:

I. La fijación clara y precisa del acto reclamado;

II. El análisis sistemático de todos los conceptos de violación o en su caso de todos los agravios;

III. La valoración de las pruebas admitidas y desahogadas en el juicio;

IV. Las consideraciones y fundamentos legales en que se apoye para conceder, negar o sobreseer;

V. Los efectos o medidas en que se traduce la concesión del amparo, y en caso de amparos directos, el pronunciamiento respecto de todas las violaciones procesales que se hicieron valer y aquellas que, cuando proceda, el órgano jurisdiccional advierta en suplencia de la queja, además de los términos precisos en que deba pronunciarse la nueva resolución; y

VI. Los puntos resolutivos en los que se exprese el acto, norma u omisión por el que se conceda, niegue o sobresea el amparo y, cuando sea el caso, los efectos de la concesión en congruencia con la parte considerativa.

El órgano jurisdiccional, de oficio podrá aclarar la sentencia ejecutoriada, solamente para corregir los posibles errores del documento a fin de que concuerde con la sentencia, acto jurídico decisorio, sin alterar las consideraciones esenciales de la misma.

Artículo 75. En las sentencias que se dicten en los juicios de amparo el acto reclamado se apreciará tal y como aparezca probado ante la autoridad responsable. No se admitirán ni se tomarán en consideración las pruebas que no se hubiesen rendido ante dicha autoridad.

No obstante lo dispuesto en el párrafo anterior, en el amparo indirecto el quejoso podrá ofrecer pruebas cuando no hubiere tenido oportunidad de hacerlo ante la autoridad responsable.

El órgano jurisdiccional deberá recabar oficiosamente las pruebas rendidas ante la responsable y las actuaciones que estime necesarias para la resolución del asunto.

Además, cuando se reclamen actos que tengan o puedan tener como consecuencia privar de la propiedad o de la posesión y disfrute de sus tierras, aguas, pastos y montes a los ejidos o a los núcleos de población que de hecho o por derecho guarden el estado comunal, o a los ejidatarios o comuneros, deberán recabarse de oficio todas aquellas pruebas que puedan beneficiar a las entidades o individuos mencionados y acordarse las diligencias que se estimen necesarias para precisar sus derechos agrarios, así como la naturaleza y efectos de los actos reclamados.

Artículo 76. El órgano jurisdiccional, deberá corregir los errores u omisiones que advierta en la cita de los preceptos constitucionales y legales que se estimen violados, y podrá examinar en su conjunto los conceptos de violación y los agravios, así como los demás razonamientos de las partes, a fin de resolver la cuestión efectivamente planteada, sin cambiar los hechos expuestos en la demanda.

Artículo 77. Los efectos de la concesión del amparo serán:

I. Cuando el acto reclamado sea de carácter positivo se restituirá al quejoso en el pleno goce del derecho violado, restableciendo las cosas al estado que guardaban antes de la violación; y

II. Cuando el acto reclamado sea de carácter negativo o implique una omisión, obligar a la autoridad responsable a respetar el derecho de que se trate y a cumplir lo que el mismo exija.

En el último considerando de la sentencia que conceda el amparo, el juzgador deberá determinar con precisión los efectos del mismo, especificando las medidas que las autoridades o particulares deban adoptar para asegurar su estricto cumplimiento y la restitución del quejoso en el goce del derecho.

En asuntos del orden penal en que se reclame una orden de aprehensión o auto de vinculación a proceso en delitos que la ley no considere como graves, la sentencia que conceda el amparo surtirá efectos inmediatos, sin perjuicio de que pueda ser revocada mediante el recurso de revisión; salvo que se reclame el auto de vinculación a proceso y el amparo se conceda por vicios formales.

En caso de que el efecto de la sentencia sea la libertad del quejoso, ésta se decretará bajo las medidas de aseguramiento que el órgano jurisdiccional estime necesarias, a fin de que el quejoso no evada la acción de la justicia.

En todo caso, la sentencia surtirá sus efectos, cuando se declare ejecutoriada o cause estado por ministerio de ley.

Artículo 78. Cuando el acto reclamado sea una norma general la sentencia deberá determinar si es constitucional, o si debe considerarse inconstitucional.

Si se declara la inconstitucionalidad de la norma general impugnada, los efectos se extenderán a todas aquellas normas y actos cuya validez dependa de la propia norma invalidada. Dichos efectos se traducirán en la inaplicación únicamente respecto del quejoso.

El órgano jurisdiccional de amparo podrá especificar qué medidas adicionales a la inaplicación deberán adoptarse para restablecer al quejoso en el pleno goce del derecho violado.

Artículo 79. La autoridad que conozca del juicio de amparo deberá suplir la deficiencia de los conceptos de violación o agravios, en los casos siguientes:

I. En cualquier materia, cuando el acto reclamado se funde en normas generales que han sido consideradas inconstitucionales por la jurisprudencia de la Suprema Corte de Justicia de la Nación y de los Plenos de Circuito. La jurisprudencia de los Plenos de Circuito sólo obligará a suplir la deficiencia de los conceptos de violación o agravios a los juzgados y tribunales del circuito correspondientes;

II. En favor de los menores o incapaces, o en aquellos casos en que se afecte el orden y desarrollo de la familia;

III. En materia penal:

a) En favor del inculpado o sentenciado; y

b) En favor del ofendido o víctima en los casos en que tenga el carácter de quejoso o adherente;

IV. En materia agraria:

a) En los casos a que se refiere la fracción III del artículo 17 de esta Ley; y

b) En favor de los ejidatarios y comuneros en particular, cuando el acto reclamado afecte sus bienes o derechos agrarios.

En estos casos deberá suplirse la deficiencia de la queja y la de exposiciones, comparecencias y alegatos, así como en los recursos que los mismos interpongan con motivo de dichos juicios;

V. En materia laboral, en favor del trabajador, con independencia de que la relación entre empleador y empleado esté regulada por el derecho laboral o por el derecho administrativo;

VI. En otras materias, cuando se advierta que ha habido en contra del quejoso o del particular recurrente una violación evidente de la ley que lo haya dejado sin defensa por afectar los derechos previstos en el artículo 1o de esta Ley. En este caso la suplencia sólo operará en lo que se refiere a la controversia en el amparo, sin poder afectar situaciones procesales resueltas en el procedimiento en el que se dictó la resolución reclamada; y

VII. En cualquier materia, en favor de quienes por sus condiciones de pobreza o marginación se encuentren en clara desventaja social para su defensa en el juicio. En los casos de las fracciones I, II, III, IV, V y VII de este artículo la suplencia se dará aún ante la ausencia de conceptos de violación o agravios.

En los casos de las fracciones I, II, III, IV, V y VII de este artículo la suplencia se dará aún ante la ausencia de conceptos de violación o agravios.

La suplencia de la queja por violaciones procesales o formales sólo podrá operar cuando se advierta que en el acto reclamado no existe algún vicio de fondo.

CAPÍTULO XI
MEDIOS DE IMPUGNACIÓN

Artículo 80. En el juicio de amparo sólo se admitirán los recursos de revisión, queja y reclamación; y tratándose del cumplimiento de sentencia, el de inconformidad.

Los medios de impugnación, así como los escritos y promociones que se realicen en ellos podrán ser presentados en forma impresa o electrónicamente. Los requisitos relativos al acompañamiento de copias o de presentación de cualquier tipo de constancias impresas a los que se refiera el presente Capítulo, no serán exigidos a las partes que hagan uso de las tecnologías de la información a las que se refiere el artículo 3o de esta Ley, en el entendido de que, cuando así sea necesario, tales requisitos serán cumplimentados por esa misma vía.

Para el caso de que los recursos se presenten de manera electrónica, se podrá acceder al expediente de esa misma forma.

Sección Primera
Recurso de Revisión

Artículo 81. Procede el recurso de revisión:

I. En amparo indirecto, en contra de las resoluciones siguientes:

a) Las que concedan o nieguen la suspensión definitiva; en su caso, deberán impugnarse los acuerdos pronunciados en la audiencia incidental;

b) Las que modifiquen o revoquen el acuerdo en que se conceda o niegue la suspensión definitiva, o las que nieguen la revocación o modificación de esos autos; en su caso, deberán impugnarse los acuerdos pronunciados en la audiencia correspondiente;

c) Las que decidan el incidente de reposición de constancias de autos;

d) Las que declaren el sobreseimiento fuera de la audiencia constitucional; y

e) Las sentencias dictadas en la audiencia constitucional; en su caso, deberán impugnarse los acuerdos pronunciados en la propia audiencia.

II. En amparo directo, en contra de las sentencias que resuelvan sobre la constitucionalidad de normas generales que establezcan la interpretación directa de un precepto de la Constitución Política de los Estados Unidos Mexicanos o de los derechos humanos establecidos en los tratados internacionales de los que el Estado Mexicano sea parte, u omitan decidir sobre tales cuestiones cuando hubieren sido planteadas, siempre que fijen un criterio de importancia y trascendencia, según lo disponga la Suprema Corte de Justicia de la Nación, en cumplimiento de acuerdos generales del pleno.

La materia del recurso se limitará a la decisión de las cuestiones propiamente constitucionales, sin poder comprender otras.

Artículo 82. La parte que obtuvo resolución favorable en el juicio de amparo puede adherirse a la revisión interpuesta por otra de las partes dentro del plazo de cinco días, contados a partir del día siguiente a aquél en que surta efectos la notificación de la admisión del recurso, expresando los agravios correspondientes; la adhesión al recurso sigue la suerte procesal de éste.

Artículo 83. Es competente la Suprema Corte de Justicia de la Nación para conocer del recurso de revisión contra las sentencias dictadas en la audiencia constitucional, cuando habiéndose impugnado normas generales por estimarlas inconstitucionales, o cuando en la sentencia se establezca la interpretación directa de un precepto de la Constitución y subsista en el recurso el problema de constitucionalidad.

El pleno de la Suprema Corte de Justicia de la Nación, mediante acuerdos generales, distribuirá entre las salas los asuntos de su competencia o remitirá a los tribunales colegiados de circuito los que, conforme a los referidos acuerdos, la propia Corte determine.

Artículo 84. Son competentes los tribunales colegiados de circuito para conocer del recurso de revisión en los casos no previstos en el artículo anterior. Las sentencias que dicten en estos casos no admitirán recurso alguno.

Artículo 85. Cuando la Suprema Corte de Justicia de la Nación estime que un amparo en revisión, por sus características especiales deba ser de su conocimiento, lo atraerá oficiosamente conforme al procedimiento establecido en el artículo 40 de esta Ley.

El tribunal colegiado del conocimiento podrá solicitar a la Suprema Corte de Justicia de la Nación que ejercite la facultad de atracción, para lo cual expresará las razones en que funde su petición y remitirá los autos originales a ésta, quien dentro de los treinta días siguientes al recibo de los autos originales, resolverá si ejercita la facultad de atracción, procediendo en consecuencia en los términos del párrafo anterior.

Artículo 86. El recurso de revisión se interpondrá en el plazo de diez días por conducto del órgano jurisdiccional que haya dictado la resolución recurrida.

La interposición del recurso por conducto de órgano diferente al señalado en el párrafo anterior no interrumpirá el plazo de presentación.

Artículo 87. Las autoridades responsables sólo podrán interponer el recurso de revisión contra sentencias que afecten directamente el acto reclamado de cada una de ellas; tratándose de amparo contra normas generales podrán hacerlo los titulares de los órganos del Estado a los que se encomiende su emisión o promulgación.

Las autoridades judiciales o jurisdiccionales carecen de legitimación para recurrir las sentencias que declaren la inconstitucionalidad del acto reclamado, cuando éste se hubiera emitido en ejercicio de la potestad jurisdiccional.

Artículo 88. El recurso de revisión se interpondrá por escrito en el que se expresarán los agravios que cause la resolución impugnada.

Si el recurso se interpone en contra de una resolución dictada en amparo directo, el recurrente deberá transcribir textualmente la parte de la sentencia que contenga un pronunciamiento sobre constitucionalidad de normas generales o establezca la interpretación directa de un precepto de la

Constitución Política de los Estados Unidos Mexicanos, o la parte del concepto de violación respectivo cuyo análisis se hubiese omitido en la sentencia.

En caso de que el escrito de expresión de agravios se presente en forma impresa, el recurrente deberá exhibir una copia del mismo para el expediente y una para cada una de las partes. Esta exigencia no será necesaria en los casos que el recurso se presente en forma electrónica.

En caso de que el escrito de expresión de agravios se presente en forma impresa, el recurrente deberá exhibir una copia del mismo para el expediente y una para cada una de las partes. Esta exigencia no será necesaria en los casos que el recurso se presente en forma electrónica.

Cuando no se haga la transcripción a que se refiere el párrafo primero o no se exhiban las copias a que se refiere el párrafo anterior, se requerirá al recurrente para que en el plazo de tres días lo haga; si no lo hiciere se tendrá por no interpuesto el recurso, salvo que se afecte al recurrente por actos restrictivos de la libertad, se trate de menores o de incapaces, o se afecten derechos agrarios de núcleos de población ejidal o comunal o de ejidatarios o comuneros en lo individual, o quienes por sus condiciones de pobreza o marginación se encuentren en clara desventaja social para emprender un juicio, en los que el órgano jurisdiccional expedirá las copias correspondientes.

Artículo 89. Interpuesta la revisión y recibidas en tiempo las copias del escrito de agravios, el órgano jurisdiccional por conducto del cual se hubiere presentado los distribuirá entre las partes y dentro del término de tres días, contados a partir del día siguiente al que se integre debidamente el expediente, remitirá el original del escrito de agravios y el cuaderno principal a la Suprema Corte de Justicia de la Nación o al tribunal colegiado de circuito, según corresponda. Para el caso de que el recurso se hubiere presentado de manera electrónica, se podrá acceder al expediente de esa misma forma.

Artículo 90. Tratándose de resoluciones relativas a la suspensión definitiva, el expediente original del incidente de suspensión deberá remitirse dentro del plazo de tres días, contados a partir del día siguiente al en que se integre debidamente el expediente, quedando su duplicado ante el órgano jurisdiccional en contra de cuya resolución se interpuso el recurso. Tratándose del interpuesto por la vía electrónica, se enviará el expediente electrónico.

Artículo 91. El presidente del órgano jurisdiccional, según corresponda, dentro de los tres siguientes días a su recepción calificará la procedencia del recurso y lo admitirá o desechará.

Artículo 92. Notificadas las partes del auto de admisión, transcurrido el plazo para adherirse a la revisión y, en su caso, tramitada ésta, se turnará de inmediato el expediente al ministro o magistrado que corresponda. La resolución deberá dictarse dentro del plazo máximo de noventa días.

Artículo 93. Al conocer de los asuntos en revisión, el órgano jurisdiccional observará las reglas siguientes:

I. Si quien recurre es el quejoso, examinará, en primer término, los agravios hechos valer en contra del sobreseimiento decretado en la resolución recurrida.

Si los agravios son fundados, examinará las causales de sobreseimiento invocadas y no estudiadas por el órgano jurisdiccional de amparo de primera instancia, o surgidas con posterioridad a la resolución impugnada;

II. Si quien recurre es la autoridad responsable o el tercero interesado, examinará, en primer término, los agravios en contra de la omisión o negativa a decretar el sobreseimiento; si son fundados se revocará la resolución recurrida;

III. Para los efectos de las fracciones I y II, podrá examinar de oficio y, en su caso, decretar la actualización de las causales de improcedencia desestimadas por el juzgador de origen, siempre que los motivos sean diversos a los considerados por el órgano de primera instancia;

IV. Si encontrare que por acción u omisión se violaron las reglas fundamentales que norman el procedimiento del juicio de amparo, siempre que tales violaciones hayan trascendido al resultado del fallo, revocará la resolución recurrida y mandará reponer el procedimiento;

V. Si quien recurre es el quejoso, examinará los demás agravios; si estima que son fundados, revocará la sentencia recurrida y dictará la que corresponda;

VI. Si quien recurre es la autoridad responsable o el tercero interesado, examinará los agravios de fondo, si estima que son fundados, analizará los conceptos de violación no estudiados y concederá o negará el amparo; y

VII. Sólo tomará en consideración las pruebas que se hubiesen rendido ante la autoridad responsable o el órgano jurisdiccional de amparo, salvo aquéllas que tiendan a desestimar el sobreseimiento fuera de la audiencia constitucional.

Artículo 94. En la revisión adhesiva el estudio de los agravios podrá hacerse en forma conjunta o separada, atendiendo a la prelación lógica que establece el artículo anterior.

Artículo 95. Cuando en la revisión concurran materias que sean de la competencia de la Suprema Corte de Justicia de la Nación y de un tribunal colegiado de circuito, se estará a lo establecido en los acuerdos generales del Pleno de la propia Corte.

Artículo 96. Cuando se trate de revisión de sentencias pronunciadas en materia de amparo directo por tribunales colegiados de circuito, la Suprema Corte de Justicia de la Nación resolverá únicamente sobre la constitucionalidad de la norma general impugnada, o sobre la interpretación directa de un precepto de la Constitución Política de los Estados Unidos Mexicanos o de los derechos humanos establecidos en los tratados internacionales de los que el Estado Mexicano sea parte.

Sección Segunda
Recurso de Queja

Artículo 97. El recurso de queja procede:

I. En amparo indirecto, contra las siguientes resoluciones:

a) Las que admitan total o parcialmente, desechen o tengan por no presentada una demanda de amparo o su ampliación;

b) Las que concedan o nieguen la suspensión de plano o la provisional;

c) Las que rehúsen la admisión de fianzas o contrafianzas, admitan las que no reúnan los requisitos legales o que puedan resultar excesivas o insuficientes;

d) Las que reconozcan o nieguen el carácter de tercero interesado;

e) Las que se dicten durante la tramitación del juicio, o del incidente de suspensión, que no admitan expresamente el recurso de revisión y que por su naturaleza trascendental y grave puedan causar perjuicio a alguna de las partes, no reparable en la sentencia definitiva; así como las que con las mismas características se emitan después de dictada la sentencia en la audiencia constitucional;

f) Las que decidan el incidente de reclamación de daños y perjuicios;

g) Las que resuelvan el incidente por exceso o defecto en la ejecución del acuerdo en que se haya concedido al quejoso la suspensión provisional o definitiva del acto reclamado; y

h) Las que se dicten en el incidente de cumplimiento sustituto de las sentencias de amparo;

II. Amparo directo, tratándose de la autoridad responsable, en los siguientes casos:

a) Cuando omita tramitar la demanda de amparo o lo haga indebidamente;

b) Cuando no provea sobre la suspensión dentro del plazo legal, conceda o niegue ésta, rehúse la admisión de fianzas o contrafianzas, admita las que no reúnan los requisitos legales o que puedan resultar excesivas o insuficientes;

c) Contra la resolución que decida el incidente de reclamación de daños y perjuicios; y

d) Cuando niegue al quejoso su libertad caucional o cuando las resoluciones que dicte sobre la misma materia causen daños o perjuicios a alguno de los interesados.

Artículo 98. El plazo para la interposición del recurso de queja es de cinco días, con las excepciones siguientes:

I. De dos días hábiles, cuando se trate de suspensión de plano o provisional; y

II. En cualquier tiempo, cuando se omita tramitar la demanda de amparo.

Artículo 99. El recurso de queja deberá presentarse por escrito ante el órgano jurisdiccional que conozca del juicio de amparo.

En el caso de que se trate de actos de la autoridad responsable, el recurso deberá plantearse ante el órgano jurisdiccional de amparo que deba conocer o haya conocido del juicio.

Artículo 100. En el escrito de queja se expresarán los agravios que cause la resolución recurrida.

En caso de que el escrito de expresión de agravios se presente en forma impresa, el recurrente deberá exhibir una copia del mismo para el expediente y una para cada una de las partes, señalando las constancias que en copia certificada deberán remitirse al órgano jurisdiccional que deba resolver el recurso. Esta exigencia no será necesaria en los casos que el recurso se presente en forma electrónica.

Cuando no se exhiban las copias a que se refiere el párrafo anterior se requerirá al recurrente para que en el plazo de tres días lo haga; si no lo hiciere, se tendrá por no interpuesto el recurso, salvo que se trate de actos restrictivos de la libertad o que afecten intereses de menores o incapaces o de trabajadores o derechos agrarios de núcleos de población ejidal o comunal o de ejidatarios o comuneros en lo individual, o quienes por sus condiciones de pobreza o marginación se encuentren en clara desventaja social para emprender un juicio, en los que el órgano jurisdiccional expedirá las copias correspondientes.

Artículo 101. El órgano jurisdiccional notificará a las demás partes la interposición del recurso para que en el plazo de tres días señalen constancias que en copia certificada deberán remitirse al que deba resolver. Transcurrido el plazo, enviará el escrito del recurso, copia de la resolución recurrida, el informe sobre la materia de la queja, las constancias solicitadas y las demás que estime pertinentes. Para el caso de que el recurso se hubiere interpuesto por la vía electrónica, se enviará el expediente electrónico.

En los supuestos del artículo 97, fracción I, inciso b) de esta Ley, el órgano jurisdiccional notificará a las partes y de inmediato remitirá al que corresponda, copia de la resolución, el informe materia de la queja, las constancias solicitadas y las que estime pertinentes.

Cuando se trate de actos de la autoridad responsable, el órgano jurisdiccional requerirá a dicha autoridad, el informe materia de la queja, en su caso la resolución impugnada, las constancias solicitadas y las que estime pertinentes.

La falta o deficiencia de los informes establece la presunción de ser ciertos los hechos respectivos.

Recibidas las constancias, se dictará resolución dentro de los cuarenta días siguientes, o dentro de las cuarenta y ocho horas en los casos del artículo 97, fracción I, inciso b) de esta Ley.

Artículo 102. En los casos de resoluciones dictadas durante la tramitación del amparo indirecto que por su naturaleza trascendental y grave puedan causar un perjuicio no reparable a alguna de las partes, con la interposición de la queja el juez de distrito o tribunal unitario de circuito está facultado para suspender el procedimiento, hecha excepción del incidente de suspensión, siempre que a su juicio estime que la resolución que se dicte en ella pueda influir en la sentencia, o cuando de resolverse en lo principal, se hagan nugatorios los derechos que pudiera hacer valer el recurrente en el acto de la audiencia.

Artículo 103. En caso de resultar fundado el recurso se dictará la resolución que corresponda sin necesidad de reenvío, salvo que la resolución implique la reposición del procedimiento. En este caso, quedará sin efecto la resolución recurrida y se ordenará al que la hubiere emitido dictar otra, debiendo precisar los efectos concretos a que deba sujetarse su cumplimiento.

Sección Tercera

Recurso de Reclamación

Artículo 104. El recurso de reclamación es procedente contra los acuerdos de trámite dictados por el presidente de la Suprema Corte de Justicia de la Nación o por los presidentes de sus salas o de los tribunales colegiados de circuito.

Dicho recurso se podrá interponer por cualquiera de las partes, por escrito, en el que se expresan agravios, dentro del término de tres días siguientes al en que surta sus efectos la notificación de la resolución impugnada.

Artículo 105. El órgano jurisdiccional que deba conocer del asunto resolverá en un plazo máximo de diez días; el ponente será un ministro o magistrado distinto de su presidente.

Artículo 106. La reclamación fundada deja sin efectos el acuerdo recurrido y obliga al presidente que lo hubiere emitido a dictar el que corresponda.

TÍTULO SEGUNDO
DE LOS PROCEDIMIENTOS DE AMPARO

CAPÍTULO I
EL AMPARO INDIRECTO

Sección Primera
Procedencia y Demanda

Artículo 107. El amparo indirecto procede:

I. Contra normas generales que por su sola entrada en vigor o con motivo del primer acto de su aplicación causen perjuicio al quejoso.

Para los efectos de esta Ley, se entiende por normas generales, entre otras, las siguientes:

a) Los tratados internacionales aprobados en los términos previstos en el artículo 133 de la Constitución Política de los Estados Unidos Mexicanos; salvo aquellas disposiciones en que tales tratados reconozcan derechos humanos;

b) Las leyes federales;

c) Las constituciones de los Estados y el Estatuto de Gobierno del Distrito Federal;

d) Las leyes de los Estados y del Distrito Federal;

e) Los reglamentos federales;

f) Los reglamentos locales; y

g) Los decretos, acuerdos y todo tipo de resoluciones de observancia general;

II. Contra actos u omisiones que provengan de autoridades distintas de los tribunales judiciales, administrativos o del trabajo;

III. Contra actos, omisiones o resoluciones provenientes de un procedimiento administrativo seguido en forma de juicio, siempre que se trate de:

a) La resolución definitiva por violaciones cometidas en la misma resolución o durante el procedimiento si por virtud de estas últimas hubiere quedado sin defensa el quejoso, trascendiendo al resultado de la resolución; y

b) Actos en el procedimiento que sean de imposible reparación, entendiéndose por ellos los que afecten materialmente derechos sustantivos tutelados en la Constitución Política de los Estados Unidos Mexicanos y en los tratados internacionales de los que el Estado Mexicano sea parte;

IV. Contra actos de tribunales judiciales, administrativos, agrarios o del trabajo realizados fuera de juicio o después de concluido.

Si se trata de actos de ejecución de sentencia sólo podrá promoverse el amparo contra la última resolución dictada en el procedimiento respectivo, entendida como aquélla que aprueba o reconoce el cumplimiento total de lo sentenciado o declara la imposibilidad material o jurídica para darle cumplimiento, o las que ordenan el archivo definitivo del expediente, pudiendo reclamarse en la misma demanda las violaciones cometidas durante ese procedimiento que hubieren dejado sin defensa al quejoso y trascendido al resultado de la resolución.

En los procedimientos de remate la última resolución es aquélla que en forma definitiva ordena el otorgamiento de la escritura de adjudicación y la entrega de los bienes rematados, en cuyo caso se harán valer las violaciones cometidas durante ese procedimiento en los términos del párrafo anterior;

V. Contra actos en juicio cuyos efectos sean de imposible reparación, entendiéndose por ellos los que afecten materialmente derechos sustantivos tutelados en la Constitución Política de los Estados Unidos Mexicanos y en los tratados internacionales de los que el Estado Mexicano sea parte;

VI. Contra actos dentro o fuera de juicio que afecten a personas extrañas;

VII. Contra las omisiones del Ministerio Público en la investigación de los delitos, así como las resoluciones de reserva, no ejercicio, desistimiento de la acción penal, o por suspensión de procedimiento cuando no esté satisfecha la reparación del daño; y

VIII. Contra actos de autoridad que determinen inhibir o declinar la competencia o el conocimiento de un asunto.

Artículo 108. La demanda de amparo indirecto deberá formularse por escrito o por medios electrónicos en los casos que la ley lo autorice, en la que se expresará:

I. El nombre y domicilio del quejoso y del que promueve en su nombre, quien deberá acreditar su representación;

II. El nombre y domicilio del tercero interesado, y si no los conoce, manifestarlo así bajo protesta de decir verdad;

III. La autoridad o autoridades responsables. En caso de que se impugnen normas generales, el quejoso deberá señalar a los titulares de los órganos de Estado a los que la ley encomiende su promulgación. En el caso de las autoridades que hubieren intervenido en el refrendo del decreto promulgatorio de la ley o en su publicación, el quejoso deberá señalarlas con el carácter de autoridades responsables, únicamente cuando impugne sus actos por vicios propios;

IV. La norma general, acto u omisión que de cada autoridad se reclame;

V. Bajo protesta de decir verdad, los hechos o abstenciones que constituyan los antecedentes del acto reclamado o que sirvan de fundamento a los conceptos de violación;

VI. Los preceptos que, conforme al artículo 1o de esta Ley, contengan los derechos humanos y las garantías cuya violación se reclame;

VII. Si el amparo se promueve con fundamento en la fracción II del artículo 1o de esta Ley, deberá precisarse la facultad reservada a los estados u otorgada al Distrito Federal que haya sido invadida por la autoridad federal; si el amparo se promueve con apoyo en la fracción III de dicho artículo, se señalará el precepto de la Constitución General de la República que contenga la facultad de la autoridad federal que haya sido vulnerada o restringida; y

VIII. Los conceptos de violación.

Artículo 109. Cuando se promueva el amparo en los términos del artículo 15 de esta Ley, bastará para que se dé trámite a la demanda, que se exprese:

I. El acto reclamado;

II. La autoridad que lo hubiere ordenado, si fuere posible;

III. La autoridad que ejecute o trate de ejecutar el acto; y

IV. En su caso, el lugar en que se encuentre el quejoso.

En estos supuestos, la demanda podrá formularse por escrito, por comparecencia o por medios electrónicos. En este último caso no se requerirá de firma electrónica.

Artículo 110. Con la demanda se exhibirán copias para cada una de las partes y dos para el incidente de suspensión, siempre que se pidiere y no tuviere que concederse de oficio. Esta exigencia no será necesaria en los casos que la demanda se presente en forma electrónica.

El órgano jurisdiccional de amparo, de oficio, mandará expedir las copias cuando el amparo se promueva por comparecencia, por vía telegráfica o por medios electrónicos, lo mismo que en asuntos del orden penal, laboral tratándose de los trabajadores, cuando se puedan afectar intereses de menores o incapaces, así como los derechos agrarios de los núcleos de población comunal o ejidal o de los ejidatarios o comuneros, así como cuando se trate de quienes por sus condiciones de pobreza o marginación se encuentren en clara desventaja social para emprender un juicio.

Artículo 111. Podrá ampliarse la demanda cuando:

I. No hayan transcurrido los plazos para su presentación;

II. Con independencia de lo previsto en la fracción anterior, el quejoso tenga conocimiento de actos de autoridad que guarden estrecha relación con los actos reclamados en la demanda inicial. En este caso, la ampliación deberá presentarse dentro de los plazos previstos en el artículo 17 de esta Ley.

En el caso de la fracción II, la demanda podrá ampliarse dentro de los plazos referidos en este artículo, siempre que no se haya celebrado la audiencia constitucional o bien presentar una nueva demanda.

Sección Segunda

Substanciación

Artículo 112. Dentro del plazo de veinticuatro horas contado desde que la demanda fue presentada, o en su caso turnada, el órgano jurisdiccional deberá resolver si desecha, previene o admite.

En el supuesto de los artículos 15 y 20 de esta Ley deberá proveerse de inmediato.

Artículo 113. El órgano jurisdiccional que conozca del juicio de amparo indirecto examinará el escrito de demanda y si existiera causa manifiesta e indudable de improcedencia la desechará de plano.

Artículo 114. El órgano jurisdiccional mandará requerir al promovente que aclare la demanda, señalando con precisión en el auto relativo las deficiencias, irregularidades u omisiones que deban corregirse, cuando:

I. Hubiere alguna irregularidad en el escrito de demanda;

II. Se hubiere omitido alguno de los requisitos que establece el artículo 108 de esta Ley;

III. No se hubiere acompañado, en su caso, el documento que acredite la personalidad o éste resulte insuficiente;

IV. No se hubiere expresado con precisión el acto reclamado; y

V. No se hubieren exhibido las copias necesarias de la demanda.

Si no se subsanan las deficiencias, irregularidades u omisiones de la demanda dentro del plazo de cinco días, se tendrá por no presentada.

En caso de falta de copias, se estará a lo dispuesto por el artículo 110 de esta Ley. La falta de exhibición de las copias para el incidente de suspensión, sólo dará lugar a la postergación de su apertura.

Artículo 115. De no existir prevención, o cumplida ésta, el órgano jurisdiccional admitirá la demanda; señalará día y hora para la audiencia constitucional, que se celebrará dentro de los treinta días siguientes; pedirá informe con justificación a las autoridades responsables, apercibiéndolas de las consecuencias que implica su falta en términos del artículo 117 de esta Ley; ordenará correr traslado al tercero interesado; y, en su caso, tramitará el incidente de suspensión.

Cuando a criterio del órgano jurisdiccional exista causa fundada y suficiente, la audiencia constitucional podrá celebrarse en un plazo que no podrá exceder de otros treinta días.

Artículo 116. Al pedirse el informe con justificación a la autoridad responsable, se le remitirá copia de la demanda, si no se hubiese enviado al requerir el informe previo.

Al tercero interesado se le entregará copia de la demanda al notificársele del juicio. Si reside fuera de la jurisdicción del órgano que conoce del amparo se le notificará por medio de exhorto o despacho que podrán ser enviados y recibidos haciendo uso de la Firma Electrónica o, en caso de residir en zona conurbada, podrá hacerse por conducto del actuario.

Artículo 117. La autoridad responsable deberá rendir su informe con justificación por escrito o en medios magnéticos dentro del plazo de quince días, con el cual se dará vista a las partes. El órgano jurisdiccional, atendiendo a las circunstancias del caso, podrá ampliar el plazo por otros diez días.

Entre la fecha de notificación al quejoso del informe justificado y la de celebración de la audiencia constitucional, deberá mediar un plazo de por lo menos ocho días; de lo contrario, se acordará diferir o suspender la audiencia, según proceda, a solicitud del quejoso o del tercero interesado.

Los informes rendidos fuera de los plazos establecidos en el párrafo primero podrán ser tomados en cuenta si el quejoso estuvo en posibilidad de conocerlos. Si no se rindió informe justificado, se presumirá cierto el acto reclamado, salvo prueba en contrario, quedando a cargo del quejoso acreditar su inconstitucionalidad cuando dicho acto no sea en sí mismo violatorio de los derechos humanos y garantías a que se refiere el artículo 1o de esta Ley.

En el informe se expondrán las razones y fundamentos que se estimen pertinentes para sostener la improcedencia del juicio y la constitucionalidad o legalidad del acto reclamado y se acompañará, en su caso, copia certificada de las constancias necesarias para apoyarlo.

En amparos en materia agraria, además, se expresarán nombre y domicilio del tercero interesado, los preceptos legales que justifiquen los actos que en realidad hayan ejecutado o pretendan ejecutar y si las responsables son autoridades agrarias, la fecha en que se hayan dictado las resoluciones que amparen los derechos agrarios del quejoso y del tercero, en su caso, y la forma y términos en que las mismas hayan sido ejecutadas, así como los actos por virtud de los cuales aquéllos hayan adquirido sus derechos, de todo lo cual también acompañarán al informe copias certificadas, así como de las actas de posesión, planos de ejecución, censos agrarios, certificados de derechos agrarios, títulos de parcela y demás constancias necesarias para precisar los derechos de las partes.

No procederá que la autoridad responsable al rendir el informe pretenda variar o mejorar la fundamentación y motivación del acto reclamado, ni que ofrezca pruebas distintas de las consideradas al pronunciarlo, salvo las relacionadas con las nuevas pretensiones deducidas por el quejoso.

Tratándose de actos materialmente administrativos, cuando en la demanda se aduzca la falta o insuficiencia de fundamentación y motivación, en su informe justificado la autoridad deberá complementar en esos aspectos el acto reclamado. En esos casos, deberá correrse traslado con el informe al quejoso, para que en el plazo de quince días realice la ampliación de la demanda, la que se limitará a cuestiones derivadas de la referida complementación. Con la ampliación se dará vista a las responsables así como al tercero interesado y, en su caso, se emplazará a las diversas autoridades que en ampliación se señalen. Para tales efectos deberá diferirse la audiencia constitucional.

Artículo 118. En los casos en que el quejoso impugne la aplicación por parte de la autoridad responsable de normas generales consideradas inconstitucionales por la jurisprudencia decretada por la Suprema Corte de Justicia de la Nación o por los Plenos de Circuito, el informe con justificación se reducirá a tres días improrrogables, y la celebración de la audiencia se señalará dentro de diez días contados desde el siguiente al de la admisión de la demanda.

Artículo 119. Serán admisibles toda clase de pruebas, excepto la confesional por posiciones. Las pruebas deberán ofrecerse y rendirse en la audiencia constitucional, salvo que esta Ley disponga otra cosa.

La documental podrá presentarse con anterioridad, sin perjuicio de que el órgano jurisdiccional haga relación de ella en la audiencia y la tenga como recibida en ese acto, aunque no exista gestión expresa del interesado.

Las pruebas testimonial, pericial, inspección judicial o cualquier otra que amerite desahogo posterior, deberán ofrecerse a más tardar, cinco días hábiles antes de la audiencia constitucional, sin contar el del ofrecimiento ni el señalado para la propia audiencia.

Este plazo no podrá ampliarse con motivo del diferimiento de la audiencia constitucional, salvo que se trate de probar o desvirtuar hechos que no hayan podido ser conocidos por las partes con la oportunidad legal suficiente para ofrecerlas en el plazo referido, por causas no imputables a su descuido o negligencia dentro del procedimiento. En estos casos, el plazo para el ofrecimiento de tales pruebas será el señalado para la audiencia constitucional, tomando como indicador la nueva fecha señalada para la audiencia.

Para el ofrecimiento de las pruebas testimonial, pericial o inspección judicial, se deberán exhibir original y copias para cada una de las partes de los interrogatorios al tenor de los cuales deberán ser examinados los testigos, proporcionando el nombre y en su caso el domicilio cuando no los pueda presentar; el cuestionario para los peritos o de los puntos sobre los que deba versar la inspección. No se admitirán más de tres testigos por cada hecho.

Cuando falten total o parcialmente las copias a que se refiere el párrafo anterior, se requerirá al oferente para que las presente dentro del plazo de tres días; si no las exhibiere, se tendrá por no ofrecida la prueba.

El órgano jurisdiccional ordenará que se entregue una copia a cada una de las partes para que puedan ampliar por escrito, en un plazo de tres días, el cuestionario, el interrogatorio o los puntos sobre los que deba versar la inspección, para que puedan formular repreguntas al verificarse la audiencia.

Artículo 120. Al admitirse la prueba pericial, se hará la designación de un perito o de los que estime convenientes para la práctica de la diligencia, sin perjuicio de que cada parte pueda designar a uno para que se asocie al nombrado por el órgano jurisdiccional o rinda dictamen por separado, designación que deberá hacer dentro de los tres días siguientes a aquél en que surta sus efectos la notificación del auto admisorio de la prueba.

Los peritos no son recusables, pero el nombrado por el órgano jurisdiccional de amparo deberá excusarse de dictaminar cuando exista alguna de las causas de impedimento a que se refiere el artículo 51 de esta Ley. Al aceptar su nombramiento manifestará bajo protesta de decir verdad que no se encuentra en la hipótesis de esos impedimentos.

Artículo 121. A fin de que las partes puedan rendir sus pruebas, los servidores públicos tienen la obligación de expedir con toda oportunidad, las copias o documentos que aquellos les hubieren solicitado. Si no lo hacen, la parte interesada una vez que acredite haber hecho la petición, solicitará al órgano jurisdiccional que requiera a los omisos y difiera la audiencia, lo que se acordará siempre que la solicitud se hubiere hecho cinco días hábiles antes del señalado para su celebración, sin contar el de la solicitud ni el señalado para la propia audiencia. El órgano jurisdiccional hará el requerimiento de que se le envíen directamente los documentos o copias dentro de un plazo que no exceda de diez días

Si a pesar del requerimiento no se le envían oportunamente los documentos o copias, el órgano jurisdiccional, a petición de parte, podrá diferir la audiencia hasta en tanto se envíen; hará uso de los medios de apremio y agotados éstos, si persiste el incumplimiento denunciará los hechos al Ministerio Público de la Federación.

Si se trata de actuaciones concluidas, podrán pedirse originales a instancia de cualquiera de las partes.

Artículo 122. Si al presentarse un documento por una de las partes otra de ellas lo objetare de falso en la audiencia constitucional, el órgano jurisdiccional la suspenderá para continuarla dentro de los diez días siguientes; en la reanudación de la audiencia se presentarán las pruebas relativas a la autenticidad del documento. En este caso, si se trata de las pruebas testimonial, pericial o de inspección judicial se estará a lo dispuesto por el artículo 119 de esta Ley, con excepción del plazo de ofrecimiento que será de tres días contados a partir del siguiente al de la fecha de suspensión de la audiencia.

Artículo 123. Las pruebas se desahogarán en la audiencia constitucional, salvo aquéllas que a juicio del órgano jurisdiccional puedan recibirse con anterioridad o las que deban desahogarse fuera de la residencia del órgano jurisdiccional que conoce del amparo, vía exhorto, despacho, requisitoria o en cualquier otra forma legal, que podrán ser enviados y recibidos haciendo uso de la Firma Electrónica.

Artículo 124. Las audiencias serán públicas. Abierta la audiencia, se procederá a la relación de constancias y pruebas desahogadas, y se recibirán, por su orden, las que falten por desahogarse y los alegatos por escrito que formulen las partes; acto continuo se dictará el fallo que corresponda.

El quejoso podrá alegar verbalmente cuando se trate de actos que importen peligro de privación de la vida, ataques a la libertad personal fuera de procedimiento, incomunicación, deportación o expulsión, proscripción o destierro, extradición, desaparición forzada de personas o alguno de los prohibidos por el artículo 22 de la Constitución Política de los Estados Unidos Mexicanos, así como la incorporación forzosa al Ejército, Armada o Fuerza Aérea nacionales, asentándose en autos extracto de sus alegaciones, si lo solicitare.

En los asuntos del orden administrativo, en la sentencia se analizará el acto reclamado considerando la fundamentación y motivación que para complementarlo haya expresado la autoridad responsable en el informe justificado. Ante la falta o insuficiencia de aquéllas, en la sentencia concesoria se estimará que el referido acto presenta un vicio de fondo que impide a la autoridad su reiteración.

Sección Tercera
Suspensión del Acto Reclamado

PRIMERA PARTE
Reglas Generales

Artículo 125. La suspensión del acto reclamado se decretará de oficio o a petición del quejoso.

Artículo 126. La suspensión se concederá de oficio y de plano cuando se trate de actos que importen peligro de privación de la vida, ataques a la libertad personal fuera de procedimiento, incomunicación, deportación o expulsión, proscripción o destierro, extradición, desaparición forzada de personas o alguno de los prohibidos por el artículo 22 de la Constitución Política de los Estados Unidos Mexicanos, así como la incorporación forzosa al Ejército, Armada o Fuerza Aérea nacionales.

En este caso, la suspensión se decretará en el auto de admisión de la demanda, comunicándose sin demora a la autoridad responsable, por cualquier medio que permita lograr su inmediato cumplimiento.

La suspensión también se concederá de oficio y de plano cuando se trate de actos que tengan o puedan tener por efecto privar total o parcialmente, en forma temporal o definitiva, de la propiedad, posesión o disfrute de sus derechos agrarios a los núcleos de población ejidal o comunal.

Artículo 127. El incidente de suspensión se abrirá de oficio y se sujetará en lo conducente al trámite previsto para la suspensión a instancia de parte, en los siguientes casos:

I. Extradición; y

II. Siempre que se trate de algún acto que, si llegare a consumarse, haría físicamente imposible restituir al quejoso en el goce del derecho reclamado.

Artículo 128. Con excepción de los casos en que proceda de oficio, la suspensión se decretará, en todas las materias, siempre que concurran los requisitos siguientes:

I. Que la solicite el quejoso; y

II. Que no se siga perjuicio al interés social ni se contravengan disposiciones de orden público.

La suspensión se tramitará en incidente por separado y por duplicado.

Artículo 129. Se considerará, entre otros casos, que se siguen perjuicios al interés social o se contravienen disposiciones de orden público, cuando, de concederse la suspensión:

I. Continúe el funcionamiento de centros de vicio o de lenocinio, así como de establecimientos de juegos con apuestas o sorteos;

II. Continúe la producción o el comercio de narcóticos;

III. Se permita la consumación o continuación de delitos o de sus efectos;

IV. Se permita el alza de precios en relación con artículos de primera necesidad o de consumo necesario;

V. Se impida la ejecución de medidas para combatir epidemias de carácter grave o el peligro de invasión de enfermedades exóticas en el país;

VI. Se impida la ejecución de campañas contra el alcoholismo y la drogadicción;

VII. Se permita el incumplimiento de las órdenes militares que tengan como finalidad la defensa de la integridad territorial, la independencia de la República, la soberanía y seguridad nacional y el auxilio a la población civil, siempre que el cumplimiento y ejecución de aquellas órdenes estén dirigidas a quienes pertenecen al régimen castrense;

VIII. Se afecten intereses de menores o incapaces o se les pueda causar trastorno emocional o psíquico;

IX. Se impida el pago de alimentos;

X. Se permita el ingreso en el país de mercancías cuya introducción esté prohibida en términos de ley o bien se encuentre en alguno de lo supuestos previstos en el artículo 131, párrafo segundo de la Constitución Política de los Estados Unidos Mexicanos; se incumplan con las normas relativas a regulaciones y restricciones no arancelarias a la exportación o importación, salvo el caso de las cuotas compensatorias, las cuales se apegarán a lo regulado en el artículo 135 de esta Ley; se incumplan con las Normas Oficiales Mexicanas; se afecte la producción nacional;

XI. Se impidan o interrumpan los procedimientos relativos a la intervención, revocación, liquidación o quiebra de entidades financieras, y demás actos que sean impostergables, siempre en protección del público ahorrador para salvaguardar el sistema de pagos o su estabilidad;

XII. Se impida la continuación del procedimiento de extinción de dominio previsto en el párrafo segundo del artículo 22 de la Constitución Política de los Estados Unidos Mexicanos. En caso de que el quejoso sea un tercero ajeno al procedimiento, procederá la suspensión;

XIII. Se impida u obstaculice al Estado la utilización, aprovechamiento o explotación de los bienes de dominio directo referidos en el artículo 27 de la Constitución Política de los Estados Unidos Mexicanos.

El órgano jurisdiccional de amparo excepcionalmente podrá conceder la suspensión, aún cuando se trate de los casos previstos en este artículo, si a su juicio con la negativa de la medida suspensional pueda causarse mayor afectación al interés social.

Artículo 130. La suspensión se podrá pedir en cualquier tiempo mientras no se dicte sentencia ejecutoria.

Artículo 131. Cuando el quejoso que solicita la suspensión aduzca un interés legítimo, el órgano jurisdiccional la concederá cuando el quejoso acredite el daño inminente e irreparable a su pretensión en caso de que se niegue, y el interés social que justifique su otorgamiento.

En ningún caso, el otorgamiento de la medida cautelar podrá tener por efecto modificar o restringir derechos ni constituir aquéllos que no haya tenido el quejoso antes de la presentación de la demanda.

Artículo 132. En los casos en que sea procedente la suspensión pero pueda ocasionar daño o perjuicio a tercero y la misma se conceda, el quejoso deberá otorgar garantía bastante para reparar el daño e indemnizar los perjuicios que con aquélla se causaren si no obtuviere sentencia favorable en el juicio de amparo.

Cuando con la suspensión puedan afectarse derechos del tercero interesado que no sean estimables en dinero, el órgano jurisdiccional fijará discrecionalmente el importe de la garantía.

La suspensión concedida a los núcleos de población no requerirá de garantía para que surta sus efectos.

Artículo 133. La suspensión, en su caso, quedará sin efecto si el tercero otorga contragarantía para restituir las cosas al estado que guardaban antes de la violación reclamada y pagar los daños y perjuicios que sobrevengan al quejoso, en el caso de que se le conceda el amparo.

No se admitirá la contragarantía cuando de ejecutarse el acto reclamado quede sin materia el juicio de amparo o cuando resulte en extremo difícil restituir las cosas al estado que guardaban antes de la violación.

Cuando puedan afectarse derechos que no sean estimables en dinero, el órgano jurisdiccional fijará discrecionalmente el importe de la contragarantía.

Artículo 134. La contragarantía que ofrezca el tercero conforme al artículo anterior deberá también cubrir el costo de la garantía que hubiese otorgado el quejoso, que comprenderá:

I. Los gastos o primas pagados, conforme a la ley, a la empresa legalmente autorizada que haya otorgado la garantía;

II. Los gastos legales de la escritura respectiva y su registro, así como los de la cancelación y su registro, cuando el quejoso hubiere otorgado garantía hipotecaria; y

III. Los gastos legales acreditados para constituir el depósito.

Artículo 135. Cuando el amparo se solicite en contra de actos relativos a determinación, liquidación, ejecución o cobro de contribuciones o créditos de naturaleza fiscal, podrá concederse discrecionalmente la suspensión del acto reclamado, la que surtirá efectos si se ha constituido o se constituye la garantía del interés fiscal ante la autoridad exactora por cualquiera de los medios permitidos por las leyes fiscales aplicables.

El órgano jurisdiccional está facultado para reducir el monto de la garantía o dispensar su otorgamiento, en los siguientes casos:

I. Si realizado el embargo por las autoridades fiscales, éste haya quedado firme y los bienes del contribuyente embargados fueran suficientes para asegurar la garantía del interés fiscal;

II. Si el monto de los créditos excediere la capacidad económica del quejoso; y

III. Si se tratase de tercero distinto al sujeto obligado de manera directa o solidaria al pago del crédito.

En los casos en que se niegue el amparo, cuando exista sobreseimiento del mismo o bien cuando por alguna circunstancia se deje sin efectos la suspensión en el amparo, la autoridad responsable hará efectiva la garantía.

Artículo 136. La suspensión, cualquiera que sea su naturaleza, surtirá sus efectos desde el momento en que se pronuncie el acuerdo relativo, aún cuando sea recurrido.

Los efectos de la suspensión dejarán de surtirse, en su caso, si dentro del plazo de cinco días siguientes al en que surta efectos la notificación del acuerdo de suspensión, el quejoso no otorga la garantía fijada y así lo determina el órgano jurisdiccional. Al vencimiento del plazo, dicho órgano, de oficio o a instancia de parte, lo notificará a las autoridades responsables, las que podrán ejecutar el acto reclamado. No obstante lo anterior, mientras no se ejecute, el quejoso podrá exhibir la garantía, con lo cual, de inmediato, vuelve a surtir efectos la medida suspensional.

Artículo 137. La Federación, los Estados, el Distrito Federal y los municipios estarán exentos de otorgar las garantías que esta Ley exige.

Artículo 138. Promovida la suspensión del acto reclamado el órgano jurisdiccional deberá realizar un análisis ponderado de la apariencia del buen derecho y la no afectación del interés social y, en su caso, acordará lo siguiente:

I. Concederá o negará la suspensión provisional; en el primer caso, fijará los requisitos y efectos de la medida; en el segundo caso, la autoridad responsable podrá ejecutar el acto reclamado;

II. Señalará fecha y hora para la celebración de la audiencia incidental que deberá efectuarse dentro del plazo de cinco días; y

III. Solicitará informe previo a las autoridades responsables, que deberán rendirlo dentro del plazo de cuarenta y ocho horas, para lo cual en la notificación correspondiente se les acompañará copia de la demanda y anexos que estime pertinentes.

Artículo 139. En los casos en que proceda la suspensión conforme a los artículos 128 y 131 de esta Ley, si hubiere peligro inminente de que se ejecute el acto reclamado con perjuicios de difícil reparación para el quejoso, el órgano jurisdiccional, con la presentación de la demanda, deberá ordenar que las cosas se mantengan en el estado que guarden hasta que se notifique a la autoridad responsable la resolución que se dicte sobre la suspensión definitiva, tomando las medidas que estime convenientes para que no se defrauden derechos de tercero y se eviten perjuicios a los interesados, hasta donde sea posible, ni quede sin materia el juicio de amparo.

Cuando en autos surjan elementos que modifiquen la valoración que se realizó respecto de la afectación que la medida cautelar puede provocar al interés social y el orden público, el juzgador, con vista al quejoso por veinticuatro horas, podrá modificar o revocar la suspensión provisional.

Artículo 140. En el informe previo la autoridad responsable se concretará a expresar si son o no ciertos los actos reclamados que se le atribuyan, podrá expresar las razones que estime pertinentes sobre la procedencia o improcedencia de la suspensión y deberá proporcionar los datos que tenga a su alcance que permitan al órgano jurisdiccional establecer el monto de las garantías correspondientes. Las partes podrán objetar su contenido en la audiencia.

En casos urgentes se podrá ordenar que se rinda el informe previo por cualquier medio a disposición de las oficinas públicas de comunicaciones.

Artículo 141. Cuando alguna autoridad responsable tenga su residencia fuera de la jurisdicción del órgano que conoce del amparo, y no sea posible que rinda su informe previo con la debida oportunidad, por no haberse hecho uso de los medios a que se refiere el artículo anterior, se celebrará la audiencia incidental respecto del acto reclamado de las autoridades residentes en el lugar, a reserva de celebrar la que corresponda a las autoridades foráneas. La resolución dictada en la primera audiencia podrá modificarse o revocarse con vista de los nuevos informes. Para efectos de este artículo, no serán aplicables las disposiciones relativas al ofrecimiento y admisión de las pruebas en el cuaderno principal.

Artículo 142. La falta de informe previo hará presumir cierto el acto reclamado para el sólo efecto de resolver sobre la suspensión definitiva.

Tratándose de amparo contra normas generales, las autoridades que hayan intervenido en el refrendo del decreto promulgatorio de la norma general o en su publicación, únicamente rendirán el informe previo cuando adviertan que su intervención en el proceso legislativo o de creación de la norma general, se impugne por vicios propios.

La falta del informe previo de las autoridades legislativas, además de lo señalado en el párrafo anterior, no dará lugar a sanción alguna.

Artículo 143. El órgano jurisdiccional podrá solicitar documentos y ordenar las diligencias que considere necesarias, a efecto de resolver sobre la suspensión definitiva.

En el incidente de suspensión, únicamente se admitirán las pruebas documental y de inspección judicial. Tratándose de los casos a que se refiere el artículo 15 de esta Ley, será admisible la prueba testimonial.

Para efectos de este artículo, no serán aplicables las disposiciones relativas al ofrecimiento y admisión de las pruebas en el cuaderno principal.

Artículo 144. En la audiencia incidental, a la cual podrán comparecer las partes, se dará cuenta con los informes previos; se recibirán las documentales que el órgano jurisdiccional se hubiere allegado y los resultados de las diligencias que hubiere ordenado, así como las pruebas ofrecidas por las partes; se recibirán sus alegatos, y se resolverá sobre la suspensión definitiva y, en su caso, las medidas y garantías a que estará sujeta.

Artículo 145. Cuando apareciere debidamente probado que ya se resolvió sobre la suspensión en otro juicio de amparo, promovido con anterioridad por el mismo quejoso o por otra persona en su nombre o representación, contra el mismo acto reclamado y contra las propias autoridades, se declarará sin materia el incidente de suspensión.

Artículo 146. La resolución que decida sobre la suspensión definitiva, deberá contener:

I. La fijación clara y precisa del acto reclamado;

II. La valoración de las pruebas admitidas y desahogadas;

III. Las consideraciones y fundamentos legales en que se apoye para conceder o negar la suspensión; y

IV. Los puntos resolutivos en los que se exprese el acto o actos por los que se conceda o niegue la suspensión. Si se concede, deberán precisarse los efectos para su estricto cumplimiento.

Artículo 147. En los casos en que la suspensión sea procedente, el órgano jurisdiccional deberá fijar la situación en que habrán de quedar las cosas y tomará las medidas pertinentes para conservar la materia del amparo hasta la terminación del juicio, pudiendo establecer condiciones de cuyo cumplimiento dependa el que la medida suspensional siga surtiendo efectos.

Atendiendo a la naturaleza del acto reclamado, ordenará que las cosas se mantengan en el estado que guarden y, de ser jurídica y materialmente posible, restablecerá provisionalmente al quejoso en el goce del derecho violado mientras se dicta sentencia ejecutoria en el juicio de amparo.

El órgano jurisdiccional tomará las medidas que estime necesarias para evitar que se defrauden los derechos de los menores o incapaces, en tanto se dicte sentencia definitiva en el juicio de amparo.

Artículo 148. En los juicios de amparo en que se reclame una norma general autoaplicativa sin señalar un acto concreto de aplicación, la suspensión se otorgará para impedir los efectos y consecuencias de la norma en la esfera jurídica del quejoso.

En el caso en que se reclame una norma general con motivo del primer acto de su aplicación, la suspensión, además de los efectos establecidos en el párrafo anterior, se decretará en relación con los efectos y consecuencias subsecuentes del acto de aplicación.

Artículo 149. Cuando por mandato expreso de una norma general o de alguna autoridad, un particular tuviere o debiera tener intervención en la ejecución, efectos o consecuencias del acto reclamado, el efecto de la suspensión será que la autoridad responsable ordene a dicho particular la inmediata paralización de la ejecución, efectos o consecuencias de dicho acto o, en su caso, que tome las medidas pertinentes para el cumplimiento estricto de lo establecido en la resolución suspensional.

Artículo 150. En los casos en que la suspensión sea procedente, se concederá en forma tal que no impida la continuación del procedimiento en el asunto que haya motivado el acto reclamado, hasta dictarse resolución firme en él; a no ser que la continuación de dicho procedimiento deje irreparablemente consumado el daño o perjuicio que pueda ocasionarse al quejoso.

Artículo 151. Cuando se promueva el amparo contra actos o resoluciones dictadas en un procedimiento de remate de inmuebles, la suspensión permitirá el curso del procedimiento hasta antes de que se ordene la escrituración y la entrega de los bienes al adjudicatario.

Tratándose de bienes muebles, el efecto de la suspensión será el de impedir su entrega material al adjudicatario.

Artículo 152. Tratándose de la última resolución que se dicte en el procedimiento de ejecución de un laudo en materia laboral la suspensión se concederá en los casos en que, a juicio del presidente del tribunal respectivo, no se ponga a la parte que obtuvo, si es la obrera, en peligro de no poder subsistir mientras se resuelve el juicio de amparo, en los cuales sólo se suspenderá la ejecución en cuanto exceda de lo necesario para asegurar tal subsistencia.

Artículo 153. La resolución en que se niegue la suspensión definitiva deja expedita la facultad de la autoridad responsable para la ejecución del acto reclamado, aunque se interponga recurso de revisión; pero si con motivo del recurso se concede, sus efectos se retrotraerán a la fecha del auto o interlocutoria correspondiente, siempre que la naturaleza del acto lo permita.

Artículo 154. La resolución que conceda o niegue la suspensión definitiva podrá modificarse o revocarse de oficio o a petición de parte, cuando ocurra un hecho superveniente que lo motive, mientras no se pronuncie sentencia ejecutoria en el juicio de amparo, debiendo tramitarse en la misma forma que el incidente de suspensión.

Artículo 155. Cuando se interponga recurso contra resoluciones dictadas en el incidente de suspensión, se remitirá el original al tribunal colegiado de circuito competente y se dejará el duplicado en poder del órgano jurisdiccional que conozca del amparo, sin perjuicio de que se siga actuando en el duplicado.

Artículo 156. Cuando se trate de hacer efectiva la responsabilidad proveniente de las garantías y contragarantías que se otorguen con motivo de la suspensión, se tramitará ante el órgano jurisdiccional que conozca de ella un incidente en los términos previstos por esta Ley, dentro de los seis meses siguientes al día en que surta efectos la notificación a las partes de la resolución que en definitiva ponga fin al juicio. De no presentarse la reclamación dentro de ese plazo y previa vista a las partes, se procederá a la devolución o cancelación, en su caso, de la garantía o contragarantía, sin perjuicio de que pueda exigirse dicha responsabilidad ante autoridad judicial competente.

Artículo 157. En lo conducente, se aplicará al auto que resuelve sobre la suspensión provisional lo dispuesto para la resolución que decide sobre la suspensión definitiva.

Artículo 158. Para la ejecución y cumplimiento del auto de suspensión se observarán las disposiciones relativas al Título Quinto de esta Ley. En caso de incumplimiento, cuando la naturaleza del acto lo permita, el órgano jurisdiccional de amparo podrá hacer cumplir la resolución suspensional o podrá tomar las medidas para el cumplimiento.

SEGUNDA PARTE
En Materia Penal

Artículo 159. En los lugares donde no resida juez de distrito y especialmente cuando se trate de actos que importen peligro de privación de la vida, ataques a la libertad personal fuera de procedimiento, incomunicación, deportación o expulsión, proscripción o destierro, extradición, desaparición forzada de personas o alguno de los prohibidos por el artículo 22 de la Constitución Política de los Estados Unidos Mexicanos, así como la incorporación forzosa al Ejército, Armada o Fuerza Aérea nacionales, el juez de primera instancia dentro de cuya jurisdicción radique la autoridad que ejecute o trate de ejecutar el acto reclamado, deberá recibir la demanda de amparo y acordar de plano sobre la suspensión de oficio conforme a las siguientes reglas:

I. Formará por duplicado un expediente que contenga la demanda de amparo y sus anexos, el acuerdo que decrete la suspensión de oficio y el señalamiento preciso de la resolución que se mande suspender; las constancias de notificación y las determinaciones que dicte para hacer cumplir su resolución;

II. Ordenará a la autoridad responsable que mantenga las cosas en el estado en que se encuentren o que, en su caso, proceda inmediatamente a poner en libertad o a disposición del Ministerio Público al quejoso y que rinda al juez de distrito el informe previo; y

III. Remitirá de inmediato el original de las actuaciones al juez de distrito competente y conservará el duplicado para vigilar el cumplimiento de sus resoluciones, hasta en tanto el juez de distrito provea lo conducente, con plena jurisdicción.

En caso de la probable comisión del delito de desaparición forzada, el juez de primera instancia procederá conforme lo establecido por el artículo 15 de esta Ley.

Cuando el amparo se promueva contra actos de un juez de primera instancia y no haya otro en el lugar, o cuando se impugnen actos de otras autoridades y aquél no pueda ser habido, la demanda de amparo podrá presentarse ante cualquiera de los órganos judiciales que ejerzan jurisdicción en el mismo lugar, siempre que en él resida la autoridad ejecutora o, en su defecto, ante el órgano jurisdiccional más próximo.

Artículo 160. Cuando el acto reclamado sea la orden de deportación, expulsión o extradición, la suspensión tiene por efecto que no se ejecute y el interesado quede en el lugar donde se encuentre a disposición del órgano jurisdiccional de amparo, sólo en lo que se refiere a su libertad personal.

Artículo 161. Cuando el acto reclamado consista en la orden de traslado del quejoso de un centro penitenciario a otro, la suspensión, si procede, tendrá por efecto que éste no se lleve a cabo.

Artículo 162. Cuando el acto reclamado consista en una orden de privación de la libertad o en la prohibición de abandonar una demarcación geográfica, la suspensión tendrá por efecto que no se ejecute o cese inmediatamente, según sea el caso. El órgano jurisdiccional de amparo tomará las medidas que aseguren que el quejoso no evada la acción de la justicia, entre ellas, la obligación de presentarse ante la autoridad y ante quien concedió la suspensión cuantas veces le sea exigida.

De acuerdo con las circunstancias del caso, la suspensión podrá tener como efecto que la privación de la libertad se ejecute en el domicilio del quejoso.

Artículo 163. Cuando el amparo se pida contra actos que afecten la libertad personal dentro de un procedimiento del orden penal, de conformidad con lo dispuesto en el artículo 166 de esta Ley, la suspensión producirá el efecto de que el quejoso quede a disposición del órgano jurisdiccional que conozca del amparo, sólo en lo que se refiere a dicha libertad, pero a disposición de la autoridad que deba juzgarlo, para la continuación del procedimiento.

Artículo 164. Cuando el acto reclamado consista en la detención del quejoso efectuada por autoridades administrativas distintas del Ministerio Público, en relación con la comisión de un delito, se ordenará que sin demora cese la detención, poniéndolo en libertad o a disposición del Ministerio Público.

Cuando en los supuestos del párrafo anterior, la detención del quejoso no tenga relación con la comisión de un delito, la suspensión tendrá por efecto que sea puesto en libertad.

Artículo 165. Cuando el acto reclamado afecte la libertad personal del quejoso y se encuentre a disposición del Ministerio Público por cumplimiento de orden de detención del mismo, la suspensión se concederá para el efecto de que dentro del término de cuarenta y ocho horas o en un plazo de noventa y seis, tratándose de delincuencia organizada, contadas a partir del momento de la detención, sea puesto en libertad o consignado ante el juez penal correspondiente.

Cuando el quejoso se encuentre a disposición del Ministerio Público por haber sido detenido en flagrancia, el plazo se contará a partir de que sea puesto a su disposición.

En cualquier caso distinto de los anteriores en los que el Ministerio Público restrinja la libertad del quejoso, la suspensión se concederá para el efecto de que sea puesto en inmediata libertad o consignado a su juez.

Artículo 166. Cuando se trate de orden de aprehensión o reaprehensión o de medida cautelar que implique privación de la libertad, dictadas por autoridad competente, se estará a lo siguiente:

I. Si se trata de delitos de prisión preventiva oficiosa a que se refiere el artículo 19 constitucional, la suspensión sólo producirá el efecto de que el quejoso quede a disposición del órgano jurisdiccional de amparo en el lugar que éste señale únicamente en lo que se refiera a su libertad, quedando a disposición de la autoridad a la que corresponda conocer el procedimiento penal para los efectos de su continuación;

II. Si se trata de delitos que no impliquen prisión preventiva oficiosa, la suspensión producirá el efecto de que el quejoso no sea detenido, bajo las medidas de aseguramiento que el órgano jurisdiccional de amparo estime necesarias a fin de que no evada la acción de la justicia y se presente al proceso penal para los efectos de su continuación y pueda ser devuelto a la autoridad responsable en caso de que no obtenga la protección de la justicia federal.

Cuando el quejoso ya se encuentre materialmente detenido por orden de autoridad competente y el Ministerio Público que interviene en el procedimiento penal solicite al juez la prisión preventiva porque considere que otras medidas cautelares no sean suficientes para garantizar la comparecencia del imputado en el juicio, el desarrollo de la investigación, la protección a la víctima, de los testigos o de la comunidad, así como cuando el imputado esté siendo procesado o haya sido sentenciado previamente por la comisión de un delito doloso, y el juez del proceso penal acuerde la prisión preventiva, el efecto de la suspensión sólo será el establecido en la fracción I de este artículo.

Si el quejoso incumple las medidas de aseguramiento o las obligaciones derivadas del procedimiento penal, la suspensión será revocada con la sola comunicación de la autoridad responsable.

Artículo 167. La libertad otorgada al quejoso con motivo de una resolución suspensional podrá ser revocada cuando éste incumpla con cualquiera de las obligaciones establecidas por el órgano jurisdiccional de amparo o derivadas del procedimiento penal respectivo.

Artículo 168. Para la procedencia de la suspensión contra actos derivados de un procedimiento penal que afecten la libertad personal, el órgano jurisdiccional de amparo deberá exigir al quejoso que exhiba garantía, sin perjuicio de otras medidas de aseguramiento que estime convenientes.

Para fijar el monto de la garantía se tomará en cuenta:

I. La naturaleza, modalidades y características del delito que se le impute;

II. Las características personales y situación económica del quejoso; y

III. La posibilidad de que se sustraiga a la acción de la justicia.

No se exigirá garantía cuando la suspensión únicamente tenga los efectos a que se refiere el artículo 163 de esta Ley.

Artículo 169. Cuando haya temor fundado de que la autoridad responsable trate de burlar la orden de libertad del quejoso o de ocultarlo, el órgano jurisdiccional de amparo podrá hacerlo comparecer ante él a través de los medios que estime pertinente o trasladarse al lugar de su detención para ponerlo en libertad. Para tal efecto las autoridades civiles y militares estarán obligadas a brindar el auxilio necesario al órgano jurisdiccional de amparo.

CAPÍTULO II
EL AMPARO DIRECTO

Sección Primera
Procedencia

Artículo 170. El juicio de amparo directo procede:

I. Contra sentencias definitivas, laudos y resoluciones que pongan fin al juicio, dictadas por tribunales judiciales, administrativos, agrarios o del trabajo, ya sea que la violación se cometa en ellos, o que cometida durante el procedimiento, afecte las defensas del quejoso trascendiendo al resultado del fallo.

Se entenderá por sentencias definitivas o laudos, los que decidan el juicio en lo principal; por resoluciones que pongan fin al juicio, las que sin decidirlo en lo principal lo den por concluido. En materia penal, las sentencias absolutorias y los autos que se refieran a la libertad del imputado podrán ser impugnadas por la víctima u ofendido del delito en los casos establecidos por el artículo 173 de esta Ley.

Para la procedencia del juicio deberán agotarse previamente los recursos ordinarios que se establezcan en la ley de la materia, por virtud de los cuales aquellas sentencias definitivas o laudos y resoluciones puedan ser modificados o revocados, salvo el caso en que la ley permita la renuncia de los recursos.

Cuando dentro del juicio surjan cuestiones sobre constitucionalidad de normas generales que sean de reparación posible por no afectar derechos sustantivos ni constituir violaciones procesales relevantes, sólo podrán hacerse valer en el amparo directo que proceda contra la resolución definitiva.

Para efectos de esta Ley, el juicio se inicia con la presentación de la demanda y, en materia penal, con el auto de vinculación a proceso ante el órgano jurisdiccional;

II. Contra sentencias definitivas y resoluciones que pongan fin al juicio dictadas por tribunales de lo contencioso administrativo cuando éstas sean favorables al quejoso, para el único efecto de hacer valer conceptos de violación en contra de las normas generales aplicadas.

En estos casos, el juicio se tramitará únicamente si la autoridad interpone y se admite el recurso de revisión en materia contencioso administrativa previsto por el artículo 104 de la Constitución Política de los Estados Unidos Mexicanos. El tribunal colegiado de circuito resolverá primero lo relativo al recurso de revisión contencioso administrativa, y únicamente en el caso de que éste sea considerado procedente y fundado, se avocará al estudio de las cuestiones de constitucionalidad planteadas en el juicio de amparo.

Artículo 171. Al reclamarse la sentencia definitiva, laudo o resolución que ponga fin al juicio, deberán hacerse valer las violaciones a las leyes del procedimiento, siempre y cuando el quejoso las haya impugnado durante la tramitación del juicio, mediante el recurso o medio de defensa que, en su caso, señale la ley ordinaria respectiva y la violación procesal trascienda al resultado del fallo.

Este requisito no será exigible en amparos contra actos que afecten derechos de menores o incapaces, al estado civil, o al orden o estabilidad de la familia, ejidatarios, comuneros, trabajadores, núcleos de población ejidal o comunal, o quienes por sus condiciones de pobreza o marginación se encuentren en clara desventaja social para emprender un juicio, ni en los de naturaleza penal promovidos por el inculpado. Tampoco será exigible el requisito cuando se alegue que, la ley aplicada o que se debió aplicar en el acto procesal, es contrario a la Constitución o a los tratados internacionales de los que el Estado Mexicano sea parte.

Artículo 172. En los juicios tramitados ante los tribunales administrativos, civiles, agrarios o del trabajo, se considerarán violadas las leyes del procedimiento y que se afectan las defensas del quejoso, trascendiendo al resultado del fallo, cuando:

I. No se le cite al juicio o se le cite en forma distinta de la prevenida por la ley;

II. Haya sido falsamente representado en el juicio de que se trate;

III. Se desechen las pruebas legalmente ofrecidas o se desahoguen en forma contraria a la ley;

IV. Se declare ilegalmente confeso al quejoso, a su representante o apoderado;

V. Se deseche o resuelva ilegalmente un incidente de nulidad;

VI. No se le concedan los plazos o prórrogas a que tenga derecho con arreglo a la ley;

VII. Sin su culpa se reciban, sin su conocimiento, las pruebas ofrecidas por las otras partes;

VIII. Previa solicitud, no se le muestren documentos o piezas de autos para poder alegar sobre ellos;

IX. Se le desechen recursos, respecto de providencias que afecten partes sustanciales del procedimiento que produzcan estado de indefensión;

X. Se continúe el procedimiento después de haberse promovido una competencia, o la autoridad impedida o recusada, continúe conociendo del juicio, salvo los casos en que la ley expresamente la faculte para ello;

XI. Se desarrolle cualquier audiencia sin la presencia del juez o se practiquen diligencias judiciales de forma distinta a la prevenida por la ley; y

XII. Se trate de casos análogos a los previstos en las fracciones anteriores a juicio de los órganos jurisdiccionales de amparo.

Artículo 173. En los juicios del orden penal se considerarán violadas las leyes del procedimiento con trascendencia a las defensas del quejoso, cuando:

I. Se desarrolle cualquier audiencia sin la presencia del juez actuante o se practiquen diligencias en forma distinta a la prevenida por la ley;

II. El desahogo de pruebas se realice por una persona distinta al juez que deba intervenir;

III. Intervenga en el juicio un juez que haya conocido del caso previamente;

IV. Habiéndolo solicitado no se le caree, en presencia del juez, en los supuestos y términos que establezca la ley;

V. La presentación de argumentos y pruebas en el juicio no se realice de manera pública, contradictoria y oral;

VI. La oportunidad para sostener la acusación o la defensa no se realice en igualdad de condiciones;

VII. El juzgador reciba a una de las partes para tratar el asunto sujeto a proceso sin la presencia de la otra;

VIII. No se respete al imputado el derecho a declarar o guardar silencio, la declaración del imputado se obtenga mediante incomunicación, intimidación, tortura o sin presencia de su defensor, o cuando el ejercicio del derecho a guardar silencio se utilice en su perjuicio;

IX. El imputado no sea informado, desde el momento de su detención, en su comparecencia ante el Ministerio Público o ante el juez, de los hechos que se le imputan y los derechos que le asisten;

X. No se reciban al imputado las pruebas pertinentes que ofrezca o no se reciban con arreglo a derecho, no se le conceda el tiempo para el ofrecimiento de pruebas o no se le auxilie para obtener la comparecencia de las personas de quienes ofrezca su testimonio en los términos señalados por la ley;

XI. El imputado no sea juzgado en audiencia pública por un juez o tribunal, salvo cuando se trate de los casos de excepción precisados por la Constitución Política de los Estados Unidos Mexicanos;

XII. No se faciliten al imputado todos los datos que solicite para su defensa y que consten en el proceso o se restrinja al imputado y a la defensa el acceso a los registros de investigación cuando el primero esté detenido o se pretenda recibirle declaración o entrevistarlo;

XIII. No se respete al imputado el derecho a contar con una defensa adecuada por abogado que elija libremente desde el momento de su detención, o en caso de que no quiera o no pueda hacerlo, el juez no le nombre un defensor público, o cuando se impida, restrinja o intervenga la comunicación con su defensor; cuando el imputado sea indígena no se le proporcione la asistencia de un defensor que tenga conocimiento de su lengua y cultura, así como cuando el defensor no comparezca a todos los actos del proceso;

XIV. En caso de que el imputado no hable o entienda suficientemente el idioma español o sea sordo o mudo y no se le proporcione la asistencia de un intérprete que le permita acceder plenamente a la jurisdicción del Estado, o que tratándose de personas indígenas no se les proporcione un intérprete que tenga conocimiento de su lengua y cultura;

XV. No se cite al imputado para las diligencias que tenga derecho a presenciar o se haga en forma contraria a la ley, siempre que por ello no comparezca, no se le admita en el acto de la diligencia o se le coarten en ella los derechos que la ley le otorga;

XVI. Debiendo ser juzgado por un jurado, no se integre en los términos previstos en la ley o se le juzgue por otro tribunal;

XVII. Se sometan a la decisión del jurado cuestiones de índole distinta a las señaladas por la ley;

XVIII. No se permita interponer los recursos en los términos que la ley prevea respecto de providencias que afecten partes sustanciales del procedimiento que produzcan indefensión;

XIX. Al dictarse una sentencia definitiva absolutoria o un auto que se refiera a la libertad del imputado no se hayan respetado, entre otros, los siguientes derechos de la víctima u ofendido del delito:

a) A que se le proporcione asesoría jurídica y se le informe tanto de los derechos que le asisten como del desarrollo del procedimiento penal;

b) A coadyuvar con el Ministerio Público, a que se le reciban todos los datos o elementos de prueba con los que cuente tanto en investigación como en el proceso y a que se le permita intervenir en el juicio;

c) Al resguardo de su identidad cuando sean menores de edad o por delitos de violación, secuestro, delincuencia organizada o trata de personas y cuando a juicio del juzgador sea necesaria su protección, salvo que tal circunstancia derive de la debida salvaguarda de los derechos de la defensa; y

d) A solicitar las medidas cautelares y providencias necesarias para la protección y restitución de sus derechos;

XX. Cuando la sentencia se funde en alguna diligencia cuya nulidad haya sido establecido expresamente por una norma general;

XXI. Cuando seguido el proceso por el delito determinado en el auto de vinculación a proceso, el quejoso hubiese sido sentenciado por diverso delito.

No se considerará que el delito es diverso cuando el que se exprese en la sentencia sólo difiera en grado del que haya sido materia del proceso, ni cuando se refiera a los mismos hechos materiales que fueron objeto de la investigación, siempre que, en este último caso, el Ministerio Público haya formulado conclusiones acusatorias cambiando la clasificación del delito hecha en el auto de vinculación a proceso, y el quejoso hubiese sido oído en defensa sobre la nueva clasificación, durante el juicio;

XXII. Se trate de casos análogos a las fracciones anteriores a juicio del órgano jurisdiccional de amparo.

Artículo 174. En la demanda de amparo principal y en su caso, en la adhesiva el quejoso deberá hacer valer todas las violaciones procesales que estime se cometieron; las que no se hagan valer se tendrán por consentidas. Asimismo, precisará la forma en que trascendieron en su perjuicio al resultado del fallo.

El tribunal colegiado de circuito, deberá decidir respecto de todas las violaciones procesales que se hicieron valer y aquellas que, en su caso, advierta en suplencia de la queja.

Si las violaciones procesales no se invocaron en un primer amparo, ni el tribunal colegiado correspondiente las hizo valer de oficio en los casos en que proceda la suplencia de la queja, no podrán ser materia de concepto de violación ni de estudio oficioso en juicio de amparo posterior.

Sección Segunda

Demanda

Artículo 175. La demanda de amparo directo deberá formularse por escrito, en el que se expresarán:

I. El nombre y domicilio del quejoso y de quien promueve en su nombre;

II. El nombre y domicilio del tercero interesado;

III. La autoridad responsable;

IV. El acto reclamado.

Cuando se impugne la sentencia definitiva, laudo o resolución que haya puesto fin al juicio por estimarse inconstitucional la norma general aplicada, ello será materia únicamente del capítulo de conceptos de violación de la demanda, sin señalar como acto reclamado la norma general, debiéndose llevar a cabo la calificación de éstos en la parte considerativa de la sentencia;

V. La fecha en que se haya notificado el acto reclamado al quejoso o aquélla en que hubiese tenido conocimiento del mismo;

VI. Los preceptos que, conforme a la fracción I del artículo 1o de esta Ley, contengan los derechos humanos cuya violación se reclame; y

VII. Los conceptos de violación.

Artículo 176. La demanda de amparo deberá presentarse por conducto de la autoridad responsable, con copia para cada una de las partes.

La presentación de la demanda ante autoridad distinta de la responsable no interrumpe los plazos que para su promoción establece esta Ley.

Artículo 177. Cuando no se exhiban las copias a que se refiere el artículo anterior o no se presenten todas las necesarias, la autoridad responsable prevendrá al promovente para que lo haga dentro del plazo de cinco días, a menos de que la demanda se haya presentado en forma electrónica. Transcurrido éste sin que se haya subsanado la omisión, remitirá la demanda con el informe relativo al tribunal colegiado de circuito, cuyo presidente la tendrá por no presentada. Si el presidente determina que no existe incumplimiento, o que éste no es imputable al quejoso, devolverá los autos a la autoridad responsable para que siga el trámite que corresponda.

La autoridad responsable, de oficio, mandará sacar las copias en asuntos del orden penal, laboral tratándose de los trabajadores, cuando se puedan afectar intereses de menores o incapaces, así como los derechos agrarios de los núcleos de población comunal o ejidal o de los ejidatarios o comuneros, o de quienes por sus condiciones de pobreza o marginación se encuentren en clara desventaja social para emprender un juicio, o cuando la demanda sea presentada por vía electrónica.

Artículo 178. Dentro del plazo de cinco días contados a partir del siguiente al de presentación de la demanda, la autoridad responsable que emitió el acto reclamado deberá:

I. Certificar al pie de la demanda, la fecha de notificación al quejoso de la resolución reclamada, la de su presentación y los días inhábiles que mediaron entre ambas fechas.

Si no consta en autos la fecha de notificación, la autoridad responsable dará cumplimiento a lo dispuesto en este artículo, sin perjuicio de que dentro de las veinticuatro horas siguientes a la en que obre en su poder la constancia de notificación respectiva proporcione la información correspondiente al órgano jurisdiccional competente;

II. Correr traslado al tercero interesado, en el último domicilio que haya designado para oír notificaciones en los autos del juicio de origen o en el que señale el quejoso; y

III. Rendir el informe con justificación acompañando la demanda de amparo, los autos del juicio de origen con sus anexos y la constancia de traslado a las partes. Deberá dejar copia certificada de las actuaciones que estime necesarias para la ejecución de la resolución reclamada o para proveer respecto de la suspensión.

Sección Tercera

Substanciación

Artículo 179. El presidente del tribunal colegiado de circuito deberá resolver en el plazo de tres días si admite la demanda, previene al quejoso para su regularización, o la desecha por encontrar motivo manifiesto e indudable de improcedencia.

Artículo 180. Si hubiera irregularidades en el escrito de demanda por no haber satisfecho los requisitos que establece el artículo 175 de esta Ley, el presidente del tribunal colegiado de circuito señalará al promovente un plazo que no excederá de cinco días, para que subsane las omisiones o corrija los defectos precisados en la providencia relativa.

Si el quejoso no cumple el requerimiento, el presidente del tribunal tendrá por no presentada la demanda y lo comunicará a la autoridad responsable.

Artículo 181. Si el presidente del tribunal colegiado de circuito no encuentra motivo de improcedencia o defecto en el escrito de demanda, o si este último fuera subsanado, la admitirá y mandará notificar a las partes el acuerdo relativo, para que en el plazo de quince días presenten sus alegatos o promuevan amparo adhesivo.

Artículo 182. La parte que haya obtenido sentencia favorable y la que tenga interés jurídico en que subsista el acto reclamado podrán presentar amparo en forma adhesiva al que promueva cualquiera de las partes que intervinieron en el juicio del que emana el acto reclamado, el cual se tramitará en el mismo expediente y se resolverán en una sola sentencia. La presentación y trámite del amparo adhesivo se regirá, en lo conducente, por lo dispuesto para el amparo principal, y seguirá la misma suerte procesal de éste.

El amparo adhesivo únicamente procederá en los casos siguientes:

I. Cuando el adherente trate de fortalecer las consideraciones vertidas en el fallo definitivo, a fin de no quedar indefenso; y

II. Cuando existan violaciones al procedimiento que pudieran afectar las defensas del adherente, trascendiendo al resultado del fallo.

Los conceptos de violación en el amparo adhesivo deberán estar encaminados, por tanto, a fortalecer las consideraciones de la sentencia definitiva, laudo o resolución que pone fin al juicio, que determinaron el resolutivo favorable a los intereses del adherente, o a impugnar las que concluyan en un punto decisorio que le perjudica. Se deberán hacer valer todas las violaciones procesales que se hayan cometido, siempre que pudieran trascender al resultado del fallo y que respecto de ellas, el adherente hubiese agotado los medios ordinarios de defensa, a menos que se trate de menores, incapaces, ejidatarios, trabajadores, núcleos de población ejidal o comunal, o de quienes por sus condiciones de pobreza o marginación se encuentren en clara desventaja social para emprender un juicio, y en materia penal tratándose del inculpado.

Con la demanda de amparo adhesivo se correrá traslado a la parte contraria para que exprese lo que a su interés convenga.

La falta de promoción del amparo adhesivo hará que precluya el derecho de quien obtuvo sentencia favorable para alegar posteriormente las violaciones procesales que se hayan cometido en su contra, siempre que haya estado en posibilidad de hacerlas valer.

El tribunal colegiado de circuito, respetando la lógica y las reglas fundamentales que norman el procedimiento en el juicio de amparo, procurará resolver integralmente el asunto para evitar, en lo posible, la prolongación de la controversia.

Artículo 183. Transcurridos los plazos a que se refiere el artículo 181, dentro de los tres días siguientes el presidente del tribunal colegiado turnará el expediente al magistrado ponente que corresponda, a efecto de que formule el proyecto de resolución, dentro de los noventa días siguientes. El auto de turno hace las veces de citación para sentencia.

Artículo 184. Las audiencias donde se discutan y resuelvan los asuntos de competencia de los tribunales colegiados de circuito serán públicas, salvo que exista disposición legal en contrario. La lista de los asuntos que deban verse en cada sesión se publicará en los estrados del tribunal cuando menos tres días antes de la celebración de ésta, sin contar el de la publicación ni el de la sesión.

Los asuntos se discutirán en el orden en que se listen, salvo casos de excepción a juicio del órgano jurisdiccional. Si fueran aprobados se procederá a la firma del engrose dentro de los diez días siguientes.

De no ser aprobados, los asuntos sólo se podrán aplazar o retirar. En estos supuestos, se asentará a petición de quien y la causa que expuso. El asunto deberá listarse dentro de un plazo que no excederá de treinta días naturales.

Artículo 185. El día señalado para la sesión, que se celebrará con la presencia del secretario quien dará fe, el magistrado ponente dará cuenta de los proyectos de resolución; el presidente pondrá a discusión cada asunto; se dará lectura a las constancias que señalen los magistrados, y, estando suficientemente debatido, se procederá a la votación; acto continuo, el presidente hará la declaración que corresponda y el secretario publicará la lista en los estrados del tribunal.

Artículo 186. La resolución se tomará por unanimidad o mayoría de votos. En este último caso, el magistrado que no esté conforme con el sentido de la resolución deberá formular su voto particular dentro del plazo de diez días siguientes al de la firma del engrose, voto en el que expresará cuando menos sucintamente las razones que lo fundamentan.

Transcurrido el plazo señalado en el párrafo anterior sin que se haya emitido el voto particular, se asentará razón en autos y se continuará el trámite correspondiente.

Artículo 187. Si no fuera aprobado el proyecto, pero el magistrado ponente aceptare las adiciones o reformas propuestas en la sesión, procederá a redactar la sentencia con base en los términos de la discusión.

Si el voto de la mayoría de los magistrados fuera en sentido distinto al del proyecto, uno de ellos redactará la sentencia.

En ambos casos el plazo para redactar la sentencia será de diez días, debiendo quedar en autos constancia del proyecto original.

Artículo 188. Las sentencias del tribunal deberán ser firmadas por todos sus integrantes y por el secretario de acuerdos.

Cuando por cualquier motivo cambiare el personal del tribunal que haya dictado una ejecutoria conforme a los artículos anteriores, antes de que haya podido ser firmada por los magistrados que la hubiesen dictado, si fue aprobado el proyecto del magistrado relator, la sentencia será autorizada válidamente por los magistrados que integran aquél, haciéndose constar las circunstancias que hubiesen concurrido.

Firmada la sentencia se notificará por lista a las partes.

En los casos en que proceda el recurso de revisión la notificación a las partes se hará en forma personal.

Para los efectos del párrafo anterior, la autoridad responsable solo será notificada al proveerse la remisión de los autos a la Suprema Corte de Justicia de la Nación o haya transcurrido el plazo para interponer el recurso.

Artículo 189. El órgano jurisdiccional de amparo procederá al estudio de los conceptos de violación atendiendo a su prelación lógica y privilegiando en todo caso el estudio de aquellos que, de resultar fundados, redunden en el mayor beneficio para el quejoso. En todas las materias, se privilegiará el estudio de los conceptos de violación de fondo por encima de los de procedimiento y forma, a menos que invertir el orden redunde en un mayor beneficio para el quejoso.

En los asuntos del orden penal, cuando se desprendan violaciones de fondo de las cuales pudiera derivarse la extinción de la acción persecutoria o la inocencia del quejoso, se le dará preferencia al estudio de aquéllas aún de oficio.

Sección Cuarta
Suspensión del Acto Reclamado

Artículo 190. La autoridad responsable decidirá, en el plazo de veinticuatro horas a partir de la solicitud, sobre la suspensión del acto reclamado y los requisitos para su efectividad.

Tratándose de laudos o de resoluciones que pongan fin al juicio, dictados por tribunales del trabajo, la suspensión se concederá en los casos en que, a juicio del presidente del tribunal respectivo, no se ponga a la parte trabajadora en peligro de no subsistir mientras se resuelve el juicio de amparo, en los cuales sólo se suspenderá la ejecución en cuanto exceda de lo necesario para asegurar tal subsistencia.

Son aplicables a la suspensión en amparo directo, salvo el caso de la materia penal, los artículos 125, 128, 129, 130, 132, 133, 134, 135, 136, 154 y 156 de esta Ley.

Artículo 191. Cuando se trate de juicios del orden penal, la autoridad responsable con la sola presentación de la demanda, ordenará suspender de oficio y de plano la resolución reclamada. Si ésta comprende la pena de privación de libertad, la suspensión surtirá el efecto de que el quejoso quede a disposición del órgano jurisdiccional de amparo, por mediación de la autoridad responsable, la cual deberá ponerlo en libertad caucional si la solicita y ésta procede.

TÍTULO TERCERO
CUMPLIMIENTO Y EJECUCIÓN

CAPÍTULO I
CUMPLIMIENTO E INEJECUCIÓN

Artículo 192. Las ejecutorias de amparo deben ser puntualmente cumplidas. Al efecto, cuando cause ejecutoria la sentencia en que se haya concedido el amparo, o se reciba testimonio de la dictada en revisión, el juez de distrito o el tribunal unitario de circuito, si se trata de amparo indirecto, o el tribunal colegiado de circuito, tratándose de amparo directo, la notificarán sin demora a las partes.

En la notificación que se haga a la autoridad responsable se le requerirá para que cumpla con la ejecutoria dentro del plazo de tres días, apercibida que de no hacerlo así sin causa justificada, se impondrá a su titular una multa que se determinará desde luego y que, asimismo, se remitirá el expediente al tribunal colegiado de circuito o a la Suprema Corte de Justicia de la Nación, según el caso, para seguir el trámite de inejecución, que puede culminar con la separación de su puesto y su consignación.

Al ordenar la notificación y requerimiento a la autoridad responsable, el órgano judicial de amparo también ordenará notificar y requerir al superior jerárquico de aquélla, en su caso, para que le ordene cumplir con la ejecutoria, bajo el apercibimiento que de no demostrar que dio la orden, se le impondrá a su titular una multa en los términos señalados en esta Ley, además de que incurrirá en las mismas responsabilidades de la autoridad responsable. El Presidente de la República no podrá ser considerado autoridad responsable o superior jerárquico.

El órgano judicial de amparo, al hacer los requerimientos, podrá ampliar el plazo de cumplimiento tomando en cuenta su complejidad o dificultad debiendo fijar un plazo razonable y estrictamente determinado. Asimismo, en casos urgentes y de notorio perjuicio para el quejoso, ordenará el cumplimiento inmediato por los medios oficiales de que disponga.

Artículo 193. Si la ejecutoria no quedó cumplida en el plazo fijado y se trata de amparo indirecto, el órgano judicial de amparo hará el pronunciamiento respectivo, impondrá las multas que procedan y remitirá los autos al tribunal colegiado de circuito, lo cual será notificado a la autoridad responsable y, en su caso, a su superior jerárquico, cuyos titulares seguirán teniendo responsabilidad aunque dejen el cargo.

Se considerará incumplimiento el retraso por medio de evasivas o procedimientos ilegales de la autoridad responsable, o de cualquiera otra que intervenga en el trámite relativo.

En cambio, si la autoridad demuestra que la ejecutoria está en vías de cumplimiento o justifica la causa del retraso, el órgano judicial de amparo podrá ampliar el plazo por una sola vez, subsistiendo los apercibimientos efectuados. El incumplimiento ameritará las providencias especificadas en el primer párrafo.

En el supuesto de que sea necesario precisar, definir o concretar la forma o términos del cumplimiento de la ejecutoria, cualquiera de los órganos judiciales competentes podrá ordenar, de oficio o a petición de parte, que se abra un incidente para tal efecto.

Al remitir los autos al tribunal colegiado de circuito, el juez de distrito o el tribunal unitario de circuito formará un expedientillo con las copias certificadas necesarias para seguir procurando el cumplimiento de la ejecutoria.

El tribunal colegiado de circuito notificará a las partes la radicación de los autos, revisará el trámite del a quo y dictará la resolución que corresponda; si reitera que hay incumplimiento remitirá los autos a la Suprema Corte de Justicia de la Nación con un proyecto de separación del cargo del titular de la autoridad responsable y, en su caso, del de su superior jerárquico, lo cual será notificado a éstos.

Si la ejecutoria de amparo no quedó cumplida en el plazo fijado y se trata de amparo directo, el tribunal colegiado de circuito seguirá, en lo conducente y aplicable, lo establecido en los párrafos anteriores. Llegado el caso, remitirá los autos a la Suprema Corte de Justicia de la Nación con proyecto de separación del cargo de los titulares de la autoridad responsable y su superior jerárquico.

Artículo 194. Se entiende como superior jerárquico de la autoridad responsable, el que de conformidad con las disposiciones correspondientes ejerza sobre ella poder o mando para obligarla a actuar o dejar de actuar en la forma exigida en la sentencia de amparo, o bien para cumplir esta última por sí misma.

La autoridad requerida como superior jerárquico, incurre en responsabilidad por falta de cumplimiento de las sentencias, en los términos que las autoridades contra cuyos actos se hubiere concedido el amparo.

Artículo 195. El cumplimiento extemporáneo de la ejecutoria de amparo, si es injustificado, no exime de responsabilidad a la autoridad responsable ni, en su caso, a su superior jerárquico, pero se tomará en consideración como atenuante al imponer la sanción penal. Si no está cumplida, no está cumplida totalmente, no lo está correctamente o se considera de imposible cumplimiento, remitirá los autos al tribunal colegiado de circuito o a la Suprema Corte de Justicia de la Nación, según corresponda, como establece, en lo conducente, el artículo 193 de esta Ley.

Artículo 196. Cuando el órgano judicial de amparo reciba informe de la autoridad responsable de que ya cumplió la ejecutoria, dará vista al quejoso y, en su caso, al tercero interesado, para que dentro del plazo de tres días manifiesten lo que a su derecho convenga. En los casos de amparo directo la vista será de diez días donde la parte afectada podrá alegar el defecto o exceso en el cumplimiento. Dentro del mismo plazo computado a partir del siguiente al en que haya tenido conocimiento de su afectación por el cumplimiento, podrá comparecer la persona extraña a juicio para defender su interés.

Transcurrido el plazo dado a las partes, con desahogo de la vista o sin ella, el órgano judicial de amparo dictará resolución fundada y motivada en que declare si la sentencia está cumplida o no lo está, si incurrió en exceso o defecto, o si hay imposibilidad para cumplirla.

La ejecutoria se entiende cumplida cuando lo sea en su totalidad, sin excesos ni defectos.

Si en estos términos el órgano judicial de amparo la declara cumplida, ordenará el archivo del expediente.

Si no está cumplida, no está cumplida totalmente, no lo está correctamente o se considera de imposible cumplimiento, remitirá los autos al tribunal colegiado de circuito o a la Suprema Corte de Justicia de la Nación, según corresponda, como establece, en lo conducente, el artículo 193 de esta Ley.

Artículo 197. Todas las autoridades que tengan o deban tener intervención en el cumplimiento de la sentencia, están obligadas a realizar, dentro del ámbito de su competencia, los actos necesarios para su eficaz cumplimiento y estarán sujetos a las mismas responsabilidades a que alude este Capítulo.

Artículo 198. Recibidos los autos en la Suprema Corte de Justicia de la Nación, dictará a la brevedad posible la resolución que corresponda.

Cuando sea necesario precisar, definir o concretar la forma o términos del cumplimiento de la ejecutoria, la Suprema Corte de Justicia de la Nación devolverá los autos al órgano judicial de amparo, a efecto de que desahogue el incidente a que se refiere el párrafo cuarto del artículo 193 de esta Ley.

Cuando estime que el retraso en el cumplimiento es justificado, dará un plazo razonable a la autoridad responsable para que cumpla, el que podrá ampliarse a solicitud fundada de la autoridad.

Cuando considere que es inexcusable o hubiere transcurrido el plazo anterior sin que se hubiese cumplido, tomará en cuenta el proyecto del tribunal colegiado de circuito y procederá a separar de su cargo al titular de la autoridad responsable y a consignarlo ante el juez de distrito por el delito de incumplimiento de sentencias de amparo. Las mismas providencias se tomarán respecto del superior jerárquico de la autoridad responsable si hubiese incurrido en responsabilidad, así como de los titulares que, habiendo ocupado con anterioridad el cargo de la autoridad responsable, hayan incumplido la ejecutoria.

En la misma resolución, la Suprema Corte de Justicia de la Nación ordenará que se devuelvan los autos al órgano jurisdiccional de amparo a efecto de que reinicie el trámite de cumplimiento ante los nuevos titulares, sin perjuicio de la consignación que proceda contra los anteriores titulares que hayan sido considerados responsables del incumplimiento de la ejecutoria de amparo en términos del párrafo anterior.

CAPÍTULO II
REPETICIÓN DEL ACTO RECLAMADO

Artículo 199. La repetición del acto reclamado podrá ser denunciada por la parte interesada dentro del plazo de quince días ante el órgano jurisdiccional que conoció del amparo, el cual correrá traslado con copia de la denuncia a la autoridad responsable y le pedirá un informe que deberá rendir dentro del plazo de tres días.

Vencido el plazo, el órgano judicial de amparo dictará resolución dentro de los tres días siguientes. Si ésta fuere en el sentido de que existe repetición del acto reclamado, ordenará la remisión de los autos al tribunal colegiado de circuito o a la Suprema Corte de Justicia de la Nación, según corresponda, siguiendo, en lo aplicable, lo establecido en el artículo 193 de esta Ley.

Si la autoridad responsable deja sin efecto el acto repetitivo, ello no la exime de responsabilidad si actuó dolosamente al repetir el acto reclamado, pero será atenuante en la aplicación de la sanción penal.

Artículo 200. Recibidos los autos, la Suprema Corte de Justicia de la Nación determinará a la brevedad posible, si existe o no repetición del acto reclamado.

En el primer supuesto, tomará en cuenta el proyecto del tribunal colegiado de circuito y procederá a separar de su cargo al titular de la autoridad responsable, así como a consignarlo ante juez de distrito por el delito que corresponda.

Si no hubiere repetición, o si habiéndola, la autoridad no actuó dolosamente y dejó sin efectos el acto repetitivo antes de la resolución de la Suprema Corte de Justicia de la Nación, ésta hará la declaratoria correspondiente y devolverá los autos al órgano judicial que los remitió.

CAPÍTULO III
RECURSO DE INCONFORMIDAD

Artículo 201. El recurso de inconformidad procede contra la resolución que:

I. Tenga por cumplida la ejecutoria de amparo, en los términos del artículo 196 de esta Ley;

II. Declare que existe imposibilidad material o jurídica para cumplir la misma u ordene el archivo definitivo del asunto;

III. Declare sin materia o infundada la denuncia de repetición del acto reclamado; o

IV. Declare infundada o improcedente la denuncia por incumplimiento de la declaratoria general de inconstitucionalidad.

Artículo 202. El recurso de inconformidad podrá interponerse por el quejoso o, en su caso, por el tercero interesado o el promovente de la denuncia a que se refiere el artículo 210 de esta Ley, mediante escrito presentado por conducto del órgano judicial que haya dictado la resolución impugnada, dentro del plazo de quince días contados a partir del siguiente al en que surta efectos la notificación.

La persona extraña a juicio que resulte afectada por el cumplimiento o ejecución de la sentencia de amparo también podrá interponer el recurso de inconformidad en los mismos términos establecidos en el párrafo anterior, si ya había tenido conocimiento de lo actuado ante el órgano judicial de amparo; en caso contrario, el plazo de quince días se contará a partir del siguiente al en que haya tenido conocimiento de la afectación. En cualquier caso, la persona extraña al juicio de amparo sólo podrá alegar en contra del cumplimiento o ejecución indebidos de la ejecutoria en cuanto la afecten, pero no en contra de la ejecutoria misma. Cuando el amparo se haya otorgado en contra de actos que importen peligro de privación de la vida, ataques a la libertad personal fuera de procedimiento, incomunicación, deportación o expulsión, proscripción o destierro, extradición, desaparición forzada de personas o alguno de los prohibidos por el artículo 22 de la Constitución Política de los Estados Unidos Mexicanos, así como la incorporación forzosa al Ejército, Armada o Fuerza Aérea nacionales, la inconformidad podrá ser interpuesta en cualquier tiempo.

Cuando el amparo se haya otorgado en contra de actos que importen peligro de privación de la vida, ataques a la libertad personal fuera de procedimiento, incomunicación, deportación o expulsión, proscripción o destierro, extradición, desaparición forzada de personas o alguno de los prohibidos por el artículo 22 de la Constitución Política de los Estados Unidos Mexicanos, así como la incorporación forzosa al Ejército, Armada o Fuerza Aérea nacionales, la inconformidad podrá ser interpuesta en cualquier tiempo.

Artículo 203. El órgano jurisdiccional, sin decidir sobre la admisión del recurso de inconformidad, remitirá el original del escrito, así como los autos del juicio a la Suprema Corte de Justicia de la Nación, la cual resolverá allegándose los elementos que estime convenientes.

CAPÍTULO IV
INCIDENTE DE CUMPLIMIENTO SUSTITUTO

Artículo 204. El incidente de cumplimiento sustituto tendrá por efecto que la ejecutoria se dé por cumplida mediante el pago de los daños y perjuicios al quejoso.

Artículo 205. El cumplimiento sustituto podrá ser solicitado por cualquiera de las partes o decretado de oficio por la Suprema Corte de Justicia de la Nación, en los casos en que:

I. La ejecución de la sentencia afecte gravemente a la sociedad en mayor proporción a los beneficios que pudiera obtener el quejoso; o

II. Por las circunstancias materiales del caso, sea imposible o desproporcionadamente gravoso restituir las cosas a la situación que guardaban con anterioridad al juicio.

La solicitud podrá presentarse, según corresponda, ante la Suprema Corte de Justicia de la Nación o por conducto del órgano jurisdiccional a partir del momento en que cause ejecutoria la sentencia.

El cumplimiento sustituto se tramitará incidentalmente en los términos de los artículos 66 y 67 de esta Ley.

Declarado procedente, el órgano jurisdiccional de amparo determinará la forma y cuantía de la restitución.

Independientemente de lo establecido en los párrafos anteriores, el quejoso y la autoridad responsable pueden celebrar convenio a través del cual se tenga por cumplida la ejecutoria. Del convenio se dará aviso al órgano judicial de amparo; éste, una vez que se le compruebe que los términos del convenio fueron cumplidos, mandará archivar el expediente.

CAPÍTULO V
INCIDENTE POR EXCESO O DEFECTO EN EL CUMPLIMIENTO DE LA SUSPENSIÓN

Artículo 206. El incidente a que se refiere este Capítulo procede en contra de las autoridades responsables, por cualquier persona que resulte agraviada por el incumplimiento de la suspensión, sea de plano o definitiva, por exceso o defecto en su ejecución o por admitir, con notoria mala fe o negligencia inexcusable, fianza o contrafianza que resulte ilusoria o insuficiente.

Este incidente podrá promoverse en cualquier tiempo, mientras no cause ejecutoria la resolución que se dicte en el juicio de amparo.

Artículo 207. El incidente se promoverá ante el juez de distrito o el tribunal unitario de circuito, si se trata de la suspensión concedida en amparo indirecto, y ante el presidente del tribunal colegiado de circuito si la suspensión fue concedida en amparo directo.

Artículo 208. El incidente se tramitará de conformidad con las reglas siguientes:

I. Se presentará por escrito, con copias para las partes, ante el órgano judicial correspondiente señalado en el artículo anterior; en el mismo escrito se ofrecerán las pruebas relativas;

II. El órgano judicial señalará fecha para la audiencia dentro de diez días y requerirá a la autoridad responsable para que rinda informe en el plazo de tres días. La falta o deficiencia del informe establece la presunción de ser cierta la conducta que se reclama; y

III. En la audiencia se recibirán las pruebas ofrecidas por las partes, se dará oportunidad para que éstas aleguen oralmente y se dictará resolución.

Artículo 209. Si como resultado del incidente se demuestra que la autoridad responsable no ha cumplido con la suspensión, que lo ha hecho de manera excesiva o defectuosa o que con notoria mala fe o negligencia inexcusable admitió fianza o contrafianza ilusoria o insuficiente, el órgano judicial, en su resolución, la requerirá para que en el término de veinticuatro horas cumpla con la suspensión, que rectifique los errores en que incurrió al cumplirla o, en su caso, que subsane las deficiencias relativas a las garantías, con el apercibimiento que de no hacerlo será denunciada al Ministerio Público de la Federación por el delito que, según el caso, establecen las fracciones III y IV del artículo 262 de esta Ley.

CAPÍTULO VI
DENUNCIA POR INCUMPLIMIENTO DE LA DECLARATORIA GENERAL DE INCONSTITUCIONALIDAD

Artículo 210. Si con posterioridad a la entrada en vigor de la declaratoria general de inconstitucionalidad, se aplica la norma general inconstitucional, el afectado podrá denunciar dicho acto:

I. La denuncia se hará ante el juez de distrito que tenga jurisdicción en el lugar donde el acto deba tener ejecución, trate de ejecutarse, se esté ejecutando o se haya ejecutado.

Si el acto denunciado puede tener ejecución en más de un distrito o ha comenzado a ejecutarse en uno de ellos y sigue ejecutándose en otro, el trámite se llevará ante el juez de distrito que primero admita la denuncia; en su defecto, aquél que dicte acuerdo sobre ella o, en su caso, el que primero la haya recibido.

Cuando el acto denunciado no requiera ejecución material se tramitará ante el juez de distrito en cuya jurisdicción resida el denunciante.

El juez de distrito dará vista a las partes para que en un plazo de tres días expongan lo que a su derecho convenga.

Transcurrido este plazo, dictará resolución dentro de los tres días siguientes. Si fuere en el sentido de que se aplicó la norma general inconstitucional, ordenará a la autoridad aplicadora que deje sin efectos el acto denunciado y de no hacerlo en tres días se estará a lo que disponen los artículos 192 al 198 de esta Ley en lo conducente. Si fuere en el sentido de que no se aplicó, la resolución podrá impugnarse mediante el recurso de inconformidad;

II. Si con posterioridad la autoridad aplicadora o en su caso la sustituta incurrieran de nueva cuenta en aplicar la norma general declarada inconstitucional, el denunciante podrá combatir dicho acto a través del procedimiento de denuncia de repetición del acto reclamado previsto por el Capítulo II del Título Tercero de esta Ley.

El procedimiento establecido en el presente artículo será aplicable a los casos en que la declaratoria general de inconstitucionalidad derive de lo dispuesto por la Ley Reglamentaria de las Fracciones I y II del Artículo 105 de la Constitución Política de los Estados Unidos Mexicanos.

CAPÍTULO VII
DISPOSICIONES COMPLEMENTARIAS

Artículo 211. Lo dispuesto en este título debe entenderse sin perjuicio de que el órgano jurisdiccional haga cumplir la sentencia de que se trate dictando las órdenes y medidas de apremio necesarias. Si éstas no fueren obedecidas, comisionará al secretario o actuario para que le dé cumplimiento cuando la naturaleza del acto lo permita y, en su caso, el mismo juez de distrito se constituirá en el lugar en que deba dársele cumplimiento para ejecutarla.

Para los efectos de esta disposición, el juez o servidor público designado podrá salir del lugar de su jurisdicción, dando aviso al Consejo de la Judicatura Federal. En todo tiempo podrá solicitar el auxilio de la fuerza pública para hacer cumplir la sentencia de amparo.

Se exceptúan de lo dispuesto en los párrafos anteriores, los casos en que sólo las autoridades responsables puedan dar cumplimiento a la sentencia de que se trate y aquellos en que la ejecución consista en dictar nueva resolución en el expediente o asunto que haya motivado el acto reclamado; pero si se tratare de la libertad personal, la que debiera restituirse al quejoso por virtud de la sentencia y la autoridad responsable se negare a hacerlo u omitiere dictar la resolución que corresponda de inmediato, el órgano jurisdiccional de amparo mandará ponerlo en libertad sin perjuicio de que la autoridad responsable dicte después la resolución que proceda. Los encargados de las prisiones, darán debido cumplimiento a las órdenes que se les giren conforme a esta disposición.

Artículo 212. Si el pleno o la sala de la Suprema Corte de Justicia de la Nación que concedió el amparo no obtuviere el cumplimiento material de la sentencia respectiva, dictará las órdenes que sean procedentes al órgano jurisdiccional que corresponda, los que se sujetarán a las disposiciones del artículo anterior en cuanto fueren aplicables.

Artículo 213. En el recurso e incidentes a que se refiere este título, el órgano jurisdiccional de amparo deberá suplir la deficiencia de la vía y de los argumentos hechos valer por el promovente.

Artículo 214. No podrá archivarse ningún juicio de amparo sin que se haya cumplido la sentencia que concedió la protección constitucional o no exista materia para la ejecución y así se haya determinado por el órgano jurisdiccional de amparo en resolución fundada y motivada.

TÍTULO CUARTO
JURISPRUDENCIA Y DECLARATORIA GENERAL DE INCONSTITUCIONALIDAD

CAPÍTULO I
DISPOSICIONES GENERALES

Artículo 215. La jurisprudencia se establece por reiteración de criterios, por contradicción de tesis y por sustitución.

Artículo 216. La jurisprudencia por reiteración se establece por la Suprema Corte de Justicia de la Nación, funcionando en pleno o en salas, o por los tribunales colegiados de circuito.

La jurisprudencia por contradicción se establece por el pleno o las salas de la Suprema Corte de Justicia de la Nación y por los Plenos de Circuito.

Artículo 217. La jurisprudencia que establezca la Suprema Corte de Justicia de la Nación, funcionando en pleno o en salas, es obligatoria para éstas tratándose de la que decrete el pleno, y además para los Plenos de Circuito, los tribunales colegiados y unitarios de circuito, los juzgados de distrito, tribunales militares y judiciales del orden común de los Estados y del Distrito Federal, y tribunales administrativos y del trabajo, locales o federales.

La jurisprudencia que establezcan los Plenos de Circuito es obligatoria para los tribunales colegiados y unitarios de circuito, los juzgados de distrito, tribunales militares y judiciales del orden común de las entidades federativas y tribunales administrativos y del trabajo, locales o federales que se ubiquen dentro del circuito correspondiente.

La jurisprudencia que establezcan los tribunales colegiados de circuito es obligatoria para los órganos mencionados en el párrafo anterior, con excepción de los Plenos de Circuito y de los demás tribunales colegiados de circuito.

La jurisprudencia en ningún caso tendrá efecto retroactivo en perjuicio de persona alguna.

Artículo 218. Cuando la Suprema Corte de Justicia de la Nación, los Plenos de Circuito o los tribunales colegiados de circuito establezcan un criterio relevante, se elaborará la tesis respectiva, la cual deberá contener:

I. El título que identifique el tema que se trata;

II. El subtítulo que señale sintéticamente el criterio que se sustenta;

III. Las consideraciones interpretativas mediante las cuales el órgano jurisdiccional haya establecido el criterio;

IV. Cuando el criterio se refiera a la interpretación de una norma, la identificación de ésta; y

V. Los datos de identificación del asunto, el número de tesis, el órgano jurisdiccional que la dictó y las votaciones emitidas al aprobar el asunto y, en su caso, en relación con el criterio sustentado en la tesis.

Además de los elementos señalados en las fracciones I, II, III y IV de este artículo, la jurisprudencia emitida por contradicción o sustitución deberá contener, según sea el caso, los datos de identificación de las tesis que contiendan en la contradicción o de la tesis que resulte sustituida, el órgano que las emitió, así como la votación emitida durante las sesiones en que tales contradicciones o sustituciones se resuelvan.

Artículo 219. El pleno o las salas de la Suprema Corte de Justicia de la Nación, los Plenos de Circuito o los tribunales colegiados de circuito deberán remitir las tesis en el plazo de quince días a la dependencia de la Suprema Corte de Justicia de la Nación encargada del Semanario Judicial de la Federación, para su publicación.

Artículo 220. En el Semanario Judicial de la Federación se publicarán las tesis que se reciban y se distribuirá en forma eficiente para facilitar su conocimiento.

Igualmente se publicarán las resoluciones necesarias para constituir, interrumpir o sustituir la jurisprudencia y los votos particulares. También se publicarán las resoluciones que los órganos jurisdiccionales competentes estimen pertinentes.

Artículo 221. Cuando las partes invoquen tesis de jurisprudencia o precedentes expresarán los datos de identificación y publicación. De no haber sido publicadas, bastará que se acompañen copias certificadas de las resoluciones correspondientes.

CAPÍTULO II
JURISPRUDENCIA POR REITERACIÓN DE CRITERIOS

Artículo 222. La jurisprudencia por reiteración del pleno de la Suprema Corte de Justicia de la Nación se establece cuando se sustente un mismo criterio en cinco sentencias no interrumpidas por otra en contrario, resueltas en diferentes sesiones, por una mayoría de cuando menos ocho votos.

Artículo 223. La jurisprudencia por reiteración de las salas de la Suprema Corte de Justicia de la Nación se establece cuando se sustente un mismo criterio en cinco sentencias no interrumpidas por otra en contrario, resueltas en diferentes sesiones, por una mayoría de cuando menos cuatro votos.

Artículo 224. Para el establecimiento de la jurisprudencia de los tribunales colegiados de circuito deberán observarse los requisitos señalados en este Capítulo, salvo el de la votación, que deberá ser unánime.

CAPÍTULO III
JURISPRUDENCIA POR CONTRADICCIÓN DE TESIS

Artículo 225. La jurisprudencia por contradicción se establece al dilucidar los criterios discrepantes sostenidos entre las salas de la Suprema Corte de Justicia de la Nación, entre los Plenos de Circuito o entre los tribunales colegiados de circuito, en los asuntos de su competencia.

Artículo 226. Las contradicciones de tesis serán resueltas por:

I. El pleno de la Suprema Corte de Justicia de la Nación cuando deban dilucidarse las tesis contradictorias sostenidas entre sus salas;

II. El pleno o las salas de la Suprema Corte de Justicia de la Nación, según la materia, cuando deban dilucidarse las tesis contradictorias sostenidas entre los Plenos de Circuito de distintos Circuitos, entre los Plenos de Circuito en materia especializada de un mismo Circuito, o sus tribunales de diversa especialidad, así como entre los tribunales colegiados de diferente circuito; y

III. Los Plenos de Circuito cuando deban dilucidarse las tesis contradictorias sostenidas entre los tribunales colegiados del circuito correspondiente.

Al resolverse una contradicción de tesis, el órgano correspondiente podrá acoger uno de los criterios discrepantes, sustentar uno diverso, declararla inexistente, o sin materia. En todo caso, la decisión se determinará por la mayoría de los magistrados que los integran.

La resolución que decida la contradicción de tesis no afectará las situaciones jurídicas concretas de los juicios en los cuales se hayan dictado las sentencias que sustentaron las tesis contradictorias.

Artículo 227. La legitimación para denunciar las contradicciones de tesis se ajustará a las siguientes reglas:

I. Las contradicciones a las que se refiere la fracción I del artículo anterior podrán ser denunciadas ante el pleno de la Suprema Corte de Justicia de la Nación por los ministros, los Plenos de Circuito, los tribunales colegiados de circuito y sus integrantes, los jueces de distrito, el Procurador General de la República, o las partes en los asuntos que las motivaron.

II. Las contradicciones a las que se refiere la fracción II del artículo anterior podrán ser denunciadas ante la Suprema Corte de Justicia de la Nación por los ministros, los Plenos de Circuito o los tribunales colegiados de circuito y sus integrantes, que hayan sustentado las tesis discrepantes, el Procurador General de la República, los jueces de distrito, o las partes en los asuntos que las motivaron.

III. Las contradicciones a las que se refiere la fracción III del artículo anterior podrán ser denunciadas ante los Plenos de Circuito por el Procurador General de la República, los mencionados tribunales y sus integrantes, los jueces de distrito o las partes en los asuntos que las motivaron.

CAPÍTULO IV
INTERRUPCIÓN DE LA JURISPRUDENCIA

Artículo 228. La jurisprudencia se interrumpe y deja de tener carácter obligatorio cuando se pronuncie sentencia en contrario. En estos casos, en la ejecutoria respectiva deberán expresarse las razones en que se apoye la interrupción, las que se referirán a las consideraciones que se tuvieron para establecer la jurisprudencia relativa.

Artículo 229. Interrumpida la jurisprudencia, para integrar la nueva se observarán las mismas reglas establecidas para su formación.

CAPÍTULO V
JURISPRUDENCIA POR SUSTITUCIÓN

Artículo 230. La jurisprudencia que por reiteración o contradicción establezcan el pleno o las salas de la Suprema Corte de Justicia de la Nación, así como los Plenos de Circuito, podrá ser sustituida conforme a las siguientes reglas:

I. Cualquier tribunal colegiado de circuito, previa petición de alguno de sus magistrados, con motivo de un caso concreto una vez resuelto, podrán solicitar al Pleno de Circuito al que pertenezcan que sustituya la jurisprudencia que por contradicción haya establecido, para lo cual expresarán las razones por las cuales se estima debe hacerse.

Para que los Plenos de Circuito sustituyan la jurisprudencia se requerirá de las dos terceras partes de los magistrados que lo integran.

II. Cualquiera de los Plenos de Circuito, previa petición de alguno de los magistrados de los tribunales colegiados de su circuito y con motivo de un caso concreto una vez resuelto, podrán solicitar al pleno de la Suprema Corte de Justicia de la Nación, o a la sala correspondiente, que sustituya la jurisprudencia que hayan establecido, para lo cual expresarán las razones por las cuales se estima debe hacerse. La solicitud que, en su caso, enviarían los Plenos de Circuito al pleno de la Suprema Corte de Justicia de la Nación, o a la sala correspondiente, debe ser aprobada por la mayoría de sus integrantes.

III. Cualquiera de las salas de la Suprema Corte de Justicia de la Nación, previa petición de alguno de los ministros que las integran, y sólo con motivo de un caso concreto una vez resuelto, podrán solicitar al pleno de la Suprema Corte de Justicia de la Nación que sustituya la jurisprudencia que haya establecido, para lo cual expresarán las razones por las cuales se estima debe hacerse. La solicitud que, en su caso, enviaría la sala correspondiente al pleno de la Suprema Corte de Justicia de la Nación, deberá ser aprobada por la mayoría de sus integrantes.

Para que la Suprema Corte de Justicia de la Nación sustituya la jurisprudencia en términos de las fracciones II y III del presente artículo, se requerirá mayoría de cuando menos ocho votos en pleno y cuatro en sala.

Cuando se resuelva sustituir la jurisprudencia, dicha resolución no afectará las situaciones jurídicas concretas derivadas de los juicios en los que se hayan dictado las sentencias que la integraron, ni la que se resolvió en el caso concreto que haya motivado la solicitud. Esta resolución se publicará y distribuirá en los términos establecidos en esta Ley.

CAPÍTULO VI
DECLARATORIA GENERAL DE INCONSTITUCIONALIDAD

Artículo 231. Cuando las salas o el pleno de la Suprema Corte de Justicia de la Nación, en los juicios de amparo indirecto en revisión, resuelvan la inconstitucionalidad de una norma general por segunda ocasión consecutiva, en una o en distintas sesiones, el presidente de la sala respectiva o de la Suprema Corte de Justicia de la Nación lo informará a la autoridad emisora de la norma.

Lo dispuesto en el presente Capítulo no será aplicable a normas en materia tributaria.

Artículo 232. Cuando el pleno o las salas de la Suprema Corte de Justicia de la Nación, en los juicios de amparo indirecto en revisión, establezcan jurisprudencia por reiteración, en la cual se determine la inconstitucionalidad de la misma norma general, se procederá a la notificación a que se refiere el tercer párrafo de la fracción II del artículo 107 de la Constitución Política de los Estados Unidos Mexicanos.

Una vez que se hubiere notificado al órgano emisor de la norma y transcurrido el plazo de 90 días naturales sin que se modifique o derogue la norma declarada inconstitucional, el pleno de la Suprema Corte de Justicia de la Nación emitirá la declaratoria general de inconstitucionalidad correspondiente siempre que hubiera sido aprobada por mayoría de cuando menos ocho votos.

Cuando el órgano emisor de la norma sea el órgano legislativo federal o local, el plazo referido en el párrafo anterior se computará dentro de los días útiles de los periodos ordinarios de sesiones determinados en la Constitución Federal, en el Estatuto de Gobierno del Distrito Federal, o en la Constitución Local, según corresponda.

Artículo 233. Los plenos de circuito, conforme a los acuerdos generales que emita la Suprema Corte de Justicia de la Nación, podrán solicitar a ésta, por mayoría de sus integrantes, que inicie el procedimiento de declaratoria general de inconstitucionalidad cuando dentro de su circuito se haya emitido jurisprudencia derivada de amparos indirectos en revisión en la que se declare la inconstitucionalidad de una norma general.

Artículo 234. La declaratoria en ningún caso podrá modificar el sentido de la jurisprudencia que le da origen, será obligatoria, tendrá efectos generales y establecerá:

I. La fecha a partir de la cual surtirá sus efectos; y

II. Los alcances y las condiciones de la declaratoria de inconstitucionalidad.

Los efectos de estas declaratorias no serán retroactivos salvo en materia penal, en términos del párrafo primero del artículo 14 de la Constitución Política de los Estados Unidos Mexicanos.

Artículo 235. La declaratoria general de inconstitucionalidad se remitirá al Diario Oficial de la Federación y al órgano oficial en el que se hubiera publicado la norma declarada inconstitucional para su publicación dentro del plazo de siete días hábiles.

TÍTULO QUINTO
MEDIDAS DISCIPLINARIAS Y DE APREMIO, RESPONSABILIDADES, SANCIONES Y DELITOS

CAPÍTULO I
MEDIDAS DISCIPLINARIAS Y DE APREMIO

Artículo 236. Para mantener el orden y exigir respeto, los órganos jurisdiccionales de amparo mediante una prudente apreciación de acuerdo con la conducta realizada, podrán imponer a las partes y a los asistentes al juzgado o tribunal, y previo apercibimiento, cualquiera de las siguientes medidas disciplinarias:

I. Multa; y

II. Expulsión del recinto judicial o del lugar donde se celebre la audiencia. En casos extremos, la audiencia podrá continuar en privado.

Para estos efectos las autoridades policiacas, federales, estatales y municipales deberán prestar auxilio a los órganos jurisdiccionales de amparo cuando lo soliciten.

Artículo 237. Para hacer cumplir sus determinaciones, los órganos jurisdiccionales de amparo, bajo su criterio y responsabilidad, podrán hacer uso, indistintamente, de las siguientes medidas de apremio:

I. Multa;

II. Auxilio de la fuerza pública que deberán prestar las autoridades policiacas federales, estatales o municipales; y

III. Ordenar que se ponga al infractor a disposición del Ministerio Público por la probable comisión de delito en el supuesto de flagrancia; en caso contrario, levantar el acta respectiva y hacer la denuncia ante la representación social federal. Cuando la autoridad infractora sea el Ministerio Público de la Federación, la infracción se hará del conocimiento del Procurador General de la República.

CAPÍTULO II
RESPONSABILIDADES Y SANCIONES

Artículo 238. Las multas previstas en esta Ley se impondrán a razón de días de salario mínimo general vigente en el Distrito Federal al momento de realizarse la conducta sancionada. Podrán aplicarse al quejoso o al tercero interesado y en ambos supuestos, según el caso, de manera conjunta o indistinta con quienes promuevan en su nombre, sus apoderados o sus abogados, según lo resuelva el órgano jurisdiccional de amparo.

Si el infractor fuera jornalero, obrero o trabajador, la multa no podrá exceder de su jornal o salario de un día.

Artículo 239. No se aplicarán las multas establecidas en esta Ley cuando el quejoso impugne actos que importen peligro de privación de la vida, ataques a la libertad personal fuera de procedimiento, incomunicación, deportación o expulsión, proscripción o destierro, extradición, desaparición forzada de personas o alguno de los prohibidos por el artículo 22 de la Constitución Política de los Estados Unidos Mexicanos, así como la incorporación forzosa al Ejército, Armada o Fuerza Aérea nacionales.

Artículo 240. En el caso del artículo 11 de esta Ley, si quien promueve no tiene la representación que afirma, se le impondrá multa de treinta a trescientos días.

Artículo 241. Tratándose de lo previsto en el artículo 14 de esta Ley, si quien afirma ser defensor no lo demuestra, se le impondrá una multa de cincuenta a quinientos días.

Artículo 242. En el caso del párrafo tercero del artículo 16 de esta Ley, a la parte que teniendo conocimiento del fallecimiento del quejoso o del tercero interesado no lo comunique al órgano jurisdiccional de amparo, se le impondrá multa de cincuenta a quinientos días.

Artículo 243. En el caso de los artículos 20, párrafo segundo y 24 de esta Ley, si los jefes o encargados de las oficinas públicas de comunicaciones se niegan a recibir o transmitir los mensajes de referencia, se les impondrá multa de cien a mil días.

Artículo 244. En el caso del artículo 27, fracción III, inciso b) de esta Ley, a la autoridad responsable que no proporcione el domicilio del tercero interesado se le impondrá multa de cien a mil días.

Artículo 245. En el caso del artículo 28, fracción I de esta Ley, a la autoridad responsable que se niegue a recibir la notificación se le impondrá multa de cien a mil días.

Artículo 246. En el caso del artículo 28, fracción II de esta Ley, si el encargado de la oficina pública de comunicaciones no envía el oficio de referencia, se le impondrá multa de cien a mil días.

Artículo 247. En los casos de los artículos 32 y 68 de esta Ley, al servidor público que de mala fe practique una notificación que sea declarada nula se le impondrá multa de treinta a trescientos días.

Artículo 248. Se impondrá multa de cincuenta a quinientos días a quien para dar competencia a un juez de distrito o tribunal unitario de circuito, de mala fe designe como autoridad ejecutora a quien no lo sea, siempre que no se reclamen actos que importen peligro de privación de la vida, ataques a la libertad personal fuera de procedimiento, incomunicación, deportación o expulsión, proscripción o destierro, extradición, desaparición forzada de personas o alguno de los prohibidos por el artículo 22 de la Constitución Política de los Estados Unidos Mexicanos, así como la incorporación forzosa al Ejército, Armada o Fuerza Aérea nacionales.

Artículo 249. En los casos a que se refiere el artículo 49 de esta Ley, si el juez de distrito o tribunal unitario de circuito no encontraren motivo fundado para la promoción de dos o más juicios de amparo contra el mismo acto reclamado, impondrá al o los infractores multa de cincuenta a quinientos días, salvo que se trate de los casos mencionados en el artículo 15 de esta Ley.

Artículo 250. Cuando el órgano jurisdiccional que deseche o desestime una recusación advierta que existan elementos suficientes que demuestren que su promoción se haya dirigido a entorpecer o dilatar el procedimiento en cuestión, se impondrá multa de treinta a trescientos días de salario.

Artículo 251. En el caso del artículo 64 de esta Ley, a la parte que tenga conocimiento de alguna causa de sobreseimiento y no la comunique, se le impondrá multa de treinta a trescientos días.

Artículo 252. En el caso del párrafo tercero del artículo 68 de esta Ley, cuando se promueva una nulidad que sea declarada notoriamente improcedente se impondrá multa de treinta a trescientos días.

Artículo 253. En el caso del párrafo segundo del artículo 72 de esta Ley, al responsable de la pérdida de constancias se le impondrá multa de cien a mil días.

Artículo 254. En el caso del artículo 121 de esta Ley, si la autoridad no expide con oportunidad las copias o documentos solicitados por las partes o los expide incompletos o ilegibles, se le impondrá multa de cincuenta a quinientos días; si a pesar de la solicitud del órgano jurisdiccional de amparo no los remite, o los remite incompletos o ilegibles, se le impondrá multa de cien a mil días.

Artículo 255. En el caso del artículo 122 de esta Ley, si el juez de distrito desechare la impugnación presentada, impondrá al promovente que actuó con mala fe multa de treinta a trescientos días.

Artículo 256. En el caso del artículo 145 de esta Ley, si se acredita que la segunda suspensión se solicitó indebidamente y con mala fe, se impondrá multa de cincuenta a quinientos días.

Artículo 257. En el caso del artículo 191 de esta Ley, si la autoridad responsable no decide sobre la suspensión en las condiciones señaladas, se impondrá multa de cien a mil días.

Artículo 258. La multa a que se refieren los artículos 192 y 193 de esta Ley será de cien a mil días.

Artículo 259. En el caso de la fracción I de los artículos 236 y 237 de esta Ley, las multas serán de cincuenta a mil días.

Artículo 260. Se sancionará con multa de cien a mil días a la autoridad responsable que:

I. No rinda el informe previo;

II. No rinda el informe con justificación o lo haga sin remitir, en su caso, copia certificada completa y legible de las constancias necesarias para la solución del juicio constitucional u omita referirse a la representación que aduzca el promovente de la demanda en términos del artículo 11 de esta Ley;

III. No informe o no remita, en su caso, la certificación relativa a la fecha de notificación del acto reclamado, la de presentación de la demanda y de los días inhábiles que mediaron entre uno y otro acto; y

IV. No trámite la demanda de amparo o no remita con la oportunidad debida y en los plazos previstos por esta Ley las constancias que le sean solicitadas por amparo o por las partes en el juicio constitucional.

Tratándose de amparo contra normas generales, las autoridades que hayan intervenido en el refrendo del decreto promulgatorio de la norma o en su publicación, únicamente rendirán el informe justificado cuando adviertan que su intervención en el proceso legislativo o de creación de la norma general, se impugne por vicios propios.

La falta del informe justificado de las autoridades legislativas, además de lo señalado en el párrafo anterior, no dará lugar a sanción alguna. En la inteligencia que ello no impide al órgano jurisdiccional examinar los referidos actos, si advierte un motivo de inconstitucionalidad.

CAPÍTULO III
DELITOS

Artículo 261. Se impondrá una pena de dos a seis años de prisión y multa de treinta a trescientos días:

I. Al quejoso, a su abogado autorizado o a ambos, si con el propósito de obtener una ventaja procesal indebida, en la demanda afirme hechos falsos u omita los que le consten en relación con el acto reclamado, siempre que no se reclamen actos que importen peligro de privación de la vida, ataques a la libertad personal fuera de procedimiento, incomunicación, deportación o expulsión, proscripción o destierro, extradición, desaparición forzada de personas o alguno de los prohibidos por el artículo 22 de la Constitución Política de los Estados Unidos Mexicanos, así como la incorporación forzosa al Ejército, Armada o Fuerza Aérea nacionales; y

II. Al quejoso o tercero interesado, a su abogado o a ambos, si en el juicio de amparo presenten testigos o documentos falsos.

Artículo 262. Se impondrá pena de tres a nueve años de prisión, multa de cincuenta a quinientos días, destitución e inhabilitación de tres a nueve años para desempeñar otro cargo, empleo o comisión públicos, al servidor público que con el carácter de autoridad responsable en el juicio de amparo o en el incidente de suspensión:

I. Al rendir informe previo o con justificación exprese un hecho falso o niegue la verdad;

II. Sin motivo justificado revoque o deje sin efecto el acto que se le reclama con el propósito de que se sobresea en el amparo, sólo para insistir con posterioridad en la emisión del mismo;

III. No obedezca un auto de suspensión debidamente notificado, independientemente de cualquier otro delito en que incurra;

IV. En los casos de suspensión admita, por notoria mala fe o negligencia inexcusable, fianza o contrafianza que resulte ilusoria o insuficiente; y

V. Fuera de los casos señalados en las fracciones anteriores, se resista de cualquier modo a dar cumplimiento a los mandatos u órdenes dictadas en materia de amparo.

Artículo 263. Los jueces de distrito, las autoridades judiciales de los Estados y del Distrito Federal cuando actúen en auxilio de la justicia federal, los presidentes de las juntas y de los tribunales de conciliación y arbitraje, los magistrados de circuito y los ministros de la Suprema Corte de Justicia de la Nación son responsables en los juicios de amparo por los delitos y faltas que cometan en los términos que los definen y castigan el Código Penal Federal y la Ley Orgánica del Poder Judicial de la Federación, así como este Capítulo.

Artículo 264. Al ministro, magistrado o juez que dolosamente hubiere negado la causa que funda la recusación y ésta se comprueba, se le impondrán pena de dos a seis años de prisión, multa de treinta a trescientos días, destitución e inhabilitación por un lapso de dos a seis años.

Artículo 265. Se impondrá pena de dos a seis años de prisión, multa de treinta a trescientos días, destitución e inhabilitación de dos a seis años para desempeñar otro cargo, empleo o comisión públicos, al juez de distrito o la autoridad que conozca de un juicio de amparo o del incidente respectivo, cuando dolosamente.

I. No suspenda el acto reclamado a sabiendas de que importe peligro de privación de la vida, ataques a la libertad personal fuera de procedimiento, incomunicación, deportación o expulsión, proscripción o destierro, extradición, desaparición forzada de personas o alguno de los prohibidos por el artículo 22 de la Constitución Política de los Estados Unidos Mexicanos, así como la incorporación forzosa al Ejército, Armada o Fuerza Aérea nacionales, si dichos actos no se ejecutan por causas ajenas a la intervención de los órganos jurisdiccionales mencionados; y

II. No concediere la suspensión, siendo notoria su procedencia.

Artículo 266. Se impondrá pena de tres a siete años de prisión, multa de cincuenta a quinientos días, destitución e inhabilitación de tres a siete años para desempeñar otro cargo, empleo o comisión públicos al juez de distrito o la autoridad que conozca de un juicio de amparo o del incidente respectivo, cuando dolosamente:

I. No suspenda el acto reclamado a sabiendas de que importe peligro de privación de la vida, ataques a la libertad personal fuera de procedimiento, incomunicación, deportación o expulsión, proscripción o destierro, extradición, desaparición forzada de personas o alguno de los prohibidos por el artículo 22 de la Constitución Política de los Estados Unidos Mexicanos, así como la incorporación forzosa al Ejército, Armada o Fuerza Aérea nacionales, y se lleva a efecto su ejecución; y

II. Ponga en libertad al quejoso en contra de lo previsto en las disposiciones aplicables de esta Ley.

Artículo 267. Se impondrá pena de cinco a diez años de prisión, multa de cien a mil días, en su caso destitución e inhabilitación de cinco a diez años para desempeñar otro cargo, empleo o comisión públicos a la autoridad que dolosamente:

I. Incumpla una sentencia de amparo o no la haga cumplir;

II. Repita el acto reclamado;

III. Omita cumplir cabalmente con la resolución que establece la existencia del exceso o defecto; y

IV. Incumpla la resolución en el incidente que estime incumplimiento sobre declaratoria general de inconstitucionalidad.

Las mismas penas que se señalan en este artículo serán impuestas en su caso al superior de la autoridad responsable que no haga cumplir una sentencia de amparo.

Artículo 268. Se impondrá pena de uno a tres años de prisión o multa de treinta a trescientos días y, en ambos casos, destitución e inhabilitación de uno a tres años para desempeñar otro cargo, empleo o comisión públicos a la autoridad que dolosamente aplique una norma declarada inconstitucional por la Suprema Corte de Justicia de la Nación, mediante una declaratoria general de inconstitucionalidad.

Artículo 269. La pérdida de la calidad de autoridad, no extingue la responsabilidad penal por los actos u omisiones realizados para no cumplir o eludir el cumplimiento de la sentencia de amparo cuando la ley le exija su acatamiento.

Artículo 270. Las multas a que se refiere este Capítulo, son equivalentes a los días multa previstos en el Código Penal Federal.

Artículo 271. Cuando al concederse definitivamente al quejoso el amparo aparezca que el acto reclamado además de violar derechos humanos y garantías constituye delito, se pondrá el hecho en conocimiento del Ministerio Público que corresponda.

TRANSITORIOS

PRIMERO. La presente Ley entrará en vigor al día siguiente de su publicación en el Diario Oficial de la Federación.

SEGUNDO. Se abroga la Ley de Amparo, Reglamentaria de los Artículos 103 y 107 de la Constitución Política de los Estados Unidos Mexicanos, publicada en el Diario Oficial de la Federación el 10 de enero de 1936, y se derogan todas las disposiciones que se opongan a lo previsto en la presente Ley.

TERCERO. Los juicios de amparo iniciados con anterioridad a la entrada en vigor de la presente Ley, continuarán tramitándose hasta su resolución final conforme a las disposiciones aplicables vigentes a su inicio, salvo lo que se refiere a las disposiciones relativas al sobreseimiento por inactividad procesal y caducidad de la instancia, así como al cumplimiento y ejecución de las sentencias de amparo.

CUARTO. A las personas que hayan cometido un delito de los contemplados en la Ley de Amparo, Reglamentaria de los artículos 103 y 107 Constitucionales publicada en el Diario Oficial de la Federación de 10 de enero de 1936, incluidas las procesadas o sentenciadas, les serán aplicadas las disposiciones vigentes en el momento en que se haya cometido.

QUINTO. Los actos a los que se refiere la fracción III del artículo 17 de esta Ley que se hubieren dictado o emitido con anterioridad a la entrada en vigor de la misma podrán impugnarse mediante el juicio de amparo dentro de los siete años siguientes a la entrada en vigor de la presente Ley.

Los actos que se hubieren dictado o emitido con anterioridad a la presente Ley y que a su entrada en vigor no hubiere vencido el plazo para la presentación de la demanda de amparo conforme a la ley que se abroga en virtud del presente decreto, les serán aplicables los plazos de la presente Ley contados a partir del día siguiente a aquél en que surta efectos, conforme a la ley del acto, la notificación del acto o resolución que se reclame o a aquél que haya tenido conocimiento o se ostente sabedor del mismo o de su ejecución.

SEXTO. La jurisprudencia integrada conforme a la ley anterior continuará en vigor en lo que no se oponga a la presente Ley.

SÉPTIMO. Para la integración de la jurisprudencia por reiteración de criterios a que se refiere la presente Ley no se tomarán en cuenta las tesis aprobadas en los asuntos resueltos conforme a la ley anterior.

OCTAVO. Las declaratorias generales de inconstitucionalidad no podrán ser hechas respecto de tesis aprobadas conforme a la ley anterior.

NOVENO. La Suprema Corte de Justicia de la Nación y el Consejo de la Judicatura Federal en el ámbito de sus respectivas competencias podrán dictar las medidas necesarias para lograr el efectivo e inmediato cumplimiento de la presente Ley.

DÉCIMO. Las referencias que la presente Ley realice al concepto de "auto de vinculación a proceso" le serán aplicables a los autos de formal prisión emitidos en aquellos órdenes normativos en que aún no hayan entrado en vigor en cumplimiento de los artículos transitorios del Decreto por el que se reforman y adicionan los artículos 16, 17, 18, 19, 20, 21 y 22; las fracciones XXI y XXIII del artículo 73; la fracción VII del artículo 115 y la fracción XIII del Apartado B del artículo 123 de la Constitución Política de los Estados Unidos Mexicanos, publicado en el Diario Oficial de la Federación el 18 de junio de 2008.

En los casos donde no haya entrado en vigor el nuevo sistema de justicia penal a que se refiere la reforma constitucional referida en el párrafo anterior, la suspensión en materia penal seguirá rigiéndose conforme a la Ley de Amparo a que se refiere el artículo segundo transitorio de este Decreto.

DÉCIMO PRIMERO. El Consejo de la Judicatura Federal expedirá el Reglamento a que hace referencia el artículo 3o del presente ordenamiento para la implementación del Sistema Electrónico y la utilización de la firma electrónica.

Asimismo el Consejo de la Judicatura Federal dictará los acuerdos generales a que refieren los artículos 41 Bis y Bis 1 del presente decreto, para la debida integración y funcionamiento de los Plenos de Circuito.

Las anteriores disposiciones deberán emitirse en un plazo de noventa días a partir de la entrada en vigor del presente Decreto.

ARTÍCULO SEGUNDO.

ARTÍCULO TERCERO.

ARTÍCULO CUARTO.

ARTÍCULO QUINTO.

ARTÍCULO SEXTO.

TRANSITORIO

ÚNICO. El presente Decreto entrará en vigor al día siguiente de su publicación en el Diario Oficial de la Federación.

México, D.F., a 20 de marzo de 2013.- Dip. **Francisco Arroyo Vieyra**, Presidente.- Sen. **Ernesto Cordero Arroyo**, Presidente.- Dip. **Javier Orozco Gómez**, Secretario.- Sen. **Lilia Guadalupe Merodio Reza**, Secretaria.- Rúbricas."

En cumplimiento de lo dispuesto por la fracción I del Artículo 89 de la Constitución Política de los Estados Unidos Mexicanos, y para su debida publicación y observancia, expido el presente Decreto en la Residencia del Poder Ejecutivo Federal, en la Ciudad de México, Distrito Federal, a primero de abril de dos mil trece.- **Enrique Peña Nieto**.- Rúbrica.- El Secretario de Gobernación, **Miguel Ángel Osorio Chong**.- Rúbrica.

NICARAGUA
CONSTITUCIÓN POLÍTICA DE LA REPÚBLICA DE NICARAGUA, 1987 (Última reforma 2005)

Artículo 188.- Se establece el Recurso de Amparo en contra de toda disposición, acto o resolución y en general en contra de cada acción u omisión de cualquier funcionario, autoridad o agente de los mismos que viole o trate de violar los derechos y garantías consagrados en la Constitución Política.

Artículo 189.- Se establece el Recurso de Exhibición Personal en favor de aquellos, cuya libertad, integridad física y seguridad, sean violadas o estén en peligro de serlo.

Artículo 190.- La Ley de Amparo regulará los recursos establecidos en este capítulo.

LEY Nº 49 DE 16 DE NOVIEMBRE DE 1988, DE AMPARO.

(PUBLICADA EN LA GACETA Nº 241 DE
20 DE DICIEMBRE DE 1988)

MODIFICADA POR LA LEY Nº 205 DE 29 DE NOVIEMBRE DE 1995, DE
REFORMA A LOS ARTÍCULOS 6 Y 51 DE
LA LEY DE AMPARO

EL PRESIDENTE DE LA REPÚBLICA DE NICARAGUA

Hace saber al pueblo Nicaragüense que:

LA ASAMBLEA NACIONAL DE LA REPUBLICA DE NICARAGUA

Considerando:

I. Que la Constitución Política para garantizar su supremacía estableció en sus artículos 187, 188, 189, 190, los recursos por Inconstitucionalidad, de Amparo y de Exhibición Personal, remitiendo sus regulaciones a la Ley de Amparo.

II. Que los Recursos por Inconstitucionalidad, Amparo y Exhibición Personal, tienen como objeto ser el instrumento mediante el cual se ejerza el control del ordenamiento jurídico y de las actuaciones de los funcionarios públicos para mantener y restablecer la supremacía de la Constitución Política.

III. Que con la Ley de amparo su culmina con el mandato contemplado en el artículo 184 de la Constitución Política de aprobar las leyes constitucionales: Electoral, de Emergencia y de Amparo, y se consolida el proceso de institucionalización del país.

En uso de sus facultades,

Ha dictado

La siguiente: LEY DE AMPARO

TÍTULO I
SUPREMACÍA DE LA CONSTITUCIÓN
CAPÍTULO ÚNICO
DEL CONTROL CONSTITUCIONAL

Artículo 1. La presente ley, de rango constitucional, a fin de mantener y restablecer la supremacía de la Constitución Política, según lo dispuesto por los artículos 182, 183 y 196 de la misma, tienen por objeto regular los recursos por Inconstitucionalidad, de Amparo y de Exhibición Personal, conforme a los artículos 187, 188, 189 y 190 de la Constitución Política.

Artículo 2. El Recurso o inconstitucionalidad procede contra toda ley, decreto ley, decreto o reglamento que se oponga a la Constitución Política.

Artículo 3. El Recurso de Amparo procede en contra de toda disposición, acto o resolución y en general, contra toda acción u omisión de cualquier funcionario, autoridad o agente de los mismos que viole o trate de violar los derechos y garantías consagrados en la Constitución Política.

Artículo 4. El Recurso de Exhibición Personal procede en favor de aquellas personas cuya libertad, integridad física y seguridad sean violadas o estén en peligro de serlo por:

1. Cualquier funcionario, autoridad, entidad o institución estatal, autónoma o no.

2. Por actos restrictivos de la libertad personal de cualquier habitante de la República realizado por particulares.

Artículo 5. Los Tribunales de Justicia observarán siempre el principio de que la Constitución Política prevalece sobre cualquier Ley o Tratado Internacional. Asimismo deberán:

1. Dirigir todos los trámites del recurso, impedir su paralización y obligar que se cumpla el principio de economía procesal.

2. Prevenir y sancionar los actos contrarios a la lealtad y buena le que deben observarse en el recurso.

3. Hacer efectivo los principios de igualdad, publicidad y celeridad del recurso.

4. Tomar todas las providencias necesarias para el cumplimiento de las resoluciones que dicten. No habrá caducidad en estos recursos.

TÍTULO II
RECURSO POR INCONSTITUCIONALIDAD
CAPÍTULO I
INTERPOSICIÓN DEL RECURSO

Artículo 6. El Recurso por Inconstitucionalidad puede ser interpuesto por cualquier ciudadano o ciudadanos, cuando una Ley, Decreto o Reglamento y en general cualquier acto normativo de rango inferior a la Constitución se oponga a lo prescrito en ella, en consecuencia no procede el recurso de inconstitucionalidad contra la Constitución y sus Reformas, excepto cuando estando en vigencia se alegue la existencia de vicios de procedimiento en su tramitación, discusión y aprobación.

Artículo 7. El Recurso por Inconstitucionalidad se dirigirá contra el titular del órgano que emitió la ley, decreto ley, decreto o reglamento.

Artículo 8. Corresponde a la Corte Suprema de Justicia en pleno conocer y resolver el Recurso por Inconstitucionalidad.

Artículo 9. La Procuraduría General de Justicia será parte en la sustanciación del presente recurso.

Artículo 10. El Recurso por Inconstitucionalidad se interpondrá dentro del término de sesenta días contados desde la fecha en que entre en vigencia la ley, decreto ley, decreto o reglamento.

Artículo 11. El Recurso por Inconstitucionalidad se formulará por escrito, en papel sellado de ley, dirigido directamente a la Corte Suprema de Justicia, presentado en Secretaria con copias suficientes en papel común para que sean entregadas al funcionario contra quien fuere dirigido el recurso y al Procurador General de Justicia.

El escrito deberá contener:

1. Nombres, apellidos y generales de ley del recurrente.

2. Nombres y apellidos del funcionario o titular del órgano en contra de quien fuera interpuesto.

3. La Ley, decreto ley, decreto o reglamento, impugnado, la fecha de su entrada en vigencia y la disposición o disposiciones especiales que se opongan a la Constitución, determinando las normas que se consideren violadas o contravenidas.

4. Una exposición fundamentada de los perjuicios directos o indirectos que la ley, decreto ley, decreto o reglamento le cause o pudiere causarle.

5. La solicitud expresa para que se declare la inconstitucionalidad de la ley, decreto ley, decreto o reglamento o partes de la misma.

6. Señalamiento de casa conocida para notificaciones.

Artículo 12. La Corte Suprema de Justicia concederá al recurrente un plazo de cinco días para que llene las omisiones de forma que notare en el escrito de interposición del Recurso. Si el recurrente dejare pasar este plazo, el Recurso se tendrá por no interpuesto.

Artículo 13. El Recurso por Inconstitucionalidad podrá interponerse personalmente, o por apoderado especialmente facultado para ello. En este segundo caso el poder deberá ser otorgado ante Notario Público domiciliado en Nicaragua.

CAPÍTULO II
TRAMITACIÓN DEL RECURSO

Artículo 14. Interpuesto en forma el Recurso por Inconstitucionalidad la Corte Suprema de Justicia, se pronunciará dentro de quince días sobre la admisibilidad del mismo con base en los artículos 6, 10, 11, 12, 13 y 19 de la presente Ley, rechazándolo de plano o mandando seguir el procedimiento.

Artículo 15. Una vez admitido el Recurso por Inconstitucionalidad, la Corte Suprema de Justicia pedirá informe al funcionario en contra de quien se interpone, el que deberá rendirlo dentro de quince días de recibida la notificación correspondiente, pudiendo alegar todo lo que tenga a bien. Para ello se le entregará copia del escrito y de la providencia, respectiva que se dicte. Igual copia se entregará a la Procuraduría General de Justicia al momento de la notificación.

Artículo 16. Si por cualquier circunstancia, la Corte Suprema de Justicia necesitara datos que no aparezcan en el proceso para resolver el Recurso, dictará las providencias que estime necesarias para obtenerlos dándole intervención al recurrente, al funcionario y a la Procuraduría General de Justicia.

Artículo 17. Transcurrido el término para que el funcionario rinda su informe, y una vez practicadas las diligencias especiales, si fuere el caso, con el informe o sin él, la Corte Suprema de Justicia dará audiencia por seis días a la Procuraduría General de Justicia para que dictamine el recurso, pasado este término, con el dictamen o sin él, la Corte Suprema de Justicia dentro de sesenta días dictará la sentencia correspondiente, pronunciándose sobre la Inconstitucionalidad alegada.

CAPÍTULO III
LA SENTENCIA Y SUS EFECTOS

Artículo 18. La declaración de Inconstitucionalidad tendrá por efecto, a partir de la sentencia que lo establezca, la inaplicabilidad de la ley, decreto ley, decreto o reglamento o la disposición o disposiciones impugnadas de los mismos, si la Inconstitucionalidad fuere parcial.

La Corte Suprema de Justicia, previa notificación de las partes, enviará copia de la sentencia a los demás Poderes del Estado para su conocimiento y la mandará publicar en La Gaceta, Diario Oficial.

Artículo 19. La sentencia que declare si es inconstitucional o no, el todo o parte de una ley, decreto ley, decreto o reglamento producirá cosa .juzgada en forma general en cuanto a los puntos declarados constitucionales o inconstitucionales. Cuando se recurrió solamente contra parte o partes de los citados cuerpos normativos, el Tribunal podrá pronunciarse de oficio específicamente sobre el resto de los mismos.

CAPÍTULO IV
INCONSTITUCIONALIDAD EN CASOS CONCRETOS

Artículo 20. La parte recurrente de un Recurso de Casación o de Amparo podrá alegar la Inconstitucionalidad de la ley, decreto ley, decreto o reglamento que se le haya aplicado. Si resultara ser cierta la Inconstitucionalidad alegada, la Corte Suprema de Justicia, además de casar la sentencia o de amparar al recurrente, declarará la inconstitucionalidad de la ley, decreto ley, decreto o reglamento aplicado, de conformidad con el artículo 18 de la presente ley.

Artículo 21. Cuando por sentencia firme, en los casos que no hubiere casación hubiese sido resuelto un asunto con declaración expresa de inconstitucionalidad de alguna ley, decreto ley, decreto o reglamento, el funcionario judicial o tribunal en su caso deberá remitir su resolución a la Corte Suprema de Justicia. Si la Corte Suprema de Justicia ratifica la inconstitucionalidad de la ley, decreto ley, decreto o reglamento, procederá a declarar su inaplicabilidad de acuerdo con la presente ley.

Artículo 22. En los casos de los dos artículos anteriores la declaración de Inconstitucionalidad de una ley, decreto ley, decreto o reglamento, no podrá afectar o perjudicar derechos adquiridos por terceros en virtud de dichas leyes, decretos leyes, decretos o reglamentos.

TÍTULO III
RECURSO AMPARO

CAPÍTULO I
INTERPOSICIÓN DEL RECURSO

Artículo 23. El Recurso de Amparo solo puede interponerse por parte agraviada. Se entiende por tal toda persona natural o jurídica a quien perjudique o esté en inminente peligro de ser perjudicada por toda disposición, acto o resolución, y en general, toda acción u omisión de cualquier funcionario, autoridad o agente de los mismos, que viole o trate de violar los derechos y garantías consagrados en la Constitución Política.

Artículo 24. El Recurso de Amparo se interpondrá en contra del funcionario o autoridad que ordene el acto que se presume violatorio de la Constitución Política contra el agente ejecutor o contra ambos.

Artículo 25. El Recurso de Amparo se interpondrá ante el Tribunal de Apelaciones respectivo o ante la Sala para lo Civil de los mismos, en donde estuviera divididos en Salas, el que conocerá de las primeras actuaciones hasta la suspensión del acto inclusive, correspondiéndole a la Corte Suprema de Justicia el conocimiento ulterior hasta la resolución definitiva. Si el Tribunal de Apelación se negare a tramitar el recurso, podrá el perjudicado recurrir de Amparo por la vía de hecho ante la Corte Suprema de Justicia.

Artículo 26. El Recurso de Amparo se interpondrá dentro del término de treinta días, que se contará desde que se haya notificado o comunicado legalmente al agraviado, la disposición, acto o resolución. En todo caso este término se aumentará en razón de la distancia. También podrá interponerse el Recurso desde que la acción u omisión haya llegado a su conocimiento.

Artículo 27. El Recurso de Amparo se interpondrá por escrito en papel común con copias suficientes para las autoridades señaladas como responsables y para la Procuraduría General de Justicia.

El escrito deberá contener:

1. Nombres, apellidos y generales del agraviado y de la persona que lo promueva en su nombre.

2. Nombre, y apellidos y cargos del funcionario, autoridades o agentes de los mismos contra quien se interpone el Recurso.

3. Disposición, acto, resolución, acción u omisión contra los cuales se reclama, incluyendo si la ley, decreto ley, decreto o reglamento, que a juicio del recurrente fuere inconstitucional.

4. Las disposiciones constitucionales que el reclamante estime violadas.

5. El Recurso podrá interponerse personalmente o por apoderado especialmente facultado para ello.

6. El haber agotado los recursos ordinarios establecidos por la ley, o no haberse dictado. Resolución en la última instancia dentro del término que la ley respectiva señala.

7. Señalamiento de casa conocida en la ciudad sede del Tribunal para subsiguientes notificaciones.

Artículo 28. El Tribunal de Apelaciones concederá al recurrente un plazo de cinco días para que llene las omisiones de forma que notare en el escrito de interposición del Recurso. Si el recurrente dejase pasar este plazo, el Recurso se tendrá por no interpuesto.

Artículo 29. El menor que hubiere cumplido quince años, podrá interponer el Recurso de Amparo, sin intervención de su legítimo representante, cuando éste se hallare ausente o impedido. En tal caso, el Tribunal sin perjuicio de dictar las providencias que sean urgentes, nombrará al menor un guardador especial para que lo represente, pudiendo el propio menor hacer por escrito la designación de su representante. Si el menor no hubiere cumplido quince años de edad y se hallare ausente o impedido su legítimo representante podrá interponer el Recurso de Amparo en su nombre, la Procuraduría General de Justicia o cualquier otra persona.

Artículo 30. La Procuraduría General de Justicia será parte en la sustanciación del presente recurso.

CAPÍTULO II
SUSPENSIÓN DEL ACTO

Artículo 31. Interpuesto en forma el Recurso de Amparo ante el tribunal, se pondrá en conocimiento de la Procuraduría General de Justicia acompañándole copia del Recurso. El Tribunal dentro del las termino de tres días, de oficio o a solicitud de parte, deberá decretar a suspensión del acto contra el cual se reclama o denegarla en su caso.

Artículo 32. Procederá la suspensión de oficio cuando se trate de algún acto que de llegar a consumarse, haría físicamente imposible restituir al quejoso en el goce del derecho reclamado, o cuando se notoria la falta de jurisdicción o competencia de la autoridad, funcionario o agente contra quien se interpusiera el Recurso, o cuando E acto sea de aquellos que ninguna autoridad puede ejecutar legalmente.

La suspensión a que se refiere este artículo se decretará por el Tribunal, notificándolo sin tardanza por cualquier vía para su inmediato, cumplimiento.

Artículo 33. La suspensión a solicitud de parte, será atendida cuando concurran las siguientes circunstancias:

1. Que la suspensión no cause perjuicio al interés general ni se contra vengan disposiciones de orden público.

2. Que los daños y perjuicio que pudieren causarle al agraviado con su ejecución sean de difícil reparación a juicio del Tribunal.

3. Qué el rectamente otorgare garantía suficiente para reparar e daño o indemnizar los perjuicios que la suspensión pudiere causal a terceros, si el amparo fuere declarado sin lugar.

Artículo 34. Al decretarse la suspensión, el Tribunal fijará la situación en que habrán de quedar las cosas y se tomará las medidas pertinentes para conservar la materia objeto del amparo, hasta la terminación del respectivo procedimiento.

Artículo 35. La suspensión otorgada conforme al artículo 31 y siguientes quedará sin efecto si un tercero interesado, da a su vez caución suficiente para restituir las cosas al estado que tenía antes del acto que motivó el amparo y de pagar los daños y perjuicios que sobrevengan al quejoso, en el caso de que se declare con lugar el amparo.

Artículo 36. El Tribunal fijará el monto de la garantía y de la contra garantía a que se refieren los artículos anteriores.

CAPÍTULO III
TRAMITACIÓN DEL RECURSO

Artículo 37. El Tribunal respectivo pedirá a los señalados como responsables, envíen informe a la Corte Suprema de Justicia dirigiéndoles oficio por correo en pieza certificada, con aviso de recibo, o por cualquier otra vía que a juicio del Tribunal resulte mas expedito. El informe deberá rendirse dentro del término de diez días, contados desde la fecha en que reciban el correspondiente oficio. Con él se remitirán en su caso, las diligencias de todo lo actuado.

Artículo 38. Una vez resuelta la suspensión del acto reclamado, se remitirán los autos en el término de tres días a la Corte Suprema de Justicia para la tramitación correspondiente previniéndoles a las partes que deberán personarse dentro del término de tres días hábiles, más el de la distancia, para hacer uso de sus derechos. Si el recurrente no se persona dentro del término señalado anteriormente, se declarará desierto el Recurso.

Artículo 39. Recibidos los autos por la Corte Suprema de Justicia, con o sin el informe, dará al Amparo el curso que corresponda. La falta de informe establece la presunción de ser cierto el acto reclamado.

Artículo 40. La Corte Suprema de Justicia podrá pedir al recurrente ampliación sobre los hechos reclamados y resolver sobre todo lo relativo a la suspensión del acto.

Artículo 41. En el Recurso de Amparo no habrá lugar a caducidad ni cabrán alegatos orales, y en lo que no estuviera establecido en esta Ley se seguirán las reglas del Código de Procedimiento Civil en todo lo que sea aplicable, dándose intervención en las actuaciones a las personas que interponen el Recurso, a los funcionarios o autoridades en contra quienes se dirija, a la Procuraduría General de Justicia, y a todos los que pueda afectar la resolución final si se hubieren presentado.

Artículo 42. Los funcionarios o autoridades no pueden ser representados en el Recurso de Amparo, pero si podrán por medio de simple oficio, acreditar delegados ante el Tribunal para el solo efecto de que rinda pruebas, aleguen y hagan gestiones en las correspondientes audiencias.

Artículo 43. Si el Tribunal Supremo no encontrara datos suficientes para resolver el Amparo lo abrirá a pruebas por el término de diez días, siendo admisible toda clase de pruebas y podrá recabar de oficio otras que considere convenientes.

CAPÍTULO IV
LA SENTENCIA Y SUS EFECTOS

Artículo 44. La sentencia sólo se referirá a las personas naturales o jurídicas que hubieren interpuesto el Recurso, limitándose si procediese a ampararlo y protegerlos en el caso especial controvertido.

Artículo 45. La sentencia deberá ser razonada, con fijación clara del acto o actos reclamados, indicación de los fundamentos legales en que se apoya para declarar la legalidad o ilegalidad del acto reclamado y de los puntos resolutivos del mismo, señalándose en ellos con claridad y precisión el acto o actos por los que se concede o deniegue el Amparo.

Artículo 46. Cuando el acto o actos reclamados sean de carácter positivo, la sentencia que concede el Amparo tendrá por objeto restituir al agraviado en el pleno goce de los derechos transgredidos, restableciendo las cosas al estado que tenían antes de la transgresión.

Cuando sea de carácter negativo el efecto del Amparo será obligar a las autoridades o funcionarios responsables a que actúen en el sentido de respetar la ley o garantía de que se trate y a cumplir por su parte lo que la misma exija.

Artículo 47. La Corte Suprema de Justicia en todo caso deberá dictar la sentencia definitiva dentro de los cuarenta y cinco días posteriores a la recepción de las diligencias.

Artículo 48. Dictada la sentencia, el tribunal la comunicará por oficio dentro del término de tres días hábiles a las autoridades o funcionarios responsables para su cumplimiento; igual cosa hará con las demás partes.

Artículo 49. Si dentro de las veinticuatro horas siguientes a la notificación las autoridades o funcionarios responsables no dieren cumplimiento a la sentencia en el caso de que la naturaleza del acto lo permita, la Corte Suprema de Justicia requerirá al superior inmediato de la autoridad o funcionario responsable, para que obligue a éstos a cumplir sin demora la sentencia, si dicha autoridad o funcionario no tuviere superior jerárquico, el requerimiento se hará directamente a ellos.

Artículo 50. Cuando la sentencia no se obedeciese a pesar de los requerimientos, la Corte Suprema de Justicia, pondrá los hechos en conocimiento de la Presidencia de la República para que proceda a ordenar su cumplimiento e informará a la Asamblea Nacional, sin perjuicio de poner el caso en conocimiento de la Procuraduría General de Justicia para que derive las acciones correspondientes.

Esto mismo se observará en los casos en que la suspensión del acto decretado por el Tribunal de Apelaciones o la Corte Suprema de Justicia no sea obedecido.

Artículo 51. No procede el Recurso de Amparo:

1. Contra las resoluciones de los funcionarios judiciales en asuntos de su competencia.

2. Contra el proceso de formación de la Ley, su promulgación o su publicación o cualquier otro acto o resolución legislativa.

3. Cuando hayan cesado los efectos del acto, reclamado o este se haya consumado de modo irreparable.

4. Contra los actos que hubieren sido consentidos por el agraviado de modo expreso o tácito. Se presumen consentidos aquellos actos por los cuales no se hubiere recurrido de Amparo dentro del término legal, sin perjuicio de la suspensión del término de conformidad al derecho común.

5. Contra las resoluciones dictadas en materia electoral.

6. Contra los actos relativos a la organización de los Poderes del Estado y el nombramiento y destitución de los funcionarios que gozan de Inmunidad.

TÍTULO IV
RECURSO DE EXHIBICIÓN PERSONAL

CAPÍTULO I

INTERPOSICIÓN DEL RECURSO Y TRIBUNAL COMPETENTE

Artículo 52. El Recurso de Exhibición Personal podrá interponerlo a favor del agraviado cualquier habitante de la República, por escrito, carta, telegrama o verbalmente.

Artículo 53. El Recurso de Exhibición Personal se interpondrá en contra del funcionario o autoridad responsable, representante o funcionario de la entidad o institución que ordene la violación o la corneta, en contra del agente ejecutor, o en contra de todos; y en contra del particular que restrinja la, libertad personal.

Artículo 54. El Recurso de Exhibición Personal, en el caso de detención ilegal realizada por cualquier autoridad, se interpondrá ante el Tribunal de Apelaciones respectivo o ante la Sala Penal de los mismos, donde estuviera dividido en Salas. En el caso de actos restrictivos de la libertad, realizado por particulares, las autoridades competentes serán los Jueces de Distrito para lo Criminal respectivo.

El Recurso de Exhibición Personal se puede interponer en cualquier tiempo, aún en Estado de Emergencia, mientras subsista la privación ilegal de la libertad personal o amenaza de la misma. Todos los días y horas son hábiles para este fin.

Artículo 55. El peticionario al interponer el Recurso de Exhibición Personal, deberá expresar los hechos que lo motivan, el lugar en que se encuentra el detenido, si se supiere, y el nombre o el cargo de que ejerce la autoridad o del funcionario, representante o responsable de la entidad o institución que ordenó la detención, si se supiere. La petición podrá hacerse en Papel común por telegrama, carta y aun verbalmente levantándose en este último caso el acta correspondiente.

Artículo 56. Introducida en forma la petición ante el Tribunal de la jurisdicción donde se encuentre el favorecido por el Recurso, el Tribunal decretará la Exhibición Personal y nombrará Juez Ejecutor que podrá ser cualquier autoridad o empleado del orden civil o un ciudadano de preferencia abogado, de notoria honradez e instrucción, procurando que el nombramiento no recaiga en funcionarios propietarios del Poder Judicial.

Artículo 57. En el caso de amenaza de detención ilegal, el peticionario al interponer el Recurso de Exhibición Personal deberá expresar en qué consiste la amenaza debiendo en todo caso ser real, inmediata, posible y realizable, Penándose además todos los requisitos contemplados en el artículo 55 de la presente Ley.

Artículo 58. Introducido en forma el Recurso de Exhibición Personal por amenaza, el Tribunal solicitará a la autoridad en contra de quien se dirige el Recurso que rinda informe en el término de veinticuatro horas, con dicho informe o sin él, el Tribunal decidirá admitir o rechazar dicho Recurso. En el caso de que lo admitiere se deberá proceder de conformidad con lo dispuesto en el artículo 56 en lo que lucre aplicable. En el caso de que el Tribunal rechace el Recurso, el perjudicado podrá recurrir de queja ante la Corte Suprema de Justicia y de lo resuelto por ésta no habrá Recurso alguno.

CAPÍTULO II
ACTUACIÓN DEL JUEZ EJECUTOR

Artículo 59. El cargo de Juez Ejecutor será gratuito y obligatorio, y sólo por imposibilidad física o implicancia comprobada podrá negarse a desempeñarlo. Fuera de estas dos excepciones se le aplicará multa de hasta el veinticinco por ciento de su salario o ingreso mensual, sin perjuicio de ser juzgado por, desobediencia.

Artículo 60. El Juez Ejecutor procederá inmediatamente a cumplir su cargo. Al efecto, se dirigirá a la autoridad o persona contra quien se hubiere expedido el auto de exhibición, quien recibirá al juez ejecutor en forma inmediata sin hacerlo guardar antesala. Procederá a intimarlo que exhiba en el acto a la persona agraviada, que muestre el proceso si lo hubiere o explique, en caso contrario, los motivos de la detención indicando la fecha de ella; todo lo cual hará constar en acta.

El Juez Ejecutor podrá exigir la exhibición de la persona detenida a la autoridad o funcionario que lo tenga directamente bajo su custodia, aunque estuviera a la orden de otro funcionario o autoridad, sin perjuicio de continuar con los otros trámites del recurso.

Artículo 61. El Juez Ejecutor, en presencia del proceso o sin él, de las aplicaciones del intimado y de las disposiciones legales, procederá según las reglas siguientes:

1. Si la persona estuviera a la orden de autoridad que no es la facultada para conocer el caso, podrá ordenar su libertad o que pase de inmediato a la autoridad competente.

2. Si la persona estuviera detenida a la orden de una autoridad competente, pero el término de ley se hubiere excedido, ordenará por auto que el detenido pase inmediatamente a la orden de la autoridad que corresponda o que sea puesto en libertad.

3. Si el que tiene bajo su custodia a otra fuese la autoridad competente, pero no hubiese iniciado el proceso o no hubiese proveído el auto de detención en el término de ley de puesto a su orden o no hubiere dictado el auto de prisión en el término legal, el Juez Ejecutor mandará por auto ponerlo en libertad bajo fianza de la haz otorgada apud acta ante el mismo Juez Ejecutor. Fuera de estos tres casos dispondrá por auto que el proceso siga su curso.

4. Si el que está bajo custodia, lo es por sentencia condenatoria firme, el Juez Ejecutor decretará por auto que el detenido continúe en tal condición por el término legal, pero si hubiere cumplido la condena, el Juez Ejecutor mandara por auto ponerlo inmediatamente en libertad. Si se trataré de sentencia judicial cumplida según el reo, por compensaciones legales, será necesario que esté liquidada la pena para que pueda ordenar su libertad. El Juez Ejecutor ordenará tal liquidación.

5. Si el interno sufre diferente pena o mas de las contempladas por la ley o sentencia, según el caso, o estuviese incomunicado contra lo que ellas previenen el Juez Ejecutor dispondrá por auto que se cumpla la pena señalada en la sentencia y que cese la incomunicación. El Juez Ejecutor está en la obligación de dictar dentro de la ley todas las medidas de seguridad que sean indispensables en favor del detenido o del que estuviese amenazado de serio ilegalmente.

Artículo 62. En casos de haberse suspendido las garantías constitucionales referidas a la libertad individual, el Recurso de Exhibición Personal quedará vigente de conformidad con lo establecido en la Ley de Emergencia.

Artículo 63. La persona o autoridad requerida cumplirá lo mandado por el Juez Ejecutor en el acto mismo de la notificación. Si se negare, el Juez Ejecutor dará cuenta al Tribunal para que dicte las medidas tendientes al cumplimiento del mandato. Si la persona o autoridad requerida expusiera que el detenido no está a su orden, deberá indicar la autoridad, funcionario o institución que ordenó la detención contra la cual deberá dirigirse el Juez Ejecutor. En caso de que la autoridad últimamente indicada correspondiera a la comprensión territorial de otro Tribunal, el Juez Ejecutor estará obligado a informarlo telegráficamente de inmediato a dicho Tribunal para que proceda a nombrar nuevo Juez Ejecutor que cumpla el Recurso.

Artículo 64. En el caso de los incisos 1, 2, 4 y 5 del artículo 61, desde la notificación e intimación del Juez Ejecutor, todo procedimiento de la autoridad requerida será nulo y delictuoso. En el caso del inciso 3 del mismo artículo, cuando el Juez Ejecutor ordenare la libertad, previa fianza de la haz, la autoridad judicial cumplirá lo ordenado por el Juez Ejecutor y continuará el desarrollo normal del proceso.

Artículo 65. Cuando se presuma detenida una persona y se ignore el lugar en que se encuentra y, además no se tuviere conocimiento de quién ordenó su detención, el solicitante se dirigirá al Tribunal respectivo para que gire orden a la Procuraduría General de Justicia, a fin que de inmediato averigüe el lugar de su detención y quién es el responsable de la misma. La Procuraduría con la brevedad que el caso amerita, actuará haciendo uso de las facultades que las leyes le confieren.

Artículo 66. La autoridad, funcionario o empleado público, contra quien se dirigiera la exhibición, atenderá inmediatamente la intimación y lo resuelto por el Juez Ejecutor, de conformidad con las disposiciones de esta ley, bajo pena de multa de hasta el veinticinco por ciento de su salario o ingreso mensual a juicio del Tribunal, sin perjuicio de ser juzgado por el delito que corresponda. El Tribunal que conoce del Recurso impondrá la multa y pondrá el caso en conocimiento de la Procuraduría General de Justicia, para que derive las acciones correspondientes. En igual multa incurrirá la autoridad, funcionario o empleado público que no atendiera al Juez Ejecutor en la forma establecida en el artículo 60.

Artículo 67. Si la desobediencia es contra resoluciones del Tribunal tendrá las mismas sanciones del artículo anterior, y además, la separación del cargo. Sin perjuicio de lo ordenado en el párrafo anterior, si la autoridad intimada estimare que el Juez Ejecutor se ha, excedido en sus atribuciones o resuelto contra ley expresa, podrá informar al Tribunal de Apelaciones respectivo quien mandará a oír a la Procuraduría dentro del término de veinticuatro horas y resolverá conforme a derecho. Si la autoridad intimada hubiese sido un Procurador se mandará a oír al superior inmediato. En todo caso el Tribunal podrá de oficio revisar las actuaciones del Juez Ejecutor. Cualquiera de los perjudicados con la resolución del Tribunal, podrá recurrir de queja ante la Corte Suprema de Justicia. De lo resuelto por ella no habrá recurso alguno.

Artículo 68. Cuando el funcionario que desobedezca el auto de exhibición fuese empleado o agente del Poder Ejecutivo, el Tribunal que conoce del Recurso lo pondrá inmediatamente en conocimiento de aquel, por medio de la Corte Suprema de Justicia, para que en el término de veinticuatro horas haga ejecutar lo mandado. Si el Poder Ejecutivo se negare o dejare transcurrir el término sin llevar a efecto lo mandado, la Corte Suprema de Justicia hará constar el hecho públicamente y lo informará a la Asamblea Nacional. La Corte Suprema de Justicia podrá hacer uso de la fuerza pública para darle cumplimiento al auto de exhibición. El interesado podrá a su vez solicitar a la Procuraduría General de Justicia la presentación de la acusación correspondiente.

Artículo 69. El Tribunal correspondiente, a solicitud de parte, dictará orden para que el Juez Ejecutor se apodere del favorecido y lo presente ante el mismo Tribunal, cuando se esté en presencia de alguno de los casos siguientes:

1. Cuando por declaración dada bajo promesa de ley de un testigo fidedigno o por indicio grave, aparece que alguno se hallare en prisión o custodia ilegales, y hay motivos fundados para creer que será extrañado del territorio de la República.

2. Cuando hubiesen motivos suficientes para creer que el detenido sufrirá un daño irreparable antes que pueda ser socorrido en el curso ordinario del procedimiento.

3. Cuando el auto de exhibición ha sido desobedecido.

CAPÍTULO III
QUEJA Y ACTUACIONES ESPECIALES

Artículo 70. Presentada la persona que se hallaba en prisión o restricción, acordará el Tribunal lo que corresponde para protegerla con arreglo a la ley, pudiendo en tales circunstancias pedir el auxilio de la fuerza pública para el cumplimiento de sus providencias. Dentro de los tres días siguientes, a más tardar, y a la sola vista de los autos, el Tribunal resolverá lo que sea de justicia.

Artículo 71. Siempre que el Tribunal declare que no ha lugar a la solicitud de Exhibición Personal o desoiga a la petición sin fundamento legal, podrá el solicitante en un plazo de veinte días, recurrir de queja ante la Corte Suprema de Justicia y ésta resolverá dentro de las veinticuatro horas lo que sea de justicia, con vista de las razones expuestas por el interesado.

Cuando por motivo de impedimento no pudiere interponerse la queja, el plazo empezará a contarse desde que ceso el impedimento.

Artículo 72. Si los Magistrados que han negado el Recurso de Exhibición Personal fueren declarados responsables sufrirán, además de las penas establecidas en el Código Penal, una multa de hasta el veinticinco por ciento de su salario mensual, cada uno de ellos.

Artículo 73. Si la restricción de la libertad personal de que trata esta ley, procediera de una autoridad o funcionario que obra fuera de su órbita legal, el autor, cómplice o encubridor, incurrirá en una multa de hasta el veinticinco por ciento de su salario o ingreso mensual sin perjuicio de las otras penas establecidas en el Código Penal.

CAPÍTULO IV
RECURSO CONTRA PARTICULARES

Artículo 74. Presentado en forma verbal o escrita el Recurso de Exhibición Personal contra el particular que restrinja la libertad personal de cualquier habitante de la República, el Juez dictará providencia ordenando la exhibición de la persona a él mismo o a su delegado.

Artículo 75. El delegado puede ser una autoridad que le esté subordinado o cualquier funcionario o agente de policía.

Artículo 76. El Juez o su delegado, en presencia de los motivos expuestos por el particular procederá en la forma siguiente:

1. Si el detenido lo fuere por haber sido sorprendido en flagrante delito, lo pondrá a la orden de la autoridad competente.

2. Si el que tiene bajo su custodia a otro fuere el padre o la madre, el guardador u otra persona a quien corresponde el derecho de corrección doméstica se hubiere excedido, dispondrá por auto lo que fuere de justicia.

3. Si la restricción fuese cometida fuera de los casos de los incisos anteriores, pondrá inmediatamente en libertad al detenido sin necesidad de providencia, informará del hecho al Juez delegante, en su caso, quien pasará las diligencias a la Procuraduría General de Justicia.

Artículo 77. El particular contra quien se reclama obedecerá inmediatamente el mandato del Juez o delegado, quienes podrán pedir el auxilio de la fuerza pública, sin perjuicio de las responsabilidades penales que correspondan por causa de su renuencia, o por hechos delictivos que se hubieren derivado de su acción.

TÍTULO V
DISPOSICIONES COMUNES Y FINALES
CAPÍTULO I

Artículo 78. Los términos que establece esta Ley son improrrogables.

Artículo 79. El ejercicio de este derecho cabe aunque la violación que lo motiva no se haya manifestado por hechos, siempre que sea inminente la consumación de los mismos.

Artículo 80. Siempre que al declararse con lugar cualquiera de los recursos que establece esta Ley, apareciera que la violación cometida constituye delito se dará parte a quien corresponda deducir la responsabilidad por la infracción cometida.

Artículo 81. Los Alcaldes, guardas o encargados de la custodia de detenidos o presos, darán copia firmada de la orden de detención o prisión a las personas que custodian o al que los soliciten en su nombre. Si la copia fuere denegada, o se retardara la entrega por más de veinticuatro horas, la persona a quien se le hubiere pedido incurrirá en una multa de hasta el veinticinco por ciento de su salario mensual, la cual se impondrá en virtud de denuncia por el Juez para lo Criminal de Distrito o Local del lugar, sin perjuicio de la obligación de extender la copia y de la responsabilidad a que hubiere lugar.

Artículo 82. Las multas que se apliquen en virtud de esta Ley, serán impuestas por el Tribunal que conozca cualquiera de los recursos, y se harán efectivas por el Ministerio de Finanzas, aun mediante apremio corporal. Estas multas prescribirán conforme al derecho común.

Artículo 83. El Juez Ejecutor que se exceda en las facultades establecidas por esta Ley o que actúe en contra de Ley expresa será sancionado con multa del veinticinco por ciento de sus ingresos, sin perjuicio de otras responsabilidades.

Artículo 84. En el caso del artículo anterior queda facultado para conocer y resolver el Tribunal de Apelaciones sea de oficio o a petición de parte interesada.

CAPÍTULO II
DISPOSICIONES FINALES

Artículo 85. Se derogan los Decretos N° 232 Ley de Amparo para la Libertad y Seguridad Personal, y N° 417 Ley de Amparo publicados en el Diario Oficial, La Gaceta N° 6 del 8 de Enero y N° 122 del 31 de Mayo, ambas de 1980.

Artículo 86. La presente Ley entrará en vigencia a partir de su publicación en "La Gaceta", Diario Oficial.

PANAMÁ

CONSTITUCIÓN POLÍTICA DE LA REPÚBLICA DE PANAMÁ,
1972 (Última reforma, 1994)

Artículo 23.- todo individuo detenido fuera de los casos y a la forma que prescriben esta Constitución y la Ley, será puesto en libertad a petición suya o de otra persona, mediante el recurso de habeas corpus que podrá ser interpuesto inmediatamente después de la detención y sin consideración a la pena aplicable el recurso se tramitará con prelación a otros casos pendientes mediante procedimiento sumarísimo, sin que el trámite pueda ser suspendido por razón de horas o días inhábiles.

Artículo **50**.- Toda persona contra la cual se expida o se ejecute, por cualquier servidor público, una orden de hacer o no hacer, que viole los derechos y garantías que está constitución consagra, tendrá derecho a que la orden sea revocada a petición suya o de cualquiera persona.

El recurso de amparo de garantías constitucionales a que este artículo se refiere, se tramitará mediante procedimiento sumario y será de competencia de los tribunales judiciales.

CÓDIGO JUDICIAL,
1 DE ABRIL DE 1987

LIBRO CUARTO
INSTITUCIONES DE GARANTÍA
TÍTULO II
HÁBEAS CORPUS
CAPÍTULO I
NATURALEZA Y OBJETO DE LA ACCIÓN

Artículo 2574. Todo individuo detenido fuera de los casos y la forma que prescriben la Constitución y la ley, por cualquier acto que emane de las autoridades, funcionarios o corporaciones públicas del órgano o rama que fuere, tiene derecho a un mandamiento de Hábeas Corpus, a fin de comparecer inmediata y públicamente ante la justicia para que lo oiga y resuelva si es fundada tal detención o prisión y para que, en caso negativo, lo ponga en libertad y restituya así las cosas al estado anterior.

Artículo 2575. Para los efectos del artículo anterior se consideran, además, como acto sin fundamento legal:

1. La detención de un individuo con merma de las garantías procesales previstas en el artículo 22 de la Constitución;

2. La privación de la libertad de una persona a quien intenta juzgar más de una vez por la misma falta o delito;

3. La detención de una persona por orden de una autoridad o funcionario carente de la facultad para ello;

4. La detención de una persona amparada por una ley de amnistía o por un decreto de indulto; y

5. El confinamiento la deportación y la expatriación sin causa legal.

Artículo 2576. El Hábeas Corpus se extiende a las personas sancionadas por las faltas o contravenciones que definen y sancionan las leyes o reglamentos de policía.

Artículo 2577. La autoridad que ordene la detención de alguna persona o que la prive de la libertad corporal, debe hacerlo por escrito, exponiendo la causa que la motiva. Los autores o ejecutores de la privación de la libertad están obligados a dar inmediatamente copia de la orden de detención a los interesados, si la pidieren.

Artículo 2578. El procedimiento a que dé lugar la demanda de Hábeas Corpus será oral, con excepción del informe y del fallo definitivo que deberán formularse por escrito. De los demás actos y pedimentos se dejará constancia mediante diligencia que firmarán los que en ella intervengan. Dicha acción se decidirá con exclusión de cualquier cuestión de fondo con que pudiere tener relación.

Artículo 2579. El tribunal que conozca una demanda de Hábeas Corpus se mantendrá en audiencia permanente durante todo el procedimiento, y sólo entrará en receso para acordar y expedir la sentencia que le ponga fin.

Artículo 2580. Toda autoridad o funcionario particular, cuya cooperación fuere requerida por el funcionario judicial que conoce del Hábeas Corpus, deberá presentarla sin dilación, y con preferencia sobre cualquier otro asunto, a fin de que la acción no se paralice en ningún momento ni por ninguna causa.

Artículo 2581. El procedimiento de Hábeas Corpus cesa una vez que el detenido haya recuperado, por cualquier causa, su libertad corporal, pero podrá el agraviado denunciar o acusar a la autoridad o funcionario que ordenó la detención o prisión arbitraria.

CAPÍTULO II
INTERPOSICIÓN DE LA ACCIÓN

Artículo 2582. La demanda de Hábeas Corpus puede interponerla la persona agraviada o cualquier otra en su beneficio, sin necesidad de poder. Dicha acción podrá ser formulada verbalmente por telégrafo o por escrito y en ella se hará constar:

1. Que la persona que hace la petición o en favor de quien se hace, se halla privada de su libertad corporal; el lugar donde está detenida o presa; el nombre de la corporación, autoridad o funcionario público por quien ha sido privada o restringida su libertad, con mención del título oficial de las referidas autoridades o funcionarios y sus nombres si los conoce y el nombre de la autoridad o agente de ésta que lo tenga bajo su poder o custodia;

2. La causa o pretexto de la detención o prisión, a juicio del propio agraviado o de la persona que habla en su beneficio; y

3. Breves consideraciones que expresen en qué consiste la ilegalidad que se aduce o invoca.

En el evento de que el autor de la acción ignore algunas de estas circunstancias formales, deberá manifestarlo así expresamente. En el evento de que se interponga una demanda de Hábeas Corpus contra determinado funcionario y aparezca una autoridad distinta de aquélla contra quien se dirigió, el tribunal está en la obligación de proseguir el trámite contra el funcionario responsable de la detención.

Artículo 2583. Con la solicitud de Hábeas Corpus debe acompañarse, si fuere posible, la orden original de detención o prisión o en su defecto, una copia autenticada. En el caso de que la privación de la libertad corporal se hubiere ejecutado en virtud de alguna orden, auto o providencia se agregará una copia del mismo a la solicitud del mandamiento, a no ser que el demandante asegure que por haber sido removida u ocultada la persona detenida o presa o porque se le ha cambiado de cárcel, prisión o lugar donde estaba o porque se ha ocultado la autoridad o funcionario que ordenó la detención, no pudo exigirse dicha copia o que ésta se exigió y fue rehusada.

Artículo 2584. La demanda de Hábeas Corpus puede ser interpuesta en todo momento y en cualquier día. Ésta no podrá ser rechazada por razones meramente formales, siempre que sea entendible el motivo o propósito de la misma.

CAPÍTULO III
SUSTANCIACIÓN DE LA ACCIÓN

Artículo 2585. Presentada la demanda, el tribunal competente deberá conceder el mandamiento de Hábeas Corpus inmediatamente, siempre que la petición se ajuste a las formalidades requeridas en estos artículos. Por tanto, en el auto en que se libra el referido mandamiento debe dejarse constancia de que queda acogida la demanda.

Artículo 2586. El mandamiento de Hábeas Corpus deberá contener:

1. El título de la autoridad, funcionario o corporación que lo expida, con indicación del lugar y de la fecha;

2. El título de la autoridad, funcionario o corporación contra quien se dirige;

3. Una orden categórica de presentar inmediatamente al detenido ante el funcionario judicial que conoce de la acción o ponerlo a órdenes del Tribunal del Hábeas Corpus y ordenar la remisión de la actuación correspondiente cuando proceda; y

4. Las firmas del funcionario que expida el mandamiento y de su secretario.

Artículo 2587. El mandamiento de Hábeas Corpus se librará sin demora contra quien haya ordenado la detención, para que lo cumpla. También deberá ser puesto en conocimiento, por el medio más idóneo y eficaz, al funcionario que tenga el preso o detenido bajo su custodia, con el fin exclusivo de que lo entregue inmediatamente al funcionario que conoce de la demanda y envíe a éste una copia de la correspondiente orden escrita de detención o prisión.

Cuando la detención o prisión proceda de una corporación pública, el funcionario que tenga su representación legal será llamado a cumplir el mandamiento, por el medio más eficaz.

Artículo 2588. El mandamiento de Hábeas Corpus se notificará de preferencia personalmente, dentro de las dos horas siguientes a su expedición. El secretario del tribunal está en el deber de lograrlo así dentro del plazo indicado; pero si por alguna causa que no le sea imputable, este funcionario no pudiere hacer la notificación, procederá enseguida a practicarla por medio de edicto que fijará, ante dos testigos, en la puerta de la oficina o habitación del demandado. Dos horas después de tal fijación quedará legalmente hecha la notificación. De esta diligencia debe dejar constancia en el expediente, firmada por él y por los dos testigos.

Artículo 2589. Hecha la notificación del mandamiento, la autoridad o funcionario autor de la detención, queda obligado a entregar inmediatamente a la persona presa, privada o restringida de su libertad al funcionario que conoce del Hábeas Corpus, si dicha persona se encontrare en el mismo lugar del tribunal o juez de la causa. Si el detenido estuviere a una distancia no mayor de cincuenta kilómetros, tendrá un término de dos horas más del de la distancia para hacer entrega del detenido; y el mismo plazo se concede por cada cincuenta kilómetros adicionales, en el caso de transporte por tierra.

En el caso de transporte por aire, por mar o ferrocarril, se hará la traslación del preso o detenido por el primer avión, barco o tren que salga después de recibida la notificación del mandamiento.

En la misma forma se procederá cuando el envío de la actuación sea lo procedente.

Artículo 2590. Cuando sea procedente, la autoridad o funcionario que deba cumplir la orden de Hábeas Corpus queda relevado de presentar o hacer entrega de la persona detenida sólo si ésta por enfermedad u otro impedimento no puede ser traída por peligro a su salud o vida. En este evento se deberá acompañar el certificado médico correspondiente. El tribunal deberá, en estos casos, trasladarse al lugar donde se encuentra el detenido o nombrar un médico para que lo examine e informe, y ordenar su inmediata presentación si no fuere fundado el peligro temido, o darle otra solución que a su juicio sea conveniente.

Artículo 2591. Junto con la entrega de la persona detenida, o el envío de la actuación, según el caso, la autoridad o funcionario a quien se dirige el mandamiento de Hábeas Corpus, debe presentar un informe escrito en el que claramente exprese:

1. Si es o no cierto que ordenó la detención; y de serlo, si lo ordenó verbalmente o por escrito;

2. Los motivos o fundamentos de hecho y de derecho que tuvo para ello; y

3. Si tiene bajo su custodia o a sus órdenes a la persona que se le ha mandado presentar y, en caso de haberla transferido a órdenes de otro funcionario, debe indicar exactamente a quién, en qué tiempo y por qué causa.

La autoridad o funcionario demandado queda facultado para consignar, en su informe, cualquier otro dato o constancia que estime conveniente para justificar su actuación.

Artículo 2592. El mandamiento de Hábeas Corpus no será desobedecido por ningún defecto de forma, si él llenare los requisitos siguientes:

1. Si la autoridad o funcionario que ha ordenado la detención o prisión es designada por su título oficial o por su propio nombre; y

2. Si la persona presa o detenida, cuya entrega o presentación se pide, se le designa por su nombre o se le describe, de modo que no deje lugar a dudas su identidad.

Cualquiera que sea la autoridad o funcionario público a quien se haya entregado el mandamiento, se considerará ser aquél a quien se ha dirigido, aun cuando la dirección esté equivocada, siempre que sea quien hubiere ordenado la detención o prisión.

Artículo 2593. La persona detenida una vez entregada y puesta a órdenes del funcionario judicial que conoce el Hábeas Corpus, puede refutar oralmente, por sí mismo o por medio de apoderado, los hechos y demás circunstancias que constan en el informe o alegar otras, con el fin de probar que su detención o prisión es ilegal y que, por tanto, es acreedora a que se le ponga en libertad. De esta diligencia se dejará constancia escrita la cual se agregará a los autos.

Artículo 2594. Una vez hecha la entrega del detenido y hasta el momento que quede ejecutoriado el fallo expedido por el funcionario que conoce el Hábeas Corpus, podrá encomendar la custodia del detenido a la autoridad funcionario o jefe de la cárcel que estime conveniente e indicar el lugar de su detención.

Artículo 2595. Si los llamados a acatar el mandamiento de Hábeas Corpus, se resistieren o negaren a ello, dentro del término requerido, sin justa causa, el juzgador expedirá enseguida una orden dirigida a su jefe superior o a la autoridad o corporación política que estime conveniente, para que conduzca en el acto al desobediente ante el tribunal que dio el mandamiento.

Una vez presente la autoridad o funcionario rebelde, el juez lo conminará para que rinda el informe inmediatamente y de modo verbal. Si se resistiere a ello, el juez competente ordenará su prisión por todo el tiempo que persista en su desacato.

Artículo 2596. En el caso contemplado en la disposición anterior, el Tribunal de Hábeas Corpus comisionará, además, a cualquier autoridad superior de policía para que traiga a su presencia la persona detenida o presa, a fin de continuar los trámites de la demanda. Si este medio resulta ineficaz, deberá exigir en la cárcel o lugar de detención que fuere, la entrega inmediata del detenido. Cualquiera que sea el resultado de este acto, se dejará constancia en una diligencia firmada por el funcionario del conocimiento, su secretario y los testigos.

Artículo 2597. Si al librarse el mandamiento de Hábeas Corpus, la autoridad contra quien va dirigida pone o ha puesto a la persona detenida o presa a órdenes de otra autoridad o funcionario, dicho mandamiento automáticamente se considera librado contra este último, si el asunto continúa siendo del conocimiento del juez de la causa. En caso contrario los autos serán enviados, sin dilación alguna, al funcionario judicial competente para que continúe la tramitación del caso y lo resuelva.

Artículo 2598. Además de las pruebas que pueda suministrar el interesado, en toda acción de Hábeas Corpus el reclamante puede aducir las pruebas que estime necesarias. La autoridad o funcionario demandado puede también, al contestar la demanda, aducir las que estime conducentes. El juez dispondrá lo conveniente para que las pruebas aducidas se practiquen en la audiencia, con la oportunidad debida. Si fuere necesario un término para la práctica de ellas, se concederá uno que no pase de veinticuatro horas, salvo que la persona privada o restringida en su libertad corporal solicite otro mayor, el cual no podrá exceder de setenta y dos horas.

Artículo 2599. Una vez entregada la persona detenida, así como el informe respectivo y demás documentos, el Tribunal de Hábeas Corpus deberá, de inmediato, celebrar audiencia en la cual oirá a los interesados y testigos, si lo hubiere y evacuará todas las pruebas que queden pendientes. El tribunal podrá pedir, además, las diligencias originales en que se apoya el informe. Se prescindirá de la audiencia, siempre que la detención sea consecuencia de un sumario, proceso o actuación cualquiera. En este caso la demanda se decidirá por lo que resulte de la actuación enviada, con el informe, por el funcionario demandado.

Artículo 2600. Inmediatamente después de terminada la audiencia, cuando ésta tenga lugar, o del recibo del informe y la actuación, el Tribunal de Hábeas Corpus deberá dictar la sentencia, la cual notificará por medio de edicto. Este edicto será fijado inmediatamente por el plazo de cuarenta y ocho horas. La sentencia quedará ejecutoriada pasada la hora subsiguiente a la desfijación del edicto en referencia.

Artículo 2601. Si la detención o prisión carece de fundamento legal, el Tribunal de Hábeas Corpus así lo hará constar en su resolución y ordenará la libertad inmediata de la persona detenida o presa arbitrariamente. Una copia de lo conducente la pasará a quien corresponda, para que haga efectiva la responsabilidad criminal a la autoridad o funcionario que ha abusado o se ha excedido en el ejercicio de sus funciones.

Si la detención o prisión es legal, así lo reconocerá en el fallo y el detenido será puesto de inmediato a órdenes de la autoridad o funcionario contra la cual se libró el mandamiento, a fin de que le reintegre a su estado de detención original.

Artículo 2602. El Tribunal de Hábeas Corpus está en el deber de hacer cumplir la orden de libertad y demás disposiciones contenidas en el fallo que le pone término al proceso.

Artículo 2603. Siempre que un juez o tribunal competente tenga conocimiento por denuncia, de que se intenta confinar ilegalmente a alguna persona, dará orden a la autoridad o funcionario que juzgue oportuno, a fin de que la conduzcan inmediatamente a su presencia para resolver lo que corresponda en derecho.

En caso de que la autoridad, funcionario o corporación que trata de llevar a cabo el confinamiento o la deportación, o ambas cosas a la vez, estuviere presente, se le notificará la orden. Dicha notificación surtirá todos los efectos de un mandamiento de Hábeas Corpus y se obliga por lo mismo, a la autoridad o funcionario de que se trate de rendir de inmediato informe del caso, que se ajustará a las formalidades consignadas en este Capítulo.

Artículo 2604. Quien haya sido puesto en libertad en cumplimiento de un mandato de Hábeas Corpus, no podrá ser detenido nuevamente por los mismos hechos o motivos, salvo que se presenten nuevos elementos probatorios que así lo ameriten.

Artículo 2605. Procedimiento igual podrá seguirse, cuando el juez competente para la expedición de un mandamiento de Hábeas Corpus, compruebe, al visitar una cárcel o establecimiento penal, que allí se encuentran individuos detenidos o presos sin causa conocida o sin estar a órdenes de ninguna autoridad o funcionario competente.

Artículo 2606. Todas las órdenes o disposiciones impartidas por el funcionario judicial que conoce del Hábeas Corpus, deberán ser acatadas de inmediato por la autoridad o funcionario a quien van dirigidas.

Artículo 2607. Las órdenes verbales o escritas que dicten los tribunales, en esta clase de asunto, quedarán ejecutoriadas una hora después de haber sido puestas en conocimiento de los interesados. Quien quiera reclamar de ellas deberá hacerlo dentro de ese término.

Artículo 2608. Contra la sentencia que dicte el Tribunal de Hábeas Corpus, sólo cabe el Recurso de Apelación en el efecto suspensivo, en el caso de que se declare procedente la detención. Este recurso debe interponerse dentro de la hora siguiente a su notificación que se hará por edicto. Una vez conocida la apelación, el tribunal de la causa enviará la alzada dentro del día siguiente a la desfijación del edicto que notifica a los interesados el ingreso del caso al superior. La autoridad o funcionario contra el cual se interpuso el recurso puede alegar dentro de este mismo plazo. El tribunal de la alzada fallará el caso dentro de las veinticuatro horas siguientes con vista de los autos.

Artículo 2609. Siempre que en la tramitación de una demanda de Hábeas Corpus se presenten hechos o circunstancias que den base para justificar una investigación criminal contra la autoridad o funcionario que ordenó la detención o prisión, confinamiento o deportación de una persona, el juez o tribunal de la causa queda obligado a compulsar copias autenticadas de las piezas pertinentes y enviarlas a la autoridad competente, para que inicie dicha investigación.

Artículo 2610. En los negocios de Hábeas Corpus no podrán promoverse incidentes de ninguna clase. Tampoco procede ninguna recusación, y los jueces y magistrados sólo deben manifestarse impedidos cuando sean parientes dentro del cuarto grado de consanguinidad o segundo de afinidad de algunas de las partes; o cuando hubiesen expedido la orden o conocido del proceso de primera instancia.

Si un magistrado o juez legalmente impedido no manifestare el impedimento que lo inhibe, antes de librarse el mandamiento, será sancionado con una multa a favor del Tesoro Nacional, de cincuenta balboas (B/.50.00) a ciento cincuenta balboas (B/.150.00), que será impuesta por el superior.

CAPÍTULO IV
COMPETENCIAS

Artículo 2611. Son competentes para conocer de la demanda de Hábeas Corpus:

1. El Pleno de la Corte Suprema de Justicia, por actos que procedan de autoridades o funcionarios con mando y jurisdicción en toda la República o en dos o más provincias;

2. Los Tribunales Superiores de Distrito Judicial, por actos que procedan de autoridades o funcionarios con mando y jurisdicción en una provincia;

3. Los Jueces de Circuito en el ramo de lo penal por actos que procedan de autoridad o funcionario con mando y jurisdicción en un distrito de su circunscripción; y

4. Los Jueces Municipales por actos que procedan de autoridad o funcionario con mando o jurisdicción parcial en un distrito judicial.

CAPÍTULO V
SANCIONES

Artículo 2612. Con el fin de asegurar el cumplimiento de los deberes exigidos en este Capítulo, el funcionario que conoce del Hábeas Corpus podrá imponer multas sucesivas de cincuenta balboas (B/.50.00) o prisión de cinco a cincuenta días, sin perjuicio de exigir la responsabilidad por desobediencia o desacato.

Artículo 2613. La desobediencia del mandamiento de Hábeas Corpus y la negativa de copias que el reclamante o el juez solicite, se castigarán con multas de veinticinco balboas (B/.25.00) a doscientos balboas (B/.200.00). Igual sanción sufrirá la persona o jefe de la cárcel que no cumpla con la exigencia imperativa que se consigna en este Capítulo. Estas multas las impondrá el funcionario que conoce del Hábeas Corpus y se deducirán del sueldo del funcionario infractor, por medio del correspondiente pagador. El producto de estas multas ingresará al Tesoro Nacional. A quienes se nieguen cumplir una orden de libertad, se aplicará lo dispuesto en este artículo.

Artículo 2614. Cualquiera infracción no penada específicamente en este Título deberá ser sancionada por el juez competente del Hábeas Corpus con una multa de veinticinco balboas (B/.25.00) a cien balboas (B/.100.00).

TÍTULO III
AMPARO DE GARANTÍAS CONSTITUCIONALES

CAPÍTULO I
COMPETENCIA

Artículo 2615. Toda persona contra la cual se expida o se ejecute, por cualquier servidor público, una orden de hacer o de no hacer, que viole los derechos y garantías que la Constitución consagra, tendrá derecho a que la orden sea revocada a petición suya o de cualquier persona. La acción de Amparo de Garantías Constitucionales a que se refiere este artículo, se tramitará mediante procedimiento sumario y será de competencia de los tribunales judiciales.

Esta acción de Amparo de Garantías Constitucionales puede ejercerse contra toda clase de acto que vulnere o lesione los derechos o garantías fundamentales que consagra la Constitución que revistan la forma de una orden de hacer o no hacer, cuando por la gravedad e inminencia del daño que representan requieren de una revocación inmediata.

La acción de amparo de garantías constitucionales podrá interponerse contra resoluciones judiciales, con sujeción a las siguientes reglas:

1. La interposición de la demanda de amparo no suspenderá la tramitación del proceso en que se dictó la resolución judicial impugnada o su ejecución, salvo que el tribunal a quien se dirija la demanda considere indispensable suspender la tramitación o la ejecución para evitar que el demandante sufra perjuicios graves, evidentes y de difícil reparación;

2. Sólo procederá la acción de amparo cuando se hayan agotado los medios y trámites previstos en la ley para la impugnación de la resolución judicial de que se trate;

3. En atención a lo dispuesto en los artículos 137 y 204 de la Constitución Política, no se admitirá la demanda en un proceso de amparo contra las decisiones jurisdiccionales expedidas por el Tribunal Electoral, la Corte Suprema de Justicia o cualquiera de sus Salas.

Artículo 2616. Son competentes para conocer de la demanda de amparo a que se refiere el artículo 50 de la Constitución Política:

1. El Pleno de la Corte Suprema de Justicia, por actos que procedan de autoridades o funcionarios con mando y jurisdicción en toda la República o en dos o más provincias;

2. Los Tribunales Superiores de Distrito Judicial, cuando se trate de actos que procedan de servidores públicos con mando y jurisdicción en una provincia; y

3. Los Jueces de Circuito, cuando se tratare de servidores públicos con mando y jurisdicción en un distrito o parte de él. El conocimiento de estos negocios será de la competencia de los tribunales que conozcan de los asuntos civiles.

CAPÍTULO II
PROCEDIMIENTO

Artículo 2617. En la tramitación de la acción de amparo se considerará como demandante a la persona interesada que lo promueva; y como demandado, al funcionario que haya dictado la orden cuya revocatoria se pide.

Cuando la orden proceda de una corporación o institución pública, el trámite se surtirá con quien la presida o con quien tenga su representación legal.

Artículo 2618. Las partes deberán nombrar abogados que las representen.

Artículo 2619. Además de los requisitos comunes a todas las demandas, la de amparo deberá contener:

1. Mención expresa de la orden impugnada;

2. Nombre del servidor público, funcionario, institución o corporación que la impartió;

3. Los hechos en que funda su pretensión; y

4. Las garantías fundamentales que se estimen infringidas y el concepto en que lo han sido.

Con la demanda se presentará la prueba de la orden impartida, si fuere posible; o manifestación expresa, de no haberla podido obtener.

CAPÍTULO III
CURSO DE LA DEMANDA

Artículo 2620. El tribunal a quien se dirija la demanda la admitirá sin demora, si estuviera debidamente formulada y no fuere manifiestamente improcedente y, al mismo tiempo, requerirá de la autoridad acusada que envíe la actuación o, en su defecto, un informe acerca de los hechos materia del recurso.

Artículo 2621. El funcionario requerido cumplirá la orden impartida dentro de las dos horas siguientes al recibo en su oficina de la nota requisitoria; suspenderá inmediatamente la ejecución del acto, si se estuviere llevando a cabo, o se abstendrá de realizarlo, mientras se decide el recurso, y dará enseguida cuenta de ello al tribunal del conocimiento.

Artículo 2622. El funcionario o corporación demandado que no resida en la sede del tribunal o juez competente, enviará la actuación por el correo más inmediato, o si fuere el caso, remitirá el informe por la vía telegráfica. Cuando el demandante, no resida en la sede del tribunal competente, podrá proponer la demanda por telégrafo y la confirmará por correo en el término de tres días acompañando las pruebas que tuviere.

Artículo 2623. Si el funcionario o corporación demandados no atendieren la orden que se les haya comunicado o no la cumplieren dentro del término legal, el tribunal procederá a suspender provisionalmente la orden acusada y a practicar las pruebas que considere conducentes para aclarar los hechos y con vista de ellas fallará prescindiendo de la actuación o del informe de que trata esta Sección.

CAPÍTULO IV
FALLO Y APELACIÓN

Artículo 2624. Cumplido por el funcionario o corporación el requerimiento, el tribunal fallará dentro de los dos días siguientes denegando o concediendo el amparo, de acuerdo con las constancias de autos.

Artículo 2625. Dictado el fallo le será notificado inmediatamente por edicto al actor y al funcionario que dictó la orden motivo de la acción. Cualquiera de ellos puede apelar, para lo cual dispone del término de un día a partir de la notificación.

La apelación se concederá en el efecto devolutivo si la decisión del tribunal revoca la orden denunciada y en el efecto suspensivo si la confirma. El apelante podrá sustentar la apelación al interponerla y el tribunal enviará el expediente al superior para que decida la alzada.

Artículo 2626. El tribunal de segunda instancia, sin más trámite, resolverá dentro del término de tres días con vista de lo actuado.

CAPÍTULO V
INCIDENCIAS Y SANCIONES

Artículo 2627. Si la orden impugnada es revocada como consecuencia del amparo, quedan a salvo los derechos del demandante para exigir al funcionario demandado, por la vía ordinaria, indemnización por daños y perjuicios.

Artículo 2628. Los magistrados y jueces que conozcan esta clase de asuntos se manifestarán impedidos cuando sean parientes dentro del segundo grado de consanguinidad o primero de afinidad de alguna de las partes o de sus apoderados o hayan participado en la expedición del acto.

Artículo 2629. En las demandas de amparo sólo se podrán promover incidentes de recusación por el impedimento que establece el artículo anterior.

Artículo 2630. En las demandas de amparo, las providencias que se dicten, son inimpugnables, salvo la resolución que no admita la demanda. Tampoco se podrán proponer ni admitir demandas de amparo sucesivas contra el mismo funcionario y contra la misma orden dictada por él, aunque se propongan ante tribunales competentes distintos.

La sentencia definitiva funda la excepción de cosa juzgada.

Artículo 2631. El funcionario que después de haberse cerciorado de la contumacia del demandante, admita o tramite juicios de amparo que contravengan la prohibición, contenida en el artículo anterior, será sancionado por el superior, en virtud de queja de la persona o personas perjudicadas con la suspensión del acto, con multa de quince balboas (B/.15.00) a cincuenta balboas (B/.50.00) a favor del Tesoro Nacional. La misma autoridad y en la misma resolución, condenará al demandante contumaz a pagar una indemnización de cincuenta balboas (B/.50.00) a quinientos balboas (B/.500.00) a favor de la persona o personas perjudicadas con la suspensión del acto que se haya pretendido suspender por más de una vez. La copia de la sentencia o auto en que se impongan estas sanciones, presta mérito ejecutivo para hacerlas efectivas.

Artículo 2632. Los funcionarios que se nieguen a cumplir la orden de suspensión, o que se nieguen a acatar y cumplir la decisión del tribunal en el caso de que la orden materia de la demanda de amparo sea revocada, serán sancionados por desacato con multa de veinticinco balboas (B/.25.00) a quinientos balboas (B/.500.00), que la impondrá el tribunal o juez de la causa.

PARAGUAY
CONSTITUCIÓN POLÍTICA
DE LA REPÚBLICA DE PARAGUAY, 1992

Artículo 133 - Del Habeas Corpus. Esta garantía podrá ser interpuesto por el afectado, por sí o por interpósita persona, sin necesidad de poder por cualquier medio fehaciente, y ante cualquier Juez de Primera Instancia de la circunscripción judicial respectiva.

El Hábeas Corpus podrá ser:

Preventivo: en virtud del cual toda persona, en trance inminente de ser privada ilegalmente de su libertad física, podrá recabar el examen de la legitimidad de las circunstancias que, a criterio del afectado, amenacen su libertad, así como una orden de cesación de dichas restricciones.

Reparador: en virtud del cual toda persona que se hallase ilegalmente privada de su libertad puede recabar la rectificación de las circunstancias del caso. El magistrado ordenará la comparecencia del detenido, con un informe del agente público o privado que lo detuvo, dentro de las veinticuatro horas de radicada la petición. Si el requerido no lo hiciese así, el Juez se constituirá en el sitio en el que se halle recluida la persona, y en dicho lugar hará juicio de méritos y dispondrá su inmediata libertad, igual que si se hubiere cumplido con la presentación del detenido y se haya radicado el informe. Si no existiesen motivos legales que autoricen la privación de su libertad, la dispondrá de inmediato; si hubiese orden escrita de autoridad judicial, remitirá los antecedentes a quien dispuso la detención.

Genérico: en virtud del cual se podrán demandar rectificación de circunstancias que, no estando contempladas en los dos casos anteriores, restrinjan la libertad o amenacen la seguridad personal. Asimismo, esta garantía podrá interponerse en casos de violencia física, psíquica o moral que agraven las condiciones de personas legalmente privadas de su libertad.

La ley reglamentará las diversas modalidades del hábeas corpus, las cuales procederán incluso, durante el Estado de excepción. El procedimiento será breve, sumario y gratuito, pudiendo ser iniciado de oficio.

Artículo 134 - Del Amparo. Toda persona que por un acto u omisión, manifiestamente ilegítimo, de una autoridad o de un particular, se considere lesionada gravemente, o en peligro inminente de serlo en derechos o garantías consagradas en esta Constitución o en la ley, y que debido a la urgencia del caso no pudiera remediarse por la vía ordinaria, puede promover amparo ante el magistrado competente.

el procedimiento será breve, sumario, gratuito, y de acción popular para los casos previstos en la ley.

El magistrado tendrá facultad para salvaguardar el derecho o garantía, o para restablecer inmediatamente la situación jurídica infringida.

Si se tratara de una cuestión electoral, o relativa a organizaciones políticas, será competente la justicia electoral.

El Amparo no podrá promoverse en la tramitación de causas judiciales, ni contra actos de órganos judiciales, ni en el proceso de formación, sanción y promulgación de las leyes.

La ley reglamentará el respectivo procedimiento. Las sentencias recaídas en el Amparo no causarán estado.

Artículo 135 - Del Habeas Data. Toda persona puede acceder a la información y a los datos que sobre si misma, o sobre sus bienes, obren en registros oficiales o privados de carácter público, así como conocer el uso que se haga de los mismos y de su finalidad. Podrá solicitar ante el magistrado competente la actualización, la rectificación o la destrucción de aquellos, si fuesen erróneos o afectaran ilegítimamente sus derechos.

LEY 1337/1988. CÓDIGO PROCESAL CIVIL
(Modificado por Ley N° 600/95)

TITULO II
DEL JUICIO DE AMPARO

Artículo 565.- Procedencia. La acción de amparo procederá en los casos previstos en el artículo 77 de la Constitución Nacional. No procederá:

a) contra resoluciones o sentencias dictadas por jueces o tribunales;

b) cuando se trate de restricción a la libertad individual en que corresponda la interposición de habeas corpus;

c) cuando la intervención judicial impidiere directa o indirectamente la regularidad, continuidad o eficacia de la prestación de un servicio público o desenvolvimiento de actividades esenciales del Estado.

Artículo 566.- Juez Competente. Será competente para conocer en toda acción de amparo cualquiera juez de primera instancia con jurisdicción en el lugar en que el acto, omisión o amenaza ilegítimo tuviere o pudiere tener efectos. Cuando un mismo acto, omisión o amenaza afectare el derecho de varias personas, entenderá en todas las demandas el magistrado que hubiere prevenido, disponiéndose, en su caso, la acumulación de autos.

Artículo 567.- Deducción de la acción. Plazo. La acción de amparo será deducida por el titular del derecho lesionado o en peligro inminente de serlo por quien demuestre ser su representante, bastando para ello una simple carta poder o un telegrama colacionado. Cuando el afectado se viera imposibilitado de peticionar por sí o apoderado, podrá hacerlo en su nombre un tercero, sin perjuicio de la responsabilidad que le pudiera corresponder si actuare con dolo.

En todos los casos la acción será deducida de los sesenta días hábiles a partir de la fecha en que el afectado tomó conocimiento del acto, omisión o amenaza ilegítimo.

Artículo 568.- Legitimación activa. Se hallan legitimados para peticionar amparo:

a) las personas físicas o jurídicas;

b) los partidos políticos con personería reconocida por el organismos electoral competente;

c) las entidades con personería gremial o profesional; y

d) las sociedades o asociaciones que, sin investir el carácter de personas jurídicas, justificaren, mediante exhibición de sus estatutos, que no contrarían una finalidad de bien común.

Artículo 569.- Forma y contenido de la demanda. La demanda deberá interponerse por escrito y contendrá:

a) el nombre, apellido y domicilio real y constituido del accionante;

b) el nombre, apellido y domicilio real o legal de la persona cuya acción, omisión o amenaza origina el amparo. En su caso, el juez, ante la imposibilidad de que se cumpla con este requisito, arbitrará las medidas necesarias para establecer la relación procesal;

c) la relación de los hechos, actos, omisiones o amenazas que ha producido o están en vía de producir la lesión de derechos cuyo amparo se pretende; y

d) las peticiones que se formulan.

Con el escrito de demanda del accionante acompañará la prueba instrumental de que disponga o la individualizará, si no se encontrare en su poder, con indicación del archivo, protocolo o persona en cuyo poder se encuentre.

Artículo 570.- Rechazo "in limine". El juez que reciba la demanda de amparo debe enterarse de ella inmediatamente y, si la encontrare de notoria improcedencia, la rechazará y ordenará su archivo. Esta resolución será apelable en los términos del artículo 581. En el caso de omitirse alguno de los recaudos establecidos en el artículo precedente, el juez dispondrá, de oficio, que el demandante los complete a los efectos de su sustanciación.

Artículo 571.- Medidas de urgencia. En cualquier estado de la instancia el juez podrá ordenar, de oficio o a petición de parte, medidas de no innovar, si hubiere principio de ejecución o inminencia de lesión grave. Deberá disponer la suspensión del acto impugnado, ordenar la realización del acto omitido o decretar otras medidas cautelares que juzgue convenientes, cuando a su juicio aparezca evidente la violación de un derecho o garantía y la lesión pudiere resultar irreparable. En cualquiera de dichos casos los trámites deberá proseguir hasta dictarse sentencia. El juez podrá exigir medidas de contracautela. El pedido de medidas de urgencia deberá resolverse el mismo día de su presentación.

Artículo 572.- Informe. Cuando la demanda fuere formalmente procedente y se tratare de acto, omisión o amenaza de órgano o agente de la administración pública, el juez requerirá de éste un informe circunstanciado acerca de los antecedentes de las medidas impugnadas y sus fundamentos, el que deberá ser evacuado dentro del plazo de tres días.

En casos excepcionales este plazo podrá ser ampliado por el juez, prudencialmente, en consideración a la distancia y a los medios de comunicación.

Artículo 573.- Traslado. Si el acto, omisión o amenaza ilegítimo fuere atribuido a un particular, el juez citará a éste y al actor a una audiencia a celebrarse dentro de tercer día, a la que deberán comparecer por sí o por apoderados. En dicha audiencia el particular contestará la demanda y ofrecerá su prueba de descargo, y el acto las que no sean documentales.

Al contestar la demanda o evacuar el informe, deberá cumplirse, en lo relativo a la prueba, la carga impuesta por el artículo 569.

Artículo 574.- Prueba. Contestada la demanda o el informe se producirá la prueba ofrecida por las partes, a cuyo efecto el juez adoptará las providencias necesarias. La prueba será diligenciada dentro de los tres días de ofrecida.

El número de testigos propuestos no podrá exceder de tres por cada parte, siendo carga de éstas hacerlos comparecer a su costa, cualesquiera fueren sus domicilios, sin perjuicio de que el juez los pueda hacer comparecer por la fuerza pública.

No se admitirá la prueba confesoria.

Artículo 575.- Incomparecencia del acto o del demandado. Si el actor no compareciere a la audiencia, por sí o por apoderado, se lo tendrá por desistido, ordenándose el archivo de las actuaciones, con imposición de costas. Si fuere el accionado quien no concurriere, se recibirá la prueba del actor, si la hubiere, y quedarán los autos en estado de sentencia.

Artículo 576.- Sentencia. Plazo. Contestada la demanda o evacuado el informe, en su caso, o vencido el plazo para hacerlo, y producida la prueba, el juez dictará sentencia dentro de segunda día, concediendo o denegando el amparo.

Si no existiere prueba que diligenciar, el juez dictará sentencia dentro de segunda día de contestada la demanda o de recibido el informe, o de vencidos los plazos respectivos.

Artículo 577.- Retardo de justicia. Si dentro del plazo establecido el juez no dictare sentencia, cualquiera de las parte podrá denunciar este hecho a la Corte Suprema de Justicia, la cual dispondrá que, sin otro trámite, se pase los autos al juez que sigue en el orden de turno para que dicte sentencia, y aplicará al infractor la medida disciplinaria correspondiente.

Artículo 578.- Contenido de la sentencia. La sentencia que conceda el amparo deberá contener:

a) la designación de la autoridad, ente o persona contra cuyo acto, omisión o amenaza se concede el amparo;

b) la determinación precisa de lo que debe hacerse o no hacerse; y

c) la orden para el cumplimiento inmediato de lo resuelto.

Al efecto del cumplimiento de la sentencia el juez librará los oficios o mandamientos correspondientes.

Artículo 579.- Efecto de la sentencia. La sentencia recaída hará cosa juzgada respecto al amparo, dejando subsistentes las acciones que pudieran corresponder a las partes para la defensa de sus derechos, con independencia del amparo.

Artículo 580.- (Derogado por el artículo 1°, de la Ley N° 600/95)

Artículo 581.- Recurso de apelación. Contra la sentencia de primera instancia que acoge o deniega el amparo, así como en los casos de los artículos 570 y 571 procederá el recurso de apelación, el que será concedido sin efecto suspensivo cuando se acoja el amparo o se haga lugar a las medidas de urgencia.

El recurso deberá interponerse y fundamentarse por escrito dentro del segundo día de notificadas las resoluciones mencionadas. El juez correrá traslado del mismo a la otra parte, la que deberá contestar dentro del plazo de dos días. Inmediatamente el juez elevará el expediente al Tribunal de Apelación competente.

De este recurso conocerá el Tribunal de Apelación del fuero correspondiente al juez que dictó la resolución: el mismo deberá dictar sentencia, sin más trámite, dentro de un plazo no mayor de tres días, la que causará ejecutoria.

Artículo 582.- Si para decidir sobre la acción de amparo fuere necesario determinar la constitucionalidad o inconstitucionalidad de alguna ley, decreto o reglamento, el Juez, una vez constatada la demanda, elevará en el día los antecedentes a la Sala Constitucional de la Corte Suprema de Justicia, la que en la mayor brevedad declarará la inconstitucionalidad si ella surgiere en forma manifiesta. El incidente no suspenderá el juicio que proseguirá hasta el estado de sentencia".

Artículo 583.- Cumplimiento de la sentencia. El órgano o agente de la administración pública a quien se dirija el mandamiento, deberá cumplirlo sin que pueda oponer excusa alguna ni ampararse en la obediencia jerárquica. Si por cualquier circunstancia el mandamiento no pudiera diligenciarse con la autoridad a quien está dirigido, se entenderá con su reemplazante y, a falta de éste, con su superior jerárquico.

Cuando se tratare de particular, bastará notificarle por el medio más rápido en el domicilio donde fue citado y notificado de la demanda; sin perjuicio de las medidas que para un mejor cumplimiento de la sentencia disponga el juez.

Artículo 584.- Remisión de los antecedentes al juez del crimen. En los casos en que el órgano, agente de la administración pública o particular requerido demorare maliciosamente, de manera ostensible o encubierta, notare o en alguna forma obstaculizarse la sustanciación del amparo, el juez pasará los antecedentes al juez del crimen que corresponda, a los fines previstos en el Código Penal.

Artículo 585.- Habilitación de días y horas inhábiles. Durante la sustanciación del juicio y la ejecución de la sentencia, quedarán habilitados por imperio de la ley días y horas inhábiles. Las partes deberán comparecer diariamente a secretaría a notificarse por nota de las resoluciones, en días y horas hábiles.

Sólo la notificación de la demanda y de la sentencia que acoja o desestime el amparo se hará en los domicilios denunciados o constituidos, por cédula o por telegrama colacionado.

Artículo 586.- Limitaciones y facultades. En este juicio no podrán articularse cuestiones previas o de competencia, excepciones ni incidentes. El juez, a petición de parte o de oficio, subsanará todos los vicios o irregularidades del procedimiento, asegurando, dentro de la naturaleza sumarísima de este juicio, la vigencia del principio de contradicción. Durante la sustanciación del mismo, el juez o tribunal interviniente podrá ordenar allanamientos y solicitar el auxilio de la fuerza pública.

En este juicio no procede la recusación, sin perjuicio del deber de excusación que tienen los jueces, conforme a lo dispuesto por el artículo 19 de este Código.

Artículo 587.- Costas. Sin perjuicio del principio consagrado en el artículo 192, no habrá condena en costas si antes de vencido el plazo para la contestación de la demanda o del informe a que se refieren los artículos 572 y 573, cesara el acto, la omisión o la amenaza en que se fundó el amparo.

Si el vencido fuera autoridad, serán responsables solidariamente el agente de la administración pública y el órgano a que él pertenece.

Artículo 588.- Exención. Las actuaciones del amparo están exentas del pago del impuesto de papel sellado, estampillas y de todo otro impuesto o tasa.

PERÚ
CONSTITUCIÓN POLÍTICA DEL PERÚ, 1993
(Última reforma, 2005)

Artículo 200°. Son garantías constitucionales:

La Acción de Hábeas Corpus, que procede ante el hecho u omisión, por parte de cualquier autoridad, funcionario o persona, que vulnera o amenaza la libertad individual o los derechos constitucionales conexos.

La Acción de Amparo, que procede contra el hecho u omisión, por parte de cualquier autoridad, funcionario o persona, que vulnera o amenaza los demás derechos reconocidos por la Constitución, con excepción de los señalados en el inciso siguiente. No procede contra normas legales ni contra Resoluciones Judiciales emanadas de procedimiento regular.

La Acción de Hábeas Data, que procede contra el hecho u omisión, por parte de cualquier autoridad, funcionario o persona, que vulnera o amenaza los derechos a que se refiere el Artículo 2°, incisos 5) y 6) de la Constitución.

La Acción de Inconstitucionalidad, que procede contra las normas que tienen rango de ley: leyes, decretos legislativos, decretos de urgencia, tratados, reglamentos del Congreso, normas regionales de carácter general y ordenanzas municipales que contravengan la Constitución en la forma o en el fondo.

La Acción Popular, que procede, por infracción de la Constitución y de la ley, contra los reglamentos, normas administrativas y resoluciones y decretos de carácter general, cualquiera sea la autoridad de la que emanen.

La Acción de Cumplimiento, que procede contra cualquier autoridad o funcionario renuente a acatar una norma legal o un acto administrativo, sin perjuicio de las responsabilidades de ley.

Una ley orgánica regula el ejercicio de estas garantías y los efectos de la declaración de inconstitucionalidad o ilegalidad de las normas.

El ejercicio de las acciones de hábeas corpus y de amparo no se suspende durante la vigencia de los regímenes de excepción a que se refiere el artículo 137° de la Constitución.

Cuando se interponen acciones de esta naturaleza en relación con derechos restringidos o suspendidos, el órgano jurisdiccional competente examina la razonabilidad y la proporcionalidad del acto restrictivo. No corresponde al juez cuestionar la declaración del estado de emergencia ni de sitio.

CÓDIGO PROCESAL CONSTITUCIONAL. LEY N° 28237.
PROMULGADO 28-05-2004. PUBLICADO 31-05-2004

EL PRESIDENTE DE LA REPÚBLICA
POR CUANTO:

El Congreso de la República
Ha dado la Ley siguiente:

TÍTULO PRELIMINAR

Artículo I.- Alcances. El presente Código regula los procesos constitucionales de hábeas corpus, amparo, hábeas data, cumplimiento, inconstitucionalidad, acción popular y los conflictos de competencia, previstos en los artículos 200 y 202 inciso 3) de la Constitución.

Artículo II.- Fines de los Procesos Constitucionales. Son fines esenciales de los procesos constitucionales garantizar la primacía de la Constitución y la vigencia efectiva de los derechos constitucionales.

Artículo III.- Principios Procesales. Los procesos constitucionales se desarrollan con arreglo a los principios de dirección judicial del proceso, gratuidad en la actuación del demandante, economía, inmediación y socialización procesales.

El Juez y el Tribunal Constitucional tienen el deber de impulsar de oficio los procesos, salvo en los casos expresamente señalados en el presente Código.

Asimismo, el Juez y el Tribunal Constitucional deben adecuar la exigencia de las formalidades previstas en este Código al logro de los fines de los procesos constitucionales.

Cuando en un proceso constitucional se presente una duda razonable respecto de si el proceso debe declararse concluido, el Juez y el Tribunal Constitucional declararán su continuación.

La gratuidad prevista en este artículo no obsta el cumplimiento de la resolución judicial firme que disponga la condena en costas y costos conforme a lo previsto por el presente Código.

Artículo IV.- Órganos Competentes. Los procesos constitucionales son de conocimiento del Poder Judicial y del Tribunal Constitucional, de conformidad con lo dispuesto en la Constitución, en sus respectivas leyes orgánicas y en el presente Código.

Artículo V.- Interpretación de los Derechos Constitucionales. El contenido y alcances de los derechos constitucionales protegidos por los procesos regulados en el presente Código deben interpretarse de conformidad con la Declaración Universal de Derechos Humanos, los tratados sobre derechos humanos, así como de las decisiones adoptadas por los tribunales internacionales sobre derechos humanos constituidos según tratados de los que el Perú es parte.

Artículo VI.- Control Difuso e Interpretación Constitucional. Cuando exista incompatibilidad entre una norma constitucional y otra de inferior jerarquía, el Juez debe preferir la primera, siempre que ello sea relevante para resolver la controversia y no sea posible obtener una interpretación conforme a la Constitución.

Los Jueces no pueden dejar de aplicar una norma cuya constitucionalidad haya sido confirmada en un proceso de inconstitucionalidad o en un proceso de acción popular.

Los Jueces interpretan y aplican las leyes o toda norma con rango de ley y los reglamentos según los preceptos y principios constitucionales, conforme a la interpretación de los mismos que resulte de las resoluciones dictadas por el Tribunal Constitucional.

Artículo VII.- Precedente. Las sentencias del Tribunal Constitucional que adquieren la autoridad de cosa juzgada constituyen precedente vinculante cuando así lo exprese la sentencia, precisando el extremo de su efecto normativo. Cuando el Tribunal Constitucional resuelva apartándose del precedente, debe expresar los fundamentos de hecho y de derecho que sustentan la sentencia y las razones por las cuales se aparta del precedente.

Artículo VIII.- Juez y Derecho. El órgano jurisdiccional competente debe aplicar el derecho que corresponda al proceso, aunque no haya sido invocado por las partes o lo haya sido erróneamente.

Artículo IX.- Aplicación Supletoria e Integración. En caso de vacío o defecto de la presente ley, serán de aplicación supletoria los Códigos Procesales afines a la materia discutida, siempre que no contradigan los fines de los procesos constitucionales y los ayuden a su mejor desarrollo. En defecto de las normas supletorias citadas, el Juez podrá recurrir a la jurisprudencia, a los principios generales del derecho procesal y a la doctrina.

TÍTULO I
DISPOSICIONES GENERALES DE LOS PROCESOS DE HÁBEAS CORPUS, AMPARO, HABEAS DATA Y CUMPLIMIENTO

Artículo 1.- Finalidad de los Procesos. Los procesos a los que se refiere el presente título tienen por finalidad proteger los derechos constitucionales, reponiendo las cosas al estado anterior a la violación o amenaza de violación de un derecho constitucional, o disponiendo el cumplimiento de un mandato legal o de un acto administrativo.

Si luego de presentada la demanda cesa la agresión o amenaza por decisión voluntaria del agresor, o si ella deviene en irreparable, el Juez, atendiendo al agravio producido, declarará fundada la demanda precisando los alcances de su decisión, disponiendo que el emplazado no vuelva a incurrir en las acciones u omisiones que motivaron la interposición de la demanda, y que si procediere de modo contrario se le aplicarán las medidas coercitivas previstas en el artículo 22 del presente Código, sin perjuicio de la responsabilidad penal que corresponda.

Artículo 2.- Procedencia. Los procesos constitucionales de hábeas corpus, amparo y hábeas data proceden cuando se amenace o viole los derechos constitucionales por acción u omisión de actos de cumplimiento obligatorio, por parte de cualquier autoridad, funcionario o persona. Cuando se invoque la amenaza de violación, ésta debe ser cierta y de inminente realización. El proceso de cumplimiento procede para que se acate una norma legal o se ejecute un acto administrativo.

Artículo 3.- Procedencia frente a actos basados en normas. Cuando se invoque la amenaza o violación de actos que tienen como sustento la aplicación de una norma incompatible con la Constitución, la sentencia que declare fundada la demanda dispondrá, además, la inaplicabilidad de la citada norma.

Artículo 4.- *Procedencia respecto de resoluciones judiciales*. El amparo procede respecto de resoluciones judiciales firmes dictadas con manifiesto agravio a la tutela procesal efectiva, que comprende el acceso a la justicia y el debido proceso. Es improcedente cuando el agraviado dejó consentir la resolución que dice afectarlo.

El hábeas corpus procede cuando una resolución judicial firme vulnera en forma manifiesta la libertad individual y la tutela procesal efectiva.

Se entiende por tutela procesal efectiva aquella situación jurídica de una persona en la que se respetan, de modo enunciativo, sus derechos de libre acceso al órgano jurisdiccional, a probar, de defensa, al contradictorio e igualdad sustancial en el proceso, a no ser desviado de la jurisdicción predeterminada ni sometido a procedimientos distintos de los previstos por la ley, a la obtención de una resolución fundada en derecho, a acceder a los medios impugnatorios regulados, a la imposibilidad de revivir procesos fenecidos, a la actuación adecuada y temporalmente oportuna de las resoluciones judiciales y a la observancia del principio de legalidad procesal penal.

Artículo 5.- *Causales de improcedencia*. No proceden los procesos constitucionales cuando:

1. Los hechos y el petitorio de la demanda no están referidos en forma directa al contenido constitucionalmente protegido del derecho invocado;

2. Existan vías procedimentales específicas, igualmente satisfactorias, para la protección del derecho constitucional amenazado o vulnerado, salvo cuando se trate del proceso de hábeas corpus;

3. El agraviado haya recurrido previamente a otro proceso judicial para pedir tutela respecto de su derecho constitucional;

4. No se hayan agotado las vías previas, salvo en los casos previstos por este Código y en el proceso de hábeas corpus;

5. A la presentación de la demanda ha cesado la amenaza o violación de un derecho constitucional o se ha convertido en irreparable;

6. Se cuestione una resolución firme recaída en otro proceso constitucional o haya litispendencia;

7. Se cuestionen las resoluciones definitivas del Consejo Nacional de la Magistratura en materia de destitución y ratificación de jueces y fiscales, siempre que dichas resoluciones hayan sido motivadas y dictadas con previa audiencia al interesado;

8. Se cuestionen las resoluciones del Jurado Nacional de Elecciones en materia electoral, salvo cuando no sean de naturaleza jurisdiccional o cuando siendo jurisdiccionales violen la tutela procesal efectiva.

Tampoco procede contra las resoluciones de la Oficina Nacional de Procesos Electorales y del Registro Nacional de Identificación y Estado Civil si pueden ser revisadas por el Jurado Nacional de Elecciones;

9. Se trate de conflictos entre entidades de derecho público interno. Los conflictos constitucionales surgidos entre dichas entidades, sean poderes del Estado, órga-

nos de nivel o relevancia constitucional, gobiernos locales y regionales, serán resueltos por las vías procedimentales correspondientes;

10.   Ha vencido el plazo para interponer la demanda, con excepción del proceso de hábeas corpus.

Artículo 6.- *Cosa Juzgada*. En los procesos constitucionales sólo adquiere la autoridad de cosa juzgada la decisión final que se pronuncie sobre el fondo.

Artículo 7.- *Representación Procesal del Estado*. La defensa del Estado o de cualquier funcionario o servidor público está a cargo del Procurador Público o del representante legal respectivo, quien deberá ser emplazado con la demanda. Además, debe notificarse con ella a la propia entidad estatal o al funcionario o servidor demandado, quienes pueden intervenir en el proceso. Aun cuando no se apersonaran, se les debe notificar la resolución que ponga fin al grado. Su no participación no afecta la validez del proceso.

Las instituciones públicas con rango constitucional actuarán directamente, sin la intervención del Procurador Público. Del mismo modo, actuarán directamente las entidades que tengan personería jurídica propia.

El Procurador Público, antes de que el proceso sea resuelto en primer grado, está facultado para poner en conocimiento del titular de la entidad su opinión profesional motivada cuando considere que se afecta el derecho constitucional invocado.

Si el demandante conoce, antes de demandar o durante el proceso, que el funcionario contra quien dirige la demanda ya no ocupa tal cargo, puede solicitar al Juez que este no sea emplazado con la demanda.

Artículo 8.- *Responsabilidad del agresor*. Cuando exista causa probable de la comisión de un delito, el Juez, en la sentencia que declara fundada la demanda en los procesos tratados en el presente título, dispondrá la remisión de los actuados al Fiscal Penal que corresponda para los fines pertinentes. Esto ocurrirá, inclusive, cuando se declare la sustracción de la pretensión y sus efectos, o cuando la violación del derecho constitucional haya devenido en irreparable, si el Juez así lo considera.

Tratándose de autoridad o funcionario público, el Juez Penal podrá imponer como pena accesoria la destitución del cargo.

El haber procedido por orden superior no libera al ejecutor de la responsabilidad por el agravio incurrido ni de la pena a que haya lugar. Si el responsable inmediato de la violación fuera una de las personas comprendidas en el artículo 99 de la Constitución, se dará cuenta inmediata a la Comisión Permanente para los fines consiguientes.

Concordancias: R.ADM. N° 095-2004-P-TC, Reg. Normativo del T.C., Art. 50, Últ. párrafo

Artículo 9.- *Ausencia de etapa probatoria*. En los procesos constitucionales no existe etapa probatoria. Sólo son procedentes los medios probatorios que no requieren actuación, lo que no impide la realización de las actuaciones probatorias que el Juez considere indispensables, sin afectar la duración del proceso. En este último caso no se requerirá notificación previa.

Artículo 10.- *Excepciones y defensas* previas. Las excepciones y defensas previas se resuelven, previo traslado, en la sentencia. No proceden en el proceso de hábeas corpus.

Artículo 11.- Integración de decisiones. Los jueces superiores integrarán las decisiones cuando adviertan alguna omisión en la sentencia, siempre que en ella aparezcan los fundamentos que permitan integrar tal omisión.

Artículo 12.- Turno. El inicio de los procesos constitucionales se sujetará a lo establecido para el turno en cada distrito judicial, salvo en los procesos de hábeas corpus en donde es competente cualquier juez penal de la localidad.

Artículo 13.- Tramitación preferente. Los jueces tramitarán con preferencia los procesos constitucionales. La responsabilidad por la defectuosa o tardía tramitación de estos, será exigida y sancionada por los órganos competentes.

Artículo 14.- Notificaciones. Todas las resoluciones serán notificadas oportunamente a las partes, con excepción de las actuaciones a que se refiere el artículo 9 del presente Código.

Artículo 15.- Medidas Cautelares. Se pueden conceder medidas cautelares y de suspensión del acto violatorio en los procesos de amparo, hábeas data y de cumplimiento. Para su expedición se exigirá apariencia del derecho, peligro en la demora y que el pedido cautelar sea adecuado para garantizar la eficacia de la pretensión. Se dictan sin conocimiento de la contraparte y la apelación sólo es concedida sin efecto suspensivo. Su procedencia, trámite y ejecución dependen del contenido de la pretensión constitucional intentada y del aseguramiento de la decisión final.

El juez al conceder la medida atenderá al límite de irreversibilidad de la misma.

Cuando la solicitud de medida cautelar tenga por objeto dejar sin efecto actos administrativos dictados en el ámbito de aplicación de la legislación municipal o regional, serán conocidas en primera instancia por la Sala competente de la Corte Superior de Justicia del Distrito Judicial correspondiente.

De la solicitud se corre traslado por el término de tres días, acompañando copia certificada de la demanda y sus recaudos, así como de la resolución que la da por admitida, tramitando el incidente en cuerda separada, con intervención del Ministerio Público. Con la contestación expresa o ficta la Corte Superior resolverá dentro del plazo de tres días, bajo responsabilidad salvo que se haya formulado solicitud de informe oral, en cuyo caso el plazo se computará a partir de la fecha de su realización. La resolución que dicta la Corte será recurrible con efecto suspensivo ante la Corte Suprema de Justicia de la República, la que resolverá en el plazo de diez días de elevados los autos, bajo responsabilidad.

En todo lo no previsto expresamente en el presente Código, será de aplicación supletoria lo dispuesto en el Título IV de la Sección Quinta del Código Procesal Civil, con excepción de los artículos 618, 621, 630, 636 y 642 al 672.

Artículo 16.- Extinción de la medida cautelar. La medida cautelar se extingue de pleno derecho cuando la resolución que concluye el proceso ha adquirido la autoridad de cosa juzgada.

Si la resolución final constituye una sentencia estimatoria, se conservan los efectos de la medida cautelar, produciéndose una conversión de pleno derecho de la misma en medida ejecutiva. Los efectos de esta medida permanecen hasta el momento de la satisfacción del derecho reconocido al demandante, o hasta que el juez expida una resolución modificatoria o extintiva durante la fase de ejecución.

Si la resolución última no reconoce el derecho reclamado por el demandante, se procede a la liquidación de costas y costos del procedimiento cautelar. El sujeto afectado por la medida cautelar puede promover la declaración de responsabilidad. De verificarse la misma, en modo adicional a la condena de costas y costos, se procederá a la liquidación y ejecución de los daños y, si el juzgador lo considera necesario, a la imposición de una multa no mayor de diez Unidades de Referencia Procesal.

La resolución que fija las costas y costos es apelable sin efecto suspensivo; la que establece la reparación indemnizatoria y la multa lo es con efecto suspensivo.

En lo que respecta al pago de costas y costos se estará a lo dispuesto por el artículo 56.

Artículo 17.- Sentencia. La sentencia que resuelve los procesos a que se refiere el presente título, deberá contener, según sea el caso:

1) La identificación del demandante;

2) La identificación de la autoridad, funcionario o persona de quien provenga la amenaza, violación o que se muestre renuente a acatar una norma legal o un acto administrativo;

3) La determinación precisa del derecho vulnerado, o la consideración de que el mismo no ha sido vulnerado, o, de ser el caso, la determinación de la obligación incumplida;

4) La fundamentación que conduce a la decisión adoptada;

5) La decisión adoptada señalando, en su caso, el mandato concreto dispuesto.

Concordancias: R.ADM. N° 095-2004-P-TC, Reg. Normativo del T.C., Art. 47

Artículo 18.- Recurso de agravio constitucional. Contra la resolución de segundo grado que declara infundada o improcedente la demanda, procede recurso de agravio constitucional ante el Tribunal Constitucional, dentro del plazo de diez días contados desde el día siguiente de notificada la resolución. Concedido el recurso, el Presidente de la Sala remite al Tribunal Constitucional el expediente dentro del plazo máximo de tres días, más el término de la distancia, bajo responsabilidad.

Artículo 19.- Recurso de queja. Contra la resolución que deniega el recurso de agravio constitucional procede recurso de queja. Este se interpone ante el Tribunal Constitucional dentro del plazo de cinco días siguientes a la notificación de la denegatoria. Al escrito que contiene el recurso y su fundamentación, se anexa copia de la resolución recurrida y de la denegatoria, certificadas por abogado, salvo el caso del proceso de hábeas corpus. El recurso será resuelto dentro de los diez días de recibido, sin dar lugar a trámite. Si el Tribunal Constitucional declara fundada la queja, conoce también el recurso de agravio constitucional, ordenando al juez superior el envío del expediente dentro del tercer día de oficiado, bajo responsabilidad.

Artículo 20.- Pronunciamiento del Tribunal Constitucional. Dentro de un plazo máximo de veinte días tratándose de las resoluciones denegatorias de los procesos de hábeas corpus, y treinta cuando se trata de los procesos de amparo, hábeas data y de cumplimiento, el Tribunal Constitucional se pronunciará sobre el recurso interpuesto.

Si el Tribunal considera que la resolución impugnada ha sido expedida incurriéndose en un vicio del proceso que ha afectado el sentido de la decisión, la anulará y ordenará se reponga el trámite al estado inmediato anterior a la ocurrencia del vicio. Sin embargo, si el vicio incurrido sólo alcanza a la resolución impugnada, el Tribunal la revoca y procede a pronunciarse sobre el fondo.

Artículo 21.- *Incorporación de medios probatorios sobre hechos nuevos al proceso.* Los medios probatorios que acreditan hechos trascendentes para el proceso, pero que ocurrieron con posterioridad a la interposición de la demanda, pueden ser admitidos por el Juez a la controversia principal o a la cautelar, siempre que no requieran actuación. El Juez pondrá el medio probatorio en conocimiento de la contraparte antes de expedir la resolución que ponga fin al grado.

Artículo 22.- *Actuación de Sentencias.* La sentencia que cause ejecutoria en los procesos constitucionales se actúa conforme a sus propios términos por el juez de la demanda. Las sentencias dictadas por los jueces constitucionales tienen prevalencia sobre las de los restantes órganos jurisdiccionales y deben cumplirse bajo responsabilidad.

La sentencia que ordena la realización de una prestación de dar, hacer o no hacer es de actuación inmediata. Para su cumplimiento, y de acuerdo al contenido específico del mandato y de la magnitud del agravio constitucional, el Juez podrá hacer uso de multas fijas o acumulativas e incluso disponer la destitución del responsable. Cualquiera de estas medidas coercitivas debe ser incorporada como apercibimiento en la sentencia, sin perjuicio de que, de oficio o a pedido de parte, las mismas puedan ser modificadas durante la fase de ejecución.

El monto de las multas lo determina discrecionalmente el Juez, fijándolo en Unidades de Referencia Procesal y atendiendo también a la capacidad económica del requerido. Su cobro se hará efectivo con el auxilio de la fuerza pública, el recurso a una institución financiera o la ayuda de quien el Juez estime pertinente.

El Juez puede decidir que las multas acumulativas asciendan hasta el cien por ciento por cada día calendario, hasta el acatamiento del mandato judicial.

El monto recaudado por las multas constituye ingreso propio del Poder Judicial, salvo que la parte acate el mandato judicial dentro de los tres días posteriores a la imposición de la multa. En este último caso, el monto recaudado será devuelto en su integridad a su titular.

Artículo 23.- *Procedencia durante los regímenes de excepción.* Razonabilidad y proporcionalidad.- Los procesos constitucionales no se suspenden durante la vigencia de los regímenes de excepción. Cuando se interponen en relación con derechos suspendidos, el órgano jurisdiccional examinará la razonabilidad y proporcionalidad del acto restrictivo, atendiendo a los siguientes criterios:

1) Si la demanda se refiere a derechos constitucionales que no han sido suspendidos;

2) Si tratándose de derechos suspendidos, las razones que sustentan el acto restrictivo del derecho no tienen relación directa con las causas o motivos que justificaron la declaración del régimen de excepción; o,

3) Si tratándose de derechos suspendidos, el acto restrictivo del derecho resulta manifiestamente innecesario o injustificado atendiendo a la conducta del agraviado o a la situación de hecho evaluada sumariamente por el juez.

La suspensión de los derechos constitucionales tendrá vigencia y alcance únicamente en los ámbitos geográficos especificados en el decreto que declara el régimen de excepción.

Artículo 24.- *Agotamiento de la jurisdicción nacional*. La resolución del Tribunal Constitucional que se pronuncie sobre el fondo agota la jurisdicción nacional.

TÍTULO II
PROCESO DE HÁBEAS CORPUS

CAPÍTULO I
DERECHOS PROTEGIDOS

Artículo 25.- *Derechos protegidos*. Procede el hábeas corpus ante la acción u omisión que amenace o vulnere los siguientes derechos que, enunciativamente, conforman la libertad individual:

1) La integridad personal, y el derecho a no ser sometido a tortura o tratos inhumanos o humillantes, ni violentado para obtener declaraciones.

2) El derecho a no ser obligado a prestar juramento ni compelido a declarar o reconocer culpabilidad contra sí mismo, contra su cónyuge, o sus parientes dentro del cuarto grado de consanguinidad o segundo de afinidad.

3) El derecho a no ser exiliado o desterrado o confinado sino por sentencia firme.

4) El derecho a no ser expatriado ni separado del lugar de residencia sino por mandato judicial o por aplicación de la Ley de Extranjería.

5) El derecho del extranjero, a quien se ha concedido asilo político, de no ser expulsado al país cuyo gobierno lo persigue, o en ningún caso si peligrase su libertad o seguridad por el hecho de ser expulsado.

6) El derecho de los nacionales o de los extranjeros residentes a ingresar, transitar o salir del territorio nacional, salvo mandato judicial o aplicación de la Ley de Extranjería o de Sanidad.

7) El derecho a no ser detenido sino por mandato escrito y motivado del Juez, o por las autoridades policiales en caso de flagrante delito; o si ha sido detenido, a ser puesto dentro de las 24 horas o en el término de la distancia, a disposición del juzgado que corresponda, de acuerdo con el acápite "f" del inciso 24) del artículo 2 de la Constitución sin perjuicio de las excepciones que en él se consignan.

8) El derecho a decidir voluntariamente prestar el servicio militar, conforme a la ley de la materia.

9) El derecho a no ser detenido por deudas.

10) El derecho a no ser privado del documento nacional de identidad, así como de obtener el pasaporte o su renovación dentro o fuera de la República.

11) El derecho a no ser incomunicado sino en los casos establecidos por el literal "g" del inciso 24) del artículo 2 de la Constitución.

12) El derecho a ser asistido por un abogado defensor libremente elegido desde que se es citado o detenido por la autoridad policial u otra, sin excepción.

13) El derecho a retirar la vigilancia del domicilio y a suspender el seguimiento policial, cuando resulten arbitrarios o injustificados.

14) El derecho a la excarcelación de un procesado o condenado, cuya libertad haya sido declarada por el juez.

15) El derecho a que se observe el trámite correspondiente cuando se trate del procedimiento o detención de las personas, a que se refiere el artículo 99 de la Constitución.

16) El derecho a no ser objeto de una desaparición forzada.

17) El derecho del detenido o recluso a no ser objeto de un tratamiento carente de razonabilidad y proporcionalidad, respecto de la forma y condiciones en que cumple el mandato de detención o la pena.

También procede el hábeas corpus en defensa de los derechos constitucionales conexos con la libertad individual, especialmente cuando se trata del debido proceso y la inviolabilidad del domicilio.

CAPÍTULO II
PROCEDIMIENTO

Artículo 26.- *Legitimación*. La demanda puede ser interpuesta por la persona perjudicada o por cualquier otra en su favor, sin necesidad de tener su representación. Tampoco requerirá firma del letrado, tasa o alguna otra formalidad. También puede interponerla la Defensoría del Pueblo.

Artículo 27.- *Demanda*. La demanda puede presentarse por escrito o verbalmente, en forma directa o por correo, a través de medios electrónicos de comunicación u otro idóneo. Cuando se trata de una demanda verbal, se levanta acta ante el Juez o Secretario, sin otra exigencia que la de suministrar una sucinta relación de los hechos.

Artículo 28.- *Competencia*. La demanda de hábeas corpus se interpone ante cualquier Juez Penal, sin observar turnos.

Artículo 29.- *Competencia del Juez de Paz*. Cuando la afectación de la libertad individual se realice en lugar distinto y lejano o de difícil acceso de aquel en que tiene su sede el Juzgado donde se interpuso la demanda este dictará orden perentoria e inmediata para que el Juez de Paz del distrito en el que se encuentra el detenido cumpla en el día, bajo responsabilidad, con hacer las verificaciones y ordenar las medidas inmediatas para hacer cesar la afectación.

Artículo 30.- *Trámite en caso de detención arbitraria*. Tratándose de cualquiera de las formas de detención arbitraria y de afectación de la integridad personal, el Juez resolverá de inmediato. Para ello podrá constituirse en el lugar de los hechos, y verificada la detención indebida ordenará en el mismo lugar la libertad del agraviado, dejando constancia en el acta correspondiente y sin que sea necesario notificar previamente al responsable de la agresión para que cumpla la resolución judicial.

Artículo 31.- *Trámite en casos distintos*. Cuando no se trate de una detención arbitraria ni de una vulneración de la integridad personal, el Juez podrá constituirse en el lugar de los hechos, o, de ser el caso, citar a quien o quienes ejecutaron la violación, requiriéndoles expliquen la razón que motivó la agresión, y resolverá de plano en el término de un día natural, bajo responsabilidad.

La resolución podrá notificarse al agraviado, así se encontrare privado de su libertad. También puede notificarse indistintamente a la persona que interpuso la demanda así como a su abogado, si lo hubiere.

Artículo 32.- Trámite en caso de desaparición forzada. Sin perjuicio del trámite previsto en los artículos anteriores, cuando se trate de la desaparición forzada de una persona, si la autoridad, funcionario o persona demandada no proporcionan elementos de juicio satisfactorios sobre su paradero o destino, el Juez deberá adoptar todas las medidas necesarias que conduzcan a su hallazgo, pudiendo incluso comisionar a jueces del Distrito Judicial donde se presuma que la persona pueda estar detenida para que las practiquen. Asimismo, el Juez dará aviso de la demanda de hábeas corpus al Ministerio Público para que realice las investigaciones correspondientes.

Si la agresión se imputa a algún miembro de la Policía Nacional o de las Fuerzas Armadas, el juez solicitará, además, a la autoridad superior del presunto agresor de la zona en la cual la desaparición ha ocurrido, que informe dentro del plazo de veinticuatro horas si es cierta o no la vulneración de la libertad y proporcione el nombre de la autoridad que la hubiere ordenado o ejecutado.

Artículo 33.- Normas especiales de procedimiento. Este proceso se somete además a las siguientes reglas:

1) No cabe recusación, salvo por el afectado o quien actúe en su nombre.

3) No caben excusas de los jueces ni de los secretarios.

4) Los jueces deberán habilitar día y hora para la realización de las actuaciones procesales.

5) No interviene el Ministerio Público.

6) Se pueden presentar documentos cuyo mérito apreciará el juez en cualquier estado del proceso.

7) El Juez o la Sala designará un defensor de oficio al demandante, si lo pidiera.

8) Las actuaciones procesales son improrrogables.

Artículo 34.- Contenido de sentencia fundada. La resolución que declara fundada la demanda de hábeas corpus dispondrá alguna de las siguientes medidas:

1) La puesta en libertad de la persona privada arbitrariamente de este derecho; o

2) Que continúe la situación de privación de libertad de acuerdo con las disposiciones legales aplicables al caso, pero si el Juez lo considerase necesario, ordenará cambiar las condiciones de la detención, sea en el mismo establecimiento o en otro, o bajo la custodia de personas distintas de las que hasta entonces la ejercían; o

3) Que la persona privada de libertad sea puesta inmediatamente a disposición del Juez competente, si la agresión se produjo por haber transcurrido el plazo legalmente establecido para su detención; o

4) Que cese el agravio producido, disponiendo las medidas necesarias para evitar que el acto vuelva a repetirse.

Concordancias: R.ADM. N° 095-2004-P-TC, Reg. Normativo del T.C., Art. 47, Últ. párrafo

Artículo 35.- Apelación. Sólo es apelable la resolución que pone fin a la instancia. El plazo para apelar es de dos días.

Artículo 36.- Trámite de Apelación. Interpuesta la apelación el Juez elevará en el día los autos al Superior, quien resolverá el proceso en el plazo de cinco días bajo responsabilidad. A la vista de la causa los abogados podrán informar.

TÍTULO III
PROCESO DE AMPARO
CAPÍTULO I
DERECHOS PROTEGIDOS

Artículo 37.- Derechos protegidos. El amparo procede en defensa de los siguientes derechos:

1) De igualdad y de no ser discriminado por razón de origen, sexo, raza, orientación sexual, religión, opinión, condición económica, social, idioma, o de cualquier otra índole;

2) Del ejercicio público de cualquier confesión religiosa;

3) De información, opinión y expresión;

4) A la libre contratación;

5) A la creación artística, intelectual y científica;

6) De la inviolabilidad y secreto de los documentos privados y de las comunicaciones;

7) De reunión;

8) Del honor, intimidad, voz, imagen y rectificación de informaciones inexactas o agraviantes;

9) De asociación;

10) Al trabajo;

11) De sindicación, negociación colectiva y huelga;

12) De propiedad y herencia;

13) De petición ante la autoridad competente;

14) De participación individual o colectiva en la vida política del país;

15) A la nacionalidad;

16) De tutela procesal efectiva;

17) A la educación, así como el derecho de los padres de escoger el centro de educación y participar en el proceso educativo de sus hijos;

18) De impartir educación dentro de los principios constitucionales;

19) A la seguridad social;

20) De la remuneración y pensión;

21) De la libertad de cátedra;

22) De acceso a los medios de comunicación social en los términos del artículo 35 de la Constitución;

23) De gozar de un ambiente equilibrado y adecuado al desarrollo de la vida;

24) A la salud; y

25) Los demás que la Constitución reconoce.

Artículo 38.- Derechos no protegidos. No procede el amparo en defensa de un derecho que carece de sustento constitucional directo o que no está referido a los aspectos constitucionalmente protegidos del mismo.

CAPÍTULO II
PROCEDIMIENTO

Artículo 39.- Legitimación. El afectado es la persona legitimada para interponer el proceso de amparo.

Artículo 40.- Representación Procesal. El afectado puede comparecer por medio de representante procesal. No es necesaria la inscripción de la representación otorgada.

Tratándose de personas no residentes en el país, la demanda será formulada por representante acreditado. Para este efecto, será suficiente el poder fuera de registro otorgado ante el Cónsul del Perú en la ciudad extranjera que corresponda y la legalización de la firma del Cónsul ante el Ministerio de Relaciones Exteriores, no siendo necesaria la inscripción en los Registros Públicos.

Asimismo, puede interponer demanda de amparo cualquier persona cuando se trate de amenaza o violación del derecho al medio ambiente u otros derechos difusos que gocen de reconocimiento constitucional, así como las entidades sin fines de lucro cuyo objeto sea la defensa de los referidos derechos.

La Defensoría del Pueblo puede interponer demanda de amparo en ejercicio de sus competencias constitucionales.

Artículo 41.- Procuración Oficiosa. Cualquier persona puede comparecer en nombre de quien no tiene representación procesal, cuando esta se encuentre imposibilitada para interponer la demanda por sí misma, sea por atentado concurrente contra la libertad individual, por razones de fundado temor o amenaza, por una situación de inminente peligro o por cualquier otra causa análoga. Una vez que el afectado se halle en posibilidad de hacerlo, deberá ratificar la demanda y la actividad procesal realizada por el procurador oficioso.

Artículo 42.- Demanda. La demanda escrita contendrá, cuando menos, los siguientes datos y anexos:

1) La designación del Juez ante quien se interpone;

2) El nombre, identidad y domicilio procesal del demandante;

3) El nombre y domicilio del demandado, sin perjuicio de lo previsto en el artículo 7 del presente Código;

4) La relación numerada de los hechos que hayan producido, o estén en vías de producir la agresión del derecho constitucional;

5) Los derechos que se consideran violados o amenazados;

6) El petitorio, que comprende la determinación clara y concreta de lo que se pide;

7) La firma del demandante o de su representante o de su apoderado, y la del abogado.

En ningún caso la demanda podrá ser rechazada por el personal administrativo del Juzgado o Sala correspondiente.

Artículo 43.- Acumulación subjetiva de oficio. Cuando de la demanda apareciera la necesidad de comprender a terceros que no han sido emplazados, el juez podrá integrar la relación procesal emplazando a otras personas, si de la demanda o de la contestación aparece evidente que la decisión a recaer en el proceso los va a afectar.

Artículo 44.- Plazo de interposición de la demanda. El plazo para interponer la demanda de amparo prescribe a los sesenta días hábiles de producida la afectación, siempre que el afectado hubiese tenido conocimiento del acto lesivo y se hubiese hallado en posibilidad de interponer la demanda. Si esto no hubiese sido posible, el plazo se computará desde el momento de la remoción del impedimento.

Tratándose del proceso de amparo iniciado contra resolución judicial, el plazo para interponer la demanda se inicia cuando la resolución queda firme. Dicho plazo concluye treinta días hábiles después de la notificación de la resolución que ordena se cumpla lo decidido.

Para el cómputo del plazo se observarán las siguientes reglas:

1) El plazo se computa desde el momento en que se produce la afectación, aun cuando la orden respectiva haya sido dictada con anterioridad.

2) Si la afectación y la orden que la ampara son ejecutadas simultáneamente, el cómputo del plazo se inicia en dicho momento.

3) Si los actos que constituyen la afectación son continuados, el plazo se computa desde la fecha en que haya cesado totalmente su ejecución.

4) La amenaza de ejecución de un acto lesivo no da inicio al cómputo del plazo. Sólo si la afectación se produce se deberá empezar a contar el plazo.

5) Si el agravio consiste en una omisión, el plazo no transcurrirá mientras ella subsista.

6) El plazo comenzará a contarse una vez agotada la vía previa, cuando ella proceda.

Artículo 45.- Agotamiento de las vías previas. El amparo sólo procede cuando se hayan agotado las vías previas. En caso de duda sobre el agotamiento de la vía previa se preferirá dar trámite a la demanda de amparo.

Artículo 46.- Excepciones al agotamiento de las vías previas. No será exigible el agotamiento de las vías previas si:

1) Una resolución, que no sea la última en la vía administrativa, es ejecutada antes de vencerse el plazo para que quede consentida;

2) Por el agotamiento de la vía previa la agresión pudiera convertirse en irreparable;

3) La vía previa no se encuentra regulada o ha sido iniciada innecesariamente por el afectado; o

4) No se resuelve la vía previa en los plazos fijados para su resolución.

Artículo 47.- Improcedencia liminar. Si el Juez al calificar la demanda de amparo considera que ella resulta manifiestamente improcedente, lo declarará así expresando los fundamentos de su decisión. Se podrá rechazar liminarmente una demanda manifiestamente improcedente en los casos previstos por el artículo 5 del presente Código. También podrá hacerlo si la demanda se ha interpuesto en defensa del derecho de rectificación y no se acredita la remisión de una solicitud cursada por conducto notarial u otro fehaciente al director del órgano de comunicación o, a falta de éste, a quien haga sus veces, para que rectifique las afirmaciones consideradas inexactas o agraviantes.

Si la resolución que declara la improcedencia fuese apelada, el Juez pondrá en conocimiento del demandado el recurso interpuesto.

Artículo 48.- Inadmisibilidad. Si el Juez declara inadmisible la demanda, concederá al demandante tres días para que subsane la omisión o defecto, bajo apercibimiento de archivar el expediente. Esta resolución es apelable.

Artículo 49.- Reconvención, abandono y desistimiento. En el amparo no procede la reconvención ni el abandono del proceso. Es procedente el desistimiento.

Artículo 50.- Acumulación de procesos y resolución inimpugnable. Cuando un mismo acto, hecho, omisión o amenaza afecte el interés de varias personas que han ejercido separadamente su derecho de acción, el Juez que hubiese prevenido, a pedido de parte o de oficio, podrá ordenar la acumulación de los procesos de amparo.

La resolución que concede o deniega la acumulación es inimpugnable.

Artículo 51.- Juez Competente y plazo de resolución en Corte. Son competentes para conocer del proceso de amparo, a elección del demandante, el Juez civil del lugar donde se afectó el derecho, o donde tiene su domicilio el afectado, o donde domicilia el autor de la infracción.

Si la afectación de derechos se origina en una resolución judicial, la demanda se interpondrá ante la Sala Civil de turno de la Corte Superior de Justicia respectiva, la que designará a uno de sus miembros, el cual verificará los hechos referidos al presunto agravio.

La Sala Civil resolverá en un plazo que no excederá de cinco días desde la interposición de la demanda.

Artículo 52.- Impedimentos. El Juez deberá abstenerse cuando concurran las causales de impedimento previstas en el Código Procesal Civil. En ningún caso será procedente la recusación.

El Juez que intencionalmente no se abstiene cuando concurre una causal de impedimento, o lo hace cuando no concurre una de ellas, incurre en responsabilidad de naturaleza disciplinaria y penal.

Artículo 53.- Trámite. En la resolución que admite la demanda, el juez concederá al demandado el plazo de cinco días para que conteste. Dentro de cinco días de contestada la demanda, o de vencido el plazo para hacerlo, el juez expedirá sentencia, salvo que se haya formulado solicitud de informe oral, en cuyo caso el plazo se computará a partir de la fecha de su realización. Si se presentan excepciones, defensas previas o pedidos de nulidad del auto admisorio, el Juez dará traslado al demandante por el plazo de dos días. Con la absolución o vencido el plazo para hacerlo, quedan los autos expeditos para ser sentenciados.

Si el Juez lo considera necesario, realizará las actuaciones que considere indispensables, sin notificación previa a las partes. Inclusive, puede citar a audiencia única a las partes y a sus abogados para realizar los esclarecimientos que estime necesarios. El Juez expedirá sentencia en la misma audiencia o, excepcionalmente, en un plazo que no excederá los cinco días de concluida ésta.

Si considera que la relación procesal tiene un defecto subsanable, concederá un plazo de tres días al demandante para que lo remedie, vencido el cual expedirá sentencia. Si estima que la relación procesal tiene un defecto insubsanable, declarará improcedente la demanda en la sentencia. En los demás casos, expedirá sentencia pronunciándose sobre el mérito.

Los actos efectuados con manifiesto propósito dilatorio, o que se asimilen a cualquiera de los casos previstos en el artículo 112 del Código Procesal Civil, serán sancionados con una multa no menor de diez ni mayor de cincuenta Unidades de Referencia Procesal. Dicha sanción no excluye la responsabilidad civil, penal o administrativa que pudiera derivarse del mismo acto.

Artículo 54.- Intervención litisconsorcial. Quien tuviese interés jurídicamente relevante en el resultado de un proceso, puede apersonarse solicitando ser declarado litisconsorte facultativo. Si el Juez admite su incorporación ordenará se le notifique la demanda. Si el proceso estuviera en segundo grado, la solicitud será dirigida al Juez superior. El litisconsorte facultativo ingresa al proceso en el estado en que éste se encuentre. La resolución que concede o deniega la intervención litisconsorcial es inimpugnable.

Artículo 55.- Contenido de la Sentencia fundada. La sentencia que declara fundada la demanda de amparo contendrá alguno o algunos de los pronunciamientos siguientes:

1) Identificación del derecho constitucional vulnerado o amenazado;

2) Declaración de nulidad de decisión, acto o resolución que hayan impedido el pleno ejercicio de los derechos constitucionales protegidos con determinación, en su caso, de la extensión de sus efectos;

3) Restitución o restablecimiento del agraviado en el pleno goce de sus derechos constitucionales ordenando que las cosas vuelvan al estado en que se encontraban antes de la violación;

4) Orden y definición precisa de la conducta a cumplir con el fin de hacer efectiva la sentencia.

En todo caso, el Juez establecerá los demás efectos de la sentencia para el caso concreto.

Concordancias: R.ADM. N° 095-2004-P-TC, Reg. Normativo del T.C., Art. 47, Últ. párrafo

Artículo 56.- Costas y Costos. Si la sentencia declara fundada la demanda, se impondrán las costas y costos que el Juez establezca a la autoridad (*) RECTIFICADO POR FE DE ERRATAS, funcionario o persona demandada. Si el amparo fuere desestimado por el Juez, éste podrá condenar al demandante al pago de costas y costos cuando estime que incurrió en manifiesta temeridad.

En los procesos constitucionales el Estado sólo puede ser condenado al pago de costos.

En aquello que no esté expresamente establecido en la presente Ley, los costos se regulan por los artículos 410 al 419 del Código Procesal Civil.

Artículo 57.- Apelación. La sentencia puede ser apelada dentro del tercer día siguiente a su notificación. El expediente será elevado dentro de los tres días siguientes a la notificación de la concesión del recurso.

Artículo 58.- Trámite de la apelación. El superior concederá tres días al apelante para que exprese agravios. Recibida la expresión de agravios o en su rebeldía, concederá traslado por tres días, fijando día y hora para la vista de la causa, en la misma resolución. Dentro de los tres días siguientes de recibida la notificación, las partes podrán solicitar que sus abogados informen oralmente a la vista de la causa. El superior expedirá sentencia dentro del plazo de cinco días posteriores a la vista de la causa, bajo responsabilidad.

Artículo 59.- Ejecución de Sentencia. Sin perjuicio de lo establecido en el artículo 22 del presente Código, la sentencia firme que declara fundada la demanda debe ser cumplida dentro de los dos días siguientes de notificada. Tratándose de omisiones, este plazo puede ser duplicado.

Si el obligado no cumpliera dentro del plazo establecido, el Juez se dirigirá al superior del responsable y lo requerirá para que lo haga cumplir y disponga la apertura del procedimiento administrativo contra quien incumplió, cuando corresponda y dentro del mismo plazo. Transcurridos dos días, el Juez ordenará se abra procedimiento administrativo contra el superior conforme al mandato, cuando corresponda, y adoptará directamente todas las medidas para el cabal cumplimiento del mismo. El Juez podrá sancionar por desobediencia al responsable y al superior hasta que cumplan su mandato, conforme a lo previsto por el artículo 22 de este Código, sin perjuicio de la responsabilidad penal del funcionario.

En todo caso, el Juez establecerá los demás efectos del fallo para el caso concreto, y mantendrá su competencia hasta que esté completamente restablecido el derecho.

Cuando el obligado a cumplir la sentencia sea un funcionario público el Juez puede expedir una sentencia ampliatoria que sustituya la omisión del funcionario y regule la situación injusta conforme al decisorio de la sentencia. Para efectos de una eventual impugnación, ambas sentencias se examinarán unitariamente.

Cuando la sentencia firme contenga una prestación monetaria, el obligado que se encuentre en imposibilidad material de cumplir deberá manifestarlo al Juez quien puede concederle un plazo no mayor a cuatro meses, vencido el cual, serán de aplicación las medidas coercitivas señaladas en el presente artículo.

Artículo 60.- Procedimiento para represión de actos homogéneos. Si sobreviniera un acto sustancialmente homogéneo al declarado lesivo en un proceso de amparo, podrá ser denunciado por la parte interesada ante el juez de ejecución.

Efectuado el reclamo, el Juez resolverá éste con previo traslado a la otra parte por el plazo de tres días. La resolución es apelable sin efecto suspensivo.

La decisión que declara la homogeneidad amplía el ámbito de protección del amparo, incorporando y ordenando la represión del acto represivo sobreviniente.

TÍTULO IV
PROCESO DE HÁBEAS DATA

Artículo 61.- Derechos protegidos. El hábeas data procede en defensa de los derechos constitucionales reconocidos por los incisos 5) y 6) del artículo 2 de la Constitución. En consecuencia, toda persona puede acudir a dicho proceso para:

1) Acceder a información que obre en poder de cualquier entidad pública, ya se trate de la que generen, produzcan, procesen o posean, incluida la que obra en expedientes terminados o en trámite, estudios, dictámenes, opiniones, datos estadísticos, informes técnicos y cualquier otro documento que la administración pública tenga en su poder, cualquiera que sea la forma de expresión, ya sea gráfica, sonora, visual, electromagnética o que obre en cualquier otro tipo de soporte material.

2) Conocer, actualizar, incluir y suprimir o rectificar la información o datos referidos a su persona que se encuentren almacenados o registrados en forma manual, mecánica o informática, en archivos, bancos de datos o registros de entidades públicas o de instituciones privadas que brinden servicio o acceso a terceros. Asimismo, a hacer suprimir o impedir que se suministren datos o informaciones de carácter sensible o privado que afecten derechos constitucionales.

Artículo 62.- Requisito especial de la demanda. Para la procedencia del hábeas data se requerirá que el demandante previamente haya reclamado, por documento de fecha cierta, el respeto de los derechos a que se refiere el artículo anterior, y que el demandado se haya ratificado en su incumplimiento o no haya contestado dentro de los diez días útiles siguientes a la presentación de la solicitud tratándose del derecho reconocido por el artículo 2 inciso 5) de la Constitución, o dentro de los dos días si se trata del derecho reconocido por el artículo 2 inciso 6) de la Constitución. Excepcionalmente se podrá prescindir de este requisito cuando su exigencia genere el inminente peligro de sufrir un daño irreparable, el que deberá ser acreditado por el demandante. Aparte de dicho requisito, no será necesario agotar la vía administrativa que pudiera existir.

Artículo 63.- Ejecución Anticipada. De oficio o a pedido de la parte reclamante y en cualquier etapa del procedimiento y antes de dictar sentencia, el Juez está autorizado para requerir al demandado que posee, administra o maneja el archivo, registro o banco de datos, la remisión de la información concerniente al reclamante; así como solicitar informes sobre el soporte técnico de datos, documentación de base relativa a la recolección y cualquier otro aspecto que resulte conducente a la resolución de la causa que estime conveniente. La resolución deberá contener un plazo máximo de tres días útiles para dar cumplimiento al requerimiento expresado por el Juez.

Artículo 64.- Acumulación. Tratándose de la protección de datos personales podrán acumularse las pretensiones de acceder y conocer informaciones de una persona, con las de actualizar, rectificar, incluir, suprimir o impedir que se suministren datos o informaciones.

Artículo 65.- Normas aplicables. El procedimiento de hábeas data será el mismo que el previsto por el presente Código para el proceso de amparo, salvo la exigencia del patrocinio de abogado que será facultativa en este proceso. El Juez podrá adaptar dicho procedimiento a las circunstancias del caso.

TÍTULO V
PROCESO DE CUMPLIMIENTO

Artículo 66.- Objeto. Es objeto del proceso de cumplimiento ordenar que el funcionario o autoridad pública renuente:

1) Dé cumplimiento a una norma legal o ejecute un acto administrativo firme; o

2) Se pronuncie expresamente cuando las normas legales le ordenan emitir una resolución administrativa o dictar un reglamento.

Artículo 67.- Legitimación y representación. Cualquier persona podrá iniciar el proceso de cumplimiento frente a normas con rango de ley y reglamentos. Si el proceso tiene por objeto hacer efectivo el cumplimiento de un acto administrativo, sólo podrá ser interpuesto por la persona a cuyo favor se expidió el acto o quien invoque interés para el cumplimiento del deber omitido.

Tratándose de la defensa de derechos con intereses difusos o colectivos, la legitimación corresponderá a cualquier persona. Asimismo, la Defensoría del Pueblo puede iniciar procesos de cumplimiento.

Artículo 68.- Legitimación pasiva. La demanda de cumplimiento se dirigirá contra la autoridad o funcionario renuente de la administración pública al que corresponda el cumplimiento de una norma legal o la ejecución de un acto administrativo.

Si el demandado no es la autoridad obligada, aquél deberá informarlo al juez indicando la autoridad a quien corresponde su cumplimiento. En caso de duda, el proceso continuará con las autoridades respecto de las cuales se interpuso la demanda. En todo caso, el juez deberá emplazar a la autoridad que conforme al ordenamiento jurídico, tenga competencia para cumplir con el deber omitido.

Artículo 69.- Requisito especial de la demanda. Para la procedencia del proceso de cumplimiento se requerirá que el demandante previamente haya reclamado, por documento de fecha cierta, el cumplimiento del deber legal o administrativo, y que la autoridad se haya ratificado en su incumplimiento o no haya contestado dentro de los diez días útiles siguientes a la presentación de la solicitud. Aparte de dicho requisito, no será necesario agotar la vía administrativa que pudiera existir.

Artículo 70.- Causales de Improcedencia. No procede el proceso de cumplimiento:

1) Contra las resoluciones dictadas por el Poder Judicial, Tribunal Constitucional y Jurado Nacional de Elecciones;

2) Contra el Congreso de la República para exigir la aprobación o la insistencia de una ley;

3) Para la protección de derechos que puedan ser garantizados mediante los procesos de amparo, hábeas data y hábeas corpus;

4) Cuando se interpone con la exclusiva finalidad de impugnar la validez de un acto administrativo;

5) Cuando se demanda el ejercicio de potestades expresamente calificadas por la ley como discrecionales por parte de una autoridad o funcionario;

6) En los supuestos en los que proceda interponer el proceso competencial;

7) Cuando no se cumplió con el requisito especial de la demanda previsto por el artículo 69 del presente Código; y,

8) Si la demanda se interpuso luego de vencido el plazo de sesenta días contados desde la fecha de recepción de la notificación notarial.

Artículo 71.- Desistimiento de la pretensión. El desistimiento de la pretensión se admitirá únicamente cuando ésta se refiera a actos administrativos de carácter particular.

Artículo 72.- Contenido de la Sentencia fundada. La sentencia que declara fundada la demanda se pronunciará preferentemente respecto a:

1) La determinación de la obligación incumplida;

2) La orden y la descripción precisa de la conducta a cumplir;

3) El plazo perentorio para el cumplimiento de lo resuelto, que no podrá exceder de diez días;

4) La orden a la autoridad o funcionario competente de iniciar la investigación del caso para efecto de determinar responsabilidades penales o disciplinarias, cuando la conducta del demandado así lo exija.

Concordancias: R.ADM. N° 095-2004-P-TC, Reg. Normativo del T.C., Art. 47, Últ. párrafo

Artículo 73.- Ejecución de la Sentencia. La sentencia firme que ordena el cumplimiento del deber omitido, será cumplida de conformidad con lo previsto por el artículo 22 del presente Código.

Artículo 74.- Normas aplicables. El procedimiento aplicable a este proceso será el mismo que el previsto por el presente Código para el proceso de amparo, en lo que sea aplicable. El Juez podrá adaptar dicho procedimiento a las circunstancias del caso.

TÍTULO VI
DISPOSICIONES GENERALES DE LOS PROCESOS DE ACCIÓN POPULAR E INCONSTITUCIONALIDAD

Artículo 75.- Finalidad. Los procesos de acción popular y de inconstitucionalidad tienen por finalidad la defensa de la Constitución frente a infracciones contra su jerarquía normativa. Esta infracción puede ser, directa o indirecta, de carácter total o parcial, y tanto por la forma como por el fondo.

Por contravenir el artículo 106 de la Constitución, se puede demandar la inconstitucionalidad, total o parcial, de un decreto legislativo, decreto de urgencia o ley que no haya sido aprobada como orgánica, si dichas disposiciones hubieren regulado materias reservadas a ley orgánica o impliquen modificación o derogación de una ley aprobada como tal.

Artículo 76.- Procedencia de la demanda de acción popular. La demanda de acción popular procede contra los reglamentos, normas administrativas y resoluciones de carácter general, cualquiera que sea la autoridad de la que emanen, siempre que infrinjan la Constitución o la ley, o cuando no hayan sido expedidas o publicadas en la forma prescrita por la Constitución o la ley, según el caso.

Artículo 77.- Procedencia de la demanda de inconstitucionalidad. La demanda de inconstitucionalidad procede contra las normas que tienen rango de ley: leyes, decretos legislativos, decretos de urgencia, tratados que hayan requerido o no la aprobación del Congreso conforme a los artículos 56 y 57 de la Constitución, Reglamento del Congreso, normas regionales de carácter general y ordenanzas municipales.

Artículo 78.- Inconstitucionalidad de normas conexas. La sentencia que declare la ilegalidad o inconstitucionalidad de la norma impugnada, declarará igualmente la de aquella otra a la que debe extenderse por conexión o consecuencia.

Artículo 79.- Principios de interpretación. Para apreciar la validez constitucional de las normas el Tribunal Constitucional considerará, además de las normas constitucionales, las leyes que, dentro del marco constitucional, se hayan dictado para determinar la competencia o las atribuciones de los órganos del Estado o el ejercicio de los derechos fundamentales de la persona.

Artículo 80.- Relaciones institucionales con ocasión a los procesos de control de normas. Los Jueces deben suspender el trámite de los procesos de acción popular sustentados en normas respecto de las cuales se ha planteado demanda de inconstitucionalidad ante el Tribunal, hasta que éste expida resolución definitiva.

Artículo 81.- Efectos de la Sentencia fundada. Las sentencias fundadas recaídas en el proceso de inconstitucionalidad dejan sin efecto las normas sobre las cuales se pronuncian. Tienen alcances generales y carecen de efectos retroactivos. Se publican íntegramente en el Diario Oficial El Peruano y producen efectos desde el día siguiente de su publicación.

Cuando se declare la inconstitucionalidad de normas tributarias por violación del artículo 74 de la Constitución, el Tribunal debe determinar de manera expresa en la sentencia los efectos de su decisión en el tiempo. Asimismo, resuelve lo pertinente respecto de las situaciones jurídicas producidas mientras estuvo en vigencia.

Las sentencias fundadas recaídas en el proceso de acción popular podrán determinar la nulidad, con efecto retroactivo, de las normas impugnadas. En tal supuesto, la sentencia determinará sus alcances en el tiempo. Tienen efectos generales y se publican en el Diario Oficial El Peruano.

Artículo 82.- Cosa juzgada. Las sentencias del Tribunal Constitucional en los procesos de inconstitucionalidad y las recaídas en los procesos de acción popular que queden firmes tienen autoridad de cosa juzgada, por lo que vinculan a todos los poderes públicos y producen efectos generales desde el día siguiente a la fecha de su publicación.

Tiene la misma autoridad el auto que declara la prescripción de la pretensión en el caso previsto en el inciso 1) del artículo 104.

La declaratoria de inconstitucionalidad o ilegalidad de una norma impugnada por vicios formales no obsta para que ésta sea demandada ulteriormente por razones de fondo, siempre que se interponga dentro del plazo señalado en el presente Código.

Artículo 83.- Efectos de la irretroactividad. Las sentencias declaratorias de ilegalidad o inconstitucionalidad no conceden derecho a reabrir procesos concluidos en los que se hayan aplicado las normas declaradas inconstitucionales, salvo en las materias previstas en el segundo párrafo del artículo 103 y último párrafo del artículo 74 de la Constitución.

Por la declaración de ilegalidad o inconstitucionalidad de una norma no recobran vigencia las disposiciones legales que ella hubiera derogado.

TÍTULO VII
PROCESO DE ACCIÓN POPULAR

Artículo 84.- Legitimación. La demanda de acción popular puede ser interpuesta por cualquier persona.

Artículo 85.- Competencia. La demanda de acción popular es de competencia exclusiva del Poder Judicial. Son competentes:

1) La Sala correspondiente, por razón de la materia de la Corte Superior del Distrito Judicial al que pertenece el órgano emisor, cuando la norma objeto de la acción popular es de carácter regional o local; y

2) La Sala correspondiente de la Corte Superior de Lima, en los demás casos.

Artículo 86.- Demanda. La demanda escrita contendrá cuando menos, los siguientes datos y anexos:

1) La designación de la Sala ante quien se interpone.

2) El nombre, identidad y domicilio del demandante.

3) La denominación precisa y el domicilio del órgano emisor de la norma objeto del proceso.

4) El petitorio, que comprende la indicación de la norma o normas constitucionales y/o legales que se suponen vulneradas por la que es objeto del proceso.

5) Copia simple de la norma objeto del proceso precisándose el día, mes y año de su publicación.

6) Los fundamentos en que se sustenta la pretensión.

7) La firma del demandante, o de su representante o de su apoderado, y la del abogado.

Artículo 87.- Plazo. El plazo para interponer la demanda de acción popular prescribe a los cinco años contados desde el día siguiente de publicación de la norma.

Artículo 88.- Admisibilidad e improcedencia. Interpuesta la demanda, la Sala resuelve su admisión dentro de un plazo no mayor de cinco días desde su presentación. Si declara la inadmisibilidad, precisará el requisito incumplido y el plazo para subsanarlo. Si declara la improcedencia y la decisión fuese apelada, pondrá la resolución en conocimiento del emplazado.

Artículo 89.- Emplazamiento y publicación de la demanda. Admitida la demanda, la Sala confiere traslado al órgano emisor de la norma objeto del proceso y ordena la publicación del auto admisorio, el cual incluirá una relación sucinta del contenido de la demanda, por una sola vez, en el Diario Oficial El Peruano si la demanda se promueve en Lima, o en el medio oficial de publicidad que corresponda si aquella se promueve en otro Distrito Judicial.

Si la norma objeto del proceso ha sido expedida con participación de más de un órgano emisor, se emplazará al de mayor jerarquía. Si se trata de órganos de igual nivel jerárquico, la notificación se dirige al primero que suscribe el texto normativo. En el caso de normas dictadas por el Poder Ejecutivo, el emplazamiento se hará al Ministro que la refrenda; si fuesen varios, al que haya firmado en primer término.

Si el órgano emisor ha dejado de operar, corresponde notificar al órgano que asumió sus funciones.

Artículo 90.- Requerimiento de antecedentes*.* La Sala puede, de oficio, ordenar en el auto admisorio que el órgano remita el expediente conteniendo los informes y documentos que dieron origen a la norma objeto del proceso, dentro de un plazo no mayor de diez días, contado desde la notificación de dicho auto, bajo responsabilidad. La Sala dispondrá las medidas de reserva pertinentes para los expedientes y las normas que así lo requieran.

Artículo 91.- Contestación de la demanda*.* La contestación deberá cumplir con los mismos requisitos de la demanda, en lo que corresponda. El plazo para contestar la demanda es de diez días.

Artículo 92.- Vista de la Causa*.* Practicados los actos procesales señalados en los artículos anteriores, la Sala fijará día y hora para la vista de la causa, la que ocurrirá dentro de los diez días posteriores a la contestación de la demanda o de vencido el plazo para hacerlo.

A la vista de la causa, los abogados pueden informar oralmente. La Sala expedirá sentencia dentro de los diez días siguientes a la vista.

Artículo 93.- Apelación y trámite*.* Contra la sentencia procede recurso de apelación el cual contendrá la fundamentación del error, dentro de los cinco días siguientes a su notificación. Recibidos los autos, la Sala Constitucional y Social de la Corte Suprema dará traslado del recurso concediendo cinco días para su absolución y fijando día y hora para la vista de la causa, en la misma resolución. Dentro de los tres días siguientes de recibida la notificación las partes podrán solicitar que sus abogados informen oralmente a la vista de la causa.

Artículo 94.- Medida Cautelar*.* Procede solicitar medida cautelar una vez expedida sentencia estimatoria de primer grado. El contenido cautelar está limitado a la suspensión de la eficacia de la norma considerada vulneratoria por el referido pronunciamiento.

Artículo 95.- Consulta*.* Si la sentencia que declara fundada la demanda no es apelada, los autos se elevarán en consulta a la Sala Constitucional y Social de la Corte Suprema. La consulta se absolverá sin trámite y en un plazo no mayor de cinco días desde que es recibido el expediente.

Artículo 96.- Sentencia*.* La sentencia expedida dentro de los diez días posteriores a la vista de la causa será publicada en el mismo medio de comunicación en el que se publicó el auto admisorio.

Dicha publicación no sustituye la notificación de las partes. En ningún caso procede el recurso de casación.

Artículo 97.- Costos*.* Si la sentencia declara fundada la demanda se impondrán los costos que el juez establezca, los cuales serán asumidos por el Estado. Si la demanda fuere desestimada por el Juez, éste podrá condenar al demandante al pago de los costos cuando estime que incurrió en manifiesta temeridad. En todo lo no previsto en materia de costos, será de aplicación supletoria lo previsto en el Código Procesal Civil.

TÍTULO VIII
PROCESO DE INCONSTITUCIONALIDAD

Artículo 98.- Competencia y Legitimación. La demanda de inconstitucionalidad se interpone ante el Tribunal Constitucional y sólo puede ser presentada por los órganos y sujetos indicados en el artículo 203 de la Constitución.

Artículo 99.- Representación Procesal Legal. Para interponer una demanda de inconstitucionalidad el Presidente de la República requiere del voto aprobatorio del Consejo de Ministros. Concedida la aprobación, designa a uno de sus Ministros para que presente la demanda de inconstitucionalidad y lo represente en el proceso. El Ministro designado puede delegar su representación en un Procurador Público.

El Fiscal de la Nación y el Defensor del Pueblo interponen directamente la demanda.

Pueden actuar en el proceso mediante apoderado.

Los Congresistas actúan en el proceso mediante apoderado nombrado al efecto.

Los ciudadanos referidos en el inciso 5) del artículo 203 de la Constitución deben actuar con patrocinio de letrado y conferir su representación a uno solo de ellos.

Los Presidentes de Región con acuerdo del Consejo de Coordinación Regional o los Alcaldes Provinciales con acuerdo de su Concejo, actúan en el proceso por sí o mediante apoderado y con patrocinio de letrado.

Para interponer la demanda, previo acuerdo de su Junta Directiva, los Colegios Profesionales deben actuar con el patrocinio de abogado y conferir representación a su Decano.

El órgano demandado se apersona en el proceso y formula obligatoriamente su alegato en defensa de la norma impugnada, por medio de apoderado nombrado especialmente para el efecto.

Artículo 100.- Plazo prescriptorio. La demanda de inconstitucionalidad de una norma debe interponerse dentro del plazo de seis años contado a partir de su publicación, salvo el caso de los tratados en que el plazo es de seis meses. Vencido los plazos indicados, prescribe la pretensión, sin perjuicio de lo dispuesto por el artículo 51 y por el segundo párrafo del artículo 138 de la Constitución.

Artículo 101.- Demanda. La demanda escrita contendrá, cuando menos, los siguientes datos y anexos:

1) La identidad de los órganos o personas que interponen la demanda y su domicilio legal y procesal.

2) La indicación de la norma que se impugna en forma precisa.

3) Los fundamentos en que se sustenta la pretensión.

4) La relación numerada de los documentos que se acompañan.

5) La designación del apoderado si lo hubiere.

6) Copia simple de la norma objeto de la demanda, precisándose el día, mes y año de su publicación.

Artículo 102.- Anexos de la Demanda. A la demanda se acompañan, en su caso:

1) Certificación del acuerdo adoptado en Consejo de Ministros, cuando el demandante sea el Presidente de la República;

2) Certificación de las firmas correspondientes por el Oficial Mayor del Congreso si los actores son el 25% del número legal de Congresistas;

3) Certificación por el Jurado Nacional de Elecciones, en los formatos que proporcione el Tribunal, y según el caso, si los actores son cinco mil ciudadanos o el uno por ciento de los ciudadanos del respectivo ámbito territorial, conforme al artículo 203 inciso 5) de la Constitución;

4) Certificación del acuerdo adoptado en la Junta Directiva del respectivo Colegio Profesional; o

5) Certificación del acuerdo adoptado en el Consejo de Coordinación Regional o en el Concejo Provincial, cuando el actor sea Presidente de Región o Alcalde Provincial, respectivamente.

Artículo 103.- Inadmisibilidad de la Demanda. Interpuesta la demanda, el Tribunal resuelve su admisión dentro de un plazo que no puede exceder de diez días.

El Tribunal resuelve la inadmisibilidad de la demanda, si concurre alguno de los siguientes supuestos:

1) Que en la demanda se hubiera omitido alguno de los requisitos previstos en el artículo 101; o

2) Que no se acompañen los anexos a que se refiere el artículo 102.

El Tribunal concederá un plazo no mayor de cinco días si el requisito omitido es susceptible de ser subsanado. Si vencido el plazo no se subsana el defecto de inadmisibilidad, el Tribunal, en resolución debidamente motivada e inimpugnable, declara la improcedencia de la demanda y la conclusión del proceso.

Artículo 104.- Improcedencia liminar de la demanda. El Tribunal declarará improcedente la demanda cuando concurre alguno de los siguientes supuestos:

1) Cuando la demanda se haya interpuesto vencido el plazo previsto en el artículo 100;

2) Cuando el Tribunal hubiere desestimado una demanda de inconstitucionalidad sustancialmente igual en cuanto al fondo; o

3) Cuando el Tribunal carezca de competencia para conocer la norma impugnada.

En estos casos, el Tribunal en resolución debidamente motivada e inimpugnable declara la improcedencia de la demanda.

Artículo 105.- Improcedencia de Medidas Cautelares. En el proceso de inconstitucionalidad no se admiten medidas cautelares.

Artículo 106.- Efecto de la Admisión e Impulso de oficio. Admitida la demanda, y en atención al interés público de la pretensión discutida, el Tribunal Constitucional impulsará el proceso de oficio con prescindencia de la actividad o interés de las partes.

El proceso sólo termina por sentencia.

Artículo 107.- Tramitación. El auto admisorio concede a la parte demandada el plazo de treinta días para contestar la demanda. El Tribunal emplaza con la demanda:

1) Al Congreso o a la Comisión Permanente, en caso de que el Congreso no se encuentre en funciones, si se trata de Leyes y Reglamento del Congreso.

2) Al Poder Ejecutivo, si la norma impugnada es un Decreto Legislativo o Decreto de Urgencia.

3) Al Congreso, o a la Comisión Permanente y al Poder Ejecutivo, si se trata de Tratados Internacionales.

4) A los órganos correspondientes si la norma impugnada es de carácter regional o municipal.

Con su contestación, o vencido el plazo sin que ella ocurra, el Tribunal tendrá por contestada la demanda o declarará la rebeldía del emplazado, respectivamente. En la misma resolución el Tribunal señala fecha para la vista de la causa dentro de los diez días útiles siguientes. Las partes pueden solicitar que sus abogados informen oralmente.

Artículo 108.- Plazo para dictar sentencia. El Tribunal dicta sentencia dentro de los treinta días posteriores de producida la vista de la causa.

TÍTULO IX
PROCESO COMPETENCIAL

Artículo 109.- Legitimación y representación. El Tribunal Constitucional conoce de los conflictos que se susciten sobre las competencias o atribuciones asignadas directamente por la Constitución o las leyes orgánicas que delimiten los ámbitos propios de los poderes del Estado, los órganos constitucionales, los gobiernos regionales o municipales, y que opongan:

1) Al Poder Ejecutivo con uno o más gobiernos regionales o municipales;

2) A dos o más gobiernos regionales, municipales o de ellos entre sí; o

3) A los poderes del Estado entre sí o con cualquiera de los demás órganos constitucionales, o a éstos entre sí.

Los poderes o entidades estatales en conflicto actuarán en el proceso a través de sus titulares. Tratándose de entidades de composición colegiada, la decisión requerirá contar con la aprobación del respectivo pleno.

Artículo 110.- Pretensión. El conflicto se produce cuando alguno de los poderes o entidades estatales a que se refiere el artículo anterior adopta decisiones o rehuye deliberadamente actuaciones, afectando competencias o atribuciones que la Constitución y las leyes orgánicas confieren a otro.

Si el conflicto versare sobre una competencia o atribución expresada en una norma con rango de ley, el Tribunal declara que la vía adecuada es el proceso de inconstitucionalidad.

Artículo 111.- Medida Cautelar. El demandante puede solicitar al Tribunal la suspensión de la disposición, resolución o acto objeto de conflicto. Cuando se promueva un conflicto constitucional con motivo de una disposición, resolución o acto cuya impugnación estuviese pendiente ante cualquier juez o tribunal, éste podrá suspender el procedimiento hasta la resolución del Tribunal Constitucional.

Artículo 112.- Admisibilidad y procedencia. Si el Tribunal Constitucional estima que existe materia de conflicto cuya resolución sea de su competencia, declara admisible la demanda y dispone los emplazamientos correspondientes.

El procedimiento se sujeta, en cuanto sea aplicable, a las disposiciones que regulan el proceso de inconstitucionalidad.

El Tribunal puede solicitar a las partes las informaciones, aclaraciones o precisiones que juzgue necesarias para su decisión. En todo caso, debe resolver dentro de los sesenta días hábiles desde que se interpuso la demanda.

Artículo 113.- Efectos de las Sentencias. La sentencia del Tribunal vincula a los poderes públicos y tiene plenos efectos frente a todos. Determina los poderes o entes estatales a que corresponden las competencias o atribuciones controvertidas y anula las disposiciones, resoluciones o actos viciados de incompetencia. Asimismo resuelve, en su caso, lo que procediere sobre las situaciones jurídicas producidas sobre la base de tales actos administrativos.

Cuando se hubiera promovido conflicto negativo de competencias o atribuciones, la sentencia, además de determinar su titularidad, puede señalar, en su caso, un plazo dentro del cual el poder del Estado o el ente estatal de que se trate debe ejercerlas.

TÍTULO X
JURISDICCIÓN INTERNACIONAL

Artículo 114.- Organismos internacionales competentes. Para los efectos de lo establecido en el artículo 205 de la Constitución, los organismos internacionales a los que puede recurrir cualquier persona que se considere lesionada en los derechos reconocidos por la Constitución, o los tratados sobre derechos humanos ratificados por el Estado peruano, son: el Comité de Derechos Humanos de las Naciones Unidas, la Comisión Interamericana de Derechos Humanos de la Organización de Estados Americanos y aquellos otros que se constituyan en el futuro y que sean aprobados por tratados que obliguen al Perú.

Artículo 115.- Ejecución de resoluciones. Las resoluciones de los organismos jurisdiccionales a cuya competencia se haya sometido expresamente el Estado peruano no requieren, para su validez y eficacia, de reconocimiento, revisión, ni examen previo alguno. Dichas resoluciones son comunicadas por el Ministerio de Relaciones Exteriores al Presidente del Poder Judicial, quien a su vez, las remite al tribunal donde se agotó la jurisdicción interna y dispone su ejecución por el juez competente, de conformidad con lo previsto por la Ley N° 27775, que regula el procedimiento de ejecución de sentencias emitidas por tribunales supranacionales.

Artículo 116.- Obligación de proporcionar documentos y antecedentes. La Corte Suprema de Justicia de la República y el Tribunal Constitucional deberán remitir a los organismos a que se refiere el artículo 114, la legislación, las resoluciones y demás documentos actuados en el proceso o los procesos que originaron la petición, así como todo otro elemento que a juicio del organismo internacional fuere necesario para su ilustración o para mejor resolver el asunto sometido a su competencia.

TÍTULO XI
DISPOSICIONES GENERALES APLICABLES A LOS PROCEDIMIENTOS ANTE EL TRIBUNAL CONSTITUCIONAL

Artículo 117.- Acumulación de procesos. El Tribunal Constitucional puede, en cualquier momento, disponer la acumulación de procesos cuando éstos sean conexos.

Artículo 118.- Numeración de las sentencias. Las sentencias dictadas por el Tribunal Constitucional se enumeran en forma correlativa y anualmente.

Artículo 119.- Solicitud de información. El Tribunal puede solicitar a los poderes del Estado y a los órganos de la Administración Pública todos los informes y documentos que considere necesarios para la resolución de los procesos de su competencia. En tal caso, el Tribunal habilita un plazo para que las partes conozcan de ellos y puedan alegar lo que convenga a su derecho.

El Tribunal dispone las medidas necesarias para preservar el secreto que legalmente afecta a determinada documentación, y el que, por decisión motivada, acuerda para su actuación.

Concordancias: R.ADM. N° 095-2004-P-TC, Reg. Normativo del T.C., Art. 20, Num. 2

Artículo 120.- Subsanación de vicios en el procedimiento. El Tribunal, antes de pronunciar sentencia, de oficio o a instancia de parte, debe subsanar cualquier vicio de procedimiento en que se haya incurrido.

Artículo 121.- Carácter inimpugnable de las sentencias del Tribunal Constitucional. Contra las sentencias del Tribunal Constitucional no cabe impugnación alguna. En el plazo de dos días a contar desde su notificación o publicación tratándose de las resoluciones recaídas en los procesos de inconstitucionalidad, el Tribunal, de oficio o a instancia de parte, puede aclarar algún concepto o subsanar cualquier error material u omisión en que hubiese incurrido.

Estas resoluciones deben expedirse, sin más trámite, al segundo día de formulada la petición.

Contra los decretos y autos que dicte el Tribunal, sólo procede, en su caso, el recurso de reposición ante el propio Tribunal. El recurso puede interponerse en el plazo de tres días a contar desde su notificación. Se resuelve en los dos días siguientes.

Lo anterior no afecta el derecho a recurrir a los tribunales u organismos internacionales constituidos según tratados de los que el Perú es parte.

TÍTULO XII
DISPOSICIONES FINALES

Primera.- Denominaciones empleadas. Para los efectos de este Código, se adoptarán las siguientes denominaciones:

1) Proceso de hábeas corpus, a la acción de hábeas corpus;

2) Proceso de amparo, a la acción de amparo;

3) Proceso de hábeas data, a la acción de hábeas data;

4) Proceso de inconstitucionalidad, a la acción de inconstitucionalidad;

5) Proceso de acción popular, a la acción popular;

6) Proceso de cumplimiento, a la acción de cumplimiento; y,

7) Proceso competencial, a los conflictos de competencias o atribuciones.

Segunda.- Vigencia de normas. Las normas procesales previstas por el presente Código son de aplicación inmediata, incluso a los procesos en trámite. Sin embargo, continuarán rigiéndose por la norma anterior: las reglas de competencia, los medios impugnatorios interpuestos, los actos procesales con principio de ejecución y los plazos que hubieran empezado.

Tercera.- Jueces Especializados. Los procesos de competencia del Poder Judicial a que se refiere el presente Código se iniciarán ante los jueces especializados que correspondan en aquellos distritos judiciales que cuenten con ellos, con la sola excepción del proceso de hábeas corpus que podrá iniciarse ante cualquier juez penal.

Cuarta.- Publicación de sentencias. Las sentencias finales y las resoluciones aclaratoria de las mismas, recaídas en los procesos constitucionales deben remitirse, dentro de las cuarentiocho horas siguientes a la fecha de su expedición, al Diario Oficial El Peruano para su publicación gratuita, dentro de los diez días siguientes a su remisión. La publicación debe contener la sentencia y las piezas del expediente que sean necesarias para comprender el derecho invocado y las razones que tuvo el Juez para conceder o denegar la pretensión.

Las sentencias recaídas en el proceso de inconstitucionalidad, el proceso competencial y la acción popular se publican en el diario oficial dentro de los tres días siguientes al de la recepción de la transcripción remitida por el órgano correspondiente. En su defecto, el Presidente del Tribunal ordena que se publique en uno de los diarios de mayor circulación nacional, sin perjuicio de las responsabilidades a que hubiere lugar.

Cuando las sentencias versan sobre normas regionales o municipales, además de la publicación a que se refiere el párrafo anterior, el Tribunal ordena la publicación en el diario donde se publican los avisos judiciales de la respectiva circunscripción. En lugares donde no exista diario que se publique los avisos judiciales, la sentencia se da a conocer, además de su publicación en el diario oficial o de circulación nacional, mediante carteles fijados en lugares públicos.

Quinta.- Exoneración de tasas judiciales. Los procesos constitucionales se encuentran exonerados del pago de tasas judiciales.

Sexta.- Enseñanza de los derechos y de los procesos constitucionales. En todos los centros de enseñanza, de cualquier nivel, civiles, o militares, se impartirán cursos obligatorios sobre derechos fundamentales y procesos constitucionales.

Compete promover y supervisar esta tarea al Ministerio de Educación; a la Asamblea Nacional de Rectores, y a los Ministerios de Defensa y del Interior. El Ministerio de Justicia queda encargado de la labor de publicación y difusión de la Constitución y textos básicos conexos. Queda encargado igualmente de editar, periódicamente, una versión fidedigna de todas las constituciones históricas del Perú y de la vigente Constitución. Adicionalmente editará y patrocinará estudios, publicaciones, textos, jurisprudencia y legislación Constitucional.

Séptima.- Gaceta Constitucional. La Gaceta Constitucional es el órgano oficial del Tribunal Constitucional y será editada periódicamente, sin perjuicio de otras compilaciones oficiales y de la publicación electrónica de su jurisprudencia. En ella el Tribunal Constitucional dará cuenta de sus actividades, publicará los documentos relacionados con su marcha institucional, así como las resoluciones finales de los procesos constitucionales de su competencia. Esta publicación se hace con independencia de la que efectúe obligatoriamente el Diario Oficial El Peruano.

TÍTULO XIII
DISPOSICIONES TRANSITORIAS Y DEROGATORIAS

Primera.- Normas derogadas

Quedan derogadas:

1) La Ley N° 23506, Ley de Hábeas Corpus y Amparo.

2) La Ley N° 25398, Ley complementaria de la Ley de Hábeas Corpus y Amparo.

3) La Ley N° 24968, Ley Procesal de la Acción Popular.

4) La Ley N° 25011, que modifica parcialmente la Ley N° 23506.

5) La Ley N° 25315, que modifica parcialmente la Ley N° 23506.

6) El Decreto Ley N° 25433, que modifica la Ley N° 23506 y la Ley N° 24968.

7) La Ley N° 26248, que modifica parcialmente la Ley N° 23506.

8) La Ley N° 26301, Ley de Hábeas Data y Acción de Cumplimiento.

9) Los artículos 20 al 63, con excepción del artículo 58, así como la primera y segunda disposición general de la Ley N° 26435, Ley Orgánica del Tribunal Constitucional.

10) La Ley N° 26545, que modifica parcialmente los procesos de hábeas data y acción de cumplimiento.

11) El Decreto Legislativo N° 824, que modifica parcialmente la Ley N° 23506[*].

12) La Ley N° 27053, que modifica parcialmente la Ley N° 23506.

13) La Ley N° 27235, que modifica parcialmente la Ley N° 23506.

14) La Ley N° 27959, que modifica parcialmente la Ley N° 23506.

15) Todas las disposiciones que se opongan al presente Código.

Segunda.- Vigencia del Código

El presente Código entra en vigencia a los seis meses de su publicación en el Diario Oficial El Peruano.

Comuníquese al señor Presidente de la República para su promulgación.

En Lima, a los siete días del mes de mayo de dos mil cuatro.

HENRY PEASE GARCÍA
Presidente del Congreso de la República
MARCIANO RENGIFO RUIZ
Primer Vicepresidente del Congreso de la República
AL SEÑOR PRESIDENTE CONSTITUCIONAL DE LA REPÚBLICA
POR TANTO:
Mando se publique y cumpla.

---

[*]   De conformidad con el Artículo Único de la Ley N° 28400, publicada el 27-11-2004, se precisa que el presente numeral, deroga únicamente el artículo 17 del Decreto Legislativo N° 824 - Ley de Lucha contra el Tráfico Ilícito de Drogas, sin perjuicio de la vigencia de todos los demás artículos del referido Decreto Legislativo N° 824 y sus normas modificatorias.

Dado en la Casa de Gobierno, en Lima, a los veintiocho días del mes de mayo del año dos mil cuatro.

ALEJANDRO TOLEDO

Presidente Constitucional de la República

CARLOS FERRERO

Presidente del Consejo de Ministros

BALDO KRESALJA ROSELLÓ

Ministro de Justicia (*) RECTIFICADO POR FE DE ERRATAS

REPÚBLICA DOMINICANA
CONSTITUCIÓN POLÍTICA DE LA REPÚBLICA DOMINICANA, 2010.

TÍTULO
DE LOS DERECHOS, GARANTÍAS Y DEBERES FUNDAMENTALES
CAPÍTULO II
DE LAS GARANTÍAS A LOS DERECHOS FUNDAMENTALES

Artículo 68.- *Garantías de los derechos fundamentales*. La Constitución garantiza la efectividad de los derechos fundamentales, a través de los mecanismos de tutela y protección, que ofrecen a la persona la posibilidad de obtener la satisfacción de sus derechos, frente a los sujetos obligados o deudores de los mismos. Los derechos fundamentales vinculan a todos los poderes públicos, los cuales deben garantizar su efectividad en los términos establecidos por la presente Constitución y por la ley

Artículo 70.- *Hábeas data*. Toda persona tiene derecho a una acción judicial para conocer de la existencia y acceder a los datos que de ella consten en registros o bancos de datos públicos o privados y, en caso de falsedad o discriminación, exigir la suspensión, rectificación, actualización y confidencialidad de aquéllos, conforme a la ley. No podrá afectarse el secreto de las fuentes de información periodística.

Artículo 71.- *Acción de hábeas corpus*. Toda persona privada de su libertad o amenazada de serlo, de manera ilegal, arbitraria o irrazonable, tiene derecho a una acción de hábeas corpus ante un juez o tribunal competente, por sí misma o por quien actúe en su nombre, de conformidad con la ley, para que conozca y decida, de forma sencilla, efectiva, rápida y sumaria, la legalidad de la privación o amenaza de su libertad.

Artículo 72.- *Acción de amparo*. Toda persona tiene derecho a una acción de amparo para reclamar ante los tribunales, por sí o por quien actúe en su nombre, la protección inmediata de sus derechos fundamentales, no protegidos por el hábeas corpus, cuando resulten vulnerados o amenazados por la acción o la omisión de toda autoridad pública o de particulares, para hacer efectivo el cumplimiento de una ley o acto administrativo, para garantizar los derechos e intereses colectivos y difusos. De conformidad con la ley, el procedimiento es preferente, sumario, oral, público, gratuito y no sujeto a formalidades.

Párrafo.- Los actos adoptados durante los Estados de Excepción que vulneren derechos protegidos que afecten irrazonablemente derechos suspendidos están sujetos a la acción de amparo.

TÍTULO VII
DEL CONTROL CONSTITUCIONAL

*Artículo 184.- **Tribunal Constitucional***. Habrá un Tribunal Constitucional para garantizar la supremacía de la Constitución, la defensa del orden constitucional y la protección de los derechos fundamentales. Sus decisiones son definitivas e irrevocables y constituyen precedentes vinculantes para los poderes públicos y todos los órganos del Estado. Gozará de autonomía administrativa y presupuestaria.

*Artículo 185.- **Atribuciones***. El Tribunal Constitucional será competente para conocer en única instancia:

1) Las acciones directas de inconstitucionalidad contra las leyes, decretos, reglamentos, resoluciones y ordenanzas, a instancia del Presidente de la República, de una tercera parte de los miembros del Senado o de la Cámara de Diputados y de cualquier persona con interés legítimo y jurídicamente protegido;

2) El control preventivo de los tratados internacionales antes de su ratificación por el órgano legislativo;

3) Los conflictos de competencia entre los poderes públicos, a instancia de uno de sus titulares;

4) Cualquier otra materia que disponga la ley.

*Artículo 186.- **Integración y decisiones***. El Tribunal Constitucional estará integrado por trece miembros y sus decisiones se adoptarán con una mayoría calificada de nueve o más de sus miembros. Los jueces que hayan emitido un voto disidente podrán hacer valer sus motivaciones en la decisión adoptada.

*Artículo 187.- **Requisitos y renovación***. Para ser juez del Tribunal Constitucional se requieren las mismas condiciones exigidas para los jueces de la Suprema Corte de Justicia. Sus integrantes serán inamovibles durante el tiempo de su mandato. La condición de juez sólo se pierde por muerte, renuncia o destitución por faltas graves en el ejercicio de sus funciones, en cuyo caso se podrá designar una persona para completar el período.

Párrafo.- Los jueces de este tribunal serán designados por un único período de nueve años. No podrán ser reelegidos, salvo los que en calidad de reemplazantes hayan ocupado el cargo por un período menor de cinco años. La composición del Tribunal se renovará de manera gradual cada tres años.

*Artículo 188.- **Control difuso***. Los tribunales de la República conocerán la excepción de constitucionalidad en los asuntos sometidos a su conocimiento.

*Artículo 189.- **Regulación del Tribunal***. La ley regulará los procedimientos constitucionales y lo relativo a la organización y al funcionamiento del Tribunal Constitucional.

LEY ORGÁNICA DEL TRIBUNAL CONSTITUCIONAL Y DE LOS PROCEDIMIENTOS CONSTITUCIONALES, Nº 137-11. (2011)

G.O. Nº 10622 del 15 de junio de 2011, modificada por la Ley Nº 145-11 del 4 de julio de 2011

EL CONGRESO NACIONAL

En Nombre de la República

Ley Nº 137-11

CONSIDERANDO PRIMERO: Que la Constitución de la República establece como uno de los principios fundamentales del Estado la supremacía de la Constitución.

CONSIDERANDO SEGUNDO: Que conforme a nuestro ordenamiento constitucional la República Dominicana es un Estado social y democrático de derecho.

CONSIDERANDO TERCERO: Que es función esencial del Estado dominicano la protección efectiva de los derechos fundamentales de quienes habitan nuestro territorio.

CONSIDERANDO CUARTO: Que para asegurar el efectivo respeto y salvaguarda de estos principios y finalidades constituye un sistema robusto de justicia constitucional independiente y efectivo.

CONSIDERANDO QUINTO: Que a tales efectos la tutela de la justicia constitucional fue conferida, tanto al Tribunal Constitucional como al Poder Judicial, a través del control concentrado y el control difuso.

CONSIDERANDO SEXTO: Que el Tribunal Constitucional fue concebido con el objetivo de garantizar la supremacía de la Constitución, la defensa del orden constitucional y la protección de los derechos fundamentales.

CONSIDERANDO SÉPTIMO: Que las decisiones del Tribunal Constitucional son definitivas e irrevocables y constituyen precedentes vinculantes para todos los poderes públicos y los órganos del Estado.

CONSIDERANDO OCTAVO: Que el control difuso de la constitucionalidad fue otorgado a los tribunales del Poder Judicial, los cuales por disposición de la propia normativa constitucional, tienen la facultad de revisar, en el marco de los procesos sometidos a su consideración, la constitucionalidad del ordenamiento jurídico dominicano.

CONSIDERANDO NOVENO: Que se hace necesario establecer un mecanismo jurisdiccional a través del cual se garantice la coherencia y unidad de la jurisprudencia constitucional, siempre evitando la utilización de los mismos en perjuicio del debido proceso y la seguridad jurídica.

CONSIDERANDO DÉCIMO: Que en tal virtud, el Artículo 277 de la Constitución de la República atribuyó a la ley la potestad de establecer las disposiciones necesarias para asegurar la adecuada protección y armonización de los bienes jurídicos envueltos en la sinergia institucional que debe darse entre el Tribunal Constitucional y el Poder Judicial, tales como la independencia judicial, la seguridad jurídica derivada de la adquisición de la autoridad de cosa juzgada y la necesidad de asegurar el establecimiento de criterios uniformes que garanticen en un grado máximo la supremacía constitucional y la protección de los derechos fundamentales.

CONSIDERANDO DECIMOPRIMERO: Que conforme a la Constitución se hace necesario el establecimiento de una normativa que regule el funcionamiento del Tribunal Constitucional, así como de los procedimientos constitucionales de naturaleza jurisdiccional.

CONSIDERANDO DECIMOSEGUNDO: Que se hace necesario establecer una nueva regulación de la acción de amparo para hacerla compatible con el ordenamiento constitucional y hacerla más efectiva.

CONSIDERANDO DECIMOTERCERO: (Modificado por el Art. 1 de la Ley N° 145-11 del 4 de julio de 2011). *Que dentro de los procedimientos constitucionales a ser regulados se encuentra el control preventivo de los tratados internacionales".*

VISTA: La Constitución de la República.

VISTA: La Ley N° 25-91, Ley Orgánica de la Suprema Corte de Justicia, del 15 de octubre de 1991.

VISTA: La Ley N° 437-06, de Recurso de Amparo, del 30 de noviembre del año 2006.

HA DADO LA SIGUIENTE LEY:

TÍTULO I
DE LA JUSTICIA CONSTITUCIONAL Y SUS PRINCIPIOS

CAPÍTULO I
DISPOSICIONES GENERALES

Artículo 1.- Naturaleza y Autonomía. El Tribunal Constitucional es el órgano supremo de interpretación y control de la constitucionalidad. Es autónomo de los poderes públicos y de los demás órganos del Estado.

Artículo 2.- Objeto y Alcance. Esta ley tiene por finalidad regular la organización del Tribunal Constitucional y el ejercicio de la justicia constitucional para garantizar la supremacía y defensa de las normas y principios constitucionales y del Derecho Internacional vigente en la República, su uniforme interpretación y aplicación, así como los derechos y libertades fundamentales consagrados en la Constitución o en los instrumentos internacionales de derechos humanos aplicables.

Artículo 3.- Fundamento Normativo. En el cumplimiento de sus funciones como jurisdicción constitucional, el Tribunal Constitucional sólo se encuentra sometido a la Constitución, a las normas que integran el bloque de constitucionalidad, a esta Ley Orgánica y a sus reglamentos.

Artículo 4.- Potestad Reglamentaria. El Tribunal Constitucional dictará los reglamentos que fueren necesarios para su funcionamiento y organización administrativa. Una vez aprobados por el Pleno del Tribunal, los mismos se publicarán en el Boletín Constitucional, que es el órgano de publicación oficial de los actos del Tribunal Constitucional, así como en el portal institucional.

Artículo 5.- Justicia Constitucional. La justicia constitucional es la potestad del Tribunal Constitucional y del Poder Judicial de pronunciarse en materia constitucional en los asuntos de su competencia. Se realiza mediante procesos y procedimientos jurisdiccionales que tienen como objetivo sancionar las infracciones constitucionales para garantizar la supremacía, integridad y eficacia y defensa del orden constitucional, su adecuada interpretación y la protección efectiva de los derechos fundamentales.

Artículo 6.- Infracciones Constitucionales. Se tendrá por infringida la Constitución cuando haya contradicción del texto de la norma, acto u omisión cuestionado, de sus efectos o de su interpretación o aplicación con los valores, principios y reglas contenidos en la Constitución y en los tratados internacionales sobre derechos humanos suscritos y ratificados por la República Dominicana o cuando los mismos tengan como consecuencia restar efectividad a los principios y mandatos contenidos en los mismos.

Artículo 7.- Principios Rectores. El sistema de justicia constitucional se rige por los siguientes principios rectores:

1) Accesibilidad. La jurisdicción debe estar libre de obstáculos, impedimentos, formalismos o ritualismos que limiten irrazonablemente la accesibilidad y oportunidad de la justicia.

2) Celeridad. Los procesos de justicia constitucional, en especial los de tutela de los derechos fundamentales, deben resolverse dentro de los plazos constitucional y legalmente previstos y sin demora innecesaria.

3) Constitucionalidad. Corresponde al Tribunal Constitucional y al Poder Judicial, en el marco de sus respectivas competencias, garantizar la supremacía, integridad y eficacia de la Constitución y del bloque de constitucionalidad.

4) Efectividad. Todo juez o tribunal debe garantizar la efectiva aplicación de las normas constitucionales y de los derechos fundamentales frente a los sujetos obligados o deudores de los mismos, respetando las garantías mínimas del debido proceso y está obligado a utilizar los medios más idóneos y adecuados a las necesidades concretas de protección frente a cada cuestión planteada, pudiendo conceder una tutela judicial diferenciada cuando lo amerite el caso en razón de sus peculiaridades.

5) Favorabilidad. La Constitución y los derechos fundamentales deben ser interpretados y aplicados de modo que se optimice su máxima efectividad para favorecer al titular del derecho fundamental. Cuando exista conflicto entre normas integrantes del bloque de constitucionalidad, prevalecerá la que sea más favorable al titular del derecho vulnerado. Si una norma infraconstitucional es más favorable para el titular del derecho fundamental que las normas del bloque de constitucionalidad, la primera se aplicará de forma complementaria, de manera tal que se asegure el máximo nivel de protección. Ninguna disposición de la presente ley puede ser interpretada, en el sentido de limitar o suprimir el goce y ejercicio de los derechos y garantías fundamentales.

6) Gratuidad. La justicia constitucional no está condicionada a sellos, fianzas o gastos de cualquier naturaleza que dificulten su acceso o efectividad y no está sujeta al pago de costas, salvo la excepción de inconstitucionalidad cuando aplique.

7) Inconvalidabilidad. La infracción de los valores, principios y reglas constitucionales, está sancionada con la nulidad y se prohíbe su subsanación o convalidación.

8) Inderogabilidad. Los procesos constitucionales no se suspenden durante los estados de excepción y, en consecuencia, los actos adoptados que vulneren derechos protegidos o que afecten irrazonablemente derechos suspendidos, están sujetos al control si jurisdiccional.

9) Informalidad. Los procesos y procedimientos constitucionales deben estar exentos de formalismos o rigores innecesarios que afecten la tutela judicial efectiva.

10) Interdependencia. Los valores, principios y reglas contenidos en la Constitución y en los tratados internacionales sobre derechos humanos adoptados por los poderes públicos de la República Dominicana, conjuntamente con los derechos y garantías fundamentales de igual naturaleza a los expresamente contenidos en aquéllos, integran el bloque de constitucionalidad que sirve de parámetro al control de la constitucionalidad y al cual está sujeto la validez formal y material de las normas infraconstitucionales.

11) Oficiosidad. Todo juez o tribunal, como garante de la tutela judicial efectiva, debe adoptar de oficio, las medidas requeridas para garantizar la supremacía constitucional y el pleno goce de los derechos fundamentales, aunque no hayan sido invocadas por las partes o las hayan utilizado erróneamente.

12) Supletoriedad. Para la solución de toda imprevisión, oscuridad, insuficiencia o ambigüedad de esta ley, se aplicarán supletoriamente los principios generales del Derecho Procesal Constitucional y sólo subsidiariamente las normas procesales afines a la materia discutida, siempre y cuando no contradigan los fines de los procesos y procedimientos constitucionales y los ayuden a su mejor desarrollo.

13) Vinculatoriedad. Las decisiones del Tribunal Constitucional y las interpretaciones que adoptan o hagan los tribunales internacionales en materia de derechos humanos, constituyen precedentes vinculantes para los poderes públicos y todos los órganos del Estado.

Artículo 8.- Sede. El Tribunal Constitucional tiene como sede la ciudad de Santo Domingo de Guzmán, Distrito Nacional. Puede sesionar en cualquier otro lugar de la República Dominicana.

Artículo 9.- Competencia. El Tribunal Constitucional es competente para conocer de los casos previstos por el Artículo 185 de la Constitución y de los que esta ley le atribuye. Conocerá de las cuestiones incidentales que surjan ante él y dirimirá las dificultades relativas a la ejecución de sus decisiones.

CAPÍTULO II
INTEGRACIÓN DEL TRIBUNAL CONSTITUCIONAL, PRERROGATIVAS Y RÉGIMEN DE INCOMPATIBILIDADES

Artículo 10.- Integración. El Tribunal está integrado por trece miembros que se denominarán Jueces del Tribunal Constitucional.

Artículo 11.- Designación. Los jueces del Tribunal Constitucional serán designados por el Consejo Nacional de la Magistratura.

Párrafo I.- Para la designación de los jueces de este Tribunal, el Consejo Nacional de la Magistratura recibirá las propuestas de candidaturas que formulasen las organizaciones de la sociedad civil, de los ciudadanos y entidades públicas y privadas. Todo ciudadano que reúna las condiciones para ser juez de este Tribunal, podrá auto proponerse.

Párrafo II.- El Consejo Nacional de la Magistratura publicará la relación de las personas propuestas, a fin de que los interesados puedan formular tachas, las cuales deben estar acompañadas de la prueba correspondiente.

Artículo 12.- (Modificado por el Art. 2 de la Ley Nº 145-11 del 4 de julio de 2011). Presidencia. Sin perjuicio de lo que dispone la Decimonovena Disposición Transitoria de la Constitución, al momento de la designación de los jueces, el Consejo Nacional de la Magistratura dispondrá cuál de ellos ocupará la presidencia del Tribunal y elegirá un primer y segundo sustitutos, para reemplazar al Presidente, en caso de falta o impedimento.

Párrafo.- El primer sustituto ejerce la función de Presidente en caso de ausencia temporal u otro impedimento de éste. El segundo sustituto ejerce la función de Presidente en ausencia temporal u otro impedimento del Presidente y del primer sustituto.

Artículo 13.- (Modificado por el Art. 2 de la Ley Nº 145-11 del 4 de julio de 2011). Requisitos. Para ser juez del Tribunal Constitucional se requiere:

1) Ser dominicana o dominicano de nacimiento u origen.

2) Hallarse en pleno ejercicio de los derechos civiles y políticos.

3) Ser licenciado o doctor en derecho.

4) Haber ejercido durante por lo menos doce años la profesión de abogado, la docencia universitaria del derecho o haber desempeñado, por igual tiempo, las funciones de juez dentro del Poder Judicial o de representante del Ministerio Público. Estos períodos podrán acumularse.

5) Tener más de treinta y cinco años de edad y menos de setenta y cinco.

Artículo 14.- Impedimentos. No pueden ser elegidos para ser miembros del Tribunal Constitucional:

1) Los miembros del Poder Judicial o del Ministerio Público que hayan sido destituidos por infracción disciplinaria, durante los diez años siguientes a la destitución.

2) Los abogados que se encuentren inhabilitados en el ejercicio de su profesión por decisión irrevocable legalmente pronunciada, mientras ésta dure.

3) Quienes hayan sido condenados penalmente por infracciones dolosas o intencionales, mientras dure la inhabilitación.

4) Quienes hayan sido declarados en estado de quiebra, durante los cinco años siguientes a la declaratoria.

5) Quienes hayan sido destituidos en juicio político por el Senado de la República, durante los diez años siguientes a la destitución.

6) Quienes hayan sido condenados a penas criminales.

Artículo 15.- Juramento. Para asumir el cargo de Juez del Tribunal Constitucional se requiere prestar juramento ante el Consejo Nacional de la Magistratura, de lo cual se levantará acta.

Artículo 16.- Dedicación Exclusiva. La función de Juez del Tribunal Constitucional es de dedicación exclusiva. Le está prohibido desempeñar cualquier otro cargo público o privado y ejercer cualquier profesión u oficio.

Artículo 17.- Incompatibilidades. Los jueces de este Tribunal están impedidos de defender o asesorar pública o privadamente, salvo los casos excepcionales previstos en el Código de Procedimiento Civil. Sus integrantes no podrán optar por ningún cargo electivo público, ni participar en actividades político partidistas.

Párrafo.- Cuando concurriera una causa de incompatibilidad en quien fuera designado como Juez del Tribunal, debe antes de tomar posesión, declinar al cargo o a la actividad incompatible. Si no lo hace en el plazo de treinta días siguientes a su designación, se entiende que no acepta el cargo de juez.

Artículo 18.- Independencia. Los jueces de este Tribunal no están sujetos a mandato imperativo, ni reciben instrucciones de ninguna autoridad. No incurren en responsabilidad por los votos emitidos en el ejercicio de sus funciones.

Artículo 19.- Derechos, Deberes y Prerrogativas. Los jueces del Tribunal gozan de los mismos derechos, deberes y prerrogativas que los jueces de la Suprema Corte de Justicia en el ejercicio de sus funciones.

Artículo 20.- Atribuciones del Presidente. Corresponde al Presidente del Tribunal Constitucional, presidir las sesiones y audiencias del Tribunal y representarlo en todos sus actos públicos. Sus funciones específicas serán establecidas en el Reglamento Orgánico del Tribunal Constitucional.

Artículo 21.- Duración del Cargo. La designación para el cargo de Juez del Tribunal Constitucional es por nueve años. Los jueces de este Tribunal no podrán ser reelegidos, salvo quienes en calidad de reemplazantes hayan ocupado el cargo por un período menor de cinco años.

Párrafo.- Agotado el tiempo de su designación, los jueces continúan en el ejercicio de sus funciones hasta que hayan tomado posesión quienes los sustituirán.

Artículo 22.- Vacancia. El cargo de Juez del Tribunal Constitucional queda vacante por cualquiera de las siguientes causas:

a) Por muerte.

b) Por renuncia.

c) Por destitución por la comisión de faltas graves en el ejercicio de sus funciones, conforme al procedimiento de juicio político establecido en la Constitución de la República.

Artículo 23.- Reemplazantes. Sin perjuicio de lo que dispone el Artículo 22 de esta ley, cuando ocurra una causa de vacancia el Consejo Nacional de la Magistratura deberá proceder en los dos meses siguientes a elegir un juez en calidad de reemplazante.

Párrafo.- Los jueces designados para reemplazar a aquéllos cuyo mandato finalice antes del término previsto normalmente, concluirán el mandato de aquéllos a quienes sustituyan. Al final de este mandato podrán ser nombrados jueces a condición de que se desempeñen en las funciones de reemplazo durante menos de cinco años.

Artículo 24.- Suspensión. Los jueces del Tribunal Constitucional pueden ser suspendidos por el Pleno, provisionalmente, a solicitud de tribunal competente, cuando hayan incurrido en delito flagrante.

Artículo 25.- Responsabilidad de los Jueces. La responsabilidad administrativa, civil y penal de los jueces de este Tribunal se regirá por las normas aplicables a los demás jueces del Poder Judicial.

CAPÍTULO III
REUNIONES, DELIBERACIONES Y DECISIONES DEL TRIBUNAL

Artículo 26.- Reuniones. Para conocer asuntos de su competencia, el Tribunal se reunirá a requerimiento de su Presidente o a solicitud de cuatro o más de sus miembros en cuantas ocasiones sean necesarias. Si todos los integrantes se encontraren presentes y todos estuvieren de acuerdo, el Tribunal podrá deliberar válidamente sin previa convocatoria.

Párrafo I.- Las reuniones del Tribunal serán dirigidas por su Presidente. En ausencia de éste y de sus sustitutos ocupará la presidencia el juez de mayor edad.

Párrafo II.- Cuando cuatro o más jueces solicitaren la reunión del Tribunal y el Presidente no la convocare, éstos podrán tramitar la convocatoria y reunirse válidamente cuando la reunión contare con la presencia de nueve o más de sus integrantes.

Artículo 27.- Deliberaciones. El Tribunal delibera válidamente con la presencia de nueve miembros y decide por mayoría de nueve, o más votos conformes.

Artículo 28.- Irrecusabilidad. Los jueces del Tribunal son irrecusables, pero deben inhibirse voluntariamente de conocer algún asunto, cuando sobre ellos concurra cualquiera de las causas de recusación previstas en el derecho común. El Pleno, por mayoría de votos puede rechazar la inhibición.

Artículo 29.- Obligación de Asistencia. Los jueces deben asistir a las convocatorias del Pleno. Las ausencias reiteradas a las sesiones del Tribunal, se considera falta grave en el ejercicio de sus funciones.

Artículo 30.- Obligación de Votar. Los jueces no pueden dejar de votar, debiendo hacerlo a favor o en contra en cada oportunidad. Los fundamentos del voto y los votos salvados y disidentes se consignarán en la sentencia sobre el caso decidido.

Artículo 31.- Decisiones y los Precedentes. Las decisiones del Tribunal Constitucional son definitivas e irrevocables y constituyen precedentes vinculantes para los poderes públicos y todos los órganos del Estado.

Párrafo I.- Cuando el Tribunal Constitucional resuelva apartándose de su precedente, debe expresar en los fundamentos de hecho y de derecho de la decisión las razones por las cuales ha variado su criterio.

Párrafo II.- En los casos en los cuales esta ley establezca el requisito de la relevancia o trascendencia constitucional como condición de recibilidad de la acción o recurso, el Tribunal debe hacer constar en su decisión los motivos que justifican la admisión.

CAPÍTULO IV
DE LOS ÓRGANOS DE APOYO DEL TRIBUNAL

Artículo 32.- Secretaría del Tribunal. El Tribunal Constitucional contará con una Secretaría que le asistirá en el despacho de los asuntos de su competencia y demás órganos administrativos que sean creados por el reglamento de organización y funcionamiento.

Artículo 33.- Reglamento de Organización y Funciones. Las atribuciones, organización y funcionamiento de la Secretarla y demás órganos administrativos que sean creados serán determinadas por reglamento del Tribunal Constitucional.

Artículo 34.- Régimen Funcionarial. El personal al servicio del Tribunal se escogerá por concurso público y se regirá por los principios relativos al estatuto de la función pública.

Artículo 35.- Promoción de Estudios Constitucionales. En el cumplimiento de sus objetivos, el Tribunal Constitucional podrá apoyarse en las universidades, centros técnicos y académicos de investigación, así como promover iniciativas de estudios relativas al derecho constitucional y a los derechos fundamentales.

TÍTULO II
DE LOS PROCESOS Y PROCEDIMIENTOS CONSTITUCIONALES

CAPÍTULO I
DEL CONTROL DE CONSTITUCIONALIDAD

Sección I
Del control concentrado de constitucionalidad

Artículo 36.- Objeto del Control Concentrado. La acción directa de inconstitucionalidad se interpone ante el Tribunal Constitucional contra las leyes, decretos, reglamentos, resoluciones y ordenanzas, que infrinjan por acción u omisión, alguna norma sustantiva.

Artículo 37.- Calidad para Accionar. La acción directa en inconstitucionalidad podrá ser interpuesta, a instancia del Presidente de la República, de una tercera parte de los miembros del Senado o de la Cámara de Diputados y de cualquier persona con un interés legítimo y jurídicamente protegido.

Sección II
Procedimiento para el recurso de inconstitucionalidad

Artículo 38.- Acto Introductivo. El escrito en que se interponga la acción será presentado ante la Secretaría del Tribunal Constitucional y debe exponer sus fundamentos en forma clara y precisa, con cita concreta de las disposiciones constitucionales que se consideren vulneradas.

Artículo 39.- Notificación de la Acción. Si el Presidente del Tribunal Constitucional considerare que se han cumplido los requisitos precedentemente indicados, notificará el escrito al Procurador General de la República y a la autoridad de la que emane la norma o acto cuestionado, para que en el plazo de treinta días, a partir de su recepción, manifiesten su opinión.

Párrafo.- La falta de dictamen del Procurador o de las observaciones de la autoridad cuya norma o acto se cuestione no impide la tramitación y fallo de la acción en inconstitucionalidad.

Artículo 40.- Publicación. Se dispondrá también que se publique un extracto de la acción que ha sido incoada en el portal institucional del Tribunal Constitucional y cualquier otro medio que se estime pertinente.

Artículo 41.- Audiencia. Una vez vencido el plazo, se convocará a una audiencia oral y pública, a fin de que el accionante, la autoridad de la que emane la norma o el acto cuestionado y el Procurador General de la República, presenten sus conclusiones.

Párrafo.- La no comparecencia de las partes no impide el fallo de la acción en inconstitucionalidad.

Artículo 42.- Solicitud de Informes. El Tribunal Constitucional podrá requerir de instituciones públicas o privadas informes técnicos para una mejor sustanciación de la acción de inconstitucionalidad.

Artículo 43.- Plazo y Moratoria. El Tribunal Constitucional debe resolver la acción de inconstitucionalidad dentro de un término máximo de cuatro meses, a partir de la fecha en que concluya la vista.

Artículo 44.- Denegación de la Acción. Las decisiones que denieguen la acción, deberán examinar todos los motivos de inconstitucionalidad que se hubieren alegado para fundamentarla. Únicamente surtirán efecto entre las partes en el caso concreto y no producirán cosa juzgada.

Artículo 45.- Acogimiento de la Acción. Las sentencias que declaren la inconstitucionalidad y pronuncien la anulación consecuente de la norma o los actos impugnados, producirán cosa juzgada y eliminarán la norma o acto del ordenamiento. Esa eliminación regirá a partir de la publicación de la sentencia.

Artículo 46.- Anulación de Disposiciones Conexas. La sentencia que declare la inconstitucionalidad de una norma o disposición general, declarará también la de cualquier precepto de la misma o de cualquier otra norma o disposición cuya anulación resulte evidentemente necesaria por conexidad, así como la de los actos de aplicación cuestionados.

Artículo 47.- Sentencias Interpretativas. El Tribunal Constitucional, en todos los casos que conozca, podrá dictar sentencias interpretativas de desestimación o rechazo que descartan la demanda de inconstitucionalidad, declarando la constitucionalidad del precepto impugnado, en la medida en que se interprete en el sentido que el Tribunal Constitucional considera como adecuado a la Constitución o no se interprete en el sentido o sentidos que considera inadecuados.

Párrafo I.- Del mismo modo dictará, cuando lo estime pertinente, sentencias que declaren expresamente la inconstitucionalidad parcial de un precepto, sin que dicha inconstitucionalidad afecte íntegramente a su texto.

Párrafo II.- Las sentencias interpretativas pueden ser aditivas cuando se busca controlar las omisiones legislativas inconstitucionales entendidas en sentido amplio, como ausencia de previsión legal expresa de lo que constitucionalmente debía haberse previsto o cuando se limitan a realizar una interpretación extensiva o analógica del precepto impugnado.

Párrafo III.- Adoptará, cuando lo considere necesario, sentencias exhortativas o de cualquier otra modalidad admitida en la práctica constitucional comparada.

Artículo 48.- Efectos de las Decisiones en el Tiempo. La sentencia que declara la inconstitucionalidad de una norma produce efectos inmediatos y para el porvenir. Sin embargo, el Tribunal Constitucional podrá reconocer y graduar excepcionalmente, de modo retroactivo, los efectos de sus decisiones de acuerdo a las exigencias del caso.

Artículo 49.- Notificación de la Decisión. Cualquiera que sea la forma en que se dicte el fallo, se notificará siempre al Procurador General de la República, al accionante y a las partes que hubieren intervenido.

Párrafo I.- La Secretaría del Tribunal Constitucional lo comunicará por nota a los funcionarios que conozcan del asunto principal y los de las demás partes, para que lo hagan constar en los autos y publicará por tres veces consecutivas un aviso por los medios establecidos en el Artículo 4 de esta ley.

Párrafo II.- La declaración de inconstitucionalidad se comunicará además al poder o poderes, órganos o entidades que emitieron las normas o actos declarados inconstitucionales, así como, en su caso, a los competentes para su corrección o conversión.

Párrafo III.- Los fallos se publicarán íntegramente en el Boletín del Tribunal Constitucional y deben consignarse en las publicaciones oficiales de los textos a que pertenecían la norma o normas anuladas.

Artículo 50.- (Modificado por el Art. 2 de la Ley Nº 145-11 del 4 de julio de 2011). Ejecución de la sentencia. El Tribunal dispondrá en la sentencia o en actos posteriores, el responsable de ejecutarla y en su caso, resolver las incidencias de la ejecución conforme las disposiciones del Artículo 89 de la presente ley.

Sección III
Del control difuso de constitucionalidad

Artículo 51.- Control Difuso. Todo juez o tribunal del Poder Judicial apoderado del fondo de un asunto ante el cual se alegue como medio de defensa la inconstitucionalidad de una ley, decreto, reglamento o acto, tiene competencia y está en el deber de examinar, ponderar y decidir la excepción planteada como cuestión previa al resto del caso.

Párrafo.- La decisión que rechace la excepción de inconstitucionalidad sólo podrá ser recurrida conjuntamente con la sentencia que recaiga sobre el fondo del asunto.

Artículo 52.- Revisión de Oficio. El control difuso de la constitucionalidad debe ejercerse por todo juez o tribunal del Poder Judicial, aún de oficio, en aquellas causas sometidas a su conocimiento.

Sección IV

De la revisión constitucional de las

Decisiones jurisdiccionales

Artículo 53.- *Revisión Constitucional de Decisiones Jurisdiccionales.* El Tribunal Constitucional tendrá la potestad de revisar las decisiones jurisdiccionales que hayan adquirido la autoridad de la cosa irrevocablemente juzgada, con posterioridad al 26 de enero de 2010, fecha de proclamación y entrada en vigencia de la Constitución, en los siguientes casos:

1) Cuando la decisión declare inaplicable por inconstitucional una ley, decreto, reglamento, resolución u ordenanza.

2) Cuando la decisión viole un precedente del Tribunal Constitucional.

3) Cuando se haya producido una violación de un derecho fundamental, siempre que concurran y se cumplan todos y cada uno de los siguientes requisitos:

a) Que el derecho fundamental vulnerado se haya invocado formalmente en el proceso, tan pronto quien invoque la violación haya tomado conocimiento de la misma.

b) Que se hayan agotado todos los recursos disponibles dentro de la vía jurisdiccional correspondiente y que la violación no haya sido subsanada.

c) Que la violación al derecho fundamental sea imputable de modo inmediato y directo a una acción u omisión del órgano jurisdiccional, con independencia de los hechos que dieron lugar al proceso en que dicha violación se produjo, los cuales el Tribunal Constitucional no podrá revisar.

Párrafo.- La revisión por la causa prevista en el Numeral 3) de este artículo sólo será admisible por el Tribunal Constitucional cuando éste considere que, en razón de su especial trascendencia o relevancia constitucional, el contenido del recurso de revisión justifique un examen y una decisión sobre el asunto planteado. El Tribunal siempre deberá motivar sus decisiones.

Artículo 54.- *Procedimiento de Revisión.* El procedimiento a seguir en materia de revisión constitucional de las decisiones jurisdiccionales será el siguiente:

1) El recurso se interpondrá mediante escrito motivado depositado en la Secretaría del Tribunal que dictó la sentencia recurrida, en un plazo no mayor de treinta días a partir de la notificación de la sentencia.

2) El escrito contentivo del recurso se notificará a las partes que participaron en el proceso resuelto mediante la sentencia recurrida, en un plazo no mayor de cinco días a partir de la fecha de su depósito.

3) El recurrido depositará el escrito de defensa en la Secretaría del Tribunal que dictó la sentencia, en plazo no mayor de treinta días a partir de la fecha de la notificación del recurso. El escrito de defensa será notificado al recurrente en un plazo de cinco días contados a partir de la fecha de su depósito.

4) El tribunal que dictó la sentencia recurrida remitirá a la Secretaría del Tribunal Constitucional copia certificada de ésta, así como de los escritos correspondientes en un plazo no mayor de diez días contados a partir de la fecha de vencimiento del plazo para el depósito del escrito de defensa. Las partes ligadas en el diferendo podrán diligenciar la tramitación de los documentos anteriores indicados, en

interés de que la revisión sea conocida, con la celeridad que requiere el control de la constitucionalidad.

5) El Tribunal Constitucional tendrá un plazo no mayor de treinta días, a partir de la fecha de la recepción del expediente, para decidir sobre la admisibilidad del recurso. En caso de que decida admitirlo deberá motivar su decisión.

6) La revisión se llevará a cabo en Cámara de Consejo, sin necesidad de celebrar audiencia.

7) La sentencia de revisión será dictada por el Tribunal Constitucional en un plazo no mayor de noventa días contados a partir de la fecha de la decisión sobre la admisibilidad del recurso.

8) El recurso no tiene efecto suspensivo, salvo que, a petición, debidamente motivada, de parte interesada, el Tribunal Constitucional disponga expresamente lo contrario.

9) La decisión del Tribunal Constitucional que acogiere el recurso, anulará la sentencia objeto del mismo y devolverá el expediente a la secretaría del tribunal que la dictó.

10) El tribunal de envío conocerá nuevamente del caso, con estricto apego al criterio establecido por el Tribunal Constitucional en relación del derecho fundamental violado o a la constitucionalidad o inconstitucionalidad de la norma cuestionada por la vía difusa.

CAPÍTULO II

DEL CONTROL PREVENTIVO DE LOS TRATADOS INTERNACIONALES

Artículo 55.- Control Preventivo. Previo a su aprobación por el Congreso Nacional, el Presidente de la República someterá los tratados internacionales suscritos al Tribunal Constitucional, a fin de que éste ejerza sobre ellos el control previo de constitucionalidad.

Artículo 56.- Plazo. El Tribunal Constitucional decidirá sobre la constitucionalidad o no de los tratados internacionales suscritos dentro de los treinta días siguientes a su recibo y al hacerlo, si considerare inconstitucional el Tratado de que se trate, indicará sobre cuáles aspectos recae la inconstitucionalidad y las razones en que fundamenta su decisión.

Artículo 57.- Efecto Vinculante. La decisión del Tribunal Constitucional será vinculante para el Congreso Nacional y el Poder Ejecutivo.

Párrafo.- Si el tratado internacional es reputado constitucional, esto impide que, posteriormente, el mismo sea cuestionado por inconstitucional ante el Tribunal Constitucional o cualquier juez o tribunal por los motivos que valoró el Tribunal Constitucional.

Artículo 58.- Publicación. La decisión del Tribunal Constitucional sobre el control preventivo de los tratados, se publicará por los medios oficiales del Tribunal Constitucional.

CAPÍTULO III
DE LOS CONFLICTOS DE COMPETENCIA

Artículo 59.- Conflictos de Competencia. Le corresponde al Tribunal Constitucional resolver los conflictos de competencia de orden constitucional entre los poderes del Estado, así como los que surjan entre cualquiera de estos poderes y entre órganos constitucionales, entidades descentralizadas y autónomas, los municipios u otras personas de Derecho Público, o los de cualquiera de éstas entre si, salvo aquellos conflictos que sean de la competencia de otras jurisdicciones en virtud de lo que dispone la Constitución o las leyes especiales.

Artículo 60.- Presentación. El conflicto será planteado por el titular de cualquiera de los poderes del Estado, órganos o entidades en conflicto, quien enviará a la Secretaría del Tribunal Constitucional un memorial con una exposición precisa de todas las razones jurídicas en que se fundamente el hecho en cuestión.

Artículo 61.- Plazo de Alegatos. El Presidente del Tribunal le dará audiencia al titular del otro poder, órgano o entidad por un plazo improrrogable de treinta días, a partir de la recepción del memorial.

Artículo 62.- Plazo de Resolución. Cumplido este plazo, aunque no se hubiere contestado la audiencia, el Tribunal resolverá el conflicto dentro de los siguientes sesenta días, salvo que se considere indispensable practicar alguna prueba, en cuyo caso dicho plazo se contará a partir del momento en que ésta se haya practicado.

CAPÍTULO IV
DE LA ACCIÓN DE HÁBEAS CORPUS

Artículo 63.- Hábeas Corpus. Toda persona privada de su libertad o amenazada de serlo de manera ilegal, arbitraria o irrazonable, tiene derecho a una acción de hábeas corpus ante un juez o tribunal competente, por sí misma o por quien actúe en su nombre, para que conozca y decida, de forma sencilla, efectiva, rápida y sumaria, la legalidad de la privación o amenaza de su libertad. La acción de hábeas corpus se rige por las disposiciones del Código Procesal Penal y no puede ser limitada o restringida cuando no exista otra vía procesal igualmente expedita para la tutela de los derechos garantizados por esta vía procesal.

CAPÍTULO V
DEL HÁBEAS DATA

Artículo 64.- Hábeas Data. Toda persona tiene derecho a una acción judicial para conocer de la existencia y acceder a los datos que de ella consten en registros o bancos de datos públicos o privados y en caso de falsedad o discriminación, exigir la suspensión, rectificación, actualización y confidencialidad de aquéllos, conforme la ley. No podrá afectarse el secreto de las fuentes de información periodística. La acción de hábeas data se rige por el régimen procesal común del amparo.

CAPÍTULO VI
DE LA ACCIÓN DE AMPARO
Sección I
*Admisibilidad y legitimación para
la interposición de la acción de amparo*

Artículo 65.- Actos Impugnables. La acción de amparo será admisible contra todo acto omisión de una autoridad pública o de cualquier particular, que en forma actual o inminente y con arbitrariedad o ilegalidad manifiesta lesione, restrinja, altere o amenace los derechos fundamentales consagrados en la Constitución, con excepción de los derechos protegidos por el Hábeas Corpus y el Hábeas Data.

Artículo 66.- Gratuidad de la Acción. El procedimiento en materia de amparo es de carácter gratuito, por lo que se hará libre de costas, así como de toda carga, impuestos, contribución o tasa. No habrá lugar a la prestación de la fianza del extranjero transeúnte.

Artículo 67.- Calidades para la Interposición del Recurso. Toda persona física o moral, sin distinción de ninguna especie, tiene derecho a reclamar la protección de sus derechos fundamentales mediante el ejercicio de la acción de amparo.

Artículo 68.- Calidad del Defensor del Pueblo. El Defensor del Pueblo tiene calidad para interponer la acción de amparo en interés de salvaguardar los derechos fundamentales de las personas y los intereses colectivos y difusos establecidos en la Constitución y las leyes, en caso de que estos sean violados, amenazados o puestos en peligro por funcionarios u órganos del Estado, por prestadores de servicios públicos o particulares.

Párrafo.- Toda persona puede denunciar ante el Defensor del Pueblo los hechos que permitan articular una acción de amparo.

Artículo 69.- Amparo para Salvaguardar los Derechos Colectivos y Difusos. Las personas físicas o morales están facultadas para someter e impulsar la acción de amparo, cuando se afecten derechos o intereses colectivos y difusos.

Sección II
Inadmisibilidad

Artículo 70.- Causas de Inadmisibilidad. El juez apoderado de la acción de amparo, luego de instruido el proceso, podrá dictar sentencia declarando inadmisible la acción, sin pronunciarse sobre el fondo, en los siguientes casos:

1) Cuando existan otras vías judiciales que permitan de manera efectiva obtener la protección del derecho fundamental invocado.

2) Cuando la reclamación no hubiese sido presentada dentro de los sesenta días que sigan a la fecha en que el agraviado ha tenido conocimiento del acto u omisión que le ha conculcado un derecho fundamental.

3) Cuando la petición de amparo resulte notoriamente improcedente.

Artículo 71,- Ausencia de Efectos Suspensivos. El conocimiento de la acción de amparo que reúna las condiciones de admisibilidad, no podrá suspenderse o sobreseerse para aguardar la definición de la suerte de otro proceso judicial.

Párrafo.- La decisión que concede el amparo es ejecutoria de pleno derecho.

Sección III
Jurisdicción competente

Artículo 72.- Competencia. Será competente para conocer de la acción de amparo, el juez de primera instancia del lugar donde se haya manifestado el acto u omisión cuestionado.

Párrafo I.- En aquellos lugares en que el tribunal de primera instancia se encuentra dividido en cámaras o salas, se apoderará de la acción de amparo al juez cuya competencia de atribución guarde mayor afinidad y relación con el derecho fundamental alegadamente vulnerado.

Párrafo II.- En caso de que el juez apoderado se declare incompetente para conocer de la acción de amparo, se considerará interrumpido el plazo de la prescripción establecido para el ejercicio de la acción, siempre que la misma haya sido interpuesta en tiempo hábil.

Párrafo III.- Ningún juez podrá declarar de oficio su incompetencia territorial. Cuando el juez originalmente apoderado de la acción de amparo se declare incompetente, éste expresará en su decisión la jurisdicción que estima competente, bajo pena de incurrir en denegación de justicia. Esta designación se impondrá a las partes, y al juez de envío, quien no puede rehusarse a estatuir, bajo pena de incurrir en denegación de justicia.

Párrafo IV.- La decisión por la cual el juez originalmente apoderado determina su competencia o incompetencia deberá ser rendida inmediatamente en el curso de la audiencia o en un plazo no mayor de tres días. Dicha decisión podrá ser recurrida junto con la decisión rendida sobre el fondo de la acción de amparo.

Artículo 73.- Recusación o Inhibición. En caso de recusación o inhibición del juez apoderado el presidente de la cámara o sala de su jurisdicción, o el presidente de la corte de apelación correspondiente, o el presidente de la jurisdicción especializada o ese tribunal en pleno, deberá pronunciarse sobre el juez que habrá de conocer la acción de amparo, en un plazo no mayor de tres días.

Artículo 74.- Amparo en Jurisdicciones Especializadas. Los tribunales o jurisdicciones especializadas existentes o los que pudieran ser posteriormente establecidos, deberán conocer también acciones de amparo, cuando el derecho fundamental vulnerado guarde afinidad o relación directa con el ámbito jurisdiccional específico que corresponda a ese tribunal especializado, debiendo seguirse, en todo caso, el procedimiento previsto por esta ley.

Artículo 75.- Amparo contra Actos y Omisiones Administrativas. La acción de amparo contra los actos u omisiones de la administración pública, en los casos que sea admisible, será de la competencia de la jurisdicción contencioso administrativa.

Sección IV
Del procedimiento en acción de amparo

Artículo 76.- Procedimiento. La acción de amparo se intentará mediante escrito dirigido por el reclamante al juez apoderado y depositado en la Secretaría del Tribunal, acompañado de los documentos y piezas que le sirven de soporte, así como de la indicación de las demás pruebas que pretende hacer valer, con mención de su finalidad probatoria, el cual deberá contener:

1) La indicación del órgano jurisdiccional al que va dirigida, en atribuciones de tribunal de amparo.

2) El nombre, profesión, domicilio real y menciones relativas al documento legal de identificación del reclamante y del abogado constituido, si lo hubiere.

3) El señalamiento de la persona física o moral supuestamente agraviante, con la designación de su domicilio o sede operativa, si fuere del conocimiento del reclamante.

4) La enunciación sucinta y ordenada de los actos y omisiones que alegadamente han infligido o procuran producir una vulneración, restricción o limitación a un derecho fundamental del reclamante, con una exposición breve de las razones que sirven de fundamento a la acción.

5) La indicación clara y precisa del derecho fundamental conculcado o amenazado y cuyo pleno goce y ejercicio se pretende garantizar o restituir mediante la acción de amparo.

6) La fecha de la redacción de la instancia y la firma del solicitante de protección o la de su mandatario, si la hubiere. En caso de que el reclamante no sepa o no pueda firmar, deberá suscribirlo en su nombre una persona que no ocupe cargo en el tribunal y que a solicitud suya lo haga en presencia del secretario, lo cual éste certificará. La persona reclamante que carezca de aptitud para la redacción del escrito de demanda, puede utilizar los servicios del tribunal o del empleado que éste indique, quedando sometida la formalidad de la firma a lo anteriormente prescrito.

Artículo 77.- Autorización de Citación. Una vez recibida la acción de amparo, el juez apoderado dictará auto en un plazo no mayor de tres días, autorizando al reclamante a citar al presunto agraviante a comparecer a la audiencia que tendrá lugar para conocer de los méritos de la reclamación.

Artículo 78.- Contenido de la Autorización y de la Citación. La fecha de dicha audiencia deberá señalarse expresamente en el auto a ser dictado por el juez y deberá celebrarse en un plazo no mayor de cinco días, resultando indispensable que se comunique al presunto agraviante, copia íntegra de dicho auto, del escrito contentivo de la acción de amparo, de los documentos y piezas que fueron depositados junto al escrito, así como la indicación de las demás pruebas que pretenden hacerse valer, con mención de su finalidad probatoria, por lo menos con un día franco antes de la fecha en que se celebre la audiencia.

Artículo 79.- Naturaleza de la Audiencia. La audiencia del juicio de amparo será siempre oral, pública y contradictoria.

Artículo 80.- Libertad de Prueba. Los actos u omisiones que constituyen una lesión, restricción o amenaza a un derecho fundamental, pueden ser acreditados por cualquier medio de prueba permitido en la legislación nacional, siempre y cuando su admisión no implique un atentado al derecho de defensa del presunto agraviante.

Artículo 81.- Celebración de la Audiencia. Para la celebración de las audiencias en materia de amparo, regirán las siguientes formalidades:

1) El día y la hora fijados para la audiencia, el juez invitará a las partes presentes o representadas a producir los medios de prueba que pretendan hacer valer para fundamentar sus pretensiones. La parte o las partes supuestamente agraviantes de-

berán producir sus medios de pruebas, antes o en la audiencia misma, preservándose siempre el carácter contradictorio.;

2) Cada una de las partes, en primer término el reclamante, tiene facultad para hacer sus observaciones en cuanto a las pruebas producidas y exponer sus argumentos respecto del objeto de la solicitud del amparo.

3) La no comparecencia de una de las partes, si ésta ha sido legalmente citada, no suspende el procedimiento. En el caso de que no sea suficiente una audiencia para la producción de las pruebas, el juez puede ordenar su continuación sin perjuicio de la substanciación del caso, procurando que la producción de las pruebas se verifique en un término no mayor de tres días.

4) El juez, sin perjuicio de la sustanciación del caso, procurará que la producción de las pruebas se verifique en el más breve término posible.

Artículo 82.- Procedimiento de Extrema Urgencia. En casos de extrema urgencia, el reclamante, por instancia motivada, podrá solicitarle al juez de amparo que le permita citar al alegado agraviante a comparecer a audiencia a celebrarse a hora fija, aún en días feriados o de descanso.

Párrafo I.- Si la estimara fundada, el juez dictará auto autorizando al reclamante a citar a hora fija, el cual le será notificado al alegado agraviante junto con la instancia motivada, el escrito contentivo de la acción de amparo, los documentos y piezas que fueron depositados junto al escrito, así como la indicación de las demás pruebas que pretenden hacerse valer, con mención de su finalidad probatoria. El juez se asegurará de que haya transcurrido un tiempo razonable entre la citación y la audiencia.

Párrafo II.- El juez podrá reducir los demás plazos de procedimiento previstos en esta ley, conforme lo requiera el grado de urgencia, velando en todo caso por el respeto del debido proceso.

Artículo 83.- Conclusión de la Audiencia. El juez puede declarar terminada la discusión cuando se considere suficientemente edificado. Una vez finalicen los debates, el juez invitará a las partes a concluir al fondo.

Artículo 84.- Decisión. Una vez el asunto quede en estado de fallo, el juez deberá rendir su decisión el mismo día de la audiencia en dispositivo y dispone de un plazo de hasta cinco días para motivarla.

Artículo 85.- Facultades del Juez. El juez suplirá de oficio cualquier medio de derecho y podrá decidir en una sola sentencia sobre el fondo y sobre los incidentes, si los ha habido, excepto en lo relativo a las excepciones de incompetencia.

Artículo 86.- Medidas Precautorias. El juez apoderado de la acción de amparo puede ordenar en cualquier etapa del proceso, a petición escrita o verbal del reclamante o de oficio, la adopción de las medidas, urgentes que, según las circunstancias, se estimen más idóneas para asegurar provisionalmente la efectividad del derecho fundamental alegadamente lesionado, restringido, alterado o amenazado.

Párrafo I.- Para la adopción de las medidas precautorias, el juez tomará en cuenta la verosimilitud del derecho invocado y el peligro irreparable que acarrearía la demora.

Párrafo II.- Las medidas precautorias adoptadas permanecerán vigentes hasta el dictado de la sentencia sobre la acción de amparo. Sin embargo, en cualquier estado de causa, si sobrevienen circunstancias nuevas, el juez podrá modificar o revocar las medidas previamente adoptadas.

Párrafo III.- Las sentencias dictadas sobre las medidas precautorias sólo pueden ser recurridas junto con las sentencias que sean rendidas sobre la acción de amparo.

Artículo 87- Poderes del Juez. El juez de amparo gozará de los más amplios poderes para celebrar medidas de instrucción, así como para recabar por sí mismo los datos, informaciones y documentos que sirvan de prueba a los hechos u omisiones alegados, aunque deberá garantizar que las pruebas obtenidas sean comunicadas a los litisconsortes para garantizar el contradictorio.

Párrafo I.- Las personas físicas o morales, públicas o privadas, órgano o agente de la administración pública a quienes les sea dirigida una solicitud tendiente a recabar informaciones o documentos están obligados a facilitarlos sin dilación, dentro del término señalado por el juez.

Párrafo II.- Todo funcionario público, persona física o representante de persona moral que se negare a la presentación de informaciones, documentos o cualquier otro medio de prueba requerido por el juez, podrá ser apercibido por la imposición de astreinte, sin perjuicio de incurrir, de persistir su negativa, en desacato.

Artículo 88.- Motivación de la Sentencia. La sentencia emitida por el juez podrá acoger la reclamación de amparo o desestimarla, según resulte pertinente, a partir de una adecuada instrucción del proceso y una valoración racional y lógica de los elementos de prueba sometidos al debate.

Párrafo.- En el texto de la decisión, el juez de amparo deberá explicar las razones por las cuales ha atribuido un determinado valor probatorio a los medios sometidos a su escrutinio, haciendo una apreciación objetiva y ponderada de los méritos de la solicitud de protección que le ha sido implorada.

Artículo 89.- Dispositivo de la Sentencia. La decisión que concede el amparo deberá contener:

1) La mención de la persona en cuyo favor se concede el amparo.

2) El señalamiento de la persona física o moral, pública o privada, órgano o agente de la administración pública contra cuyo acto u omisión se concede el amparo.

3) La determinación precisa de lo ordenado a cumplirse, de lo que debe o no hacerse, con las especificaciones necesarias para su, ejecución.

4) El plazo para cumplir con lo decidido.

5) La sanción en caso de incumplimiento.

Artículo 90.- Ejecución sobre Minuta. En caso de necesidad, el juez puede ordenar que la ejecución tenga lugar a la vista de la minuta.

Artículo 91.- Restauración del Derecho Conculcado. La sentencia que concede el amparo se limitará a prescribir las medidas necesarias para la pronta y completa restauración del derecho fundamental conculcado al reclamante o para hacer cesar la amenaza a su pleno goce y ejercicio.

Artículo 92.- Notificación de la Decisión. Cuando la decisión que concede el amparo disponga medidas o imparta instrucciones a una autoridad pública, tendientes a resguardar un derecho fundamental, el Secretario del Tribunal procederá a notificarla inmediatamente a dicha autoridad, sin perjuicio del derecho que tiene la parte agraviada de hacerlo por sus propios medios. Dicha notificación valdrá puesta en mora para la autoridad pública.

Artículo 93.- Astreinte. El juez que estatuya en materia de amparo podrá pronunciar astreintes, con el objeto de constreñir al agraviante al efectivo cumplimiento de lo ordenado.

Sección V

Recursos

Artículo 94.- Recursos. Todas las sentencias emitidas por el juez de amparo pueden ser recurridas en revisión por ante el Tribunal Constitucional en la forma y bajo las condiciones establecidas en esta ley.

Párrafo.- Ningún otro recurso es posible, salvo la tercería, es cuyo caso habrá de procederse con arreglo a lo que establece el derecho común.

Artículo 95.- Interposición. El recurso de revisión se interpondrá mediante escrito motivado a ser depositado en la secretaría del juez o tribunal que rindió la sentencia, en un plazo de cinco días contados a partir de la fecha de su notificación.

Artículo 96.- Forma. El recurso contendrá las menciones exigidas para la interposición de la acción de amparo, haciéndose constar además de forma clara y precisa los agravios causados por la decisión impugnada.

Artículo 97.- Notificación. El recurso le será notificado a las demás partes en el proceso, junto con las pruebas anexas, en un plazo no mayor de cinco días.

Artículo 98.- Escrito de Defensa. En el plazo de cinco días contados a partir de la notificación del recurso, las demás partes en el proceso depositarán en la secretaría del juez o tribunal que rindió la sentencia, su escrito de defensa, junto con las pruebas que lo avalan.

Artículo 99.- Remisión al Tribunal Constitucional. Al vencimiento de ese último plazo, la secretaria de juez o tribunal remite sin demora el expediente conformado al Tribunal Constitucional.

Artículo 100.- Requisitos de Admisibilidad. La admisibilidad del recurso está sujeta a la especial trascendencia o relevancia constitucional de la cuestión planteada, que se apreciará atendiendo a su importancia para la interpretación, aplicación y general eficacia de la Constitución, o para la determinación del contenido, alcance y la concreta protección de los derechos fundamentales.

Artículo 101.- Audiencias Públicas. Si el Tribunal Constitucional lo considera necesario podrá convocar a una audiencia pública para una mejor sustanciación del caso.

Artículo 102.- Pronunciamiento. Se pronunciará sobre el recurso interpuesto dentro del plazo máximo de treinta días que sigan a la recepción de las actuaciones.

Artículo 103.- Consecuencias de la Desestimación de la Acción. Cuando la acción de amparo ha sido desestimada por el juez apoderado, no podrá llevarse nuevamente ante otro juez.

CAPÍTULO VII
DE LOS PROCEDIMIENTOS PARTICULARES DE AMPARO
Sección I
Amparo de cumplimiento

Artículo 104.- Amparo de Cumplimiento. Cuando la acción de amparo tenga por objeto hacer efectivo el cumplimiento de una ley o acto administrativo, ésta perseguirá que el juez ordene que el funcionario o autoridad pública renuente dé cumplimiento a una norma legal, ejecute un acto administrativo, firme o se pronuncie expresamente cuando las normas legales le ordenan emitir una resolución administrativa o dictar un reglamento.

Artículo 105.- Legitimación. Cuando se trate del incumplimiento de leyes o reglamentos, cualquier persona afectada en sus derechos fundamentales podrá interponer amparo de cumplimiento.

Párrafo I.- Cuando se trate de un acto administrativo sólo podrá ser interpuesto por la persona a cuyo favor se expidió el acto o quien invoque interés para el cumplimiento del deber omitido.

Párrafo II.- Cuando se trate de la defensa de derechos colectivos y del medio ambiente o intereses difusos o colectivos podrá interponerlo cualquier persona o el Defensor del Pueblo.

Artículo 106.- Indicación del Recurrido. La acción de cumplimiento se dirigirá contra la autoridad o funcionario renuente de la administración pública al que corresponda el cumplimiento de una norma legal o la ejecución de un acto administrativo.

Párrafo I.- Si el demandado no es la autoridad obligada deberá informarlo al juez indicando la autoridad a quien corresponde su cumplimiento.

Párrafo II.- En caso de duda, el proceso continuará con las autoridades respecto de las cuales se interpuso la demanda.

Párrafo III.- En todo caso, el juez podrá emplazar a la autoridad que, conforme al ordenamiento jurídico, tenga competencia para cumplir con el deber omitido.

Artículo 107.- Requisito y Plazo. Para la procedencia del amparo de cumplimiento se requerirá que el reclamante previamente haya exigido el cumplimiento del deber legal o administrativo omitido y que la autoridad persista en su incumplimiento o no haya contestado dentro de los quince días laborables siguientes a la presentación de la solicitud.

Párrafo I.- La acción se interpone en los sesenta días contados a partir del vencimiento, de ese plazo.

Párrafo II.- No será necesario agotar la vía administrativa que pudiera existir.

Artículo 108.- (Modificado por el Art. 2 de la Ley Nº. 145-11 del 4 de julio de 2011). Improcedencia. No procede el amparo de cumplimiento:

a) Contra el Tribunal Constitucional, el Poder Judicial y el Tribunal Superior Electoral.

b) Contra el Senado o la Cámara de Diputados para exigir la aprobación de una ley.

c) Para la protección de derechos que puedan ser garantizados mediante los procesos de hábeas corpus, el hábeas data o cualquier otra acción de amparo.

d) Cuando se interpone con la exclusiva finalidad de impugnar la validez de un acto administrativo.

e) Cuando se demanda el ejercicio de potestades expresamente calificadas por la ley como discrecionales por parte de una autoridad o funcionario.

f) En los supuestos en los que proceda interponer el proceso de conflicto de competencias.

g) Cuando no se cumplió con el requisito especial de la reclamación previa, previsto por el Artículo 107 de la presente ley.

Artículo 109.- Desistimiento. El desistimiento de la pretensión sólo se admitirá cuando ésta se refiera a actos administrativos de carácter particular.

Artículo 110.- Sentencia. La sentencia que declara fundada la demanda debe contener:

a) La determinación de la obligación incumplida.

b) La orden y la descripción precisa de la acción a cumplir.

c) El plazo perentorio para el cumplimiento de lo resuelto, atendiendo en cada caso a la naturaleza de la acción que deba ser cumplida.

d) La orden a la autoridad o funcionario competente de iniciar la investigación del caso para efecto de determinar responsabilidades penales o disciplinarias, cuando la conducta del demandado así lo exija.

Artículo 111.- Ejecución de la Sentencia. La sentencia será cumplida por la autoridad o funcionario obligado en el plazo que ella disponga.

Sección II

Amparo colectivo

Artículo 112.- Amparo Colectivo. La defensa jurisdiccional de los derechos colectivos y del medio ambiente y de los intereses colectivos y difusos procede para prevenir un daño grave, actual o inminente, para hacer cesar una turbación ilícita o indebida, para exigir, cuando sea posible, la reposición de las cosas al estado anterior del daño producido o la reparación pertinente.

Párrafo I.- Toda persona, previo al dictado de la sentencia, puede participar voluntariamente en el proceso.

Párrafo II.- Su participación se limitará a expresar una opinión fundamentada sobre el tema en debate con el único y exclusivo objeto de informar al juez, quien tendrá en todo caso poder de control para moderar y limitar tales participaciones.

Párrafo III.- El participante no tiene calidad de parte en el proceso, no podrá percibir remuneración, ni podrá recurrir las decisiones tomadas por el juez.

Artículo 113.- Litispendencia de Amparos Diversos. En caso de diversos amparos colectivos, el primero de ellos produce litispendencia respecto de los demás amparos que tengan por causa una controversia sobre determinado bien jurídico, aún cuando sean diferentes los reclamantes y el objeto de sus demandas.

Párrafo I.- No genera sin embargo litispendencia respecto de las acciones individuales que no concurran en el amparo colectivo.

Párrafo II. - Si hubiere conexidad entre distintos amparos colectivos, el juez apoderado de la primera acción, de oficio o a petición de parte, podrá ordenar la acumulación de todos los litigios, aun cuando en éstos no figuren íntegramente las mismas partes.

Sección III

Amparo electoral

Artículo 114.- Amparo Electoral. El Tribunal Superior Electoral será competente para conocer de las acciones en amparo electoral conforme a lo dispuesto por su Ley Orgánica.

Párrafo.- Cuando se afecten los derechos electorales en elecciones gremiales, de asociaciones profesionales o de cualquier tipo de entidad no partidaria, se puede recurrir en amparo ante el juez ordinario competente.

CAPÍTULO VIII

DISPOSICIONES DEROGATORIAS, VIGENCIA Y TRANSITORIAS

Sección I

Derogaciones

Artículo 115.- Disposiciones Derogatorias. Quedan derogadas todas las disposiciones legales, generales o especiales, así como aquellos reglamentos que sean contrarios a lo dispuesto en la presente ley.

Se deroga la Ley N° 437-06 de Recurso de Amparo, de fecha 30 de noviembre del año 2006.

Sección II

Vigencia

Artículo 116.- Vigencia. La presente ley entra en vigencia una vez haya sido promulgada y publicada conforme a la Constitución y las leyes.

Sección III

Disposiciones transitorias

Artículo 117.- Disposiciones Transitorias. Se disponen las siguientes disposiciones transitorias en materia de amparo:

DISPOSICIÓN TRANSITORIA PRIMERA: Hasta tanto se establezca la jurisdicción contenciosa administrativa de primer grado, cuando el acto u omisión emane de una autoridad municipal distinta a la del Distrito Nacional y los municipios y distritos municipales de la provincia Santo Domingo, será competente para conocer de la acción de amparo el juzgado de primera instancia que corresponda a ese municipio.

DISPOSICIÓN TRANSITORIA SEGUNDA: Asimismo, será competente para conocer de las acciones de amparo interpuestas contra los actos u omisiones de una autoridad administrativa nacional que tenga su sede en un municipio, el juzgado de primera instancia que corresponda a dicho municipio.

DISPOSICIÓN TRANSITORIA TERCERA: Cuando el juzgado de primera instancia se encuentre dividido en cámaras o salas, el competente lo será su presidente o quien tenga a su cargo las atribuciones civiles en dicho juzgado de primara instancia.

CAPÍTULO IX
DISPOSICIÓN FINAL

Artículo 118.- Disposición Final. El proyecto del presupuesto anual del Tribunal Constitucional es presentado ante el Poder Ejecutivo dentro del plazo que establece la ley sobre la materia. Es incluido en el Proyecto de Ley de Presupuesto General del Estado y es sustentado por el Presidente del Tribunal ante el Congreso Nacional.

DADA en la Sala de Sesiones de la Cámara de Diputados, Palacio del Congreso Nacional, en Santo Domingo de Guzmán, Distrito Nacional, capital de la República Dominicana, al primer día del mes de marzo del año dos mil once (2011); años 168 de la Independencia y 148 de la Restauración.

Abel Atahualpa Martínez Durán
Presidente

Kenia Milagros Mejía Mercedes   **René Polanco Vidal**
Secretaria   Secretario

DADA en la Sala de Sesiones del Senado, Palacio del Congreso Nacional, en Santo Domingo de Guzmán, Distrito Nacional, capital de la República Dominicana, a los nueve (9) días del mes de marzo del año dos mil once (2011); años 168 de la Independencia y 148 de la Restauración.

Reinaldo Pared Pérez
Presidente

Rubén Darío Ubiera   **Amarilis Santana Cedano**
Secretario   Secretaria Ad-Hoc.

LEONEL FERNÁNDEZ
Presidente de la República Dominicana

En ejercicio de las atribuciones que me confiere el Artículo 128 de la Constitución de la República.

PROMULGO la presente Ley y mando que sea publicada en la Gaceta Oficial, para su conocimiento y cumplimiento.

DADA en Santo Domingo de Guzmán, Distrito Nacional, Capital de la República Dominicana, a los trece (13) días del mes de junio del año dos mil once (2011); años 168 de la Independencia y 148 de la Restauración.

LEONEL FERNÁNDEZ

URUGUAY
CONSTITUCIÓN POLÍTICA DE
LA REPÚBLICA ORIENTAL DEL URUGUAY, 1967
(Última reforma, 2004)

Artículo 7°.- Los habitantes de la República tienen derecho a ser protegidos en el goce de su vida, honor, libertad, seguridad, trabajo y propiedad. Nadie puede ser privado de estos derechos sino conforme a las leyes que se establecen por razones de interés general

Artículo 17.- En caso de prisión indebida el interesado o cualquier persona podrá interponer ante el Juez competente el recurso de "habeas corpus", a fin de que la autoridad aprehensora explique y justifique de inmediato el motivo legal de la aprehensión, estándose a lo que decida el Juez indicado.

ACCIÓN DE AMPARO. LEY Nº 16.011

Se dictan normas para que cualquier persona física o jurídica, pública o privada, pueda deducir la acción de amparo contra todo acto, omisión o hecho de las autoridades estatales o paraestatales, así como particulares que lesionen con ilegitimidad manifiesta sus derechos y libertades

El Senado y la Cámara de Representantes de la República Oriental del Uruguay, reunidos en Asamblea General,

DECRETAN:

Artículo 1. Cualquier persona física o jurídica, pública o privada, podrá deducir la acción de amparo contra todo acto, omisión o hecho de las autoridades estatales o paraestatales, así como de particulares que en forma actual o inminente, a su juicio, lesione, restrinja, altere o amenace, con ilegitimidad manifiesta, cualquiera de sus derechos y libertades reconocidos expresa o implícitamente por la Constitución (artículo 72), con excepción de los casos en que proceda la interposición del recurso de *habeas corpus*.

La acción de amparo no procederá en ningún caso:

A) Contra los actos jurisdiccionales, cualquiera sea su naturaleza y el órgano del que emanen. Por lo que refiere a los actos emanados de los órganos del Poder Judicial, se entiende por actos jurisdiccionales, además de las sentencias, todos los actos dictados por los Jueces en el curso de los procesos contenciosos;

B) Contra los actos de la Corte Electoral, cualquiera sea su naturaleza;

C) Contra las leyes y los decretos de los Gobiernos Departamentales que tengan fuerza de ley en su jurisdicción.

Artículo 2. La acción de amparo sólo procederá cuando no existan otros medios judiciales o administrativos que permitan obtener el mismo resultado previsto en el literal B) del artículo 9 o cuando, si existieren, fueren por las circunstancias claramente ineficaces para la protección del derecho. Si la acción fuera manifiestamente improcedente, el Juez la rechazará sin sustanciarla y dispondrá el archivo de las actuaciones.

Artículo 3. Serán competentes los Jueces Letrados de Primera Instancia de la materia que corresponda al acto, hecho u omisión impugnados y del lugar en que éstos produzcan sus efectos. El turno lo determinará la fecha de presentación de la demanda.

Todo ello de acuerdo con las disposiciones de la ley 15.750, de 24 de junio de 1985.

Artículo 4. La acción de amparo deberá ser deducida por el titular del derecho o libertad lesionados o amenazados, pero si éste estuviera imposibilitado de ejercerla podrá, en su nombre, deducirla cualquiera de las personas referidas en el artículo 158 del Código de Procedimiento Civil, sin perjuicio de la responsabilidad de éstas, si hubieren actuado con malicia o con culpable ligereza.

En todos los casos deberá ser interpuesta dentro de los treinta días a partir de la fecha en que se produjo el acto, hecho u omisión caracterizados en el artículo 1. No le correrá el término al titular del derecho o libertad lesionados si estuviere impedido por justa causa.

Artículo 5. La demanda se presentará con las formalidades prescriptas en el Código de Procedimiento Civil, en cuanto corresponda, indicándose, además, los medios de prueba a utilizar.

La prueba documental se acompañará necesariamente con la demanda.

Artículo 6. Salvo en el caso previsto en la oración final del artículo 2°, el Juez convocará a las partes a una audiencia pública dentro del plazo de tres días a partir de la fecha de la presentación de la demanda.

En dicha audiencia se oirán las explicaciones del demandado, se recibirán las pruebas y se producirán los alegatos. El Juez, que podrá rechazar las pruebas manifiestamente impertinentes o innecesarias, presidirá la audiencia so pena de nulidad e interrogará a los testigos y a las partes, sin perjuicio de que aquéllos sean, a su vez, repreguntados por los abogados. Gozará de los más amplios poderes de policía y de dirección de la audiencia.

En cualquier momento podrá ordenar diligencias para mejor proveer.

La sentencia se dictará en la audiencia o, a más tardar, dentro de las veinticuatro horas de su celebración. Sólo en casos excepcionales podrá prorrogarse la audiencia por hasta tres días.

Las notificaciones podrán realizarse por intermedio de la autoridad policial. A los efectos de lo dispuesto por el literal C) del artículo 9°, se dejará constancia de la hora en que se efectuó la notificación.

Artículo 7. Si de la demanda o en cualquier otro momento del proceso resultare, a juicio del Juez, la necesidad de su inmediata actuación, éste dispondrá, con carácter provisional, las medidas que correspondieren en amparo del derecho o libertad presuntamente violados.

Artículo 8. La circunstancia de no conocerse al responsable del acto, hecho u omisión impugnados, no obstará a la presentación de la demanda, en cuyo caso el Juez se limitará a la eventual adopción de las medidas provisorias previstas en el artículo 7°, siempre que se hayan acreditado los extremos referidos en dicha norma.

Artículo 9. La sentencia que haga lugar al amparo deberá contener:

A) La identificación concreta de la autoridad o el particular a quien se dirija y contra cuya acción, hecho u omisión se conceda el amparo;

B) La determinación precisa de lo que deba o no deba hacerse y el plazo por el cual dicha resolución regirá, si es que correspondiere fijarlo;

C) El plazo para el cumplimiento de lo dispuesto, que no podrá exceder de veinticuatro horas continúas a partir de la notificación.

Sin perjuicio de lo establecido la sentencia podrá disponer las sanciones pecuniarias conmutativas dispuestas por el decreto ley 14.978 de 14 de diciembre de 1978.

Artículo 10. En el proceso de amparo sólo serán apelables la sentencia definitiva y la que rechaza la acción por ser manifiestamente improcedente.

El recurso de apelación deberá interponerse en escrito fundado, dentro del plazo perentorio de tres días. El Juez elevará sin más trámite los autos al superior cuando hubiere desestimado la acción por improcedencia manifiesta y lo sustanciará con un traslado a la contraparte, por tres días perentorios, cuando la sentencia apelada fuese la definitiva.

El Tribunal resolverá en acuerdo, dentro de los cuatro días siguientes a la recepción de los autos. La interposición del recurso no suspenderá las medidas de amparo decretadas, las cuales serán cumplidas inmediatamente después de notificada la sentencia, sin necesidad de tener que esperar el transcurso del plazo para su impugnación.

Artículo 11. La sentencia ejecutoriada hace cosa juzgada sobre su objeto, pero deja subsistente el ejercicio de las acciones que pudieren corresponder a cualquiera de las partes con independencia del amparo.

Artículo 12. En los juicios de amparo no podrán deducirse cuestiones previas, reconvenciones ni incidentes. El Juez, a petición de parte o de oficio, subsanará los vicios de procedimiento, asegurando, dentro de la naturaleza sumaria del proceso, la vigencia del principio de contradictorio.

Cuando se planteare el recurso de inconstitucionalidad por vía de excepción o de oficio (ley 13.747, de 10 de julio de 1969) se procederá a la suspensión del procedimiento sólo después que el Magistrado actuante haya dispuesto la adopción de las medidas provisorias referidas en el artículo 7º de la presente ley o, en su caso, dejando constancia circunstanciada de las razones de considerarlas innecesarias.

Artículo 13. Las normas procesales vigentes tendrán el carácter de supletorias en los casos de oscuridad o insuficiencias de las precedentes.

Artículo 14. Comuníquese, etc.

Sala de Sesiones de la Cámara de Representantes, en Montevideo, a 7 de diciembre de 1988.

Hugo Granucci,

Primer Vicepresidente

Héctor S. Clavijo,

Secretario

Ministros

Montevideo, 19 de diciembre de 1988.

Cúmplase, acúsese recibo, comuníquese, publíquese e insértese en el Registro Nacional de Leyes y Decretos.

Sanguinetti

Antonio Marchesano

Luis Barrios Tassano

Luis Mosca

Tte. Gral. Hugo M. Medina

Adela Reta
Alejandro Atchugarry
Jorge Presno Harán
Hugo Fernández Faingold
Raúl Ugarte Artola
Pedro Bonino Garmendia
José Villar Gómez

Publicada D.O. 29 dic/988 - N° 22776

VENEZUELA
CONSTITUCIÓN DE LA REPÚBLICA BOLIVARIANA DE VENEZUELA, 1999

Artículo 27. Toda persona tiene derecho a ser amparada por los tribunales en el goce y ejercicio de los derechos y garantías constitucionales, aun de aquellos inherentes a la persona que no figuren expresamente en esta Constitución o en los instrumentos internacionales sobre derechos humanos.

El procedimiento de la acción de amparo constitucional será oral, público, breve, gratuito y no sujeto a formalidad; y la autoridad judicial competente tendrá potestad para restablecer inmediatamente la situación jurídica infringida o la situación que más se asemeje a ella. Todo tiempo será hábil y el tribunal lo tramitará con preferencia a cualquier otro asunto.

La acción de amparo a la libertad o seguridad podrá ser interpuesta por cualquier persona; y el detenido o detenida será puesto o puesta bajo la custodia del tribunal de manera inmediata, sin dilación alguna.

El ejercicio de este derecho no puede ser afectado, en modo alguno, por la declaración del estado de excepción o de la restricción de garantías constitucionales.

Artículo 28. Toda persona tiene el derecho de acceder a la información y a los datos que sobre sí misma o sobre sus bienes consten en registros oficiales o privados, con las excepciones que establezca la ley, así como de conocer el uso que se haga de los mismos y su finalidad, y de solicitar ante el tribunal competente la actualización, la rectificación o la destrucción de aquellos, si fuesen erróneos o afectasen ilegítimamente sus derechos. Igualmente, podrá acceder a documentos de cualquier naturaleza que contengan información cuyo conocimiento sea de interés para comunidades o grupos de personas. Queda a salvo el secreto de las fuentes de información periodística y de otras profesiones que determine la ley.

LEY ORGÁNICA DE AMPARO SOBRE DERECHOS Y GARANTÍAS CONSTITUCIONALES 1988

(Publicada en *Gaceta Oficial* N° 34.060 de 27-9-88.
La Ley Orgánica fue originalmente promulgada en
Gaceta Oficial N° 33.891 de 22-1-88).

EL CONGRESO DE LA REPÚBLICA DE VENEZUELA

Decreta:

la siguiente

LEY ORGÁNICA DE AMPARO SOBRE DERECHOS Y GARANTÍAS CONSTITUCIONALES

TÍTULO I

DISPOSICIONES FUNDAMENTALES

Artículo 1

El derecho a ser amparado

Toda persona natural habitante de la República, o persona jurídica domiciliada en ésta, podrá solicitar ante los Tribunales competentes el amparo previsto en el artículo 49 de la Constitución, para el goce y el ejercicio de los derechos y garantías constitucionales, aun de aquellos derechos fundamentales de la persona humana que no figuren expresamente en la Constitución, con el propósito de que se restablezca inmediatamente la situación jurídica infringida o la situación que más se asemeje a ella.

La garantía de la libertad personal que regula el habeas corpus constitucional, se regirá por esta Ley.

Artículo 2

Motivo de la acción

La acción de amparo procede contra cualquier hecho, acto u omisión provenientes de los órganos del Poder Público Nacional, Estadal o Municipal. También procede contra el hecho, acto u omisión originados por ciudadanos, personas jurídicas, grupos u organizaciones privadas, que hayan violado, violen o amenacen violar cualquiera de las garantías o derechos amparados por esta Ley.

Se entenderá como amenaza válida para la procedencia de la acción de amparo aquella que sea inminente.

Artículo 3

La acción de amparo contra normas

También es procedente la acción de amparo, cuando la violación o amenaza de violación deriven de una norma que colida con la Constitución. En este caso, la providencia judicial que resuelva la acción interpuesta deberá apreciar la inaplicación de la norma impugnada y el Juez informará a la Corte Suprema de Justicia acerca de la respectiva decisión.

Pretensión de amparo conjunta con la acción popular de inconstitucionalidad

La acción de amparo también podrá ejercerse conjuntamente con la acción popular de inconstitucionalidad de las leyes y demás actos estatales normativos, en cuyo caso, la Corte Suprema de Justicia, si lo estima procedente para la protección constitucional, podrá suspender la aplicación de la norma respecto de la situación jurídica concreta cuya violación se alega, mientras dure el juicio de nulidad.

Artículo 4

La acción de amparo contra decisiones judiciales

Igualmente procede la acción de amparo cuando un Tribunal de la República, actuando fuera de su competencia, dicte una resolución o sentencia u ordene un acto que lesione un derecho constitucional.

En estos casos, la acción de amparo debe interponerse por ante un tribunal superior al que emitió el pronunciamiento, quien decidirá en forma breve, sumaria y efectiva.

Artículo 5

La acción de amparo contra actos administrativos, vías de y hecho y conductas omisivas de la Administración

La acción de amparo procede contra todo acto administrativo, actuaciones materiales, vías de hecho, abstenciones u omisiones que violen o amenacen violar un derecho o una garantía constitucionales, cuando no exista un medio procesal breve, sumario y eficaz, acorde con la protección constitucional.

Pretensión de amparo conjunta con el recurso contencioso administrativo

Cuando la acción de amparo se ejerza contra actos administrativos de efectos particulares o contra abstenciones o negativas de la Administración, podrá formularse ante el Juez Contencioso-Administrativo competente, si lo hubiere en la localidad conjuntamente con el recurso contencioso administrativo de anulación de actos administrativos o contra las conductas omisivas, respectivamente, que se ejerza. En estos casos, el Juez, en forma breve, sumaria, efectiva y conforme a lo establecido en el artículo 22, si lo considera procedente para la protección constitucional, suspenderá los efectos del acto recurrido como garantía de dicho derecho constitucional violado, mientras dure el juicio

Parágrafo Único. Cuando se ejerza la acción de amparo contra actos administrativos conjuntamente con el recurso contencioso-administrativo que se fundamente en la violación de un derecho constitucional, el ejercicio del recurso procederá en cualquier tiempo, aún después de transcurridos los lapsos de caducidad previstos en la Ley y no será necesario el agotamiento previo de la vía administrativa.

TÍTULO II

DE LA ADMISIBILIDAD

Artículo 6

Causales de inadmisibilidad de la acción

No se admitirá la acción de amparo:

Cesación de la vulneración

1. Cuando hayan cesado la violación o amenaza de algún derecho o garantía constitucionales, que hubiesen podido causarla;

Amenazas imposibles e irrealizables

2. Cuando la amenaza contra el derecho o la garantía constitucionales, no sea inmediata, posible y realizable por el imputado;

Situaciones irreparables

3. Cuando la violación del derecho o la garantía constitucionales, constituya una evidente situación irreparable, no siendo posible el restablecimiento de la situación jurídica infringida;

Se entenderá que son irreparables los actos que, mediante el amparo, no puedan volver las cosas al estado que tenían antes de la violación;

Acciones consentidas

4. Cuando la acción u omisión, el acto o la resolución que violen el derecho o la garantía constitucionales hayan sido consentidos expresa o tácitamente, por el agraviado, a menos que se trate de violaciones que infrinjan el orden público o las buenas costumbres.

Se entenderá que hay consentimiento expreso, cuando hubieren transcurrido los lapsos de prescripción establecidos en leyes especiales, o en su defecto seis (6) meses después de la violación o la amenaza al derecho protegido.

El consentimiento tácito es aquél que entraña signos inequívocos de aceptación;

Recurso a otros medios judiciales de amparo

5. Cuando el agraviado haya optado por recurrir a las vías judiciales ordinarias o hecho uso de los medios judiciales preexistentes. En tal caso, al alegarse la violación o amenaza de violación de un derecho o garantía constitucionales, el Juez deberá acogerse al procedimiento y a los lapsos establecidos en los artículos 23, 24 y

26 de la presente Ley, a fin de ordenar la suspensión provisional de los efectos del acto cuestionado;

Decisiones de la Corte Suprema de Justicia

6.   Cuando se trate de decisiones emanadas de la Corte Suprema de Justicia;

Suspensión de garantías constitucionales

7.   En caso de suspensión de derechos y garantías constitucionales conforme al artículo 241 de la Constitución, salvo que el acto que se impugne no tenga relación con la especificación del decreto de suspensión de los mismos. **(PÁRRAFO DE-ROGADO TÁCITAMENTE)**

Acciones de amparo pendientes

8.   Cuando esté pendiente de decisión una acción de amparo ejercida ante un Tribunal en relación con los mismos hechos en que se hubiese fundamentado la acción propuesta.

TÍTULO III

DE LA COMPETENCIA

Artículo 7

Competencia por la materia y el territorio de los Tribunales de Primera Instancia

Son competentes para conocer de la acción de amparo, los Tribunales de Primera Instancia que lo sean en la materia afín con la naturaleza del derecho o de las garantías constitucionales violados o amenazados de violación, en la jurisdicción correspondiente al lugar donde ocurrieren el hecho, acto u omisión que motivaren la solicitud de amparo.

En caso de duda, se observarán en lo pertinente, la normas sobre competencia en razón de la materia.

Si un Juez se considerare incompetente, remitirá las actuaciones inmediatamente al que tenga competencia.

Del amparo de la libertad y seguridad personales conocerán los Tribunales de Primera Instancia en lo Penal, conforme al procedimiento establecido en esta Ley.

Artículo 8

Competencia del Tribunal Supremo de Justicia

La Corte Suprema de Justicia conocerá, en única instancia y mediante aplicación de los lapsos y formalidades previstos en la Ley, en la Sala de competencia afín con el derecho o garantía constitucionales violados o amenazados de violación, de las acciones de amparo contra los hechos, actos y omisiones emanados del Presidente de la República, de los Ministros, del Consejo Supremo Electoral y demás organismos electorales del país, del Fiscal General de la República, del Procurador General de la República o del Contralor General de la República.

Artículo 9

Competencia de otros Tribunales

Cuando los hechos, actos u omisiones constitutivos de la violación o amenaza de violación del derecho o de las garantías constitucionales se produzcan en lugar donde no funcionen Tribunales de Primera Instancia, se interpondrá la acción de amparo ante cualquier Juez de la localidad, quien decidirá conforme a lo establecido en esta Ley. Dentro de las veinticuatro (24) horas siguientes a la adopción de la decisión, el Juez la enviará en consulta al Tribunal de Primera Instancia competente.

Artículo 10

Acumulación de autos

Cuando un mismo acto, hecho u omisión en perjuicio de algún derecho o garantía constitucionales afectare el interés de varias personas, conocerá de todas estas acciones el Juez que hubiese prevenido, ordenándose, sin dilación procesal alguna y sin incidencias, la acumulación de autos.

Artículo 11

Inhibiciones y recusaciones

Cuando un Juez que conozca de la acción de amparo, advirtiere una causal de inhibición prevista en la Ley, se abstendrá de conocer e inmediatamente levantará un acta y remitirá las actuaciones, en el estado en que se encuentren, al Tribunal competente.

Si se tratare de un Magistrado de la Corte Suprema de Justicia, el Presidente de la Sala convocará de inmediato al Suplente respectivo, para integrar el Tribunal de Amparo.

En ningún caso será admisible la recusación

Artículo 12

Conflictos de competencia

Los conflictos sobre competencia que se susciten en materia de amparo entre Tribunales de Primera Instancia, serán decididos por el Superior respectivo. Los trámites serán breves y sin incidencias procesales.

TÍTULO IV

DEL PROCEDIMIENTO

Artículo 13

Legitimación activa

La acción de amparo constitucional puede ser interpuesta ante el Juez competente por cualquier persona natural o jurídica, por representación o directamente, quedando a salvo las atribuciones del Ministerio Público, y de los Procuradores de Menores, Agrarios y del Trabajo, si fuere el caso.

Prioridad del proceso

Todo el tiempo será hábil y el Tribunal dará preferencia al trámite de amparo sobre cualquier otro asunto.

Artículo 14

Carácter de orden público

La acción de amparo, tanto en lo principal como en lo incidental y en todo lo que de ella derive, hasta la ejecución de la providencia respectiva, es de eminente orden público.

Las atribuciones inherentes al Ministerio Público no menoscaban los derechos y acciones de los particulares. La no intervención del Ministerio Público en la acción de amparo no es causal de reposición ni de acción de nulidad.

Artículo 15

Carácter de la intervención del Ministerio Público

Los Jueces que conozcan de la acción de amparo no podrán demorar el trámite o diferirlo so pretexto de consulta al Ministerio Público. Se entenderá a derecho en el proceso de amparo el representante del Ministerio Público a quien el Juez competente le hubiere participado, por oficio o por telegrama, la apertura del procedimiento.

Artículo 16

Carácter gratuito del procedimiento y forma de interposición de la acción

La acción de amparo es gratuita por excelencia, para su tramitación no se empleará papel sellado ni estampillas y, en caso de urgencia, podrá interponerse por vía telegráfica. De ser así, deberá ser ratificada personalmente o mediante apoderado dentro de los tres (3) días siguientes. También procede su ejercicio en forma verbal y, en tal caso, el Juez deberá recogerla en un acta.

Artículo 17

Carácter inquisitorio

El Juez que conozca de la acción de amparo podrá ordenar, siempre que no signifique perjuicio irreparable para el actor, la evacuación de las pruebas que juzgue necesarias para el esclarecimiento de los hechos que aparezcan dudosos u oscuros.

Se entenderá que hay perjuicio irreparable cuando exista otro medio de comprobación más acorde con la brevedad del procedimiento o cuando la prueba sea de difícil o improbable evacuación.

Artículo 18

Contenido de la solicitud

En la solicitud de amparo se deberá expresar:

1. Los datos concernientes a la identificación de la persona agraviada y de la persona que actúe en su nombre, y en este caso con la suficiente identificación del poder conferido;

2. Residencia, lugar y domicilio, tanto del agraviado como del agraviante;

3. Suficiente señalamiento e identificación del agraviante, si fuere posible, e indicación de la circunstancia de localización;

4. Señalamiento del derecho o de las garantías constitucionales violados o amenazados de violación;

5. Descripción narrativa del hecho, acto, omisión y demás circunstancias que motiven la solicitud de amparo;

6. Y, cualquiera explicación complementaria relacionada con la situación jurídica infringida, a fin de ilustrar el criterio jurisdiccional.

En caso de instancia verbal, se exigirán, en lo posible, los mismos requisitos.

Artículo 19

Correcciones a la solicitud

Si la solicitud fuere oscura o no llenare los requisitos exigidos anteriormente especificados, se notificará al solicitante del amparo para que corrija el defecto u omisión dentro del lapso de cuarenta y ocho (48) horas siguientes a la correspondiente notificación. Si no lo hiciere, la acción de amparo será declarada inadmisible.

Artículo 20

Cuestiones de competencia infundadas

El Juez que haya suscitado una cuestión de competencia manifiestamente infundada será sancionado por el Superior con multa no menor de cinco mil bolívares (Bs. 5.000,oo) ni mayor de diez mil bolívares (Bs. 10.000,oo).

Artículo 21

Principio de la igualdad procesal

En la acción de amparo los Jueces deberán mantener la absoluta igualdad entre las partes y cuando el agraviante sea una autoridad pública quedarán excluidos del procedimiento los privilegios procesales.

Artículo 22

El mandamiento de amparo en forma inmediata inaudita parte (ANULADO)*

El Tribunal que conozca de la solicitud de amparo tendrá potestad para restablecer la situación jurídica infringida, prescindiendo de consideraciones de mera forma y sin ningún tipo de averiguación sumaria que la preceda.

En este caso, el mandamiento de amparo deberá ser motivado y estar fundamentado en un medio de prueba que constituya presunción grave de la violación o de la amenaza de violación.

---

*   Este artículo 22 fue anulado por la antigua Corte Suprema de Justicia, en Corte Plena, mediante sentencia de 21-5-96, por inconstitucionalidad, por violación del derecho a la defensa. Véase en *G.O. Extraordinaria* N° 5071 de 29-5-96.

Artículo 23

Solicitud de informe al agraviante

Si el Juez no optare por restablecer inmediatamente la situación jurídica infringida, conforme al artículo anterior, ordenará a la autoridad, entidad, organización social o a los particulares imputados de violar o amenazar el derecho o la garantía constitucionales, que en el término de cuarenta y ocho (48) horas, contadas a partir de la respectiva notificación, informe sobre la pretendida violación o amenaza que hubiere motivado la solicitud de amparo.

La falta de informe correspondiente se entenderá como aceptación de los hechos incriminados.

Artículo 24

Contenido del informe

El informe a que se refiere el artículo anterior contendrá una relación sucinta y breve de las pruebas en las cuales el presunto agraviante pretenda fundamentar su defensa, sin perjuicio de la potestad evaluativa que el artículo 17 de la presente Ley confiere al Juez competente.

Artículo 25

Desistimiento de la acción

Quedan excluidas del procedimiento constitucional del amparo todas las formas de arreglo entre las partes, sin perjuicio de que el agraviado pueda, en cualquier estado y grado de la causa, desistir de la acción interpuesta, salvo que se trate de un derecho de eminente orden público o que pueda afectar las buenas costumbres.

El desistimiento malicioso o el abandono del trámite por el agraviado será sancionado por el Juez de la causa o por el Superior, según el caso, con multa de dos mil bolívares (Bs. 2.000,oo) a cinco mil bolívares (Bs. 5.000,oo).

Artículo 26

Audiencia pública y oral de las partes y lapso de decisión

El Juez que conozca del amparo, fijará dentro de las noventa y seis (96) horas siguientes a la presentación del Informe por el presunto agraviante o de la extinción del término correspondiente, la oportunidad para que las partes o sus representantes legales expresen, en forma oral y pública, los argumentos respectivos.

Efectuado dicho acto, el Juez dispondrá de un término improrrogable de veinticuatro (24) horas para decidir la solicitud de amparo constitucional.

Artículo 27

Sanciones disciplinarias al funcionario imputado

El Tribunal que conozca de la solicitud de amparo remitirá copia certificada de su decisión a la autoridad competente, a fin de que resuelva sobre la procedencia o no de medida disciplinaria contra el funcionario público culpable de la violación o de la amenaza contra el derecho o la garantía constitucionales, sin perjuicio de las responsabilidades civiles o penales que le resulten atribuibles.

A tal efecto, el Tribunal remitirá también los recaudos pertinentes al Ministerio Público.

Artículo 28

Sanciones en caso de acciones temerarias

Cuando fuese negado el amparo, el Tribunal se pronunciará sobre la temeridad de la acción interpuesta y podrá imponer sanción hasta de diez (10) días de arresto al quejoso cuando aquélla fuese manifiesta.

Artículo 29

Obligatoriedad del mandamiento de amparo

El Juez que acuerde el restablecimiento de la situación jurídica infringida ordenará, en el dispositivo de la sentencia, que el mandamiento sea acatado por todas las autoridades de la República, so pena de incurrir en desobediencia a la autoridad.

Artículo 30

Ordenes de hacer

Cuando la acción de amparo se ejerciere con fundamento en violación de un derecho constitucional, por acto o conducta omisiva, o por falta de cumplimiento de la autoridad respectiva, la sentencia ordenará la ejecución inmediata e incondicional del acto incumplido.

Artículo 31

Sanciones al incumplimiento del mandamiento de amparo

Quien incumpliere el mandamiento de amparo constitucional dictado por el Juez, será castigado con prisión de seis (6) a quince (15) meses.

Artículo 32

Contenido de la sentencia

La sentencia que acuerde el amparo constitucional deberá cumplir las siguientes exigencias formales:

A) Mención concreta de la autoridad, del ente privado o de la persona contra cuya resolución o acto u omisión se conceda el amparo;

B) Determinación precisa de la orden a cumplirse, con las especificaciones necesarias para su ejecución;

C) Plazo para cumplir lo resuelto.

Artículo 33

Costas

Cuando se trate de quejas contra particulares, se impondrán las costas al vencido, quedando a salvo las acciones a que pudiere haber lugar.

No habrá imposición de costas cuando los efectos del acto u omisión hubiesen cesado antes de abrirse la averiguación. El Juez podrá exonerar de costas a quien intentare el amparo constitucional por fundado temor de violación o de amenaza, o cuando la solicitud no haya sido temeraria.

Artículo 34

Sanciones a los jueces

El Consejo de la Judicatura registrará como falta grave al cumplimiento de sus obligaciones la inobservancia, por parte de los jueces, de los lapsos establecidos en esta Ley para conocer y decidir sobre las solicitudes de amparo.

Artículo 35

Apelación y consulta

Contra la decisión dictada en primera instancia sobre la solicitud de amparo se oirá apelación en un solo efecto. Si transcurridos tres (3) días de dictado el fallo, las partes, el Ministerio Público o los Procuradores no interpusieren apelación, el fallo será consultado con el Tribunal Superior respectivo, al cual se le remitirá inmediatamente copia certificada de lo conducente. Este Tribunal decidirá dentro de un lapso no mayor de treinta (30) días.

Artículo 36

Efectos de la sentencia de amparo

La sentencia firme de amparo producirá efectos jurídicos respecto al derecho o garantía objetos del proceso, sin perjuicio de las acciones o recursos que legalmente correspondan a las partes.

Artículo 37

Efectos de la sentencia de desestimación

La desestimación del amparo no afecta la responsabilidad civil o penal en que hubiese podido incurrir el autor del agravio, ni prejuzga sobre ninguna otra materia.

580

TÍTULO V

DEL AMPARO DE LA LIBERTAD Y SEGURIDAD PERSONALES

Artículo 38

Amparo de la libertad y seguridad personales

Procede la acción de amparo para proteger la libertad y seguridad personales de acuerdo con las disposiciones del presente Título.

A esta acción le serán aplicables las disposiciones de esta Ley pertinentes al amparo en general.

Artículo 39

Legitimación y competencia judicial por el territorio

Toda persona que fuere objeto de privación o restricción de su libertad, o se viere amenazada en su seguridad personal, con violación de las garantías constitucionales, tiene derecho a que un Juez competente con jurisdicción en el lugar donde se hubiese ejecutado el acto causante de la solicitud o donde se encontrare la persona agraviada, expida un mandamiento de habeas corpus.

Artículo 40

Competencia de los Juzgados de Primera Instancia en lo Penal y consulta a los Superiores

Los Juzgados de Primera Instancia en lo Penal son competentes para conocer y decidir sobre el amparo de la libertad y seguridad personales. Los respectivos Tribunales Superiores conocerán en consulta de las sentencias dictadas por aquellos.

Artículo 41

Solicitud y apertura de averiguación sumaria e Informe

La solicitud podrá ser hecha por el agraviado o por cualquier persona que gestione en favor de aquel, por escrito, verbalmente o por vía telegráfica, sin necesidad de asistencia de abogado, y el Juez, al recibirla, abrirá una averiguación sumaria, ordenando inmediatamente al funcionario bajo cuya custodia se encuentre la persona agraviada que informe dentro del plazo de veinticuatro (24) horas, sobre los motivos de la privación o restricción de la libertad.

Las solicitudes referidas a la seguridad personal se tramitarán, en cuanto les resulten aplicables, conforme a las previsiones de este artículo.

Artículo 42

Mandamiento de habeas corpus

El Juez decidirá en un término no mayor de noventa y seis (96) horas después de recibida la solicitud, la inmediata libertad del agraviado o el cese de las restricciones que se le hubiesen impuesto, si encontrare que para la privación o restricción de la libertad no se hubieren cumplido las formalidades legales.

El Juez, caso de considerarlo necesario, sujetará esta decisión a caución personal o a prohibición de salida del país de la persona agraviada, por un término no mayor de treinta (30) días.

Artículo 43

Consulta de la decisión

El mandamiento de habeas corpus o, en su defecto, la decisión que lo niegue, se consultará con el Superior, al que deberán enviarse los recaudos en el mismo día o en el siguiente.

La consulta no impedirá la ejecución inmediata de la decisión y el Tribunal Superior decidirá dentro de las setenta y dos (72) horas después de haber recibido los autos.

Artículo 44

Duración de las detenciones policiales y administrativas

Las detenciones que conforme a la Ley, ordenen y practiquen las autoridades policiales u otras autoridades administrativas, no excederán de ocho (8) días. Las que pasen de cuarenta y ocho (48) horas deberán imponerse mediante resolución motivada. Quedan a salvo las disposiciones legales aplicables al proceso penal.

Artículo 45

Detenciones por las autoridades de policía judicial

Cuando se hubiere cometido un hecho punible, las autoridades de policía que, de acuerdo con la ley, sean auxiliares de la administración de justicia, podrán adoptar, como medidas provisionales de necesidad y de urgencia, la detención del presunto culpable o su presentación periódica, durante la averiguación sumaria, a la autoridad respectiva. En cualquiera de los dos supuestos anteriores, la orden deberá ser motivada y constar por escrito.

Artículo 46

Duración de las detenciones

En el caso del artículo anterior, el detenido deberá ser puesto a la orden del Juez competente, dentro del término de ocho (8) días.

Artículo 47

Garantías de los detenidos

La autoridad que tuviere bajo su guarda o custodia a cualquier persona detenida, estará en el deber de permitirle, conforme a las normas reglamentarias correspondientes, comunicación con su abogado y con sus parientes más cercanos.

Artículo 48

Normas supletorias

Serán supletorias de las disposiciones anteriores las normas procesales en vigor.

Artículo 49

Norma derogatoria

Quedan derogadas las disposiciones legales vigentes que colidan con la presente Ley.

Dada, firmada y sellada en el Palacio Federal Legislativo, en Caracas a los diecisiete días del mes de septiembre de mil novecientos ochenta y ocho. Año 178 de la Independencia y 129 de la Federación.

El Presidente,
Reinaldo Leandro Mora

El Vicepresidente, (Encargado)
Humberto Celli

Los Secretarios,
Héctor Carpio Castillo
José Rafael García

Palacio de Miraflores, en Caracas, a los veintisiete días del mes de septiembre de mil novecientos ochenta y ocho. Año 178 de la Independencia y 129 de la Federación.

Cúmplase.

(L.S.)

Simón Alberto Consalvi
Encargado de la Presidencia de la República

Refrendado.

(Los Ministros)

ÍNDICE GENERAL

SUMARIO.. 7

NOTA DEL AUTOR A LA SEGUNDA EDICIÓN (CARACAS 2016) 11

PRESENTACIÓN A LA PRIMERA EDICIÓN (MÉXICO 2009), por José de
Jesús Naveja Macías y José Guillermo Vallarta Plata 13

*ESTUDIO PRELIMINAR: EL PROCESO DE AMPARO EN EL DERECHO
CONSTITUCIONAL COMPARADO LATINOAMERICANO*, por Allan R.
Brewer-Carías 17

I.   INTRODUCCIÓN GENERAL 17

II. EL DERECHO DE AMPARO EN LA CONVENCIÓN AMERICANA 28

III. LA PROTECCIÓN DE TODOS LOS DERECHOS FUNDAMEN-TALES
     Y CONSTITUCIONALES 37

    1.   *El amparo y hábeas corpus para la protección de todos los derechos
        constitucionales* 39

    2.   *El amparo y hábeas corpus para la protección de sólo algunos
        derechos constitucionales* 42

        A.   *La acción de protección chilena para determinados derechos* 42

        B.   *La acción de "tutela" colombiana para la protección de derechos
            fundamentales* 42

    3.   *El tema de la protección constitucional de los derechos sociales* 44

    4.   *La cuestión de la protección de los derechos en situaciones de emer-
        gencia*.. 45

IV. LA PROTECCIÓN CONSTITUCIONAL COMO DERECHO DE TODAS
     LAS PERSONAS AGRAVIADAS 48

    1.   La persona agraviada y los medios judiciales de protección 48

    2.   *La persona agraviada y la cuestión de la legitimación activa* 50

        A.   *Las personas naturales: Legitimación activa ad causam y ad
            processum* 52

        B.   *Personas Jurídicas: Legitimación activa ad causam y ad
            processum* 54

        C.   *Legitimación activa y la protección de derechos constitucionales
            colectivos y difusos* 57

3. *Funcionarios públicos con legitimación activa en el proceso de amparo* . 61

4. *La cuestión de la legitimación activa de otros funcionarios públicos en el recurso de amparo* 64

V. LA PROTECCIÓN CONSTITUCIONAL FRENTE A TODOS LOS AGRAVIANTES 66

1. *La cuestión de la individualización del demandado* 66

2. *El demandado en la demanda de amparo: las autoridades y los particulares* 69

   A. *El amparo contra las autoridades públicas: entidades públicas y funcionarios públicos* 70

   B. *El amparo contra individuos o personas particulares* 72

VI. LA PROTECCIÓN CONSTITUCIONAL FRENTE A TODOS LOS ACTOS ESTATALES 75

1. *Amparo contra actos legislativos* 76

   A. *El amparo contra decisiones de los cuerpos parlamentarios y sus comisiones* 77

   B. *El amparo contra leyes* 78

2. *El amparo contra las actuaciones ejecutivas y actos administrativos* 82

   A. *El amparo contra actos del Poder Ejecutivo* 82

   B. *La acción de amparo y las cuestiones políticas* 83

   C. *La acción de amparo y el funcionamiento de los servicios públicos* . 86

3. *El amparo contra las sentencias y actos judiciales* 87

   A. *La admisión de los recursos de amparo contra las decisiones judiciales* 87

   B. *La exclusión de los recursos de amparo contra las decisiones judiciales* 89

4. *El amparo contra actos de otros órganos constitucionales* 91

5. *El amparo contra las omisiones de entes públicos* 94

VII. LAS CONDICIONES DE LOS DAÑOS Y AMENAZAS PARA LA PROTECCIÓN CONSTITUCIONAL 95

1. *El carácter personal y directo de los daños* 95

2. *El carácter actual y real de los daños* 96

3. *El daño manifiestamente arbitrario, ilegal e ilegítimo* 99

4. *El carácter evidente de los daños* 100

5. *El carácter no consentido de los daños* 102

   A. *El consentimiento expreso* 102

   B. *El consentimiento tácito* 102

   C. *Excepciones a la regla del consentimiento tácito* 104

6   *El carácter reparable de los daños y el carácter restablecedor del proceso de amparo.* 106

    A.   *El carácter restaurador del proceso amparo en relación con los daños* 107

    B   *La condición específica del daño: su carácter reparable* 107

7.   *El carácter preventivo del proceso de amparo contra las amenazas de carácter inminente* 111

VIII.   SENTIDO Y ALCANCE DE LA PROTECCIÓN CONSTITUCIONAL (LA SENTENCIA DE AMPARO) 115

1.   *Las condiciones generales de la decisión judicial de protección constitucional* 115

2.   *La naturaleza preventiva y restitutoria del amparo* 117

3.   *La regla del contenido no anulatorio del amparo* 119

4.   *El carácter no indemnizatorio de la decisión de amparo* 122

5.   *El pago de las costas procesales* 124

6.   *Los efectos de la sentencia de amparo* 124

    A.   *El efecto inter partes y sus excepciones* 124

    B.   *La cuestión del alcance de los efectos de la cosa juzgada* 126

7.   *El carácter obligatorio de las sentencias de amparo y la sanción al desacato judicial* 129

IX.   LA REVISIÓN DE LAS SENTENCIAS DE AMPARO POR LAS JURISDICCIONES CONSTITUCIONALES (CORTE CONSTITUCIONAL O LA CORTE SUPREMA) 131

1.   *La concentración de la competencia para conocer de la acción de amparo en la Jurisdicción Constitucional: Costa Rica, El Salvador, Nicaragua* 132

2.   *La tendencia a la revisión de las sentencias de amparo por las Jurisdicciones Constitucionales* 134

3.   *Los sistemas de recursos extraordinarios de revisión de conocimiento obligatorio* 135

    A   *El recurso extraordinario en el Brasil* 135

    B   *El recurso de agravio en el Perú* 135

    C   *El recurso de apelación en Guatemala* 136

4.   *Los sistemas de recursos extraordinarios de revisión de conocimiento discrecional* 137

    A.   *El recurso extraordinario en Argentina* 137

    B.   *El recurso de revisión en Venezuela* 138

    C.   *El recurso de revisión en la República Dominicana* 139

    D.   *El recurso de revisión en México* 139

    E.   *El recurso de revisión en Honduras* 140

5.   Los sistemas de revisión automática de conocimiento obligatorio:
     Bolivia.. 140

6.   Los sistemas de revisión automática de conocimiento discrecional......... 141

     A.   La consulta obligatoria en Colombia 141

     B.   La consulta obligatoria en Ecuador 142

7.   La competencia discrecional de control ex officio por parte de las
     Jurisdicciones Constitucionales en materia constitucional..................... 142

REFLEXIÓN FINAL 143

ARGENTINA
*ARTÍCULOS, CONSTITUCIÓN NACIONAL DE LA REPÚBLICA
   ARGENTINA, 1994* 145

LEY 16.986. ACCIÓN DE AMPARO, 1966 146

BOLIVIA
ARTÍCULOS, CONSTITUCIÓN POLÍTICA DE BOLIVIA, 2008........................ 149

TÍTULO IV
GARANTÍAS JURISDICCIONALES Y ACCIONES DE DEFENSA............... 149

   *CAPÍTULO PRIMERO
   GARANTÍAS JURISDICCIONALES*... 149

   *CAPÍTULO SEGUNDO
   ACCIONES DE DEFENSA* 150

     *Sección I
     Acción de libertad*.. 150

     *Sección II
     Acción de amparo constitucional* 150

     *Sección III
     Acción de protección de privacidad* 151

     *Sección VI
     Acción popular* 152

LEY Nº 254, CÓDIGO PROCESAL CONSTITUCIONAL, 2012......................... 153

TÍTULO I
**DISPOSICIONES GENERALES, FACULTADES ESPECIALES DEL
TRIBUNAL CONSTITUCIONAL PLURINACIONAL, RESOLUCIONES,
EFECTOS Y EJECUCIÓN** 153

   *CAPÍTULO PRIMERO
   DISPOSICIONES GENERALES*... 153

CAPÍTULO SEGUNDO
FACULTADES ESPECIALES DEL TRIBUNAL CONSTITUCIONAL
PLURINACIONAL Y DEBER DE COOPERACIÓN, COLABORACIÓN DE
LOS ÓRGANOS, INSTITUCIONES Y SUJETOS PÚBLICOS Y PRIVADOS 154

CAPÍTULO TERCERO
RESOLUCIONES DEL TRIBUNAL CONSTITUCIONAL PLURINACIONAL,
EFECTOS Y EJECUCIÓN 155

CAPÍTULO CUARTO
DE LAS EXCUSAS 157

CAPÍTULO QUINTO
NORMAS COMUNES EN LAS ACCIONES DE INCONSTITUCIONALIDAD,
CONFLICTOS DE COMPETENCIAS, CONSULTAS Y RECURSOS 158

TÍTULO II
ACCIONES DE DEFENSA 160

CAPÍTULO PRIMERO
NORMAS COMUNES DE PROCEDIMIENTO DE ACCIONES DE DEFENSA .. 160

Sección I
Procedimiento ante juezas, jueces y tribunales 160

Sección II
Revisión de las acciones de defensa ante el tribunal constitucional
plurinacional 164

CAPÍTULO SEGUNDO
ACCIÓN DE LIBERTAD 165

CAPÍTULO TERCERO
ACCIÓN DE AMPARO CONSTITUCIONAL 166

CAPÍTULO CUARTO
ACCIÓN DE PROTECCIÓN DE PRIVACIDAD 167

CAPÍTULO QUINTO
ACCIÓN DE CUMPLIMIENTO 169

CAPÍTULO SEXTO
ACCIÓN POPULAR 169

TÍTULO III
ACCIONES DE INCONSTITUCIONALIDAD 170

CAPÍTULO PRIMERO
DISPOSICIONES GENERALES 170

CAPÍTULO SEGUNDO
ACCIÓN DE INCONSTITUCIONALIDAD ABSTRACTA 171

CAPÍTULO TERCERO
ACCIÓN DE INCONSTITUCIONALIDAD CONCRETA 172

TÍTULO IV

CONFLICTOS DE COMPETENCIA... 173

CAPÍTULO PRIMERO
CONFLICTO DE COMPETENCIAS Y ATRIBUCIONES ENTRE ÓRGANOS
DEL PODER PÚBLICO.. 173

CAPÍTULO SEGUNDO
CONFLICTO DE COMPETENCIAS ENTRE EL NIVEL CENTRAL DEL
ESTADO Y LAS ENTIDADES TERRITORIALES AUTÓNOMAS Y ENTRE
ÉSTAS.. 174

Sección I
Disposiciones generales.. 174

Sección II
Conflictos positivos de competencias.. 175

Sección III
Conflictos negativos de competencias.. 175

CAPÍTULO TERCERO
CONFLICTOS DE COMPETENCIAS ENTRE LA JURISDICCIÓN
INDÍGENA ORIGINARIA CAMPESINA Y LA JURISDICCIÓN ORDINARIA
Y AGROAMBIENTAL.. 177

TÍTULO V

CONTROL PREVIO DE CONSTITUCIONALIDAD Y CONSULTAS........... 178

CAPÍTULO PRIMERO
DISPOSICIONES GENERALES.. 178

CAPÍTULO SEGUNDO
CONTROL PREVIO DE CONSTITUCIONALIDAD EN LA RATIFICACIÓN
DE TRATADOS INTERNACIONALES.. 178

CAPÍTULO TERCERO
CONSULTAS SOBRE LA CONSTITUCIONALIDAD DE PROYECTOS DE
LEY.. 179

CAPÍTULO CUARTO
CONTROL DE CONSTITUCIONALIDAD DE PROYECTOS DE ESTATUTOS O
CARTAS ORGÁNICAS DE ENTIDADES TERRITORIALES AUTÓNOMAS...... 180

CAPÍTULO QUINTO
CONSULTAS SOBRE LA CONSTITUCIONALIDAD DE PREGUNTAS PARA
REFERENDO.. 181

TÍTULO VI

**CONSULTAS DE AUTORIDADES INDÍGENA ORIGINARIA CAM-
PESINAS SOBRE LA APLICACIÓN DE SUS NORMAS JURÍDICAS A
UN CASO CONCRETO**.. 182

TÍTULO VII
RECURSOS ANTE EL TRIBUNAL CONSTITUCIONAL PLURINACIONAL. 183

CAPÍTULO PRIMERO
RECURSOS CONTRA TRIBUTOS, IMPUESTOS, TASAS, PATENTES,
DERECHOS O CONTRIBUCIONES ESPECIALES 183

CAPÍTULO SEGUNDO
RECURSO CONTRA RESOLUCIONES DEL ÓRGANO LEGISLATIVO 184

CAPÍTULO TERCERO
RECURSO DIRECTO DE NULIDAD 184

TÍTULO VIII
**CONSTITUCIONALIDAD DEL PROCEDIMIENTO DE REFORMA
PARCIAL DE LA CONSTITUCIÓN POLÍTICA DEL ESTADO** 185

DISPOSICIONES FINALES 186

DISPOSICIONES TRANSITORIAS 187

BRASIL
*ARTÍCULOS, CONSTITUÇÃO DA REPÚBLICA FEDERATIVA DO
BRASIL, 1988* 189
LEI Nº 1.533. MANDADO DE SEGURANÇA, 1951 190
*NORMAS PROCESSUAIS RELATIVAS A MANDADO DE SEGURANÇA.
LEI Nº 4.348, DE 26 DE JUNHO DE 1964* 192

COLOMBIA
*ARTÍCULOS, CONSTITUCIÓN POLÍTICA DE LA REPÚBLICA DE
COLOMBIA, 1991 (Ultima reforma 2012)* 195
DECRETOS LEY Nº 2591, 306 Y 1382. ACCIÓN DE TUTELA, 2000 196

CAPÍTULO I
DISPOSICIONES GENERALES Y PROCEDIMIENTO 196

CAPÍTULO II
COMPETENCIA 203

CAPÍTULO III
TUTELA CONTRA LOS PARTICULARES 205

CAPÍTULO IV
LA TUTELA Y EL DEFENSOR DEL PUEBLO 206

CAPÍTULO V
SANCIONES 206

ACCION DE TUTELA. DECRETO 306 DE 1992 (FEBRERO 19) 207

ACCION DE TUTELA. DECRETO 1382 DE 2000 (JULIO 12) 207

COSTA RICA

ARTÍCULOS, CONSTITUCIÓN POLÍTICA DE LA REPÚBLICA DE COSTA RICA, 1949 (Ultima reforma 2003) 213

LEY Nº 7135. LEY DE LA JURISDICCIÓN CONSTITUCIONAL, 1989 214

TÍTULO I
DISPOSICIONES PRELIMINARES 214

CAPÍTULO ÚNICO 214

TÍTULO II
DEL RECURSO DE HÁBEAS CORPUS 216

CAPÍTULO ÚNICO
DEL RECURSO DE AMPARO 219

TÍTULO III
DEL RECURSO DE AMPARO 219

CAPÍTULO I
DEL AMPARO CONTRA ÓRGANOS O SERVIDORES PÚBLICOS 219

CAPÍTULO II
DEL AMPARO CONTRA SUJETOS DE DERECHO PRIVADO 223

CAPÍTULO III
DEL DERECHO DE RECTIFICACIÓN O RESPUESTA 225

CAPÍTULO IV
DE LAS SANCIONES 226

TÍTULO IV
DE LAS CUESTIONES DE CONSTITUCIONALIDAD 226

CAPÍTULO I
DE LA ACCIÓN DE INCONSTITUCIONALIDAD 226

CAPÍTULO II
DE LA CONSULTA DE CONSTITUCIONALIDAD 230

CAPÍTULO III
DE LAS CONSULTAS JUDICIALES DE CONSTITUCIONALIDAD 231

TÍTULO V
DE LOS CONFLICTOS CONSTITUCIONALES 232

CAPÍTULO ÚNICO 232

TÍTULO VI
DISPOSICIONES FINALES.. 233

   CAPÍTULO ÚNICO.. 233

CHILE
ARTÍCULOS, CONSTITUCIÓN POLÍTICA DE LA REPÚBLICA DE CHILE, 1980 (Ultima reforma 2005).. 235
TEXTO REFUNDIDO DEL AUTO ACORDADO DE LA CORTE SUPREMA DE JUSTICIA SOBRE TRAMITACIÓN Y FALLO DEL RECURSO DE PROTECCIÓN DE LAS GARANTÍAS CONSTITUCIONALES, 2015......... 236

ECUADOR
ARTÍCULOS, CONSTITUCIÓN POLÍTICA DE ECUADOR, 2008..................... 241

   CAPÍTULO TERCERO
   GARANTÍAS JURISDICCIONALES... 241

      Sección Primera
      Disposiciones comunes 241

      Sección Segunda
      Acción de protección... 242

      Sección tercera
      Acción de hábeas corpus.. 242

      Sección cuarta
      Acción de acceso a la información pública................ 243

      Sección quinta
      Acción de hábeas data 243

      Sección sexta
      Acción por incumplimiento 244

      Sección séptima
      Acción extraordinaria de protección 244

TÍTULO IX
NORMAS GENERALES.. 244

   CAPÍTULO TERCERO
   GARANTÍAS JURISDICCIONALES... 244

LEY ORGÁNICA DE GARANTÍAS CONSTITUCIONALES Y CONTROL CONSTITUCIONAL, 2009... 245

TÍTULO I
NORMAS GENERALES.. 246

TÍTULO II
**GARANTÍAS JURISDICCIONALES DE LOS DERECHOS CONSTITU-
CIONALES** 249

   CAPÍTULO I
   NORMAS COMUNES.. 249

   CAPÍTULO II
   MEDIDAS CAUTELARES 257

      Sección Primera
      Principios Generales... 257

      Sección Segunda
      Procedimiento 258

   CAPÍTULO III
   ACCIÓN DE PROTECCIÓN 259

   CAPÍTULO IV
   ACCIÓN DE HÁBEAS CORPUS.. 260

   CAPÍTULO V
   ACCIÓN DE ACCESO A LA INFORMACIÓN PÚBLICA 262

   CAPÍTULO VI
   ACCIÓN DE HÁBEAS DATA 262

   CAPÍTULO VII
   ACCIÓN POR INCUMPLIMIENTO 263

   CAPÍTULO VIII
   ACCIÓN EXTRAORDINARIA DE PROTECCIÓN 265

   CAPÍTULO IX
   *ACCIÓN EXTRAORDINARIA DE PROTECCIÓN CONTRA DECISIONES
   DE LA JUSTICIA INDÍGENA* 266

   CAPÍTULO X
   *REPETICIÓN CONTRA SERVIDORAS Y SERVIDORES PÚBLICOS POR
   VIOLACIÓN DE DERECHOS*... 268

TÍTULO III
CONTROL ABSTRACTO DE CONSTITUCIONALIDAD............................ 271

   CAPÍTULO I
   NORMAS GENERALES.. 271

CAPÍTULO II
NORMAS COMUNES DE PROCEDIMIENTO 272

CAPÍTULO III
ACCIÓN PÚBLICA DE INCONSTITUCIONALIDAD 277

CAPÍTULO IV
CONTROL CONSTITUCIONAL DE LAS ENMIENDAS Y REFORMAS
CONSTITUCIONALES 277

   Sección Primera
   Modalidades de control constitucional 277

   Sección Segunda
   Control constitucional del procedimiento de proyectos de enmienda o
   reforma a la Constitución 278

   Sección Tercera
   Control constitucional de la convocatoria a referendo 278

   Sección Cuarta
   Control constitucional de las enmiendas, reformas y cambios
   constitucionales 279

CAPÍTULO V
CONTROL CONSTITUCIONAL DE LOS TRATADOS INTERNACIONALES ... 280

CAPÍTULO VI
CONTROL CONSTITUCIONAL DE LAS DISPOSICIONES LEGALES DE
ORIGEN PARLAMENTARIO 281

CAPÍTULO VII
CONTROL CONSTITUCIONAL DE LOS ESTADOS DE EXCEPCIÓN 282

CAPÍTULO VIII
CONTROL CONSTITUCIONAL DE LOS MECANISMOS DE
PARTICIPACIÓN POPULAR DIRECTA 284

   Sección Primera
   Control constitucional de la iniciativa popular normativa 284

   Sección Segunda
   Control constitucional de las consultas populares 284

CAPÍTULO IX
CONTROL CONSTITUCIONAL DE LAS OMISIONES NORMATIVAS 285

CAPÍTULO X
CONTROL CONSTITUCIONAL DE LAS LEYES OBJETADAS POR LA
PRESIDENTA O PRESIDENTE DE LA REPÚBLICA 285

CAPÍTULO XI
CONTROL CONSTITUCIONAL DE LOS ESTATUTOS DE AUTONOMÍA 286

CAPÍTULO XII
CONTROL CONSTITUCIONAL DE LOS ACTOS NORMATIVOS NO
PARLAMENTARIOS Y ACTOS ADMINISTRATIVOS DE CARÁCTER
GENERAL 287

TITULO IV
CONTROL CONCRETO DE CONSTITUCIONALIDAD 287

TITULO V
OTRAS COMPETENCIAS 288

CAPÍTULO I
CONFLICTOS DE COMPETENCIAS 289

CAPÍTULO II
JUICIO POLÍTICO, DESTITUCIÓN DE LA PRESIDENTA O PRESIDENTE
DE LA REPÚBLICA, VICEPRESIDENTA O VICEPRESI-DENTE DE LA
REPÚBLICA Y DISOLUCIÓN DE LA ASAMBLEA NACIONAL 290

CAPÍTULO III
ACCIÓN DE INTERPRETACIÓN 291

TITULO VI
INCUMPLIMIENTO DE SENTENCIAS Y DICTÁMENES CONSTITU-
CIONALES 293

TITULO VII
ESTRUCTURA DE LA ADMINISTRACIÓN DE JUSTICIA CONSTITU-
CIONAL 294

CAPÍTULO I
INTEGRACIÓN DE LA ADMINISTRACIÓN DE JUSTICIA
CONSTITUCIONAL 294

CAPÍTULO II
ÓRGANOS JURISDICCIONALES DE LA JUSTICIA ORDINARIA 294

CAPÍTULO III
CORTE CONSTITUCIONAL 295

Sección Primera
Generalidades 295

Sección Segunda
Juezas y jueces de la Corte Constitucional 295

Parágrafo Primero
Selección, designación y cesación 297

Parágrafo Segundo
Responsabilidades 300

Parágrafo Tercero
Competencias y estructura interna.. 301

Parágrafo Cuarto
Pleno de la Corte Constitucional 301

Parágrafo Quinto
Presidencia.. 302

Parágrafo Sexto
Juezas y jueces de la Corte Constitucional 303

Parágrafo Séptimo
Sala de admisión, selección y revisión.. 304

Sección Tercera
Secretaría General, órganos de apoyo y Centro de Estudios
Constitucionales 304

DISPOSICIONES TRANSITORIAS.. 305

DISPOSICIONES REFORMATORIAS 306

DISPOSICIÓN DEROGATORIAS... 306

DISPOSICIÓN FINAL 307

EL SALVADOR

ARTÍCULOS, CONSTITUCIÓN DE LA REPÚBLICA DE EL SALVADOR,
1983 (Ultima reforma, 2003) 309

LEY DE PROCEDIMIENTOS CONSTITUCIONALES, 1960............................ 310

TÍTULO I
PRINCIPIOS GENERALES Y JURISDICCIÓN 311

TÍTULO II
PROCESOS DE INCONSTITUCIONALIDAD.. 311

TÍTULO III
PROCESO DE AMPARO 312

CAPÍTULO I
DEMANDA 312

CAPÍTULO II
SUSPENSIÓN DEL ACTO RECLAMADO.. 314

CAPÍTULO III
PROCEDIMIENTO 314

CAPÍTULO IV
SOBRESEIMIENTO... 315

CAPÍTULO V
SENTENCIA Y EJECUCIÓN.. 315

TÍTULO IV
HABEAS CORPUS 316

CAPÍTULO I
NATURALEZA Y OBJETO DEL RECURSO 316

CAPÍTULO II
DEL PROCEDIMIENTO 318

CAPÍTULO III
RESOLUCIÓN 321

CAPÍTULO IV
RESPONSABILIDAD DE LOS FUNCIONARIOS EN EL AUTO DE
EXHIBICIÓN 322

TÍTULO FINAL
DISPOSICIONES GENERALES 323

GUATEMALA

ARTÍCULOS, CONSTITUCIÓN POLÍTICA DE LA REPÚBLICA DE
GUATEMALA, 1989 (Ultima reforma 1993) 235

TITULO VI
GARANTÍAS CONSTITUCIONES Y DEFENSA DEL ORDEN
CONSTITUCIONAL 325

CAPÍTULO I
EXHIBICIÓN PERSONAL 325

CAPÍTULO II
AMPARO 326

DECRETO Nº 1-86. LEY DE AMPARO. EXHIBICIÓN PERSONAL Y
CONSTITUCIONALIDAD, 1986 327

TÍTULO ÚNICO
PROTECCIÓN CONSTITUCIONAL 327

CAPÍTULO UNO
NORMAS FUNDAMENTALES Y DISPOSICIONES GENERALES ... 327

TÍTULO DOS
AMPARO 328

CAPÍTULO UNO
PROCEDENCIA 328

CAPÍTULO DOS
COMPETENCIA 329

CAPÍTULO TRES
INTERPOSICIÓN 331

CAPÍTULO CUATRO
AMPARO PROVISIONAL 333

CAPÍTULO CINCO
PROCEDIMIENTO 334

CAPÍTULO SEIS
SENTENCIA 335

CAPÍTULO SIETE
EFECTOS Y EJECUCIÓN DEL AMPARO 336

CAPÍTULO OCHO
RECURSO DE APELACIÓN 338

CAPÍTULO NUEVE
ACLARACIÓN Y AMPLIACIÓN 339

CAPÍTULO DIEZ
OCURSOS 339

CAPÍTULO ONCE
DISPOSICIONES VARIAS 340

TÍTULO TRES
EXHIBICIÓN PERSONAL 341

CAPÍTULO UNO
PROCEDENCIA 341

CAPÍTULO DOS
COMPETENCIA 341

CAPÍTULO TRES
INTERPOSICIÓN 341

CAPÍTULO CUATRO
TRÁMITE 342

CAPÍTULO CINCO
DEL EJECUTOR 343

CAPÍTULO SEIS
DISPOSICIONES GENERALES 344

TÍTULO CUATRO
CONSTITUCIONALIDAD DE LAS LEYES 345

CAPÍTULO UNO
SUPREMACÍA DE LA CONSTITUCIÓN 345

CAPÍTULO DOS
INCONSTITUCIONALIDAD EN CASOS CONCRETOS 345

CAPÍTULO TRES
TRAMITACIÓN DE INCONSTITUCIONALIDAD EN CASOS CONCRETOS ... 346

CAPÍTULO CUATRO
RECURSO DE APELACIÓN 347

CAPÍTULO CINCO
INCONSTITUCIONALIDAD DE LEYES, REGLAMENTOS Y DISPOSICIO-
NES DE CARÁCTER GENERAL 348

CAPÍTULO SEIS
DISPOSICIONES COMUNES 349

TÍTULO CINCO
CORTE DE CONSTITUCIONALIDAD 350

CAPÍTULO UNO
JURISDICCIÓN 350

CAPÍTULO DOS
INTEGRACIÓN 350

CAPÍTULO TRES
FUNCIONES 352

CAPÍTULO CUATRO
CONDICIONES DE EJERCICIO 353

CAPÍTULO CINCO
OPINIONES CONSULTIVAS 354

CAPÍTULO SEIS
DISPOSICIONES GENERALES 354

CAPÍTULO SIETE
DISPOSICIONES REGLAMENTARIAS 355

TÍTULO SEIS
DISPOSICIONES FINALES 356

HONDURAS

ARTÍCULOS, CONSTITUCIÓN POLÍTICA DE LA REPÚBLICA DE
HONDURAS, 1982 (Ultima reforma 2005) 359

TITULO IV:
DE LAS GARANTÍAS CONSTITUCIONALES 359

CAPÍTULO I
DEL HABEAS CORPUS Y EL AMPARO 359

LEY SOBRE JUSTICIA CONSTITUCIONAL, 2004 361

TÍTULO I
DISPOSICIONES GENERALES 361

TÍTULO II
**DE LAS ACCIONES DE PROTECCIÓN DE LOS DERECHOS CONSTI-
TUCIONALES** 362

CAPÍTULO I
DE LA COMPETENCIA 362

CAPÍTULO II
DE LA ACCIÓN DE EXHIBICIÓN PERSONAL Y DE HABEAS DATA 364

Sección I
Disposiciones Generales 364

Sección II
De la Competencia 365

Sección III
De la dubstanciación de la Acción 366

Sección IV
De la sentencia 368

CAPÍTULO III
DE LA ACCIÓN DE AMPARO 369

Sección I
Disposiciones generales 369

Sección II
Del ejercicio de la acción 370

Sección II
De la substanciación de la acción de amparo 371

Sección IV
De las medidas cautelares 372

Sección V
De la sentencia y sus efectos 373

CAPÍTULO IV
*DISPOSICIONES FINALES COMUNES A LA EXHIBICIÓN PERSONAL,
HÁBEAS DATA Y AL AMPARO* 375

TÍTULO III
DEL CONTROL DE CONSTITUCIONALIDAD 376

CAPÍTULO I
*DEL CONTROL DE CONSTITUCIONALIDAD POR LA SALA DE LO
CONSTITUCIONAL* 376

CAPÍTULO II
DEL PROCEDIMIENTO 377

Sección I
De la inconstitucionalidad por vía de acción 377

Sección II
De la inconstitucionalidad por vía de excepción 378

Sección III
De la inconstitucionalidad promovida de oficio por los órganos
jurisdiccionales 378

CAPÍTULO III
DE LAS SENTENCIAS EN LOS PROCEDIMIENTOS DE INCONSTI-
TUCIONALIDAD 378

TÍTULO IV
DE LA REVISIÓN 379

CAPÍTULO ÚNICO
DE LA REVISIÓN EN MATERIA PENAL Y CIVIL 379

Sección I
de la revisión en materia penal 379

Sección II
de la revisión en materia civil 381

Sección III
trámite común al recurso de revisión penal y civil 382

TÍTULO V
DE LOS CONFLICTOS DE COMPETENCIA 382

TÍTULO VI
DISPOSICIONES COMUNES A LAS ACCIONES QUE REGULA ESTA
LEY 383

TÍTULO VII
DISPOSICIONES FINALES Y TRANSITORIAS 384

MÉXICO

ARTÍCULOS, CONSTITUCIÓN POLÍTICA DE LOS ESTADOS UNIDOS
MEXICANOS, 1917 (Ultima reforma publicada DOF 10-020-2014) 387

LEY DE AMPARO REGLAMENTARIA DE LOS ARTÍCULOS 103 Y 107
DE LA CONSTITUCIÓN POLÍTICA DE LOS ESTADOS UNIDOS
MEXICANOS, 2013 395

TÍTULO PRIMERO
REGLAS GENERALES 395

CAPÍTULO I
DISPOSICIONES FUNDAMENTALES.. 395

CAPÍTULO II
CAPACIDAD Y PERSONERÍA... 397

CAPÍTULO III
PLAZOS 402

CAPÍTULO IV
NOTIFICACIONES 403

CAPÍTULO V
COMPETENCIA.. 408

  Sección Primera
  Reglas de Competencia.. 408

  Sección Segunda
  Conflictos Competenciales 410

CAPÍTULO VI
IMPEDIMENTOS, EXCUSAS Y RECUSACIONES.. 413

CAPÍTULO VII
IMPROCEDENCIA 415

CAPÍTULO VIII
SOBRESEIMIENTO.. 418

CAPÍTULO IX
INCIDENTES... 419

  Sección Primera
  Nulidad de Notificaciones... 419

  Sección Segunda
  Reposición de Constancias de Autos 419

CAPÍTULO X
SENTENCIAS.. 420

CAPÍTULO XI
MEDIOS DE IMPUGNACIÓN 423

  Sección Primera
  Recurso de Revisión.. 423

  Sección Segunda
  Recurso de Queja.. 426

  Sección Tercera
  Recurso de Reclamación.. 428

TÍTULO SEGUNDO
DE LOS PROCEDIMIENTOS DE AMPARO 429

CAPÍTULO I
EL AMPARO INDIRECTO 429

Sección Primera
Procedencia y Demanda 429

Sección Segunda
Substanciación 431

Sección Tercera
Suspensión del Acto Reclamado 435

Primera Parte
Reglas generales 435

Segunda Parte
en materia penal 442

CAPÍTULO II
EL AMPARO DIRECTO 444

Sección Primera
Procedencia 444

Sección Segunda
Demanda 448

Sección Tercera
Substanciación 449

Sección Cuarta
Suspensión del Acto Reclamado 452

TÍTULO TERCERO
CUMPLIMIENTO Y EJECUCIÓN 452

CAPÍTULO I
CUMPLIMIENTO E INEJECUCIÓN 452

CAPÍTULO II
REPETICIÓN DEL ACTO RECLAMADO 455

CAPÍTULO III
RECURSO DE INCONFORMIDAD 455

CAPÍTULO IV
INCIDENTE DE CUMPLIMIENTO SUSTITUTO 456

CAPÍTULO V
INCIDENTE POR EXCESO O DEFECTO EN EL CUMPLIMIENTO DE LA
SUSPENSIÓN 457

CAPÍTULO VI
DENUNCIA POR INCUMPLIMIENTO DE LA DECLARATORIA GENERAL
DE INCONSTITUCIONALIDAD 458

CAPÍTULO VII
DISPOSICIONES COMPLEMENTARIAS 458

TÍTULO CUARTO
JURISPRUDENCIA Y DECLARATORIA GENERAL DE
INCONSTITUCIONALIDAD 459

CAPÍTULO I
DISPOSICIONES GENERALES 459

CAPÍTULO II
JURISPRUDENCIA POR REITERACIÓN DE CRITERIOS 460

CAPÍTULO III
JURISPRUDENCIA POR CONTRADICCIÓN DE TESIS 461

CAPÍTULO IV
INTERRUPCIÓN DE LA JURISPRUDENCIA 462

CAPÍTULO V
JURISPRUDENCIA POR SUSTITUCIÓN 462

CAPÍTULO VI
DECLARATORIA GENERAL DE INCONSTITUCIONALIDAD 463

TÍTULO QUINTO
MEDIDAS DISCIPLINARIAS Y DE APREMIO, RESPONSABILIDADES,
SANCIONES Y DELITOS 464

CAPÍTULO I
MEDIDAS DISCIPLINARIAS Y DE APREMIO 464

CAPÍTULO II
RESPONSABILIDADES Y SANCIONES 464

CAPÍTULO III
DELITOS 467

TRANSITORIOS 469

NICARAGUA

ARTÍCULOS, CONSTITUCIÓN POLÍTICA DE LA REPÚBLICA DE
NICARAGUA, 1987 (Ultima reforma 2005) 471

LEY Nº 49. AMPARO, 1988 Y REFORMAS DE 1995 472

TÍTULO I
PREMACÍA DE LA CONSTITUCIÓN 474

CAPÍTULO ÚNICO
DEL CONTROL CONSTITUCIONAL 474

TÍTULO II
RECURSO POR INCONSTITUCIONALIDAD 475

CAPÍTULO I
INTERPOSICIÓN DEL RECURSO 475

CAPÍTULO II
TRAMITACIÓN DEL RECURSO 476

CAPÍTULO III
LA SENTENCIA Y SUS EFECTOS 477

CAPÍTULO IV
INCONSTITUCIONALIDAD EN CASOS CONCRETOS 477

TÍTULO III
RECURSO AMPARO 477

CAPÍTULO I
INTERPOSICIÓN DEL RECURSO 477

CAPÍTULO II
SUSPENSIÓN DEL ACTO 479

CAPÍTULO III
TRAMITACIÓN DEL RECURSO 479

CAPÍTULO IV
LA SENTENCIA Y SUS EFECTOS 480

TÍTULO IV
RECURSO DE EXHIBICIÓN PERSONAL 481

CAPÍTULO I
INTERPOSICIÓN DEL RECURSO Y TRIBUNAL COMPETENTE 481

CAPÍTULO II
ACTUACIÓN DEL JUEZ EJECUTOR 482

CAPÍTULO III
QUEJA Y ACTUACIONES ESPECIALES 485

CAPÍTULO IV
RECURSO CONTRA PARTICULARES 485

TÍTULO V
DISPOSICIONES COMUNES Y FINALES 486

CAPÍTULO I 484

CAPÍTULO II
DISPOSICIONES FINALES 486

PANAMÁ

ARTÍCULOS, CONSTITUCIÓN POLÍTICA DE LA REPÚBLICA DE
PANAMÁ, 1972 (Ultima reforma 1994) 485

CÓDIGO JUDICIAL, LIBRO CUARTO: INSTITUCIONES DE GARANTÍA,
1972 (01 de Abril de 1987) 486

LIBRO CUARTO
INSTITUCIONES DE GARANTÍA 488

TÍTULO II
HÁBEAS CORPUS 488

CAPÍTULO I
NATURALEZA Y OBJETO DE LA ACCIÓN 488

CAPÍTULO II
INTERPOSICIÓN DE LA ACCIÓN 489

CAPÍTULO III
SUSTANCIACIÓN DE LA ACCIÓN 489

CAPÍTULO IV
COMPETENCIAS 494

CAPÍTULO V
SANCIONES 494

TÍTULO III
AMPARO DE GARANTÍAS CONSTITUCIONALES 494

CAPÍTULO I
COMPETENCIA 494

CAPÍTULO II
PROCEDIMIENTO 495

CAPÍTULO III
CURSO DE LA DEMANDA 496

CAPÍTULO IV
FALLO Y APELACIÓN 496

CAPÍTULO V
INCIDENCIAS Y SANCIONES 497

PARAGUAY

ARTÍCULOS, CONSTITUCIÓN POLÍTICA DE LA REPÚBLICA DE
PARAGUAY, 1992; 499

LEY Nº 1337/88. CÓDIGO PROCESAL CIVIL, TITULO II. EL JUICIO DE
AMPARO, 1988 501

TITULO II
DEL JUICIO DE AMPARO 501

PERÚ

ARTÍCULOS, CONSTITUCIÓN POLÍTICA DEL PERÚ, 1993 (Ultima reforma 2005).. 505

LEY Nº 28237. CÓDIGO PROCESAL CONSTITUCIONAL, 2005..................... 506

TÍTULO PRELIMINAR 506

TÍTULO I
DISPOSICIONES GENERALES DE LOS PROCESOS DE HÁBEAS CORPUS, AMPARO, HABEAS DATA Y CUMPLIMIENTO.................. 507

TÍTULO II
PROCESO DE HÁBEAS CORPUS... 513

CAPÍTULO I
DERECHOS PROTEGIDOS... 513

CAPÍTULO II
PROCEDIMIENTO 514

TÍTULO III
PROCESO DE AMPARO 516

CAPÍTULO I
DERECHOS PROTEGIDOS... 516

CAPÍTULO II
PROCEDIMIENTO 517

TÍTULO IV
PROCESO DE HÁBEAS DATA.................................... 522

TÍTULO V
PROCESO DE CUMPLIMIENTO.................................... 523

TÍTULO VI
DISPOSICIONES GENERALES DE LOS PROCESOS DE ACCIÓN POPULAR E INCONSTITUCIONALIDAD 524

TÍTULO VII
PROCESO DE ACCIÓN POPULAR................................. 526

TÍTULO VIII
PROCESO DE INCONSTITUCIONALIDAD 528

TÍTULO IX
PROCESO COMPETENCIAL.. 530

TÍTULO X
JURISDICCIÓN INTERNACIONAL................................... 531

TÍTULO XI
DISPOSICIONES GENERALES APLICABLES A LOS PROCEDI-
MIENTOS ANTE EL TRIBUNAL CONSTITUCIONAL 531

TÍTULO XII
DISPOSICIONES FINALES... 532

TÍTULO XIII
DISPOSICIONES TRANSITORIAS Y DEROGATORIAS 534

REPÚBLICA DOMINICANA

ARTÍCULOS, CONSTITUCIÓN POLÍTICA DE LA REPÚBLICA
   DOMINICANA, 2010 537

TÍTULO
DE LOS DERECHOS, GARANTÍAS Y DEBERES FUNDAMENTALES....... 537

   CAPÍTULO II
   DE LAS GARANTÍAS A LOS DERECHOS FUNDAMENTALES........................ 537

TÍTULO VII
DEL CONTROL CONSTITUCIONAL 538

LEY ORGÁNICA DEL TRIBUNAL CONSTITUCIONAL Y DE LOS
   PROCEDIMIENTOS CONSTITUCIONALES, 2011.................................. 539

TÍTULO I
DE LA JUSTICIA CONSTITUCIONAL Y SUS PRINCIPIOS 540

   CAPÍTULO I
   DISPOSICIONES GENERALES... 540

   CAPÍTULO II
   INTEGRACIÓN DEL TRIBUNAL CONSTITUCIONAL, PRERROGATIVAS Y
   RÉGIMEN DE INCOMPATIBILIDADES.. 542

   CAPÍTULO III
   REUNIONES, DELIBERACIONES Y DECISIONES DEL TRIBUNAL 545

   CAPÍTULO IV
   DE LOS ÓRGANOS DE APOYO DEL TRIBUNAL 546

TÍTULO II
DE LOS PROCESOS Y PROCEDIMIENTOS CONSTITUCIONALES.......... 546

   CAPÍTULO I
   DEL CONTROL DE CONSTITUCIONALIDAD...................................... 546

      Sección I
      Del control concentrado de constitucionalidad 546

      Sección II
      Procedimiento para el recurso de inconstitucionalidad 548

Sección III
Del control difuso de constitucionalidad 549

Sección IV
De la revisión constitucional de las decisiones jurisdiccionales 549

CAPÍTULO II
DEL CONTROL PREVENTIVO DE LOS TRATADOS
   INTERNACIONALES 550

CAPÍTULO III
DE LOS CONFLICTOS DE COMPETENCIA 551

CAPÍTULO IV
DE LA ACCIÓN DE HÁBEAS CORPUS 551

CAPÍTULO V
DEL HÁBEAS DATA 551

CAPÍTULO VI
DE LA ACCIÓN DE AMPARO 552

Sección I
Admisibilidad y legitimación para la interposición de la acción de amparo. 552

Sección II
Inadmisibilidad 552

Sección III
Jurisdicción competente 553

Sección IV
Del procedimiento en acción de amparo 553

Sección V
Recursos 557

CAPÍTULO VII
DE LOS PROCEDIMIENTOS PARTICULARES DE AMPARO 558

Sección I
Amparo de cumplimiento 558

Sección II
Amparo colectivo 559

Sección III
Amparo electoral 560

CAPÍTULO VIII
DISPOSICIONES DEROGATORIAS, VIGENCIA Y TRANSITORIAS 560

Sección I
Derogaciones 560

Sección II
Vigencia 560

Sección III
Disposiciones transitorias 560

CAPÍTULO IX
DISPOSICIÓN FINAL 561

URUGUAY

*ARTÍCULOS, CONSTITUCIÓN POLÍTICA DE LA REPÚBLICA
ORIENTAL DEL URUGUAY, 1967 (Ultima reforma 2004)* 563

LEY Nº 16.011. ACCIÓN DE AMPARO, 1988 564

VENEZUELA

*ARTÍCULOS, CONSTITUCIÓN DE LA REPÚBLICA BOLIVARIANA DE
VENEZUELA, 1999* 569

*LEY ORGÁNICA DE AMPARO SOBRE DERECHOS Y GARANTÍAS
CONSTITUCIONALES, 1988* 570

TÍTULO I
DISPOSICIONES FUNDAMENTALES... 570

TÍTULO II
DE LA ADMISIBILIDAD 572

TÍTULO III
DE LA COMPETENCIA.. 573

TÍTULO IV
DEL PROCEDIMIENTO.. 574

TÍTULO V
DEL AMPARO DE LA LIBERTAD Y SEGURIDAD PERSONALES 580

ÍNDICE GENERAL 583